沖縄文教部／琉球政府文教局 発行

復刻版

文教時報

第8巻

第52号〜第55号
（1959年3月〜1959年6月）

編・解説者 藤澤健一・近藤健一郎

不二出版

『文教時報』第8巻（第52号～第55号）復刻にあたって

一、本復刻版では琉球政府文教局によって一九五二年六月三〇日に創刊され一九七二年四月二〇日刊行の一二七号まで継続的に刊行された『文教時報』を「通常版」として仮に総称します。復刻版各巻、および別冊収載の総目次などでは、「通常版」の表記を省略しています。

一、第8巻の復刻にあたっては左記の各機関に原本提供のご協力をいただきました。記して感謝申し上げます。

　琉球大学附属図書館、沖縄県公文書館

一、原本サイズは、第52号から第54号までB5判、第55号は菊判です。

一、復刻版本文には、表紙類を含めてすべて墨一色刷り・本文共紙で掲載し、各号に号数インデックスを付しました。なお、表紙の一部をカラー口絵として巻頭に収録しました。また、白頁は適宜割愛しました。

一、史料の中に、人権の視点からみて、不適切な語句、表現、論、あるいは現在からみて明らかな学問上の誤りがある場合でも、歴史的史料の復刻という性質上そのままとしました。

（不二出版）

◎全巻収録内容

復刻版巻数	原本号数	原本発行年月日
第1巻	通牒版1～8	1946年2月～1950年2月
第2巻	1～9	1952年6月～1954年6月
第3巻	10～17	1954年9月～1955年9月
第4巻	18～26	1955年10月～1956年9月
第5巻	27～35	1956年12月～1957年10月
第6巻	36～42	1957年11月～1958年6月
第7巻	43～51	1958年7月～1959年2月
第8巻	52～55	1959年3月～1959年6月
第9巻	56～65	1959年6月～1960年3月
第10巻	66～73／号外2	1960年4月～1961年2月
第11巻	74～79／号外4	1961年3月～1962年6月
第12巻	80～87／号外5～8	1962年9月～1964年6月
第13巻	88～95／号外10	1964年6月～1965年6月
第14巻	96～101／号外11	1965年9月～1966年7月
第15巻	102～107／号外12、13	1966年8月～1967年9月
第16巻	108～115／号外14～16	1967年10月～1969年3月
第17巻	116～120／号外17、18	1969年10月～1970年11月
第18巻	121～127／号外19	1971年2月～1972年4月
付録	『琉球の教育』1957（推定）、1959／別冊＝『沖縄教育の概観』1～8	1957年（推定）～1972年
別冊	解説・総目次・索引	

〈第8巻収録内容〉

『文教時報』琉球政府文教局 発行

号数	表紙記載誌名（奥付誌名）	発行年月日
第52号	文教時報（文教時報）	一九五九年三月五日
第53号	琉球文教時報（文教時報）	一九五九年四月六日
第54号	琉球文教時報（文教時報）	一九五九年四月一五日
第55号	文教時報　現行教育法令特集号	一九五九年六月

（注）

一、第54号表紙の発行月数字について、一部の原本に訂正紙の貼り込みがある（ただし、編集上の訂正か、旧所蔵者によるものかは判別できない）。

（不二出版）

『文教時報』復刻刊行の辞

わたしたちは、沖縄現代史のあゆみをどこまで知っているだろうか。この問いを掲げつつ、第二次大戦後、米軍によって占領されていた時期（一九四五―一九七二年）、沖縄・宮古・八重山（一時期、奄美をふくむ）において、文教担当部局が刊行した『文教時報』を復刻する。

同誌は沖縄文教部、つづいて琉球政府文教局が刊行した。前者では示達事項を中心とした指導書であり、後者では教育行政にかかわる情報、教育についての調査・統計、教室での実践記録や公民館を中心とした社会教育関連記事など、盛り込まれた内容は幅広い。総じて教育広報誌といえる同誌は、発行期間の長さと継続性から、沖縄現代史を分析するうえで、もっとも基礎的な史料のひとつと目される。しかし、これまで同誌は全体像についての理解を欠いたまま、断片的に活用されるにとどまってきた。

その背景にはなにがあるのか。まず、発行が群島ごとに分割統治されていた時期から琉球政府期にいたるまで四半世紀におよび、雑誌としての性格が変容していることがある。くわえて多くの機関に分蔵されるとともに、附録類、号外や別冊など書誌的な体系が複雑に入り組みつかみにくい。このために本格的な調査が進まなかった。今回、わたしたちは所蔵関係にかかわる基礎調査をふまえ、添付書類までもふくめた全体像の把握に体系的に取り組んだ。その成果をこうして全一八巻、付録1に集約して復刻刊行する。解説のほか、総目次や執筆者索引などから構成される別冊をあわせて刊行する。今回の復刻により、教育行政側からみた沖縄現代史について、それを総覧できる史料的な環境がようやく整備されることになる。

統治者として君臨した、米国側との関係、また、沖縄教職員会をはじめとした教員団体との関係、さらに「復帰」に向けた日本政府や文部省との関係、さらに離島や村落の教育環境など、同誌は変動する沖縄現代史のダイナミズムを体現するかのような史料群となっている。

沖縄の「復帰」からすでに四五年にいたるいま、沖縄研究者はもとより、教育史、占領史、政治史、行政史など複数の領域において、本復刻の成果が活用され、沖縄現代史にかかわる確かな理解が深まることを念じている。物事を判断するためには、うわついた言説に依るのではなく事実経過が知られなければならない。あらためて問いたい。沖縄現代史のあゆみはたしてどこまで知られているか。

（編集委員代表　藤澤健一）

52号

53号

54号

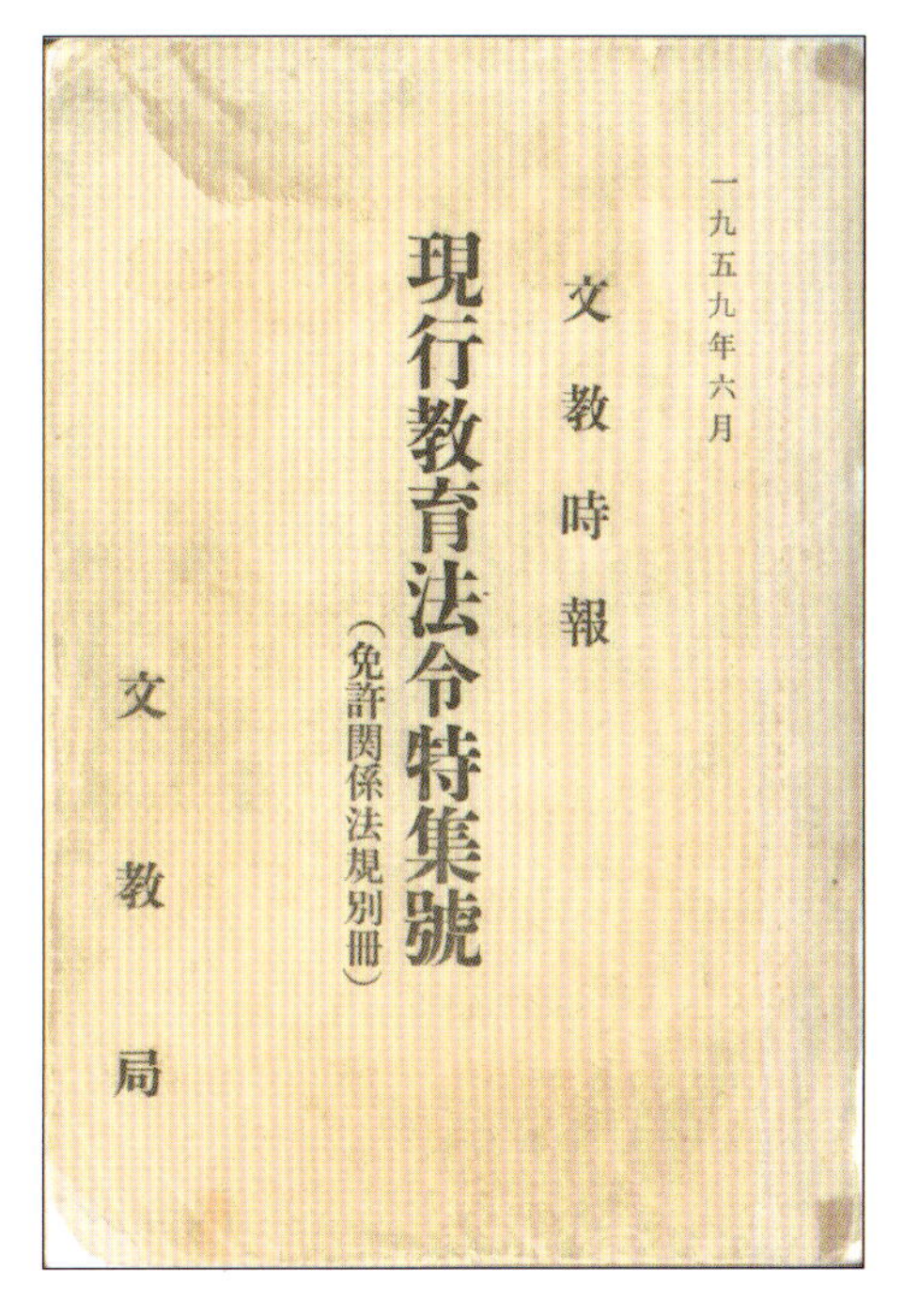

55号

文教時報

NO. 52

52

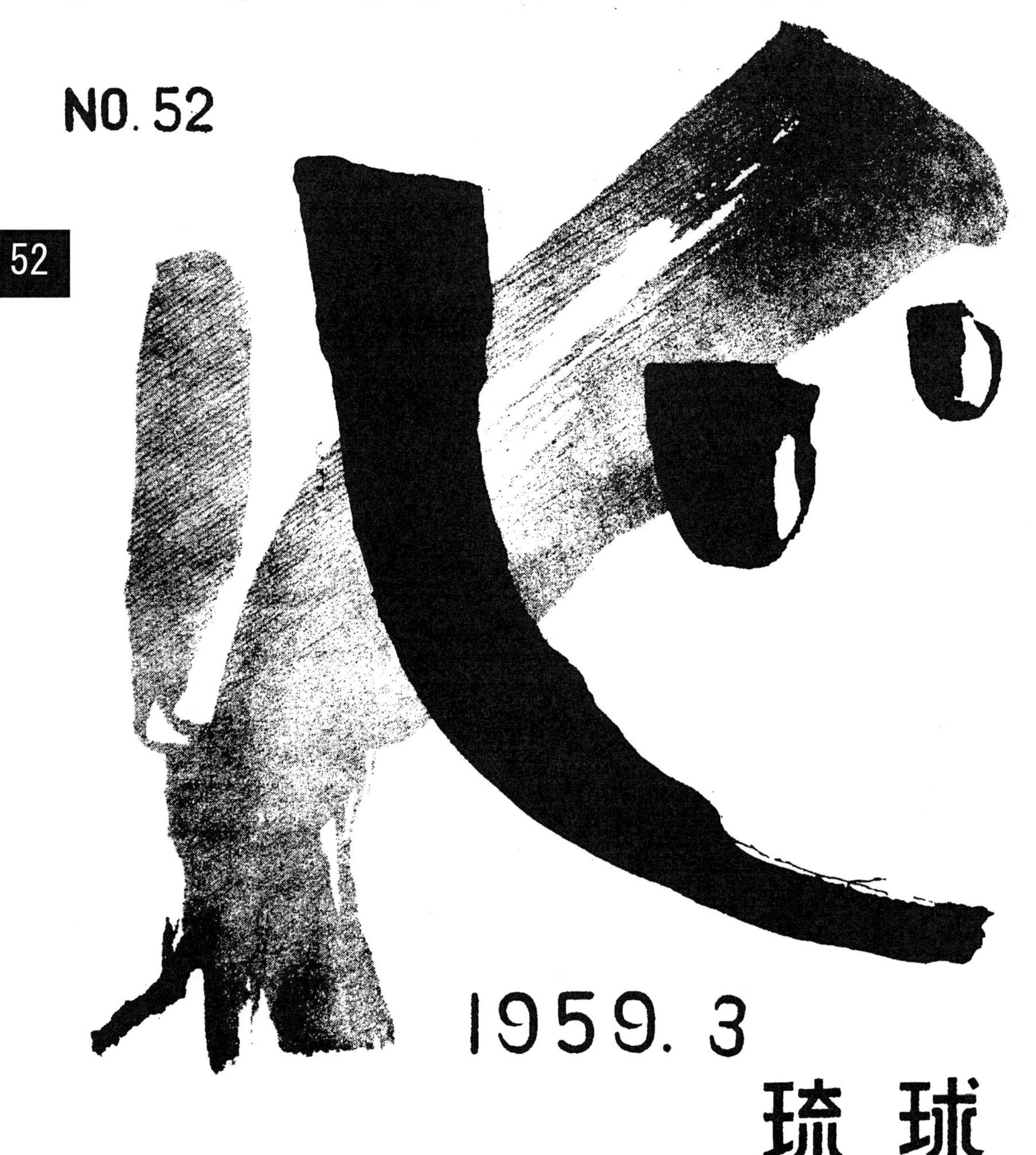

1959. 3

琉球

文教局研究調査課

巻頭言

春と成長

中山興眞

けさ、友人にもらつた二本の苗木を提げて、植え場所を決めるのに思案していると、隣りの年寄りが来てその苗木を見て「この木は少しおそかつた。この新しい芽が出ないうちがよかつた。」というのである。いわれて改めて見ると苗木も他の木も萠木となつて、みずみずしく新しい葉がついている。私は春のにおいをその木からその時意識した。私は春を忘れていたのである。

変化に乏しい沖縄の木も春の芽はふくものだ。そうしてもう春だ。三月は春である。教育界の三月は春であると同時に一年間のしめくくりでもある。

私は小学校の時分、谷合の赤いつつじに卒業式を思い、野原の白い百合に新学年を感じた。今も、それは同じである。

子どもたちにとつて三月と四月は成長の段階を意識し、希望と喜びにさざめき合う春である。新しい教科書と新しい用具、新しい教室と新しい教室。それらは自己の成長への変化として彼等にとつて無条件的喜びである。

教師の場合もそれに似たものがあろう。一ケ年の指導の総仕上げを思うとその間の苦労はみんな消え失せてしまうものだ。とりわけ子どもを進級させ、卒業させ、彼等と訣別する日は特別に心打たるるものがある。優は優なりに、劣は劣なりに、ひとりひとりの育ちが、ガラスの彼方に写し見る如く、はつきりと眺めることができる。そうしてそれぞれに狂うことなく、迷うことなく生い育つよう祈る心がおのずと湧いてくるであろう。また、すまなかつたと抱きしめてわびたい心も湧いてくるであろう。この祈る心とわびる心は毎日はないがこの日にはきつと湧いてくる心である。それは偽りのない全く純なる心である。私は昔からこの心を尊いものと考えている。教師と子どもとを結びつける心であるから。

こうした心を年に一回はぜひもちたい。もち得る教師になりたい。年に一回でも三十年には三十回になる。最初の一回は次の一回への支えとなり、回を重ねていくうちに次々にこの支えが太くなる。それは教師としての成長である。

（学校教育課長）

目次

表紙絵の説明

あらゆる人間生活における生きる苦悩と、喜悦を端的に灰色の濃淡と形によつてくりひろげたわけで―。

斜の太い線は苦悩を表わし、円は喜悦と休息を意味させ、そして中央部の黒い線は強く、正しく、生きるために、あくまでも意志強固でなければいけないということなのである。

筆者　読谷中学校教諭　石嶺伝郎

新入学児童について

名城嗣明

ーケンちゃんの入学ー

「あれ、まあこの子はどうしたんでしよ。もう帰つて来たよ」

　とおかあさんが、ベソをかいて入口で小さくなつているケンちゃんを、呆れ顔で見下しました。

　今日はケンちゃんの入学式です。新しい服に新しいおくつ。今日はカバンなんか要らないよとおとうさんは主張しましたが、ケンちゃんがきかないので持たしてやりました。おかあさんは学校へつきそつて行きました。おおぜいの一年生が来ていました。わんぱくそうな子、泣いている子、笑つてる子、立つてる子、走つてる子……

　おかあさんは家に残した赤ちゃんの事が気になつてので、ケンちゃんに、

「おかあさんは又すぐ引かえしてくるからね。それまで皆と一しよに先生のおつしやるとおりにいい子になつてね。何でも皆がするようにしとくんですよ。」

　と云い残して家に帰つて来たばかりのところへケンちゃんが追つかけるように戻つて来たのです。いやがるケンちゃんをなだめすかしてよくきいてみたら、なんとケンちゃんは学校で、カネが鳴り出すと青くなつて逃げ出したのでした。なぜ逃げたのときいたら、

「こわかつたんだもん」

　と一言いつて相変らず泣き出しそうな顔です。

ー第二の誕生ー

　小学校への入学をよく「第二の誕生」という言葉で現わします。それは子どもたちが社会生活という人生で一番大きな荒波に乗り出してゆく第一日目なのです。すべての事に「スタート」が非常に大切だと云われますが、入学当時のきわめて小さなでき事でも、子どもの将来に直接、間接に大きな影響を及ぼすものです。

　子どもたちは今まで温かく育つてきた家庭からいきなり学校という生まれてはじめての社会環境に投げ込まれるのです。学校では、いじめられても親はすぐには来てくれません。家へ逃げかえると叱られます。先生は自分一人だけをかまつてはくれません。遊びたくても休み時間までは自分勝手な事はできません。これまでは生活のほとんどが『遊び』でしたが、学校の生活は大部分が『仕事』です。たとえ『遊び』の形をとつても、そこには秩序があり、結果が求められるのです。

ー幼稚園出身ー

『うちの子は幼稚園を出たんだからあまり心配はいらんよ』

　というおとうさんや、

『うちの子は幼稚園にいつてないけどうまくゆくかしら』

　と不安がるおかあさんがいます。ところで、一年生に入学するという事は、家庭ばかりで育つた子だけでなく、幼稚園や保育所の生活を経験した子どもたちにとつてもいろいろと問題があるのです。幼稚園はどちらかというと、家庭的なふんい気が濃厚です。保姆と児童の関係も威権的であるよりは愛情的です。生活内容も『仕事』よりは『遊び』が主です。

　特に幼稚園を出た子に、あまりにも学校なれ、先生なれし過ぎて、かえつて取り扱いにくい子どもをよく見受けます。優越感をもつていて、クラスの秩序を乱したりするような子どもがいます。『遊び』から『仕事』への生活の切りかえは幼稚園を出た子どもの場合も大切な事なのです。

ーひとり子ー

　あまえつ子は一人子と末つ子に多いようです。家庭でせいいつぱいあまえていた一人つ子が小学校に入学してみて、困つた事には、学校であまえようとしてもあまえる人がいないのです。これまでの生活では何でも自分の云いなりになつてきたのです。でも学校ではそういうわけにはいきません。

　子どもの世界ではなかなか『遠慮』や『妥協』はありません。あまえつ子のわがままは、たちどころに友達との間にまさつを生じます。双方ともゆずりません。だから結局「けんか」になります。あまえつ子が腕力も強ければ、家族を云いなりに動かすのと同じく友達も云いなりに動かそうとしますから、にくまれ子、いじめつ子になります。腕力が弱ければ、まさつを起すたびにやられてだんだんちぢこもつてしまいます。そしてその分だけますます家でわがままを云い出します。家でわがままな習慣がついていますから先生やお友達に対するわがままがなかなかなおりません。それをなおさないと、友達とのまさつはたびたび起つて、そのたびにやつつけられるので、そのうちに学校ぎらい、友達ぎらいになつてしまつては大変です。

　一人子の欠点は子どもが一人しかいない場合だけに限りません。女のきようだいの中にただ一人の男の子、男きようだ

いの中にただ一人の女の子の場合などにもみられます。一人子の研究はこれまでに多くの人々がやって来たのですが、結論はかなりまちまちです。でも、一人子が問題行為と、注目すべき特徴をもっている事についてはみんな一致しています。ですから教師はこういう面でも一応注意する必要があるでしょう。一人子は不適応児になり易いのです。

次に一人子の特徴を挙げてみましょう。

1 家庭内に同年の遊び友達、競争相手がなく、同胞相互の接触による生活経験を持たないために、自他の分化がずっとおくれる。

2 情緒の発達が不自然である。これは精神分析学者が主張するのであるが未成熟の児童に対して不自然な情緒的要求を周囲の成人がもつことである。

3 親の溺愛や干渉が子どもの独立心を害ねる傾向がある。

4 早熟になる。これは成人だけの家庭環境にあるからで、行動、言語、物の考え方等に現われる。

5 しかし利点がないのではない。親の指導がよければ、集中的によい家庭教育が行える。(3)

そこでどのような方向に一人子を教育してゆくべきでしょうか。次に挙げてみましょう。(8)

1 子どもに充分な経験を与えること
2 独立性を養うようにする
3 刺激をできるだけ少なくする
4 訓練の確立につとめる
5 社会性を与えるようにつとめる

—ひとりぼっち—

入学当時の一年生の教室はにぎやかでユーモラスな情景を呈します。走り廻る子、窓にのぼる子、便所へ走ってゆく子落書きする子、オルガンをブーカブーカならす子……

でも、そうした子どもたちの中に、必ずジーッと座って、オドオドした目で皆のすることを見つめている子どももいます。カバンやぼうしをとられまいと、しっかり握って時々救いを求めるように先生の顔を遠くからさがします。そうかといって先生が声をかけてやってもうつむいてだまっています。このようなお友達のいない、人見知りする、物云わぬ子は特に教師も注意してやらねばなりません。

このような内気で、孤独な子どもにはやはりそうなるような過去の生活経験があるのです。その中心的な問題は劣等感と恐怖感だと思われます。

病弱な子どもは小さい時から親たちが心配して、やれ今日は寒いから、やれ降りそうだから、やれお薬の時間だからとなかなか外に出してもらえません。外に出ても元気な子どもに何でも負けてしまいます。こんな事だからいつも劣等感をいだいて消極的になります。

親たちが近所の友達のえりごのみをして、いちいち指図をすると、子どもは自分で進んで友達を求めなくなります。いつも親をおそれています。だから教室でもジッとしています。

先生はこわいもの、先生の前ではいい子にならねばいけないと子ども達に強調し過ぎると親たちも子どもを消極的にします。

言葉使いについてあまりうるさく云う親たちも物云わぬ子をつくってしまいます。おとなの前でりっぱにあいさつすることを強調したり、返事を強制し過ぎたりするとやはり恐怖症におとしいれます

しかし、劣等感や恐怖感は、その子どもの家庭が不幸である場合や、貧困である場合には一そう深刻です(5)

—つげ口する子—

A子とB君はどちらも、しょっちゅう先生にお友達のつげ口ばかりするので、先生もうんざりしてしまいました。特にA子は、ないことまでもまぜて先生につげ口するのです。ところがよく調べてみたら同じつげ口でもA子とB君とではその動機が全く違うことがわかりました。

A子は復雑な家庭の子なのです。貧乏の上に、たくさんの家族の中で、A子は私生児なのです。母親はこの家の末娘でA子を残したまま転々と料亭を渡り歩いているのです。A子はこの家の他の子どもらにいじめられどおしですが、だれもA子をかばってくれません。A子が悪くない時でもこの家の子どもたちは何でもかんでもA子のせいにします。そのたびにいつも叱られたり罰されたりするのはA子なのです。だから学校では、今度は自分の番だとばかりに、何んでもかんでも、うそをまぜて先生につげ口するのです。どうりで先生がA子をかばって他の子どもたちをたしなめると、我が意を得たような、世にもうれしそうな歓声をあげて喜ぶのでした。

B君はお金持ちの一人息子です。弱々しい子なのですが、きかん気のわがままです。家の近所の子どもたちと遊んでいても、子どもの世界というものは、ささいな事からすぐケンカになります。でも腕ずくとなるとどうしても負けますからすぐに親につげ口するのです。すると親たちはいちいちB君のつげ口にのるのです。ひどい時には父親までが姿を現わします。家の近所でもこんなに皆にいじめられるんだから親たちの目の届かない学校ではどんなひどいめにあうかわからないと、一人息子の事が毎日気になるので親たちは、

〝お友達がわるさする時はすぐ先生に

云いつけるのですよ』

　とつげ口を毎日すゝめているのです。ですからB君はどんなつまらない事でもいちいち先生のところへ救いを求めにくるのです。

　このように表面に出た行いは全く似ていても、その動機はさまざまです。また、表面に出る行為だけをつみ取ろうとしてもできるものではありません。それはちようど病気の時に熱だけ下げようとするのと同じ事です。熱は病気の『徴候』であつて、病気そのものではありません。私達は『原因』と取つ組まねばなりません。チブス患者になぜ熱が出るかといえば、チブス菌があるからです。チブス菌を殺せば熱は自然に下がります。

　子どもたちの日常の行動においても、『徴候』と「原因」を混同してはいけません。つげ口は熱です。原因は家庭にあります。

－母親の願い－

　松村康平氏の調べによりますと、新入児童をもつ親たちの心配事や意見は次のようなものです。

○学校をきらつた場合が心配である
○交通事故
○悪い友達の影響
○家で思い通りの生活をしていたので共同生活で素直に協力できるかどうか心配
○なじむことができず、意こぢになつたり、あまのじやくになつたりするのが心配
○学校へ行くのが子どもにとつてたのしいようにしていただきたい
○子どもの行為を善意に解釈してほしい
○先生をこわいという観念をもたないようにしてほしい。
○目立つ子どもと目立ない子どにそれぞれ合つた教育をしてほしい

　といつたような事です。これらの心配や願いを解決し、子どもらを新しい社会に適応させていく仕事は並たいていの事ではありません。教師だけでなく、親たちも、しつかり子どもらの心理について勉強する必要があります。

－教師の人がら－

　一年生を担当する先生はどこの学校でも老練な優秀者と大体きまつています。一年生というものが、はじめにのべましたように、人生における非常に大切な時期に当りますので、この事は当然と云えましよう。

　一年生の先生は単に知識だけでなく人がらもすぐれた人でなければいけないわけです。ところで、ジャーシルド（9）は低学年、高学年、中校生等について、好きな先生、きらいな先生の調査をしましたが、それによりますと、年令的に色な差が観察されて興味深いものがありますが、要約してのべてみましよう。

　低学年では好きな先生として、

○親切、同情的で思いやりがあること快活で明朗なこと（人間的特性）
○叱つたりしないこと、無理な勉強をさせないこと（指導者としての特性）
○一しよに遊び、ゲームをし、面白い話をしてくれること（活動への参加の程度）
○面白い計画をもつていること（教え方）
○自分を可愛がつてくれる、ほめてくれる、賞をくれる（その他）

また、きらいな先生として、

○不親切、不気嫌（人間的特性）
○身なりが悪い（外見）
○厳格すぎる、たえずどなつたり叱つたりすること（指導者としての特性）
○一しように遊んでくれない（活動への参加）
○宿題が多過ぎる（教え方）

　大体以上のようなものとなつていますが、しかし児童中心主義の新教育といえども、何んでもかんでも子どもたちの要求を満たしてやりさえすればよいかという安易な教育ではいけないと思います。子どもたちには同時に欲求不満に耐えてゆく精神的な抵抗力をうえつけることも将来、人生の荒波を乗り越えてゆける人間をつくり上げる上に大切な事なのです。教師は単なる人気商売ではありません。温い愛情の上に立つて行なわれる厳しい訓練には決して害はありません。次代の国民を養成する大きな仕事の第一基礎工事に真剣に取組んでゆかれる新入学児童の先生方に心からなる敬意と感謝をささげます。

（琉大講師）

参考図書

1、上飯坂好実　入学前後の子供（国土社）
2、小一学級経営事典（小学館）
3、児童問題新書　第十四　新入学児童（金子書房）
4、鈴木　美子　手のかかる子の入学初期（明治図書出版）
5、篠崎徳太郎　一年の子ども－母と教師の問題－（誠文堂）
6、田中教育研究所　－親の為の教育心理読本－　子どもとともに－小学校新入生の巻－（日本文化科学社）
7、波多野完治、宮原誠一、木田文夫監修　母と一年生（創元社）
8、山下　俊郎　一人子の心理と教育（金子書房）
9、ジャーシルド（小見山、品川、永沢共訳）　児童心理学（金子書房）
16、牛島　義友　小学生の心理（巌松堂）
11、小学校実践ガイダンス　－児童の生活指導手引－（金子書房）

卒業式・入学式のあり方

石川盛亀

はじめに

毎年、三月になると卒業式、四月になると入学式がどこの学校でもいままでのように行われる。これらの学校行事は子どもにとっても、父兄にとっても、また、教師にとっても非常に大事な行事である

殊に、文部省の改訂された新しい学習指導要領で、各教科・道徳・特別教育活動とともに学校行事が学習の領域として明確に位置づけられた今日、卒業式や入学式のあり方についても一段の研究を重ねることの必要を痛感する。

卒業式について

自分の体験からも、そうであるが、入学式に比べて、卒業式のほうが、後まで印象に残っている。それだけ教育効果も大きいものがある。したがって儀式についても悪い印象を残さぬよう、式次第にも気をつけるべきであろう。式次第を考えるにあたっては先ず、児童の心身の発達を考えて一時間ないし一時間半位で終るようにすること。児童とくに卒業生を中心に考えて来賓祝辞はせいぜい二、三人、時間も合計二十分以内にとどめること。卒業証書授与が中心であるから、できたら児童一人一人に名前を呼びながら与えることなどが大切である。

今までの儀式がおとなに聞かせる儀式、お役所の人に聞かせる儀式であったきらいがあるが、これをぜひ、卒業する子ども全体のものにしたいということである。したがって特定の限られたできる子どもの表彰であったり、答辞の子どもだけの卒業式だったり、代表の子どもを一人呼んで証書を渡してそれで卒業式が終わるような形式は一考を要する。

本土の学校あたりでも、子どもに儀式をかえさなければいけないという考え方が強くなり、その苦心、改善策というものが毎年一歩一歩講ぜられているようである。すなわち、本当に子どもの喜ぶものの式にしたいという願いから、ある学校では二年前から一人一人に証書を渡す、子どもたちがみんな、ほおを赤らませて本当に卒業の感激を胸におさめていくようにした。答辞も一人で読むのではなく、全体の子どもが声を合わせて思い出の言葉をさしはさんで、呼びかけの形式にくふうした。これが父兄からも大へん好評だったということである。

また、ある学校では、卒業式の日に、朝、卒業生が校門に入ってくると在校生が待っていて、胸に在校生が作った造花をつけてやった。そうして在校生がブラスバンドを組織して音楽で迎え、音楽で送る仕組みを考えてみた。なお、卒業の証書を渡すのも、全部の子どもに学校長が『おめでとう』をいいながら一人一人に手渡するというようなことをやってみたが、時間的に今までの儀式とさほど変らず、来賓の祝辞の方を若干ご遠慮願うといったようなことで、地域の各種団体の代表の方には若干不満足な点はあったかもしれないが、本当に、子どもの、卒業生の、あるいはそれを送る先生方のお別れの式というような考え方にだんだん変えていったということである。

こういう儀式の場合には、特によく厳しゆくということが問題にされる。われわれが小さい時の卒業式というものを考えてみても、厳しゆくそのものであり、やはり印象的であったように、これからの卒業式ももちろん厳しゆくであるべきであるが、そこには同時にあたたかい、明かるい、愛情のあらわれたもの、いいかえれば心あらたまる厳しゆくさをもつたものにしたい。逆に厳しゆくばかりで儀式ばったものになり、また創意くふうをこらしたつもりで演出過剰の「ショウ」的なこつけいなものになっても困る。

要するに、子どもたちをあきさせないように、子どもたちが聞きやすいような状態においてやる考慮を学校としても払う必要がある。たとえば校長の訓話にしても、おもおもしさということだけを考えて、かねて用意した文章を読みあげるという調子でなく、最後の訓話として、児童の胸の中にとびこんでいくような真実のこもった、人を感動させる話をすることが大切である。このことは来賓の祝辞の場合もいえることであって、その内容がいたずらに子どもにむずかしい話は無意味である。できるだけ祝辞の数もしぼり、少なくするようにして、その内容も子どもたちにわかりやすくするよう、予め連絡指示する必要があろう。

最後に閉式後、退場する場合、いままでは来賓が先に退場したのであるが、卒業生が一番先に退場し、そのとき、やはり音楽によってレコードをかけ（あるいは蛍の光の曲で）拍手で卒業生を送りだすという形式をとったところもあるようである。

こちらでも、いつかの文教時報で久米島の仲間智秀氏が具志川中学校の卒業式の模様を紹介されたことがあったが、大へん参考になったことがある。このように卒業式の様式に新風を吹きこむいき方

が起りつつあることは改訂された新しい学習指導要領の学校行事のあり方からもまことに喜ばしい限りであるが、この際留意しなければならないことは、演出過剰で不自然であつたり、このために少くとも一週間ないし二週間つぶしたり、子どもがそれによつて新しい悩みと負担を感じたりすることがないよう、たとえ、それが今年、来年できなくても、四、五年たてばそういうようなところへもつていくというような形で、儀式というものが日常の生活に不自然でない形において行われるよう、絶えず反省し研究をしていくことが必要であろう。

入学式について

入学式については卒業式のほどではないが、先ず何よりも大事なことは子どもにとつては何しろ始めての学校という印象があるから、学校というものがいい所で面白い所だ。これから毎日行きたいという印象を子どもたちにうえつけることであろう。

儀式の時間はなるべく短く、校長先生のお話はなるべくやさしく、新入生の心に後まで残るように、子ども向きの感銘深いものを選ぶことも一方法であろう。

新入生が式場に入り始めたら、在校生は拍手をしてこれを迎え、新入生が入り終るまでつづける。新入生が退場するときには在校生や教師の拍手のうちか、または齊唱のうちに退場させる。

入学の記念として記念撮影や記念植樹をさせるのもよい。記念植樹はとくに意味が深いからぜひ実行させたい。このことは全島緑化運動の折から、とくに強調する必要がある。緑の学園、いこいのできる学園作製こそは情操教育の立場からまた、非行少年の出つつある今日、ひとり入学式の植樹ばかりでなく、絶えず心がくべきことであろう。

式次第については小学校も中学校も大体同じことだと思うが、おおむね次のようなことが考えられよう。

1 開式のあいさつ
2 学校長あいさつ
　新入生へ
　父母へ
3 PTA会長あいさつ
　（これは略してもよい）
4 受もち紹介
　（または全職員紹介）
5 新旧児童対面
　（このとき新六年生から新入生に対する歓迎のあいさつをさせる）
6 新入生父兄代表あいさつ
7 閉式のあいさつ

なお、小学校や高等学校の入学式に父兄の参加が多いが、中学校の入学式に父兄の参加が少いことは一考を要する。今後、中学校の入学式にも多数の参加をお願いして、教育的効果をあげることも大いに必要なことであろう。

おわりに

卒業式にしても、入学式にしても、やはり効果的にうち出すためには、施設の不備と儀式を通しての生活指導ということが問題になる。生活指導はしばらく別におくとして、特に式場の問題については、これまでの式場が寒い冬空に屋外運動場あたりを使つたり、長さだけあつて巾のきかないブチ抜き教室を使つたりした。したがつて儀式を行う場所としては不適当であると思われる。しかし施設の不備というのは、どの学校でも共通の悩みであり、講堂をすぐ建ててもらいたいといつても現実にはそれも不可能なわけで、この現実に立つて少しでもいい儀式を子どもたちのためにするには一体どういう方法があるかということが、さらに研究を要する課題であろう。

資料

石山脩平監修　現場の学校行事
東京都教育庁発行　教育時報一月号

（研究調査課主事）

かな書きの例　その1

（特によく使われるのを示す）

次ぎのような場合は、かながきしましよう。

あ　あいさつ（挨拶）あいにく（生憎）あさつて（明後日）あす（明日）あすこ、あそこ（彼処）あたかも（恰）あつぱれ（天晴）あなた（貴方、貴女、貴君、貴嬢、貴下）あちず（非）あらゆる（凡、総、凡有）ありがたい（有難、難有）あるいは（或）

い　いかが（如何）いささか（聊、些）いずこ（何処）いずれ（何、孰）いつ（何時）いなか（田舎）いよいよ（愈々）いわゆる（所謂）

う　うち（中、裡、家）うなずく（首肯、領）うまい、旨、上手、巧）うるさい（五月蠅、蒼蠅）

え　えせ（似而非）

お　おいて（於）おかあさん（お母さん）おかしい（可笑）おくゆかしい（奥床）おちど（落度）おつしやる（仰有）おとうさん（お父さん）おととい（一昨日）おとな（大人）おとなしい（大人音無、温順）おのおの（各々）おばけ（化）おる（居）

か　かかわらず（拘）かくて（斯）ガス（瓦斯）かたがた（旁々）かつ（且）かつて（曾、嘗）かなた（彼方）かねて（予）かのじよ（彼女）かや（蚊帳）からだ（身体）かれ（彼）かわいい（可愛）かわいそう（可哀相、可愛相）かんづめ（缶詰）

一九五八学年度の反省にたって

各教科・教科外学習の展望

指導主事・現場職員

職業家庭科

学習指導の改善すべき問題

一、施設設備の至つて乏しい現状で仕事中心の指導をするに甚だ困難を感じている、この現状においてどう指導すべきか。

1 施設設備充実の方法

。実績によつて他を動かすこと
。各方面の啓蒙に努力すること
。教師と生徒の協力によつて整備すること
。有志からの物質的援助を受ける

2 施設設備校用の方法

。必要欠くべからざるものから順次備えること
。多方面からの活用を考えること
•クラブや放課後にも自由に利用できるようにすること
。一つの器具機械につく生徒数をなるべく少なくすること

3 その他の方法

。地域社会の各種施設設備を利用すること
。現場実習を綿密な計画の下に実施すること
。高等学校の実習設備を利用すること

二、仕事中心の学習を進めていくのには時間が不足して困る

。基準で決められた時間を確保する
。低学年から基礎的段階的指導をなすこと
。生徒が自主的に学習するような雰囲気をつくること
。ある程度の施設設備を整えること
。実習を中心とした学習指導法をくふうすること
。特別な時間割の編成を必要とする場合もあること

三、生活単元学習のときに起る問題点

。基礎的技術の系列、体系の習得に努力すること
•生活技術を考えること
。技術の練習は問題解決のための学習でありたい
。教師の技術面の研修向上をはかりたい
•準備作業後仕末に手落ちのないようにしたい

四、仕事や技術と知識理解を一体として指導したい

。綿密な計画がほしい
。反復練習の中に新しいものが現われてくるようになつたとき重点的にとりあつかうこと
。始めと途中と終りに指導を加えること
。仕事場は明るく講義もできるようにしたい
。視聴的方法を十分取り入れること

五、生徒が働くことを嫌つて困るのでもつと仕事に興味をもたせたい

。校長以下全職員の理解と協力がほしい
。自主的な学習活動への工夫
1、生徒に道具を与える
2、成功感を与える
3、生徒自身の計画実習をすすめる
4、研究発表と賞揚の機会をもつ
5、作業に適した服装をする
6、実習会計については生徒の自主性を尊重する

（大庭正一）

特別教育活動

原因とその対策

特別教育活動は、道徳教育に対する関心が高まるにつれて、その教育的価値が高く評価されるようになつた。中には道徳の時間設置に反対する根拠としてこの活動のもつ価値をもち出す向きもあるようであるが、実際の活動は数年前とあまり変らないというのが実情ではなかろうか。呼び声の高い割に実の挙がらないのがこの特活である。それにはいろいろな理由が考えられるであろうが、現状の中からいくつかの問題をひろい挙げてそこからその不振の原因や打開策を考えてみたい。

〇児童会生徒会―これは決して訓育のための組織ではない。この活動が、道徳教育に寄与すると云つても、それは、その過程や結果において様々な社会性や道徳性が身についてくるという意味であつて、最初からそれらをねらうものではない。この活動の発端は児童生徒の自発的な問題解決の意欲にある。従つて組織や規約活動計画は与えられるものではなくて、児童生徒によつて作られるものでなくてはならない。この点、糸満南小校仲西小校の最近の歩みは堅実と云える。

学級づくりや組織づくりを目ざす児童

会生徒会がこれである。そしてそれはあくまでも自分達の学校を自分達にとつて住みよい楽しい場所たらしめようとする意欲から出たものでなければならない。

○クラブ活動―教科の延長や補充としての性格を根本的に一掃しない限り、その本来のねらいを達成することはむづかしい。たとい珠算の技能が向上し、英語の学力が向上しようが―。

クラブ活動は何よりも児童生徒の自由なのびのびとした生活活動でなければならない。趣味の生活を集団の力によつて高めていこうとする生活意欲が第一である。ところがおうおうにして、このクラブが生徒の教科学習に対する要求や職業的要求を満足せしめるための選択教科的な性格を帯びたものがある。これはクラブの堕落であり、クラブという名前の教科にすぎないのである。従つて今後の問題はこれら教科的な性格をもつクラブの改善であり廃止である。そうすることによつて、クラブが児童生徒の趣味的要求を満たしてくれる本来の役割を果すことができるというものである。佐敷中学校のクラブ活動はこの域に近ずいたものである。

○学級会・ホームルーム―道徳の時間設置に伴つてこの活動の内容は大きく変らなければならないのであるが、何といつてもその基盤は学級づくりであり仲間づくりである、どんなことでも話し合うことができ、相談し、助け合つていける人間関係を築き上げることが大切である。この点については昨年大きな進展をみせてきたようである。佐敷中校や、金武中校の小グループ指導、グループノートの活用、宮森小校、嘉手納中校の生活日記、稲田小の生活記録、真壁小校や安謝小校の話し合い活動を通しての学級づくり等いずれもすぐれた研究である。

（安里盛市）

算数科

課題と反省

1、計算の基礎としての暗算を強化しよう。

暗算は日常生活における数量的処理には欠くべからざる要素であつて、筆算概算等の基礎となるものである。従来この面の指導はあまり重視されていないようであるが、もつとこれを充実強化し、暗算の指導を充分に行う必要がある。しかし暗算の指導にあたつては、とくに児童の能力や精神的発達段階を考えて、系統的に指導しないと、いたずらに児童の心身を消耗し時間の浪費となることがあるから特に留意して指導していく必要がある

2、計量の能力を伸ばそう

今までのことをふりかえつて特に次のような点に留意して指導することが望ましい。

(イ) 日常生活と密接な関連の下に量概念を育成すること。

(ロ) 単位になる基本的な量を充分把握させる。

(ハ) 求積等の間接測定における公式の意味を充分理解させ、練習による公式の記憶よりも、実際に意味を考えながら式を作つてゆくようにさせたい。

(ニ) 基本計量単位と補助単位との相当関係は実際の測定を通して、計量の目盛りの上から記憶するようにさせたい。

3、函数的な思考力を育成しよう。

新指導要領に示された指導内容の一つに数量関係というのがある。これは式、公式等についての函数的な見方考え方、それに関して比例の考え方を用いることと、統計的な考え方を指導するようになつている。従来はそれ等の内容が表やグラフとか、割合とか、と別々に取扱われていたが、これを系統的に、函数的な考え方という中心を定めて、その考え方のもとにまとまつた理解が得られるよう指導していく必要がある。

4、論理的思考力を伸ばそう

文章題を単なる計算の応用というようなものでなく、論理的な思考力を伸ばすためのものとして重要な意義がある。そのためには問題の取りくみ方、その解決の見通し、その解決の方法等に関して指導の体系を確立し、問題を分析したり問題を構成したりする力を十分養う必要がある。

（桑江良善）

図工科

教育振興の眼点

図工教育に対する関心が、学校現場はもちろんのこと一般父兄の間にも相当に高まつてきたことは喜ばしいことである。本土の児童画ブームや最近の数多い展覧会出品の影響もあろうが、単にそれだけでなく造形活動が児童生徒の成長発達に不可欠の価値ある活動であり、現在の教育が彼等の興味や欲求を無視しては考えられないということを理解してきた為でもあるといえる。

しかしこのような関心の高さと平行して学校現場の図工教育（学習内容や指導法）が充実し向上してきたとはいえないようである。もちろん一部の学校はこゝ二三年来の研究で本土のレベルに達していると思われるが、大半の学校は依然として旧態に低迷しているのが現状ではなかろうか。

では図工教育を充実振興させるために現場はどのような点に着眼しなければな

らないか・沖縄の図工教育の現状から次のことがいえるようである。

○図工教育の本質を正しく理解する

図工教育のねらいは技術訓練にあるのではない。自己表現活動を通して創造性芸術性を培うのにある。技術を追求することをその目的とした過去の図工教育が児童生徒の創造性を無視したため人間形成に寄与することができなかつたのは当然である。このことを明確に認識し把握することによつてのみ新しい図工科の学習指導や望ましい児童生徒の造形活動が期待できるのである。沖縄の図工教育はこの目標の正しい理解にもつと努力しなければならないのが現状である。

○絵はかけなくとも（工作の技術はなくとも）指導はできるという自信をもつこと

技術主義や作品主義の指導を否定し「手先のうまさより心の働き」を重視する児童生徒の自由で誠実な表現活動を助長する指導法を研究する。

○学習内容の充実を図る

1　多様な造形活動を経験させること。

学習内容の貧困は教師の責任である。描画（特に写生）偏重の図工学習を責任と誠意をもつて反省する必要がある。

2　表現材料や表現方法の研究　によつて児童生徒の劣等感（かけない、うまく表現できない）を排除し楽しい学習を経験させ彼等本来の表現の喜び、欲求を満足させその創造活動を助長する。

道徳指導の現状

（当　銘　睦　三）

一九五八年度は、文部省が道徳の時間を設置したことによつて教育現場はもちろんのこと、社会一般の道徳教育に対する関心をいやが上にも高めた年と云える。

文教局においては、三月に、「小学校、中学校の道徳教育について」と題する文書を小中校に送り、特活の時間から一時間をさいて生活指導に当てるよう助言をなし、五月には文部省の「道徳実施要綱」を印刷し、各学校に配布すると同時に、各地区の要請に応じてその趣旨の説明会をもつたのである。

又一方、この道徳の時間設置の先を見越して、本土の教科書会社はいち早くも道徳の副読本作製、その見本を現場に流したのである。そこで文教局は、この副読本が安易に利用され、戦前の修身教育のてつを踏むことをおそれ、五月二日「道徳教育に関する児童生徒用図書教材の使用について」文書による助言を行つたのである。

このような処置を講じながら文教局においてはこの問題に関して広く一般の世論を聞くため、文教審議会に対し道徳教育に関する答申を求めたのである。この答申は六月十日に行われ、道徳教育の中心を「人間尊重の精神」におき、これを学校教育の全機会を通して、具体的生活の中で生かすことを強調しているのである。

このような文部省や文教局の考え方に対し現場においては、いろいろと異なつた見解を取り、様様な思惑や、誤解も生じややもすると足並の不揃いを感じさせるものがあつた。この時、東京教育大学助教授、井坂行男先生のご来島は、この問題を大きく前進させる契機をつくつたのである。先生は今回の道徳実施要項作製委員の一人として重きをなされた方で、全琉の各地区をくまなく行脚なされ、道徳の時間の趣旨や新しい道徳教育に対する考え方について講演をなさつたのである

その後、現場においては、部分的ではあつたにしろ、何らかの形で道徳の時間を設置する動きが高まつてきたのである

その中でも玉城小学校と金武小学校の研究実践は本格的なもので、従来の観念的な論争や思惑的な動きに対して、ある程度具体的な手がかりを与えてくれるものと期待されている。玉城小学校は、第一年次の目標を『道徳の時間』の年間指導計画の作製におき綿密周到な計画の下に時間をかけて、この仕事に取組み。一応これを完了したのである。

金武小学校は学校経営の中核を「豊かな心情の育成」におき、その一つの重要な機会として道徳の時間を設置し、次々と新しい展開の方法をくふうして、道徳の時間をして、子どもにとつても教師にとつてももつとも楽しい時間たらしむべく努力したのである。

その他目に見えないところで、学校独自の立場に立つて様々な努力が試みられてきたのであるが、どちらかと云えば、一般的には、未だに表面的な躾の面にとらわれ、もつと根本的な道徳的心情や判断力に迫り得ないのが現状ではなかろうか。

これからの道徳指導は、子ども達の行為の技葉末節や現象を追いかけまわすことだけでなしに子どもを人格全体としてとらえ、豊かな人間性の伸長を目ざして具体的な方策を打ち出さなければならない。そして何よりも大切なことは教師と生徒の人間関係を基盤にして指導展開の技術的面の開拓に全教師の創意とくふうを働かすことである。

（安　里　盛　市）

保健・体育科

一、努力目標

(1)　健康教育の強化

。指導計画の確立と実践
。環境の整備改善
。学校保健委員会の強化
。疾病およびその予防対策
。教職員の保健

(2) 体育　保健体育科の立場から

。科学性に立脚した体育指導
。施設用具の整備充実とその活用
。組織を通しての保健・体育の振興
。学習内容および方法の改善
。学校スポーツの健全な振興を図る

これを中心に二三反省をしてみたい。

従来他の教科に比較して二義的に考えられがちであつた。保健・体育科が今年になつてから、その考え方がその目的において、その領域において明確に認識されるようになつた。

即ち学習指導計画が、学校独自の立場からも具体的に樹立された学校が増えつつあること、学習指導の展開にあたつては常にそのねらいを把握して、その過程進度の合理化を図りつつある。健康教育も児童生徒の自治活動を通して推進しつつある学校が増加しつつある。

1 教師について

従来ややもすると不振になりがちだつた体育科が最近自主的な研究グループや同好会、地区の体育部会を通して、あるいは個人的に活発に研究されるようになつた。これは保健体育課が誕生し、各学校の校長体育主任を中心に保健体育講習会を強力に展開したこと等が、大きく影響しているものと思う。

2 施設用具について

よい環境は、その教育効果をより大ならしめるものである。特に体育の施設用具は、それ自体が生活の道具である。従来運動場であるのか、単なる広場であるのか、見わけのつかないのも見られたのであるが、スポーツ人口の拡大とともに、スポーツの生活化は国民皆健康を基盤としてまず施設の充実が強化されるべきであるという立場から、最近運動場の拡張整備、体育の施設用具が、急激に完備されつつある。

更に自作による新設拡充を計つている学校が増加しつつあることはよろこばしいことである。給食準備室、給水施設、保健室、更衣室等は今後にのこされた問題である。

3 運動会や対外試合について

従来いろいろと問題が多かつたが、最近それが学習の中に位置づけられ、真に児童のものとして展開されつつあることは大きな進歩である。さらに今年は中学体育を基盤にした、中学校体育連盟が組織されたので、学校体育の健全な振興発展が期待されよう。

（屋部和則）

音楽

糸洲主事を送つて、既に中古品店に流された私が、十ケ月の間その代用をつとめたのであるが、去る一月一日、本物としてその道の権威者仲本朝教先生を迎えたことで申訳が立つことができた。

中古品的代用者が、いまの音楽界に何を見てどう感じたか。**器楽の普及と演奏力の向上**である。その実況に接する機会をもたないおとなたちは、信じないであろう。また、機会に恵まれた方は、感激の歓声をもらして驚ぐであろう。それほどに戦前の子どもと今の子どもには音楽上の差がついたので、昔の私には、指導的立場からの助言におそれを感じる。

そんなことよりも、倘嬉しく思うことは、昔は困難とされ、また恐れられ、避けられていた合唱、合奏、独奏に対して今の子どもや教師は、それを当りまえと考え、恐れることなく、それと取つくんで、やすやすと歌いこなし、吹きまくつていることである。

今の子どもたちは**科学的に音楽を**している。口から耳に移す音楽教育の時代はもう終つた。合唱、齊唱はもとより、バイオリンやクラなどの管楽器の独奏をピアノの伴奏に乗せて堂々と演ずるのだからおそろしいことだ。独奏曲と伴奏曲は音楽の生命である。リズム、拍子、ハーモニーで結ばれていて動かすことはできない。どちらが弱くても部分を省略したりごまかしたりできるものではない。運動会のダンスや遊ぎを動作の長さに合わして曲を適当に延ばしたり切り上げたりした昔日とは違う。

次に音楽界にいえることは、地域的に個々の学校にムラがあるということである。教師の偏在によるものとは思うが、教師を得た学校には楽器もそろうものである。よい歌声もよい合奏もきこえてくる。教師に恵まれない学校は楽器にも恵まれない。楽器があれば教師は来るという説も成り立つこともあるが、人が物を生み出す例が多いようだ。

学校に教師を均等に配分し、子どもに楽器を与えたいものだ。しかしそれまでのことが心配になる。人は物ではないから物資を配給するようにはいかない。誰か、恵まれない学校を求めて行つてやる教師はないものか。

だがしかし、音楽的にすぐれてはいないが、関心と熱意のある教師のもとで、楽器を与えられた子どもが、みずからその奏法を覚え、楽譜を読み、音楽を知るようになつた例もあることを忘れてはならない。珍らしいことだがそれはほんとうだ。だから子どもに楽器だけでもと願いたい。

（中山興信）

國語

とうとうこの一ヶ年、国語の指導主事はいないままに過ぎてしまつた。くり合わせのつく限り、主事の代用として私が出向いたわけであるが、多くの学校の求めに応じえなかつたことを、おわびせねばならない。

それでも伊礼茂主事の蒔いた種子が、あちこちに芽をふき、花も咲いて、実も結んでいる。私は芽には水と日光を与え、咲いた花は眺めて賞し、結んだ実は収穫してその種子を望むひとびとに配分する喜びと楽しみを味う役目をしたと思つている。

いま、国語教育界に芽となり、花となり、実となつているものをいくつか拾つてみよう。

まず、**読みの向上**である。なぜ読めないか、ということは、国語教育の最大の難点として長い間の課題であつた。その**解決**は、教師の児童観の是正と指導方法の改善や辞書指導による自発学習への転換によるものである。

炊は**語法**（文のきまり）**指導への前進**である。日常の言語生活の中に、ことばのきまりのあることを通じて気付かせ、理解させて読解力を高めることに役立てている。これは国語の筋金である。

また**筋のとらえ方**や、**文意の探究**ということのために、文の構造とか語の位置や働きに着眼させ、さらに自己の読み取つた理解と所見を文やことばを通して発表させたり、相互の批判や討議を重ねたりして表現力と鑑賞力を培つている場面が広くなつている。

それから、個人差というものを前提としてそれに即する学習形態を生み出し、各人が参加できて、学習活動に安定感をかもし出している教壇も増えてきた。

辞書指導は財政というものに関することとして、なかなか手をつけようとしないものであつたが、不完備ながらも、思い切り実践に踏み切つた教師たちの実績によつて、語学、書字、読解、そして自発学習に及ぼす効果の大きいことを実証している。

子どもに読み方、話し方、聞き方、書き方を指導するということは、教師が自己の働きを通して指導することではない。子ども自身の働きによつて学び取らせることである。教師のすべきことは、子どもに、彼等の使用する適当な資料と用具を与えて、働く方法を身につけてやることである。

（中山興眞）

気象談話室

石嶺安進

気象の現象面について質疑応答のかたちで、基本的なものについて紹介します。なおこの欄は今後の続ける予定ですから、同ように疑問をおもちの方はお寄せください。ご指導くださる方は、琉球中央気象台の伊志嶺安進氏です。（編集部）

問　気温の逆転とはどういうことか。

答　気温は上空にゆくほど冷めたくなつているのが普通である。よく晴れた晩、冷えた地面や海面の上で、温度が上の空の方が下よりも却つて高温になることがある。このような状態を気温の逆転といい、その空気の層を逆転層という。逆転層はあまり高い空にはできにくい。普通二、〇〇〇米以下が多い。必ずしも層は一つとは限らず二つも三つもできることがある。

成層圏は一種の定常的な逆転層ともみられるが一般にこれは逆転とはいわない。また温暖前線中に、或る面を境として見かけ上、気温の逆転現象がおこるが、これも逆転層とは言わない。

No. 1

2000

高さ（米）↑

→

（註）点線の層が逆転層（冷たい気塊などや輻射冷却のためにおこるとされている。

暖

寒←

A×

（註）温暖前線に近い地点では上の空にあたゝかい空気がまいあがつているがそれも逆転層とはいわない。

問　地球上における最低気温を教えて下さい。

答　これまでの世界記録は一八九二年二月、北シベリアのベルホヤンスクで観測された摂氏零下六七度八というのがいろんな本にも書かれた世界最低気温のとおり相場であつたが、地球観測年の一九五七年五月十一日に南極圏のアムンゼン、スコット基地で摂氏零下七三度六・同年九月十八日摂氏零下七四度五・更に一九五八年八月十日にソ連の南極基地ソビエツカヤで摂氏零八六度七というのが終りに世界最低気温の新記録となつている。

問　琉球の最低気温の極は？

答　琉球気象台の観測記録は一八九一年来のものですが、それによると一九一八年二月の四度九（°C）が最低気温の極でありその年は一冬に四回もアラレが降つたことも同時に記録されている。なお興味のあることは球陽という古文献によると安永三年（一七七四年）三月十日、今から百八十四年前に『辰刻細雨交雪而下其後見草木之葉染月白土色』とあり珍らしくも沖縄に雪のふつた記録がある。

過去一ヶ年の学校訪問を省みて

吉浜　甫

文部省全国学力テストの結果（文教時報50号19および33頁参照）やその他でも見られ、また巷間では生徒達の英語力の不振がとやかく云われている。

それで、過去一年間の学校訪問を省みて英語教育不振の問題点を拾い上げ、それ等をお互いに検討し合つて新しい学年の課題としたい。

先ず問題点を大まかに分けて箇条書きに列ね、次いで個々のものを逐次検討してみたい。われわれは精いつぱいやつている、一生懸命やつているつもりでも、やはり完全ではないのですね、うつかりすると自分の授業の中に次のような幾つかの欠陥が伏在している事に自分では一向に気付かない場合があります。あるいは、それがどのように禍しているかに無頓着である場合が多い。その故に、懸命にやつている授業の中に大きな無駄があつたり、つまらない遠回りをしたり、とんでもないゆき過ぎを犯したりして、混乱を起し、生徒達を苦しめ、自らも苦しんでいるというような不手際がありがちであり、また随分見受けられることである。共々に切さ琢ましたいと念ずるものである。

1　宿題の課し方に十分な考慮が払われず、至つて形式的である。
2　授業が教科書中心である。（あるいは文法中心の説明主義、講義式で生徒はほとんど受身で聞き役、写し役で不活潑で、睡気やアクビを誘う）
3　1時間教科書を開き通している授業、これは至つて考え問題
4　チョーク、黒板、Text book 以外の教具のくふう考案に乏しい。
5　生活と遊離した授業、既習事項と未習事項の相関々係を無視した指導法。
6　Oral-aural による基礎構文打込みが非常に少ない、あるいは全然ない。
7　考えさせ、云わせることが少な過ぎる。
8　授業時間中に笑い（laughter）がない。
9　教具を使つたり、教師自らの動作や生徒にも動作をさせることを考慮していない。
10　前時の授業との繋りが余り考えられていない。個々バラバラである。
11　教科に追いつくのに苦しむ生徒達の取扱いについての教壇実践が慎重になされていない。
12　学習指導の順序の乱脈および本末転倒が生徒を混乱させている。
13　語いの訓練不足。
14　個人読（評価活動）の過多。
15　1時間の reading の分量過多（時間ではなく、教材の分量）
16　追読（reading-after-teacher）が少な過ぎる。
17　生徒の管理に対する関心が薄い。教師が説明している時、何かを書いていたり頁をめくつていたり、注意を他に転じている者が多くても教師はそれに対する適当な処置を考慮していない。
18　板書は模範であるべきだが、おざなりに書いている。
19　掲示、展示物による指導活動がかろんじられている。
20　指名して訳させている、これは〃自習書 あるいは虎の巻を珍重がらせる授業〃になりそうである。

ここに20項目も羅列したけれども、それらは私がこの一年間に見てきたこと、感じたことを大まかにまとめただけであるが、それだけでは雲を摑むようであるのでこれから個々の箇条を追うて詳しく見、検討してゆきたい。

先ず第一項目の〃宿題〃の問題を取上げよう。

（A）宿題の使名

〃宿題〃を最初にもつてきたのは、〃宿題即ち home-work〃の使命の重大性を考えればこそである。即ち沖縄の英語教育不振の一大要因として home-work への関心薄が先ず大きく指摘されねばならないと思つたからである。（これは英語のみでなく、他の各教科の場合も云える事だと思うが）なぜならば、学校の授業時間だけで英語を学習するということが如何に至難なことであるか、それは殆んど不可能なことだからである。ところが実際にはどうでしようか。家庭学習はそれ相当になされ、望ましい実績を上げているであろうか（われわれはこのように自問してみる、そしてもちろん〃ちがう〃と首を横に振つて自答する。）そこに大きな問題がある。というのは、学校の授業における学習というより、本当の意味における学習即ち本当に自分で理解する学習は家庭学習にあるのである。殊に英語の場合そう云えると思う。学校、授業などという何か緊張感の中で、教師（生徒にとつては少し怖いような、偉いような、近寄り難いような人間像）の説明し、教えた未知の難しい外国語たる英語は、授業を終えて帰る生徒の頭の中では未だ解つたような、わからないようなもやもやとした、形である、それを楽な気持で、本然の自分自身に帰つて、自らの手でほぐしてそしやくし、頭に整理するのが家庭学習である。従つてこの家庭学習という重要な部面の取扱いをおざなりにすることは、教育活動の致命

的失敗を意味する。そこで、これに探い関心を寄せて検討し、対策を講ずることなくしてはわれわれの期する英語教育の振興は望むべくもない。

(B) 宿題とは

われわれが〃宿題〃の二文字から受ける意味あるいは感じは、〃教師に云いつかつて家でやつて初めのうちは生徒は義務感でやる、しかしやがては本来の姿の宿題として受取るようになるだろう。その時は教師が宿題の使命とその重大性を十分認識し、実践し、成功した時であろう。

宿題、それは義務的学習から自発的学習習慣へと誘導する教師の help であり、Suggestsion であり、且つ、一週に幾時間、学期間、年間の孤立したバラバラの授業を絶えず接ぎ合わせ、整理してゆくという二つの使命をもつものである。

(C) 宿題の取扱い

(1) 分量および学習方法の指示

よくある宿題の与え方に〃きようやつたところを家で復習してきなさい。そうして次は第～課に入るからそこも新しい単語を引いて調べてきなさい。〃と授業の終りに云う。ところがこれをよく検討してみると、生徒達の大方はそれが果してできるのか。しかも国語、数学、社会、理科等各教科で大同小異の宿題がそれぞれ与えられたと仮定する。大した分量である。ところがどれ位大した分量か、ちよつと見当がつかない、しかし相当の仕事だという感じがする。一体生徒達にとつて何時間あればそれだけの宿題を教師の云うとおり忠実にやれるのだろうか、その所要時間もちよつと見積りができない、至つて漠然とした宿題である。

ところが、何時もこのような宿題だけ与えているのではもちろんない、しかしわれわれはややもするとそのような、自分でもその仕事の分量や所要時間などよくわからないし、また、余り考えもせずに、漠然と宿題を与えがちである、これは至つて不親切であり、また無責任でもあるのではないか。宿題などというものはそんなに簡単に、無責任に取扱われてよいものではない筈である、生徒達の能力ではどうしてもやれそうにもない多過ぎる分量を、しかもどのようにして何をやるのかもハツキリ指示せずに与える宿題は、(特殊の優秀児は別として) 大方の生徒にとつてその効果はマイナスになることが多い。というのは、このような宿題即過重な負担に彼等、純真な、いじらしい生徒達は最初は健気に精いつぱい頑張るであろう。抗すべくもない対象に挑むであろうがしかし悲しいかな何をどのようにしてやればいいのかもハツキリ示されず、不得要領、興味も湧かず、成果も上らず、遂には弓折れ矢尽きて参つてしまつて、英語から離れてゆく、学習嫌いになつてしまう、そうして〃宿題〃とは時間がかかつてはかばかしくゆかないもの〕、そうして手をつけない習慣ができてくる。やがては〃宿題〃とは (やらなくてもよいもの) という代名詞と受取られるようになつてくる。中学の二年頃からこのような傾向が多くなつてくると思う。(英語の場合は) 要するに、生徒が宿題をやつてこないとか、家で勉強しないなどというのは、いかにも生徒がなまけて勉強しないのだと責任を生徒にばかり帰することであつて当らない。少くともその責任の半分は教師にあると考えるのが妥当であろう。

(2) 宿題の締めくくり

前時に宿題を与えられたが、次の時間に先生はその宿題のことは覚えているのか忘れてしまつたのか知らないが、とにかく宿題については少しも触れずに〃今日は第～課だね〃と、けろつとし始めてゆく。そういう授業はよくある。ところが生徒はせつかくやつてきた宿題である。何とか一言でもよい触れて貰いたかつた、即ちやつてきたことを認めてもらいたかつたのである。やつてこなかつた生徒はほつとしているであろう、しかしこのようなことが幾度か続くと生徒は宿題に対して余り関心を持たないようになる。そのようにして一向に家で勉強しない生徒達ができ上つてくるのである。

それから、学習指導面から見ても前に述べたように、各個々の授業の接ぎ合わせをつけてゆくという重要な意味をもつものであり、宿題の〃締めくくり〃ということは不可欠の作業である。

各授業時間は前時の宿題の取扱いに始まり、また宿題を与えることで終わるのでなければ英語科学習における望ましい成果は期待できないと思う。

毎時間そのように宿題を一々見、また終わりには決つて適当な材料を、適当な分量だけ、しかもそれを学習する適当な方法を与えるのは大変ではないか、と思われるけれども、このように云つたり、書いたりしていると大げさに見えるだけで、実際は大したいことはない。要するに欲張つてあれもこれもとたくさん云いつけて、何にもやつてこないより、これだけは最少限やつてきてもらおうという重点だけにとどめる、〃なお〃その上に暇のある人はこれこれ～〃というように二段階に与えことも考えられる、それは生徒達に能力差のある現状ではまた大いに考慮されねばならないだろう。

種々の問題点が雑多にあるが、その中で今学年は、この〃宿題〃の問題を十分に検討し、実践に移して結果をみてみたいものである。皆さんのご協力をお願いしたい、なお次号には2、の教科書中心について検討をするつもりである。(ついでにお願いしたいのは、ちようど高校選抜テストが終わつていますので、そのテスト問題について皆様がご検討なさつてご批判下されば幸と思います) (学校教育課主事)

理科教育の反省と
來年度への展望

下地清吉

戦后、設備々品が皆無状態のまま理科教育が進められたものであるが。数年前から政府の科学教育振興計画によつて僅かながらも備品の購入が始められ、理科教育もどうやら光明を見い出した感がするが、さらに幾多の困難な問題点を包含しつつ学習を進めているのが理科教育の現状である。科学教育が重要であることは社会人の最も痛烈に認めるところであり、子どもの人間性を完成して、望ましい民主的な社会生活を営むことができるように育てることが、教育の一般目標であるが、その中で理科教育は自然の理法を明らかにして、合理的な生活を営むことができるようになることを主眼としているものである。

処で合理的な生活態度を身につけさせる目標をもつていてもこの事が理科教育以外の分野で不合理な生活態度を養う機会があるとすれば、その効果が挙がらないのは理の当然である。即ち「科学的な知識、能力、技能を高めて身のまわりに生ずる問題を自己の生活の歯でかみくだき、論理的な思考をめぐらし、科学的な考察力で処理して自己の生活を合理的に高めていく……」という理科教育の狙いは教育活動の全分野で育てられなければその効果を期待することができないのである。

現実の社会はおとなの生活でさえ案外不合理な面が多い現状だし、ましてや社会環境への適応の不備な心身共に教育される途上にある児童生徒に、これを身につけさせることは実に困難な仕事と云わねばならない。

戦後理科教育が生活単元学習をとり入れたため、いろいろとすぐれた面もあり、進歩した学習形態に変わつたことは一応認められるが、さて現場で指導するとなると余りに総合的過ぎて生活一辺倒な感がされ、いろいろな困難や悩みが多い現状である。

即ち生活単元であるが故に教科書に盛られている内容が余りに多岐に亘り、与えられた指導時間にそれらの内容をみんな科学的に解決し、科学的理解や能力を高めていくことを困難ならしめていることである。いわゆる盛られた内容が多過ぎるために、次々と展開される厖大な学習内容に追われて物事を冷静に考え、徹底的に追求し理解してこれを身のまわりに生ずる複雑な事柄へ発展するような、思考段階を追つた学習活動を困難ならしめているということである。

さらに教材量に追われるために特に理科学習の中で、学習を合理的に進め問題を的確に把握解決する手段として実験観察学習のもつ意義は実に偉大なものであるが、ややもすると「実験のための実験」に終つたり「事実を押しつけるための実験」に終つたりして子ども達に真にその根本に流れる科学的な考え方を育成する機会を与えないことがしばしば経験されていることである。

教科書や参考書を通読して実験に入ると、子ども達は実験の結果が予想通り現れねばことごとく自分の実験が不正であつたかの如く考え、その原因を追求しようとしなかつたり、さらに必要以上に教科書に依存してただ機会的に実験する学習から果してどれだけの科学的考察力や科学的技能、態度が養えるかと常々疑念を抱かせるものである。

理科教師の教育理念が確立し知識も豊富で、指導技術にすぐれていても対象である児童生徒のレディネスが合致しない限り、いくら努力しても効果がうすいということを強く意識せねばならないと思うのである。

去つた一月の第五次教研中央大会理科班の討論の中で、「実験するよりも黒板で図解して説明した方が生徒の理解が早い」という意見があつたが、大きな問題点としてその場で取り上げられなかつたことをつくづく後悔したものである。一教師の悩みとして大きな意味をもつた発言であつたが、その場の雰囲気が他の問題で真剣に討論中であつたためこれが枝葉の如く考えられ、だれとしてこれを主題に討論しようとしなかつたのである。

討論の日程がすんでから考えてみると沖縄の理科教育を正しく力強くそして効果的に推進しようと血眼になつて努力する反面、実験を主体とする理科学習が、真に実験観察の意義を発揮して子どもの科学性をどれ程培つたかに関する反省と考察が案外忘れられているような感じがしたのである。

即ち実験観察は科学的な問題解決を目論んで本当に子ども達自らが必要を感じ、（場合によつては教師や環境の刺激によつて）進んで探究しようとする意欲と興味を始発点として進めるものでなければ案外意義が半減してしまうものだし、かような条件下にない実験は、いわゆる機械的になつて単なる実験に終始することが、多分にあることを考えなければならない。

実験をする時、明確な目標も分らず、ただ教科書に挙げられた通り単なる知識の裏付けとして、或は「事実を押しつけるための実験」として生徒の実験がなされた場合、時間的にも非能率的になり子どもの科学的素養も高められないままに終つてしまうおそれがある。

即ち要領を得ないまとまりのない実験よりは黒板実験で説明した方が分ったように納得していく場合が考えられるのである。

かような点で我々理科教師は今一度実験観察学習の方法とその指導技術について真剣に研究しなければならない場面に追いやられるのではないでしようか。子どもの科学心なるものは一朝一夕に芽生えるものでもないし、望ましい理科教育を推進するためには、直接関係する理科教師が理科としての縦横の関連性（系統性）を充分考慮研究して日々の教育活動で科学的な考察能力や深く思考をめぐらして探究するような態度を育成し、いわゆる科学性を徹底的に培うものでなければならないと考えます。

かような観点から理科教育を検討する時、小学校低学年における理科教育の任務は実に重大でありここで一応のじつかりした科学的能力や態度が形成されるならば中学年、高学年と進むにつれて漸次論理的な思考段階を追つた学習が活潑になり実験の意義も大きく発揮されるようになると信ずるのである。

終戦直后の全く国語的な理科指導からだんだん抜け出て政府当局およびPTAの物質的な補助や、援助によつて備品が購入され、尚指導者の良き指導助言と現場教師の相互研修によつて理科教育はかなり進歩向上したことは明白でありどうやら軌道に乗つてきた感はするが、さらに多くの問題点が山積している現状である。

沖縄の教育を推進するのにいろいろな問題点が多いことは否めない事実であるが、その中で教育上の問題で最も悩みのあるのは理科教育ではなかろうか。設備品は極貧であるし尚、生活単元であるが故に教材の範囲は尨大にわたるし与えられた学習時間で教科書すら一通り終るのにいろいろな抵抗が生じ、真剣に考えられる程問題の大きさに驚歎せざるを得ない。実験の意義と価値を強く認識して、実験観察学習を強力に推進するには万般に通ずるために教材研究もうんとせねばならないし、いくら簡易な実験といえども予備実験も絶対に必要だし、さらに生徒実験（教師代表実験も含めて）の準備、効果的な学習を進めるための指導技術の研究、学習を合理的にまとめるための「まとめ方」に関する研究、実験の後片付け、いくら時間があつても足りない多忙さで毎日が明け暮れる現状である。

理科教師の負担加重を軽減せねばならない問題はしばしば話題に挙がるが科学的にこれを裏付ける資料もないためいくら叫んでも実現しそうにないのである。理科教育をさらに推進するためにわれわれは与えられた正規の勤務時間を如何に利用すれば最も能率的で合理的に活用できるかについても、互いに研究したいものである。

理科教師の課題

沖縄の理科教育推進のために、お互い教師が共通の課題として研究せねばならない分野は多岐にわたるが、その中でも特に次の点は強く意識して、真剣に研究せねばならないと思う。

一、理科の指導内容が余りに多岐にわたり実験観察の事項も多過ぎて全部できないので年間で可能な限りにおいて最小限必要で最も基礎的な重要な実験項目（実験観察のミニマム・エッセンシャルズ）を選定し、各項目について沖縄の地域に即するようにその目標、指導範囲、指導方法と技術について具体的に研究しよう。

二、実験観察学習をする時、真に子ども達が科学的に物を見、考え、判断し本当に自分の生活の歯でかみくだいて消化吸収するように、児童生徒の興味と意欲を高めるために、実験観察学習の方法を再検討しよう。

三、理科同好会（仮称）を地区毎に組織して日頃の悩みや不安を、共々に語り合い教壇実践に自信がもてるように研鑽し合おう。

四、改訂指導要領によつて昭和三七年度（小学校は昭和三十六年度）より実施される理科指導についての内容の研究、および現在における移行期の理科教育の取り扱い方を研究しよう。

要望すること

理科教育の困難点を打開し、理科教育の前進のために、今述べたような面で理科教師が熱心に研究して実践していくならば、子どもの科学性はさらに一段と伸長発展することは必定である。がそれと併行して万難を排して実現していただきたいものに、次の諸点が挙げられる。文教当局を始め、各要路の方々の絶大なる関心とご配慮によつて、一日も早く実現してもらうよう要望したい。

一、理科特別教室の早期設置

二、理科備品購入のため予算を独立して補助してもらいたい。

このことについては確か文教政策の中に科学教育振興五ケ年計画が樹立され、一九五五会計年度から理科備品購入の特別補助が割当てられて理科教育に大きな希望をもたらしていたが、一九五八年度より一般備品に補助名目が変更し、理科備品購入の予算は大巾に縮少され、備品の充実を益々遅らして、理科教師に不安と失望を与えている状況にある。どの教科よりも予算が多額に要求されねばならない点から考えて、ぜひ特別のご配慮を払つて早急に実現するよう望んでやまない。

三、理科教育振興法の早期立法。

（北中城中学校教諭）

体育保健教育の反省と希望

奥平玄位

一　体育の学習領域と指導の問題

(イ) **体育は身体的な面**　からは、発育や発達を助長し、かつまた、体力の増進をあわせて考えて行われねばならない。そのためには力試し運動だけではいけないしボール運動だけでもいけない。

それで体育指導は、全体の立場から、その価値のあるように学習する事が必要であるが、児童としては、ややもすると、錯覚をおこして、鉄棒運動より、ソフトボールがいいとか、徒手体操より、ドッチボールが面白くてためになると考えがちで、いきおい好きなものを選択してやりがちである。もちろんドッチボールが悪いというのではない。この運動にも価値はあるが、それだけでは必要にして十分な身体活動は学習した事にはならない。

色々な価値のある運動をおちのないように取上げ体育運動全体について学習することによつて発育発達を助長し、体力を増進するに役立つことができるのである。しかし現在の体育指導は、一部分の運動のみがおもに取上げられ指導されているのではなかつたろうか。

これは、児童がおもしろくないと不平をいうと、いきおい児童の好きな運動をやるようになることが多々あるからである。これは教師の指導領域に対する研究が足りないからであると思う。

(ロ) **実際の授業**　では、事前準備が不十分である。適当な運動だと選んでおいても実際の場において事前準備ができないために、児童にとつては、身に入らない学習になつてしまう。児童の運動の方法の習得はされたが技能の習得はなされずに時間を過ごしてしまう。それでせつかく選んだ運動も強調されるべき面は強調されずに終わる事になる。

このような事がつみ重なつて結局上級生になつても方法はわかるが技能となると全くできない子どもが実に多い。教師は技能を最初から指導するよう心がけてもらいたものである。

対外競技があると選手だけが技能は上手となり、いかに優勝校といえども他の子どもたちは技能面においてはあまり向上していないと断言しても言い過ぎではない。

運動方法、練習方法を良く研究し事前準備をよくして一時限の中にどこに力をいれるべきであるか、この教材はどのようにながれるべきであるかを良く知つて指導に当らねばならないのである。

(ハ) **日頃の体操指導**　が系統的でない、領域や準備とも関連するのであるが、教師の教材に対する系統的な知識も欠けているのではなかろうか。系統的な指導がなされてないため、児童の技能の面においては指導にかけた時間に比して向上が見られないのが多い。

教師は教材をよくかみしめて段階的に研究し指導に当ることが必要である。又児童に自分の現状を良く知らしめ、進歩向上のために努力するよう指導がなされるべきであるのが、体育時での話しいがなされず評価反省がなされないために自分自身の程度も知らずにただ練習のみ行われているのが多く見受けられる現状であるのを残念に思う。

(ニ) **雨天時や真夏真冬の体育**　児童期は身体発育に重要な時期であり、児童は運動欲求が旺盛である。この時期に良い方向に導いて行つてやらないと満足すべき身体発育はのぞまれない。そのために周三時限の最低指導時限が設けられたと思うのであるが、たまには、雨が降ると、体育が国語や算数に早や変わりする事等がおこる。雨天時には、それに適した体育指導が考えられねばならないと思う。ちよつとした考慮によつて、教室内においても、体育指導は行われて然るべきはずである。

また夏の暑い真盛りに直射日光を受けてやつてる体育授業を見受ける。だまつておつてさえ暑いのに大変な事だと思わずにおれないのである。児童は熱中するあまり、その後の事を忘れて決行する。だから教師は児童の身体に及ぼす影響という事を考えて夏の体育指導の場所を考慮する必要がある。

沖縄においては、夏の体育は教師にとつて最も研究すべき問題をはらんでいると思う。

師弟同行という事が教育効果を一層倍加するのは、昔も今も変わりない。冬の体育時に寒いといつても教師の服装はどんなでなければならないかは自ら判然としているであろうけれども、垂範実践がこれに伴わない事例が多い。児童に運動できる服を着けるよう奨めるなら、教師もそうでなければならない事を反省すべきである。

二　カリキユラムの立案について

カリキユラムは他教科との関連、施設用具、教材の比重や児童の実態等を考慮して立案されるのであるが、どちらかと云えば、児童の実態、即ち体格体力の面はあまり考慮されずに立案されてきたのが多い。真に、児童の身体的発育発達を希うものであるならば、身体検査や体力テストの結果を良く検討して児童の体格体力を知り、どこに重点をおくべきかを考慮の上に立案されるべきではないのであろうか。

三　施設用具について

これまで目に大きくうつる施設の整備には良く力をいれてきたのである。もちろんそれがいけないのではない。児童の体格体力の欠点を考えて整備されるのであれば大変良い事であるが、どちらかと云うと、消耗的備品の充実には、あまり力をいれなかつたむきがあつた。

日頃の体育時はこの消耗的備品によつて、行われるのであるから、今後この方面の備品の充実には大いに気を配つていかねばならない。

四　健康教育について

健康は人間の最大の幸福である。学校教育が児童の身心共に健康な人間の育成にあるならば、学校保健の問題は、教育基盤であろう。しかし、この学校保健の問題は、これまであまり取り上げられない向きが多かつたように思う。児童の発育状態も最も良くない宮古が先ず取り上げるべき第一の問題はこの学校保健ではなかつたであろうか。此の度学校保健を研究するに当り、つくづくこのような感が致すものである。この面について断片的な感想を少々述べてみたい。

大切な健康観察だが、一般におろそかにされ易い傾向があるのではなかろうか。方法には朝の観察、時間を定めず随時、例えば、体育時、課業時、給食時、掃除の時、休憩時等児童の健康状態の観察の方法がある。普通児童の生活状態を考えると、自分達が病気や異常を知つて登校している場合と、本当は病気であるが、自分では気づかずに登校している場合がある。大切なのは後者であつて、子どもや家庭が気づかないものを、事前に発見し、適当な処置と生活指導を施せばどれだけその児童が救える事だろう。

そのためには、担任が学級の児童を良く知らねばならない。知つてはいても、個々の児童の感情の変化や、注意力行動等を比べたり、疲れの具合等を観察している中に人数が多くなるといやになつてしまう、しばらくは続けても異常者が見当らずに旬日を過ぎると、どうせいつもと同じだろうと思つてほつておくというケースが予想もされるし、事実またあつたのである。（これは教師の関心の問題ともなつてくるのであるが、）大切なことだがとかくおろそかにされ易いものの一つである。

またもう一つの問題点は個人によつて種々原因症状などが違うので画一的指導ができないため予想外に時間がかかる。それによつて他の授業へのくい込みがおこる。これもよく注意しなければならない問題だと思う。

次に習慣形成指導について考察してみよう。これは全く児童と教師の根気勝負である。いくらいつても手を洗わない、歯をみがかない。なぜ手を洗う事が必要か、歯をみがかなければどうなるか、う歯が身体にどう影響するか、何回となく話をしたのだから児童は良くわかつているはずだのにいくら「良い習慣だ」と云つても実行が永続きしない。

全く八方ふさがりで、なげ出したくなるものである。後には、ほんとにこんな事をしなくても健康にやつている人もいるのではないかと考える。

だがしかし児童の将来の事を思えば、ほつておける問題ではない。冷水摩擦にしてもその通りであつて、効果について色々と説明し話して聞かせたのだが、六年生ですら（六ケ年間続けて指導されている）進んでやる児童は少く、特に女子はそうである。家庭でやる子どもというとほんとに半数以下であろうと思えば淋しくもなる。

それでこのような習慣形成指導には、家庭や父兄と共に地域社会の大きな理解と絶大な協力なくしては、学校のみの無駄骨折りに終わるそしりがないとは言えない。だから教師がそれらの理解協力を間断なく推進し、忍耐強く児童との根気比べという意気に燃えての教育信念に生きる覚悟が要請されるのである。

※　※

以上とりとめのない思いつきの反省と希望を卒直に披瀝したのであるが、要は教師の良心と信念にかかつている事である。

（下地小学校教諭）

お知らせ

四六号（九月号）は免許法、同施行法僻地教育振興法等の法令集になつております。当課へ余分が少々ありますので、ご連絡下さればご送付いたします。

文教局研究調査課

英語教育の反省

盛長潔文

はじめに

去年の三月学校を終え、教職に着いて間もない。この春でようやく一年の月日を迎えるばかでふりかえつてみた場合、じつくりと英語教育の反省をするだけの足跡は残してきてない。というのは、これまでの生活とは異つた環境にはいり一日一日がすべて私にとつては新しい毎日が展開されるように思われ、従つて新しい経験を身につけようと懸命になる一方、英語科だけでなく他の教科も担当させられている関係上全力を出して指導しているので英語の教科といつてごく大ざつぱな、しかも部分的な問題しかもつておらない。

従つて、これから述べようとするものが必ずしも一般に共通した問題であるというわけでもなく又「井の蛙」的な観点も起きないとも限らない。それゆえ、前もつておことわりとお詫びを申し上げ、日々の実践から感じた事柄を素直に述べてみたい。

さて、赴任そうそう一年の月日がようやく流れようとしている今日のこの頃、いきなり英語教育の反省は?とくると少々困惑してまう。が、さしあたり教師の指導法の面から述べることにする。

まず英語教育の現在の新しい行き方ではその指導法の一部分になつている訳読（従来はこれのみと言われていた）から脱皮したかと思うと実際にはそうでなく、ややもすると従来の訳読式一本立に逆戻りする恐れはないかということだ。

なぜ訳読式だけではよくないかということについては指導の実際面に未熟な私が言うまでもない。およそ中学校では、義務教育即ちすべての生徒が一人前の社会人になるためには同等に学ばせ、それは相当の理解力（知識）をもたさなければならない。単に訳読式だけで指導した場合、上位の理解力を有する生徒はいいとしても大半の生徒がわからないままに中校の過程を終えてしまう。とすれば、義務教育云々の言は何の意味もなさなくなる。

ところで従来の訳読式のみの指導に流れゆく過程として、心ある指導者は朝から晩まで「あるもの」をくふうし、教材に使用し、もつと効果的な教材をと心あせり、あげくの果は「どうも今の学校の貧弱な予算では……」と不平をいい、いきおいテキストとチョークを手にして、のどをからして余計なエネルギーを消失する。又要領を本分として単なる職業と考えている者は「読んで解釈して理解させればそれでいいじやないか」と安易な方法をとるであろう。或は二学科、三学科と担当し、教材研究の時間的余裕が少い指導者は、やむおえず「まにあわせ的にもできる」訳読式を仕方ないとあえて行うでしよう。このように教具購入の予算不足や指導の安易さ、研究の時間的余裕がない等の理由でつい訳読式のみの指導に陥入るのではないかと思われる。

次に指導者自体があまり外国語研修の機会に恵まれてないため、簡単な教室英語でも頭の中での英作（文語的）文になりかねない状態では、結局指導者自体がさきに否気がして、本来の理想的指導法への接近がむしろ遠ざけられ、生徒が比較的に興味（関心)をもつ Oral introduction も長続きせず、従つておもしろい授業は期しても望まれないということも考えられます。又その反面、指導者自体それ相当の抵抗を感じながら生徒に対する注文が多過ぎはしないか、反省すべき問題であると思う。これらの問題を当局始め我々は「どうせ英語を話す国民ではないから……」とあきらめ、外国語は「外国文化を研究しようとする人達にとつて研究の手段に過ぎぬ」という狭い考え方をそのまま肯定してよいものかどうか。

英語教育指導に当り、一年生と三年生とでは指導法に格段の差はないにしても教材（テキスト）の内容やその他の面でかなりのへだたりがあることは言うまでもない。高学年を担当する者は、それらにふさわしい技能を身につけていなければならないことはもちろんであるが、テキストの範囲内はどうにかうまく説明ができても一歩テキストからそれると日常会話の簡単なものでも教材の中におり込むのに一苦労する。

その理由として、前記の教材研究不足や教具不揃い等も考えられるが、これらの外に生活をとりまく社会的環境要因も考えられると思う。言語というものが社会的習慣要素を含んでいるとすれば、その中に生活している指導者は別としても学ぶ生徒にとつては一日一時間一週間でわずか三、四時間しか外国語の雰囲気にひたることができないという状態では今さらながら気の毒な感じさえしてならぬ。他の教科であれば少なくともわれわれの日常の生活経験を通して習得される面も考えられるが、英語科の場合、指導者すら多くのものがただ報道上で用いら

※二五頁へ

図工科教育を省みて

神山林

　図画の時間になると子ども達は口々に「先生、今日の図画、自由（好きなもの）にして下さい。」「よし、自由にします」と言うと、ほとんどの子が腰掛を外へ持ち出して写生をはじめる。そして十分程すると「先生できました。」と言つて持つてくる。作品を見ると、山あり、木あり、田圃ありで子どもらしい面白さがない。次の図画の時間も、自由、自由と言うここで言う自由とは、彼等に一定の題材を与えてくれるな、と言うふうに聞える。そして、喜んで外へ飛び出し、同じような作品を描いて持つてくる。こうした、彼等の喜びと言うのは表現活動に対する喜びと言うよりも、教室外へ飛び出す喜びの方が大きいようである。これが一学期の始め頃の実状であつた。

　六月になると、図工科研究の機会が与えられ、いよいよ具体的な指導方針を立てる事になつた。その第一の方針は「どうすれば表現活動に興味をもつようになるか」と言う事をとり上げ、先ず、生活画を通して、表現活動の喜びを感じせしめようと思つた。そして生活画に力を入れようとしたが、その生活画に子ども達がいきなり興味を持つのでもなかつた。それを妨げている一つの原因と考えられるのは、概念画や模倣画である。そこで、先ずその概念こわしから始めることにした。

　色数を制限して描かしたり、画用紙の形をかえたり、物を観察して描く事等の方法をとつてみた。次に、人物表現に抵抗を感じている事がわかつた。その抵抗を除くために、郷土の行事（祭）を題材に、共同製作をやつたりそして、やつと生活画に興味をもつようになり、作品を通して、彼等の考えている事がよくわかるようになつてきた。

　こうして、いろいろの方法を計画し、それを実施していく上に最も大切だと感じたことは児童と教師の心のつながりである。それはある一つの目標に向つて、働きかけようとする場合の原動力の役目を果すんじやないかと思つた。

　教師が周到な指導計画を立てて進もうとしても児童がそれに乗じなければ何の価値もない。彼等の一寸した言葉でもとり上げて聞いてやり、その要求も充分に聞きいれ、彼等がもつている信頼感をこわさないように、また、教師に対する親近感が充分もてるようでなければ児童は心から喜んで教師についてくるはずはない。

　他の教科でもそうだが、特に創造活動や情操教育においては、そういう、児童と教師の心的な面が強く働くんじやないでしようか。また、そういう児童の心の態勢を整えるために決して放従すると言うわけではない。

　現在、彼等は生活画を通して表現活動の楽しさを充分に味い、図画の時間に限らず、休み時間を利用して絵を描き、そして自分達で後方の掲示板にはつて喜び、互に賞讃し合つている態度すら見受けられるようになつた。

　こうして、一応概念写生画から解放され、興味をもつて盛んに描きまくつているが、解放後の子どもの絵をどう導いていくかという問題が今後の研究課題になつているんじやないかと思う。

　新しい図工科教育のあり方についても一般社会の人々がもつと理解して貰わなければいけないと思う。子どもの絵が外からの権威や圧力で描かされたものでなく、自由に楽しく描いたものであれば、それは子どもの自己表現であり、それを通して子どもを理解する事によつて、その子に適した教育がなされるんじやないかと思う。

　内向教育と言われている。絵と作文教育は、芸術であり、その芸術を通して彼の魂を養い人間性の確立をめざさなければならない。外からの刺激によつて押し流されて行く子どもをささえるのは、ただその子の魂の力ではないだろうか。子ども達が絵に興味をもち始めたこの頃、学級ＰＴＡで、ある一人の父兄から、次のような質問を受けた。

　「最近、うちの子どもは、学校から帰ると絵だけ描いて、いつこう勉強しようとしませんが、何とかして絵を止めさせる方法はないでしようか。」真剣な態度で質問していることがよくわかる。しかし、せつかく一生懸命になつて絵を描いている姿を、ぶちこわし、国語、算数をすすめたからと言つて、心から喜んでその子が、国語や算数の勉強に一生懸命になるだろうか。よほどの子どもでない限り一年中通して、絵だけ描き続けると言う事も考えられないし、最近その子が絵に興味をもち始めたならば、むしろそれを取り上げてほめてやるか、さもなければ、今暫くそのまま、見守つてやつていた方がその子の将来のためになるんじやないだろうか。

　私はそう答えた。図工科教育を通して子どもをよく知り、彼等に楽しい夢を与え、社会生活における最も大切な創造能力を養い、人間性を確立しようと云う新しい図工科教育のあり方について父兄にもつと理解して貰う事にも、今後、心がけなければいけない事と思う。

（奥間小学校　教諭）

個人差による
学習指導の一形態

中山一

一、学習指導への意見

いかなる名教授者が理想的な計画のもとに画一的学習指導を行つたとしても、個々の生徒の能力や興味が画一されるということは考えられません。子どもたちの個人差というものは否定できないものであるからです。この否定できない子どもたちに同一の条件と同一の目標においても指導をすすめようとするところに、現代の学習指導の問題があると考えます。同一の条件と目標においての学習指導というのは、教師の側にとっては、労を要しないし、一般的な指導形式を心得ておればよいといった安易な道を選ぶことになります。次に、発達段階に応じて芽生えてくる自主性ということです。

漢字指導、かなづかいのごとき基礎的学習を、中学校においてもドリル板に頼つていることは、どうでしょうか。かれらの中におこつてくる問題をかれらの自らの力で解決できる態度を養うのが、学習指導の本来のねらいであるとするなら彼らの自主性を信頼したいものです。

また、学習は教科書を学ぶのでなく、教科書で学ぶのでありますから、単元ごとに学習目標をしっかり示して、できるだけ多くの学習内容を与えたいものです。教科書をおそれて一年間に上下巻の二冊もおえきらないのはどこに原因があるのでしょうか。

二、グループ学習に対する考え方

ところで、個人指導が理想的な手段として考えられるのでありますが、一教師が四十名余りの生徒を個々のカリキュラムによって指導を進めるということは不可能なことであります。そこでグループの指導が考えられるわけですが、二つの行き方が考えられます。一つは「同質グループ」二つは「異質グループ」であります。異質グループの場合は社会性を養うことがねらいとされ、同質グループは教育原理の立場から効果をねらつたものであります。両面の特質をうまく利用することが理想的なグループ学習と考えます

三、私の現段階における学習指導

四つの段階グループが適当だと考えます。A、B、C、Dの各々のグループに目標を与えました。骨組みだけ例としてあげます。

Aグループ
1、自主的に学習計画を立て、自から系統的学習ができる。
2、好きな創作ができ、発表ができる。
3、積極的に発表できる。

Bグループ
1、教師の与えた計画案によつて、自己の計画に基いて単元学習ができる。
2、文学作品の鑑賞ができ、感想文が書ける。
3、正しく発表できる。

Cグループ
1、教師の与えた計画案によつて自主的に単元学習ができる。
2、積極的にグループ学習に参加できる。
3、文章を読んで、感想文が書ける。

Dグループ
1、どの単元も、自ら読みができる。
2、学習態度—長時間熱中して学習できる。
3、読書に楽しみをみいだす。

四、学習指導計画案について

○いうまでもなく、実態に即して立案しなければならないが、教師は、最低規準の目標をつねに考慮すること。

○自主的学習をさまたげる指導計画案でないように。

○「単元学習」を重んずる。教室における進度や単元に要する時間数は画一するのは止むを得ない。与えられた時間内に、「興味や能力に応じて深さにも個々の差」が見出せると思う。

○指導計画案は、イ指導目標　ロ時間数　ハ各グループに与える内容　ニ教材観　ホ評価の五項目を記録しておく。

五、三年の三つのクラスにおける進度状況

A組は一齊授業のみで進めた。

B組はグループによる学習のみで進めた。

C組は、五時限の中二時限は一齊授業三時限はグループによる学習の割合で進めた。（指導案例　頁へ）

六、三年の三クラスにおける学力の状況はどうなつたか

成績	月	A組	B組	C組
0〜20	5	3人	5人	4人
	7	5人	4人	3人
	9	5人	2人	4人
	12	4人	3人	3人
80点以上	5	7人	6人	6人
	7	6人	7人	7人
	9	7人	10人	7人
	12	8人	11人	8人

		A組	B組	C組
	6			
	5			
	4			
	3			
	2		11月1日	12月20日
二葉上巻	1			
	6	12月20日	9月15日	11月
	5			
	4			
	3			
	2			
下巻	1			
	6	9月	6月	7月
	5			
	4			
	3			
	2			
学図上巻	1			

◎学習計画案　参考資料

単元	三　小説	
大単元目標	1、小説の筋や主題を読みとることができる。 2、人物や背景の描写を味わうことができる。 3、作者のもののの見方や考え方を理解する。	4、小説のもち味を知る。 （興味は、人生について、社会について人間そのものについて深く知りたいという望みに基づくものである。）
小単元	馬上の友	クマ
小単元目標	1　小説の筋、主題のとらえ方（完成） 2　描写の味わい方　（完成） 3　作者について知る。 4　作者の時代的背景を知る。	1　小説の筋や主題のとら方。 2　描写の味わいえ方。 3　すぐれた小説を読む態度。 4　文学愛好の態度。
時間	3　時限	3　時限
学習内容のあらまし	1、すじ、主題をとらえる。（A） 2、主題はどういうところに現われているか。（A） 3、次のことばについてしらべる。（C） イ、なまいきなる少年なるぼく。 ロ、はなはだしきは馬の上で ハ、けだし彼はしばしば教えられていたにちがいない。 ニ、かつ努めて逆行しようとのみしていたのである。 4、「ぼく」と「少年」の性格を比較。（A） 5、少年の父のいじわるさはどこからくるか。（B） 6、少年と父との対立はどこからくるか（B）	1、「クマ」の姿や動作、「クマ」の気持についてしらべる。（B・C） 2、「クマ」の性質についてしらべる（B・C） 3、すじ、構想、主題（A） 4、作者の「クマ」に対する愛情はどこに現われているか。（C） 5、作者のものの見方、つかみ方の特色（B）

指導目標　（第二時限　学習指導案）

(1)　異つた境遇と性格にありながらそれにふれあう、少年と少年の心情をよみ取らせる。

(2)　語り手が自称する「ぼくの見る少年、その少年に対して「わが」と呼んだ友情の深さをさぐらせる。

(3)「早かつたねえ。」とただ一言。無言の中にもふれあう少年と少年の気持を読みとらせる。

(4)　すじを追つて、主題をとらえる能力を養う。

指導内容

(1)　すじ、主題をとらえる。

(2)　主題は、どういうところに現われているか。

(3)「ぼく」と「少年」の性格の比較

(4)　少年と父の境遇について。

(5)　前の単元「クマ」と「馬上の友」との比較。

教材をこう見る

イ、「ぼく」は、負けん気で積極的。悪くいえば、がむしゃら。

例えば、初めて馬に飛びついて、背によじのぼろうとする。

早足の馬でありながら空想にふける。

「少年」は控えめで、落着いている。苦労して育つてきたものの暗さがある。父に対しておとなしい。」ぼくもとうとう泣いて父にあやまつた…。」

こうした境遇と性格の違つた同じ少年がいつのまにか好きになる。

ロ、少年の父は、世人に対して、常に反抗的。

世人が自分を軽蔑していると思い込んでいる。たつた一人のたよりになる息子の船乗りになりたいという志望をも押える。そこに少年と父は対立する。

ハ、恵まれた家庭に育つた「ぼく」と落ちぶれた境遇に育ち、無理解な父との間の対立に悩んでいる少年。そこに「ぼく」の「少年」の境遇に対する人間的な同情が湧いてきた。

ニ、「早かつねえ。」とただ一言。車の進むにつれて馬も進む、彼は馬を車に並べて走らす。馬上の人、車上の人、語らんとして語ることができない。

ほんとうの友、ここのところに二人のほんとの心のつなぎが見えると思う。語らずとも知りあう二人の気持。

時間

○本単元　二時限取扱い

その第一時限

○授業のおよその運び

1、すじ（板書）……生徒

2、板書について（話し合い）……生徒

3、人物について（話し合い）……生徒

4、主題について（話し合い）……教師、生徒

（安謝中学校　教諭）

地名の呼び方と書き方　その一

地名の呼び方と書き方が、社会科学習に及ぼす支障を除くため、わが国および外国の地域名称の呼び方と書き方の標準が文部省より示されたので次に紹介しましょう。

地名の呼び方と書き方に関する方針

1　**地名の概念**

ここで地名というのは、陸地、水域に関する、名称、都市、村落などの集落名称、地方や国の名称など、地点、地線および地域につけられた名称をいう。

2　**地名の書き方**

(1)　日本の地名の書き方については従来の慣習によるが義務教育における児童、生徒の漢字に対する能力を考慮する。

(2)　外国の地名は、漢字にひらがなを交えた文、地図などにおいて、原則としてかたかなで書くものとする。

(3)　外国の地名は、なるべく、その国なりその地名なりの呼び方によつて書く。ただし、現地の呼び方とかけ離れた呼び方が慣用として熟していて、それを今直ちに改めることにいろいろ混乱が予想されるものについては、従来の慣用に従う。

3　**小学校・中学校・高等学校・盲・ろう学校および養護学校の小学部・中学校および高等部を含む）の地名に関する学習においては、この方針によるものとする。

一般外国の地名

原　則

1　外国の地名は、原則として、かたかなを用いて書く。

2　外国の地名は、なるべくその国のとなえ方によつて書くが、慣用の熟しているものについては、それに従つて書く

3　外国の地名は、なるべくやさしく親しみやすく書く。

中国朝鮮ならびに樺太および千島の地名

原　則

1　中国「チェンクオ」朝鮮の地名の呼び方は、原則として、それぞれの標準音による。

2　樺太および千島の地名の呼び方は原則として、慣用の呼び方による。ただし、必要に応じて現地の呼び方を付記してもよい。

3　中国、朝鮮ならびに樺太および千島の地名は、かたかなで書く。ただし、必要に応じて漢字を付記してよい。

評価について

喜友名盛範

教育評価の技術の進歩と普及は、戦後の沖縄教育界のいちじるしい収穫の一つであると思う。それも一九五〇年頃日本におけるその道の権威、牛島義友先生や小見山栄一先生、長島貞夫先生等の来島講演を始め、毎年の夏季講座に本土よりの招へい講師による、大がかりの教育評価の開講がなされたためだろう。

ところで、教育評価の理論や技術を、日々の教育実践にどのように活かすべきかは、今後の開拓にまつものが多いのである。

本校が、過去二ヵ年にわたつて、文教局指定の教育評価の実験学校として、実践してきた二、三の実例を紹介したい。それは無論不完全なもので、はたしてこれでよいのかと非常に不安におそわれるのであるが、一応ありのままをさらけ出してご指導を賜りたい。

何のために評価を行うか

何のために評価を行うかをしつかりと把握していなければならない。それがあいまいで単に惰性として行うことは、評価の誤用、悪用となつてしまう事がある。

評価を行うことは結局は、生徒を正しく伸ばすための行為であつて、決して通知票の記入や「5・4・3・2・1」の評定をするために行うのではない。ところが従来、テストや観察等によつて得た多くの資料は、ややもすると、前者をねらつていながら結果においては後者に利用されてしまうことが多かつたのではなかろうか。

即ち過去において、学期試験とか月末考査とか測定や評価が行われていたのであるが、そこでは指導と評価とが別個に考えられていた。一定の期間にわたつてある教材が教授された後で一定のテストを行い、あたかも考査が授業のしめつくくりをつけるかの如くに錯覚され、単に勉強と考査とが規則的に繰り返された。その結果は、測定されやすい知的な記憶ものが評価の対象にされやすく、他の大切な面が見落され、次第に生活から遊離した。観念的、抽象的なもののみを測定しいろいろな矛盾や不満を感じながらも、学習の評価処理をしてしまう他に方法は少なかつたのである。

真に指導のための評価であるならば、生徒の進歩遅滞はもちろん成功失敗の内部実情まで明らかにするようにしなければならない。

評価を行うには多方面から多くの資料が必要である

内部事情までも明らかにするための評価にはできるだけ多方面からの多くの評価資料が集められなければならない。この子の学習成績は5とか4とかいうふうにかたづけてしまうのみならず、これより一段と深めて、この子の学習でのつまづきはどこか、この子は知能に照してどうか即ち成就状態はどうか、もし知能相応にのびてなければなぜそうなのか、その原因の探求にかかるべきである。(事実そのような子どもの存在することに注意すべきである)

環境の不適、性格的欠陥、情緒的困難等多種多様な障害のために、せつかくのぶべき者でもストップされ、あるいは悪循環して苦境にさらされている子のことを考えるべきである。このように考えてくると学習の評価を行うにも、知能、環境、性格の各面からの評価資料が要求されるのであり、これら多くの資料をもとに評価が可能となるものである。

本校で行われている評価の実例

本校が実験学校としてやつてきた評価の利用実例のあらましをのべてみよう。

粗暴な子どもA君の指導を追つて

A君は現在一年に在学するわんぱくである。彼は入学して間もなく職員室の話題にあがつた。話によると彼は、授業時間に思わず奇声をあげて落ちついた教室の空気を混乱させて、皆が笑つて授業が停頓したりすると喜んだりすることがしばしばあるばかりか、学級担任の授業時以外は平気で座席を変えたり、暴力でクラスの者を支配する等、なかなかの要注意人物である。そこでAを呼んで「中学生にもなつたし、もつと真面目にならねば……。座席もかつてにはなれてはいけない旨」注意を与えた。A君は素直にうなずいたような様子であつた。それからしばらくは静かだつた。席を離れたりはしなくなつたが、彼が授業をうけている姿は実に気の毒である、非常につまらなさそうな表情である。ところがそれもつかの間でまたやり出すしまつである。そのたびに同じような注意や説教がくり返えされたが、そのような注意や説教は問題の解決になるどころか、一層困つた結果を生んだのであつた。こんどは彼は自分の腕力にまかせて暴力をふるうようになつた。それで級友からはこわがられ、敬遠され友交関係は悪化し、問題も一層深刻になつていつた。

彼はいよいよ担任だけの手におえなくなつたので事例研究協議会にかけた。協議の結果、彼は何か内面に問題をもっている。それを追求し、その原因を根治せんと彼は治らないという結論となり、いろいろな検査やテストが行われ、多くの評価資料が得られた。以下彼の指導からの抜萃

家庭環境

父は死亡し、二人の兄と母の四人家族である。母は市場に出て働き、二人の兄も学校を卒業してそれぞれ就職、昼間は家に居残る者はいないので家を閉じている。彼が小学校時代学校をすまして家に帰れば家族の者はだれも家におらず彼は友人を求めて遊びに出て、母や兄たちの帰りを待っていることが多く、学校の帰りは市場の母のところに廻って、売り上げからいくらかの小銭をもらっていた。

家庭環境診断テストの結果は三〇パーセンタイルで、特に家庭の一般的状態が一パーセンタイルで最も低く、文化的状態の一般的雰囲気もそれぞれ一〇パーセンタイル、二〇パーセンタイルであまり良くない。

知能と学力

教研式知能検査の結果は知能偏差値が四六で中位である。プロフィールによるとA式の方低いがB式ではかなりの高さを示している。

学力検査の結果は国語が偏差値三八、社会四三、数学三五、理科四三でいずれも成就値はマイナスであり、彼は学習不振である。

その他の心理検査

道徳性診断テストによると、道徳性偏差値が四一で、自己が一〇パーセンタイル、家庭や社会は共に二〇パーセンタイルで、友人に対して三〇パーセンタイルである。

適応性診断テストの結果は、総合適応が三〇パーセンタイルであり、特に退行的傾向と学校関係が最も低く、五パーセンタイルである。

診断

再び協議会がもたれ、協議の結果次のようなことが資料より導き出された。

家庭で放任に近い彼は我がままで育ってきている。そのように育った彼には、学校という団体生活は抵抗がある。殊に身心の変化のはげしい彼は尚更である。思うままにならない彼には苦しい、そのフラストレーションの代償的作用としてそのような問題を起すのである。だからいくら注意しても同じことをくり返えすのである。満たされざる欲求が問題の源であり、それが解決されなければならない、いたずらに結果として現われた問題の消去を急ぐとかえって悪化する。不適応も当人にとっては、もがき苦んだ結果の現われであり、その動因は決して人を困らすためのものではなく、ただ自分の均衡回復のための止むを得ぬ手段にすぎない。彼が奇声をあげるのは存在を認められない内的発作であるとみられる。学習不振の原因もその辺にありそうだ。適応性検査や道徳性診断テストの結果からも彼の不適応の原因は外的要因よりも内的要因にあるらしい。

指導と経過

彼の好きなスポーツやその他趣味を見い出して、その方面で団体生活のきびしさを経験させ、内的不満の障害に耐え得る強さを養うべきである。

クラブの時間にA君と相談してチリ箱作りをした。彼は顔中汗を流しながら休みもせずにのみを使い、のこぎりを引いた。あらあらしい仕事ぶりではあったがまがりなりにも完成した。満面に喜びを浮かべていかにもほこらしげにしていた。よしこれだと思ってこれから毎週クラブの時間には工作クラブに来るように約束した。

ある日のことをひきながら話し合ったら彼が野球に非常に興味を持っていることがわかったので、早速野球部に入れてもらった。それこそ彼は一生懸命である。明るく楽しそうである。まだまだ、もろいところも見られるが、工作や野球だけでなく、学習にも真けんさが見られるようになっている。

(与那原中学校　教諭)

編集計画

一九五八学年度における文教時報の編集についてはいろいろご協力をいただきました。

一九五九学年度の特集を次のように予定しておりますのでよろしくお願いします。

☆　☆

- 四月　新学年度を迎えて
- 五月　教育課程の移行措置
- 六月　教育研修
- 七月　保健教育・青少年問題
- 八月　実験学校研究学校紹介
- 九月　新会計年度教育予算の構想
- 一〇月　へき地教育の振興
- 十一月　職業技術教育
- 十二月　教育評価・高校入試
- 一月　教育行事
- 二月　社会教育団体
- 三月　学力の実態

開校一ケ年を顧みて

中の町小学校
城間善春

本校は去年（五八年）四月二日、諸見小学校から分離して、ここ中の町区に創立された学校で、まだ一年足らずの歩みではあるが、「牛の歩み のよし遅 くとも……」と自分の歩みを省みて諸先輩方のご指導を仰ぎたい。

創立されてからここに十一ケ月、現地は前揚梅みのるうつ蒼たる山趾で桃源境とは云え、起伏が多く二丈三丈の谷又谷「ここに学校がたてられのか…」と冷汗三斗の思いで鍬入れしたのも今は遠い昔の夢、基地の街コザの学校としては紅灯街を遠く離れ、清気は学園に満ち、心字形の池には尺余の緋鯉真鯉が泳ぎ、木麻黄の並木は人丈に伸び、ロータリーのクバは清風を呼んで二十二の学級園には春夏秋冬の花がさきそい、西をのぞめば東支那海の海は心ゆくほど青く、北に座喜味城趾や石川岳が遠望され、まさしく望ましい学園の感を深くする場所である。

思えば教育税滞納の赤字財政で手足も出ずお手あげの市教委の血みどろの努力と好意的なマリン隊の百余日にわたる協力、熱意溢るるPTAならびに校区民の絶大なる援助があつて新設校の礎は築かれたが、

本校現在の概要は

一、校地坪数　約三〇二アール
（内未整地約一二〇アール）

二、校舎状況　永久校舎二二教室、仮校舎二教室、幼稚園舎五教室

三、職員児童数　職員三二名、児童一〇八〇名　学級数二二学級　幼稚園五学級

四、施設状況
運動場一〇〇アール　二〇〇Mトラック（セパレート六コース）一〇〇M直線コース砂場、低高鉄棒ブランコ、滑り台
三段のブロックスタンド（各段一七三メートル）
（市球技場として拡張補助申請中）

五、給水施設
1、水道（軍水道から）
2、井戸（ポンプ付）
3、使用水槽（掃除用、灌水用）

六、視聴覚施設
1、放送室　2、映写室

七、庭園　創立記念園、記念池、教材園、水産植物園、学級園、苗圃
学校林（市へ申請中）

八、工作用焼がま現在素焼をしているが次年度は楽焼に入る

九、植樹計画

△現在植樹　数
木麻黄　二五〇本
松　一五〃
がじまる　一〇〃
クロトン　一五〇〃
桜　一五〃
夾竹桃　三〇〃
想思樹　蕾二〇〇
その他　六〇〃

△五九年度植樹予定　数
木麻黄　二、〇〇〇本
松　五〇〃
がじまる　二〇〃
想思樹　一〇〇〃
ユーカリ　五〇〃

※「緑の週間」計画（五九年二月中旬）
一日目　緑の週間について の学習（趣旨の徹底）
二 〃　学級緑の日（各学級園の緑化およびコンクール）
三 〃　学校緑の日（全校地植樹ならびに美化）
四 〃　街の緑の日（街の緑化実施に協力）
五 〃　家庭緑の日（各 家庭 の緑化）
六 〃　近隣緑の日（各区近隣の緑化）
七 〃　草木を愛する日（緑化実施の反省）

十、その他計画中の施設
1、工作教室　2、給食用倉庫
3、足洗い場所および水道栓増設
（二教室に一ケ所の足洗い場と水飲み場）

以上の通りであるが、開校当時の学校は赤土の上に白い校舎があるのみで、飲料水はもちろん、使用水すらない状態であつたため、第一年次の努力目標として教育環境の設定を急ぎ

一、校内環境の整備は

児童に魅力ある学校にするには、時に健康教育の場を作る。それには水、緑光の解決に力を注ぐべく努力した。

1、水は

イ 飲料水として水道（軍水道）の完備

ロ 使用水はポンプ付井戸を設けて浄水道の節約をはかつた。

ハ 掃除用、落水用水は水槽を設けて水道、井戸の残水を溜め美化に役立てている。

2、緑化は

児童父兄職員共に一人樹主義を呼びかけて、植樹に当つては各人名札を立て、責任をもつて育てる事にしている。又赤土をかくし、じんあいを防ぐ全面緑化から芝生を植えてある。（特に木の葉一枚もちぎらない躾を徹底している）

3、運動場の整備（将来市総合グラウンド）

二〜三丈の谷三流を埋めとり一〇〇アールを整地 三段ブロックスタンドを完成、年次計画で球技陸上のできる五〇アールの整地を計画補助申請中であるが、すでに周囲の植樹は実施、将来がじまる、林麻黄のかげで観覧し又憩えるように計画している。

目を射るような赤土の校地では児童の情操がすさみがちであるため、特に

1、全校緑化と

2、芸能教育に力を入れ

イ、図工科は文教局指定の二名の個人研究を進める一方、学校としてカリキューラムを設定し教壇実践と理論の研究に力を入れ

ロ、音楽は小学校における最少限度の楽器を完備、器楽クラブの活動が活溌に行われている。又職員器楽クラブもでき、全職員、児童のクラブと平行して実施している。

将来への展望

一、全校緑化

木を育てることと、子供を育てる愛情は相通ずるもので「この秋は雨か嵐か知らねども、今日のつとめの水注ぐかな」…の気持で、子供と共に木を育て将来は、植物園化又は公園化された緑と、春夏秋冬の花が咲き競う中での教育を夢みている。今は子どもたちは一枚の木の葉もちぎらず、朝夕水かけを行い、病欠する時は親が代りに登校して灌水する程学校の木、自分の木に愛情をそそいでいる。

二、諸教育施設の充実

恵まれた雰囲気の中で創立された本校はどうやら今日の教育を進めることができ感謝しているが、正しい日本国民としての子どもたちをすくずく伸ばすために市教育委、P・T・A並びに校民のご協力で保健体育、視聴覚、図書等の施設の充実を早急に整えたい。

P・T・A並びに全校区民がこれまでよせられた愛情こそ、本校の教育のバックボーンとなるであろう。そしてこの愛情が年々大きく強く学校を包んでくれることを期待しつつ新しい学校作りに励みたい。

（中の町小学校 校長）

※一七頁より

れる少数の外来語（日本語化されたもの）に触れるだけで参考書に頼る以外いいチャンスは得られないといつても過言ではないだろう。それゆえ生徒が外国語学習に大きな抵抗を感ずるのもうなずける。

英語の教科がかかる特殊な条件下において指導しなければならないことにわれわれは余程気をつけなければならない。思うに、中学校では能力の面からみてもピンからキリまで存在し、能力の差ははなはだしいのでこの点も考慮にいれ指導に当らねばならない。

中校において一年より二年、三年と次第に英語を嫌う傾向にある感も受けた。

近頃英語教育というものが、その重要さを認知しながらも他の学科とは何か縁遠く忘れられてゆくような感もするが？それが事実であれば学力低下云々をする前に英語の教科のねらいを改めて究明し興味のもてる指導方法を考案すべきだろう。

われわれが学んだ学理が現場ではえん遠く、一面あきらめ主義的な考え方から訳読一本立でもやむおえないという実状を見、すでに究明され尽されている『訳読だけではよくない』指導法に一考を加え反省してみた。これをもつていきなり他の指導者にまで反省を促す心算ではない。同じ教科の指導にたずさわつてある方にもし、私の考えに共鳴する方がいるならお互に反省し、今後の沖縄の英語教育に少しでも貢献したいという意味で考察を試みてみた次第である。

では紙面の都合もあり、最後に二、三来学年度へ希望を附言したい。

一、夏冬春休みの友について 問題作成の時文法用語が多く用いられないように考慮して欲しい。

もう一つ、小学校におけるローマ字教育をもつと強化してもらうよう当局の助言指導が必要だと思う。（もちろん現在指導助言はなされていると思うが、いまより以上に。）ややもするとローマ字教育というものが廃止になるのではないかと思われる空気もみられるのに対し、五九年度一月号「言語生活」によると本土では昭和三十六年度からローマ字教育必修になるとのこと。（仲里中学校 教諭）

私の学級づくり
―話し合い活動を通して―

大城雅俊

学校における話合いのようす

　学級話し合い活動は、学級単位に行われるさまざまな話し合いを総称したものと考える。したがつて学級会の話し合いもすべて話し合い活動ということができる。しかし私の学級話し合いとは、もつと限定された意味と内容をもつている。つまり生活指導的な内容をもつた学級単位の話し合いを言うのである。その中で話合われることは、学級生活、学校生活もしくは家庭生活の中から生れてくる、さまざまな問題をとりあげ、話し合うことを広くさしているのである。そういう話し合いが生活指導狭くは道徳指導にとつて大きな意味をもつていると考える。

　学級話し合い活動が、究極的にめざしているのは、学級社会の建設である。学級社会は、単に学習のための便宜的な場ではなく何十人かのさまざまな生活と歴史と環境を背負つた子ども達が、生活している場である。つまりそれは生活集団である。しかし、現実にみられる学級社会は、生活集団と呼ぶに値しないようなものがあるのではないか、そのような学級では、子どもたちの願いや要求は生かされない。

　学力をつけることも必要であろう、しかし学力をつけるという重圧の中であえいでいる学級社会はどうかと思う。子どもたちの生活集団となるためには、子どもたちの人間性を解放しなくてはならないであろう。学級話し合い活動は、何よりもこのために働かなくてはならない。

　しかしそのためには教師自らが子どもたちの前に自らの人間性をさらけだすことである。特に基礎学力の充実という社会の要求と過剰人員をかかえている学級の条件で、ひとりひとりの子どもたちの内面的動きにあたたかく目を注ぐといういとまを教師に許していない。

　そのような客観的事態といえども私たちは、子どもらの生活の中にとび込み、人生の先輩として後輩をあたゝかく見守るという人間的な愛情をもたなくてはならないと思う。つまり子どもの中にある教師観、先生とは勉強を教えてくれるものだという見方は、根強いものがある。その教師観の中に、新しい教師観が育つてこなければならない。

　学級話し合い活動が生活指導、道徳指導において大きな機会を果すためには、私たちのこのような自己改造の努力がどうしても必要なのではないかと思う。次に実践記録を記してみる。

　実践記録を書くについて私の学級が一日の生活をどのようにおくつているか書いてみる。

一日の生活（学校内）

1、朝の歌　「朝の会」を始める前に齊唱している〃ハウドユドユ皆さん、ハウドユドユ、我等ここにつどい、むすぶともがき、心やおどるハウドユドユみなさんハウドユドユ〃

　この歌を二回くりかえして朝の歌が終わると、司会者（日番）によつて朝の話し合いが始まる。

司　ただ今から朝の話し合いを始めます。まず出席をしらべて下さい。

出席者　今日の欠席は○○君一人です。○○君はかぜで欠席届が出ています。

司　今度は各組の組長は何かありませんか。

一組　一組は今朝の自習があまりよくありませんでしたので今後気をつけたいと思います。

二組　二組は昨日反省会が終わつてから相談して弁当時間に先生をお招きすることになつていますので、先生今日のお昼食は二組にいらして下さい。

三組　今日三組の○○さんが家から菊の花をもつてきて、いけたことをうれしく思います。

四組　四組は週番の生徒が多くて今朝少しさびしかつた。週番は学校につくと学校全体を見まわつて自習の状況などをしらべるからです。

五組　五組では○○君が金魚の水をかえたことはよいと思います。

六組　昨日○○君が野球の練習をなまけたのがいけないと思う。

司　では今日の目標をきめましょう。

「ハイ」と多数の子が手をあげる。司会はT君にあてた。

T君　今日は特に机の中の整頓に気をつけたらと思います。

M子　T君の意見もよいですが、今日は休み時間には必ずはき物をはいて出ることを目標としたらどうですか。

M子さんの意見にみんな賛成する。

司　守れますねと念をおし、ではしつかり守つて下さい。

司　先生今日の学習予定について何かありませんか。

教師　今日は体育がありますね、ドッチボールをやりますから体育係は準備をして下さい。

司　別に何か各係や、その外の生徒はありませんか。

と話し合いは五分ばかりつづく。

2、帰りの反省会（二〇分〜二五分）について

司　ただ今から今日一日の反省会を行います。今日の目標が守られたかどうか、その外いろいろ感じた事があったら話し合いましょう。

急に○○君が立つて「日直はみんなが席についてから始めて下さい。」

司　すみません気をつけます。では今日の目標が守られたか、どうかについて委員長は何かありまんか。

委員長　今日の目標はよく守られているように思いました。特にS君が下級生を注意してやつたのはよいと思います。

司　今日の目標について別にありませんか。

K子　私たちはこのように守つていますが下級生の方があまり守られていませんので、これは学校児童会にも出したらどうですか。

あちこちから賛成の声がきこえる。

司　どうでしょうか

K君　学校にくるまで履物をはいて、学校では、はだしで便所にも行くとなると何もなりません。だからK子さんの意見に賛成します……。

反省会が終わると。「帰りの歌」

グツドバイ先生グツドバイ、われらここに君とわかれ、またあう日まで元気でくらそうグツドバイ先生グツドバイ。

グツドバイ皆さんグツドバイ、われらここに君と別れ、またあう日まで元気でくらそ、グツドバイみなさんグツドバイバイバイ。

……で一日の生活が終わる。

さて話し合い活動によつてどのような面を発見し指導したか、十一月のある水曜日の反省会である。

実践記録K君のこと

今日もK君の問題が出る「四日四時間終了後K君は掃除をなまけてコマをまわしていましたが、それはいけないと思います」T子が発言した。さてそのK児とは反抗的で粗暴な子である。いくら注意されても反省することとなく、規則を守らず自分勝手で「おたより帳」（家庭通信）を通して連絡を密にしても親の言う事をきかぬ。反省会の度にK児の問題が出てもめる。

私もまずK児の問題点と特性をつかむことに努力した。1家庭でのわんぱく大将、2腕力で隣近所の子をいじめる。3けんか好き、4親のあまやかし、5中学年まで放浪性あり、6悪いと思いながらも反抗的、7反省しようとしない、8野球に興味をもち、その時は実に一生懸命で、いつものK児と別人となる。ところが負けると道具も投げちらす状態。

家庭状況……子どもに対する両親の態度は、母親はきびしく、父親は放任的である。クラスでは成績中位で、野球その他の運動に興味をもち技術も優秀である。

友交関係……よくみんなと遊ぶが信頼されていない、権力の前に屈服して、やむおえず遊ぶ子も少なくない。女生徒からは常にきらわれている。

そのようなことからして生活行動の面で問題があり、その性格を形成する一つの特徴としては、家庭の（父親）放任もあるのではないか、母親がK君に注意をすると父親がそれを引きとつて、母に小言をならべる。小使い銭も自由に与えている。そこで躾の重要性を力説した。再度の家庭訪問をし、K君が少しよくなつたかと思つた。

それから三日後の土曜日M君から次のようなことがきかされた「K君はお掃除をしないで漫画ばつかり読んでいるよ」平素のK君の怠惰を訴えてきた。いつたいどう指導したらよいか、わかない、校長や教頭他の先生方とも相談してみた。いろいろの教育書もしらべてみた。しかし適当なのはなかつた。やはり自分で実践するより方法がない。

ある掃除の時K君と話した「K君は何班か」と問い「K君の班員はみんなよく掃除するかい。」K君「先生三年梅組のS君はこの前にげたから「なかした」」「それはいけいね下級生は注意をしなければ」と話しながら「先生も今日はK君の班員になろう」といつて雑布を持つた、他の児童と一緒にした、ところがK児は観察台に寄りかかつて「ハン、、モー、、先生ガン、、掃除するな」と苦笑しながら言う。私はK児を見てにつこり笑つたが、そのまましばらく続けた「さあ先生はつかれた、だれか交代してくれないか」とK児を見た「K君たのむよ」雑布を与えた、ところがうつむいたまままきげんが悪い。いやいやながらやつている。

共同的な仕事になると、他から非難される事が多い、私はK児への愛情とK児をかばいつつ、ときには叱責する事もあり、種々の方法を実施してみた。しかしややよくなつた位で、一歩教室から教師の見えないところではいたずらが多い。

十二月の始めに地区の野球大会が近づいたので選手の決定をするため、学級内の野球大会を催した。Aチームの主将としてK児を任命した、実によく、技術も他の児童より秀でてピツチャーをしている。「おいS君バツターはもつと短かくもつてボールをよく見ろ」と自分のチームを指導している。K児の投球はなかなか打てない。それから人気が出た。

　私はK児を援助する形をとつて指導した結果、今までに見られないK児の行動が見られた。家から花をもつてきて飾つたり、学級の仕事や、清掃も友人と仲良くするようになつた。

　友人からも「K君はみんなと仲良くなりました」帰りの反省会では「今日K君は日直でもないのに手洗いや足洗いの水をかえたのがよいと思います。」など拍手でほめられるようになつた。

　過去の経験からみて級友から非難され先生から叱られたが、叱つてもなおるものなら、すでによくなつていたかも知れない。指導のチャンスはなかなかつかめなかつた。結局、問題になつていることがらに自分を没入していればいる程、その渦巻の中に、まき込まれ問題解決のみに努力し問題を客観的にながめる事がむつかしかつた。

　即ち自我が退行して不安定な状態になつた場合に教師は児童のよい同情者であり、味方であり、愛情をもつて、かばつて、やらなければ、児童から信頼もされず指導力はプラスにならないことを体験したような気がする。

実践記録　朝の会から

　毎朝、室外朝礼のある日以外は話し合いの時間をもつことにしてから半ケ年になる。まだ未熟ではあるが、自分としては一つの尊い体験である。始めのうちは子どもたちのすべてが例外なしに意見というのは、友人の悪口を言つていることで、黙つて聞いていると、くる日もくる日もこれをくりかえしている。結局悪口会となつて嫌な気がしてきた、何んとか悪口をおさえるような良い方法はないものかと、試みたが成功しなかつた。本を読んだり、他人の意見を聞いたり、授業もみたりしたが、しよせん自己の体験を通さない限り、真の自信は得られない。悩みながらも、いゝ加減に一学期は過ぎていつた。

　二学期になつて運動会の件について話し合いがあつた。私も大分つかれていたので傍でただ黙つて子どもたちにまかせて見ていた。又他人を攻撃し始める。それでもいつもなら放つておかないがなんとも言わなかつた。その時二、三人の子どもが「三組のE子さんが家からクロトンを持つてきて花びんにさしたことはよいと思います。」するとあちこちから拍手がきこえた。「二組のT君が今朝一年生の手洗いに水を入れてやつたことがよいと思います。」等よい事をした友人を心からほめた。

　私はしめたと思つて「もつとその外に良い行いをした人はいませんか」というと多くの児童が発表してくれた「そうだ今日は多くの友人が良い行いをしたね。T君に、E子さん、五組のS君も、そうだよい事も話し合つたらね。」

　それから話し合いは実に愉快でたまらないといつたふうである。自分たちで司会の方法も考えて現在ではそれに従つてやつている。結局悪口会をおさえる方が不自然かも知れない。言うだけ言わしていつさいを日直の児童にまかせた。けんかになりそうな時と、女の意見を無視した時だけは、なんとか解決してやつた。

　こうしてしばらくの苦しい忍耐が続いてその間には第一時限の授業を犠牲にしたこともあつた。全く無意味な努力をしているような気がした。

　しかし気がついてみると毎朝あんなに激しく議論をしている子どもたちが、案外朗らになつていることだ。中学生や青年ならば仇どうしになりかねないことを言つても、さて言うてしまえば気がすむらしく休み時間は仲良く遊んでいる。それが決して表面的なものでなく、教師の見えないところで子どもたちの生活がぐんぐんと明るくなつてきた。

　朝の話し合いのようだつたら子ども達の生活も、定めし荒んでくるだろうと心配していたのに案に相違の現象であつた
　話し合いがスムーズに進むためには、どうしても何かのルールが必要になり、みんなで発見していこうと努力させた、「どうした方がよい」「時間も考えなければならない」とか、良いものを積み重ねていくうちに、そのルールが直ちに民主主義につながつている。「司会はだれがうまいとか」「司会の仕方はどんなのがよい」とか思わぬ収穫に朝の話し合い、いや悪口会もまんざらでないと、ほほえまれるようになつた。

　現在では目的に近ずけそうなところまできた子どもたちは弁論で勝つても、最後の決議で敗れるから、どうしても多数の友だちの支持が必要と悟つてきて、学級は全く平和で明るい雰囲気に満ちてきた。」子どもの生活の実態をよくしないで、表面ばかりきれいな討論をさせようとした過去の要求がまちがつていたのだ。子どもの悪口は真実の声なのだ。この子どもたちは、もつとよい生活を発見するにちがいない。

実践記録より

十一月十一日（月）司会E君・T君、S君
司　これから今日の反省会を始めます。今日の目標について、よい点、悪い点、反省すべきところがなかつたか
（一部省略）
司　T君、**O君**　今日の休み時間にキャチボールをA君とH君がやつていましたが、ボールを新湊小の芋畑にころがしておいて熱心にさがさないで、そのましたのですが、自分たちが失つたんですから、もつと熱心にさがしてほしいと思い

11月11日　月曜日　　　帰りの反省会

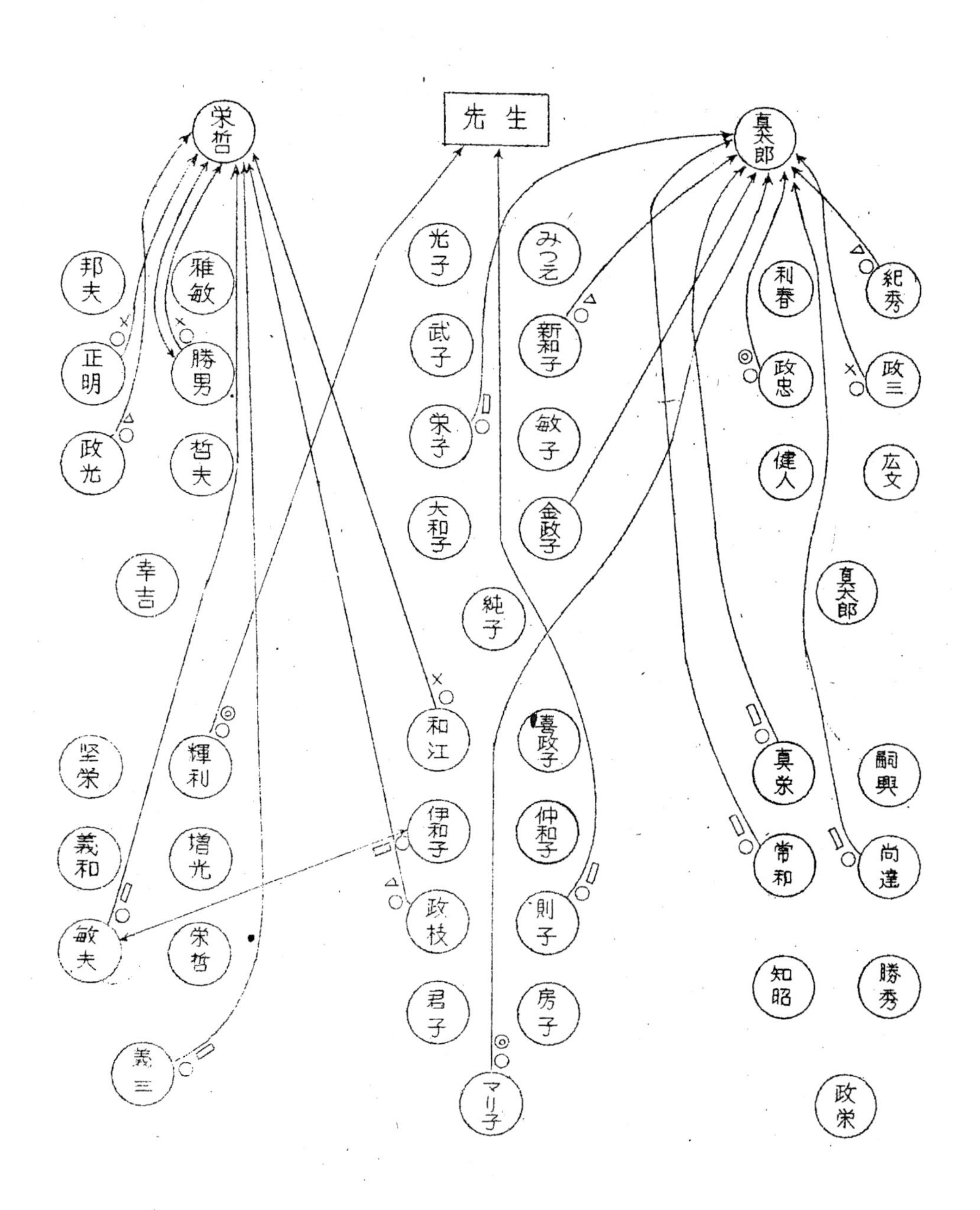

司会	記録
金城栄哲	大城真太郎

○ボールの問題（紀秀君と勝男君）　○皆んなでボールさがし

○仲村和子が花をもつてきた

○文庫係からの要望

○一日の目標の反省（よく守れた）

○発言　→覚める　×よくない意見　□注意　□けんせつ的意見　△反省　◎要望

ます。「と二人を見ながらすわりました。A君急に立つて「さがしたがなかつたのでず」とションボリ答ました。続いてH君が、「本当にすみません話し合いが終つてからもう一度さがしてみます。」**L子**「先の件ですがA君とH君がさがしている時、ほかの生徒はあそんでいましたが、どうして一緒にさがしてあげなかつたのですか」Lさんが助け船を出しました。みんな静かになりました。その記録をしていたS君が急に立ちました。「私はみませんでしたが、話を聞いてみたら二人が熱心にさがさなかつた事ですが、それでこれから反省会が終わつたら二人にさがさせるか、みんなでさがすか相談してほしいと思います。

G君「二人にききますが、五時間目の休み時間に探しに行きましたか」

司会　「二人とも休み時間もさがしましたか。」二人「行きましたが見当りませんでした。」とH君が答ました。

J君「休み時間は五分ですから行くまでには鐘が鳴ります。だからみんなでさがしたらよいと思います。」**N子**「こんなことは二人とも始めてですから今日はみんなで探してあげたらよいと思います。もしこれから、こんなことがあつたら一人でも二人でもよいから、さがしてもらつたらよいと思います。」あちこちから「賛成」の声がきこえてくる。

司　「ではみんなでさがしてあげましょう。」

司　「では教室の整理班はのこつて、みんなは反省会が終つたら直ぐ探しに出て下さい。」いろいろ意見も出たが、みんなでさがしてやろうという協力的なところが出て、それにまとまつた。私もついていつた。約一五分位でボールはみつかつた。女生徒のY子さんが「先生ありました。」と大声をはりあげた。みんなはY子さんのところに集つた「よかつたなA君、S君」と私は二人を慰めた、やがてA君とS君は「ありがとう、ありがとう」とみんなに礼を言つて、安心したようすであつた。

いけないと思うことに対しては、ちやんと批判もする。けれども、やつぱり一人でさがすのは、かわいそうだ、みんなでさがしてやろうという、学級になつていることが、この会の始めの頃の「悪口会」「あげあしのとりあい」と比較して安心するものである。

※　※

発言表について次表の通り、これは毎日つけているが現在では一人として発表しない児童はいない。全員が一日一回は発表している。

前の頁の表は十一月十一日の反省会の、で前の実践記録と共にそのままあげたものである。

学校における子どもたちは、だれでも何か言いたい、訴えてみたいという願いや悩みをもつている。しかし、それは現実においてなかなか、かなえられていない。ひとりの問題をみんなの問題とするために、話し合い活動を実践し子どもたちの形式的、表面的な事実認識を本当の具体的な事実認識にまで深めていくことを重視すべきだと思う。つまり、ひとりひとりの子どもの真実の声をほりおこし通常の話し合いが形式的抽象的に流れないように子どもの奥にひそんでいる具体的な声に耳をかたむけていくべきである。それが生活指導のための話し合い活動の最も大切なところであると思う。

話し合いに当つて、生活の現実に子どもたちのめをむけさせ、それをみつめさせるところから、子どもたちの見方考え方の改造を意図することであろう。

教師対児童、つまり、教える者と教わる者という制度的な人間関係でなくして、人生の先輩後輩という関係が確立していなくて、生活指導における話し合い活動もなりたたないであろう。

（真壁小学校教諭）

かな書きの例　その2

き　きつと（屹度）きのう（昨日）きみ（君）きよう（今日）

く　くれぐれ（呉々）くろうと（玄人）

け　けが（怪我）けさ（今朝）げた（下駄）

こ　ごと（毎）ことし（今年）こまぬく（拱）こもごも（交々）こよい（今宵）これ（此、是、之）

さ　さすが（流石、遉）さぞ（無）さつそく（早速）さて（偖扨）さほど（左程）さまざま（様々）

し　しかし（然、併）しかのみならず（加之）しかも（然、而）しきりに（頻切）しばしば（屢々、屢次）、しまう（了、終、仕舞）しみ（汚点）じよう（上手）じようだん（戯談、常談、冗談）しわす（師走）

す　ずうずうしい（図々）すてき（素敵）すなわち（即）ずぶとい（図太

せ　せい（所為）せつかく（折角）せりふ（台詞、白）せわしく（世話敷、忙）

そ　そこ（其処）その（其）それ（其夫）

た　たいまつ（松明）たくさん（沢山）たしか（慥）ただ（惟、唯、啻、）だだつこ（駄々子）たたる（祟）たちまち（忽）たとい（仮令、仮使、従令）たなびく（棚引）たのもしい（頼母敷）たばこ（草煙、莨）ため（為）だめ（駄目）だれ（誰）

―― 随筆 ――

過去を顧みて

饒平名知高

先生になろうとは夢にも思わなかつた私が、先生と呼ばれるようになつてから、最早八、九年の歳月が流れたようだ。

想えば八、九年前の教育界は男女のバランスがとれず、校長は男教員の採用にやつきとなつていた時代である。当時ぶらぶらしていた私は、小学校時代の恩師である校長から就職をすすめられた。当時はまあ適当な仕事の探せるまでやつてみようと云う気持であつた。世にいう「でも先生」、といわれる浅はかな考えで教職についたのであるが、やつてみると先生と云う職業は実にむずかしい仕事である。

特に戦後の教育は、戦前自分たちが受けた教育に比較して、実に素晴しい発展をしたものである。「教育漢字」「新かな使い」「ガイダンス」「体罰の禁止」なんと素晴しい教育だろう。ああ自分も今頃生まれてきたらよかつたと感じられて仕方がない。

このような新教育界に飛び込んだ私出発から失敗の連続である。例えば王にをうとかなを付けると、先生のかな付けは間違つている、おうと付けるのだという。「学校」と板書すると、先生そんな漢字は見た事がないとくる、本には「学」と書いてあるとやり込められる状態であつた。

ぼやぼやしていると一年々々取り残されてゆくような気がし、生徒たちと一緒に学ぶ事より、幾らかでも新しい時代の波に乗つてゆけるのではないかと思い、転職を思い留つたのであるが、指導技術の足りないこの先生、毎日の授業の準備や事務に追われ、本を読む心の余裕や暇をもつてなかつた事を残念に思つている。

ところで人の子を教えるという事は何とむずかしいことであろうか、授業だけでなく、人間的発達過程にある子どもたちは、いろいろ予期しない問題をかもし出すものである。だれだれは喧嘩をしていると告げられる。とんで行つてなぜ喧嘩をしたか問いただし、今後仲良く遊ぶよう約束する。ガラスを割つたり、花園を踏みにじつたりすると、たとえ過つてした事ではあるにしろ悪い行いだと忠告する。

もつて生まれた性格か、若さか知らないが、とかく小さい事もいろいろ干渉する癖があつて困る（しかし放任するというわけにはいかないが）

落着いて考えると、彼等は発育途上にあり、ちようど昆虫等が成長するためにサナギから抜け出そうともがくが如く、彼等も日々成長するためにその場その場でもがいているのではないかそう考えた時、果して自分がとつた処置がこれで良かつたかどうか反省させられる。

また或学校で二宮金次郎の話をすると「先生、金次郎はアルバイトをしたのですか」と質問が出たと云う話を聞いてびつくり、戦後の子どもたちの物の見方、考え方は時代と共に飛躍しているようだ、道徳教育が叫ばれている今日、戦前の道徳観を尺度として指導した場合、果して民主的な人間育成ができるかどうか問題である。

また子どもの教育は「五つ教えて、三つ褒め二つ叱つてよき人にせよ」と云われているが一日一日の学校生活を省みた場合、自分は生徒の美点を見い出して褒め、学習意欲を高めるより、一、二の生徒の非行をとらえ、これを学級全体を対象に叱責したり、忠告したりして、かえつて子どもたちの学習意欲を減退させる結果に陥る場合もあつた。

このような干渉や注意を重ねる事により、この先生は恐い先生だ、この先生の前ではうつかりできないと云うことになり、学級全体を畏縮させ、ことに発表を要する社会科や国語の場合など発表させようと汗をかくのである。真に自己修養の足りなさ、指導技術の至らなさ、身から出た錆とはいえ嘆いても嘆き足りない。こんな時先輩の先生方が羨しくなる。

ところで今まで読書もしなかつた私今からでも読書し、自己研さんに努め二度と訪れない少年少女時代を天真爛漫に溌剌と過ごさせると共に、各人のもつている個性を見い出しこれをどこまでも伸ばしてゆけるよう指導技術を身に付けたいものだと覚悟を新たにする者である。将来の沖縄を背負つて立つ子どもたちの為に!!

（浜元小学校　教諭）

連載小説

町の子・村の子（十）

宮里静子

（十九）

夏休みも終りに近いある日、大田英作は山川文三をつれて、久しぶりに母校琉球大学を訪れた。ゆるい坂を上つて、志喜屋図書館の前まで来ると、英作は足を止めて言つた。

「どうだ、りつぱな建物だろう。中にはたくさんの本があるんだ」

文三は大きな目で建物を見上げた。

「あそこはラジオの放送をするところだ。君たちが毎日聞いているラジオはあの建物から沖縄全体に放送されるんだよ」

文三は感心したように琉球放送の建物やアンテナを眺めた。

「こゝは昔、王様のお城のあつたところだが、今度の戦争でお城の石垣も、門も御殿も、みんなこわされてしまつた。その跡へこのように大学ができたのさ。先生の君たちの学校へ行く前は、ここで勉強していたんだよ。どうだ、君も大きくなつたら、こゝで勉強したいと思わない？」

いきなりきかされて、文三はちよつと戸惑つたように英作の顔を見つめたが、やがて大きくうなずいた。

「そうか、これからうんと勉強するんだね。君たちが入る頃には建物ももつとりつぱなのがたくさんできて、すばらしい学校になる。そこで君たちは思う存分勉強することができるんだ」

文三はにつこりして、またうなずいて見せた。英作は琉球放送の内部の施設や、大学の建物など次々と文三に見せて廻りながらも、いろ〳〵と話して聞かせた。その度に文三の眼は希望に輝いた。

「ここでちよつと休もう」

首里の市街を眼下に、西は城間一帯から、遠く北谷、読谷方面を見はるかす図書館横の高台である。英作は文三と並んで腰をおろした。眼に映る風景のすべてが、学生時代をなつかしく思い出させる。ここから展望される市街や海岸線、それに、はるか北部の空にかすむ恩納岳などを一通り文三に説明してやると、英作は煙草に火をつけ、静かな思いにひたつた。

かつて琉球王朝幾百年にわたる夢を祕めたこの地、ここを中心に、あの山河と海洋で琉球の歴史は綴られてきた。そして、これからも、さまざまな人たちによつて、さまざまな事件が起り、この郷土の上に民族の歴史は絶えることなく綴られてゆく。琉球民族の血につながる山河幾千年の過去を祕め、複雑な今日の世相を描き出し、そして明日を受胎しつつある郷土、時の流れと共に、ここに生死する人々が、よしどのようなことを考えどのようなことをしようと、黙々とそれを見守つてきた山河、そう思うと英作は言いようのない感に打たれるのである。

ひよう〳〵と吹きあげる風はすでに秋を思わせ、波うつ眼下のススキの彼方に竜潭の水がにぶく光つている。風雨にさらされた赤木の枯木も、過ぎた戦争を偲ばせてあわれだ。

王城がつぶれて、その跡に近代科学の殿堂ともいうべき学校が建つた。そのように、旧社会の倫理や秩序も、戦争によつてつぶれ去つたはずなのに、現実においてはまだ根強い作用を続けている。新しい社会形態や、新しい秩序は、観念の上では描かれていても、実際生活の上では混迷状態にあるのが今日の沖縄の姿なのだ。子どもたちが見つめているのは、そうした混迷状態の社会相である。いわゆる濁流みたいなもので、底の見境がつかない。このような社会の不安定や、歴史の流れによつて余儀なくされるいわば過渡的秩序の混乱や、生活のゆがみから出てくる教育の諸問題を、どのように解決すべきかということが英作たちに与えられた課題である。青少年の不良化の問題、家庭や社会の民主化の問題、道徳教育、生活指導などの諸問題が、互にからみ合つて今日の教育を一層困難なものにしている。むつかしいことばかりだ。も早、学校だけでは、教師だけではどうにもならない　ということもよく　知つている。それをどうすべきか……。みんなで真剣に考え、そして実践しなければならない。まさに大事業である。

そんなことを考えながら英作は立上ると文三を促して石段を下つて行つた。

（二十）

穂すすきがゆれ、椎の実の落ちる秋、山原の海は青い波頭を立て、山裾の部落の庭には九年母が色づく。

運動会のシーズンを迎えた学校では、あれやこれやで忙がしい。午后になると毎日のように太鼓の音が静かな山すその部落にひびき渡る。今日も演技のけいこを終えて職員室へ入つた大田英作は、新垣竜太郎先生が、一枚の新聞を前に、腕組みをしているのを見て、また何かあったなと直感した。竜太郎先生の曇つた顔は敵を前にした野武士のようである。

英作が汗を拭いて自分の席に腰をおろすと、野武士の顔が静かにこちらを向いた。

「これを読んでごらん」

命令するように言つて新聞を英作の前へ押しやり、木の根に似た指で標題をゆびさした。社会面のトップに、白抜きの文字で「恐ろしい学園の実態」とあり、「酒や煙草ものむ」「教師は」〃当り前〃と知らん顔」の見出しで五段抜きの記事である。只ならぬ事件だと英作は眉をよせながら読みはじめた。

「高校生の強盗、暴力事件、小、中校生の桃色遊戯、集団窃盗事件などが相ついで起り、各関係団体が青少年不良化防止に立ちあがるのと歩調を合わせて、文教審議会でも恒久的対策が真剣に論議されているが、これは先日、沖縄教職員会中央委員会の席上、現場教師の口から発表された事実である」という書出しで、次のような事例が挙げられている。

○

南部の某高校には、近くの高校の不良学生が来て、女生徒をからかつたり、砂糖きびなどを盗むので、その高校に連絡したが「注意する」という返事だけで、一向に注意したあとが認められず、その後も生徒が呼び出されてなぐられた。

○

去る夏休みに北部の某高校生が、南部の某中学校で夏季施設をやつたが、引率の先生の前で平気で煙草はのむし、酒を飲んであばれたり、あげくの果はその中学校の女生徒に集団で悪ふざけをするので、みかねた中校の先生が引率の先生に注意したところ「いまごろの高校生はこのような ことは平気だ」 とすましていた。

○

中部の某高校生はクラブ活動?といつて、学校で宿泊していたが、夜は酒を飲んで一時二時ごろまで高歌放言してふれまわり、女子青年を追いまわしたり、民家に押入つたりして部落民のひんしゆくを買つた。指導の先生は一日に一回ちよつと顔を出すだけで、彼らが引払つた後には、たたき割つた酒ビンがたくさん捨てられていた。

○

これに類以した事件は、ほとんどの高校にあるが、外部に知られないだけである。

○

このようなグループや団体の指導者はほとんどが若い教員であることが指摘され、つぎのような現在の教師の欠点が次々と現場教師自体の口から述べられ、教職員会幹部をびっくりさせた。

○

×いまの教師は自校の生徒の非行はいましめるが、他校の生徒の非行は知らん顔をし、また生徒は他校の先生が注意しても聞かない。

○

×いまの教師の中には生徒が方言を使つても注意しない人もおり、授業だけすればよいという考えの人がいる

○

×いまの教師はあまり労働者になり過ぎて、生徒を良くしようという意欲に欠けている。教師自体が生徒の生活指導から逃避し、さわらぬ神にたたりなしを決めこんでいる人も多い。

○

×高校の教師は、生徒に迎合的である。

○

×学校は、自校の悪事は極力外部に知られないよう努力している。

○

結極、教師の自覚を高める運動とともに、青少年の非行対策として、PTAと手をつなぎ、地域社会でじつくり防止策を話し合うことになつた。

記事はそう結んである。英作は以上の記事から、言いようのない嫌悪を覚えた。まさに濁流である。これに似た事件はこれまでいくらも報道された。だが、そうした事件にからむ教師の姿を、この記事は明確に浮かび上らせている。

「どうです大田先生、これが教育ですか。高校の、しかも選ばれた生徒たちの」

叱るように言つて、竜太郎先生は右手で自分の頭をたたいた。

「ほんとに、困つた事態です」

英作も腕を組んだ。

「自由だ、平等だと言つているうちにこのようなことが次々と起る。これはほんの一部だろうが、この記事に出てくる教員も、反対に熱心にやつている教員も同じ教員だから差別はない、平等だというなら勤評反対も問題だね。まさに世の中は複雑怪奇、百鬼夜行というものだ」

竜太郎先生は判断に苦しむといつた顔で英作を見つめた。

投稿歓迎

一、文体随意(随筆・論文・記録・統計・図表・文芸・いずれでも可) 当用漢字、新仮名づかいで願います。

二、原稿用紙は四〇〇字詰一〇枚または五枚程度が適当。

三、毎月五日にしめきつています。

宛先 文教局研究調査課広報係

世添おどんおきやか

（尚円王妃）

饒平名　浩太郎

世添おどんおきやか（尚円王妃）、尚泰久王が天順四年（一四六〇年）四六才で薨じた後を承けて、尚徳が即位したが、尚徳は当時二十一才、少壮気鋭生来剛情であつたから、よあすたべの輔弼にもかかわらずたびたびの遠征で、財政は窮乏をつけ、あまつさえ文正元年（一四六六）喜界島の入貢がおくれがちになつたのを機会に、喜界島征伐を企てた。

尚泰久以来財務官として国家の財政をあずかつた尚円にとつては、遠征による戦費のまかないがつかず、幾度か遠征を思い止まるよう忠告もしたが、いつかな聞入れられず、相手にされなかつた。もとより尚徳にとつては、金丸は単なる自家の一家老たるに過ぎない地味な老臣で、ほとんど眼中においてなかたし、かてて加えて、その奔放な行跡は、円熟した克明な尚円の性格とはどうしても、相が合わず、尚円はとうとうその職に耐えかねて、内間の領地に ひきこもつて しまつた。

尚円は伊平屋島で生まれ、青年時代を苦しい体力労働でおし、早くから父母に死別していたが、元来実直で計画的であつたから、下田（げでん）の 経営にも かかわらず、しがない生活ではあつたが、弟や妻子を養育するのに事欠くようなことはなかつた。それが怠惰な村民の嫉視を買つて、島を逃避せねばならなかつた。

山原の果の宜名間で妻子と共に又々苦しい農耕生活をくり返えしたが、誠実で働き者の金丸は、この部落でも村民に容れられるはずはなく、迫害を加えられようとした。漸く村の奥間鍛治に 助けられ、二十二才一家をたたんで首里親国に上国した。

首里で王叔泰久（越来王子）に見出されて仕官（一四四一年家来赤頭）することができた。 これが金丸出世の 緒である。

泰久は金丸の挙動が常人と違い、すぐれているのを見、尚思達王にすすめて家来赤頭（けらいあくがみ）とした。漸く仕官はしたものの、骨惜みを知らない実直な勤勉家は、明けても暮れてもひたすら主家のために身をていして働いた。

幾年か後泰久が王位に即くと彼はその人物を見込まれて、御鎖側官（一四五九年長禄三年）という財務官に昇進した。秀吉の出世と気概をもつていただろうと評せられるのもむべではない。

国家の財政をになうようになつてから生来の企画的な才能や、抜りようは、ここに発揮されるようになつた。当時の財務官というのは、この国が唐南蛮の貿易によつて国庫の充ち足りた豊かな時代であるだけに、金丸の豊かな経倫と相まつて、財政的に黄金時代を現出した、極めてはでな官職であつた。

しかし、金丸の労苦も経倫も尚徳即位の時から、瓦解し始めた。尚徳の度重なる外征によつて財政は傾いていく。金丸にして見れば父王泰久のただならぬ恩顧を受け特に財政面では信頼し切つて委かされたのであるからこれまで築きあげた財政を崩したくないのが人情であつただろう。

こうして崩れ行くこの国の財政をどうしても緊粛せねばならなかつたであろうから、人知れぬ苦悩をなめていたに違いない。

金丸は国家財政の現状を度々具申して説明もした。しかし尚徳は一切耳を傾けるようすはなく、寧ろ冷笑する始末であるから、もはやその職に堪えられるはずはなかつた。さしでがましい老臣は遂に不興を蒙つて、領地内間にひきこもるようになつた。

尚徳の 無軌道な政治は これからである。奔放な王は厳重な令達によつて苛酷な税を農民からしぼりとる。

命にそむく者は殺傷する。ゆ者は近づけ諫者を退くという血も涙もない暴ぎやくぶりである。これがそもそも革命の由因になつたことを 尚徳は知る由も なかつた。

喜界島遠征で大勝を得た尚徳は、すつかりいい気持なつて凱旋のお礼参りに、久高島へ参詣したが、その地で、はしなくも見初めたものがクニチヤサという可憐な祝女である。彼女は外間村の祝女家を継いだ十八才のうら若い神女、それが世にも稀な美女である。

強気な尚徳も矢張人の子、クニチヤサを見初めてからというものは、夢にも現にもその幻影が去らない。王者という権威は村のタブーをおかして、とうとうクニチヤサを側にかしづかせるようになつた。

尚徳は島で我世の春を謳歌して得意の絶頂にあつた。そうして五日間の久高詣では、いつまでも明けようとせず幾月か過ぎた。

王城では既に革命（一四六九年文明元年）ののろしがあがつた。革命軍は王城を襲撃して王妃王子を殺害して気勢をあげた。近臣もすつかり離散した。こんな事とは露知らぬ尚徳は久高からの帰途与那原から島に通う船子から革命のことを聞き知つて天運つきたと入水して果てた。こうして尚巴志王統は絶えてしまつた。

※　※

尚徳の人物について、中山世鑑に「尚徳立給いてより、君の徳をば修め給わず、朝暮漁獲に心をすさみ、暴虐無道のみ事として、民を傷害すること傑紂にも過ぎたり。君臣おそれて言わず四民怨嗟す。」とし、球陽には「王驕ごういよいよ盛んにして、残害益甚だしく、諫者はこれを罪し、ゆ者はこれを悦び、国政日に壊れ、臣子遁れて隠るるもの数うべからず。」また中山世譜によると、「尚徳立ち、酒色にふけり、殺りくを好む、時に喜界叛く、王自ら往いてこれを平げ、これより驕ごういよいよ甚だしく国政日に乱る、う鎖側金丸極言してしばしば請むるも皆きかず。」といい、何れも尚徳の「わんまん」と殺りくについて述べている。従つてこの革命はくるべくしてきたとみることが至当のようである。

※　※

革命軍は直ちに、国王推挙のユーウティを行った。革命軍の智恵者といわれた安里大親は呪術師であり、かねて金丸との親交があつた。彼はこの大評議の席上開口一番「物呉いすど我がう主内間う鎖ど我がう主」と、いとも崇重に神託を告げた。なみいる武将百官はたちどころに「オーサーレー」と唱えて、革命は見事に成功した。こうして内間う鎖金丸の国王よう立となり、革命の智恵者たちは、内間に金丸迎え立てのため出発した。

もとより先君泰久王のこう恩を受けた金丸にしてみれば、一度は固辞したにもかかわらず、もはや事態は逡巡を許さなかつた。こうして金丸は王位につき尚円（一四六九年即位）という。尚円即位第一の建設は当然惘瀾した財政の建直しにあつたが、王は革命の首領として功績のある安里大親という知恵者を、安里地頭に抜擢して国家財政の元締に委任した。

尚円の堅実な政治は次第に実を結んだが、しかし、王にも幾多の苦悩がおそいかかつていた。事実成上り者の尚円が即位したのは五十六才の老齢である。前に尚泰久王即位と共にう鎖側役についてみると、平民出の妻子ではどうにもならず泰久のすすめと周囲の思わく等を考え、首里の名門と姻族関係を結ばねばならなかつた。そのために長い間連れ添うた糟糠の妻を堂から下して、当時権勢のあつた武実の娘おきやかを迎えたのである。これが世添おどんおきやかである。

世添お殿おきやかについては王代記は、父の名伝わらずとしてあるが、成化七年（一四七一年）襲封の恩を謝せしめたとき、その正使に王のしゆうと武実がおり、正議大夫程ほう、長史李栄、使者明泰、通事蔡しようと共に進貢しているところをみると、おきやかの父は、武実であるに違いない。もし武実であるとすれば彼は尚円即位と共に取立てられて政治上の枢機にあずかつたことになる。さればこそこの度の進貢正使として抜てきされたのであろうか。

武実一行が明の憲宗の好意によつて、福州で船の修繕中、役人等が支那人を殺害し、財貨をかすめる等の悪事を働いた。その悪事がもれて、二年一貢の制度になるという醜体をも演じてしまつた。さすがに武実はその責を負つて、二度と再び進貢使節に加わることはなかつたが、朝堂での権威はなかなか押しも押されぬものであつた。

※　※

当時尚円王は天王寺に別宮を建てて邸宅としていたので、尚真姉弟はここで生まれている。尚円は年とつてから生まれた生子に対してひたむきの愛情をかけた。

※　※

「きこえがねまるが
おもいぐわのきみのあすべば
みぼしやしよわちへ
又とよむかねまるが
おなりがみのあすべば」

とおもろに歌われたように尚真姉弟を鍾愛していたことがよくあらわれている。

※　※

生まれながらにして王であつた尚真おぎやかもいがなしの権威は並びなく、父王尚円がなくなると生母おきやかは政権を握つて、あたかも垂簾の政であつたであろうことはいうまでもない。そこへもつてきて、病弱であつた越来王子尚宣威があげられて王位についたのであるから、世添おどんの気持が普通であるはずはない。もつとも兄尚円は薨ずる前に、しかと弟宣威に、妻子を頼んでいるから宣威にしても姉おきやかの性格を知らぬはずはなかつたが、一度衆議におされて王位についてみても決してまともな政治ができるはずはなかつた。

果せるかな世添おどんは宣威の廃位を神託にかこつけてせまつたのである。なる程尚円が弟に後を継がせる遺言をしたような先例はこれまでもあつたことで、別段めずらしいことではなかつた。事実尚円にしてみれば未だ十二才になつたばかりの尚真には、荷が重過ぎることを察しての事であつたが、妃世添おどんは三十二才の女盛り、父武実にびよう堂の重臣であるから、当時蔡政一致の時代であるしおきやかは早速神託を思いついて悪らつな手段で、宣威の廃位を宣告し、生子尚真を王位につけてしまつたのである。

※　※

即位六ケ月後である。尚宣威も君てすりの百果報事が、王位継承の一、二年後に現わると いうことはよく 承知していた。ところが多くの神女たちの案内するままに、奉神門までかけて、慶賀を受けようと、礼装正しくまみほこりに出て見ると意外、退位せよとの神託である。

真夜中に白衣に包まれた君てすりが神々にかしずかれて出現したときにはこうごうしさにうたれて平伏した。気の弱い尚宣威はこの光景をまのあたり見、神託をきくと文句なしに退位してしまつたが、この君てすりが世添おどんと娘とおとちとのもいかねの芝居であつたことを宣威は知るよしもなかつた。

※　※

尚真即位と同時に世添おどんが政権を握つていたであろうと思われることは、即位翌年朝鮮 漂流民等 が、たまたま母后おきやかの出遊にあい、その行列の模様を李朝実録に 叙述しているのを 見ると、母后は漆轝に乗り厳しく武装した儀杖兵を前後に随え、十三才の尚真が、身に紅絹をまとい、 肥馬に跨つて 従つている。」即ち母后のこのような権高な、状況はこれまで前後に例のないことで、さながら垂簾の政といつた形であつたのである。

一方廃位された宣威は越来に引こもつてしまつて、憂愁の中にとうとうその年のくれに薨じてしまつた。こういう状勢から宣威の毒殺説もでたことであろう。しかしさすがに世添おどんはその翌年になると、尚真のために廃位させた宣威の娘居仁を、尚真の妃に迎えて一時その悪事を糊塗しようとした。その腹にできたのは尚維衡であるが、もとよりこんな政略上の結婚が長続きするはずはなく、尚維衡はおきやかにとつてはかわいい孫ではなく、目の上の仇である。八才にして新に迎えられた華后と共謀で、死刑の宣告を言い渡すという驚くべき陰謀を敢てした。

幸にして維衡は、泊地頭我那覇宗義の奇智によつて、救われたが、生涯日陰者として終らねばならぬ運命をになつてしまつた。

尚真時代は喜安日記に記録されたように、黄金時代を現出している。嘉請の昔は花の如しと謂われたが、この黄金時代を飾るのが、祝女制度である。即ち祝女の制度を確立して政の上に立たしめた。最上の神官として聞得大君制を設けたのも、おきやかの指金であつたが、長女音殿茂金を初代聞得大君に命じその蔭にかくれて、あやつつたのも世添御殿であつた。

元来琉球神道の本山は、城内にあつたものを世添う殿おきやかによつて、園比屋武のお嶽のうしろに建立され、尚家の氏神は即ち民族共同の神であるとして、一般に崇拝せしめるようにした。その神の神官が即ちきこえ大君で、未婚の王女がなるためしとなつた。

女官御双紙に「この大君は三十三君の最上なり、昔は女性の極位にて御座しに犬清康熙六丁未年（一六六七年）王妃に次ぐみ位に改め給うなり。」とあり、国民最高の神官であつて、神の前にその国民を代表するものであつた。

中央集権の制度を確立して、諸間切の按司が首里に 永住するように なつたとき、首里王府では按司掟という家老職をおいたが、後世これが地頭代に変つて、各間切の人々が 任命される ようになつた。最初の間按司やその家人たちは、時折その祖先の墳墓に参詣するために故郷に帰ることがあつたが、彼等を故郷に帰すということはかえつて 復古的な考 えを起させる基になり、政策上好ましくないというので、首里王府では色々考えたあげく三平等にそれぞれの遥拝所を設けさせることにした。即ち南風平等は赤平に首里殿内を、真和志平等は山川に真壁殿内を、北平等は儀保に儀保殿内を、建てさせたのである。

そうしたこれらの神官は何れも未婚の女子で、名門の女子を以てこれに任じ、その職名を大あむしられと名づけた。

この大あむしられは、治めるの義であるから政治的意図によつて作られたことはいうまでもない。そうしてこの大あむしられは、大勢ののろくもいという地方の神官達を支配する仕組にし、政治的に重要な地位を占めさせていた。

こののろくもいたちも等しく未婚の女子で、いずれも地方の草分けの女子から任命され、世襲とした。彼等は任命されると銘々その監督者である大あむしられの所にいつて、 辞令を受けとつた のである。こののろの下に又氏神につかえる根人神人が属していたから、数千の神女たちが聞得大君の命令一下、神に奉仕すると同時に、租税徴収も行つたのであるから、世添おどんは全く大巫酋として釆配をふるつていたに相違ない。この制度を示すこと次のようになる。

聞得大君
- 首里の大あむしられ
  - のろ
    - 根人─神人
    - 根人─神人
  - のろ……右同じ
- 真壁の大あむしられ─右同じ
- 儀保の大あむしられ─右同じ

このような女人政治の状態を陳侃使録では次のようにのべている。

俗畏神。神皆以婦人為尸。凡経二夫者則不之尸矣。王府有事則哨遥而来。王率世子及陪臣。皆頓首百拝。所以然者。以国人凡欲謀為不善。神即夜以告。就擒之。聞昔倭寇有欲謀害中山王者、神即禁錮其舟。易而水為塩。易而米為砂。尋就戮矣。為其守護斯土。是以国王敬之。而国人畏之也。尸婦名女君。首従動経三五百人各戴草擔。携樹枝。有乗騎有徒行者。入宮中以遊戯。一唱百、声音哀惨。来去不時。

　彼等が如何に政治上勢力があつたかがよくわかるのである。

※　※

　祝女制度が確立したために、祝女たちは表面権威があり、はなやかでもあつたが、彼女たちにはそれに伴う大きな義務が背負わされていた。即ち徴税もせねばならず、一度は必ず首里殿内に参じて辞令を受けねばならない。地方の乱れがわしさは、祝女くもいの信仰政治の不屈に原因すると称して、首里城内幽閉をいいつけもする。もつと不幸なのは、遠い離島からくるくろくもいたちだ。池間島のくろくもいが辞令 拝受のため 上国の帰り、難船してはかなくなつたことや、宮古の金盛豊見親の女が、父の罪禍によつて首里城に呼出され、おやけごととして幽閉され、罪を赦されて帰島中難船して終つたことなど、幾多の悲惨な歴史も残されている。その上 彼等は戦乱とも なれば、軍陣のさきがけであり、戦士たちよりも多くの犠牲者もだした。このように祝女制度は庶民の上に永く悲しい歴史をとどめた。世添おどんは夫君尚円の二十五周忌（一五〇〇年明応九年）に当る。

　明応九年（一五〇〇年）には世添御殿の発願によつて、玉陵を営建し、その石碑には玉陵に葬られる有資格者を規定した。

おきやかもいかなし（尚真）
世添御殿おきやか（尚真母）
きこえ大きみおとちとのもいかね　（尚真姉）
さすかさのあんじまなへたる　（尚真長女）
中くすくあんじまにきよたる　（尚真五子尚清）
みやきせんのあんじまもたいかね　（尚真三子）
こえくのあんじまさぶろかね　（尚真四子）
きんのあんじまさぶろがね（尚真六子）
とみくすくあんじおもいふたかね　（尚真七子）

九人。この御すえは千年万年に至るまでこのところにおさまるべし。もしかにあらそう人あらば、このすみ見るべし。このかきつけ そむく人あらばてんにあおきちにふしてたたるべし。

弘治十四年九月（一五〇一年）

　彼女の独裁権勢はこうして、己れの血縁以外のものを遠ざけていつた。

　尚真は英邁であつたが、母后生存中はほとんど例外なく、その意見を伺つて政治をとるということにしている。弟を北山監守として、遣わしたのも母后の意見を尊重したが故であつた。遠く故郷を捨て首里に集められて住むようになつた按司部たちを懐柔するために、母后は彼等を慰労することをも忘れなかつた。

おぎやかあじはえぎや、
島寄せが振舞どみもん、
はたみいくさこが、
御酒欲しあらす、
御船寄り添いよ、
しげちや欲しやあらす、
御船よりそいよ、

　按司部たちを集めて大饗することがひつきりなしに行われる。沖なはで、へたなますおきなますの大振舞をさせて、自然のうちにその権威に復従させようとたくらんだのもいかにも女人政治らしい。

　弘治十八年（一五〇五年）乙丑三月六十一才の生涯を閉づるまで尚真の影となり、日向となつて、その政治を大盤石にした功績は偉大という一言につきるだろうけれども、これが祭政一致時代の巫酋の姿であつたと見るのもあながち無理ではないようである。

かな書きの例　その3

（な）　ない（無）ないし（乃至）なお（尚、猶）なかなか(中々、却々)ながら（乍）なかれ（勿）なかんずく（就中）なだれ（雪崩）など（等杯）なにとぞ（何卒）ならびに(並)なるべく(成可)なるほど（成程）

（は）　ばか（馬鹿）はかない（果敢儚）ばかり（計、許、斗）はず（筈）はた（将）はだし（跣、裸足）ハンケチ（手巾）

（ひ）　ピアノ（洋琴）ひいき（贔）ひいて（延、）ひそかに（私密、秘）ひたすら（只管）ひどい（酷、非道）ひとり（一人）ひより（日和）

（ふ）　ふさわしい（相応）ふたり（二人）ふだん（普段、平常）

（へ）　へた（下手）ページ（頁）

（ほ）　ほほえむ（微笑）

（ま）　マイル（哩）まさる（将、方、正）まじめ（真面目）まずい（不味、拙）ますます（益々）また（又亦、復）まちまち（区々）マッチ（燐寸）まま（儘）まま母（継母）

—気象観測教育—

環境設備と その活用

三島 勤

春夏秋冬をたゆみなくくり返している大自然の歩みと共にかよわい一本の雑草にも生きる力が漲っている。木や草の芽が出たり、花が咲いたりする日も年によって少しずつちがうし、つばめが初めて飛んで来る日もその年の気象によってちがってくる、つまり季節的な現われは、年の気象の変化によって少しずつ早くなったりおそくなったりするわけである。気象計器を使ってこの自然の変異を少しでも知ろうとするところに継続的な気象観測が必要となってくるわけである。

a 露場

敷地のせまい本校では適当な場所がなく校舎（ブロック建）の西方運動場の端に九坪の場所を選んだ。

b 百葉箱

本校の敷地は岩盤のため百葉箱の台の脚を備えるのに思うようにできないので、百葉箱の正面が北々西に向いている。中には乾湿球湿度計、最高温度計最低温度計、アネロイド晴雨計を備えてある。

c 地中温度計

鉄管地中温度計を使用している。

d 雨量計　e ロビンソン風力計

f 風向計　g 旗流　h 気象掲示板

児童の観測は一日三回にして十時頃（一時限終りの休み時間）十三時頃（昼休み）十六時頃（放課後）である。

観測の方法

一 風速　二 空の状態　三 雲（種類雲量）　四 地中温度　五 降水量　六 乾湿温度　七 最高温度　八 最低温度　九 風速（最初のとの平均を出す）　十 気圧

気圧を測った時の時間を観測時間とするようにしてある。観測時間は十分以上かからないよう注意し記録をとる時は二人一組で計器を調べる者と記録を記入する者とに分けて観測させているが、雨の日などは一部の児童だけが測り残りの児童はそれを写しているのが現状である。地中温度の測定の時地上に出して目盛を読みとる時、目盛が読みにくいために時間がかかりすぎたり、下のゴムでおおってある部分を無意識のうちに握ってしまうことがよくある。

観測および計器を取扱う時の注意

一 気温をはかる時および計器の取扱い

(イ) 気温をはかる時日かげの風通しの良い所ではかる。

(ロ) 地面から大体一、五Mの高さではかる。

(ハ) 温度計を読みとる時読み取る部分と眼を水平にしないと温度計の示度を正しく読み取る事ができない。

(ニ) 息をかけたり顔を近づけすぎると体温のために温度がくるってしまう

(ホ) 最高最低温度計の時は復度することを忘れないこと。

(ヘ) 湿球のガーゼがよごれていると水のすい上げが悪くなって正しい湿度がはかれない。

(ト) 観測の時地中温度計の下のゴムでおおっている部分に手をふれないようにする。

(チ) 地中温度の時は温度計をすばやくひきあげて読みとる。

二 風をはかる時

(イ) 十分間における平均を出す。

気象計器の配置図

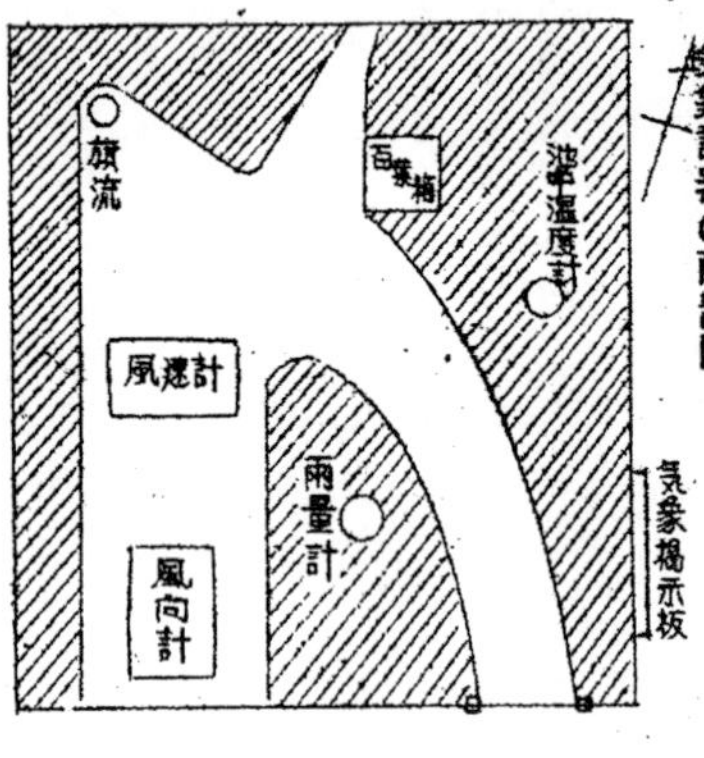

計器の保管

係の児童が朝、計器を受付け夕方取りはずす。

記録のとり方

一日三回観測して各自の観測帳に記録してこれをグラフに書きあらわす。係は教室のグラフに記入する。

露場の手入れ

週一回（土曜の放課後）雑草、のびている芝の手入れをする。

現象および天気の記号

○…快晴	∞ 煙露	二 もや
●…雨	三 彩雲	T 雷鳴
⌒…にじ	⦶ 薄曇	◎ 本雲
⊕…日のかさ	▽ しゅう性降水	♉ 朝焼、夕焼
⦶…晴	く 雷光	∈ ちり旋風
・…霧雨	⊗ 高曇	

（露場設置は児童五人が夏休の三日間をついやした。）

風力	風速　秒	風のふくようす
〇	〇～〇、五	煙がまっすぐにあがる
一	〇、六～一、五	煙が少しながびく
二	一、六～三、三	木のはがうごく風が顔に当たるのを感じる
三	三、四～五、四	木のはやさ小枝がたえずうごく
四	五、五～七、九	木の小枝がたえずうごく砂ぼこりが立つ
五	八、〇～一〇、七	葉の茂った小さな木がゆれる
六	一〇、八～一三、八	大きな枝がうごく　かさがさしにくい
七	一三、九～一七、一	樹木全体がうごく　風に向かって歩きにくい
八	一七、二～二〇、七	小枝がおれる　風に向かって歩けない
九	二〇、八～二四、四	かわらがとぶ　えんとつがおれる
一〇	二四、五～二八、四	木が根こそぎにたおれる
一一	二八、五～三二、八	木造の家がたおれる　大きな損害がおこる
一二	三二、七以上	損害がたいへん大きくなる

3	4	5	6	7	8	9	10	11	12

児童による気象観測上の困難点は観測作業の持続のむずかしさはある。四月から天気調べを行ったのであるが、五〇余名の児童のうち一二月末まで継続して観測したものはわずか五名であった。それは観測作業が単調で変化がなく、しかも永続的なものであるからであり、この点指導に当って児童が興味をもち自主的に観測が継続できるよう意を払う必要のあったことを反省する。その意味で単元の学習にそって各単元へおりこむ配慮と自ら観測のできる素地を身につけさせ環境を整えるために今後も努力したい。なお次頁のグラフは、継続観測を続けた五人の児童の平均値をとった。

（垣花小学校　教諭）

本校気象観測のための費用

品目	金額
ロビンソン風力計	校舎募金
風向計	〃
アネロイド晴雨計	〃
露場の垣根	三弗（柱は古材）
ペンキ	三弗
最高温度計	二弗六〇仙
最低温度計	二弗六〇仙
地中温度計	六弗一二仙
セメント	三弗五〇仙
乾湿球温度計	二弗六〇仙
雨量計	一六弗八一仙
気象掲示板	五弗
砂	一弗二五仙
総計	四六弗七三仙

次号（53号）豫告

巻頭言　佐久本嗣喜

沖縄の教育事情
対談…北岡局長と阿波根次長

新学年度を迎えて　編集部

アンケート
新学年度の教育行政に対して
今年の学校経営の方針

「道徳の時間」特設の問題について　安里彦紀

小学校の歴史教育　饒平名浩太郎

教育計画
算数科・職家科・生活指導・道徳教育・理科・科学教育・健康教育

国語科の個人研究をひきうけて　伊波小学校

学校図書館運営の実際と教育の概要　本村恵昭

小学校教育課程の移行措置　文部省

天気図の見方　その二

四月

30° 20° 10°

湿度	78	80	88	67	78	88	82	88	90	77	85	87	86	60	72	67	72	81	81	78	87	89	88	89	88	84	82	67	87	82
月日	1	2	3	4	5	6	7	8	9	10	11	12	13	14	15	16	17	18	19	20	21	22	23	24	25	26	27	28	29	30

五月

30° 20° 10°

湿度	86	83	84	88	87	72	90	91	95	91	90	85	72	79	89	82	71	89	89	95	96	95	78	60	75	85	81	77	71	69	68
月日	1	2	3	4	5	6	7	8	9	10	11	12	13	14	15	16	17	18	19	20	21	22	23	24	25	26	27	28	29	30	31

六月

30° 20° 10°

湿度	65	69	80	73	80	84	85	78	72	90	94	85	78	83	84	80	83	72	74	78	94	97	93	89	79	80	90	85	83	82
月日	1	2	3	4	5	6	7	8	9	10	11	12	13	14	15	16	17	18	19	20	21	22	23	24	25	26	27	28	29	30

七月

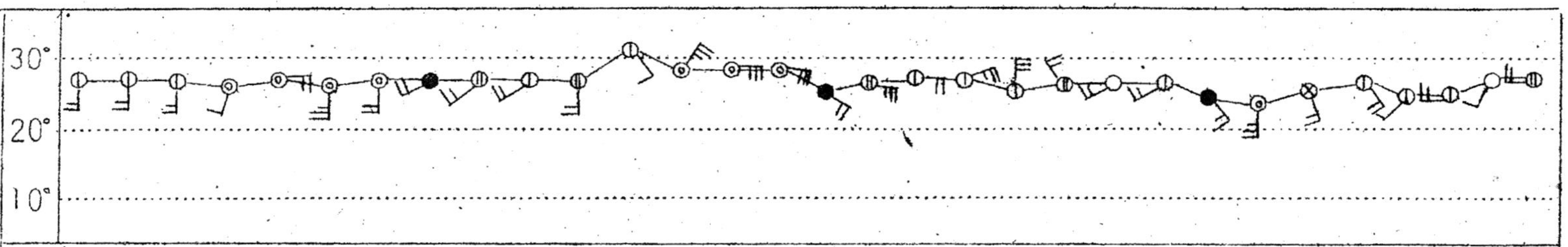

30° 20° 10°

月日	1	2	3	4	5	6	7	8	9	10	11	12	13	14	15	16	17	18	19	20	21	22	23	24	25	26	27	28	29	30	31
湿度	81	82	79	81	84	88	90	89	89	86	80	76	77	82	86	88	85	83	78	87	85	81	88	93	86	85	80	79	85	78	82

八月

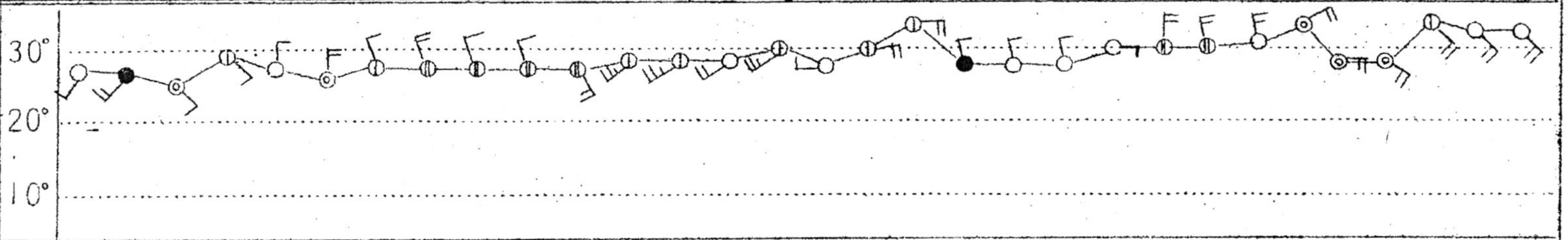

30° 20° 10°

月日	1	2	3	4	5	6	7	8	9	10	11	12	13	14	15	16	17	18	19	20	21	22	23	24	25	26	27	28	29	30	31
湿度																															

九月

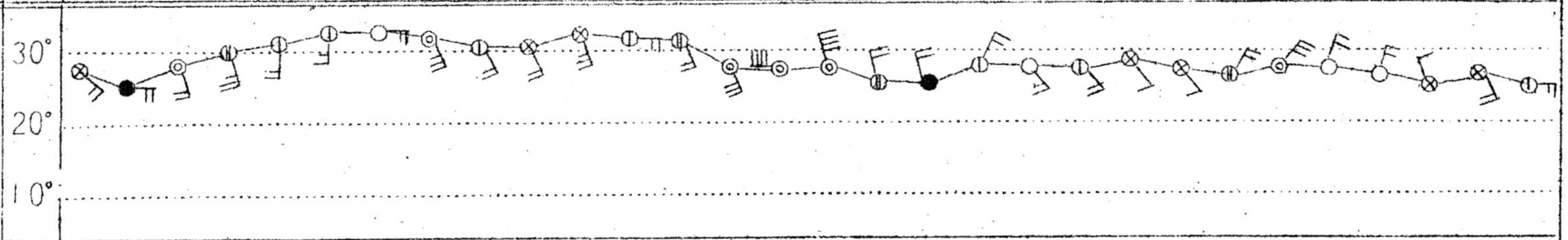

30° 20° 10°

月日	1	2	3	4	5	6	7	8	9	10	11	12	13	14	15	16	17	18	19	20	21	22	23	24	25	26	27	28	29	30
湿度	79	89	79	73	72	72	65	72	71	75	71	72	71	81	83	80	72	64	57	62	68	69	70	74	72	60	59	72	58	64

十月

30° 20° 10°

月日	1	2	3	4	5	6	7	8	9	10	11	12	13	14	15	16	17	18	19	20	21	22	23	24	25	26	27	28	29	30	31
湿度	70	77	69	83	72	78	83	78	70	70	71	82	78	72	78	79	85	77	75	83	86	80	82	91	85	70	90	76	72	65	70

十一月

30° 20° 10°

月日	1	2	3	4	5	6	7	8	9	10	11	12	13	14	15	16	17	18	19	20	21	22	23	24	25	26	27	28	29	30
湿度	69	65	69	64	74	69	78	69	89	70	78	88	75	80	75	59	55	70	78	65	71	81	98	71	63	89	80	90	90	74

十二月

30° 20° 10°

月日	1	2	3	4	5	6	7	8	9	10	11	12	13	14	15	16	17	18	19	20	21	22	23	24	25	26	27	28	29	30	31
湿度	71	83	69	89	62	61	77	83		84	81	69	62	63	62	69	62	71	66	91	79	81	67	65	81	71	72	81	88	78	63

天氣図の見方

気象台　糸数昌丈

最近は毎日新聞に天気図がけいさいされ、ラジオを聞けば一日に数回気象の放送がされており、天気予報は海運関係その他各方面で利用されるようになつてきました。現在気象台や測候所から出されている天気予報は天気図を基にして予報者が種々の資料を解析し、その結果を綜合判断して発表しています。日々の天気現象は色々な原因が複雑に作用して生みだされており、天気図も複雑で一つ一つ変つています。過去の資料から同じような天気図を探しても、かなり似たものはありますが、細い部分まで似たものはなかなか見つけにくいものです。

従つて天気図を見て今後の天気の変り方を知ることはかなりむつかしい事であります。むつかしいながら天気図や天気予報の知識を一応心得ておき新聞の天気図を見、ラジオの気象通報を聞けば、これからの行動の参考資料となり、より有効に利用することができましよう。

それでは天気図と天気予報について必要な知識を簡単にのべて見ましよう。

一　天気図による天気予報の原理

沖縄を含めて中緯度地方では、天気は夏を除くと大体西から東に移つてきます。反対に夏は東から西に移つてくる事が多い。従つて一日に何回か広範囲の天気の分布を地図にかいて、その移り方を調べると、天気を予報することができるわけです。しかし実際には天気の移り方は色々の原因で不規則になり、時には途中で消滅したり、突然現われたりすることがあつて、これだけから明日の天気を予報することはなかなか困難です。

後でのべる高気圧、低気圧、前線などはそれぞれ特有の天気現象を伴いながら大体西から東に移動します。この動きは割合規則正しいので高気圧、低気圧、前線などをなかだちにしてこれから先の気圧配置を予想して、その時の天気を知ろうというのが今の天気予報の原理です。

天気図とはこのような主旨に基づいて作られた図で一日に数回一定時刻に観測された、風、天気、気圧などと高低気圧前線などが一定の記号で地図上に記入されたものです。

二　天気図の記号

これから天気図の記号について簡単に説明します。地図の上の小さい丸い点は気象観測点の位置です。この丸の中には天気の記号を入れます。天気は雲量と降水その他の現象によつて定めます。雲が全天の十分の一をおおつている時は雲量一といいます。快晴は雲量三から七まで、曇は雲量八以上であります。雨や雪などの現象がある時は雲量の多少にかかわらずその現象をもつてその時の天気とじます。天気の記号は第一図に示す通りです。

第一図

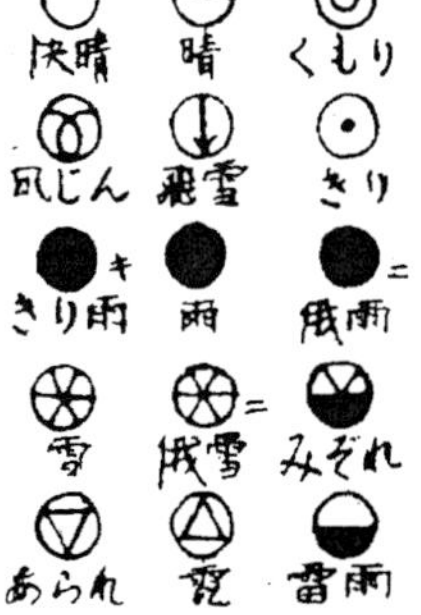

快晴　晴　くもり
風じん　飛雪　きり
きり雨　雨　低雨
雪　低雪　みぞれ
あられ　雹　雷雨

記号のなかで風じんとは風のためほこりや砂が吹き上げられたもの、地ふゞきとは一度降つた雪が風のため吹き上げられたものです。みぞれとは雨と雪とが同時にふつている時の天気です。

風の強さは、毎秒何メートルという単位であらわすのが普通ですが、ラジオや新聞には風力階級で示します。

即ち風の強さにより第二図のように〇から十二までの十三階級に分かれ、矢羽根の数でその階級をあらわします。風が非常に弱い時は静穏又は風弱くといつて風向風速とも記入しません。風向は風の吹いてくる方向を十六方位に分けて示します。北風は北から吹いてくる風です。記入する時はそれぞれの方向から地点円の中心に向つて直線をひき地図上では北が上ですから各風向は第三図（省略）のようになります。

第二図

風力階級

階級	m/s
1	0.3～1.5
2	1.6～3.3
3	3.4～5.4
4	5.5～7.9
5	8.0～10.7
6	10.8～13.8
7	13.9～17.1
8	17.2～20.7
9	20.8～24.4
10	24.5～28.4
11	28.5～32.6
12	32.7以上

「天気図に風向を記入した時は、或線を境にしてその両側の風向が著しく違う時にはその境界に前線があることになります。また大きく左巻きならば低気圧が、右巻きならば高気圧がその渦の中心にあるものと思えば良いわけです。天気図には気圧の等しいところをつないで一

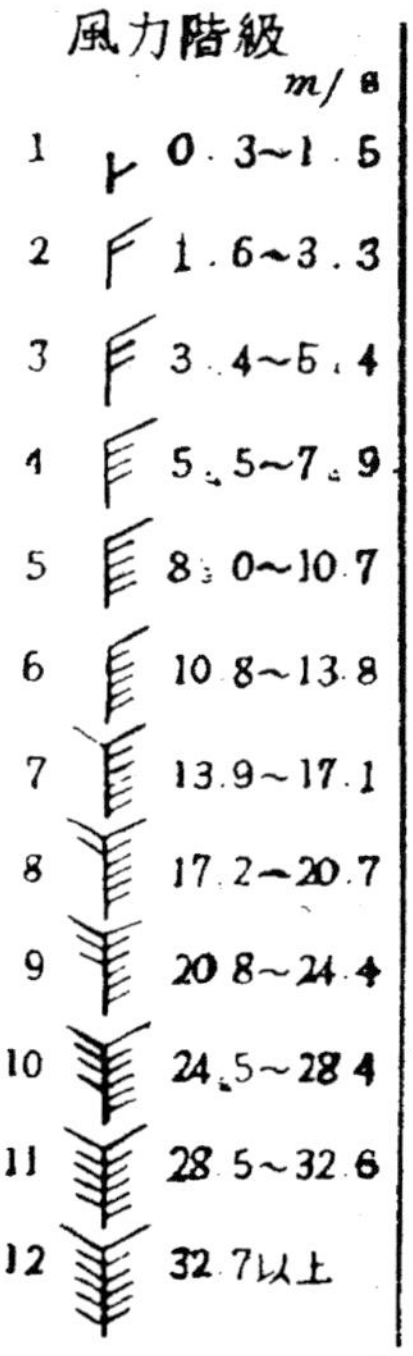

般に二ミリバールおきに等圧線がかかれています。等圧線と風との関係は海上などでは風の矢羽根は等圧線に対して二十度か三十度位傾いており、気圧の高い方から低い方に対しななめ右に向つて風は吹きます。このようにして周りより気圧の高い所が高気圧、低い所が低気圧又は台風で、それぞれ高、低、台と書かれています。また時には進行方向が矢印で記入されています。この他に寒冷、温暖、停滞、閉塞の各前線が第四図のように書きこまれています。

第四図　前線の種類と記号

名称	記号	進行方向	色
温暖前線		↑	赤
寒冷前線		↓	青
閉塞前線		↑	紫
停滞線			赤と青

三　高気圧、低気圧、前線とそれに特有な天気

高気圧とは周りより気圧の高い所で、その地域から風が時計の廻る方向に右へ右へと廻りながら吹き出しています。従つて吹き出す空気を補うためにその域内に下降気流が起つて、一般に高気圧の中心ふきんでは天気は良くなります。高気圧には大別して停滞性の高気圧と移動性の高気圧があります。前者には冬アジア大陸に寒冷な空気がたまつてできたシベリヤ高気圧（又は寒冷高気圧）と夏太平洋上で発達する暖い空気からなる太平洋高気圧（又は温暖高気圧）があります。

シベリヤ高気圧は寒候期北よりの季節風を卓越させ、夏の太平洋高気圧の圏内には入ると、南よりの風で暑い晴れた日が続きます。すなわちこれらの高気圧は極東の天気を大きく支配するので普通天気変化をおこす活動の中心と呼ばれています。高気圧のなかで規則的に動いていくものを移動性高気圧といゝます。春秋のころに多く現れますが冬でも大陸の高気圧の一部が分離して東進して行くものがあります。（一般に或地方では高気圧の中心ふきんが通過するか又は南側を通過する時は好天をもたらし、北側を通過する時は天気は悪い事が多い。）移動性高気圧域の天気分布を第五図に示します。

低気圧には温帯地方に発生する温帯低気圧または単に低気圧と、熱帯地方に発生する熱帯低気圧のうち発達して暴風を伴うものを台風といゝます。低気圧は周りより気圧の低い所で、中心に向つて風が周りから時計の回転と反対に吹き込みます。流れこんだ空気は上昇気流となりこれが十分に強ければ雲ができ雨や雪となります。

一般に低気圧の域内で天気が悪いのはこのためです。低気圧は寒暖両気の間の前線上にできる事が多く大体大陸の東の縁辺海上に発生します沖縄ふきんでは台湾北方、上海沖四国沖などで発生しやすく、発生後は東北東に進むのが普通です。

発生当時は勢力は弱いが東北東に進むにつれて発達し、冬期沖縄ふきんでも最下風速が二十メートル近くに達するものがあります。低気圧の主な進路を第六図に示します。熱帯低気圧のうち最大風速が一七メートル以上のものを台風といい、さらに三

第五図　移動性高気圧内の天気分布

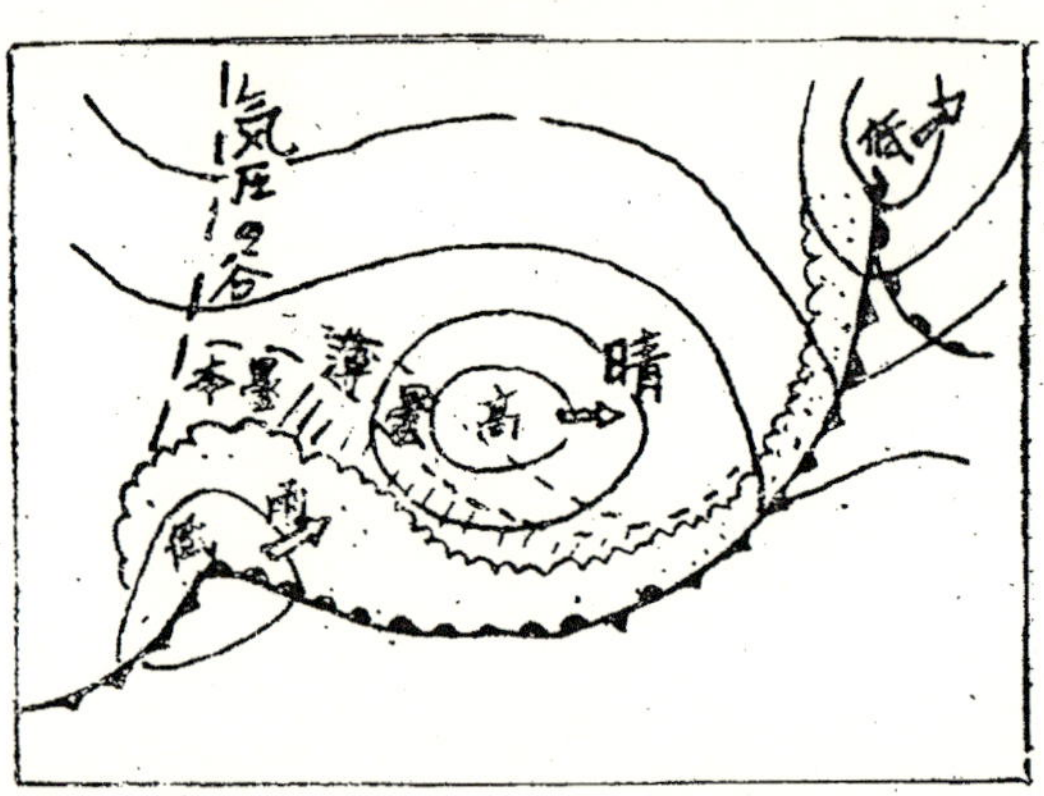

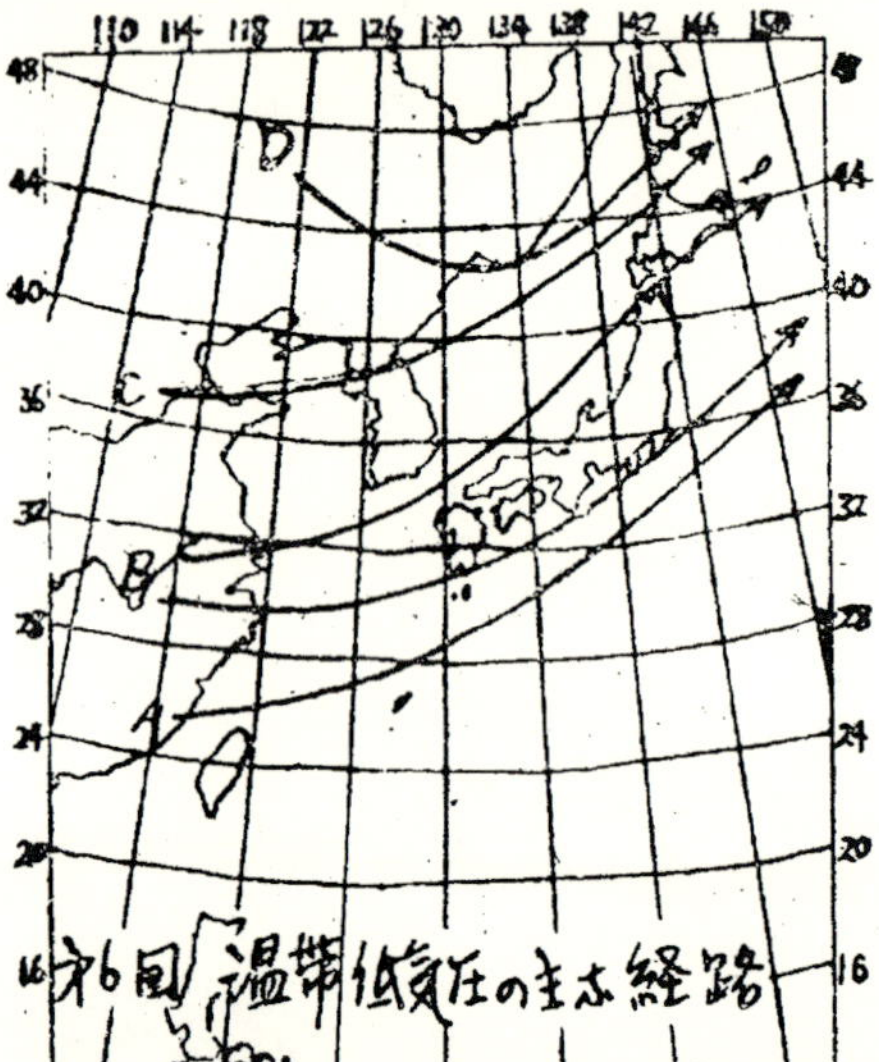

第6図　温帯低気圧の主な経路

三メートル以上になると外国人の呼名がつけられます。台風は夏から秋にかけて南洋群島方面に多く発生し季節によって大体第七図に示すような平均進路をとつて進んできます。たゞしこの進路はあくまで標準を示すものので個々の台風についてはまちまちであります。

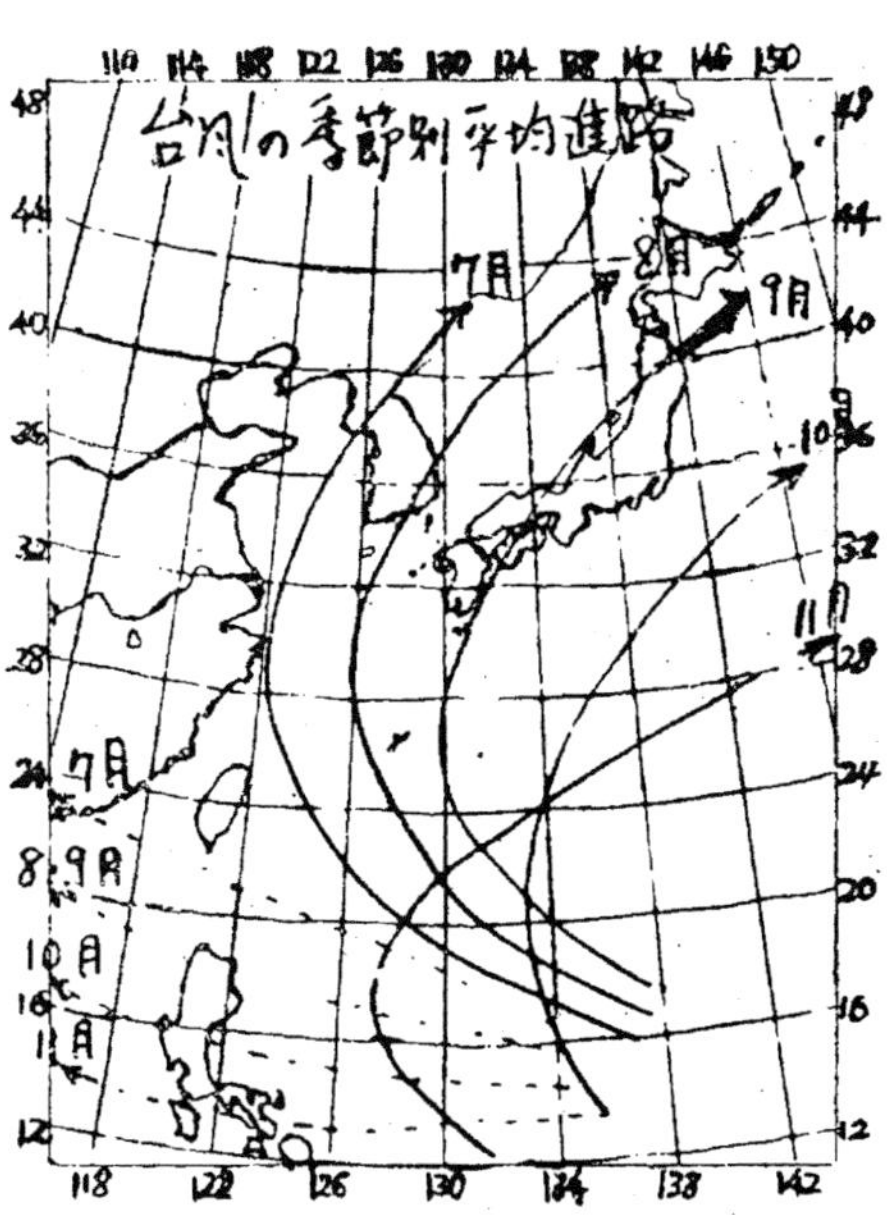

台風の季節別平均進路

多くの台風は暴風、雨潮大波などの災害を伴いながら進んで来ますので天気図に台風があらわれたら、その進路に注意し、気象通報を聞いて危険な時は充分な対策を取りましょう。

寒冷な空気魂と温暖魂の境目には前線というのがあります。寒冷前線は寒冷な空気の最前線で、これが通過した地方では今までの南西風が急に北よりの風に変り、気温はさがります。これに伴つて突風、雪雨等の悪天候の区域があります。冬の北よりの季節風の吹き出しは低気圧に伴う寒冷前線の通過によるものです。

温暖前線とはこの通過の際風は東から南に変り気温が上昇します。この前線が接近する時は、雲は高い雲から次第に低くなり、ついに連続的な雨となる事が多い。この前線が通過すると南風となり雲は切れます。低気圧の中心から南西に寒冷前線が南東に温暖前線を伴つているのが普通でその時の平面図及び垂直断面図及び天気の特性はそれぞれ第八九図に示すようになつています。

垂直断面図で分りますように寒冷前線の所では寒冷な空気が温暖な空気の下にもぐり込みながら前線し温暖前線の所では暖気が寒気の上を滑走上昇しておりいづれも前線ふきんに雪や雨を伴つています。

第8図　低気圧の平面天気図と天気

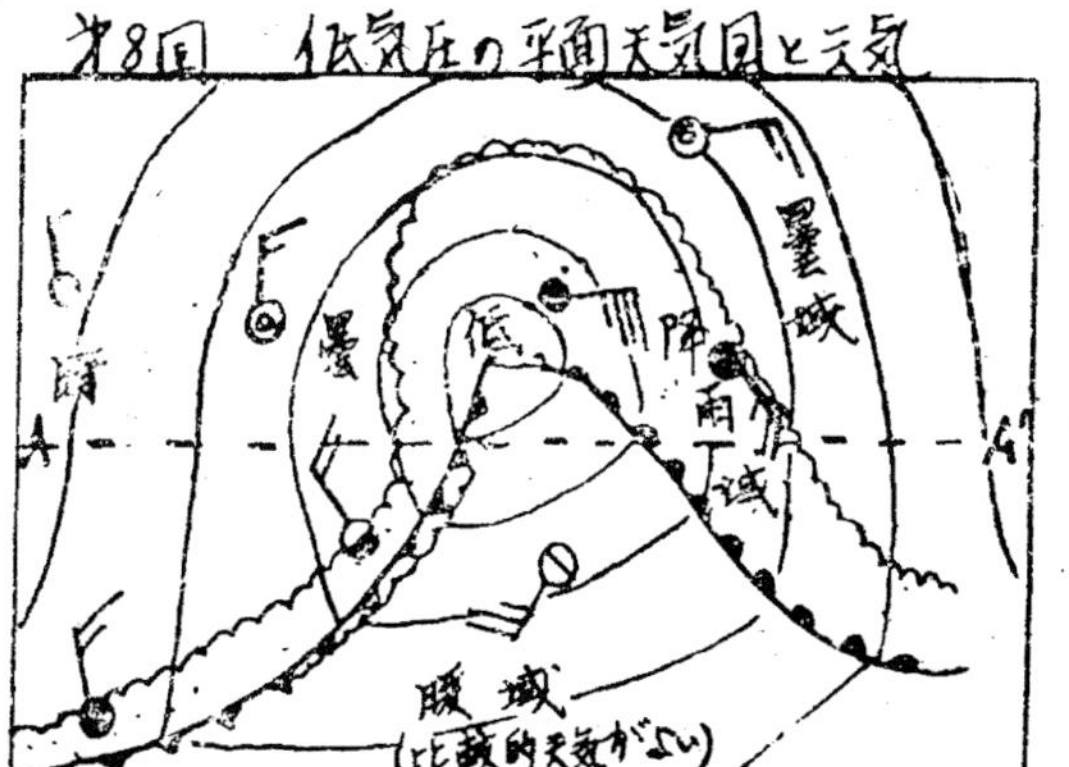

寒冷前線は寒気の動く方に、温暖前線は暖気の動く方に進みますが、前線がほゞ東西に走つて寒気の動きが釣合つて殆んど動かなくなつた場合を停滞前線と、いゝます。沖縄方面では小満芒種の雨期に最も多くあらわれ、この線の北側では北東風、南側では南西風で、この前線ふきんでは雨や曇の天気が多い。

次に閉塞前線を説明します。ひとつの低気圧には温帯前線と寒冷前線がついていますが、後から進んでくる寒冷前線の方が、前にある温暖前線より速度が早いので最後には寒冷前線が温暖前線に追いついてしまいます。この場合東方の寒気に西方の寒気が追いついたわけですが両方の間には多少気温の差がありますのでその境目を閉塞前線といいます。この前線ふきんでも一般に天気は悪くなります。

気圧の谷とは上層の天気図でははつきりでますが地上天気図では低気圧の中心からほゞ南に細長く伸びた低圧部としてあらわれます。中緯度地方では時速二十キロ位で東進し、冬この気圧の谷が大陸東岸に達すると台湾北方、上海沖などに低気圧が発生することが多く一般に天気は悪くなります。

（以下次号）

日本理科教育学会第八回総会および全國大会に参加して

勤務校　コザ中校
配属校　茂原市立茂原中学校
玉城吉雄

道徳教育の特設、指導要領の改訂、勤務評定の実施と内地の教育界が政府当局と現場側がお互に論争の渦と化しているその中で、昨年十一月六日〜八日まで三日間、宇都宮大学において、日本理科教育学会の全国大会が開催されたのであります。私は会員に加入をしておりませんでしたが、理科教師として幸い本土まで研究に来た以上ぜひ一度はその雰囲気にふれてみたいと思い、東京教育大学の金子孫市先生にお願いして特別参加をさせていただいたのであります。時期はおくれましたが三日間の大会の概要をまとめて記したいと思います。

午前四時五五分の一番車で配展校を出発し、黒々として見るからに沃土の感がする関東平野を縦断し、五時間余の汽車の旅を続けて、午前十時、目的地の宇都宮駅に到着、駅から宇都宮大学までは、約四KMの道程があるので、バスを探したのですが、どこのバスに乗つてよいかよくわかりません。ふと見ると一台の古ぼけた変つたバスが駅前にあり、その側に日本理科教育学会と大書されたかんばんが立てられていたので、学会差しまわしの大学バスであることがわかり、全国各地から寄つてこられた先生方と共に便乗して、会場に着くことができました。受付をして資料をもらい会の日程を知ることができました。

三日間の日程を次に述べますと、

	午前 9.00 〜 12.00	12.00 〜 午後 1.00	午後 1.00 〜 5.00
第一日（六日）	受付　第八回総会	昼食	研究協議会
第二日（七日）	受付　研究発表（1部 1〜9、2部（1）〜（9））	昼食	特別講演および映画見学　休けい　見学会　懇談会
第三日（八日）	受付　研究発表（1部 10〜18、2部（10）〜（19））	昼食	研究発表（1部 19〜22、2部（20）〜（23））　休けい　シンポジウム　閉会式

第一部会と第二部会の会場は別々で講演内容を見て適当に部会をかえてテーマに必要な内容を聞いた。

以上の日程により大会はもたれたが、第一日目午後からの研究協議会の議題として取上げられたものは次の内容のものであつた簡単にその要点を述べておきます。

(一) 学会の在り方について

一、理科教育学は学問としての体系から学者間で学問になる、ならないということで論争され、今日未だ、その体系の確固たるものが打ち立てられないが、本学会としてはあくまで理科は学問としての体系をもつものと主張して理科を育ててゆきたい。（大庭先生）

二、会誌に発表するときに制限された字数では充分意をつくせないことがある。会誌発行に当つて、その点の考慮も必要である（金子先生）

三、学会の正常な運営がスムースにできないのは、財政的な裏付けが少ないために障害がある。研究態勢をもう少し整え、研究グループを自然的に組織して、学会の発展を期す方法も考えられる。（伊神先生）

四、研究発表のもち方について十分や二十分で要項を説明するだけでは不充分で、中には（若干名）長い時間の発表をさせてまとめをみるようにしたい。例えばグループで一ケ年間研究して一人の先生にまとめの発表をさせる方法も考えられる。（金子先生）

五、学会雑誌（理科の教育）の性格のあり方としては生活理科の体系を守り、編集してもらい、理科教育に関する論文もほしい。（嶋田先生）

その他いろいろと学会の在り方について論議されたが最後に金子先生より宿題研究分担研究、をすることにより、理科教育学の体系を築いて行くために必要である。今日まで理科教育学のりんかくが未だはっきりしていないので、理科教育学体系を完成し、りんかく付けをするために来年度よりその面の研究がとり入れられるように事務局に要望するとの力強い発言があって㈠の問題についての討議をおえた。

㈡ 各都道府県に理科教育センターを設置する件について

文部省は大蔵省へ一億一千万円（五ケ年計画の一年次）の予算支出要求をしている。それに対しては全員賛成、前会長横浜大の永田先生より具体的に大蔵省に資料を提出して促進するようにしたいということで終わる。

㈢ 小中学校に理科の実験助手を置く件について

一、理科担任の担当時間を減ずることについては、他教科においても、データーを見ると余り相違がないとされているので、その面では実現不可能であるから、この実験助手を置くことに強く文部省に要望して、実現を計るに努めること。

二、賛成であるが、それが他の面に利用されないように考慮しなければならない。

三、小、中校への助手配置と現在の理科無免許教師の有資格教師とを比較対象して、どちらをとるべきか、考える必要がある。

四、必要であるが具体的な資料を集めて、要望することが大切である。

㈣ 改訂指導要領の特質について

（永田先生）

○中学校の理科を二分野性にしたこと

○ある程度の基準性を示した。しかし学習形態の拘束性を強くすることはいけない。

○目標を四つにしぼったこと。

○学年目標を出したこと。完全なものでない、それは理科教育の体系が未だはっきり打出されてないから。

○知識偏重だと言われないようにした。内容と程度から全体を示した。

○内容は全部やらなければならない。内容の学年組かえはしない方がよい。

○内容は最少である。少ないと思っているから熟練された先生においては（十アルファー）することが大切である。

○科学的思考の考え方を内容に表現するとなると、膨大な枚数になる。それで内容においては、必然的に知的な面となった。しかし、学年目標には、思考過程を示しているから、知的偏重ではない。

○内容がへった。

○他教科で取扱ったものを除いた。

○科学技術教育を強調した。社会人として、自然環境を合理的に処理する人間、創造性のある人間をつくるのが、理科教育の大切な点である。そこで将来社会に出て道具や器械を合理的に使用することのできる人間を育成することは理科の大切な部門である。

○単元学習を否定しているのではないかという点については、以上のことが挙げられる。

○分野を設けた事。（分野に分ける事は問題が多かった生物と地学とどのように系統性があるかこの二つに分けた事は便宜的な根拠はない学習方法によって分けたという意見もある）

○今までの反省に基いた。

(1) 内容が多い (2) 目標が多い

(3) 付ずい的なものが多かった

(4) 非常に骨が折れたが現実には効果が挙がらなかった。

○小、中の系統を明らかにしたい。

以上が研究協議会の内容であり、第一日目を終えた。

第二日目、三日目は研究発表があり第1部会（理論的面）第2部会（実践的面）に分けられ一人二〇分程度の要項説明程度であったが各発表者の内容の深さに頭がさがりました。その全部を発表することは紙数の関係で不可能でありますので、第2部会の一部を紹介することにします。それは今度の改訂指導要領の内容の中で、中学校において、分子式や化学反応式をとり入れて指導するように改められましたが、それを中学生に理解させるのに困難点があるようですので、東京のある中学校で研究した資料を参考のため掲げておきます。（四八頁参照）

二日目の午后宇都宮大学の清棲理学博士の「日本鳥類の生態」についての特別講演と映写会があり、実に有意義でした。その後市内見学、懇親会と続き、第二日目をおえ、第三日目をむかえたのであります。午前中と午后二時二〇分まで研究発表があり、二時間三〇分より、シンポジウムがありまして、午后五時閉会式を行い三日間の大会を盛会裡に終了したのであります。

次にシンポジウムの概要を述べておきます。

一、題目 「科学技術教育の立場から見た理科教育」

二、司会 伊神先生（千葉大）

三、講師 高井先生（栃木県指導主事）
鳴田先生（山形大）
水野先生（名古屋大）

始めに司会より今日よく叫ばれている科学技術教育について三人の講師の先生方のご意見を聞き、それに対して後に質疑して貰いたいとのあいさつがありました。

四、講師のお話の内容

△高井先生

ラジオ製作において実際に作らすよりも真空管の原理、電流、電圧の問題を充分理解させてから製作の方に発展させることによつて、創作性が生まれてくる。

。実験、観察を主として行うことはよくわかるが演繹的思考過程が技術の教育である。測定を重視することによつて技術の応用に導く。

△島田先生

。科学技術教育は科学教育と技術教育を包含したものであり、科学と技術を切り離しては考えられない

。国策としての科学技術の振興も、教育全分野でなさるべきであるが特に理科と今度新設された技術科が重要なポイントを占める。

。理科から見たところは、将来社会人として、物事を合理的に考えて科学的態度を身につけることが大切である。そのためには、

① 理科教育の目的使命に基くこと。

② しかし、技術の基礎となる思考は重視する。

③ 技術教育の立場からみて理科教育を反省してみることも大切である。

例えば ㈠科学の方法である。実験観察を重視する。 ㈺術語の同一化をはかる。 ㈧理科器械の現代化を考える。 ㈡理科教師は技術を充分身につける。 ㈭施設、設備、予算化、実験助手をおくこと等種々考えられる問題がある。

△水野先生

。日本は物が少ない、それで国民はいらいらしている。そのためには先づ生産が必要である。物を生産するためには科学が必要である。故に技術教育が叫ばれている。

。創造性ということは、特に中、高大学では失なわれ、知識偏重の傾向に走づているのではないか。

。科学のための科学、理科のための理科という言葉は嫌い、科学は即ち私達の生活を幸福にするための科学教育、理科教育であり、そして新しいものを生み出すためのものでなければならない。

五、質　疑

問　職業科と理科との問題点について

答　理科としてはその原理、応用を考えて、技術科の方で特に技術面を指導する。

。理科において基礎技術の系統は考えられるが、困難性を伴う。

問　技術教育とは何をねらつているか

答　近代技術となる技術を文部省は考えている。

問　技術と技能をどう考えているか。

答　技術は目的達成のための手段であり、技能は技術的な動力である。故に技術の上々技能があると考える。

長時間に互つて技術と技能の問題で討論が行われたが途中で時間がきたので止むなく討論をなかばで終つた

以上三日間の大会の模様の大略を述べてまいりましたが、全国各地から集つた権威ある先生方が真剣に日本理科教育振興のために取組んで研究しておられるご高見に接して、われわれ沖縄の理科教育の現状を反省し、私の今后の研究に対し大いに参考となり、決意を新にして帰つて来たのであります。

最后に沖縄の理科教師が斯様な学会に加入して現場における研究の成果を本土の学会の機関誌にも投稿して視野を広め、そして沖縄理科教育の進展のために尽されんことを期待して止みません。

—参考資料—

理科指導法による学習効果の実験的研究

特に、化学反応式の取扱いについて

東京都町田第一中学校
萩生田　忠　昭

1　研究の目的

中学校の理科指導で、化学反応式についての理解を与えることが困難とされている。すなわち、従来の講義方法によつて指導した場合には次の式に示すような問題がある。

そこでどういう方法を用いたら、この困難が除かれるかということについて考えた結果、分子模型を用いて指導する方法を採用し、それと従来の方法による学習成績とを比較することを目的としてこの研究を行つた。

Ⅱ　化学反応式の理解の困難な点

化学反応式がどういう意味で理解困難なのかを知るために生徒の疑問を調べた。

東京都町田第一中学校二年生のうち男子百十一人、女子百人計二百十一人に、化学反応式について講義した後、既習の化学反応式について、自由に疑問を書かせてみた。

$C + O_2 \rightarrow CO_2$

$s + O_2 \rightarrow sO_2$

の二つについては、ほとんど疑問がなかつたが、次の二つについては、表に示すような疑問があつた。

$CO_2+C \to 2CO$についての疑問　　調査人員　211人

	内容	男子 111人	女子 100人
①	なぜ$2CO_2$にならないか。	32人	23人
	（CにCを加えると2CになるがO_2はO_2ではないか）	2	2
②	一酸化炭素のときCOと書くのになぜ2COと書くか。	2	2
③	なぜC_2O_2にならないか。	0	1
④	O_2はO+OでありC+CはC_2であるからC_2O_2はは 1COとなるのではないか。	0	2
⑤	なぜCO_2 Cにならないか。	0	2
⑥	なぜCOの前に2をつけるか。	1	4
⑦	変化する物にはCO₂とOの下に2がついているのに、なぜ2をもつてこないのか。	0	1
	合計	37人	35人

$2CO+O_2 \to 2CO_2$についての疑問　　調査人員　211人

	内容	男子 111人	女子 100人
(1)	なぜ、$2CO_3$にならないか。	17人	11人
(2)	なぜ、$2COO_2$にならないか。	5	2
(3)	なぜ、4COとならないか。	1	0
(4)	なぜ、C_2O_2にならないか。	1	0
(5)	なぜ、2倍するのか。	2	0
(6)	→を等号で結んでよくないか。	0	2
	合計	26人	15人

最も誤りの多い①について、思考の順序を考えると、

$$CO_2+C=C+O_2+C=$$
$$2C+O_2=2CO_2$$

また(1)の場合も同様

$$2CO+O_2=2C+O+O_2=$$
$$2C+O_3=2CO3$$

これは、一つには、数学の方程式と混同して左辺から右辺をみちびきだしたと思われる。また、化学式の前の係数が分子の数をあらわすもので化学式の全体にかかるものだということの理解の不足にもとづくものと思われる。

III　研究の方法と結果

(1)　調査対象

東京都町田第一中学校第二学年の各学級のうち、新制田中B式知能検査とアチーヴメント・テストの結果がほぼ等しい二つの学級を選んだ。被検者数は各組とも男子二五人、女子一六人、計四一人である。

(2)　調査事項

木炭が空気中で燃えるときの化学変化について、二つの組のうち、一つの組は従来の指導法で学習を進め、他の組は新しい指導法で学習したのち、化学反応式に対する理解の程度を後記の問題でテストして比較した。

また、学習の時間は四五分間で実施した。

(3)　指導法

従来の指導法（講義法）としては木炭が空気中でさかんに燃えているとき化学反応を式で示す場合についてつぎのような講義をした。燃えるとき、炭素が空気中の酸素と化合して炭酸ガスができる。化学では、物質をあらわすには表のような記号を用い、化学変化は次ような式で表わす。

物質名	化学式
炭素	C
酸素	O_2
炭酸ガス	CO_2

変化する物質		変化してできる物質
$C+O_2$	→	CO_2

こ場合、変化する物質と変化してできる物質との原子の数は、それぞれ、炭素1個、酸素2個で等しいことを示す。

つぎに、この際できた炭酸ガスが温度の高い炭素にふれると一酸化炭素という気体ができる。そこでこの変化をまず次のように書いてみる。

物質名	化学式
一酸化炭素	CO

$$CO_2+C \to CO$$

原子の数をくらべてみると、変化してできる物質の方が、ちようど一酸化炭素1分子だけ、たりない、だから

$CO_2+C \to 2CO$とする。

さらにできた一酸化炭素は、炭火の上で空気中の酸素にふれ、燃えて炭酸ガスとなる。この変化をまず次のように書いてみる。

$CO+O_2→CO_2$

このときも前と同じように原子の数を合せるために、いろいろ係数を工夫してみる。すなわち、変化してできる物質のほうが酸素原子が１個少ないので、酸素をふやすために、CO_2を二倍すると、そのために炭素は１個余分になる。そこで結局、変化する物質の方の一酸化炭素を１分子ふやせばよいことがわかる。つまり左辺のCOを二倍すればよいことになる。そうすれば式は、

$2CO+O_2→2CO_2$となる。

このようにして、木炭の燃焼の際に起る変化を理解させると共に、化学反応式を説明し、原子は不生不滅であることを考えさせた。

新しい指導法（模型使用法）としては、問題の考察にはいる前に、まず分子の概念を植えつけた。

たとえば、気体は、ちようど運動場にいる生徒の活動状態のように分子が自由にあつちこつちにちらばつている。また、液体は廊下にいる生徒のように分子が密集しているが、並んではいない。固体は、教室においての授業中の生徒のように分子が一定の約束のもとに集まつて整然と並んでいる。

以上のような説明をしてから問題活動にうつつた。

木炭が燃えるとき、まず炭素が空気中の酸素と化合して炭酸ガスになる変化を授けるのに、まず次の表のような約束をする。

物質名	分子の模型
炭素	●
酸素	○○
炭酸ガス	○●○

炭素の原子模型として黒い油粘土を丸い直径約三センチの球をつくる。また酸素の分子模型として、赤い油粘土を用い直径約三センチの球を二個くつけたものをつくる。各グループ（六名）に炭素原子六個と酸素分子三個を与え、この模型を使つて、炭素が燃えて炭酸ガスのでき変化を各自にやらせてみた。このようにして原子の組みかえによつて炭酸ガスの分子を正しくつくることができるように指導した。このようにして、模型によつて酸素分子、すなわち赤い球二個が炭素原子すなわち、黒い球一個をその間に取りこんで、炭酸ガスの分子をつくることを理解させた。また、この変化の結果から物質が変わるということは、はじめにあつた原子はなくなつていないことを考えさせるように方向づけた。またその際に物質の全部が反応するとは限らないで一部分がそのままで残ることも、理解させることができた。そして、この変化を次のように黒板に書いて示した。

● ＋ ○○ → ○●○

このとき、変化しない物質は表さないことなどを注意した。次にそれぞれの模型に相当する化学式を示しつぎのように書き直してみせた。

分子の模型	化学式
●	C
○○	O_2
○●○	CO_2

○ ＋ ○○ → ○●○

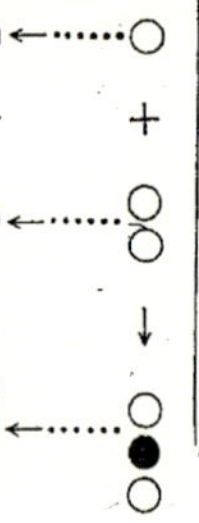

C ＋ O_2 → CO_2 となる

そして、このような式を化学反応式ということを授けた。

次に、これとまつたく同様な手段で炭酸ガスが温度の高い炭素にふれると一酸化炭素ができる変化を自由に各人にやらせた。

このときは、生徒は前の場合より、楽にやることができた。

物質名	分子の模型	化学式
一酸化炭素	●◎	CO

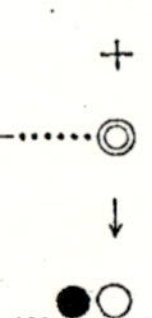

これを次のように黒板にかいて示した。

○●○ ＋ ◎ → ●◎ ●◎

CO_2 ＋ C → 2CO となる

できた一酸化炭素の分子は、さらに空気中の酸素にふれて燃え、炭酸ガスに変わる変化をやらせた。これは、前に比してやゝ困難であつた。これは原子はこわれたり、なくなつたりしないが、分子はこわれることがあるという理解の不充分な生徒があつたためと思われる。これも黒板で次のように示した。

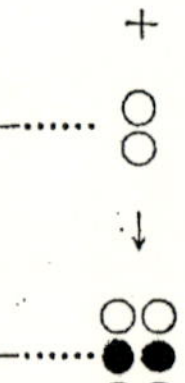

●◎ ●◎ ＋ ○○ → ○●○ ○●○

2CO ＋ O_2 → $2CO_2$となる

このような方法で、燃焼が酸化であること。化学変化は原子の組かえであつて原子は不生不滅であることや化学反応式の意味を理解させるようにした。

(4) テストの方法と問題内容

学習が終つた直後に同一問題で質問紙を用いて、所要時間五分間でテ

ストを実施した。その問題は次の二題で、Aの問題は完成法によって既習事項について、Bの問題は記述法によって未習事項について応用ができるかどうかをためした。

（質問）

（A）つぎの変化は、木炭が燃えるときの変化を書きあらわしたものである。

［　］の中を適当にうめよ。

1）$C+O_2 \rightarrow$［　］

2）$CO_2+C \rightarrow 2$［　］

3）$2CO+O_2 \rightarrow 2$［　］

（B）イオウが燃えると亜硫酸ガスができる。いま、イオウをS 亜硫酸ガスをSO_2 であらわすとする。この場合、変化の式はどのように書きあらわされるか。

尚一ケ月半後に同じ問題で再びテストを行った。

(5) 直後テストの結果

テストの結果は、第一表のようになった。

この表で明らかなように、両指導法を比較すると、質問Aの項目では二つの指導法とも相当数が正しく答えていることが、質問Aにおいて、模型を使った新しい指導法の方が①では約五%も劣っているのに、②では約一〇%、③では約一五%もすぐれていることがわかった。なお質問Bでは、従来の講義による指導法では、わずかに一五%ほどしか正答者ないのに、模型を使った新しい指導法では四四%ほどの正答者があることがわかった。

これによって、新しい指導法の方が、化学変化の本質や化学反応式の意味をよく理解させることができ、それを未習の場合にも応用し得るのであると考えられる。

ついでに、性別の各指導法についての関係を調べてみた。その結果を第二表に示す。

はじめに質問Aのについて、日頃全般的に調べてみると、新しい指導法では、分子の方がすぐれているように思われる。

第1表　テストの正答者数

質問番号		講義法	模型法	差
A	①	41人 (100.0)	39人 (95.1)	(−4.9)
	②	30人 (73.1)	34人 (82.9)	(9.8)
	③	30人 (73.1)	36人 (87.8)	(14.7)
B		6人 (14.6)	18人 (43.9)	(29.3)

男子二五人、女子一六人、計四一人
（　）中の数字は正答者の百分率を示す。

また質問Bについては、男女とも三倍以上に正答者の増加を示していることがわかった。

(6) 一ケ月半後のテストの結果

一ケ月半後に同じ問題で再びテストを行った。その結果は第三表のようになった。

ただし、講義法の方は、おわってから引き続き次の学習時間に同じ内容をこんどは模型を用いてやった。

第2表　性別によるテストの正答者数

質問番号 / 方法	A						B	
	①		②		③			
	男	女	男	女	男	女	男	女
講義法	25人 (100.0)	16人 (100.0)	20人 (80.0)	10人 (62.5)	20人 (80.0)	10人 (6.25)	4人 (16.0)	2人 (12.5)
模型法	23人 (92.0)	16人 (100.0)	21人 (84.0)	13人 (81.2)	22人 (88.0)	14人 (87.5)	11人 (44.0)	7人 (43.8)
差	(−8.0)	(0)	(4.0)	(18.7)	(8.0)	(25.0)	(28.0)	(31.3)

男子25人　女子16人　計41人
（　）中の数字は正答者の百分率を示す。

この表でみると、両指導法の結果がほぼ同じとみてよい程度しか差がならわれなかった。

IV、結　論

この研究の結果、分子模型を使った新しい指導法と講義による従来の指導法とを比較して次のことがいえる。

① 従来の指導法でも、一度取り扱った化学反応式についての質問には高度の正答率を以て答えることができるが、新しい指導法では、さらにその正答率が増加している。

② 未習の化学反応式を書かせてみると、従来の指導法では、正答率が低いが、新しい指導法ではその正答率が三倍になっている。これによって生徒自身に分子模型を使わせて学習させることが、燃焼の本質を理解したり化学変化の本質や化学反応式の意味を理解させるのに有効であることがわかった。

第3表　1ケ月半後のテストの正答者数

質問番号		講義法	模型法	差
A	①	41人 (100.0)	38人 (92.6)	(−7.4)
	②	28人 (68.2)	30人 (73.1)	(49)
	③	33人 (80.4)	36人 (87.8)	(7.4)
B		24人 (58.5)	21人 (51.2)	(−7.3)

男子25人　女子16人　計41人
（　）中の数字は正答者の百分率を示す。

教育費のすがた

☆1957会計年度の教育費の調査報告書が近く☆
☆発行されますが、本誌にその大要をお知ら☆
☆せすることにします。☆
☆本土とも比較してありますので、学校や教☆
☆育委員会の教育財政上の参考に供します。☆

研究調査課

1. 政府財政における教育費

年度	1953年	1954年	1955年	1956年	1957年	1958年	1959年
A 政政一般予算才出額	1,532,924,310	1,877,805,205	1,969,183,900	2,039,771,800	2,216,858,584	2,828,206,700	2,656,394,100
指数	100	123	128	133	145	185	173
B 文教局予算才出額	399,358,324	504,132,400	559,456,300	561,228,900	571,030,731	769,743,700	745,192,400
指数	100	126	140	141	144	193	187
$\frac{A}{B}$ × 100	26	27	28	28	26	27	28

※上記表は琉球大学の分は除いた額である。

2. 教育分野別、財源別の教育費

A 教育分野別の教育費

	実額	百分比	本土の百分比
教育費総額	712,575,899	100	100
1 学校教育費	639,265,691	89.71	93.82
小学校	323,192,073	45.36	48.12
中学校	180,408,905	25.32	26.63
特殊学校	2,203,442	0.31	0.91
全日制高等学校	126,990,057	17.82	14.01
定時制高等学校	6,471.214	0.9	3.32
2 社会教育費	26.451.750	3.71	2.47
3 教育行政費	46,858.458	6.58	3.69

B 財源別の教育費

	実額	百分比
教育費総額	712,575,899	100
1 公費	654,450,717	91.84
政府支出金	591,224,948	82.97
教育区支出金（地方債も含む）	63,225,769	8.87
2 私費	58,125,182	8.16

本土との比較を示したのが次の図である。

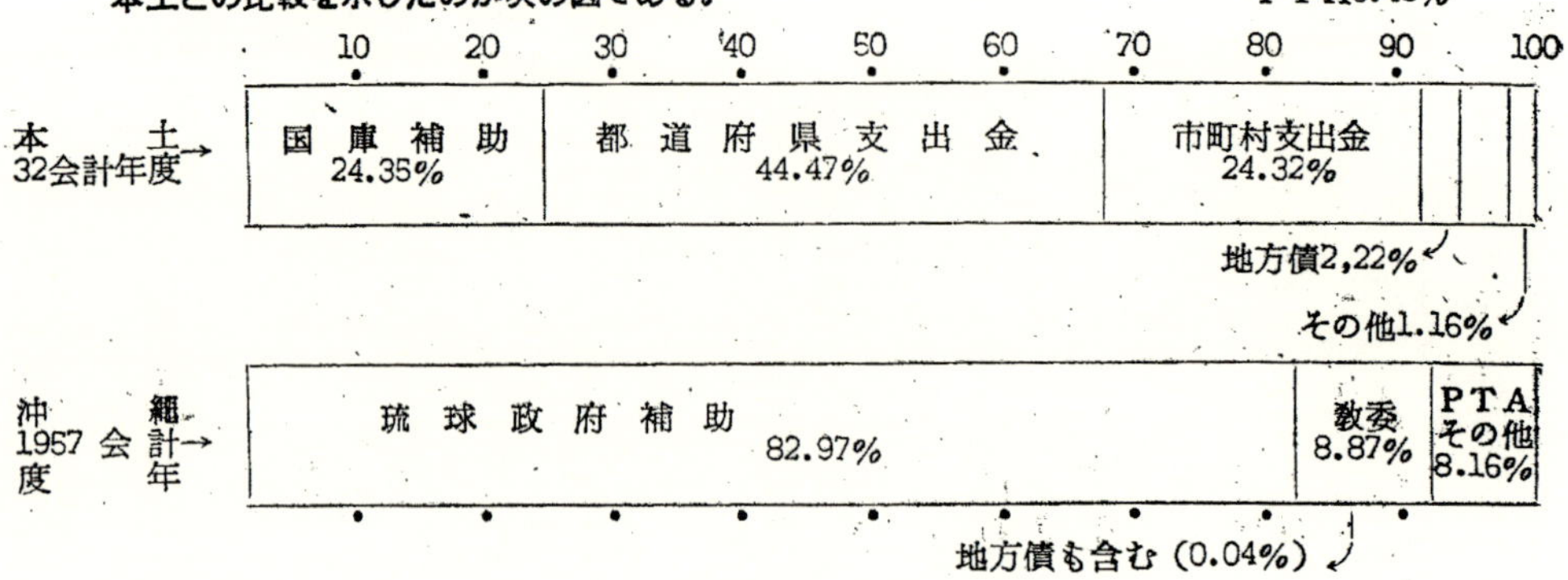

PTA3.48%
10 20 30 40 50 60 70 80 90 100
本土 32会計年度→ 国庫補助 24.35% 都道府県支出金 44.47% 市町村支出金 24.32%
地方債2,22%
その他1.16%
沖縄 1957会計年度→ 琉球政府補助 82.97% 教委 8.87% PTA その他 8.16%
地方債も含む（0.04%）

3. 生徒1人当り教育費と1学級当り教育費

A 生徒1人当り教育費

小学校	2,317円	中学校	3,548円	全日制高等学校	6,572円
定時制高等学校	3,164円	特殊学校	10,593円		

本土（31会計年度）との比較を示せば次の表のとおりである（日円に換算）

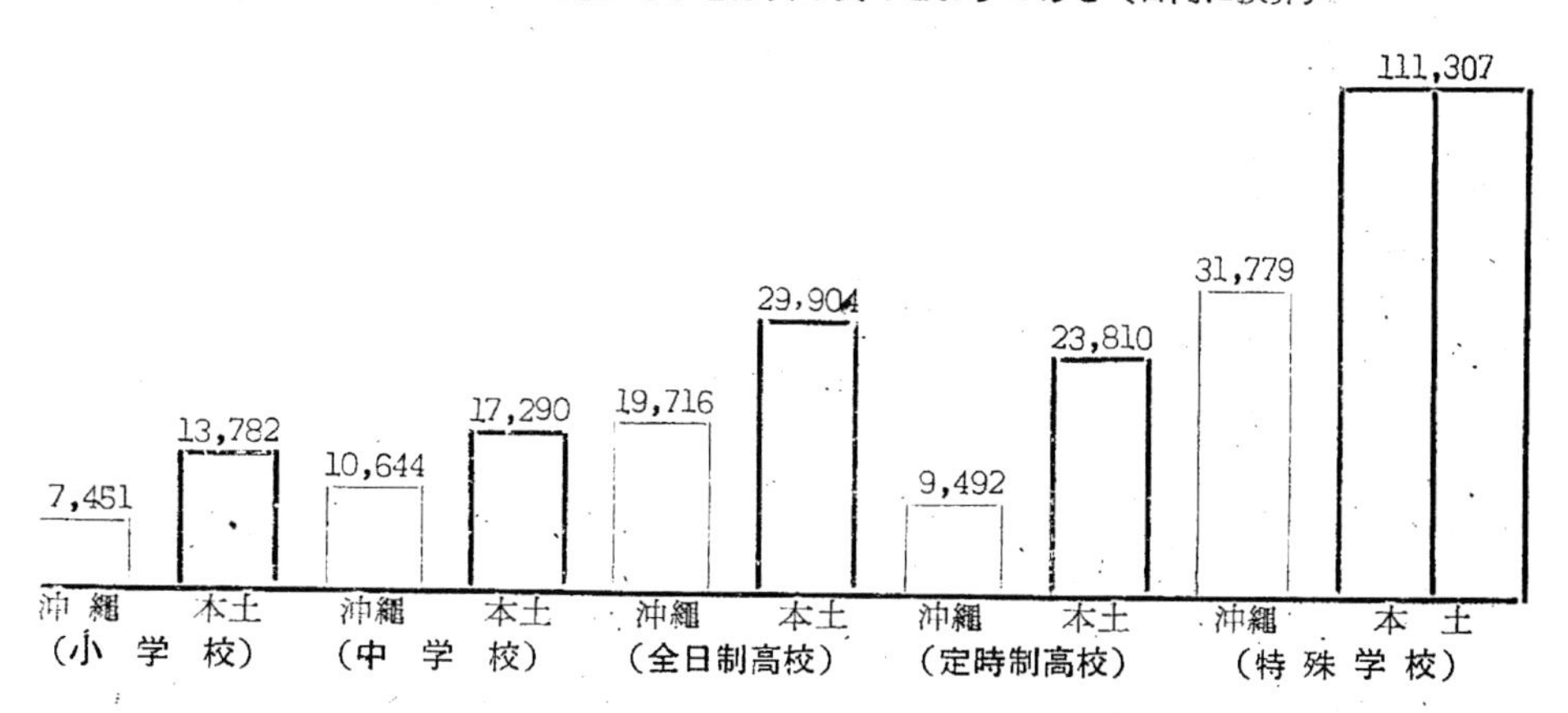

B 1学級当り教育費

学校種別	沖縄（B円）	本土昭和31会計年度（B円に換算）
小学校	119,039円	203,490円
中学校	154,801円	269,319円

C 人口1人当り教育費

支出項目	沖縄（B円）	本土（昭31年）B円に換算
教育行政費	33	51
社会教育費	58	30

D 学校種類別の学校徴収金

学校種類	総額	沖縄生徒1人当り（B円）	本土生徒1人当り（昭31年度B円に換算）
小学校	3,786,672円	33円	531円
中学校	3,297,668	65	364
特殊学校	18,000	87	926
全日制高等学校	1,950,313	101	681
定時制高等学校	521,076	51	357

3のA図BC表のは、それぞれ生徒1人当り、1学級当り、人口1人当り、年間いかほどの教育費が支出されたかを沖縄、本土の平均の数学によつて示したものです。

Dの表は、学校徴収金の総額とその生徒1人当り年額を示したものです。（本土は1人当り年額のみ）「学校徴収金」とは、公費および寄付金による教育費とは別に学校が教育活動のために生徒から徴収した金額であります。

二月のできごと

一日　高校新人庭球大会（於嘉手納中校）男女とも商業高校優勝

二日　第十四立法院定例議会開幕、スポーツセンター建設委員会準備会開く。（政府第二庁舎会議室）

三日　実験学校発表会（今帰仁小学校）政府立高校長会（於商業高校）第六十四回中央教育委員会最後の日程で千百八十四万ドルの文教局積予算を承認

四日　上京中の大田副主席パイン特恵について三浦農相、佐藤蔵相、高崎通産相と合い協力を要請

五日　当間主席本土記者団と会見し沖縄を共同防衛地域に含めるべきと表明

六日　文教局指定実験学校真壁小学校研究発表会（生活指導）

七日　文化財保護委員会浦添御殿の墓から珍しい名書（ミガチ）発堀

八日　別府毎日マラソンで沖縄代表時志為男選手二時間三十一分十三秒で第十二位に入賞

九日　教育長定例会（於知念連合教委事務局）

十一日　琉球の先史文化調査のため米国の考古学者ジユウヤス・B・バード博士とゴードン・F・エクホルム博士来島

十二日　高等弁務官布令第二十号「賃借権の取得」を公布

十三日　弁務官布令第十八号に基づいて設立をみた「合同土地諮問委員会」の初会合
文教局では交通、水難事故予防の手引書作成のため安全教育委員会（於開南小校）開く

十四日　高校入学選抜学力検査（十五日まで）
羽地村真喜屋小学校図工科公開授業実施

十五日　文芸春秋社・沖縄タイムス・琉球放送共催「文春地方講演会」（タイムスホール）
庭球連盟主催第三回中校新人庭球大会（沖食コート）
沖縄剣道連盟主催第五回全島高校剣道大会（於警察学校体育館）

十七日　文芸春秋社のさし絵・漫画・作家の原稿・写真などの「文春展」開く（十九日まで）
名城大学現地入学試験（於商業高校）

十八日　高等学校合格者発表始まる。
沖縄教職員会中央委員会（於教育会館）

十九日　疎開船対馬丸遭難学童の霊石、十島村の好意で沖縄に届く、
琉大と文化財保護委員会との話合いにより放生池問題解決す

二十日　土地賃借評価委員会正式に発足
第六十五回臨時中央教育委員会で西原中校移転認可（旧西原国民学校に坂田中校を合併して移転、四月一日に開校）

二十一日　沖縄タイムス社主催、沖縄教育音楽協会、文教局、琉球大学、琉球放送四団体後援の第四回全琉音楽祭（タイムスホール）

二十二日　中学校職業教育振興結成大会（教育会館ホール）

二十三日　全琉教育長会（那覇連合教委事務局）教員異動について協議
NHK主催、琉球放送、赤丸宗共賛全国のど自慢コンクール沖縄地方大会（グランド・オリオン）

二十四日　教職員会・P・T・A連合会教育長協会・教委協会四団体で沖縄教育財政確立期成会を組織結成す
沖縄官公労協二十五ドル賃上げ要求について官房長と団交す
平和観音像にちりばむビルマからの宝石（ルビー、サフアイヤーなど）の譲渡式（於主席室）

二十五日　沖縄ユネスコ協会発足（会長山田有幹）

二十六日　文教局指定上之山中校実験学校発表会（研究テーマ図書館教育）
東大教授大政正隆氏「農林業について」講演（於中央農研所）

二十七日　全琉緑化推進運動本部主催「緑化の歌と踊り」発表会（タイムスホール）
教職員会、PTA連合会、教育長協会、教委協会代表ら当間主席を訪問し本土なみの教育予算を編成するよう陳情
ニユヨーク自然博物館考古学部長ドクターバード及びドクターエクホルムの両博士嘉手納村兼久の海岸に貝塚跡を発見

二十八日　柔道連盟主催第四回中校柔道大会
沖縄教職員会青年部長会で「君が代」斉唱について討議

☆　☆　☆　☆　☆

文教時報（第五十二号）（非売品）

一九五九年二月一六日　印刷
一九五九年三月五日　発行

発行所　琉球政府文教局
研究調査課

印刷所　那覇市三区十二組
ひかり印刷所
（電話一五七番）

文教時報

53

琉球

1959.4

文教局研究調査課

NO 53

巻頭言

新学年に希望を寄せて

佐久本嗣善

皇太子様と正田美智子様のご婚約の発表は、日本全国民（もちろんわれわれを含む）から拍手の嵐のなか、お祝と喜びと庶民的な共感をもつて迎えられた。そしてご成婚の儀は、新学年始めの四月十日に行われることになつた。待望のおめでたい日である。だがこの佳い日をどうしてお祝するかと考えて「かべ」にぶつかつた感じであつた。その憂うつを吹飛したものの一つ「行政主席と立法院議長を住民代表として正式招待する」との宮内庁発表がそれだつた。朗報、大ヒットは続いて放たれた。「皇太子明仁親王のご結婚の四月十日を奉祝のため休日にする」の立法院での特別法の立法案可決である。

すでに当間主席と安里議長は、それぞれの夫人を伴つて空路上京した。われわれ八十余万の住民はお祝と喜びに胸がはずんでいる。教育基本法の前文に掲げた「日本国民として……」は単なる文章ではなかつたのだ、実現し、実践されているのだこれにもお祝と喜びがある。

昨年四月一日に施行された「教育四法」は、沖縄の教育をエポツクメイキングしたが一年後には、前記の特別法案が可決されて民主教育の前進を約束づけたことはまことに意義深く肝銘にたえない。

新学年は、希望にもえ、喜びにみち、決意を新にするものであるが今学年は幸先よくお祝から始まる、例年にも増して希望がわき最良の学年にしたいとの決意と努力が体中にみなぎる、この決意と努力の最大の目標は、私の場合毎年新学年に発生する二部授業その他の不正常授業の追放である。教室不足は戦後十四年にわたる教育上の一大障壁である。私共は力を結集してこの問題解決（政府予算の獲得）に当らなければならない、これは容易ならぬ難問である。しかし私は解決できると確信する。今年の新学期には間に合わなかつたが来年の四月には二部授業解消の公算は大きい。教育当局者、P・T・A・住民全体の総力をあげてのご支援をお願いする次第である。

（施設課長）

目次

沖縄の教育事情

対談

北岡文部省調査局長
阿波根文教局次長

九〇%以上が自主財源

教育予算確保に苦慮

民立法

北岡　まず沖縄教育全般のことについて最初にお伺いしたい。たしか、民立法が昨年一月成立し四月から発効したようですが、民立法になる前の一年間は布令が行われ、学級定員をきよう正したり教員の契約をしたりしていたと思うのですが、民立法になってどのような変化ができましたか。

阿波根　沖縄の教育の発展については文部省はもちろん全国各地から多大の御支援をいただき深く感謝しています。

民立法になっての大きな変化はまず教育基本法の冒頭で、はっきり日本国民を育成するということをうたっている点であります。

学級定員は、民立法では小中学校とも五十名、高等学校は四十名を標準としています。また中央教育委員の規則によって一つの学校の平均一学級在籍数は五十名を越えないように、単一学級の学級定員は、六十名を越えてはならないことになっています。

現在二部授業はだいたいにおいてやらずにすんでいます。

北岡　アメリカの援助が減っていくような話を聞いているので、沖縄の財政がだんだん窮屈になってきたのではないでしょうか。

また、全般的に財政が窮屈になってきていろんな問題があるというふうに聞いているのですが教育財政の状態はどんなふうに動いていますか。教育財政の先の見通しはどんなふうになっていますか。

阿波根　アメリカから毎年数億円の贈与を受けていましたが、だんだん少なくなりました。すなわち五十三年には、政府総予算に対して三一%補助がありましたが、五十九年は八・五%にまで下がりほとんど九〇%以上が自主財源によってまかなわれています。

しかし、日本全国水準に近い教育を行いたいと思っていますので、適正教育予算をどの程度確保すればよいかが昨年の研究課題でした。そのため、内地の国民所得に対する教育費のパーセンテージを、沖縄の国民所得に掛けた額を確保すること。

いま一つは、児童生徒一人当り教育費、人口一人当りの社会教育費の内地での平均値を求め、これを沖縄の生徒数や人口にかけて日本国民の育成に要する教育適正予算としています。

一つ問題があるのは、内地の地方財政が非常に大きく国家財政にになわれていることです。わたしどもにいちばん近い鹿児島県のごときは四十九億の国税を納めその代り国庫補助が県および市町村に対し、百億円以上流れている。鹿児島県の歳入をみても七〇%以上が国庫補助にたよっている現状です。

そこまでいかなくても、東京・大阪を除いた全国平均が県歳入の五〇%以上が国庫補助でまかなわれています。ところが沖縄では九二%が自主財源でまかなわれなければならないために、この教育予算の適正額確保はなかなか困難です。最近の情報によると、次年度のアメリカ財政援助予算が沖縄に対して四百万ドル組んでいるそうですが、これはことしの約二倍に当る額です。

そのほかに、琉球に在住するアメリカ人が納める税金の中から琉球政府へ六百万ドルの範囲内で、財政援助をする権限を高等弁務官に与える法案がワシントン議会に提出されています。

これが通ると今の四百万ドルとこの六百万ドルで合計一千万ドルになります。

沖縄と人口規模の似た山梨県では同県の三十一年度の国税額をこえて、さらに三十七億円の国庫補助を受けています。それに大学、検察庁、裁判所などを通しての国家予算が少なくとも七億円はあるそうです。したがって、国税を四十四億円上回る計算になりますが、これをドルになおすと、約千二百万ドルになります。だからことし組まれた四百万ドルに六百万ドルを加えると、その額に近くなります。これによって、内地の財政水準に近い行政ができるのではないかと思い、希望を持っています。

仮免、臨免教員が三〇%

琉大で教員の教育

教員

北岡　本土の府県では財政が国庫に依存している。ところが、沖縄の場合は、財政がほとんど全部自主財源である。また本土でいえば、国が直接やっていることも沖縄では自力でやらなければならない点に財政の困難が出てくる。そうだとすると、何か財政上の困難なために定数を切り下げるとか、いうようなことは起つていませんか。すし詰学級ができるとかいうことはありませんか。

阿波根　学級にはそう影響はないが、教員の待遇の面でかなり現われています。昭和十五、六年ごろの師範卒業の先生のほう給、名目給料は、内地流に換算するとだいたい内地の先生たちと同じ水準であると思う。それよりも若い先生は名目給料はかえつて内地よりいいようだが、物価が約三割高いことを考えると、実質的には、若い先生がたも内地と同じくらいのところではないでしょうか。昭和十五、六年以前の卒業の古い先生がたについてみると、給与水準は名目賃金においても内地より低い。わたしどもの年代ですと、内地では四万二、三千円ぐらいのほう給でしょうが、現在沖縄の校長の最高級は内地に直すと三万六千円ぐらいになるから約六千円低い計算になります。これは本俸ですがそのほか、現在はまだ恩給制がしかれていないので、こういう面からみても、退職後の生活が非常に不安です。また、退職金も内地ではだいぶ出されるが、沖縄では出てはいるがたいへん低い。そういう点など、かなり窮屈です。

北岡　教職員の共済制度—内地にある公立学校職員共済組合のようなものは、沖縄にはまだないのですか。

阿波根　まだできていないが、共済施設は今度日本の共済組合により、宿舎が建てられることになつています。これはたいへんありがたいことだと思います。

北岡　健康保険は？

阿波根　内地では本人の場合は全額共済負担、家族は二分一で医療が受けられるそうですが、その制度はまだできていません。

北岡　沖縄の場合、教員の定数は確保されているとしても、教員の資質はたいへん低いような例を、数年前わたしが行つたとき伺っているのですが、その後改善されているでしょうか。

阿波根　現在ではまだ、小学校では仮免・臨免合わせると三四%、中学校は三〇%、高等学校が二六%、年々改善されてはいるが、まだじゅうぶんではありません。

北岡　夏に、認定講習会を琉球大学で、やっていますね。あれに内地からも三十人ほどの講師を送り出していますが、あの夏一回の講習でどのくらいの資質改善ができますか。

阿波根　具体的な数字は今持ち合わせていないが相当多数の人があれに参加しています。そして修得した単位に対して手当がつくので講習を受けることに対してはたいへん熱心です。

北岡　あの講習以外に、実力をつけるような講習、研修はどんなふうに行われていますか。

阿波根　夏以外に冬にも行われています。この四月から免許法が施行されます。これにより、大学教授でなくても認定講習の講師をすることができるようになりますので、へき地における特別な講習を計画しています。

北岡　認定講習は形式化するきらいがありますが、この点にどのように配慮が払われていますか。

阿波根　それにつきましては、現場の教員を内地の学校に出張させています。ほかに現場の教員を二十五人ぐらいずつ琉大へ六か月間派遣しています。また理科の現場の教員を集めて実験の講習。理科教育において時間が足りないので、そのために昨年十一月あちこちの指導的教員を集めワークショップで最少限の実験カリキュラムを作らせたりしています。

北岡　一昨年、高等学校や中学校のあちこちで、理科方面の実験器具を作つたり、活躍が影響を及ぼしているのではありませんか。

阿波根　そういったことが必要なので、さつき言つた実験カリキュラムを作つて、理科実験の体系を作りたいと思つています。

案外低い英語の実力

高校化学は全国平均を上回る

北岡　それを組織化する必要がありますね。そういう意味で内地へ来る研修員が現場にもどつてから活動できる組織を作ってやることが必要ですね。それから今度わたしのほうから派遣するように考えている指導主事級の教員の活動する組織を考えてもらいたい。沖縄の場合には、中堅教員が内地に比べてその数が少ない。したがつて、若い人の中から抜き出して働かせて、中堅教員の代りを急いでやってもらわなければならない。

学力

次に、学力の問題ですが、文部省の行つている全国学力調査を同じように行つているわけですが、昨年の小・中・高等学校の結果を比べてみたいと思います。小学校音楽・図画・工作・家庭・教科外の活動、中学校では英語・職業・家庭、高等学校で英語・保健・体育、これらの成績はどうですか。

阿波根　英語のほうは中学校平均が三一・五点。

北岡　内地の平均は四四・四点ですね。

阿波根　高等学校では三三・七点となつています。沖縄は英語は良いのではないかと一般にいわれるのですか、案外そうではありません。

北岡　高等学校の英語というのは十五単位で、全日制ですね。定時制のほうはどうですか。

阿波根　定時制のほうは資料を持ち合せていません。国語・数学・英語は全国平均に比べて十点以上の差がある。社会科は小学校二十一点、中学校一四・六点高等学校九・一点というように上に行くに従つて差が縮まつています。理科も、小学校で十六・九、中学校で九・四、高等学校で物理九・三、生物五・六低く、化学はかえつて一・五だけ全国平均と十点以上開きが出ています。

北岡　これでは、開きが大きくなつたわけですね。理科が上つてきたので楽しみにしていたのですが。教科書は同じものを使つていても、内容的に、地域の特殊性が教科書に盛られていないことなど影響するのではないでしょうか。貨幣がドルに切り替えられたのに対し、金銭関係の教材の取扱はどんなふうになつているのでしょうか。

阿波根　その点については最近文教議会にかけまとめた結果、主として関係するのは算数、社会科であるが、数学では一年は生活環境を生かしてまずドルからはいつていく。しかし、新聞、雑誌を見ても円が出てくるし、円と沖縄は切つても切れない関係があるので、学年が進むにつれて両方でやつていこうと決めています。

理科には手が回らない

義務教育で一人当り〇・六坪

北岡　学力の問題は一方は教員の問題、もう一つは施設・設備の関係がありますが。

設備施設

この点で、たとえば内地の産業教育振興法とか理科教育振興法だとか、ああいうやり方はとつておられますか。

阿波根　あちらでは校舎は現在、小学校児童生徒一人当り坪数〇・六坪を目標にしています。その九三％は達成していますが、内地が一・一七坪、奄美大島が〇、八坪に到達していることを考えますと、前途りよう遠の感がします。

職業教育設備については、内地では文部省の示された標準のだいたい七〇％に達していますが、沖縄では六〇％達成を目標にしており、現在この目標の二二％が完成しており、次の年度には三六％まで上げたいと思つています。

北岡　内地ではだいたい七〇％に達したのですが、新しくできる学校とかいうのがあるからそれをちよつと下回るが、沖縄が内地の半分というのはその差は大きいですね。理科についてはどうですか

阿波根　理科については、予算がないということ、もう一つは現在校舎を健てるのにいつしようけんめいになつているから、そのほうにまでじゆうぶん手が回らないという現状であります。

北岡　わたしがうかがつた時、政府立の高等学校の農業は整備しているように見て来たのですが。やつぱり産業教育関係では農業が先に進んでいますか。

阿波根　ところが基準目標に対するパーセントは必ずしもそうはいえません。

北岡　もう一つ疑問なのは、教員の配置などをやつて学級の児童生徒の定数を押え、二部授業も行われない。しかも校舎のほうは〇・六坪だということ、どこに無理があるのですか。

阿波根　現在は、たとえば便所とか講堂、宿直室、なんかは政府が金を出していません。地方の自力による応急建物は〇・六坪にははいつていないわけです。たまたま教室があいていればそれを使うとか、あるいは二教室を三つに仕切るなどで生み出しています。また、高等学校の特別教室には金を出していますが、講堂には、政府の予算はまだ正式に出ていません。もつとも例外はあります。

北岡　政府負担と地元負担の比率のようなものは出ていますか。

阿波根　税金のとり方は内地とは少し変つていて、市町村税は九州諸県で、全税—国税、県税、市町村税を合わせた総額—の三〇％前後となつていますが、沖縄では一一・二％しかありません。教育税をとっているのが特色ですが、今の一ム・二%というのは教育税と市町村税を合わせたものであります。したがって、教育財政の大部分は政府負担になっています。

野球のレベルが向上

スポーツ人口が多くなる

スポーツ

北岡　いろいろな面で本土とのつながりをもち、いろいろな形で本土に人を派遣したりしていますが、去年の全国高校野球大会でも甲子園に出てこられたし、富山の国体でもだいぶ活躍されたが、こういうスポーツ関係青年団の活動という面で非常に意気込みがあるように感じられますが——。

阿波根　スポーツは戦前に比べるとたいへん層が厚くなっていると思います。戦前は、旧制中学校の県下体育会といっても見にくるのは学生と選手の父兄ぐらいだったが、現在は相当広く人々が集ります。本土への派遣も戦前より多くなっています。昨年の甲子園への派遣のときは実は行く前は試合になるだろうかとだいぶ心配しましたが、三対零と予期以上に善戦してくれたので喜んでいます。インターハイの高飛びでも三位に入賞しています。すもうなども盛んで、春に朝汐などが来るとのうわさです。すもうは人気があり、放送もよく聞いています。朝汐、若乃花、野球の長島などは内地同様沖縄のこどもにとっても英雄になっています。

また、児童生徒の体位については身長、体重の平均の内地との差が戦前より縮まっています。

北岡　いろいろの面の整備が必要だと思いますが、本土との状況の差を克服して早く児童生徒たちのレベルを上げるようにしていただきたい。

阿波根　ありがとうございます。今後ともよろしくご指導をお願いいたします。

漢字を用いないでかな書きにすることば

十　本来あて字でなかったものでも、現在すでに文字の意味からはなれているもの、および一語としての意識の強いものはかな書きにする。

例　ありがたい（有難）おじぎ（辞儀）まさましい（浅）あいそう（愛想）さしあげる（差上）顔だち（立）。音〔声〕をたてる（立）役にたつ（立）ください（下）話しあう（合）ことば（言葉）できる（出来る）あおむく（仰向）くどく（口説）しくみ（仕組）かわいい（可愛）かわいそう（可哀）

十一　外国の地名。人名。外国語。外来語はかな書きにする。中国。朝鮮の地名・人名は、例外として漢字を併用してもよい。

「米国」「英国」「仏領」などはなるべく用いないが、「日米協定」「普仏戦争」などやむを得ないときは、従来の慣習に従って漢字を用いてもよい。

十二　動詞が補助的に、もしくは本来の意味を離れて用いられている場合はかな書きにする。

例「来る」しだいに大きくなってきた。
　寒くなってくると……
　これまで研究を続けてきた。
　なすだが出てくる。
「行く」すがたが遠くなっていく
　だんだん短くなっていく。
　つぎつぎに見ていくと。
「居」本を読んでいる。
　鐘が鳴っている。
　見ているうちに……
「出す」走りだす。
　笑いだしてしまった。
「有る」置いてある。
　そこはもうやってある。
　かねて調べてあった資料
「置く」今のうちに眠っておく。
　これはもらっておく。
　捨てておけ
「言う」……といわれている。
　……ということは
　……いわば……
「見る」やってみる。
　来てみればさほどでもない。
　もう一度言ってみろ。

などはこの例であって、主語は人間でも生物でも事物でもまた抽象物であってもよい。とにかく実際に行動としての「来る」「行く」「居る」「言う」「見る」……場合に限って漢字を用いると考えればよい。

十三　「時」「所」「物」などは、実際に「時間・時刻」「場所」「物体・事物」を示しているとき以後はかな書きにする。

例　その時はもう眠っていた。
　転入学のときはこのかぎりでない。

例　かれの立っていた所には……
　ちょっと見たところ……
　ところが、

例　軽い物より重い物がさきに落ちるか？
　ものを言う。
　春の来るのはうれしいものだ。

新学期を迎えて

徳 山 清 長

○新 学 期

新学期の喜びは大きく、楽しい。

新学期の気持はすがすがしく、かつ明るい。

新学期の希望は輝き、おのずから心に誓う。

新しい教科書!! 新しいノート!! 新しいカバン!!

……子どもらの心は明るく、おどっている。

受持の先生はどなたでしようか。

学級のお友達はどうかわるだろうか。

教室はどの教室になるだろうか。……などと子どもらは考える。

喜びにあふれ、希望にもえ、明るい気持で新学期を迎える子どもらの瞳はかがやいている。

八十余の瞳を見守る教師!!

責務は重く、かつまた張を感じ、心はほおえんでいる。

ひとりひとりの子どもらが、心身ともにすこやかな成長をしてくれるように計画をたてる。

○学 級 づ く り

小学校でおそわった歌に

「先生お早よう
みなさんお早よう
今日も楽しくおけいこしましよ
みなさんそろつて唱歌もしましよ
おててをとりて遊ぎもしましよ
うれしいことよ
楽しいことよ」

……と声をはりあげて歌つたものである。歌曲は平凡といえば平凡かもしれないが、この平凡の中に私は学習の心理、集団の心理がはつきりと歌われているようが気ぎする。

•先生お早よう……なんと率直素直で近親感のするあいさつでしよう。そこには教師に対する信頼感と尊敬の念がただよつているではないか。

•みなさんお早よう……健康の喜びが教室一ぱいにみなぎり、教師の子どもに対する愛情と励ましの情景がみられる。ここに教師と児童生徒間、児童生徒相互間の「心のつながり」が一層むすびついて、お互に認めあい、尊敬しあう豊かな友情が心の底を流れていくようである。

•今日も楽しくおけいこしましよ…ほがらかな朝のふんいきに子どもがそれぞれ心の安定感を得て、楽しい学習のスタートについたのである。充実した今日の学習が、明日のより充実した学習へとつながり、子どもの自主的自発的な学習態度、学習意欲が育成されていくようなふんいきである。

•みんさんそろつて唱歌もしましよ、おててをとりて遊ぎもしましよ……みながそろつて歌い、おててをとり、あつて遊ぶということはひとりでものけものにされないということであり、人間尊重の精神がこのような学級生活の中に芽ばえるのではなかろうか。このような交友関係をもつことが、きするところ個人の尊厳につながる心となり、協力的な学級社会の基底をなすものではなかろうか。

•うれしいことよ、楽しいことよ……学級生活（学校）に対する最上の讃美であり、あこがれであり、明日への希望が躍動しているのを感じるのである。

一応このように吟味してみると小学校一年生のころ歌つたあの歌が「学級づくり」の前奏曲のようにきこえてくる。要するに「学級づくり」のかなめは師弟間における、また児童生徒相互間における「心のつながり」をたもつことであり、ひとりひとりの子どもに心のよりどころを与えて学習を楽しむふんいきをつくることにありはしないだろうか。

そのためには、子どもと生活をともにする機会をもつことであり、機会をもつことによつて理解が深まり、師弟間の人間関係をつくりあげていくことになろう。このことは児童生徒相互間においてもいえることである。ところが四、五十人の子どもの中には素質や、性格、適性身体的な欠陥、その他環境などが一様でなく、それぞれ異なつているのが普通であり、これらの子どもを望ましい方向に適切かつ効果的に指導するための教師の努力と労苦はなみたいていのことではない。教育の終極の目標が個性の伸展に立脚するからにはあくまで個々の子どもの実態に即した指導と計画がすべての教師の配慮すべきポイントになることは当然であろう。

そのためには、単なる教師の主観的な判断や漫然とした観察だけでは偏向になりがちで、子どもを全体的に正しく把握することはむづかしい。あくまで客観性のある観察の方法や、科学的なテストならびに各種諸調査が実施されてしかるべきであろう。家庭訪問にしても従来の年中行事的なあり方をあらためてむしろ必要に応じてそのつど随時におこなってはじめて教育的な意義があるといえよう。個性を認め、かつ尊重し、適性を知り、それを伸ばし、適応困難、学業不振の要因をつきとめ、学級集団ならびにグループ活動、個人指導等をとおして児童生徒自らの芽生えを大事に育て、是正すべきところは治療的な指導と計画を立てていかなければならないであろう。教師を中心に構成された学級のひとりひとりの子どもは個々ばらばらの存在ではない。したがって学級内における個人と学級集団は有機的なつながりをもつものであり、個人の成長が集団の成長となり、集図の成長が個人の成長に寄与することはいうまでもない。

例えば学級内にひとりの肢体不自由児がいたと仮定しよう。この一人の肢体不自由児に対する教師の指導上の配慮はいうまでもなく、なお学級全体に対する指導上の配慮が一層重要性をもつであろう正常児にくらべて、肢体不自由児のもつ精神的な欠陥として「ひがみ」つまり卑屈感、劣等感が働き、とかく性格的にグレたりして仲間から遠ざかろうとする傾向が往々にしてある。この精神的なくらがり不安定感をみなでほぐすためにクラスの全員が働きかけることも人間性を培う面から大事なことであり、この「いたわりの気持」「おもいやりの心」がやがて肢体不自由な子どもにとっては「心の支え」となり励ましと希望を与えてくれるであろう。またクラスとしては、この児がいたがためにクラス全体としての情緒的なつながりが親密になり、共同社会としての学級のふんいきが明るく楽しいものになっていくであろう。個人の成長といい学級全体の成長といい、きするところは人間形成であり、学級のいとなみをとおして豊かな人間関係を育てながら将来にそなえる指導が教科学習時においても学級づくりの営みの中でも一貫していなければならないであろう。

○教　室　環　境

去る三月八日（日曜日）大道小学校の学級PTA会に出席した。大株主のせいで三名の子ども（一年、三年、五年）の教室を一巡しなければならない。登校前に三名ともそれぞれスキをねらって自分のところに来るように耳うちしてうちをでていった。ゆっくりと一ケ所で授業参観ができなかったのであるが、子どもが私を発見(?)するまでは位置をかえて視線をあわさなければならない。とうとう三年生のところでは視線があわずに残り少ない時間で五年生のところへ移動した。二人の子どもは「おやじ」の来たことを確認したわけである。授業が終ってから三年生の三男坊主のところへいって「大変上手に本がよめたネ」とほめてやった。「アイ」「おとうさん来たんだネ」……いきなりおどりあがるようにして友達のところへかけ出していった。いかにも満足そうにみえた。

なにかにつけ「おやじ」「おふくろ」が子どもと一緒にいるということがどれだけ満足感、安心感をもたせる絆となることでしょう。…時折りPTA会に出席できなかったことを反省させられたのである

三名の教室を一巡しているうちに各学年の教室経営の状況をひととおりみることができた。どの教室をみても教室環境の全体構成が整然として落ちついていて児童の発達段階に即し学習内容と結びつくような資料がとりそろえられ、児童のための生きた環境構成であることがうかがわれた。

教室が学習の場であり、人間形成の場であり、自主的に健康的に楽しく生活をする場であるという教室観にたってそのあり方を考えるとき、具体的な教室環境がくふうされ創造されるでありましょう

教育活動の実践は主として学級を中心にして展開されるものであり、学級はまた教師を中心として四、五十人の子どもたちによって構成された一つの共同社会である。学級社会は一定の教育目標を実現するために人為的に構成されたものであり、その活動は教室環境を中心として行われるものである。したがって教室環境は学校環境の下位領域として学校教育できわめて本質的な役割をもつものだといわれている。去る九月那覇地区で各学校の教室経営研究会が催されたが、これは「望ましい教室環境の性格」がいかにあるべきかをなげかけた大きな課題であるとおもう。もちろんこのような研究会がコンクール的、見せもの式であったり、また教師がひまがなくてやりきれないといったことであっては教室経営研究会としての意味をなさないし、一時的な思いつきに終ってしまうことになろう。

ところが教室環境が直接的学習の場として教育的な機能をもっているからには現在あてがわれている教室の中で児童が充分に自己の能力を発揮して学習する意欲をもてるように、くふうし創造して教具や施設、設備などの物的条件をととのえるように努力が払われなければならないだろうし、また人間形成によい影響を与えるような環境が、日々の教壇実践をとおして整備拡充されなければならないであろう。

そこでまず考えられることは

・児童の発達段階に即した教室環境であること（児童のための）
・学習の場として、また生活の場としての教室環境であること。
・なすことによって学びとるような教室環境であること。（実験実習の場として）

・学習掲示物にたえず配慮された教室環境であること（正面掲示、背面掲示、側面掲示ならびに常時のもの、そのつど必要なものなどの配慮が必要であろう）

・学習とむすびつく資料ならびに学級文庫の活用に配慮された教室環境であること。

・常に健康的に衛生的に配慮された教室環境であること（通風、彩光、換気、視力と聴力と座席の関係、身体発育に応じた机腰掛の高さ、手洗、タンツボ、その他）

・きちんと整理、整頓のゆきとどいた安定感のする教室環境であること。

・学級内における仕事の分担をはつきりして、責任を自覚し、自主的創造的協力的なふんいきのする教室環境であること。

・常に活動的でいきいきとした教室環境であること。

・思つたことを自由に発言でき、他人の意見を尊重し、相互の信頼感がみちみちしたふんいきのみられるような教室環境であること。……などと要約されるでありましょう。

鈴木清先生が次のようなことを述べておられる。

「環境が人を作る」か「素質が人を作るか」は、ある時代においては、後天論、先天論として人間に関する学問的論争の焦点になつたこともあるが、今日においては、このような論争は無意味なりとして終止符がうたれ、環境も素質もともに人を作ることがはつきりと承認されている。素質という種子に環境という土壌や肥料が与えられてはじめて人が育つのである。しかもこの二つは、単に物質的によせ集められているのではなく、つねに因となり果となり、相互に働きあい関連しあつて個体を発達させている。考え方の上では一応、素質とか環境とかいうが具体的な個人について、どこまでが素質で、どこからが環境の力かを区別することは不可能である。

教育とはけつきよく、与えられた素質をいかによい環境的操作を加えて、よりよいものに育て上げるかということである。どんな種子も、そのままでは芽を出し、茎をのばすこともできないもので、必ず環境条件の参加がなければ成長はとげられない。このことを考えると、すべての子どものあらゆる発達、成長に、環境の参加を認めなければならない。…云々

環境の構成がいかに子どもの成長に関連し影響をおよぼすものであるかをうかがい知ることができる。

○むすび

「学級づくり」といい「教室環境の構成」といいきするところは一つである。ただ便宜上観点をかえてかいたにすぎないのである。新学期を迎え学級の対象となる子どもらがかわつたこと、学年がかわることなどが予想される。教師も子どもも新らしくスタートについたということになろう。

とかく新学期はいろいろな面でせわしくなるが、ここいらに集点がむけられなければならないだろう。

最後に教壇実践の充実を祈つてむすびとします。

参考図書　教室環境の心理

（研究調査課主事）

教育講習会

講師　東京教育大学教授　鈴木　清

田中教育研究所常務理事　茂木茂八

講習会内容

○道徳教育について
○問題児の発見と指導について
○人格の診断と指導について
○学業不振児の診断と指導について
○知能測定の理論と技術について

講習会日程

（南部会場）…教育会館ホール
四月八日　午前八時～午後五時
〃九日　〃　〃

（中部会場）…琉球生命保険コザ支店ホール
四月十一日　午前十時～午後五時
四月十二日　〃　〃
四月十三日　〃　〃

（北部会場）…名護文化会館ホール
四月十五日　午前十時～午後五時
四月十六日　〃　〃
四月十七日　〃　〃

受講者

小・中・高校の教員を対象とする。
会場の都合により地区内学校の割当を次のとおりします。（　）の中は割当数

南部会場
糸満（六〇）知念（五〇）
那覇（一九〇）　計三〇〇

中部会場
普天間（六〇）コザ（六〇）
続・嘉（三〇）前原（七〇）
石川（三〇）　計二五〇

北部会場
野宜座（二三）名護（一〇七）
辺土名（三〇）　計一六〇

備考

○映画、教育相談、サイコドラマ
小さな芽生え（精薄児関係）
○テキスト当日会場で販売する予定

一九五九学年度

教育行政に対する要望

アンケート

渡名喜小中校
比嘉松五郎

　毎年三月は教員異動の問題が俎上にあがる。例年よりも今年は大揺れかもしれない。私の学校からも数名の先生方が転出希望を出している。皆有資格者で研究心旺盛な教員ばつかしである。彼等は長い間離島苦と斗いながらへき地の子ども等とともに生きてきた尊い姿である。彼等の願いはぜひかなえてやりたいものだ

　しかし、一体彼等が去つた後、果して彼等と同じような教員が進んで離島に希望してくれるだろうか、へき地なるが故にかかる杞憂をもつものである。

　ある種の人々に「へき地に魅力をもたすことだ」と割り切つた言分をしているそうな。しかし、魅力というものに疑念がわく、精神的面の魅力か、文化的施設面の問題だろうか、いずれも重要欠くことのできない条件ではある。かかる問題が解決されたら果してわれもわれもと希望して行くようになるだろうか、那覇を中心とした都心部の生活には言難い魅力と執着がある。去り難い、行き難いという心情をほぐして喜んで行けるようへき地教育振興法も制定された今日、**財政的裏付けによつてへき地にも均等な教育ができるよう措置を講ずる必要はないだろうか**。へき地なるが故に人的問題に毎年悩まされることは当を得ないことである。今年はぜひ「へき地の教員が安心して働ける」、又へき地に行けるよう努力して貰いたいものだ。

　局のご厚意で備品も完備しつつある。しかし、棚にしまい込んだ備品はないだろうか、実験器具のない頃の惰性のついた人々ではもてあましものになつていないだろうか、校内研究会で幾分その問題は解決されよう。しかし権威ある指導を望んでいるのは私ひとりだろうか。そういつた類の現職教育の問題は　どうだろう。これを解決することによつて学力向上も計られよう。

　へき地の人事、現職教育の問題等、充分ご考慮下さるようお願いいたします。

宮古高等学校
砂川　米

1　生活保障の問題を早く解決してもらいたい。

(イ)　増俸の実現を早く

現状は百円対一ドルの状態であります。従来の俸給では、日常の生活費は不足し、子どもの養育費としての貯蓄もできない状態でありましたのに、現状ではいよいよ多額の減俸となり、生活の不安はつのるばかりであります、生活の安定こそ働く者の精力の源泉であることはだれでも承知のことであります。二十五ドル以上の増俸を実現させて下さるようお願いいたします。

(ロ)　恩給制度の早期実現

社会保障制度の進んだ今日、恩給は公職にある者の唯一の生活の頼りであります。

(ハ)　停年制が施行せられた時には俸給の五倍の退職金を支給して貰いたい。

2　衛生施設の完備と養護教員の配置

衛生思想の高まりつつある今日、各学校に衛生施設を完備している子どもたちの養護と、衛生思想の向上またはその普及のため、あるいは住民の保健を大きく左右することを考えますと、ぜひ早期に実現させて貰いたいものと要望いたします。それに伴つて養護教員を配置して貰つて、学校内の授業に、教師の負担がかからないような方法を考慮していただきたい。

辺土名高校
平良泉幸

一、公立高校を政府に移管して次の事項を実現すること。

1、早急に教室を完備し、設備備品を充実して、教育効果をあげ学力の向上をはかつてほしい。

2、教員の都市集中をさけ、教科と人物を考慮の上適材適所に配置交流を実現して学校運営をより効果的ならしめるよう努力を望む(生活に不安ならしむるよう待遇の改善を必要とする)

3、停年制を実施して若い教員に希望を与え、教育界の気分を一新するよう望む。実施に当つては普通退職の五倍以上の手当をぜひ支給してほしい。

4、へき地の生徒のために寄宿舎

を設けて教育の機会を均等にしこれらの生徒の生活指導の徹底をはかってほしい。

二、地方の学校に図書館を設け、又は図書を充実して教育の機会均等をはかってほしい。

都市には図書館やその他の研究機関があって生徒は恵まれている。これを利用することのできない遠隔の生徒のことを考えてほしい。

三、生活指導を強化するよう組織と機関を改善してほしい。

1、学級経営に深い理論と強い指導力、実践力のある教員を養成するよう教員養成機関の課程の改善を望む。

2、カウンセラーと共に現職にある若い教員の生徒指導面における方法技術を充分体得できるよう現職教育計画をもってほしい

四、普通高校に設けてある職業教育の振興と改善の策を講じると共に職場の開拓に努力してほしい。

1、一般商業の事務的な面よりもむしろ、機械や、自動車関係を重視して一職工として油にまみれて働き得る人間を養成するよう課程の振興改善を望む。

2、開拓移民教育を重視し、勤労を尊び、労働を誇りとする人間の育成ができるよう課程を振興改善してほしい。

工業高等学校
比嘉政章

先程文春の講演会で来島した樋口氏は、「アメリカともつかず、日本ともつかず、かといってそのいずれでもなくはない。チャンポンで一種異様な感じがある。」とカメラを通して沖縄の印象を語っているけれども、風物だけがそう映じたのならまだしも、人間までがどっちつかずの宙ぶらりんにでき上ってはゆゆしき一大事である。

東恩納寛惇氏は「この目でみた沖縄」の中で「沖縄の青年達をして沖縄本島の文化というものの尊さ、また日本文化の上において沖縄の文化が相当重要な地位を占めておるということを十分に納得させ、そうしてわれわれの先祖がうち立てた文化というものの本当の姿をみせて自尊心を養うことが第一であると考えております」と述べて青少年の精神教育の面を強調し、さらに語をついで「今日の復帰論というものから政治、経済というものは今至急に手が付かぬのでありますから、われわれの教育面において、教育の線だけは押せば押せると確信しています。またアメリカの人達もそれにはあまり反対もしないようでありますから私どもの祖国復帰論も教育の復帰ということからその手掛りを求めていかなければならないであろう」と結んでおられる。

真に同感である。我々は「日本国民をつくる」ことを教育の基本法規ですでに打ち出してあるのだからその線にそうて、一九五九年度の教育行政が運営されてゆくことを望むのである。これを別の言い方に換えれば、**教育の日本復帰を今後の教育行政に強く反映させたい**と言うことである。

K中学校
K・N

教育行政の民主化、中央集権の廃除の精神にのっとって地方教育行政の民主的発展のために地方教育委員会法ができその施行をみましてから早くも十年を数えんとしております

教育委員会ができて当初は、その組織や性格職務権限等に対する一般の理解がうすく、その活動も不活発な処があるように思われましたが年を重ねるにつれて教育委員会に対する一般大衆の理解も深まり、一段とその活動も飛躍的なものがあると思います。

しかし活発になってきたと思われる教育委員会の裏面を静かに考えてみた場合、何かしら不快なものがあるような感じがする。

酒場や家庭、またはあちらこちらで学校職員の成績の評価をしたり、個人生活の批評をしてみたりすることは聖業と云われる教育の大道に、子ども等の信頼をうけて一途邁進して教育の効果を上げる事はおろか、子どもの信頼を失い、ややもすると子どもが先生をばかにし、やがてはぐれただし不良化はせんかと心配するのです。特に教員の異動時における委員個人の言動がいかにも委員会の言動であるように、ふらち自在に暴言をはいてあるくことは教員の明日の教育活動に不安を感じさせるものがあります。校長先生でさえも教育委員さんの顔を見ると蛇ににらまれた蛙のように、一変した態度言動をとるのをよくみせつけられます。

教職員のシンボルとして信頼されている校長先生でさえもそうですから、ましてや部下職員は脳裏に教育委員の顔がきびしくこびりついて、

のびのびとした教育のできないことは無論である。

或日私の学校の運動場を石運搬のトラックが二、三回通つた事がありますが、教育委員が顔を真赤にいきりたつて、校長先生をなぐりつけんばかりにしかりつけたことがあります。教育委員会の職務権限が委員個人、または委員会の一部でもつて履行できないことは、私達も委員個人も知つている。しかし私達教員にはやはり思いきつていいだすことがむづかしい。直接教育行政にあづかる教育委員ではあるが、このような言動が教育行政であるならば、教育もほんまつてんとう世も末となろう。

教育行政の本旨である文教局当局がよくよく沖縄のすみずみまでも、教育行政の総べてを調査されて本当に明るい教育政行のあるべき姿に立ちなおすべく、一九五九年度の教育行政に強く望みます。

金武湾中学校
高良勝美

一九五九学年度の教育行政に対し、次の諸点を挙げてみたいと思います。

(1) **へき地の区域を拡大し**、離島は無条件にへき地に入れ、へき地教育振興法の適用を受けられるようにして教育の機会均等の理想を実現するよう要望する。

(2) **教育財政審議会を設置し**、沖縄教育財政確立期成会の協力のもとに**教育財政の確立**「日本本土並教育予算」をはかるよう要望する。

(3) 琉球大学の**大学財政法**並びに**大学管理法**を立法し、教育行政上の不合理を是正すると同時に自主的運営ができるよう要望する。

(4) **産業教育の振興**をはかるため、早急に産業教育振興法を立法して教育行政機構の強化運営をはかるよう要望する。

(5) **学校図書館法**を早期立法し、学校図書の充実をはかるよう要望する。

(6) **教員養成計画の強化**を図り、教員組織の偏向を是正するよう要望する。特に中学校教員の養成は現状にかんがみ二教科以上の担当教員を養成すること。

(7) **学級規模の縮小と教員定数の増加**をはかり、教員の負担過重をさけるよう計画実施するよう要望する。

(8) **教師の生活権確保**のための基本給引上げを実現するよう要望する。

(9) **恩給法を早期立法**して身分保障制度を確立してもらいたい。

学校経営について

アンケート

大里中学校長
中村義水

学校経営の方針を設定するに当つては次のような基底となるものを考察して樹立している。

一、沖縄の教育基本法や学校教育法に示された事項に立脚しなければならないこと。

二、地域の特殊性ということ、社会調査その他科学的データがあればそれを利用し、それがなくとも観察と経験による洞察によつて、その地域社会の問題点をとらえ、教育方針の特性に関連づけていく。

三、沖縄の教育における今日の問題点は何かということをとらえることである。

以上の観点に立つてさらに今日までの経験と学識ならびに洞察力によつて経営方針を打ち立てるようにしている。

◎教育方針

教育基本法ならびに学校教育法の示すところに従い、特に左記事項に留意し、その育成につとめる。

一、相互に敬愛し明朗で強く正しく、
二、自主的行動と協力的な社会性
三、よくくふうし喜んで働く、
四、積極的で責任を重んずる
五、礼節を重んじ誇りをもつ

◎努力目標

一、学校運営
1、学校運営計画の確立
2、協力体制の確立
3、行事の合理化
4、現職教育の徹底

二、施設設備の充実
1、特別教室の整備
2、職業教育施設備品の充実
3、校地、校舎の美化緑化
4、校具教具の整備

三、学習指導
1、自発的学習態度の育成
2、学習指導のくふう改善
教材研究を充分に行い、その指導法に最善を尽し、生徒の学習意欲を昂揚して学習活動を活発にする

3、教科の年間週間配当表の作製実施と授業時数の確保
4、教科教室制の実施
5、教室環境の整備
6、図書館の充実と活用

四、生活指導
1、生活指導の組織の確立と実践の強化に依り自主的活動の活発化
2、道徳教育の研究
3、進路指導

五、保健安全教育の強化

六、学校と地域社会
1、P。T。Aの自主的運営活動

塩屋小中校長

宮城久勝

よい校舎は政府の力で、よい教員は優遇と自己の研修によつて、よい環境（施設設備備品）を整えるにもみんなの物心の力が必要です。さてよい子どもに育てるためにはどうすればよいか一九五九年度を迎えるに当りわれわれは次の目標に向つて力を結集したい。

学校経営の目標

一、自ら学び自ら考え自ら実践する子ども
二、やるべきことは責任をもつてやる子ども
三、秩序を守り礼儀正しい子ども

本年度の努力点

一、学習指導の研究と基礎学力の向上
1、各教材の進度計画表を作成する
2、教材研究を充分にし重点をつかむ
3、勉強の仕方を指導して自ら学ばしめる
4 個別指導を多くやり進度に注意する
5 教室経営のくふう改善に努める
6 学習の能率化と時数の確保に努める

二、算数数学の計算力養成
1、計算力を高める　研究を続ける
2、調査によつて常に個々の位置を知る
3、個人指導に重点をおいて力をつける
4、困難点を発見し指導過程に注意する
5、指導の方法と技術を研究する

三、教師の研修強化
1、教師としての意識と自覚を深める
2、子どもに愛情を感じ勤務を厳正にする
3、一人一研究を強く推進する
4、講習会研修会に進んで参加する
5、他校の視察参観をする

四、健康安全教育の強化
1、教室の通風採光、机、腰掛に気を配る
2、飲料水と手洗設備を強化する
3 保清に留意し気持よい便所にする
4、安全と事故防止のため絶えず注意する

五、生活指導への努力
1、ホームルームの強化をはかる
2、年間計画をたてる
3、学級PTAの組織を強化する
4、教師の指導技術の研修をたびたびもつ

今帰仁小学校長

島袋喜厚

私の学校は、乙羽岳の麓にある。三、四月の頃は、若葉で山は各別美しくなる。毎年のことながら、この山に向つて希望を新たにするのである。今度も新学年に対する念願は、多々である。どれだけ実行できるか知らないが、棒ほど願うて、針ほどかなうというから、思い浮ぶままに書き列べて、アンケートにお答えいたしたい。

一、教師も児童も、ひとりひとりが各自の目標を明確に把握して、魂をうちこむことができるようにしたい。そして職員に対する助言は、つとめてきりつめたものにしたい。
二、算数の実験学校として二ケ年間やつてきたので、今後も継続努力して研究を深めたい。
三、改訂カリキユラムの研究を早目に徹底させたい。特に行事面の企画と評価を研究したい。
四、図書館を造り、視聴覚教育のセンターにしたい。
五、健康教育を重視したい。特に便所の修築をしたい。
六、教師、父兄の共同研修の機会を数多くもちたい。
七、校長として、全校児童の名を覚えたい。
八、社会教育を、まとまつたおちつきのあるものにしたい。そして児童の環境を一段と健康なものにしたい。

「道徳の時間」特設の問題について

琉大　安里彦紀

課題について、私は昭和三十三年三月十八日、文部事務次官通達、「小学校、中学校道徳実施要綱」を中心にして私の考えを述べてみる。

道徳教育を一つの教科の形として指導したのは戦前の修身科であつた。敗戦とともに新しい民主々義的倫理の立場から修身科の内容をなす超国家主義的倫理は排斥された。

さらにまた、道徳教育の本質からして教科という形式で道徳教育の効果を挙げることができるか、ということについて反省が加えられた。このような反省は、今日始まつたことではない。戦前においても、例えば。奈良の合科学習の思想の中にも、大正、昭和を通じての生活教育運動の中にも、修身科による道徳教育に対する、反省と批判があつたのである。ただ、当時の超国家主義的、画一的教育思想や制度が、これらの教育方法の発展を阻止したのである。

戦後、道徳教育の内容の転換とともにその教育形式としての修身科も廃止された。

由来、修身科は国民道徳の名において日本国家主義ィデオロギーの注入の教科としての役割を果してきたのであつて、社会共同体の一員としての倫理的自覚を促すための道徳教育ではなかつた。その廃止は道徳教育の本質から考えて当然のことである。

だから文部省は「**道徳教育は、学校教育活動の全体を通じて行うべきこと**」。さらに従来の修身科指導のように「道徳**の観念的指導に止まらず、生活と結びついて、具体的に、行動を通して指導すべきこと**」。を学習指導要領に明記したのである。

今度の「道徳実施要綱」には

「学校における道徳教育は、本来学校の教育活動全体を通じて行うことを基本とする、従来も、社会科をはじめ各教科その他教育活動の全体を通じて行つてきたのである。……」

道徳生活というものが一部の生活領城に限つて行われるものでなく、社会共同生活の全面においてより価値高き生活へ向つて、個人々々の自主的行為を通して実現せんとする活動であり、生活である以上学校生活全体の中に道徳教育があることは当然のことである。人間の相互依存関係がいかに在るべきかを理解させる社会科はもちろん、他の教科、または教科以外の教育活動でも、人間形成という目標を外れない限り、そこに道徳教育が行われているのである。

しかしこのことは、教師の道徳教育に対する意識の深浅によつて、その効果に程度の差があることを考えなければならない。

「道徳教育は、本来学校教育活動全体を通じて行うことを基本とする」。という背後には**教師または学校全体の、道徳教育に対する「心構え」と「計画」が要求されているのである。**

このことを考慮にいれなければ、道徳教育は「学校教育 活動全体を通して行う」という理論のもとに、実は道徳教育を行わないという矛盾におちいることとなる。

この「心構え」と「計画」さえ、整うているならば敢えて、道徳の時間を特設するまでもなく、道徳教育は、効果を挙げることができると思う。

教科学習の場においても、共同作業の場においても、特活指導の場においても運動場における遊びのさ中でも、廊下で生徒と教師の話合いの中でも、道徳教育の機会は十分にあり得るのである。機会が無いというのは教師の「心構え」と「計画」の不足を意味する。

「広くその実情をみると、必ずしもじゆうぶんな効果を挙げているとはいえない」。

これは、広く全国の学校教育の実情をみると道徳教育の効果は、必しもじゆうぶんな効果を挙げているとはいえないとして、教師、学校全体の、道徳教育に対する「心構え」と「計画」の十分でないことを指適していると思う。

しかし、今日の青少年の道徳意識の低下を、たんに、教育者の道徳教育に対する認識不足のみが原因すると、断言できるだろうか、それは社会、ひろくは世界の現実と、その動向に関連する。私はこの問題にふれるひまがない。ここでは学校教育内の問題として論ずる。

現に、目の前に、われわれが指導の責任をもつ子どもらの中に、道徳意識の低下した子ども、がおり、非社会的行動を平気で為し、不良化、非行、青少年がいる。この現実を見て、社会環境の故だから、やむをえないとするのは、教師としての良心に反する。教師は学校における道徳教育の限界を自覚するとともに、道徳教育の「心構え」と、現実に即した方法を研究する必要がある。

「このような現状を反省して、ふじゅうぶんな面を補い、さらに、その徹底をはかるため、新たに「道徳の時間を設ける。」

文部省が、このような現状を反省して道徳教育のふじゅうぶんな面を補い、さらに、その徹底をはかるために、出した最後の方法は「道徳」の時間特設であった。

道徳的知識を徳目の形で記憶したり、その体系を理解したからとて、ただちにその人は道徳的に形成されたとはいえない。道徳的知識は内面化され、情意と結びついて、はじめて、行為の源泉となり力となり、道徳となるのである。だから道徳的知識を学習させることは、道徳教育の補助的、周辺的学習としての意味はあるかもしれないが、それが道徳教育そのものではない。概念の修正、思想の整理をもって教育が完成すると考えるのは古いヘルバルト学派の教育観である。

特に、**道徳は対象化されるものではない。個々の主体そのもの自覚によってとらえられるものである。**

「友だちは仲よくすべし」。ということは、自分と同じような、主体的存在である相手との相互関係をつづける中に「仲よくしなければならない」。という自覚が生じてくるのである。人間と人間との相互関係、すなわち、社会生活を離れて、道徳を身につけさせようとすることは、畳の上で泳法を説くのと似て、それ以上である。泳法は物理的問題だから、身体と水との条件を科学的に研究すれば畳の上の理論が水の中で可能となるかもしれない。道徳は、どんなに科学的に究明しても究明できない。（もちろん心理的には究明できるであろうが、それと人格とは別の世界だ）主体的存在たる人間との関係である。そんならば、**生活行動を通して自覚を促するより外に最善の方法はない。**

文部省は道徳の時間を特設するけれども、できるだけ、その内容が教科の形にならないように注意している。

道徳教育の目標として、

「道徳教育は、教育基本法および学校教育法に定められている教育の根本精神に基く。すなわち、人間尊重の精神を一貫して失わず、家庭、学校その他自分がその一員であるそれぞれの社会の具体的な生活の中でこれを生かし、個性豊かな文化の創造と、民主的国家および社会の発展につとめ、進んで平和的な国際社会に貢献できる日本人を育成することを目標とする。」

これは、広く人間教育の目標であり、そしてまた、**学校教育活動全体を通して行う道徳教育の目標でもある。**

「この目標はそのまま「道徳」の時間における目標でもある。」と述べ、さらに、

「以上の目標を達成するため、小学校の道徳の時間においては、具体的には次の四つの指導目標のもとに指導を行う。」として

1、日常生活の基本的行動様式を理解しこれを身につけるように導く。

2、道徳的心情を高め、正邪善悪を判断する能力を養うように導く。

3、個性の伸張を助け、創造的な生活態度を確立するように導く。

4、民主的な国家、社会の成員として必要な道徳的態度と実践意欲を高めるように導く。

以上四つの指導目標は説明するまでもなく「学校教育活動全体を通じて行う……。」道徳教育の目標でもある。しかも、この指導目標は、特定の時間において指導するよりも、前述の道徳教育の本質から考えて、子どもの学校生活全体の場面において指導した方が、遥かに効果が挙がるものである。

ただし、生活は環境の中で行われる。環境を道徳的に整理する道徳教育の計画と（この場合の環境は広い意味の環境でソヴィンのいわゆる行動的環境の意味である。）いつでも、どこでも指導の機会を捉える教師の道徳教育の「心構え」を必要である。

指導内容の三十六項目を観ても、右のような感が深い。以上のことは中学校の場合もほぼ同様であるから略する。

今日のような、政治、経済、社会の混乱道徳観の動揺、ひいて青少年の道徳意識の低下の実状にある、学校教育においてはあらゆる教育方法を尽して、青少年の道徳意識を向上させなければならない。

道徳教育方法の核心とも謂うべき「生活行動を通じて道徳的自覚を促す。」学校教育活動全体を通じての、計画性ある教育が必要であると共に、補助的、周辺的学習の場としての時間の特設も無意味ではないと思う。

ただ、ここに注意すべきことは、道徳の時間を特設したために、道徳教育は、特設された時間でのみ行われるものと考えたり、道徳教育の責任を、特設時間担当者にのみ負わせたりしてはならないということである。いいかえれば、道徳教育方法の核心の場を忘れて、補助的周辺的、場に重心をおいてはならないということである。

さらにもっと注意を要する根本的な問題は、道徳内容についての問題である。指導内容が独善的になったり、いつの間にか特定のイデオロギー注入の場にならないよう心掛けなければならない。それには、**教師の新しい倫理観の確立という**

ことが必要である。

いま、私の結論をまとめてみる。

道徳教育は学校教育活動全体を通じて行うべきである。そのためには、**学校全体としての道徳教育計画が必要である。**

道徳の時間を特設することは、道徳的知識を理解させたり、まとめさせたりする場として、無意味ではない。しかし、どこまでも、道徳教育の補助的、周辺的学習の意味以上ではない。これ以上に、意味をもたそうとすると、修身科教育への逆転となる。

さて、以上の結論から、沖縄で、道徳時間の特設の問題をいかに考えたらよいか。

道徳教育は学校教育活動全体を通じて行うべきである。例えば、教科学習のどの面に、どのような道徳教育の要素か含まれているか、

特活指導のどういうところが、道徳教育の場となるか、その学校生活のどの領域に道徳教育が効果的に行われるか、子どもの生活環境を、どのように整理したらよいか、このような、実証的研究の結果、学校全体としての、学級としての道徳教育の計画が、立案され、さらに、この計画を実際にうつす、個々の教師の道徳教育の「心構え」が、できていて、道徳教育が行われ、その効果か挙がるという自信を十分にもっている。学校に、道徳時間の特設を制度として、強制する必要はないと思う。

ところが、学校のおかれている社会環境の複雑性、児童、生徒の道徳性の実体、道徳教育計画立案の困難、教師全体として、道徳教育に対する「心構え」の状態等からして、実際的には、道徳の時間を特設して、徳目の抽象的指導にならないように、指導することも学校教育活動全体を通じて行われる中心的道徳教育の補助的、周辺的学習の場として無意味ではないと思う。結局、**一律に制度的に、特設するよりか、各学校の、実情に即して、特設をまかした方が、最も妥当な方**法ではないだろうか。そういう意味において、文教局の今の方針に私は賛成である。

こうほう

※三月二四日第十五回研究教員二九氏は那覇丸で出発した。各氏の健斗を祈りたい。諸氏の研究先、テーマ等は本誌五一号四二頁へ掲載した。機会がありましたら激励ください。

※四月から初めて本土の指導主事級十二氏を迎えることになつた。教育実践を通して沖縄教育の進展をはかろうというもの。

※道徳指導資料の作成がはじまつた道徳の時間における指導内容、指導の方法、指導に要する資料についてよい手がかりになるようにとの意図であるが基準性は全くない。作成委員の実践や研究の成果を大いに批判検討して参考にしてほしいと望んでいる。道徳教育の必要は決してあすにのばせない急務な問題だけに――

※三月六日は、局指定実験学校として二ケ年の研究を積んだ与那原中校の研究発表が行われた。評価の教育に占める重要さを身をもつて体験された先生方の話は尊い。教育の本質をつきつめてゆくと、そこに個々の児童生徒の成長が最も望ましい状態にあるかどうかを診断し、よりよくなされねばならないが、子どもを知るための努力、導くための指針を求めて、信念と愛情を傾けて怠らなかつた先生方の歩みと成果に、敬意を表したい。

※全国学力テスト（昨年九月実施）の結果がこのほどまとまつた。文教時報五四号として先生方へお知らせしたい。

※四月八日から三日間宛、南、中、北の順た、教育講習会が催される離島地区の先生方や、会場の都合などでご出席できなかつた先生方へは本誌を通じて後でお知らせしたい。講師は教育大教授の鈴木清先生、田中教研常務理事の茂木茂八先生のお二人、日程や講習会内容については七ページをご覧ください。

※三月十九日より局内関係主事によ教育課程研究会が始まつた。教育課程が本土では小校三六年、中校三七年度より改訂されることから、本土なみに教育課程を改めるなら沖縄も早晩考慮をはらわねばならず、三四、五年度はその移行措置の時期となつているため、文審、法改正、移行措置の検討等今後の問題は山積されている。

小学校の歴史教育

饒平名　浩太郎

歴史の教養は取立てて過去についての知識で充たされたものではない。史実の正確な把握を通して、今日から将来への問題がどこにあるかを考えるくせが身につくところに果されるものである。事実過去や現実とが社会生活を果す上に望ましいものでないとすれば、人間は未来に望みをかけなければならないだろう。その未来に望みをかけるということは、未来をなるがままにしておくということではない。未来に対する決意は、過去と現在とに十分な理解がなければならないはずである。

即ち現在は過去の集積であるからであつて、われわれが未来に理想を設けるためには、過去や現在の歴史的事実に即して立てなければならない。歴史はなるようになるのでなく、社会生活を営むわれわれがつくつていくもので、そうして社会生活を営むわれわれがまた歴史によつて作られていくという相互関係に立たされている。小学校社会科指導要領に示された精神によると、

1　人間と自然および人間相互の関係を知り、
2　社会生活の実体を正しく理解して
3　よりよき人間社会の建設をめざし
4　それに近づくよう努力する、こと

になつているが、それではこの精神を果たすために小学校の社会科歴史の教育をどのようにすればよいだろうか。

歴史単元の取扱

小学校では歴史についての知識の偏重をさけ、児童の主体活動、実生活を自主的に判断するために綜合的に取扱う。そのためには小学校では歴史上の人物を通して、しかも歴史的事実を理解する下地として、衣・食・住や交通、産業、政治でも歴史の推移を顧みると同時に、これを担つた人物がどういう意味の社会的責任をもつた人物であるか、それをどんなふうに果したか、その果し方が社会の人々にどう批判されたかという社会一般との相互関係においてとらえるようにするのである。

例えば郷土の産業開発の恩人である儀間真常の衣食住について果した歴史上の事実について、十七世紀以後の社会の人々がどれ程その恩恵を蒙つたか、ということを当時の社会の推移と関連して把握させるというように、しかも現実の生活経験から実感のでる事項を選んで、それぞれの今日までの由来と経過をふりかえりながら指導するのである。

そうして各単元では選ばれた事項がそのときの政治なり、経済なり、社会関係のどういう点と最も深く、関わりあつたか、関連のあり方をしらべさせる。それもなるべく経験的に実感できる仕方でつかませるのである。そうして中学校では眼に見える生活上の事柄をこれからどうしたらよいかという問題解決の一方法として、歴史に徴してその改良の条件をさぐるくせをつけるようにする。

なる程社会科でねらうのは、およそこの世の中を何とかしてもつと望ましい、人々の幸せを確保しようとするのにあるから、自分たちの生活を豊かに高めようとする課題にそつて成り立つ教科であつて、そうした理想なり欲求なりを充足し実現するものは結局政治であるから、政治の現実と離れて指導されるものではない。しかし、いきなり政治の教育をされたらたまらない。子どもたちが身辺の問題をいろいろ考えていくうちに、今の政治はこうあつてはならないという問題意識をもたせるようにする。

こういうふうに見てくると歴史教育は児童生徒が、(一)自分たちは、(二)何を、(三)どのようにやつていくべきであるかということを考える上での材料を提供してやるということになる。「自分たちは」ということは自分から家、村、地方、国、世界につながる広い意味での自分であり、こういう自分たちの正体は何であるか、どういう性質をもつているかを尋ねることが、一つの問題であり、つまり自己反省に関する問題である。

次に何をというのは児童生徒がぶつかつて解決すべき問題はどんなものがあるか、ということが問われている。これから二、三十年先を通じてみんなで協力して解決すべき問題について、理解をもつことである。

それからどのように行なつていくべきであるか、という部分で、実践的解決のタイプとしてはどんなタイプがあるかという問題がある。

こうした三つの面から歴史教育を考えると、自分たちのもつている諸経験の歴史的由来や、歴史的意味を把握することが、歴史教育の第一の段階であるということができる。従つて歴史教育は自己反省の教育であると同時に、自己認識の教育であるといえるし、こういう内容をもつ教科の教育は歴史的因縁の探究にあるといえるのである。

歴史的因縁には国際問題もあれば、国

家の政治的問題もある。また卑近な日常生活に関するものもあるが、どこまでも現在に関連をもつて、歴史的な考証や吟味を行わせようとすることに帰するのである。

例えば現代のくらしの学習であれば、今の特色を端的に印象づけることになるから、一時代前の戦前とくらべさせる。明治時代であればその前の江戸時代の封建社会のくらしとくらべさせる。そうしてなぜその時代のくらしが、ひどく苦しかつたかをしらべさせて封建社会の社会像をえがかせるという方法をとるのである。そのためには作文教育との関連も必要である。小学校四年生の作文から歴史を教えられた例さえ記録されている。

> ぶつだんにたくさんならんでいる位はい。新しいものもある。古いものもある。小さいものもある。大きいものもある。仏だんがせまくなるほどならんでいる。一ばん古い大先祖のいはい、いたんばで黒くて字がよくわからない。洋貞大徳とかいてある。洋貞大徳さん。江戸時代は どんな ふうで あつたや。ひやくしようはどんなくらしであつたや。武士は年貢をどの位とつたや。
>
> 洋貞大徳さん。田畑をどれ位もつていたや。毎日うまいもの食つていられなかつたぺ。洋貞大徳さん。いつしようけんめいひやくしようやつただつぺ。ほうそうの病気かかつで、さあなか(坂中)のところへ石をたてだつぺ、今も石があるよ。洋貞大徳さん。今は一九五二年の十二月だよ。わたしのうちは、わたしと妹のます子と母ちやんとばあちやんだよ。
>
> この四人で家をたてなおしたんだよ。元気でいるよ。父ちやんは戦争にでて山の中のかんりようけんで、たべものがなくなつて死んだよ。父ちやんがいればもつとくらしがらくだつたよ。
>
> 洋貞大徳さんや、今は江戸時代よりこわい戦争があるだど。
>
> 朝鮮では今でも戦争やつていただよ。家がやけた人や死んだ人がうんといつだど、げんしばくだんかなんかおとされると、人がいちどに何十万人も死ぬだよ。水素ばくだんはげんしばくだんよりおつかねえだちけ。水素ばくだんを東京へおとされると、ここらへんも焼けちやうだど。水素ばくだんは今アメリカでつくつていつだど、おつかねえばくだんだど……

よく観察している。この観察記録がりつぱな歴史教育を示唆してくれる。

時代観念をどのようにうえつけるか

一人の人物なり一つの現象があつたとき、そのときの世の中と共に全体としてつかまえさせる。何もことさらに奈良、平安、鎌倉、室町、江戸といつたような時代のよび名を覚えるとか、それをもつとくだいて、大昔貴族の世の中、武士の世の中、新しい世の中などと一応概念を覚えさせて、これを使つて過去の説明しても、時代観念をとらえているとはいえない。大体こういう取扱では心身の発達の上から無理である。いつたい小学校児童の興味や関心は、個人の伝記に対して深くよせられている。だから一つの社会的現象を知るにしても人物をとおしてその人物が果した役割や、それが当時の社会に及ぼした影響を世の中と共に全体として見ることが望ましく、その時代は今の時代の前で何年程前であつたとかを克明に知せるべきである。

しかも個人をとり出して鮮明に印象強くその実践を追体験させるにしても、「えらかつた」とか、「強かつた」とか「りつぱであつた」とか、いうような評価で英雄偉人に対する崇拝感をあおるのではない。各人物がどういう意味の社会的責任をもつた人であるか、それをどんなふうに果したか。その果し方が社会の人々にどう批判されたか、どんなに喜ばれたか、つまりどこまでもそれぞれの時代の社会一般との相関関係においてとらえるようにするのである。

聖徳太子、藤原鎌足、源頼朝、北条泰時、徳川家康、伊藤博文等政治史上の主要人物をはじめ新井白石とか福沢諭吉のような学者、河村瑞軒、豊田佐吉のような産業界に貢献した人々等、いろいろの角度から人をとり出してそれぞれに時代を象徴させる如き扱い方で、物語として与えられることによつて、日本史がほぼどのような推移で今日に至つているかをとらえさせるように仕向けるのである。

郷土史から展開しようとする場合には察度王、尚真王、向象賢、蔡温の如き政治上の人物、程順則、玉城朝薫等の学者、儀間真常、金城和最のような産業界の功労者を、それぞれ時代を象徴させる方法で、しかも日本史の一環として、世界史の流れの中で、物語として指導するのである。

郷土史の人物を歴史教育として取扱うのに独立した教科として取扱うことは、小学校の綜合的取扱としては無理であつて決して歴史教育の効果を期待することはできない。事実郷土を一つのハイマートクンデとして取扱い、微に入り細を穿つて学習したとしても、それが郷土に対する愛着や、開発への意欲を起すとはいえない。横の関係を十分に考え、即ち郷土の開発をした人々の業績や、山林、河川の開修、荒蕪地の開墾、食物衣料の栽培に貢献した人々を歴史的に取扱つて、実践への途として重視しなければならない。そうして隣接地域との関連を行政上の区分に拘泥しないで、相互に連絡してやらねばならぬ。

　小学校で郷土のような狭い地域に閉ぢ込めて指導することは、偏狭な郷土愛を培う所以にもなることを警戒せねばならぬ。元来郷土愛は、それが人間を愛し、人類を愛する芽生えとして育てられてこそ意味があり、偏狭な郷土愛ではそれこそ百害あつて一利もないといわねばならぬ。愛国心は美しい人間の感情で自然発生的なものであるからである。

　そのように一人物なり一現象が、その時代の世の中と共に全体としてつかまれて行くことができれば、時代をとらえる頭はできているということになる。たとえばあかりを見たときに、油は燈用としてそんなに早く普及していたとは思われないが、一体どんな契機によつて、日本人の常用品として、これが家庭におかれるようになつたかと考えるように、あかりという物体を見ながら、当時の産業あるいは農村の景観というものを疑問にする。つまり一、二の現象のバツクになつているもの、コンディションになつているものをずつと見渡して行くだけの力があるということが、時代を理解し得たということの一つの目安になるわけである。

　それでは時代というものはどんな形ででき上つてくるかということになるが、いつたいに過去は客観的に言つて、無限の広がりをもつて、人間の色々な営みの一切を含んでおる。そういうものの中から何か時代らしいものをつかむのは、ある主観を働かして限定を加えているからであつて、つまり歴史的認識を試みて過去の事実の中から選択をしながら、それそれの時代を構成している。

　即ち過去というものは問題解決の連続過程であり、その中にあつて解決のくぎりから次のくぎりまでが、一時代と見ることができるのであるから、人物や現象を克明に説明できれば、その時代時代が区切りよく明らかになつてくるということになる。

　昔の現象を顧みるとき、一体その頃の人間はどんなことを、社会生活をしていく上での人生課題としてもつていただろうかということを注意すると、歴史のすじがわかりやすいのではないか、世の中の問題が解決するということは一種の変革があるということになる。

　例えば古代の姿としてミウチ的なものがあり、それがいつまでも保障体として続いて、一人一人を守ろうとする向があつた。また中世や近世のように、土地関係で結びつくものや、村落協同体として意識されていたり、近代のように職場関係が一人の生活について保障するような方向になつているが、せいぜいそれ位を個人個人の人のよりどころとする位の程度にしかないことなどをしらべさせれば、これからその時代時代がはつきりすることになる。

　即ち社会科としての学習をさせるうちに基本的な社会生活のあり方、望ましい人間関係をとらえさせることになるが、それは必ずや現実の情況と対比され、そこに解決すべき問題が見出される。そうなると現実を然らしめている政治について、懐疑や問題を感じさせるだろう。それが又子どもたちなりの政治批判にもなる。

　しかしながら、このような歴史のとらえ方、即ち合理的客観的な認識が、科学的認識といわれるが、これを世の中も教育者も理屈通りはいかんのだといわぬばかりに、棚上げした教育をしようとすることは、児童の問題意識を薄弱ならしめるものである。現代を捉える場合には、今日の段階を国民主義、国家主義のナショナリズムを超えて、民衆の自発性に基づいて民主、民族主義としてのナショナリズムを打立てる段階にきていると見る。

　しかしそれだからといつて過去の民族史か民衆史だけでよいということにはならない。だから昔話や民謡の研究等を民族文化の研究として行うようにさせる方法などをとることも現代という時代をとらえるよい方法といわれる。

社会科歴史の見方

　歴史は社会科の一科目であるが、だからといつて社会史のみ取扱われては困る。それは人間、民族、国家、社会の歩みのあとを綜合的に取扱うべきで、思想でも学問でも信仰、産業でもその時代の政治や社会との関連において深い考察をさせることが要求されている。例えば仏教の教義でも衆生平等思想をもちながら、それを彼岸的観念的な世界にとどめ、此岸現実的な社会生活に実現する思想体系を発展させず、逃避とあきらめの手段として、利用された傾向も見逃してはならない。

　儒教思想が君臣、親子、夫婦その他人間関係を上下の序列として固定し、それそれ所定の道を守り、礼を尚び、分に安んじ、足るを知るとする道徳となり、これが歴史的現実を規定したため、室町時代の下剋上、江戸時代の百姓一揆などは儒教思想に反抗する僅かな理論であつたが、正統派的な儒教に対して、遂に打勝つことができず、社会秩序の回復が封建制の完成という形を示すに至つた。

芸術においても宗教尊重時代を反映して、宗教的動機と意味を以て、製作されたものが多いが、その意図と精神とは現代人の感覚にも直接に訴えるものがある。鎌倉彫刻、写実性のすぐれた彫刻美は、超時代的にわれわれ現代人の感覚に訴えるものがあるが、その時代の力強い現実的な歩みを知ることによつて、藤原時代彫刻の優美性や、室町彫刻の形式化との対比によつて、はじめて適切正確に鎌倉彫刻の意義を理解することができるのである。

万葉集の歌はさながら現代人の文学的センスに訴えるものがあるが、奈良時代の大らかな時代を綜合的に把握することによつて、その表現を適確に理解することができる。古今集の技巧や源氏物語の繊細な感覚もそれぞれに応ずる時代の貴族生活の背景において正しく受容されるのである。

なお世界史の一環として理解するには㈠日本史の発展形式が世界史のそれと共通のものとして、又日本の特殊性としてつまり世界史と比較されるものとして考えられる点、㈡外国の制度文物の影響を受けて日本史が展開している点、㈢世界史の展開の中で日本の占める位置を考察する点を知らねばならないが

第一の展開形式の共通性は、相似た条件にある社会に同似の発展形式を示すこと

第二に原始古代以来各時代を通じて、朝鮮中国の影響があり、明治以後は欧米の思想文化の影響が特に著るしいが、しかも尚、伝統的固有のものが、時に弱まりながら維持せられて、歴史に尾をひいている。

第三には歴史の多元性が近世欧洲中心の一元化への方向をとり、全世界が一つの歴史として展開するに至つた。即ち歴史的現象は独立現象のように見えても、実はその基底にはこれを貫いているものがある。それはその時代の社会的構造の基盤に立つものであり、時代精神の表現として見られるものであつて、時代の特質がそこにある。それらの事実を充分意識しながら、歴史的事実を考える能力を養わねばならない。

また歴史的事実を静的なものとして把握し、分析するばかりでなく、他の諸事実との関連において常に動的なものとして考えることも大切で、因果の系列において把握し、全体的に理解する能力を養わなければならない。このように個々の事実を遊離したものでなく、歴史発展の系列の中に位置づけることを科学的理解の仕方という。歴史の科学性は発展のあとが体系づけられることによつて護得されるものである。

科学的といへばとかく法則性を基準とするようにいわれ、弁証法的発展とか、自然法則的繰り返しだとか、唯物史観の公式的展開だと考えられ易いが、歴史科学のそれは個別化することにあり、個々の事実が価値に照らされる点に普遍的な基準を求める考え方のあることを知らねばならない。

歴史の展開を発展的に理解し、それぞれに働く諸条件をそれぞれにおいて考究する態度でなければならない。歴史はこのように過去の時代について、系統的発展に体系づけられ、それを動かす諸条件を的確に把握するのであるが、その過去は、われわれの経験を通じて、常にわれわれの生の中に生かされ理解される。

こうして生と歴史とは同一視され、過去の理解は直ちに現在の体験となり、豊かな知識と思考とに支えられて、未来への行為の発見に結びつくのである。即ち日本の社会の歴史的事実はそれがわれわれ民族の事実であるだけに、直接生活において理解されるし、特に近代に関するものは、一層親近性をもつて体験化される。自己の属する社会の歴史的理解は、自己をして一層深めさせ、現代を正しく把握させ、将来の方向を自ら発見させる意味において大切である。歴史教育のうち近代現代史を深く学ぶ所以はそこにある。ことに現代のなまなましい社会問題や文化の様相はそれを現在の断面として分析するだけでは片手落ちになるから、これを歴史的に遡つてその由因を捜り、発展的に知らねばならない。特に近代以後には世界史の一環として世界の動きとのからみあいが深まるので、世界史の理解が不可分な関係を示してくる。

歴史教育ということは、即ち過去の知識をやたらに注ぎこむことではない。発展段階説を鵜のみにさせることではない人間がいかに生きるべきかという目標をしつかりと摑ませて、それに一歩でも近づかせる実践への意志を養うことである。小学校で歴史という教科があろうがなかろうが、歴史教育が社会科指導の中心をなしていることは論を俟ない。

要するに小学校における歴史教育は歴史的なものの見方を授け、徒らに軽卒な判断を下すことを避けるために、ものを深く見ていく修練をすることが、最も大切であるということができるのである。

教育計画

△△△△△△△△△△△△△△

新学年度を迎えて、児童生徒の教育に直接当られる先生方にとつて、四月はまことに繁忙な時である。

実際のところ学級担任の決定、組分け、教室環境の整備、いろいろな基礎的調査、小学校低学年であれば校内施設とその使い方、安全指導生活指導、上学年であれば役員選挙、校内の清掃美化等々いくらやっても限りがないと言えそうである。

このときに当つて、教科ならびに教科外の年間の教育計画についてその一端を紹介していただいた。一つ一つが何れの学校、どの先生にとつても早晩計画されねばならないことである。ご健斗とスムーズなスタートを望みます。

▽▽▽▽▽▽▽▽▽▽▽▽▽▽

算数科

—今帰仁小学校—

前がき

文部省による教育課程の改訂が実施されるようになり、本年度は算数科も新教育の方初に、一段と躍進することが期待される。改訂は従来物足りなく思つた点が大方除去されて極めて意に適つたものとなつた。新課程の目標が、本校の研究テーマ「具体物をどのように利用するか—特に離脱の時期と方法—」の意図するところと大体一致していることは愉快に思う。

学年当初に予想される教育計画のアウトラインを描いて文題にお答えしたい。

本校は文教局の基準カリキュラムに準拠しつつそれと併用するための本校カリキュラムを設定しているのであるが、それは年次を追うて改訂してきているので、五八年度の計画に五九年度の追加事項の概略を列記すれば、ほぼ五九年度の計画が浮び出ることと思う。

一、五八年度教育計画の概要

（カリキュラムの前がき）

本校は「算数科の指導において具体物をどのように利用するか—特に離脱の時期と方法—」と云う研究テーマをかかげて研究に取り組んできた。昨年（五七年度）は各学年思い思いにテーマを設定して研究を進めたけれども、いわゆる盲者と象の物語の如くで、研究は僅かに氷山の一角を見たにすぎない。今年（五八年度）は前年の研究を足場にして、算数の発展系統、児童の能力の発達を考え学校および学年テーマを深く掘りさげてゆきたい。

具体物を多く利用すると云うことは算数の学習では、児童の生活をはなれて行うことはできないと云うことであるが、さりとて数の系統を無視して算数の発展はありえない。児童の発達段階と数の系統を充分に把握すると共に、児童の生活に即するために、尺貫法の廃止、通貨の切換えを勘案し、更に児童のおかれている生活環境に適応するように、下記の諸点に留意して本校カリキュラム案を設定することにした。暫定的ながら実際指導上の助けとなれば幸である。

1、小学校一年から中学校三年までの算数科の発展系統を五十一項目にわたつて分類した。

2、地域性を生かした学習題材の設定（単元改作）地域に即した具体物の利用につとめた。

3、尺貫法廃止、メートル法一本化への転換期における取扱いを考慮した。

4、通貨切換えに伴い学習内容をどのように変えるか、それに伴う困難点を排除し、能率的ならしめるように考慮した。

二、五九年度の追加事項

前記五八年度の計画の基礎に立つて新年度は次の事項を追加又は強調したい。

1、具体物の使用あるいは生活経験学習の分野について一層的確能率的に行う。

(イ) 児童の生活経験をはなれて単に数の系統のみを追う時は、観念として成立した数理そのものを生活の実際場面に適用する能力が欠ける。

(ロ) 具体物による思考から半具体物を通して段々と抽象化する方法は、科学の実証的態度であつて科学的信念の確立に役立ち、全体的人間形成の一環を担うと思われる。この点科学技術教育の基礎である。新課程の精神に則り努力したい。

(ハ) 経験学習とか、具体物利用とかは思考の発達を的確に自然ならしめ、学習に興味をそえて能率を挙げるもので、遅進児の指導には役立つものであるが、それが数観念の育成や処理能力の限度を越えて、冗漫に流れるならば、系統学習の面から、極めて非能率と云うことになる。これをつとめて集約化することが必要である。「如何に集約化するか」は今年の課題となろう。即ち「離脱の時期と方法―」は今年も継続したテーマとならざるを得ないのである。

2、学習時数の改訂を如何にするか

一学年以外は文部省改訂案を新年度より使用したい。一学年においては、旧案は年間一四〇時であり、新案は一〇二時となつている。

去年の経験からして―教科書はそのままであるから―所定の教材をこなすのに困難を感ずることと思われるので、今年は暫定的に旧案をそのまま一四〇時を計画したい。

3、本校においては従来ドリルの面と数理的表現の面がいささか劣るように思うので、その方面に留意したい。

4、新指導要領による各学年の学習内容を数系統の発展を考慮しつつ、与う限り早く取入れてゆきたい。

以上新年度の立案を前にして、予想されることを構想したのであるが、新課程の研究を深めて正確なものにしてゆきたいと思う。

職業家庭科「主力點」

山田中学校

上原　茂

本校区の地域概観

本校区は、元国頭郡の最南端にあつて門戸ともいうべき歴史的に有名な田幸山を控え、さらに中頭郡との境界線あたりから急に山原という感にうたれる。このような地域観から、すでに農村であるということが計り知れよう。しかるに、生計を農業だけで営んでいる家庭は、その約半数にすぎない。

次に、家庭の実態調査の結果を記してみよう。

本校区内総戸数　三〇九戸

1、農　家　二九二戸

イ、農林業だけで生活している農家　一六八戸

ロ、農業を営みつゝ他に収入をもつ家庭　一二四戸

a軍労務七〇戸　b大工六戸　c工業三戸　d水産七戸　e運輸五戸　f公務七戸　g一般労務(民)五戸　h商業二一戸

2、非農家　一七戸

以上のことがらから、生徒の進路希望も多種多様であり、その職業指導に当つては幾多の問題点をはらんでいる。よつて今年度の計画は左記事項に努力したい。

1、ホームプロゼクトおよびスクールプロゼクトの強化

2、施設々備の充実

3、校内の緑化および美化

4、生産の拡充

力点事項計画概要

1、ホームプロゼクトおよびスクールプロゼクトによる学習指導の強化

A　職業科

生徒はあらゆる学習活動を展開する前に、身辺の日常生活の場からある問題を発見し、必要感と興味から各自の個性を生かした解決形態をつくるのが常である。生活の中に「これはこうやつたらどうだろうか。」という主観的な技術形態から始まる。この技術形態こそ、生徒の日々の生活において、なくてはならぬ大きな要素であろう。この要素が、過去の大きな経験として役割を果すものである。この意味で昨年度（一九五八年度）より文教局の指導の下に、その徹底を期してきたが、初回の試みで充分な成果を挙げ得なかつた。特に、新年度はプロゼクトの限界に重きをおき巡回指導の徹底を期す。巡回指導に当つては、担任の教科および担当時間数の縮少が考慮される。

B　家庭科

過去一ケ年間文教局指導のもとに、プロゼクト法をとり入れた学習方法を実施して、その反省の上に立つて指導計画を立ててみたい。

職家教育は、「なすことによつて学ぶ」いわゆる実践教育の最も徹底されなければならない教科であるが、ややもすると教師の一方的講義になり易く、生徒の自発的活動は阻止されている嫌いがある。ホームプロゼクトは、生徒の興味や必要にもとずいて自発的になされるので、このような職家教育から脱皮するに、最も良い学習方法と言えるのだが、これが実施に当つては、教科との関連づけ、範囲限界、それに時間、経費の問題など全くいろいろな困難がともなつて、未だ成就させ得ないでいる。

H・Pを中心学習を進めると、生徒は身のまわりにある卑近な日常の仕事を思いつくままに実践するので、そこには系統だつた組織学習が望めないし、またその領域限界を適確につかみ得ない。このような事から、H・Pを全面的にとり入れてゆくこ

とは困難であるので、選択の一時間をこれに当て、時間外の計画指導、巡回指導に重点をおきたい。

2、施設々備の充実

本校における職家の施設は、工具室一坪、工作室六坪、農具室二、五坪を有するのみであるが、いずれも皆仮施設である。特に、工作室は発電機だけで一ぱいになり、他の機械器具類は音無しの構えである。設備の充実に伴い施設の強化も相伴わなければ無用の長物に過ぎず、職家教育への影響は大なるものがある。

家庭科実習においても、実習のたびごとに器具を普通教室へ搬入する状態である。特に、家庭科としては各教室への水道施設を強く推進したい。職業科では、ＰＴＡと学校が一体となり、畜舎および堆厩舎の設置と工作室の拡大を実現したい。また、学校図書館（七十周年記念図書館）の一室を利用して学校売店の強化を計る。

3、校内の緑化及美化

五ケ年計画沖縄全島緑化運働に協力すべく今年度は、校内の緑化を計画し昨年十一月播種の木麻黄が、約五万本も発芽している。校内の緑化は、これを永続的に行い、漸次村有地の山林を借用して、演習林を設置したい。

美化の面では、特に庭園を多くもつ本校においては、その道の指導者と常に連携をとり、四季の草花と他教科との関連を保ちつつ完全美化を計りたい。

そのためには、苗床の増設とＳＰ等の強化により推進する。

4、生産の拡充

施設々備の項で説明したように、本校には畜舎や堆厩肥舎がなく、堆厩肥は常に欠乏し、地力の減退は年と共に加わつた。生産力を高めるには、地力の増進が第一とされている本校の状態で、有畜農業と、容土法により地力を高め、生産高を拡大する。

以上の事項は、過去一ヶ年職家を担当しての年間に実現せねばならぬ事柄であるが、七十有余の在籍と、貧困なる財政の下で、幾多の困難は免かれないものと思う。「棒程願うて針程叶う」ではなく「棒程願うて棒程叶う」で実現したい。

生活指導

―眞壁小学校―

大城政一

文教局より実験学校として指定を受けその発表も終わりはしたものの、またここにこの誌上をもって「生活指導の年間計画について」という題で書くことになった。

およばずながら誌面のゆるす限りにおいて本校の年間計画を中心にして、計画はいかに立てられるべきかを書いてみることにする。

まずはじめに、何はさておいても、学校の教育目標の吟味である、特に学校の教育目標は、その学校の特色というか、性格を表わすものである。このような学校の目標を中心として、その環境の実態の把握をすること、これをさらに一歩進めて考えることは、文部省発行の「道徳指導要項」であろう。

去年より問題にされた所の道徳教育であるが、われわれはよくこれを上からの道徳教育だ、または徳目主義の教育だ等と、いろいろ批判をしてきたわけである。とにかくわれわれの学校では、このようなことを充分考えて、指導を要項の研究にも重点をおき、又児童の生活場面の研究にも努力したわけである。このようにしてできあがつたのが、第一表とでも云おうか、「道徳指導目標と本校児童の生活目標および本年度の努力点」である。ここで云う本校の生活目標はあくまでも環境および児童の実態より抽出されたものであると云うことは云うまでもない。

さてこの生活目標であるが、そのままでは何をいかにして各学年に実践されるかと云うことになるとまだまだ抽象的である。従ってここに出てくるものが、各学年の具体目標であろう。本校ではこの学年目標は低、中、高学年と云うように分けてその目標を示している。

次に考えることは、実際授業面に役立つところの年間計画である。生活指導にも年間計画が必要か等といろいろと意見はあるようだが、何事も計画をもたないものは実践してもあまり効果も少ないものである。

その計画の方法であるが、さきにあげたところの各学年の具体目標をさらに具体化して、年間（月別）に配当するわけである、すなわちこれが年間計画の各月々の指導目標になるわけである。このようにして具体化された各月々の目標はどのように展開され指導されるかと云うことになるが、生活指導と云えば、凡ての生活の場面で指導すると云うことはまちがいない、と云つても一日中気を配つて児童の生活を指導するとなると、もちろんそれも必要だが、そう長く続くものではない。

文部省が道徳の時間の特設を考えたのも、このような所からだと思う。もちろん月々の目標ははっきりしているのだが、目標で「きまりある生活をしよう」といくらかかげた所で、何も効果はあり得ない。すなはち目標達成のためのさらに具体的な、指導に必要な問題がなければいけないわけである。これがいわゆる文部省がよく云うところの主題になつてくるわけである。さてこの主題であるが、今まで述べてきたところのすべての計画もこの主題の選び方によつて、生死を共にするといつた具合に非常に重要な事柄である。云うならば、昔の修身になるか、新しい道徳教育になるかの別れ道になるのである。従つてこれ等のことは充分気を配り、主題の選定をしなければならない。すなはち児童の生活場面より、具体的な問題を取りあげて主題として決めるわけである。

しかしその主題にも問題がひそんでいる、同学年と云つても児童、教室環境、教師、の外いろいろと異つている、従つて選定された主題が、そのまま同じように指導されると云うことはちよつと困難である、と云うわけで目標達成に適切であるものなら、それを取りあげて指導してもよいようにしなければならない。

今、月々の目標と主題の関係を、本校の低学年の例から書いてみると、目標が「きまりある生活をしよう」と云うことに対して主題例は「やくそく」「自分の事は自分で」「あさねぼう」等となつている。が、まず年間から云うと、この目標は九月の目標になつている。九月といえば楽しかつた夏休みも終わり、二学期の学校生活がはじまる、この場合だれでも感ずる所の夏休みの自由な生活からくる所の、気のゆるみと云うことである。このような観点から目標がたてられたわけだが適切ではなかろうか。

また主題例では「あさねぼう」と云うことだが、よい主題例だと思う。休みの気のゆるみから「ちこく」する児童が多くなる、その「ちこく」という一つの問題を取りあげて指導する、その、「ちこく」した児童によつて、いろいろと理由が出てくる。道徳的心情を養うにはどうしたらよい等とよく問題にされるが、このような具体的な事実も、その指導と方法によつては大いに役に立つものである。

以上生活指導の年間計画はいかに立てられるべきかを述べてきた積りだが、文章表現のまずさまたはまとめ方のまずさから、理解に苦しむことと思うが、誌面の都合上これで筆を止めることにする。よろしくご批判とご指導を切にお願いするものである。

道徳指導

—玉城小学校—

前川守皎

当校は本学年度、実験学校の指定を受けて「道徳の時間の年間計画はどのようにしたらよいか」というテーマで、研究を進めている。詳しい事は二月末予定の発表会にゆずる事にしてここで紙数の制限もあるので簡単にのべたい。

一、道徳教育の全体計画

文部省編の「道徳実施要綱」「道徳指導書」を参考にして道徳の全体計画をたてる。それには、学校の条件に応じて指導内容の重点づけをする必要がある。そこで次の立案をした。

(一) 問題行動をとらえる

校内の全教師が参加して、話し合いで問題点をとらえる。

(イ) 教師の側では、指導記録やメモなどによつて、学級経営や教科学習で困つたり、生活指導の目標としてやつたことを出してくる。

(ロ) 児童の則では学級で問題になつた事や意見、又は学級会、児童でのきまりの記録など出してくる。又学級や上級生、中学生との間に起つた問題、学級や学校のよい点、わるい点など

(ハ) 父母の側からの問題としては、父母へのアンケートを作成して実施する。

(二) 問題行動の検討、整理

とらえた問題行動を「道徳実施要綱」指導内容の項目に合わして低、中、高等学年の段階に整理する。

(イ) 教師、父母、児童の三者がみた問題行動を「教師のみた児童の実態」を骨子にして一つにまとめる。

(ロ) 「実施要綱」の三十六項目にてらし合わす。

(ハ) さらに低、中、高学年の三段階に分ける。

(ニ) 三十六項目に抜けている重要な点を挿入し整理する。

(ホ) この問題行動を各学年別に検討し各教科に含まれる問題行動は、教科学習で取りあつかい、その他を整理して道徳の時間で取扱うようにする。

(三) 主題の構成

(イ) 指導内容 (ロ) 児童の心身発達の状況 (ハ) 現在の児童の状況 (ニ) 地域の特性や学校、教室、季節、行事等を考えて構成する。

(四) 主題の配列

(イ) 指導内容の難易を考える

(ロ) 学校や社会の行事を考える

(ハ) 生活の季節的変化について考える

(五) 各学年の年間計画を作成する

この指導計画は、形式的にくりかえすことなく、これを検討し、反省して改善を加える必要がある。

二、経　過

(一) この仕事を進めるために、次の組織をもつことにした。

。企画委員会—各学年主題

。小委員会―低、中、高学年の三グループ
。全体会議―全職員

(二) 教師のみた児童の実態調査をした

(イ) 児童あらゆる生活場面における問題行動のすべてを話合でとらえた

(ロ) 次の領域に分類整理した。
。対人関係　。物に関するもの
。保健衛生　。規律
。安　全　　。自主自律
。其の他

(ハ) さらに「三十六項目」に照らし易いよう、次の領域に分けた。
。「日常生活の基本的行動様式」
。「道徳的心情、道徳的判断」
。「個性の伸長、創造的な生活態度」
。「国家社会の成員としての道徳的態度と実践的意欲」

(ニ) 右の四領域に分類、さらに三十六項目に整理

(三) 父兄のみた児童の実態調査をした。(全父兄に)

もんだい

1、学校の子どもたちについてお感じになっている点をお書き下さい
。子どもの性質　。おこない　。おぎようぎ　。言葉づかい　。其他

2　あなたのおうちでは、子どもがどんなよいことをした時にほめますか

3、あなたのおうちでは、子どもがどんなわるいことをした時にしかりますか

(四) 児童の意識調査(対人関係)をした。(三年以上)

もんだい

1、あなたの学級で、おもしろくないことがあったらかきなさい。

2　学校で、上級生との間に、おもしろくないことがあったらかきなさい。

3　学校で中校生との間に、おもしろくないことがあったらかきなさい。

4　あなたのおうちで、おもしろくないことがあったらかきなさい。

5　あなたの部落でおもしろくないことがあったらかきなさい。

(五) 児童を通じて環境調査をした。(三年以上)

もんだい

1、あなたの学級を見て、気持がいいなあと思うことをかきなさい。

2　あなたの学級を見て、これではいけないなあ、と思うことがあったら書きなさい。

3　学校で、気持がいいなあ、と思うことがあったらかきなさい。

4　学校で、これではいけないなあと思うことがあったら書きなさい

(六) 以上の諸調査より採るべき問題点をとり、教師のみた実態を骨子として一つにまとめた。

(七) それを「三十六項目」に照らし、さらに低、中高学年に分けた。

(八) 主題の構成、配列をした。
ここは前出、(三)主題の構成(四)主題の配列を見て下さい。

地名の呼び方と書き方　その二

細則

1　中国の辺境のあて字による地名はかたかなで書き漢字を付記しない。
(例)チベット(西蔵、吐蕃、拓、士伯等は不可)、チャムス、ハルピン、チチハル、ハイラル、ウルムチ、ラサ等も同様

2　次の地名は、とくに国際慣用の呼び方による。(　)は、付記してもよい。
アモイ(厦門)、ウースン(呉淞)、カオルン(九竜)カンシー(広西)省、カントン(広東)キールン(基隆)、シエンシー(山西)省、スワトウ(汕頭)、ナンキン(南京)、ペキン(北京)マカオ(澳門)、ホンコン(香港)

3　次の地名は、とくに漢字で書き、慣用によって読む。(　)は、別名を意味す。〔　〕をつけたひらがなは読み方を示す。
華中(中シナ)、華南(南シナ)、華北(北シナ)、樺太〔からふと〕黄河、大韓〔だいかん〕民国、台湾、千島、中華人民共和国、中華民国、中国(チュンクオ)朝鮮、朝鮮民主主義人民共和国、間宮海峡、満洲　揚子江

4　行政単位名の省。県などは、漢字で書く。(　)は付記してもよい。
(例)リヤオニン(遼寧)省、イー(義)県、キヨンサン(慶尙)南道
ただし、一音節の県名で、県城を意味する場合には、県までも含めて原音で表わす。
(例)イーシエン(義県)

5　山、山嶽・湖・湾・半島・盆地などの接尾辞は、漢字で書く。江・水河渓は、川に統一する。また、山地名で嶺の字のつくものは、それを原音で読みこんで、その次に山嶽または山地をつける。

図工科教育年の間計画について
―年度当初における―

真和志中学校　具志堅　以徳

図工科の指導内容である、表現、鑑賞理解活動の三部面にわたつて次のように立案した。

表現活動

毎年の新入一年生の図工科をみて、おもうことは、彼等の心理的抑圧をゆるめてやつて、自由な表現、つまりよろこんで自己表現をしようとする、図工科の雰囲気をつくつてやることだと思うそうするには、色々新しい表現経験をさせて表現意欲をたかめてやつて、創造のよろこびをしらしめてやることである。

それには施設、備品の充実ということが先決問題になるが、現在の代用図工室では、もはや限度に達していて、これが隘路である。しかし今少し室内の合理的利用に目をつければ、ある程度の打開は可能であるので、次の通り計画した。

一、施設

(1) 素焼窯小屋の改善
　a、乾燥棚の取付け
　b、製品保存棚の設置
　c、粘土貯蔵槽
　d、楽焼のための設備
(2) 刃物研ぎ場（流し場）設置
(3) 図工室の後方壁面に展示棚の設附（生徒作品並に鑑賞用作品を展示する）
(4) 材料置場の設置
(5) 整理棚の設置（工具戸棚の上部を利用）

二、備品

工具を機械化する。図工科の工具は戦前からのままで、十年一日の如く旧態依然たるものである。現在の社会に適合するように、殊に沖縄では日常接触しているアメリカとの関係もあり、生徒をして機械に親しませることは重要なことだとおもうので次の機械を購入するように計画している。

(1) ハンドプレーナー　四台
(2) 万能木工機　一台
(3) 塗装用コンプレヤ　一式
(4) 電気ごて　一〇本
(5) アメリカ式工具類
(6) エッチングプレス　四台

三、鑑賞活動

教室、備品、調度、材料、教室の周辺、校庭、その他建物、施設等こと美術教育や創造活動を有効ならしめ審美性を発達助成するためには、設計にくふうに留意しなければならないが、経費という経済問題が大きくこの問題を左右して隘路となつている。これも次にあげるようなことを今年から着手して解決してみたい。

(1) 図工教室の内部壁面の塗り替え
(2) 図工室周辺の美化
　(ア) 柵を改造して明るい他のペンキを塗る
　(イ) 生徒の抽象彫刻作品を樹間に建てる
　(ウ) 西側脇門から図工室の入口までセメントで抽象形の渡り石をつける
(3) 図工室の入口と家庭科室の入口の中間に生徒用のペンチを設ける
(4) 鑑賞資料を日、米、琉刊行物、雑誌等から広く収集し、掲示板を利用して、鑑賞させ、全世界の美術作品に生徒の目をむけさせたい
(5) 画集ならびに工芸作品写真集の購入
(6) 琉球陶器、織物、紅型、漆器その他民芸風の作品収集
(7) 外国製品で玩具、陶器その他日用雑貨で良いデザインものの収集
(8) 実物幻燈機の購入

四、知識活動

(1) 図工関係の新刊図書の購入、（立体表現に関するもので新技法、新材料についての図書）
(2) 色彩関係の掛図ならびに教具

最後に生徒の表現活動を実用の域にまで発展させて、彼等の興味をより一層たかめたいと企図している。

五、図工科の年間行事

四月、設備、備品、材料の計画
　設備、備品の点検、整備ならびに購入所要材料の新しき購入と補充
五月、校内写生大会
六月、（研究中）
七月、八月、夏期図工教室の開設、二十日間（消夏制作に従事―希望者）
九月、夏期図工教室の作品展覧会（図工室）
一〇月、校内写生大会
十一月、校内デザイン展覧会（図工室）
十二月、蠟けつ染の会（希望者で制作）
一月、校内焼物会（希望者で制作）
二月、校内写生会
三月、図工作品展示会（卒業式当日―年間の優秀作品を展示）

その他、鑑賞資料を毎月、一定日に校内掲示板を利用して掲示する。

══ 理科の指導計画の観点 ══　No. 3

東江小学校　　小橋川　松　明

は じ め に

標記の題で時報に載せたいので原稿を二月十日まで、研究調査課に寄せてくれと浅学卑才な小生に通知がきた。一瞬とんでもないことだ何かのま違いだろうと、またこんな大それたことはいたしかねるとほつていたが、一月も過ぎ、つい通知状のことが気になつてとり出して見ると、面白いことにこの課題は今日まで私のもつとも苦い失敗の経験ばかりを重ねてきた問題であり、この解答はこちらが尋ねたいものだと思い、自分にもそう云い聞かせているうちに、ふとこの際、私なりに計画の方法を述べて読者諸賢のご指導とご助言を仰ぎたくペンを取つた次第である。

理科学習指導の計画をするに当つてその観点と方法についての私見を述べたい。

重点的ものはどれか

先ず教科書を手にして考えることはこの充実した単元の内容を受持つ児童生徒個々人にどうすれば十分に学習させ得るかということである。又、指導書を見ると各単元の学習指導計画があり、その単元内容のねらいが、出ている。しかしその通り学習指導を進めていくことは、指導時間数と施設や備品の充実または自分のもつ能力等を考え合わせたとき、小学校に二年余、中学校に数年の失敗の経験をもつ者に云わしむれば到底満足で完全な学習はできない。

その対策として単元についての内容を研究して重点主義をとり入れることが考えられる。重点主義と云つても、どれが重要なものかそう簡単に決めることは教材の研究にまつよりほかはないが、何と云つても、学校に保有する実験器具や理科教育予算に照合しなければ決められぬことである。それについては学校内の実験器具の保管係に聞くことによつてはつきりすることと思う。

次に指導書を見ればたての系統的なつながりを知ることは容易であり、教科書に一通り目を通すことによつても、実験中心の教材、社会科的なもの、科学知識を中心にしたもの等に分けることができる。

前述の条件にもとづき、小学校の低学年では全単元の半分、高学年では三分の一、中学校では四分の一を下らぬ程度に単元を選定し、これらを十分時間をとつて問題解決学習によつてすすめ、残る単元は簡単に要領よく演示実験等をおこなえば児童生徒の興味も失わずに能率的に学習されるばかりでなく、理科教育本来のあり方である問題学習形態もとり入れられまた単元を一応学習せしめることができて、時間不足や指導法の不十分等による教師の悩みはいくぶん消えることと思う。

指導時間の組み方について

中学校で教職についていた時のこと臨時時間割（生活日課表）によつて起つた偶然のでき事であるがA組は午前中だけに理科の時間が組まれ、逆にE組は午後だけであつた。その事はすぐ変更を申し出たがそれでも一ケ月程はそのまま学習が進められた。

その間午前中に授業のあるA組は不思議なことに火・水・木・金とつながり〃それがまた第二時限目だけにあつたので学習の効果と能率の上がることは午後だけに授業のあるE組に比べなくてもだれでも肯定するところだが、その頃たまたま気象単元で毎日の気温の測定値を記録することになつていてA組のほとんどの生徒が継続観測に成功する機縁になつた、しかしE組では測定に興味を半減したばかりか欠測も多かつた。

前者の成功した理由として考えられることは直接授業と関連していたことと、四日間も続けて測定しているうちに寒暖計を同じ時刻に見るくせがついたのだとA組の生徒は語つてくれた。失敗したE組の条件は悪かつたにしても、子どもの三日坊主ぶりを示したに過ぎないと思つた。

この時間割の問題は他に多くの問題も含むことであるが、小学校においては時間割作成には各学級担任者が計画的に組み合わせている現状であると思う。それ故、時間割表が担任教師の任意により毎学期又は毎月変更がゆるされるならば、或る期間だけ理科の単元の内容によつて計画的に時間を組み合わせることは学習計画を尚一層合理的ならしめるものだと思つている。

学習の能率をはかる

どの教科を指導するにも準備は不可欠なものであるが理科における実験観察教材ほど準備や予備実験を必要とするものはなく、これに要する時間や　※

※　個人の研修の問題もいろいろと出てくることでそれについての私見を述べたい。
およそ学習を決つた時間内で計画的に進めてゆくには、実験や観察に要する時間を知つておくことも大切であり、このことが能率のよい学習になり、実験の工夫等が生まれてくるものである。この事は中校における授業で実験の度数が重なつて教師自体に自信と要領のできた時スムースに学習が進められることを考えれば容易にうなずける。

安全教育と自信ある指導

次に教師の研修は（実験技術）どうすればよいかについては、科学技術等の講習会に進んで参加することであるが、これとて人員の制限と機会が少ないので、同学年のグループによつて共同で器具取り扱いの研究をするか理科主任や専門の先生に指導してもらうことも楽しみながら研修ができ自己の安全も保てるわけである。

このように正しい実験器具の操作ができるようになることは自己をもつて生徒への指導ができ、実験につきものの不安を除き楽しく実験ができるようになると思う。

学習効果をあげるには

最後に学習指導計画案がいかにじようずに作られてもこれに児童生徒の協力がなければ、馬耳東風で無意味なものになることは云うまでもない。

そのために児童生徒の知的発達段階や興味などについてしらべたり、どの程度の科学的な知識をもつているかなど事前に知る必要がある。またどんなことについて学習してきたか等、児童生徒の実態を十分に知つておき機会あるごとに、その原理や知識等を再生せしめていくことは児童生徒自らの科学する意欲と動機づけをする上からも重要なことと思う。

む　す　び

以上粗雑ながら学習指導計画の立案の観点を思いつくままに書きならべまとまりのないものになつてしまつたが、問題点の多い理科学習に対し、皆様のご指導を受ける機縁となれば幸に存じます。

（東江小学校）

理　　科

与勝中学校　中　里　勝　也

およそどんな仕事でも、円滑に進めようとするには、事前に慎重な設備と計画とがなくては教育の成果をあげることはできないはずである。模範的なすぐれた学校の教師達は熱心に学習指導計画の研究に苦心していることはいうまでもない。他校を参観してりつぱな授業だと引きつけられる教室はきまつて計画的に組織づけられている。それ故良い学習指導計画を樹てるための努力と苦心とは私達教師の仕事の中でも最も重要な部分を占めている。

もちろん学習指導計画は詳細で周到綿密でなければならないが、私なりに理科実験観察の指導計画を立案して読まれる皆様のご指導を仰ぎたい。

さて、基準の学習指導計画は、文教局案の理科基準教育課程に綿密なる全体の学習指導計画が示めさているが今日理科教育の問題となつている。実験観察のミニマムエツセンシヤルズ即ち基準教育課程や教科書に取りあげられている実験観察に関する事項が指導時間に比して余りにも多く、その取扱いに困難をきたしているので、その解決策として、最少限必要な基礎的な実験観察の計画を立案してみた。

ところがその計画に当つては、理科全体指導計画に即さねばならないため、実験観察の抽出面でいろいろと困難点がある。その第一に指導計画の考案に当つて全体計画と技術的段階性に基づく序列の設定に問題点がある。第二には指導時間の制約である。すなわち全体計画に盛られた教育内容を充分に学習させることが教育目標に照らして要求されるのが妥当であるのに対し時間の制約でどれを最低基準として学習効果をあげることができるかの難点である。ここに一般的選択の基準として次のようにあげた。

1　**教育目標達成に欠くことのできないもの。**
2　**実験観察の操作の習熟に役立つもの。**
3　**知的内容がよく理解されて効果的なもの。**
4　**学習発展が予想され実施されやすいもの。**
5　**直接経験として取り上げられ興味を深めるもの**
6　**頻度数の多いもの。**
7　**発達に相応するもの。**
8　**系統づけられるもの。**

以上の観点から次のような計画試案を作製した。

—案は次頁参照—　（与勝中校教諭）

中学校理科学習單元間年計画案

学期	月	週
1	四	2
		3
		4
	五	1
		2
		3
		4
	六	1
		2
		3
		4
	七	1
		2
		3
2	九	2
		3
		4
	一〇	1
		2
		3
		4
	一一	1
		2
		3
		4
	一二	1
		2
3	一	2
		3
		4
	二	1
		2
		3
		4
	三	1
		2

一年（週四時間）自然の姿

単元（時）	副単元	配当時
(1) 気象 (24)	1 気温の変化	4
	2 風はどのようにふく	7
	3 空気中の水の変化	8
	4 天気は私たちの生活とどのような関係があるか	4
	学習整理	1
二 生物の生活 (28)	1 家の中や周囲の生物	3
	2 田畑の生物	4
	3 野山の生物	3
	4 川や海の生物	5
	5 季節の移り変わりによつて生物はどのようにかわるか	3
	6 生物は互にどのように関係しているか	3
	7 生物の種類	5
	学習整理	2
III 地球の表面 (24)	1 山はどのようになつているか	4
	2 川、湖はどのようになつてどのような働きをしているか	5
	3 海はどのようになつているか	5
	4 地震によつてどのようなことが起るか	5
	5 地球の表面はどのようになつているか	3
	学習整理	2
IV 水 (24)	1 水は生活にどのように利用されているか	6
	2 水の性質	8
	3 水は何からできているか	5
	3 物をとかす働き	3
	5 水は自然界でどのような働きをするか	2
V 地球の内部 (20)	1 土はどのようなものからできているか	4
	2 岩石はどのようなものからできているか	5
	3 地球の内部はどのようにできているか	4
	4 地球のようすはどのように移り変わるか	6
	学習整理	1
VI 天体 (24)	1 太陽や周囲の星はどうなつているか	9
	2 宇宙はどのような天体があるか	4
	3 星はどのように空を動くか	4
	4 天体は私たちの生活との関係	5
	学習整理	2
三六		一四四

二年（週四時間）日常の科学

単元（時）	副単元	配当時
I 生物の栄養 (24)	1 食物の材料	2
	2 食物の人体内での変化	8
	3 植物の養分のとり方	8
	4 動物の養分のとり方	3
	5 食物と動物植物の関係	3
II 食物と衣服 (24)	1 食物の成分とその動き	5
	2 食物の必要量	4
	3 食物の保存法	3
	4 衣服の保温性	4
	5 衣服の取扱いかた	3
	6 衣服の材料	5
III 住居と保健 (20)	健康によい家	4
	保健的な家の建築材料	5
	3 保健的で便利な家の設計	5
	4 健康増進のための屋外施設	2
	5 家の災害防止対策	4
IV 熱と光 (22)	1 熱源の所在	5
	2 熱の伝わり方	3
	3 熱の効用	3
	4 光の性質	6
	5 光の利用	3
	6 熱と光の利用法の改良	2
V 電気 (25)	1 電気と家庭生活	6
	2 動力としての利用	4
	4 発電、送電、配電	7
	4 電気分解、電気メッキ	4
	5 電気の利用改善	3
	学習整理	1
VI 機械 (27)	1 道具や機械を使う理由	4
	2 簡単な機械	8
	3 家庭の機械道具	5
	4 工業、農業の機械	5
	5 機械の利用改善	3
	学習整理	2
		一四二

三年（週四時間）科学の恩恵

単元（時）	副単元	配当時
I 生物の改良 (24)	1 家畜や作物の特徴	4
	2 動植物の改良法	4
	3 改良された特徴の保存	5
	4 遺伝	5
	健康生活への医学の力	6
II 天然資源 (30)	1 金属の採掘と利用	4
	2 岩石鉱鉱物の利用	4
	3 石炭、石油の採掘	4
	4 木材の利用	5
	5 天然資源から製造される工業薬品	6
	6 人造肥料の製造と利用	4
	7 水力植林資源の保護	3
III 見える世界 (16)	1 目の構造と機能	2
	2 眼鏡の役目	2
	3 顕微鏡	3
	4 望遠鏡	3
	5 X線	3
	6 映画と写真	3
IV 交通機関 (24)	1 交通機関の発達	3
	2 汽車と電車	4
	3 自動車	5
	4 船舶	5
	5 飛行機	4
	6 道路その他の交通施設	3
V 通信機関 (26)	1 音と通信	2
	2 音と発生と伝播	5
	3 電信と電話	5
	4 ラジオの放送と聴取	5
	5 録音と音の再生	4
	6 通信機械と生活	3
	学習整理	2
VI 科学の貢献 (23)	1 科学による自然の神秘の理解	6
	2 機械の発明と利用	5
	3 科学と健康の増進	5
	4 人の中枢神経	4
	学習整理	3
		一四二

事項＼実験観察名＼学年＼単元名	一年		二年		三年	
	単元名	実験観察名	単元名	実験観察名	単元名	実験観察名
学年別実験観察の学習計画案	気象	気温の測定と日変化 空気の対流 温度の測定 露のでき方 降水量の観測 気圧をしらべる 雲の成因 天気図の見方（実習）	生物の栄養	炭酸ガスの検査 でんぷんは葉で作られる検査 ダイコンの葉の気孔の観察根粒の観察	生物の改良	花粉管の観察 受粉のしかた
	生物の生活	花、葉の観察 カビ又はシダの観察 カタツムリの発生観察 バッタの発生観察 種子発芽（生長）の観察 環境による植物のちがい	食物と衣服	蛋白質検査 綿は熱を伝えない 石けんは油と水をまぜる さらし粉の標白作用 繊維を燃やして観察	天然資源	主要金属の見分け方 金属の熱処理 酸化環元 石炭の乾留 ビスコース人絹の製法 食塩水素の電解 中和の実験 アセチレンガスの発生と性質 石けんの製法 アンモニアの製法 セルロイドの製法 ツチ（火薬）の製法
	地球の表面	海岸の地形観察	住居と保健	四辺形より三角形が丈夫である 弾性の実験	見える世界	プレパラートの作り方 検便のしかた 寄生虫標本の観察 顕微鏡の原理 写真機の原理 写真の現象と焼き付け
	水と生活	水質の検査 水のろ過 水圧と連通管 浮力と比重 毛管現象と表面張力 水の電解 酸素、水素の製法と性質 溶解をしらべる 酸、アルカリの性質と中和	熱と光	燃焼実験 炭火から絶えず炭酸ガスがでる 熱量をしらべる 湯のわきかた 熱の吸収高をしらべる 温度が変ると体積が変る 金属の膨脹をしらべる 平面鏡のつくる像 焦点距離の求め方 光の屈折の仕方 重そうと硫酸の消火器	交通機関	蒸気機関の原理 ガソリンエンジンのはたらき 変速機の原理 差動装置の原理 船の安定不安定 アルキメデスの原理
	地球の内部	土の成分と性質 土の種類観察 岩石鉱物化石の標本観察	電気	電熱の電圧と電流の測定 電池のつなぎ方と電圧 電磁石のはたらき 直流電流計の働き 変圧器の原理と作り方 三相交流発電機の原理 ニツケルメツキの仕方	通信機関	音叉の共鳴 音の三要素 二極真空管の働き 鉱石受信機の作製と原理
	天体	日食、月食の理 星座早見表の使い方 大熊座の日周運動	機械と道具	ころと斜面 さおばかり 滑車のしくみと働き 井戸ポンプ ミシンの観察	科学の貢献	ぶどう酒の作り方 カエルを使つて神経系の働き

本校の科学教育

那覇中学校　仲松　邦雄

(一) 施設設備の充実

教育において人と物とは車の両輪のごとく不可欠のものである。極端な人は、いまだにかの戦時中の精神主義や情熱だけをもつて教育が可能なごとく論ずる者もあるが、今日の教育では、まず物の整備ということが一番重要である。かの知育、その他徳育体育においても、施設の有無優劣が教育実践の上に加える制約は、もはや駄弁を要しないのである。すなわち物がなければ望ましい教育は行われないのである。

ここにおいて、私達は、職員、P・T・A、委員会等の協力援助を得て施設設備の充実に努力してきたつもりである。即ち1956年 4月、理科施設設備の充実 5ケ年計画を思い立ち、本土理科教育振興法の最低に準基そうよう計画し、ＰＴＡ総会に計り、生徒一人当り毎月十円拠金することが万雷の拍手をもつて可決されたのである。これにより本校学教育の前途は光明に輝き、その備品は、日に月に充実していつた。

生徒はみな眼をかがやかしながら実験をしている。科学を愛し、尊敬し、沢山の疑問をもつようになり、そして努力するようになつた。教師も張切つていた。ところが1957年3月2日、かの布令第165号が発せられた。第7章3節(ロ)で「政府立及び公立の小中学校の生徒からも父兄からも、教育税以外には授業料もいかなる種類の経費も徴収してはならない」云々。こうして理科施設設備充実の5ヶ年計画の夢は僅か1年にして絶たれ、加えて、政府の科学教育振興補助金は、職業教育へ移り、皆無の状態となり、ＰＴＡ予算にくまれた理科教材費は、現状を維持するにも事欠く程の貧弱なものとなり果てたのである。そして本校科学教育は冬眠の状態となつた。

（真空管の働きについての実験学習）

ところが幸にも、不動の信念のもとに教育を守り抜く至純な希からなる教育法の民立法は、現場の実態を知り、世論を結集して、1958年4月1日にその実現を見るに至つた。ここで科学を愛し科学を尊敬する同志を糾合して、本土理科教育振旧法の施設設備の最低基準と本校の現有施設設備とを対比させ、過不足の調査をなし、過年決定した本校理科実験観察のミニマムエツセンシヤルズにより、備品の使用頻度の調査、購入品目の年次計画の樹立、その他の参考資料の蒐集、ＰＴＡ評議員会、総会に計る印刷物の調整など、本年度から実施できるよう準備方端整えている。

（二）理科参考図書の推せん統一

多くの書籍会社から出版されている生徒向参考図書は、理科学習上における問題解決の手がかりを与えるものとして、重要な役割を果すものであると考えられる。その意味からすると、できるだけ多くの参考図書を生徒に持たせて、その目標達成に努力することが必要になつてくる。

ところで、現実的な教育場面においては、幾多の制約が存在して、理科学習上に多くの参考図書をとり入れるとかえつて学習効果を妨げている現状にある。

その一つの原因は、自発学習が系統的に行われないということである、各参考図書は、単元の配列、基本的重要事項の摘出、例題練習題のとり方、理科教育目標達成のための取扱いの方法および深度等、多種多様であり、生徒の有効な系統的学習を混乱させている。二つ目には、経済的には無駄をきたしているということである。生徒は、単なる思いつきで教科書の解説書即ち自習書を手に入れる。そして、友人の状況によつて、二、三種の図書を求める。中には理科の参考図書だけで数冊におよぶ者もいる。

以上のような理由から、学習は系統的に行われず断片的な知識の暗記となり、学習方法も不安定なものとなり理解力は貧弱となり、技能や態度はおろそかになつている。そこで理科学習上における問題解決の手がかりを与える理科参考図書の推薦の必要性を見出すわけである。

選定の方針として

1、教科内容は教科課程に基いて正確で現代の進歩に応じているか、

2、生徒の心身の発達、生活経験興味に適応し個人差に応ずる幅があるか。

3、組織配列、分量区分、さしえ、写真、地図その他図表資料が適切であるか、

4、表現、印刷、製本装幀等はどうか。

等により、集められた三十余種の参考図書について理科担任六名を委員として吟味選定した。

（三）問題解決学習を通して

個人にとつても、また集団や社会にとつても最後の問題は生活であり、行動であるが、その生活や行動は、一定のレールの上を走る車のように、こともなげにすら〳〵と運ぶものではない。それは運動会などでやる障害物競走にも似かよつていて一つの障害をこえればまた次の障害にぶち当り、それを克

服してもまた次の問題が待ちかまえている。運、不運、順境、逆境の違いで、人によりその程度こそ違え、人生はこうした問題の連続である。直面した問題は解決し、障害は克服されなければならない。直面する問題を、次々に能率的にかつ効果的に解決することができる人間と民族は生き残り、繁栄し、その解決にいつも失敗したり、あるいは解決を回避する個人や民族は敗北し、自滅するというのがきびしい世の定めである。人生とはまさに問題の連続である。そうであるとすれば、物知りを作るのでなく、問題解決者を養うのが、学校教育の目的であるべきである。

ここに改めて、とり上げるまでもなく、この重要性が認識されて、それに対する種々の提案や方策があげられている。いわく「問題解決学習」いわく「思考能力の養成」と問題解決能力を身につけさせることは学校教育のねらいとして正しいことでもあるし、また望ましいことでもあるが、どちらかというと、解決に至る思考や推理の過程よりは、その結果にあまりに重点をおくきらいがあるように思われる。問題を発見し、あくまでもそれを追求する態度こそ、人間にとつて必要なことである。

あらゆる問題の解決案を学校にある間に教えることは不可能である。そう考えてみると、いろいろの事象を取り扱う理科にあつては、事象間の関係を見いだす関係的思考や仮設実験や観察によつて検証する科学的思考の習得にふさわしい教科である。それが故に問題解決能力として、どのような面に多く寄興できるかを、内容的に検討して提示しあうことがより効果ある方法と思う。

さしあたつて、私達の平生の学習活動を、できる限り、問題解決学習として展開すると同時に、中学校理科の各単元、全教材にわたつて、問題解決学習として展開できる教材を摘出し、今後の本校科学教育の教壇実践に活用しようともくろんでいるのである。

（四） 実験観察指導上の問題点と処理

(1) **目標** 実験観察指導上の問題点はこれまで多くの現場指導者の研究によつて相当の改善が見られる。けれども、尚かつ幾多の問題点が研究の余地を残している。それは実験観察が理科学習の根幹であるということと共に教育が地域性をもち、かつ具体的な対象である生徒やその教育、環境の特殊性によるためであり、永久になくなるものではない。ただ実際の指導にあたつてわれわれの手によつて今解決しなければならない問題を選んで日々の指導に役立てたいと考えてしらべてみた。

(2) **研究対象として選んだ問題点**

（a） 実験観察のミニマムエツセンシヤルズの設定

（b） 指導上の問題点

イ、技術的に面倒な実験

ロ、実験観察指導の結果の処理

ハ、実験観察指導上の男女の生徒差

ニ、実験観察の指導形態

ホ、危険を伴う実験

ヘ、実験用具の工作と工夫

ト、実験観察指導と他教科との関聯

(3) **処　理**

a、実験観察最低基準の設定

実験観察の最低基準の設定のための最初の手続きは、理科における教育目標を具体的に分析し、そこから最少限に必要な種類を決定することである。

第二の手続きは、そこに選定された種類の重要性を求めるために、教科書分析法の手続きをとつた。（14種の教科書）

第三には実験観察指導の所要時間の調査をなし、六項目からなる選定方針によつて、1957年3月に選定した。

b、指導上の問題点とその処理

イ　技術的に面倒な実験

オームの法則、ジュールの法則、空気中の酸素の定量、水の電解による水素と酸素の体積比、水の沸点測定、トリチエリーの実験、振子…………等。

定性的な実験では余り問題にならないが、定量的な実験では自然現象の理解のためにしばしば実験値を求める。

その時技術的なまずさや、さけがたい誤差のために、生徒の考察や理解にとんでもない誤りを生じ、実験をしたことがかえつて仇になる危険がある。誤差の追求、実験の不備等原因の探究なしに、〃ほんとはこうなるんだ〃等押しつけてしまうと、これは実験の否定になる。例として二、三を表にしてみる。

実験名	問題点	処理
てこのつり合い。	① a a' W W ② a a' W W ただし $a=a'$ ①の状態ではつり合う。②の状態でのつり合いはむつかしい。つまり②状態から①へかえつてしまう。	②の状態でも理論的には釣合うはずである。要は棒と支点の接触点の問題である傾いたために$a'>a$即ち$a'=a$になることをさけるようにする。
毛管現象（二枚のガラス使用）	上昇する水の高さが管の太さ（断面積）に反比例すると思い易い。又一年の時指導するので反比例の意味が解しにくい。	ガラス板に方眼目盛を準備しておくと理解しやすい。

ロ、実験観察指導の結果処理

生徒に実験観察指導をした場合、私達はそのままに〃学習目的が達成された〃と考えやすい。しかしそれは早計であることがわかつた。

△面白く実験していても現象のみにとらわれ、思考や工夫がなく実験の目的から外れている。

△実験結果についての考察や、疑問が独断的である。

△記録が実験に忠実でなく教科書のまるうつしがある。

例　生徒の実験記録から

実験名	理解考察上の誤り	備考(処理)
空気中における酸素の定量実験	水には上にあがる力があると思う（二男）器の中に水が入つてくる酸素の量だけ水が入つてくる。（二女）	大気圧力によるトリチエリーの実験も理解されていない証とであり、この実験が完全に理解されない。燃えるということの理解不充分独断的決論。
水の沸点測定	。沸点が各グループでバラバラで一定していなかつたわけ。1、各グループで最初用意した水の温度がちがつていた。2、アルコールランプの火の強さがまちまちであつた。（2女）	温度計の指度を最初にくらべさせるとよい。温度計のみかたも注意する。考察が独断的である。
水の表面張力を知る実験	。水は針をひつぱつていて、針は水からはなれようとしている、だからうかぶ。（二女）	おとぎ話みたいである
酸素の中で鉄線をもやす実験	。広口びんの中に砂を入れる理由は蒸発を防ぐため。（二男）。酸素はものをはげしくもやす、そしてちつそはものをおだやかにもやす。	考察力の不足、独断におち入つている。工夫、考察の力の不足

こうした生徒の記録は多数であり教師として大いに反省させられた。以下(ハ)〜(ト)は省きます。

(五)　実験観察技術の校内相互研修

全実験観察の技術のマスターのため毎月行う。（6名）詳しくは紙面制限のため省略します。

次号予告

はしがき　喜久山添釆

全学力テスト結果のまとめ　研究調査課

1　調査対象について

2　得点別にみた結果

3　問題点のねらいとその結果

小学校調査問題（音楽・図工・家庭・教科外）

中学校調査問題（英語・職家）

高等学校調査問題（英語・保健・体育）

小学校教育課程移行措置　文部広報より

地域性を生かした
——理科施設教具の研究——

勝連村浜小中学校　松　田　正　精

はじめに

理科の学習はできるだけ児童みずから広く、観察し、実験することが肝要であるから、現在学校の施設、設備の不備な所ではできるだけ速かに学習環境を整備して、児童が自然の事物、現象に接する機会を、多くし、また観察実験がたやすくできるようにして、児童の自主積極的な、学習態度を助長したい。

理科教育は、児童を問題環境の中へ導いて、生徒みずから経験させること、経験をひろめ、真に望ましい目的追及の学習をさせるためには、明確な目的によつて、意識的に導かれ、かつ問題解決をするという立場で、事物にむかい、のぞむことが大切である。

児童生徒に豊富な経験を与えようとするならば、そのための施設資料を充実し、ととのえることが理科教育を振興させる大きな条件となるであろう。

施設や資料の充実をはからない限りたとえ教師の技術が向上したといつても、その効果に制限をうけることは、明らかであり、また事実でもある。

資料施設の充実完備というと、非常に範囲が広い。まず購入によるもので考えられるが、中には教師の手で、あるいは児童生徒の手で作れるものもあり、またその方がむしろ効果のあるものもある。地域社会に散在している数多くの資料で代用できる教具もある。この資料を学習にとり入れることによつて、また篤志家の寄付や家庭にある器具機械の借用隣校間の交換で集めることも一方法である。

学校でののぞましい科学的環境をどのように設定すれば、よいかなどの問題は、学校全体の教育計画から、みちびき出されるものである。

こういう資料や環境施設は、学習指導の内容を豊富にし、児童生徒の興味を増し、学習に自主的態度を養い、それを発展させる実験実習の場として役立つものである。

このような多種多様な学習活動の場を、活動しやすいように、これらの物的施設を整え郷土の自然環境を調査するということをテーマに研究した過去二ケ年にわたる経験をここにまとめてみた。

A、本校理科設備の現状

1　熱源、電源、水源

熱　源…アルコールランプ

電　源…配電板、交流、直流

これは本年職家備品として三KWの発電機を入手、余剰電力は、部落への親子ラジオを、経営し、クラブ員の手でその成果を挙げている。

水　源…給水タンクあり、ガラン一個で冷却装置に用いられるが、理科室までの水道施設を要望する。

2　保管および展示

戸　棚…取付戸棚で、奥行三尺、高さ八尺として長さは、教室巾、四段に区切り、一応は成功している。ガラス張り引戸として、物理、生物、化学に区分して陳列す。

標本瓶…正規の市販品は、一つもないが、空ビンの廃物利用、点数四五点、

薬品戸棚…六尺×五尺×二・五尺四段区切り、ガラス戸、鍵付、

運搬箱…準備室より、教室への器具薬品の運搬でガラス器具類は、紙箱で、器具薬品は、本箱を用いる。

工具箱…職家2～3群と関連させ、木工器具と金工器具の一式が整備され、自作教具の製作に、毎日使われている。

顕微鏡…シマズ×300　×600　二台
簡易ポケツト顕微鏡300倍 ルーペ 10個

教材園…学習園として校庭内にあり、砂土で夏季旱害をうけ易い、
島内の植物を多種植栽してある。

観察用器…百葉箱の設置（自作）
野張や調査表による継続観測。

その他…校内放送施設として、アンプ一式（比嘉区浜崎清氏の寄贈あり）
電蓄一台（安ケ名歯科医、中川智晴氏の寄贈）
テープコーダ（ソニー）その他音楽用楽器

校内理科的環境

校舎スラブ壁利用
世界地図、標準時、経緯度の指導
沖縄の土性図。

塵焼場のくふう…物質の燃焼対流

花木盆栽…一人一鉢作り。

苗床経営　木麻黄

B、自作教具

教具を製作するということは、経費を節約するという面もあるが、自作することにより、より教育的効果をあげるということを銘記しなくてはならない。

自作によつて充実することも、購入の場合と同様に、年間計画を樹立して、おかなくてはならない

本校においては、カリキュラムの年間計画を樹立し、来月必要である資料は、今月中に作製を完了し、使用後は、学校で一括保管しておくようにしているが、多忙の中で余暇を見出し製作するので、仕事におわれている。

この点を補うため休暇の利用による作製と、夏季休暇中の、生徒の、理科、くふう展の作品も理科学習の資料として大いに役立つものである。四月以来の目標は、地域内に見られる昆虫および植物の標本や、魚類、鳥類の剝製ならびに工作班による、器具等、次表の通りである。特に生物関係では、教師の指導が充分でないと、標本としての価値がうすいものになりがちである。

本年は、事前にこれを資料として、この価値あらしめるために、標本製作法を充分指導した。校内理科くふう展以後は、必要なものを、生徒から貰いうけ、類別して棚に保管し、教材用具として大いに役立つている。その主なる品目点数次の如し。

一　物理関係

ニクローム線利用による蒸溜水製造器
肺活量計　ゼンマイ秤、サーモースタツド装置　線膨張実験器　食塩水電解装置　オームの法則実験器　モノコード　タービンの原理

二　生物関係

腊葉132種（浜比嘉の植物）　本島内（350種）
日本85種　魚類36種　貝類35種　昆虫25種
液浸45種　変態標本　剝製標本17種

三　地質関係

岩石標本　土壌標本、化石

四　写真資料80枚　地質、生物、天体、風光等教材に関係深いもの

五　掛図

C　理科学習の場としての地域の科学的環境

(1)　主なる環境とカリキユラムとの関連

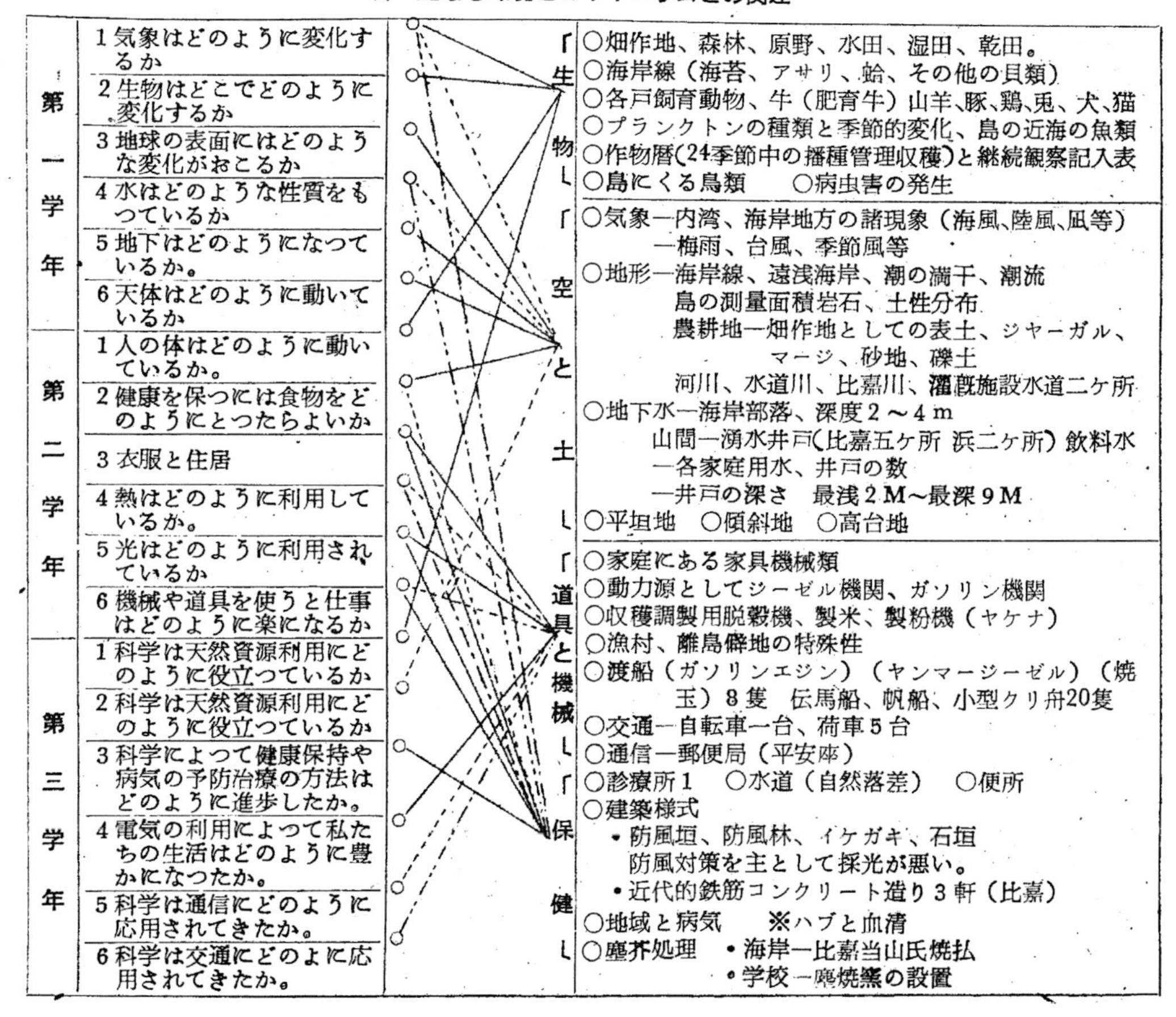

2　浜比嘉島の面積測量(方眼による面積の測定法)

- 方眼数
  - 完　全　147
  - 不完全を完全に　24
  - 合　計　171コ
- 1方眼の一辺の長さは4 M^2でこれを25,000倍すれば100Mとなる、1コの方眼は、一方 M^2となる。
- 一万M^2×171コ＝171万M^2

これを坪に換算するため3.3で除すと、

51万8181坪＝173町歩となる。

- 海岸線の延長　5980M

※備　考

本図は参謀本部(陸地測量部)の航空写真測量によるもので、(大正13年測定)政府農業試験場土地課の提供による。

海岸線の延長は5980Mで本年4月理科クラブで実測した長さで上図$\frac{1}{25,000}$のスケールから出した総延長と一致した。

3　浜比嘉島の土地利用別調査

総面積　173町歩

	比嘉	浜	計
耕地面積	33.7	22.5	/56.2
原　野	13.9	5.0	18.9
山　林	5.51	5.5	11.01
保安林	19.76	10.3	30:06
その他	22.0	34.83	56.83
	94.87	78.13	173.0

- 保安林

  潮害防風林、水源涵養林、その他
- 山　林

  立木地　無立木地　利用不能地

山林および保安林は総面積の24%に当るが立木地はわずかにその2割で、他は禿山で「山ありて山なし」の表現が適切で薪すら自給できず、薪商が繁盛している。

4　土壌と型母岩ならびにその分布

イ　ジャーガル　泥灰岩(Marls)

軟かく青黒色で細い粒子からなる。水中におけば容易にほうかいし、中南部の低地に多いが、石灰岩にかこまれた島尻マージと境していることを注目する。

ロ　マージ　珊瑚石灰岩

島のマージ土壌は赤色、黄色、赤褐色および黄褐色を呈し、標高の高い丘の上にありほとんど残積土のもので、母岩の表層についている。これは島の全面積の65%。

※石粉マージ、黒砂地、黒土マージ、赤土マージ

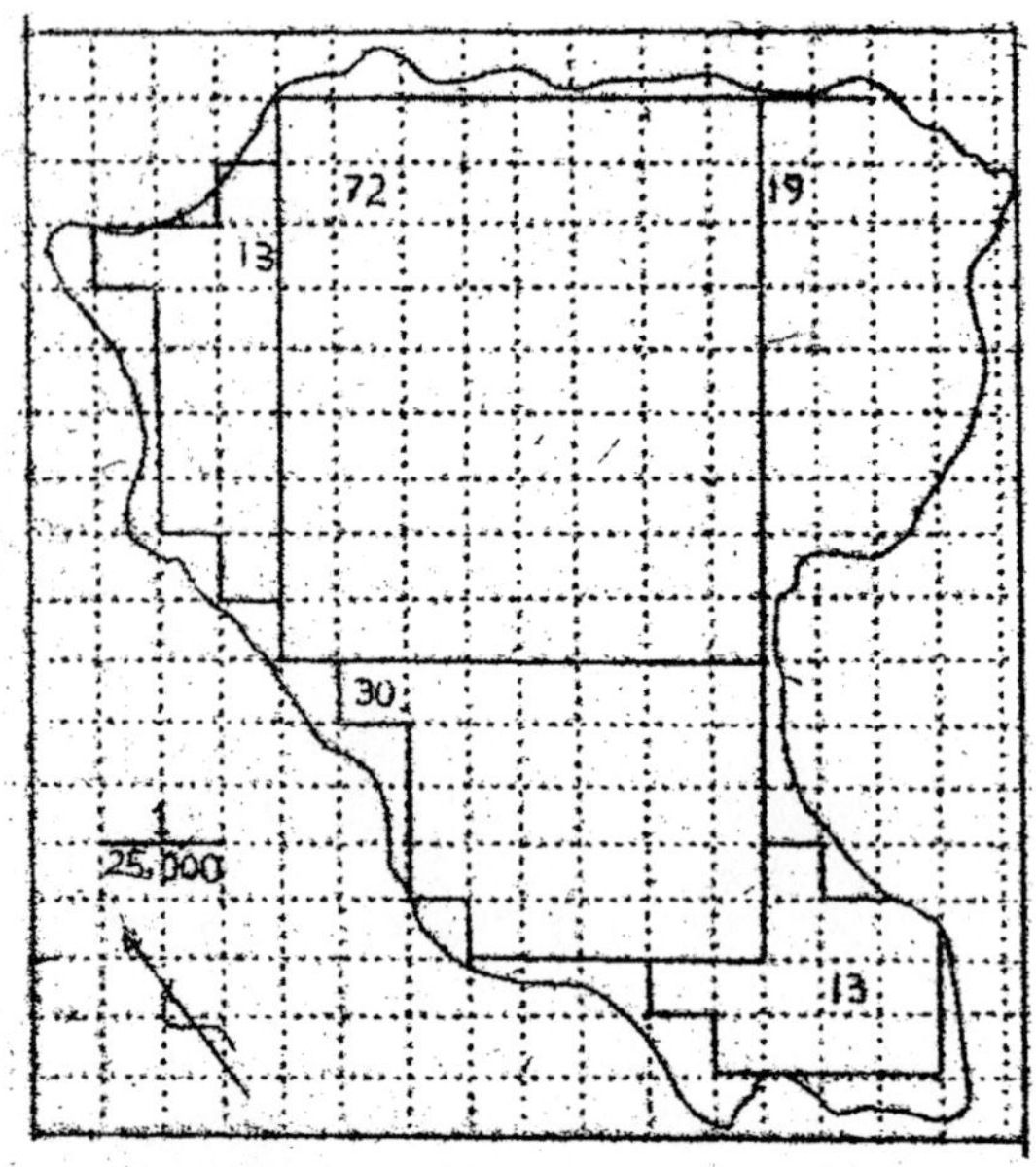

ハ　砂土、海域沖積、ウジマ、砂岩

表土が5寸程で、下層は所々に砂岩があり、大部分は白砂の層が3～5尺もあり、浜原、比嘉、上原(いずれ原名)で平坦地の海岸に面し、水量も豊富で三部落を形成している。

二　礫　層(古生層国頭マージに近い。)

※こういう島に各種母岩を形成し、土壌型を有することは浜比嘉島が今後植物分類や群落調査上多種多様性をもつ。

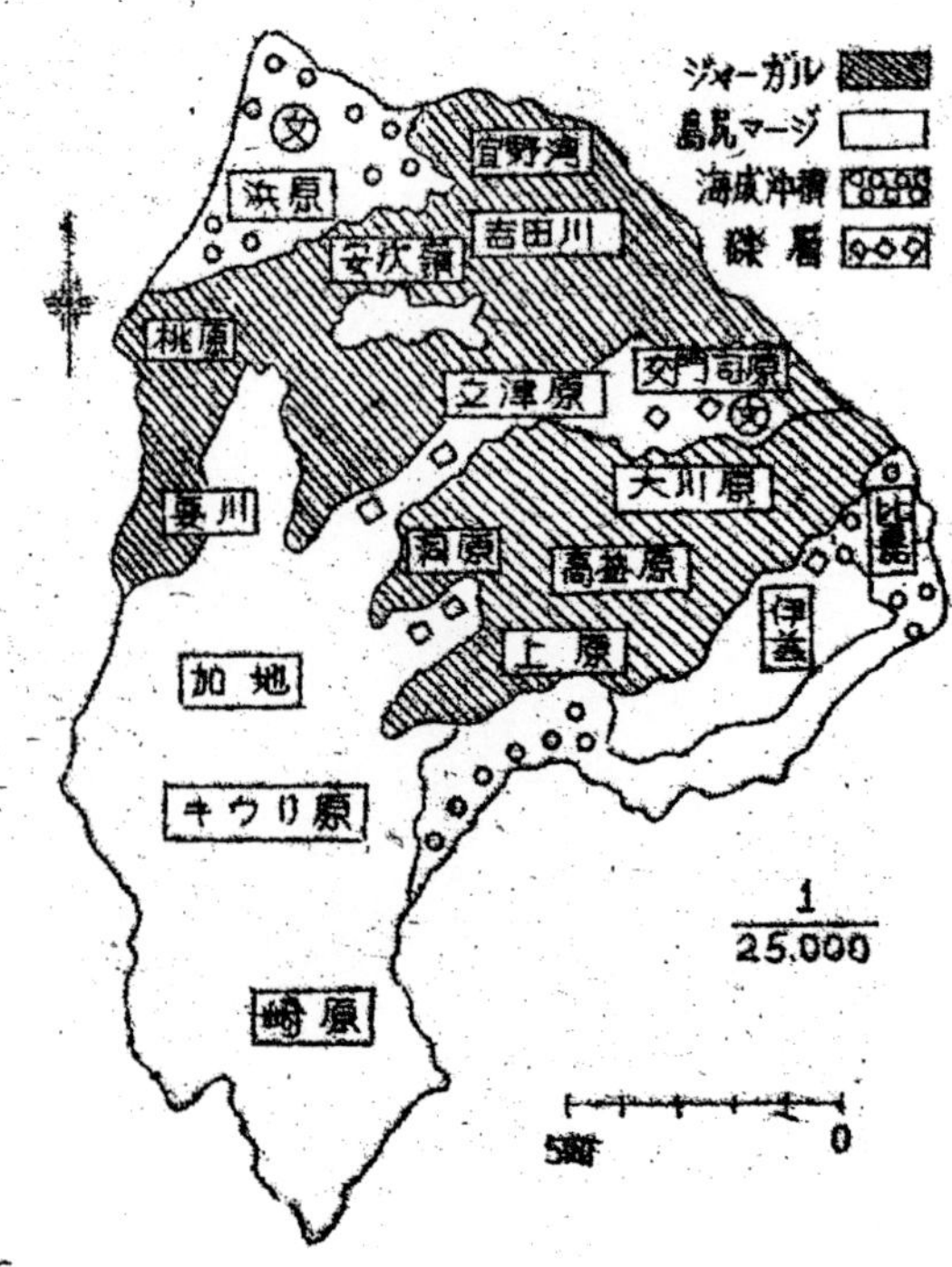

（５） 地質および土壌標本の採集

１、土壌の採集

土壌断面をつくる方眼紙のついているノートに土層断面図をかく。

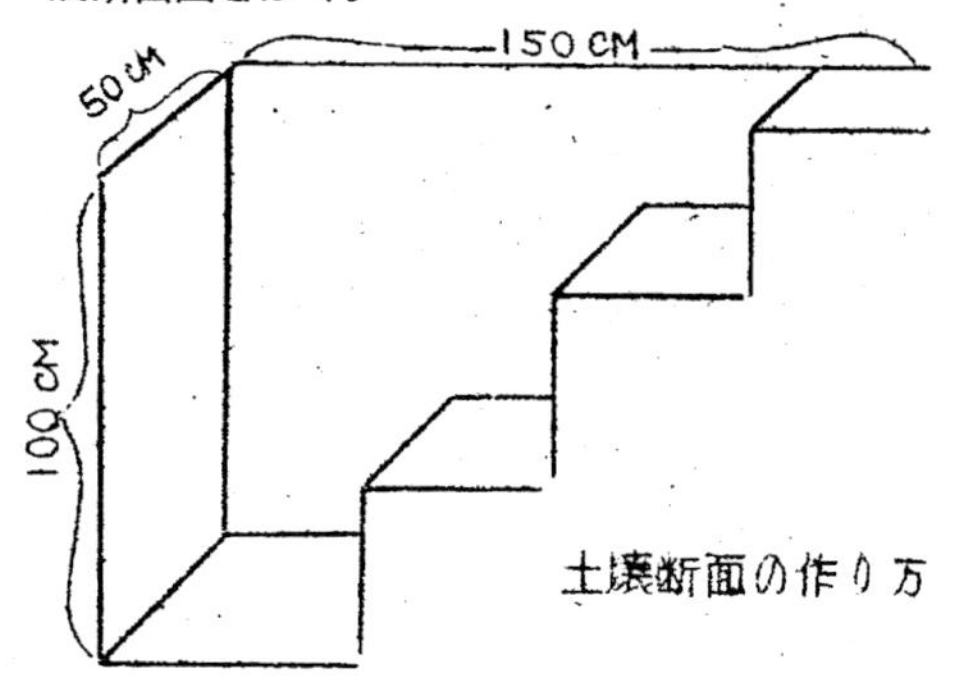

イ、各層の境界は明確なときは破線。不明確なときは点線で区別する。

ロ、土の色

ハ、礫および腐植質の含まれている状態。

ニ、土性（砂質とか粘土質等）

ホ、粗密の程度。

ヘ、割れ目の有無。

ト、根の分布状態。

チ、乾温の状態。

２、資料用土の採集

各層ごとに３ヶ所以上の土を立方体状に堀り、よく混合しその一部をビニール製の袋に採集する。これを数日間風乾して径２mmのフルイ（タイラーの標準ふるいでは９号）にかけ、この細土を広口ビンに入れ、密栓して保存し分析資料にする。資料用ラベルには No、産地、土層No、採集日天候、氏名等記入

（６） 蒐集標本の土の種類分け

	細土百分中		備考
	粘土	砂	
れき岩		れき50以上	伊芸原
砂土	12.5以下	87.5以上	兼久原（上原）
細砂土	12.5 〃	〃	兼久
砂壌土	12.5～25.0	87.5～75.0	浜前のハル
細砂壌土	12.5～25.0	〃 ～ 〃	学校近在
じょう土	25.0～37.5	75.0～62.5	大川原
細壌土	〃 ～ 〃	〃 ～ 〃	大川原
植壌土	37.5～50.0	62.5～50.0	高益原
軽植壌土	〃 ～ 〃	72.5～50.0	比嘉

（７） 浜比嘉島における石炭洞の調査

(イ) カルスト形の調査

１、石灰洞　　鐘乳石、石筍

２、ドリネ　　すりばち形の落ち込み穴

３、カレンフエルト山頂に不溶性の部分が基石のように突出している。

※石灰岩は炭酸石灰（caco３）でこれに炭酸マグネシューム、けい酸アルミニユーム、鉄等を含んでいる。石灰岩は炭酸ガスを含んだ雨水にとけやすくこの島にはカルスト地形が多く見られる。

(ロ) 石灰洞の調査

１、クーブ（最大深さで100坪以上）清水がわく）

２、コーモリのいる洞一崩壊性の穴

３。アハゼー洞一中の面積は30坪

４、チヨダラ洞

５、マヤーガマ

６、アシンミ（タコ形）

７、水道川の上洞

８、水　道

９、シネリキユーの穴（チキン川の穴）

10、交門司洞

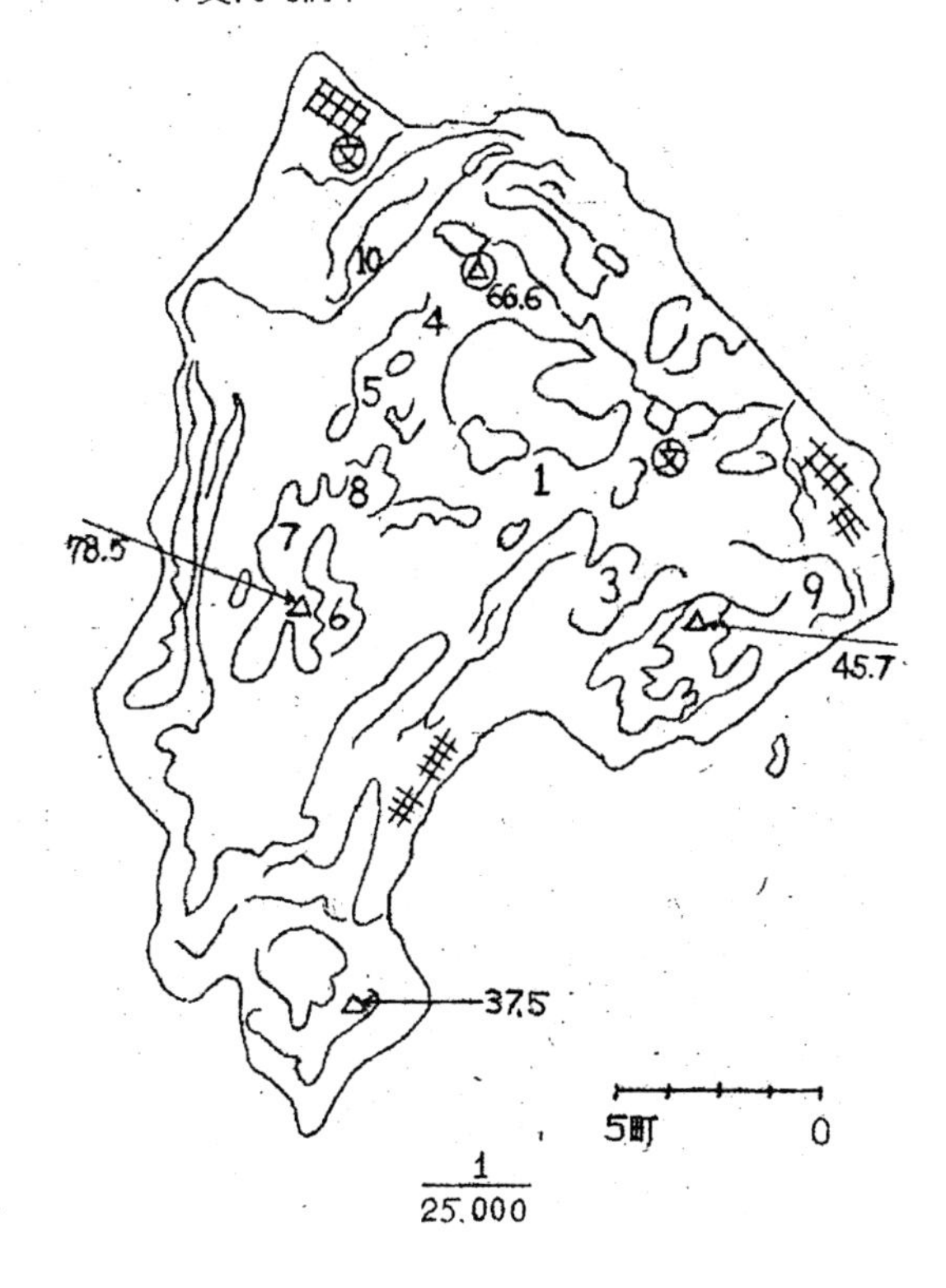

（８）浜比嘉島近海で採集された魚類の乾燥標本

No	和　　名	科　　名
1	かんぞうびらめ	ひらめ科
2	つのだし	つのだら科
3	うろこかれい	ひらめ科
4	ぐそくだい	ぐそくだい科
5	こんごうふぐ	はこふぐ科
6	カタカシ（方）	
7	まはた	たかのは科
8	フエヤツコダイ	テウテウ科
9	アカザカマ（方）	しまいさぎ科
10	すだれだい	はだれだい科
11	てふてうを	てふてうを科
12	クルルバー（方）	
13	アファ小（方）	
14	せみほうぼう	せみほうぼう科
15	も　よ	かさご科
16	クチナシ（方）	
17	すずめだい	すずめだい科
18	シザー（方）	
19	は　ぎ	かわはぎ科
20	まぎす	ま す 科
21	みすじりゆうきゆうすずめ	すずめだい科
22	まぎす	き す 科（ます）
23	へこあゆ	へこあゆ
24	ひがんふぐ	ふ ぐ 科
25	おきひひらぎ	ひらぎ科
26	ハダラー小（方）	
27	しまうみへび イラブー（方）	うみへび科
28	ひふきようじ	ようじうす科
29	ようじうす	ようじうす科
30	かすみざめ	つのざめ科
31	たつのおとしご	ようじうす科
32	こぶしめ	こういか科
33	くるまえび	くるまえび科
34	フナトウガニ（方）	
35	あかもんがに	おうぎがに科
36	がさみ	わたりがに科

▲自然観察路

浜比嘉、兼久までの主要路（通学路）の両側に群生する植物または各種の自然物をその環境で見せて、自然に対する興味を養うのが目的で設定した。

特に群落の目立つものには立札して、注意を喚起した

（９）プレパラート（プランクトンの部）

A水たまり……ミジンコ、ケンミジンコの類

原生動物…ゾオリムシ、アミーバ、ツリガネムシ

植物性プランクトン……ケイソウ

B海………ケラチウム、ケンミジンコ

幼虫プランクトン……フジツボ、エビ、カニ

子魚プランクトン……チダイ？

（10）浜比嘉島の植物群落

海岸防風林、防潮林、アダン、オオハマボウ、モリマオ（20町76反）保安林

水源涵養林

可耕地（47町9反）

針葉樹林

常緑活葉樹林　　原野

荒廃地　　水田湿地植物

防波堤（護岸）　　お嶽（原如林）

××× アダン

ソテツ　山ユリ　グラジオラス　ホモノ科植物　ギンネム　月桃ススキ　ヨシススキ

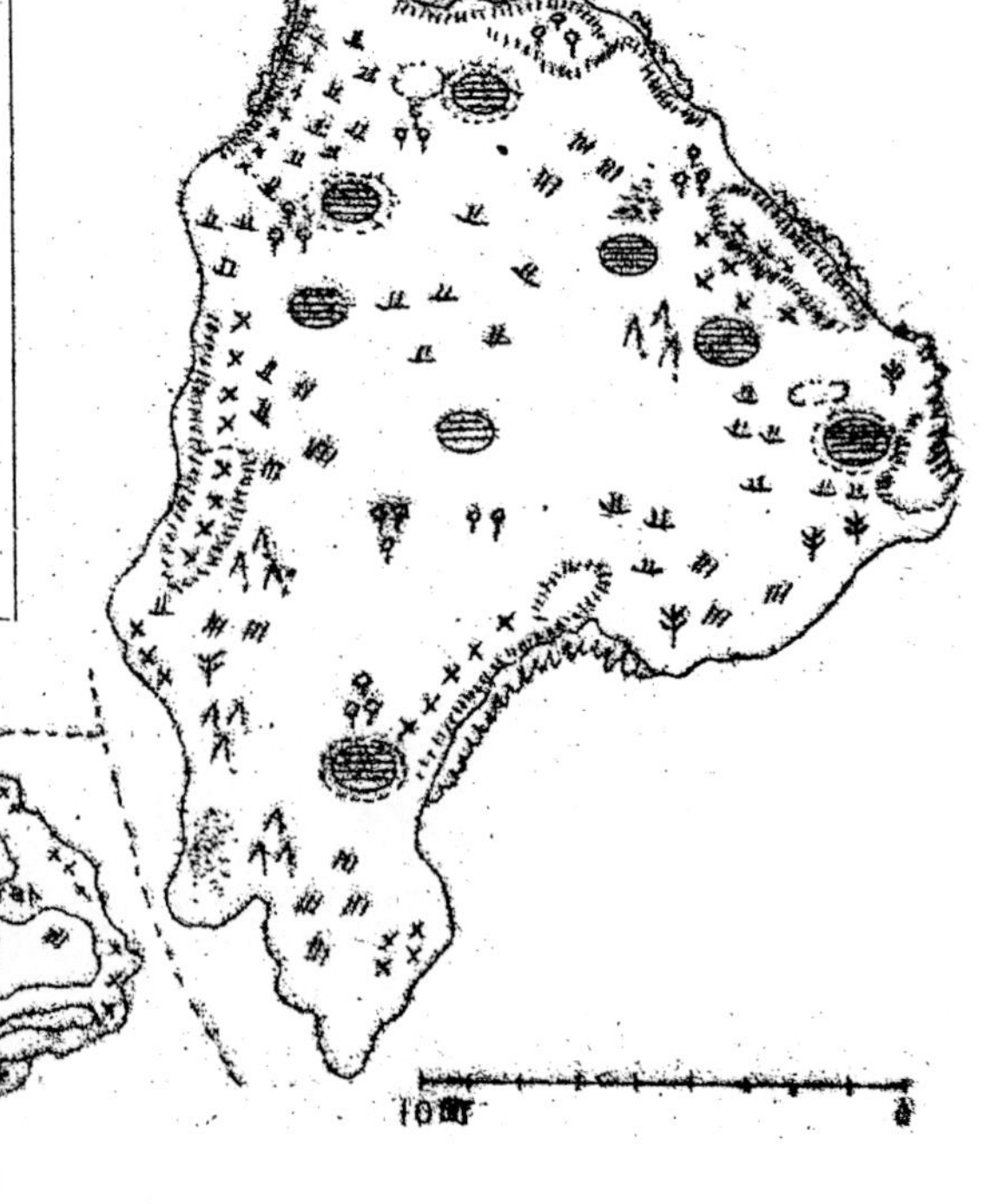

(11) 浜比嘉島の屋根の材料について

	浜区	比嘉区	合計
戸数	115	165	280
島瓦屋根	32	46	78
セメン瓦	17	40	57
トタン屋根	21	23	44
カヤブキ	44	53	97
スラブ建	1	3	4

※最近ブロック壁利用の建築が浜区で14戸、比嘉区で43戸となり台風被害の多いこの島で最も安全な対策である。

(12) 父兄の職業調査

	浜区	比嘉区	合計
農業	89	134	223
漁業	18	16	34
商業	2	6	8
公務員	4	6	10
渡船業	2	3	5
計	115	165	280

(13) 浜比嘉島の海外渡航者調べ

国名	浜区	比嘉区	計
ハワイ	119	138	257
アルゼンチン	51	145	196
ブラジル	76	44	120
カナダ	—	55	55
アメリカ	—	8	8
ペルー	—	15	15
ボリビヤ	6	—	6
計	252	405	657

※浜の人口574名、比嘉810名で計1,384名でその半数近い人口が、外地で活躍し、島の生活をうるおしている。
その大部分は現在では自作農民、商業洗濯業、養鶏業、土建業等に従事し、後輩もそれにつづく希望をたのしんでいる。

(14) 1958年度節入暦および自然観察記入表

24季節

月別	節入	新	旧	播種	観察記録記入例
1月	小寒	6日	11月 17日	トマト、タマナ、里芋、ケンタツキー豆 サヤイゲン	ウグイス初啼、サクラ、スモモ、開花……… バブ出廻る（1月7日比嘉区）……… 初雷鳴る………（1月14日）……
	大寒	20	12 1		
2月	立春	4	12 16	大豆、粟、冬瓜、インゲン、茄子、甘藷、トウモロコシ	渡鳥ツバメ北上………
	雨水	19	1 1		
3月	啓蟄	6	1 16	インゲン、山芋、甘藷、タピオカ、田芋、ウンチエー、ハンダマ	ホタル、デイゴ、ユリ開花………
	春分	21	2 2		
4月	清明	5	2 15	田芋、ウンチエー、	爪類の施肥滴芯、ユリの開花。……… ニイニイゼミ、ヒバリ、トンボ、……… グラジオラス、キヨウチクトウ………
	穀雨	20	3 2	西瓜、甘藷	
5月	立夏	6	3 18	甘藷は一年中の最適期。ゴマ	観音竹株分、パパヤ植付……… シロアリ………カンナ開花……… 木麻黄播種………
	小満	21	4 3		
6月	芒種	6	4 19	甘藷、夏チシヤ	アイゴ6月30日初来………、クマゼミ（6月20日） ウーミンクワミジスルル、シーラー…… トビイカ………
	夏至	22	5 6		

7月	小暑	8	5 22	草花播種、大輪朝顔、 甘藷、甘蔗、 水稲二期作播種	保成栽培トマト苗仕立
	大暑	23	6 7		
8月	立秋	8	6 23	人参、大根、胡爪、	ツバメ南下……… マスクメロン出荷……… グローネツクス播種………
	処暑	24	7 10	小松菜、トマト、葱	
9月	白露	8	7 25	大根、人参、トマト、 甘藷	セキセイ、西爪晩生収穫……… 夏チシヤ出荷……… 朝顔の満開………
	秋分	23	8 11		
10月	寒露	9	8 27	インゲン、サヤ豆、 タマナ、カブ人参、 タバコ、ソラマメ、 ジヤガイモ、ラツキヨー	サシバ渡鳥、二十日大根出荷……… ハブ冬民の発見（浜門昇君） 出荷用玉葱植付………
	霜降	24	9 12		
11月	立冬	8	9 27	タマナ、タバコ、トマト、 ジヤガイモ、ハダカムギ、 人参、サヤインゲン、	トマト初出荷………
	小雪	23	10 20		
12月	大雪	7	10 27	タマナ、トマト、ケンタツキー、里芋、トウモロコシ、 水稲一期作播種、苗代	トマト初出荷……… ハブ冬眠完了………
	冬至	22	11 12		

※継続観察記録として、生徒の家庭にはりつけ、記入させる。

D　理科実験の心得と記録例

1　実験の心得

次に書いてある注意をよくよんで実験をして下さい。

(1) 安全第一

不注意で思いがけないけがをします。例えば、アルコールランプに火をつけるときに、火のついたランプをもつてきて、火をうつしたりすると、かたむいてアルコールがこぼれ、これに引火して、いつぺんに爆発的にもえ、やけど、火災のもととなります。その他ガソリン、ベンジンの近くで火をつけるなどは最も危険です。

(2) 正しい方法で正しい結果を出す。君たちの実験はそれほどむずかしいものではありませんが、正しい方法でやらないと、満足な結果は出ません。また、危険をおこすもとになります。

(3) よく実けんの目的をつかんでやる。実けんといたずらははつきりと違います。何の目的で何の結果をしらべるのかはつきり目標を立ててやるのが実験です。

(4) 準備の徹底　せつかくやりかけても途中で席を立つて不足したものを探しに行く等は最もいけない事です。不必要なものが机の上にあつてもじやまになり、こわしたり、まちがえて入れたりしないよう注意しましよう。

(5) 観察記録　せつかくうまく結果が出たのに使つた薬品の分量が書いてなかつたため、何年間の苦心が水の泡になり、また何年もかかつてやり直した。と言う例など有名な科学者の話があります。あとで整理しようとしないで、その場で記ろくしなさい。

(6) くふう　一つの実けんにもいろいろな方法があつて、さらにもつとよい方法も考えられるものです。使用する道具にもやはりいろいろなものがあつて、さらによいものがくふうできるはずです。この態度を養うことが理科の勉強の大事な点です。

※もつと他にも細い事はありますが、以上の点をよく考えて実験をして下さい。特に(3)は今注意してきましたが、ぜんぶの人がよく守れたとは言えません。

2　理科実験の記録のとり方（例）

7月7日（月）　第3時限

○天気－晴　室温－22°C　温度－87%

○共同実験者－親川、新門、浜門、海勢頭

△でんぷんを調べる実験（でんぷんの性質）

1、方　法

a　じやがいもでんぷんを1g水量の水でこね、水50ccをビーカに入れ、棒でかきまぜ…………

b　上の方法でつくつたのりを約1cc試験管にとり…………

2、目　的

a　でんぷんは水にとけるかどうか、また水とまぜて熱するとどうかをみる…………

b　……………

3、器具・材料

ビーカ（200cc）一　1試験管ー6本………

じやがいもでんぷん　ヨード、ヨードカリ液

4、結　果　（a、b……の番号は1と同じ）

a　冷水ではとけないでしばらくすると下にたまる…………

b　…………

5、反　省

量が多かつたため第1回目は失敗、第2回目に…………

6、説　明

この欄はこの実験についての先生の説明をかく。

む　す　び

このように、本校カリキュラムの基礎的研究として、資料施設を充分活用することにより、興味深く理科の学習を進展させ、また地域の素材を明らかにすることによつて、自主的な問題解決への素地は、培われた。

僻地の小さい学校で理科特別教室を設置して、その環境から学ばんとする意欲を、地域社会の各次元へ、波及させつつ学習活動を島ぐるみで校内外に、進展させたいものである。

個々の単元で奥行きが、浅くしかも広げすぎたこの研究を一層深め、子どもたちを、よりよき科学的芽ばえとしたい。

読者諸賢のご批正を賜りたい。

週案について

学校教育課　金城順一

学校教育が、人間形成を意識的、計画的に行うことを目標とする以上、そこには当然何等かの教育計画がなければならない。従つて、教育の内容を、そのねらい応にじて選択、組織し、それによつて意図的に教育を行うことが必要になつてくる。これがいわゆるカリキュラムと呼ばれるものである。

沖縄でも、数年前から、基準教育課程が作成され、現場の教育実践に役立てていることは衆知のとおりである。

学校は、それぞれの学校のおかれている特殊な条件の上にたつて、基準教育課程を基底としながらも、学校独自の計画を立案実施することが建前であり、現にそれを実践して日々の教育を効果的に行つている学校もあるようだが、大方の学校では、基準教育課程や教科書を唯一の手掛りとしてほとんどそのままを指導しているのが実情のようである。

現場教師の負担や人的組織の実態からして、個々の学校で詳細な教育課程を構成するということは無理でもあるし、実際的でもなかろう。地区単位のプランが適切な方法によつて作成されそれを参考にして各学校はより具体的な計画を立てることが、現状では最も適当な方法のように思われる。

各学校における教育計画は、年間計画、学期又は月計画、週案、日案と漸次具体化される必要があろう。沖縄の学校の実情からして、余り微に入り細に亘る計画案はほとんど実行不可能であるから、無理のない程度で、従つて永続性のある方法で立案されることが望ましい。

多くの学校で比較的よく実施されている週案（日案も兼ねた）でも、その立案の形式や、使用法のいかんによつては相当効果があるものである。週案や日案の立案に当つては、留意すべきいろいろの点があるが、全部割愛して、一の例をあげておく。

これは別に望ましい形式という意味ではなく、多くの学校で現に実施している例を示したに過ぎない。また、時間もだいたいの目安であつて、実施の際は子どもの活動の進展に応じて伸縮する必要があろう。

検印	第　学年　組第　週案		担任名			
	月 月　日	火 月　日	水 月　日	木 月　日	金 月　日	土 月　日
8.30	朝　礼	放　送	全校体操		全校合唱	朝　礼
8.40 8.50	相談の時間	相談の時間	相談の時間	相談の時間	相談の時間	相談の時間
9.35 9.45	休けい	休けい	休けい	休けい	休けい	休けい
10.30 10.45	休けい	休けい	休けい	休けい	休けい	休けい
11.30 11.40	休けい	休けい	休けい	休けい	休けい	休けい
12.25 1.30	昼　食 （放送）	昼　食 （放送）	昼　食 （放送）	昼　食 （放送）	昼　食 （放送）	反省の時間
2.15 2.25	休けい	休けい	休けい	休けい	休けい	
3.10 3.20	反省の時間	反省の時間	反省の時間	反省の時間	反省の時間	
備考						

※1、表の左右に10分毎の時間の区切りを示す印を印刷しておけば便利である。

2、備考欄は欠課した場合の教科名や、その理由等を略記したり、行事等を記入したら後日の参考になる。

私の学校経営

—校長二年目を迎えて—

諸見小学校長　山田朝良

私には理論めいた学校経営を書く力もないしその実践のもち合わせもありません。それで失敗の連続であった三等校長の生活を反省しその失敗の原因を考えて書くことにしました。私が校長になった時、先輩知己から校長の姿についていろいろ注意していただきましたし、また私自身としても永年の教員生活の中でいろいろな校長の型に接し、校長はこうしてほしいとか、自分が校長ならこうやるのだと構想をもっていました。

ところがさあ現場にぶつかってみると自分の描いていたものが全く反対の結果を生み出してしまうものです。なぜこうなるのか、私なりに反省してみたのですが、それはたいてい校長という意識過剰から、

1　物の見方が皮相的となり現場の実際をしっかり見つめようとする努力が足りないことから

2　どちらかというと技巧的な処世術にのみ気を配ばり過ぎてその面のみを強調して教員であるという面を見つめようとしないことからくるようです。

実際校長になったからこうするああすると云ってみたところで、昨日教員であった自分が急に変るものではないのですから、人間としての自分を素裸で真実にすなおに現場にもっていくことがよかったのです。それをやらずに校長というかみしもをつけて外装をよそおったことから問題があったような気がします。

形式的な学校づくりはずいぶんやったつもりですが、足へ何物なとりなさがあったのです。つまり仲間づくりができていなかったのです。これが私をいらいらさせる原因でした。そこに気付いたので、よくかみしもを脱ぎすてて仲間の中に飛び込んでいきその中で自分を鍛えてみようと考えたのです。

そこで先ず先生方が校長としての私を人間的にどう見てくれているだろうかそれから出発することだ、そして自己をみつめてみようと、全職員にあらゆる角度から私を批判してもらうったのです。その中から

①　一年足らずの歳月で随分と外観の整備をされた校長の功績は大きいと讃めています。たしかに「環境は人を作る」ということから考えました場合、特に基地の町での学校づくりではそれは必要でありましょう。それからした場合先生方の言は素直に受取りたいと思います。

しかし私の心配はそれがあたかも校長の仕事のすべてであるかのように誤解されることです。PTAもそれを校長の手腕だとみがちなのです。これを校長の政治力とみる人もいるのです。どうかすると自分自身でもそれを強く意識しがちなのです。

私もそれが多分にあった事を反省しています。そうしてそれを若い有為の先生方が見習いやしまいかと恐れるのです。校長は建築家ではなくあくまでも教育者であるのです。その意識を強くもち精神的な学校づくりに没頭したいのです。

②　校長は焦っては駄目です。焦ると職員の評価を短兵急にするようになって真実のものがつかめないものです。

③　家庭と職場との矛盾に悩んでいる婦人教師の立場を校長はもっと理解してほしい。

どうかすると私たちは否私は理解が足りなくつい「女教師よりは男教師の方が良い」と簡単に片付けたがるものです。この校長の態度の中から婦人教師に卑屈さをその職場に作り出す事になるのです。大いに考えさせられます。

④　校長は太っ腹をよそおっているが、小心翼々として威圧的なところがあります。

つくっては駄目だ。そこには感情もありません。もっと素直になることです。若い者は卒直にものを言います。

⑤　お互いに仕事をしていくには和が必要だと思います。

そうです。学校経営は校長一人ではできないのです。他の職場でも和ということは必要ですが、学校という職場は特にこれが強調されるのです。しか

し私は思うのです。に和は二つあるのです。一つは低姿勢の和で、ただなごやかであたらずさわらずの態度、これは静かで波立ちません。しかし教育の場ではもつと高次の和が要求されるのではないでしょうか即ち教育活動を高めていく為には私情を無視した和も必要です。

⑥ 校長はあつけぱなしで日なたのような人です。同じくあけつぱなしで校長と肌の合う人はよいが、私のような日かげの性格な人間はついていけない場合があるのです。しかし日かげのあることも知つていただきたい。そうしないと職員間にみぞができるおそれがあります。

この言葉は私の胸をえぐつたのです。私は陽気に酔つていたのでした。もつと個々の話し合いを進めて「職場づくりで日かげを日なたにする」事だと思いました。

自己の歩んだ過去一ヶ年は全く目に物見せてやろうとの不純な意識過剰であつたようです。三等校長らしい行動でしたしかし、私は幸福です。卒直に批判してくれるりつぱな同僚をもつて、この人達を信ずることが校長二年目の仕事です。

学校経営に当つて

—教頭二年目を迎えて—

仲西中学校　玉城幸男

今まで小中併置校であつた現任校が小中が分離することになり、中学は新校舎に移る事になつた。その時に「君、教頭にならんか」との話を受けた。もちろん中学校の教頭職を十分やつてのける自信もないし、又考えてみたこともなく急な話で返事に迷つた。「中学校の教科の先生としてだれにも負けをとるまい。」というのが平凡な自分の信条であつたので教頭職等、思いもよらぬ事であつたが状勢のしからしむるところと遂に引受けることにした。

教諭の任務をはたしつつその上に管理的職務の校長職の補佐ということになりといつても庶務的事務、教務的な企画とまあ、事務屋だと考えてよいような気がする。

思うに教頭本来の職務は教務的面が主でどこまでも学校内の教育諸活動の企画と運営に力を注ぐべきではなかろうか。最近のように公文書の受発に追いまわされ、上級役所への調査報告に明け暮れ暇々に学校独自の企画をやる状態で、他は学校以外のところから強いられたような仕事に追いまくられて全く自主性の保てない仕事であり、又時間的にもゆつくり参考になる図書でも見たり、毎日の歩みに対しても形式的職務会以外にゆつくり考えたり語つたりする暇をもちたいものである。暇といつても職務から解放される意味の暇ではなく、本当に教頭としての職務が遂行するための暇がほしいのである。

そのように忙しい教頭職に事務的能力のあまりない。又管理的職務の研究もない小生如き者が独立したての中学校の教頭に就任したものだから大変、毎日の仕事の段取りとその日の学校の流れをことなくすますのに精いつぱいで新しい企画どころではない。年度始めにたてた学年の目標に対し一歩一歩近ずくために懸命にあがいて みたもののなかなか 進まない。

幸い管理職ベテランの校長の指揮と揃つた職員の協力によつてやつと一年生の課程を終了することができそうである。

就任したところは小さい胸の中に夢を画いたのであるが一年をふりかえつて見て評価するならばやつと単位のもらえるD位かな？と思つている。そうすると教頭職不適確者のように思えて自信を失いそうだがまあ一年であるし遅進児というのもあるのでその部類に入るかも知れないと来年に希望を燃やしているところである。

小さい学校である故教科指導やその他個人的研究の分担も多く、その上教頭職を人並にと思つているので、大車輪のつもりで明るい中に帰宅したことがない、と言えばいたつてスローモー、に聞えるがしかしいくらやつても次々と仕事は出て来て限度がない、後から後から仕事に追いまわされてジタバタしている様は外部から見えるかも知れない。あるいは教頭職を一生懸命やつている中に狂頭職になるのかも知れない。

とにもかくにも同僚の先生方の力になりたいと思いながら勉強不足で確実迅速な事務処理、適切な助言と思いながら時間いつぱいの仕事さばき段取りの不手際等全く欠陥だらけのこの一年であつた。暇になればゆつくり一年を反省して新しい計画をたてたいものである。

最初の一年は まあ教頭職の実態を知り、その内容と方法を究め、二年目は自分の計画で歩んでみたい。三年目はその反省と修正された計画の上に立つて進めてみたい。そこまでが歩みの第一段階だと考えている。それ以後の事は別に考えてない。又考えても空論になりそうである。

　ちなみに法的には教育基本法には「校長を補佐し校務を処理させるために教頭を置くことができる」とうたわれ、校長職の補佐とあるだけで実に漠然としている。形式的には副校長的存在であるが、他のあらゆる組織における「副長」的存在よりも気の毒な存在かも知れない他の副長的存在は「長」を補佐し「長」不在の場合その職務を代理するのが通例であるが教頭職は全く八百屋である。

　世の多くの教頭先生方がこのようにも多忙で繁雑な仕事をわけなくさばいてゆかれたのかと思うと今さらながらその敏腕に頭がさがるのである。私のような一年生が人並になるまでにはまだ道はほど遠い話である。いよいよ勉励これつとめて一人歩きができるように決意を新にして新年度を迎えたい。

なんだい

―盲聾学校生徒と共に歩んで―

宮城康輝

　好きな工作のために特殊学校にとび込んできたが、ろう部どころか盲部の上級生を担当して身動きもできなくなつた。

　一時は盲工作の勉強に没頭しようと考えなおしたこともあつたが長続きはしない。二学年にまたがり六科目の授業を受持つのだから、工作どころの騒ぎではなかつた。

　やつと点字はおぼえたが、一頁読むのに四〇分もかかり、書くことはさらに長い時間を要した。それは書く時と読む時の点字は全く逆の立場にあるからでもある。

　おまけに盲心理の本を読む暇さえ乏しく、学習時間を割いては彼等の生の訴えを聞き、離れては彼等の行動を見つめ、時には作文を通してその一端を知ることもできた。

　一種諦めのような気持の中に「何とかなるだろう」という小さな望みを見出したのも二ケ年目の初め頃だつた。見るもの聞くもの色々と変つた珍らしい社会の中に幾多の疑問をもつようになつた。なんとかして盲ろう児両障害者が語れるようにしたいと考えたり、漢字に対する関心の有無や鏡にうつる影像の説明に窮したり、クレオンで絵を描かせて見たくなつたり、平面的な絵の説明、草花の鑑賞、掃除の仕方、社会見学の在り方、週番制、霊魂に対する考え方、色彩感情の変化、体育の在り方、生徒会の在り方、金銭徴収法等あらゆる面に気を配らざるを得なくなつた。

　しかし以上のようなことに禍いされながらも、工作に対する望みは捨て去ることができない。むしろ全教師が物を作ることに興味を もつようそれを 強調したい。それは児童自体の労作学習にも直結するが、教師自身の指導技術面からもいろいろな事物を模型として表現せねばならぬ立場から大いに役立つからである。

　特殊教育にたずさわる人は強い精神力と特殊な指導技術を身につけていなければならない。全琉から集つた盲ろう児は仕方なく寄宿生活を続けている。それには団体生活としての良さもあるが、反面欠点をももつている。いかにしてその良さを育て上げてゆくかに大きな問題があるようだ。生活に基盤を置く特殊教育の真価もそこから生まれなければならない
　私は二ケ年程前の三月三十一日に普通学校を退職し、その翌日から特殊学校に就職した。教員数も今までに二倍にふくれあがつたが、学校とは名ばかりで、多くの仕事が横たわつていた。「やつている中に何とかなるだろう」という危い芸当、対象の児童生徒は雲をつかむようで何も変つていない。一番大事な職業教育もやつと理論だけ、ただ三棟十教室の校舎が空き箱のように位置を占めているに過ぎない。耳目の不自由な子どもに物なくして指導するむずかしさ、見えない部分や聞えない分野に対し何をもつてこれにかえてよいやら。普通児並みに理解して貰うためには学習指導に対する教師の努力はもちろんだが、政府予算の獲得がいかに大切であるかを痛感する。特殊教育が普通学校の教育と肩を並べていくためには、その十年先をゆかねばならないのに、十年余も遅れてスタートした沖縄の盲ろう教育は結局二十年近くの空白を残している。一体その足りない分はだれがこれをなすべきか自問自答しながら諦めに似たものに変つていく。せめてその半分でも縮めていただきたいのは私一人ではあるまい。

　最近普通学校では余り感じなかつた事柄が胸中を往来するようになつた。同情、親切等と幾らでもそれを口にする人々の多くは偽善者であることも知つた。ぼく自身まだまだ小我に捉われて盲人の道案内に目をはばかる弱さをもつている。

　授業も段々要領よくなつてきた。しかしもう大丈夫だと思つていても、下級生

に比べて年令的に大きな開きのある上級生と討論する際結論を得ず、たじたじで引きさがることもある。とにかく資料けだは豊富にもちたいと思つている。

耳の世界で生きている人にとつてラジオは重宝なものである。相当詳しい数字まで憶えている。方言に接したことはほとんどない。

彼等の空想の世界をそのまま点筆に訴えさせて作文力をねりたい気持になつた。それを読むことはぼくにとつて大いに役立つことにもなる。しかし裏表両面書きの点字はことさらに眼が疲れる。晴眼者にとつて読む能率もあがらない。中には漢字を当ててみて始めて意を解することばもある。最近は点字の数学記号に頭を突つ込んでいる。工作の折紙や切り紙等が数学指導に役立つことも知つた。一本のひもや釘でもいろいろな教科に活用できて捨てるわけにはいかない。

流行歌の歌詩も活きてくる。手の届かぬ屋根瓦の並べ方にも質問がとぶ。視界の説明もなかなか骨が折れる。工作品はその子の本性や生活経験が赤裸々ににじみ出てくる。隣りの子に似せて作ることはほとんどない。自力で精一ぱいやつてのける。体育は指導の順序を誤らなければ完全に上達する。安心感を植えつけて大いに勇気をつちかつてやる。巧技台は大いに役立つてきた。盲人野球は本式ではないが、ただボールを当てて喜んでいる。飽くことを知らない。地面にこすつて摩滅したバットを相変らず振り続けている。りのバットを与えてやりたいがる予算面でうまくゆかない。社会見学は幾らあつても足りない。

代ろ考えてくると余りにも難題が多過ぎる。その外にもいろいろなことが言えこと思うが、この小さな頭では到底考え及ぶところではないのでゆつくり根気よく精進しこれ位「なんだい」の気持で頑張りたい。（盲部中二担任盲聾学校教頭）

資料

学校要覧の内容には

他県広報資料より転載

一、沿　革

位置、名称、沿革史（年代、校名、校史、管理者、校長）校章、校歌

二、施　設

校地校舎平面図、施設概況（充実の経緯、充実計画、法定規格と現状との対比）教育予算（予算の推移）

三、地　域

自然環境、校下の概観（地区、部落別戸数、産業概況、土地状況、主要産物及び額、耕作反別）学区内（地域）の歴史的考察（思想、風俗、宗教、住民性）地区における人口動態（疾病、死亡に関する統計的考察、出寄留者、職業の変異）文化的施設（新聞、雑誌、カメラ、ミシン、電気洗濯機、ラジオ、テレビ、自転車、その他）

四、児　童

身体的特性、通学状況、環境条件（欠損家庭）知能度

五、教育方針

教育目標、経営方針、教育研究経過（各年度主要事業）、本年度努力点、教科研究年間計画（教科、目標、努力点、研究方法）

六、教育計画

教育課程（年間実授業日数、教科教材時間配当表、使用教科書）、日課表、保健行事、PTA行事）学校経営（学級の実態、経営方針、努力点、記録欄）生活指導（児童会のきまり）

七、職　員

職員組織（氏名、職名、性、年令、免許状、学歴、勤務年数、担任学年児童数、研究教科、校務分掌、現住所、通勤方法）学校教育関係委員その他（町村長、助役、収入役、教育長事務担当職員その他）教育運営組織個人研究課題PPA運営組織（組織予算、事業）

八、環境設営飼育　栽培計画

九、その他

諸規定（避難安全教育指導計画、児童会運営に関する事項、日宿直勤務に関する事項）

a、外に対して自校の概貌を明らかにしようとするもの。

b、校内の実践に役立たせることに重点をおいて編まれるもの。

c、両者を併せ考えられているものにさらに分類できると思う。

※……要覧は文字通り、手にして、一目瞭然その学校の概略が察知でき得るものであるべきだとすれば分厚い書冊型のものではわずらわしい。

その場合、aの如きは自らリーフレット型をとるのが恰好であり、bの場合はその体裁が書冊型をとらざるを得ないであろう。しかしながら、せつかくつくられた要覧も、これが座右におかれて活かされるためには、例えば、施設における教育予算の推移にしても、地域における文化的施設の変移にしても、余白が用意され、これに記入欄のくふうがなされるならば、毎年度かなりの経費と労力をこれに費して作製の要はないであろうし、諸種の調査や検討のためにも動態が測り知られよう。

※…さらに、児童考察の面においてもその身体的特性や知能度、環境条件等が、ただに、該当年度の記入に止まることなく、年々の推移がうかがえるようなくふうがなされるとき、それは同時に、教育方針の考察と結びついて、研究課題として取組まれる必然性がくつきりと浮かび上がるであろう。

つぎに、学級担任の変異、年度々々の指導のねらいなどを加えたり、子どもの側から求められる課題があれば、それに対して、いかに処してきたか、その上に立つて、はじめて、学級経営の方針が明らかになり、よりたしかなものになり得るための配慮も望ましい。

たしかな拠点に立つて教育がなされるべきことは論をまたない。したがつて、事の記述が併列的、平板的であつてはならずその辺の事情がすつきりと打ち出せるような創意とくふうが必要であろう。

健康教育

地域に即した計画とその実践

北美小学校長　田中市助

教科を教えることに偏していた

「八十有余年の日本教育史の中で取り残されたのが健康教育である」と文部省は反省されて昭和二六年度保健計画実施要領を出してその第五章に十三項目の学習内容が指示されています。この健康教育の時間配当は「中学校で七〇時間、高校で二単位履修することになつています。小学校では、特に時間は定められていないが、前の十三項目の教材が十分指導されなければならない」とあります。

教育法にも「自主的精神に充ちた心身ともに健康な国民の育成……」とある。

ジョンロックの「健全な身体における健全な精神」は短い文句ではあるが、この世における幸福な状態をいいつくしていると思います。

健康の必要やありがたさは一般的に認められていますが教育の問題として表面から取り上げて、健康調査といつていろいろの項目をかかげて○、△、×をつけさせて%をつけても容易に習慣化はできない悩みがある。「よい子のくらし」を表にして母姉に配つて家庭でもしつけるようやつても、何年くりかえしても、よい習慣は子どものものとして身についてこない教育の観点から学校に正しく位置付けてまとまつたものを系統的にしかも継続的にしつづけなければならない、そうすることは決しておしつけではないのである。

北美小学校全景
校門前より

社会局の調査した身体障害者数は全琉で六、六三一人で全人口の約一割で疾病者は身体障害者総数の五〇%で三、四四三人でこれが働き盛りに多い。年令別には児童期が四九三人、中高校期で二七一人とある、児童期は中高校の何れの期よりも活動旺盛で行動も変化多く広領域に亙るのでこの期に遊び場と学習の場を充分与えて教育せねばなりません。

子どもは全体的に成長発達したい根本的欲求をもつています。つまり、

身体的欲求　知的欲求

情緒的および社会的その他の欲求

これを充足させることが教育の目的である、と思います。

学力低下とか、本土のレベルに旨く到達するようにと、教えることのみに教師はあせり過ぎていないか、子どものもつている現実の不健康はいつ治療するか、健康は財産である生命である。知識は人のものであつて、健康でさえあれば本や雑誌を読めば取り返せます、健康は人のものを借りることは絶対不可能であります。

身体的欲求（食物、休養、運動）を正しく充足させることによつて正常な身体的発達をとげる、それが身体健康の状態にあると思います。子どもの欲求はこれが大きいのです。これが充たされないとき発達上の障害や問題があります。

情緒的社会的発達が正常な場合を精神的健康を得ているといいたいのです。それが充たされないとき行動や性格上の問題が起ります。

カリキユラムをもつて発達段階に応じて健康教育をなし遊び場と学習の場を与え教室環境や学校環境を最少限でも整備すれば子どもは喜んで学習し知的教科の学習も気楽に進められます。学力向上の問題は表面に出さなくとも自ら振興されます。

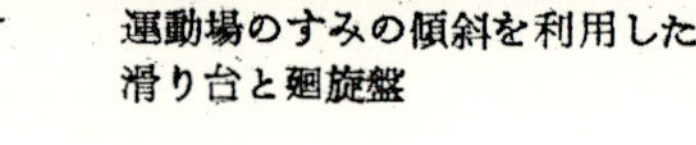

運動場のすみの傾斜を利用した
滑り台と廻旋盤

主題設定の理由

一、直感しても感じられるように当校の児童は体位の見劣りがします、その筋に照会したら体位は全琉平均より

も三糎ないし六糎低い、体力測定の結果は本土の下の下の貧弱である。

二、身体検査の結果はトラホーム三三%口角炎が二〇%、イボ三一%も珍しい、しつしん一四人、蛔虫排出量五六、九%、一人に付三、五四、蛔虫をつなげば一〇〇〇米の長さ、十二指腸虫保有二三、九%の状況で子どもの幸福が思いやられます。

三、水は地下タンク（一一〇石）を使つていましたが放射能の問題で百米の山の細道伝いに七、八種類の水おけでくんできて随分困難と不自由を感じました。

四、体育設施は巧技台と跳箱のみで校庭には何もない。

以上の状況から児童の遊び場として学習の場として児童の欲求に満たされるのがなく、子どもの活動性は熱して火の車になつていました。教師の教具としての施設も乏しく遺伝は三三%、食生活で二六、八%、保健運動やその他で四〇、二%の立場から指導力を発揮したいと思つても十分できませんでした。水道もなく水は需要量も満たさないで不潔でありました家庭や地域に保健衛生の思想の高揚をはかり、合理的生活や食生活の改善の時期が到来したと喜びにたえません。

こんな状態から今度実験学校として文教局の指定をうけましたことは、子どもの心身の発達のための障壁をとり除いてよりよい幸福な児童の生活にしたいと感謝し誇りと希望にもえております。

保健学習の目標

1、基本法や指導要領や小学校保健計画実施要領にマッチする環境の整備に努力したい。
2、家庭や地域社会に浸透する教育をなし積極的協力を求めるようにする。
3、系統的な学習と継続的施設によって発達に応ずる成長と習慣の形成を実践する。
4、児童教師の自己理解と自己処理に役立つ自主的活動を実践する。
5、教室は家庭に直結するようにし保清と最低の施設をし、楽しい人間づくりの雰囲気を作る。
6、他教科との関連によつて、しつけや道徳や生活指導の場を見いだすに努める。
7、あらゆる機会に児童、家庭、地域社会に理解を高め合理的科学的な生活の統一をさせ自由に活動せしめる。

消毒されたコップをとる
（室外からすぐとれるのが特長）

保健学習の方針

児童は活動性に富み、全体的に成長発達したい基本的欲求があるので、それを満たすために最低基準の施設や環境整備に努力し、児童の実態をはつきり握つて個性に応じた指導をし、児童教師、家庭および社会が一体となつて正常な健康の雰囲気を作つて、明朗で勉強もよくし、長生きして社会に貢献する児童でありたい。

紙数の制限がありますので内容の三つ四つを述べさせていただきます。

どんなカリキュラムか

昭和二七年頃からでも実施していなければならないのだが沖縄では空白になつているのであります。昭和三六年度から実施の改訂指導要領では、小学校の高学年に週六〇分「体育や保健に関する知識の指導の特設」をしなければならないので、それに応ずる準備をせねばなりません。前に掲げました二六年度版保健計画実施要領の学習内容をスコープとし実態調査による地域の問題点や障壁をシーケンスとして、学年別に系統づけました。つまり同一教材を一年から六年まで系統的に位置付けて、まとまりを実践し知識も技能や態度を身につけるようにしました。

—一例だけを出しますと—

項目	学年	実践内容
身体検査	一年	よろこんで検査をうける
	二年	身体を清潔にして検査をうける
	三年	じょうずな検査のうけ方をする
	四年	身体をきれいにする方法を考え実行する
	五年	身体の不潔と病気との関係について知る
	六年	身体衣服の清潔が健康におよぼす影響について調べる

どこで学習するか

一年を三五週とし、週六〇分を月水金で各二〇分実施、火木は子どもの自主性をもたすよう仕向け、木曜日は職員の会食日で宿直室(事務室がないため)に全員集つて笑い声もまじつての楽しい会食、土曜日は半どんで全校べんとうもちません。

一年中なるべく定つた時刻でおひるにし、全校一斉におべんとうとミルクを飲みます、濃度を一律にし、おいしく飲め

先生をむかえて
（おいしいグループのおひる）

る温度を確保しなければなりません。

　ミルクの飲み頃

　低学年　四〇～四五
　中学年　四五～五〇
　高学年　五〇～五五

　すると味もよく、おべんとうと一緒なので皆悦んで飲んで不足がちであります
　四人六人とグループでおひるにしますが先生は、今日はAグループに明日はBグループにとお客さんになつて子どもと一緒におべんとうをとります。いただきながらかわす話の中に人間づくりのよい機会があります、楽しい食事のときがしつけのききめのあるときです。
　二〇分間の食事をとりながら先生は、
　（学校放送を流す）

1、おかずのお話
2、コップの渡し方、とり方の指導
3、ミルク当番の心得とか
4、栄養のお話
5、お米の生産や分配の話
6、ミルクのお話
7、食事作法のお話
8、各国の食事の約束や習慣や社会性等の話
9、しつけ作法、服装のお話
10、衛生のお話
11、あいさつの仕方
12、好き嫌いのお話

などの食前や食事中に躾作法や社会性や道徳や衛生面やその他の生活指導の場があります。
　食後直ちに二〇分は保健学習となりますが、カリキュラムを使うのがこの時間であります。食後なので、いや気をもたすとか、疲労させることのないように、できるだけ次の方法で楽しい時間にします。

1、幻灯機で保健衛生のスライド見る
2、ポスター作りや作文
3、カード遊びや標語作製
4、作業カードを使つて理解面の指導
5、切り抜きや掛図利用
6、紙芝居や図表作製
7、児童の経験発表
8、保健学習に参考な図画の鑑賞　等

この学習後二〇分間の休み時間がありますので子どもは外で自由に活動します。
　学校内での事故の多い時刻は始業前、とおひる休みとなつていますがそれを防ぐにも食後の二〇分間で自分の好む施設で愉快に遊ぶ姿は満足そうであります。

教室を家庭に直結する

　われわれが常に願うのは、子どもがどんな家庭にあつても、先生のいわれたとおり実践して母を喜ばす子、母は先生のことを考えて、どの先生にもあつかえるような子に育てて欲しいと、母姉会やPTA会に呼びかけます。「よい子のくらし」も説明します、けれども忙しい母は注文通りやれません。そこで教室にはタンスみたいな棚をこさえて左記のものが入れてあります。
　鏡、はさみ、瓜切、糸、針、ボタン、体温計、歯ブラシ、タオル（全員分）
　ハンマ、コップふせ紙、エプロン、洗面器、石けん、ハタキ、マスク、
　ガラス布巾、机フキン
等があつて必要に応じすぐ役立つように母の何のというよりは自分のことは自分でできる子に、あか切れも母を叱つたり子どもを叱るよりも、各自の手拭をおいていて冷水まさつですぐ実践、清らかにさせます。子どもも満足します。

デツキマップをつかつて掃除

だれでもよろこんで掃除をする

　炭坑夫の肺臓は石炭の塊になつている、都会の人の肺には砂埃の塊があるとか、肺臓を見ればその人の職場がわかるとかしつけの行き届かぬ学童の団体生活や、学校社会生活において最も配慮すべきが塵埃のないちり一つ紙屑一つない清掃されて、花も飾られ、月ごとの成績物や学級経営による貼り出しものがきちつとして、窓ガラスは一定の方向に開かれて、明るい教室に磨かれた机腰掛が線上に列んでいると自然心もしまり、学習意欲をそそるものであります。上ばき下ばきのきまりをつけると掃除も一つの学習であります。
　どんな寒い日でも喜んで雑巾がけさせるために柄をつけた雑巾（マップ）を学級に七本宛配りました。使い方は柄のついたすすき箒でごみをはき、その後を水に浸した四人のマップでこすり、その後

を乾いた三人のマツプでふきとつていくと、靴下のままで入つてもしみこみません。こうなると今後の保清も気をつけるようになります。

掃除の仕方で、君はジャパニーだそなたは琉球人だと判定されて軍作業から追放されたジャパニーがいます。なるほどジャパニーの掃除の仕方はハタキを使つて上から下へと順序よくやるが、従来の沖縄の掃除は下だけで平面的の仕方であつた。これまでの教育を反省して、普段の生活で上から下への掃除で天井のすすや貼りあとの汚れをふく、窓わくのごみをおとすことを習慣づけると、大晦日のあんな汚れはなくなるでしよう。

うれしい冷水まさつ

掃除は清く美しく住みよい教室にすることを目標にして負担の平等や責任を分け合つて、用具の整備をすれば、誰は遊んでいるとか、誰は重くてくさぐさもなく協力しあつて整理整頓もし、交替制もよろこばれ、皆が精出して働く雰囲気は仲間づくり、人間づくりのよい場面で、学習したことを実践する場であるのでおろそかにさるべきでなくて担任はかえつて指導の場を見出すとともに、かいがいしく働く子らに感謝の意を表わすべきであると思います。

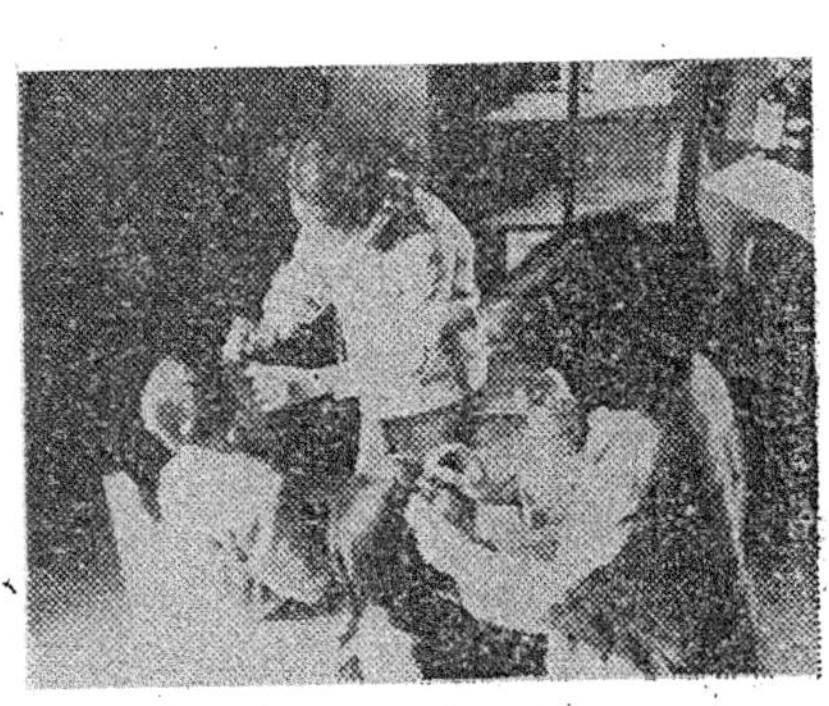

トラホーム治療する児童衛生部員

はえ一ぴきもいない準備室とは

給食準備室は身体検査に合格した健康なミルクおばさんが三角巾とマスクと折目のついたエプロンを着て一人おるべきで、雑多の人の入るべきところではない従つて消毒したミルク飲みコツプは外でとれるように学級名を入れた蝶番のふたにしておく、ミルクは学級名の入つたバケツに当番の子がこぼさぬように教室に運搬します。窓口は全部金網戸にしておくと、おばさんの仕事は全部外で見えます。出入口はのれんをかけておく。

気をつけるのは出入口の金網戸は外に開くような押戸にしておくことです。内に入つているはえは、戸があくと外へ出たがる。外にいたはえは、人と一緒に内に入りたがるが、のれんがあるためそこで追い払われます。

おわりに

願わくは完全給食にして本土に三年以上おくれている体位や体力を保護増進して勉強も十分できる健康児にしたいのです。発育状況のよいのは頭脳も発達し能力もよいし真に健康である。

われわれはそこまではまだ到達しませんが完全給食を何ケ年も実施された本土の学校では次のような明るい見透しをつけております。

燐質の食べものをとれば頭脳がよい
神経質やノイロゼにならない
ブリの頭をたべると長寿する
この子たちが二四、五才になる頃からは世の犯罪者はなくなるだろう。

沖縄の食物について

1、酸性が多い、アルカリ性のものをとるようにする。

2、ストロンチウム九〇はビタミン、カルシユームが体内に十分あれば大丈夫
セシウーム一三七は、リン分を必要とし、日本人は米を採ているから大丈夫と(米国クレーマー博士)

3、沖縄の黒糖は、鉄分、ビタミンB6を含む、これはピリドキシンが入つていて
判断力、記憶力、推理力の増進に役つ、とのこと

4、沖縄の女性の顔の斑点は
野菜不足、肝臓や腎臓障害を起している

5、ほめ讃えているのが
沖縄料理のチャンプルー
ミミガー、足手引、山羊汁
(ハウザー健康法　矢野目氏)

文教時報編集計画

六月　教育研修
七月　保健教育・青少年問題
八月　実験学校・研究学校研究紹介
九月　新会計年度教育予算の構想
一〇月　へき地教育の振興
一一月　職業技術教育
一二月　教育評価・高校入試
一月　教育行事
二月　社会教育団体
三月　学力の実態

今、そのカリキュラムをここに書く紙面の余裕をもたないが、昨年度に「読解の系統学習」の計画をたて指導をおしすすめてきたので、今度は読解テストの結果から児童がどのようなところに抵抗を感じているか、その実態調査を全学級に実施し指導の改善点を検討してみた。このことは言うまでもなく全体的な傾向について客観的に分析して捉えるとともに児童ひとりひとりの個人の問題点をはっきり把握して、とりこぼされそうな問題児童に対しても、いっそうくわしい診断の資料が欲しかったからである。

矯正指導のよりかかりとしてこの実態調査から始まって第一次・第二次とさらに診断のための調査を実施していきたいと思っている。

このテストの分析結果からだけできめてかかるというわけでは無論ない。しかし、こうした調査の実施結果から原因分析への手がかりにもなり、指導上の参考にもなることは論をまたない。

第一次調査に実施した問題文は「生活文」「説明文」「論説文」として各問いの設問順序は㈠大意、㈡要点、㈢文脈㈣細部㈤主題・論旨というようにした。

この読解力の測定については選択法をとってきたのであるが、学習後教材についてこのテストをするときは、多く読解力測定というよりは学習事項の記憶力となるおそれはないかと反省もさせられた。

テスト結果　児童がもつ学習抵抗を数理統計的に知ることができたとは言え、第一回目のためでもあろうが、どうも形式的面の処理程度にとどまった感がないでもない。というのはテストの結果、高学年において要点把握指導では「部分的な理解にとどまらず、読みが中断することなく、たえず前後の連関を考えながら読む習慣を養う」と指導目標をかかげてきたが、それは教師の指導目標で、児童の学習目標になっているかどうかと反省

國語科の個人研究をひきうけて

伊波小学校　伊波政仁

せざるを得ないからである。

日常の教室において、学級を単位として学習指導を行っていく上に第一にぶつかる問題は**個人差の問題**である。ひとりひとりの児童を伸ばしていくために、なにを矯正し、どのように指導すべきかという問題がある。今日の沖縄（日本）のように多人数を擁する学級児童を相手にしては個人差に応じた指導の手をさしのべる余裕をもつことは困難である。

個別指導については十分に考えていながら、やはり一斉指導をおし進めていかねばならない。われわれ現場にあるものにとって、個々に適した教材を個人差によって与えるということも困難である。といって、ほってはならない。一斉指導の場において、個別指導をどう行っていくかが現実にそくしての今後の切実な問題であろう。

次に、次々に発刊されている本には、すばらしい案や実践が毎月のようにのっている。

ところが、怠けてもない教師が、そんなに劣っているとも思われない子を教えていながら、長い歴史をもつ国語教育が悩みの壁につきあたりよろめいている。それはなぜだろう。米国では「すべての教科の教師は、国語の教師であらねばならない」といわれているが、我が国の現状はどうであろうか。

低学年から中学年と系統だった学習がひきつがれていったかどうか。その要因はあれやこれやとからみあっているであろうが、反省される問題である。教師の**自己評価**もここで生まれてくる。

国語科の間口は広く、奥行きも深い。とうてい個人研究ぐらいで解決されるものではない。教師間のお互の悩を素直に打ちあけあい、足らざるをおぎないあう仲間意識こそ効果をあげる原動力となるのではないだろうか。

各自の国語観の上にたって—指導書のうのみでなく—教材観をおおいに論じあっていいのではないだろうか。反ばくされたからといって自ら身を小さくして劣等感被害意識に陥ったりするにおよばない。たいせつなのは教師がスクラム組んで、堂々と自説を発言し、国語教育の本道をつきすすむ真しな態度こそ児童の障害を除去する唯一の武器ではないだろうか。

しかし、教師と子どもだけのプランではいくら力んでも困難である。仕事の関係で父兄は子どもにかまっておれないのが普通であるが、夕食後のひとときのいとまをさいて、子どもの書いたノートでも手にとって、ほめてやるだけでも効果はあがろう。いろいろな子どもの報告を聞いてやったり、問い正してやったりするだけで子どもにとっては、親への信頼感も深まる。父兄は教師ではないから、専門的な指導はできないかもしれないがただあいづちを打ってやるだけでもよく背後のつっかい棒の意義を見出していくだけでも結構だと思うのである。来学年にはさらに多く研修会をもち、より深く指導技術をみがき、父兄との連絡を密にして環境をととのえ、こぼれおちる子どもたちがないよう努めていきたい。

学校図書館の概要と運営の実際

上山中学校　本村恵昭

本校図書館の概要

本校図書館は今年で二回の実験学校指定を受けている。第一回研究発表は去る一九五七年三月で、主に図書館作りの発表であつた。それで研究会のもち方も各部組織の仕事の内容に重点をおいたので分科会の研究発表と、実務研究会で大体図書館としての形態ができ上つたわけである。形はできたが内容をいかに充実させ、どう利用させるか、という大きな課題が取り残されていましたので、去る四月職員会で本校の研究テーマ設定という問題で再び「図書館教育」をテーマとして、ほんとの沖縄における学校図書館のモデルを作つてみようではないか、という全職員の熱意と要望で、実験学校としての指定を受けたわけである。

本校図書館運営の実際

1開館……平日は特別の事情や都合がない限り登校時より下校時まで、土曜日は下校時以後三時間、日曜日は状況により開館する場合もある。（但し原則は閉館である）休暇中はその都度通知して、大体午前中は開館。

2閲覧方式……開架式で、館内は自由閲覧

3貸出……生徒証と個人帯出票をブックカードと共に係生徒に提出して図書を借り受ける。

貸出しは生徒一人一冊、期間は貸出日を入れて三日間とする。授業中の貸出は教科担任よりの要求によつて貸出す。（この場合は教師が責任をもつて係生徒の協力を得る。その為に貴重書や禁帯出本も含む）卒業生や父兄からの要望があつた場合は、生徒同様な手続き方法で貸出す。（ただし教師、父兄、卒業生は証明書は不要、大いに利用してもらうため各家庭には学校図書館図書目録を配布してあるが利用者は案外少い。

4経費……本年度はP・T・Aの特別援助を第一回の研究発表と同様にお願いした。数回にわたつてP・T・A評議員会や各学級P・T・A会議を開いて協議の結果、各学級二五弗を、最低責任額として篤志家のご援助を仰ぐ事になりましたが、P・T・A会員の深い関心と教育愛によつて各学級とも責任額以上にご援助を得た。従つて本年度の学校図書館予算はP・T・A補助八五〇弗、区教育委員会補助五八〇弗、文教局補助一六六弗維持費（生徒一人宛月四仙）五〇〇弗、合計二、〇九六弗の予算となつている。

5図書館係員……運営組織図は紙面の都合上省略するが、全職員参加による協力体制ができている。ただし校務分掌で各学年に一名宛図書館係教諭がおかれている。その外に専任の事務員一人、生徒委員六二名（各学級より二名宛、三十一学級）で、各班は十二名宛となり、さらに一週に一回は必ず貸出係として活躍している。

6図書の選定……各教科主任で図書選定委員会がつくられ、単元別に購入希望図書表を提出してもらい、重要度順に優先的に購入する。ただし購入の際は文部省発表の学校図書館基準（案）による比率に近づけるため配分を十分考慮している。その他随時教師の推せん、生徒からの希望ある図書は、図書購入希望票を備えておいて、その中から適宜購入する。その他「学校図書館基本図書目録、選定書総目録等を参照して選定購入をする。

学校図書館教育

文化遺産を効果的に吸収し、新しい文化を創造して行こうとする。……この営みを組織的に行うのが学習指導であると考えられる。教科書および教師中心の過去の教育においては、生徒が自発的に資料を利用して学習することは少なかつた。生徒が真に自分達の問題として、学習活動をしてゆく際には、教科書以外の多くの資料が必要であり、その利用の仕方を学ぶ必要性が考えられてきたし、またそれを身につけることにより自発的な学習の態度、民主的な社会性を養うことができるのである。その教育目標を達成するために、本校においては、

1学校図書館教育カリキユラム……を作製した。

本土においては、司書教諭制度も法で規定されて、週一時間のライブラリータイムを設けて実施している学校も相当数あるが、本校では内容がどうしても詰込み式になつてしまう心配があつたので、主として調査や研究および生徒委員の話を聞いて協力していく。或は図書館について関心を深めていく立場から、土曜日の朝のH・Rの十五分間を図書館教育の時間として、年間のカリキユラムを作成して、その実施に懸命の努力を集中している。さらに実際指導のために製本修理用の機械器具を備えた。

2各教科別単元別一覧表……を作成した。

生徒がいつでも教材と直結した図書および資料を選択し利用することができるように、また教師はいつでも生徒に図書および資料が簡単に指示できるように、全職員が冬季休暇を返上して完成した。これにより研究を重ね、よりうまく利用してゆけば、教育目的をより一段と効果的に収めることができるのではないかと考えている。皆様方のご指導をお願いします。

私＝の＝主＝張

道徳教育

―時間の特設は問題ではない

田里松吉

○はじめに

道徳教育がいかに必要であり、いかに重要な問題であるかはいまさら申すまでもなく、日夜我が子の指導に当っている一般父兄や教壇人が身をもって体験していることである。

昨年四月から当沖縄の教育界でも日本々土の余波を受けて、新しく道徳教育の指導が強調されつつある。われわれ現場にたずさわるものとしていかなる態度でこれを受け実践指導してゆくか本当に迷う昨今である。

およそ教育と名のつく諸々の事象や活動も、結局、目標は人間個々の人格の完成にあるのであって、そのことにもどるべきではない。

学校教育の中で のしつけ指導や 生活指導もその例にもれず、児童生徒の徳育面の向上を期するにあることは言をまつまでもない。最近とやかく子どもの非行問題や、道徳教育が問題視されている現状で、どのような指導をし、どのように彼ら児童生徒に接していったか、過去の歩みを記しつつ愚見を述べてみたい。

○実践調査

子どもを知ることから教育は始まると言われるように、いかなる教育においても被教育者の実態を把握することが急務である。しかしそれがなかなか困難であることは教育者のだれもが痛切に感ずることである。あの子の どこが問題なのか。どこをみて問題児と呼ぶのか。……本当に実証的に科学的に分析し、そのおいたち、環境等も充分調査し研究されねばならぬ。

単なる教師の偏見や主観だけでは充分にその子の実態把握はできないのである。そこでわれわれの身近かにある科学的な診断テスト（道徳性）等を利用してその指導把握につとめるのも一方法だと考えこのテストを実施した。

この道徳性診断テスト（四〇問）はその内容からして次の四項目に分れている。即ちA（自己）B（家庭）C（友人）D（社会）である。Aは自分自身についての判断を求めたものであり、Bは家族および親戚、先生などの親しい間柄にある長上、知人に対するもの、Cは学校の同窓の友人に対するもの、Dは一般社会に対するものです。

以上四つの分野の何れに欠陥があるかをみることによって重点的に指導すべき方向が発見されることにある。結果はパーセンタイルで表わし、基準を50に置いてみると50以下の分野に属するものは注意を要することになりそのような児童についてはさらにいろいろな方法で探究を進め指導を必要とする。次に本校一学年全体のパーセンタイルを表わしどこに問題があるか少しのべてみよう。

注　5年生の場合

施行年月日	57年11月	58年12月
項目		
A（自己）10問	40	60
B（家庭）9問	40	60
C（友人）10問	30	60
D（社会）11問	60	60

◎数字はパーセンタイルである
◎このテストを四年以上の全徒に二カ年にわたり実施した。

※問題点（B問について）A、D、Cは略す。

良い点

四、五、六年生いずれも5問がよい。

つまり家庭における母親と姉などに対しては素直に耳をかたむける。

悪い点

五、六年の男女を通じて25問が悪い。

つまり父親の命令的ないいつけは素直にきけないという点である。これは家庭内における父の位置と言動を考える必要があるのではないかと思う。なぜに父親のいいつけをきかぬかと理由をきいてみると、イ、自分が勉強中仕事をいいつけるからききたくない。ロ、何でも大声で叱るから。ハ、父のいいつける仕事はふたんがおもすぎる。ニ、父は酒をのんでておこるからききたくない等々である。

これから推して考えると子どもの指導は**納得がいくように充分いいきかせ、やさしく接する**ことである。威圧的にでるものには反感をもち、反ぱつする。これはあながち子どものみではない。

いかなる教育も子どもをよく理解し、相談的にしなければ期待できないものと考える。

○指導過程

ではどうして過去一ケ年間においてこのような向上を示し進歩発展したか。その指導方法はどうであったか。その実践的効果は。その前に一体生活指導とはどういうものであるかどこからその実が表われてくるか。どのように彼ら児童生徒に接していったらよいかその観方を私なりに述べてみると生活指導とはよい社会人となるための全人教育であり、それは日々の赤裸々な教師対児童生徒の接触によつて生まれ、教師も共に学び共に苦楽をわかち合うような態度である。人間味のない教師では真の教育はできない。

では学校教育の中での生活指導を現在までどのように進めてきたか。どのような効果があつたか。どこにあいろがあり難点があるか少し問題をしぼつて考えてみたい。

一、児童会活動

一昨年（五七年）のテストの結果により特に対人関係が悪かつたので去年はこの問題に重点を置いて指導に当つてきたそれをまず児童会活動により効果を修めようとねらつたのである。その活動の一部として（イ）校内外の班清掃（ロ）毎日曜日の朝起き作業（ハ）週訓等々をあげて指導に当つてきた。

（イ）について、校内においては学年学級のワクをはずして班組織をし、午前の終わりに一齊掃除をする。三年以上の児童で班は組織され、二ケ年間には全教師が全児童の顔や行動を知るように活動させる。

（ロ）について、毎週不参加児童のパーセントをとり月曜日に調査発表し理由をききただすようにしている。（不参加児約十一％）これらの作業は協力的な面、上級生の自覚、下級生へのいたわり、責任感の養成、児童対児童のつきあいなどに大きく使用したと思われる。

二、学校参観日（毎月）

学校と地域社会、家庭が手を取り合つて児童生徒の指導に当り、父兄も学校に親しみを持たせ、学校教育の在り方や子どもの学習活動などを見てもらうためにもうけられたものである。学校としてはできるだけ問題児、学習不振などをもつ父兄に来てもらつてじつくり話し合いたいと思つているが、そういう父兄に限つ家庭では放任であり、毎日の出席率も悪いのでどうしようもない。

学校全体としての毎月の出席も低率で約六〇％位である。学校でいくら一生懸命やつても地域社会や家庭が関心をもち協力しない限り子どもの学習効果は期待できない。「近頃の教師は学力が低下している。だから子どもも低下するのだ」などということをあちこちで耳にするが幾ら学校でわれわれ教壇人が熱心にやつたところで家庭や地域社会が本当に関心をもたない限り子どもの道徳的意識の昂揚や実践力は期待できないのである。

三、その他道徳教育を中心とした学級経営など多々あると思うが紙面の都合上略します。

むすび

過去二ヵ年間、まがりなりにも全職員が一致協力して子どもの生活指導に力を入れてきた訳だが、最も必要で重要なことはお互い教師が絶えず子どもの現実を見極めることである。道徳教育云々といつたつて本当の子どもの現実を見通さなければどこに問題点があり、欠陥があるかわからないのである。

それにしても、あまりにもあれはてた現実を私達はどう見、それにどう対処したらよいか。マスコミのお陰で私達の文化生活も大分向上はしたものの反面それからの悪影響をどうしたらよいか、本当に惑う。

映画、パチンコ、飲み屋、ビンゴ等と数えればキリがない。大人の娯楽に対して子どものそれはどうであろうか。……こういう事をじつくり考えてみた場合、本当に子どもをあずかる教師として憂うるものである。

私達は一体どうしたらよいのだろうか。どう子どもに接し生活指導をするというのか？子どもの要求も満たしてくれえない現実でしかもハデに行われる社会悪のウズの中で子どもはどうあれというのか夜間にでもなれば目抜き通りで酔いつぶれて女の子をからかつたり平気で立小便している姿を子どもはどうみるであろうか？特に官能的な特飲街や基地街で子どもはどうあれというのか。私達おとなはもつとじつくり考えてみるべきである。

人命軽視の横行や大人の醜態を子どもはあまりにも現実に見せつけられているのである。子どもは理解はしている。だがあまりにもおとなの口と行動のズレがひどい為に子どもはとんでもない行いもするのである。平気で人を殺し平気で他人様のものを盗む現実を子どもはいやというほど見せつけられながらそこに生活しているのである。

口を開けば「今の子どもはどうも躾ができない、道徳観念が全然ない」等と世のおとなは云う。だが果して簡単に結論づけて軽卒にも云えるかどうか。またいくら学校で新しい道徳論を説いたところで家庭や社会がどういう態度で子どもに接しているかもつと考えてみるべきではないか。「うちの子どもはどうも親の言うことも聞かず本当に困つています。学校でうんとしかつて下さい。」などということは家庭訪問などでよく耳にする言葉である。だが果してその子が親のいうことを聞かないであろうか？　子どもも本当に純真無くて天真ランマンである。親の言葉づかいはどうであつたか。幾ら子どもでも人格を尊重された人間である。本当に一対一の人間としてとりあつかい言葉づかいをしたかどうか、ギモンである。

子ども社会をどう見、親をどう見、私

（六十頁へつづく）

天氣図の見方

—その2—

気象台　糸数昌丈

四　沖縄付近の気圧配置と天気の特徴

予想天気図ができますと、それによつて天気の予想をするわけですが、気圧配置と天気との関係は前にものべましたように細部にわたつては相当複雑なものがありますが、大局的には深い関係があります。これから当地方の代表的な気圧配置と天気の特徴について述べてみましよう。

（A）西高東低型（冬型）

第十図（左図参照）に示すように大陸に優勢な高気圧があり本州東方に低気圧があり、冬に多く、秋や春にもあらわれます。この時は沖縄方面では北よりの季節風が卓越します。この大陸からの北よりの風はもともと乾燥していますが黄海、東支那海をふき渡つてくる間に海面から熱と水蒸気を与えられ、下層だけで対流をおこして雲ができます。このため北よりの季節風が吹き出してから二、三日はどんより曇つた天気で海上もしけが続きます。

冬型といつても一冬中この型になつているのではなく、大陸高気圧も一週間位の週期で強くなつたり弱くなつたりしますので、それに応じて沖縄方面でも、この位の週期で天気が変る事が多い。なお北よりの季節風が吹き続いた後は空気も乾燥し、一年中で一番大災の多い時期でもあります。

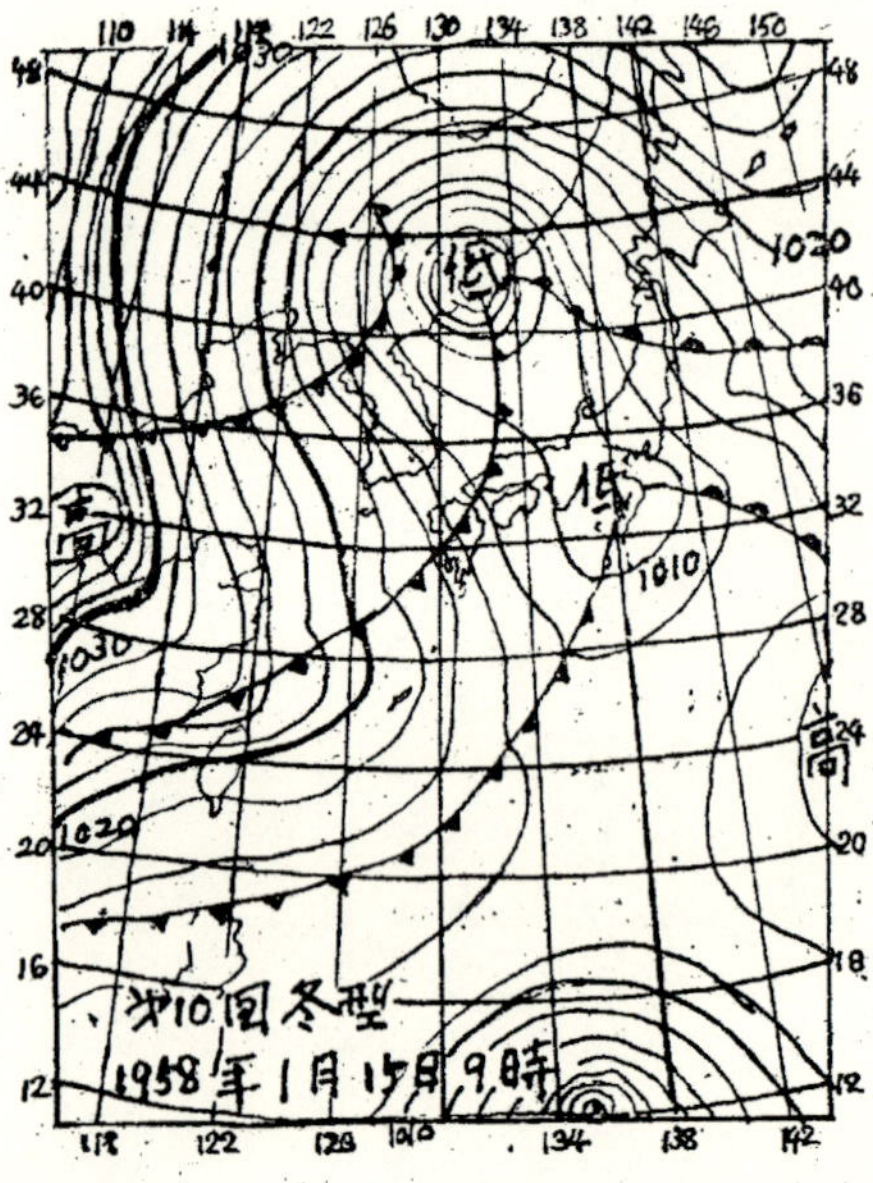

（B）台湾坊主型（第十一図）

台湾ふきんで上層の気圧の谷の東側に発生した低気圧が発達しながら沖縄ふきんを進む型で冬から春にかけてまたは秋の頃にも発生しやすいものです。とくに二月から三月にかけては低気圧の移動が早く、天気の変り方が早い

沖縄で二月風廻りというのはこの型の場合が多く海上の大しけで小型の船の遭難する事があります。

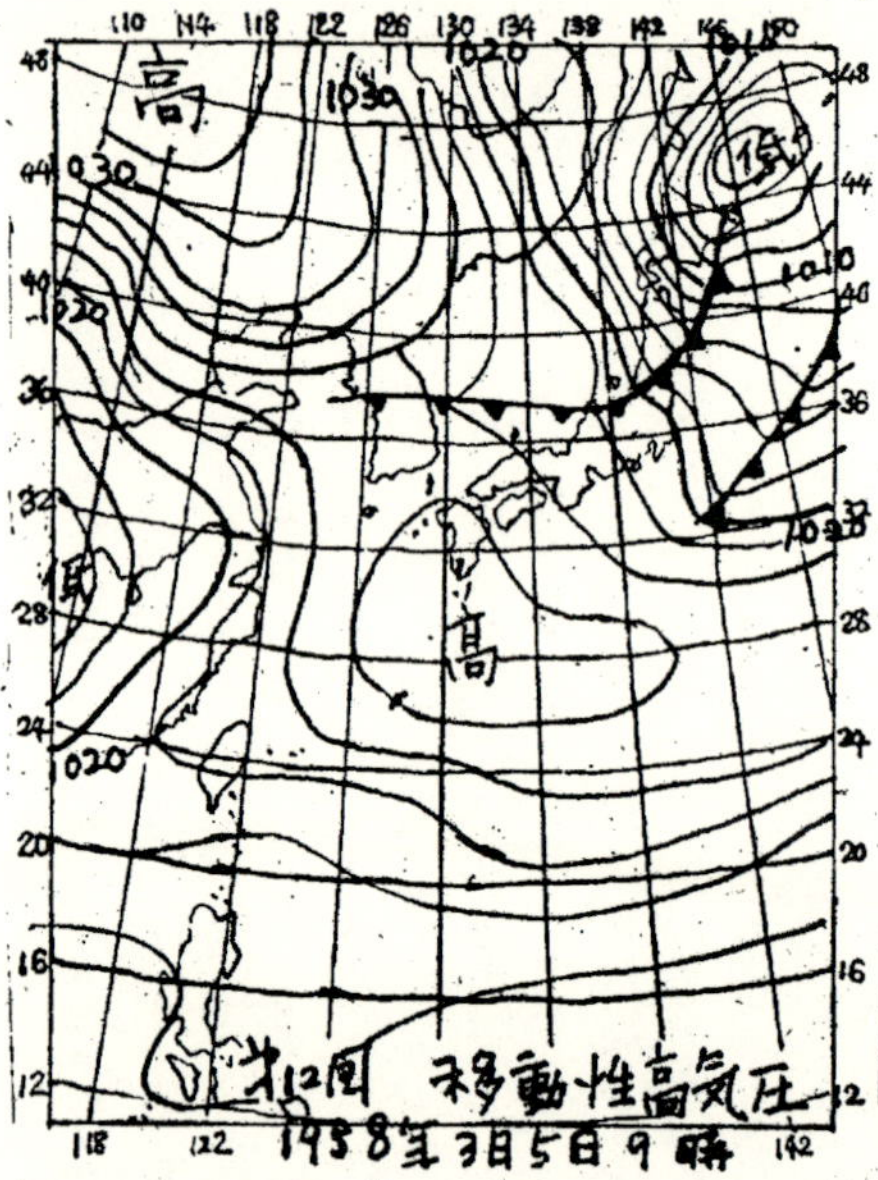

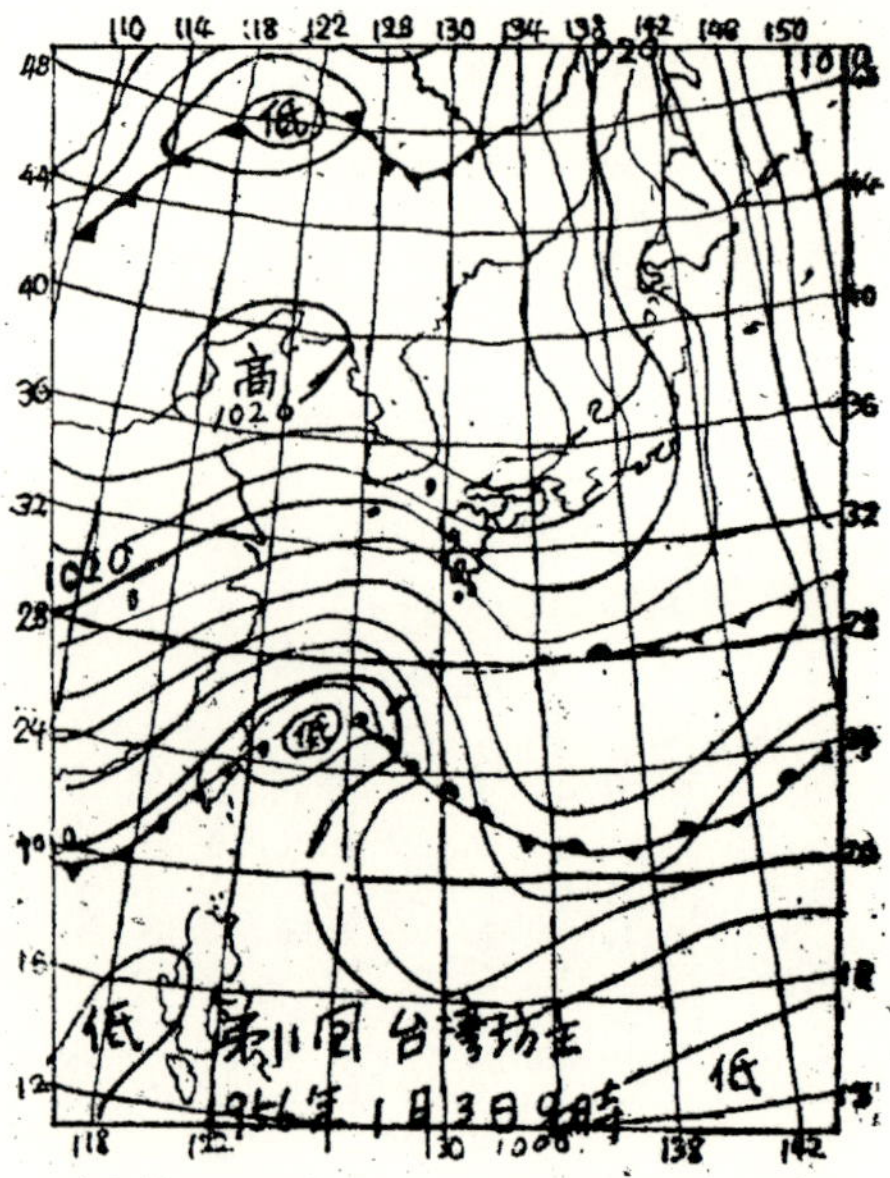

（C）移動性高気圧（第十二図）

春秋のころ、大陸の高気圧が分離してまとまつた高気圧となつて東支那海から日本ふきんへ移動するものです。一般にこの域内では天気は良いが、この後すぐ低気圧が東進してきて天気が

悪くなることが多い。これにも寒冷な空気からなる場合と温暖な空気からなる場合があり、前者は天気の悪くなるのがより早い。

また移動性高気圧通過に伴う天気の変化はそれが北方を通るか、真上を通るか、やや南方を通るかでかなり違います。北方を通る時は後にのべる北高型とほぼ同じで曇雨天のことが多い。

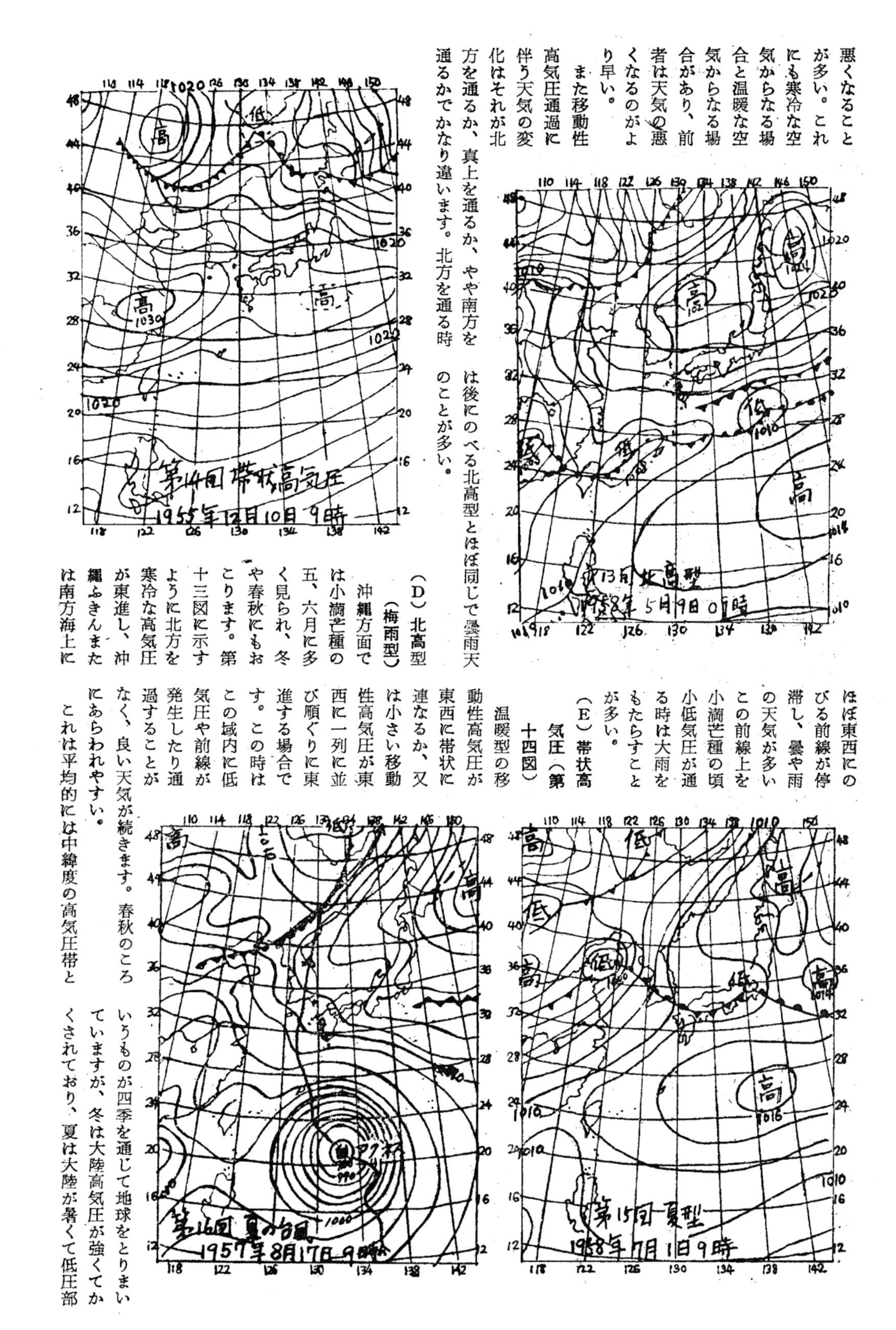

（D）北高型（梅雨型）

沖縄方面では小満芒種の五、六月に多く見られ、冬や春秋にもおこります。第十三図に示すように北方を寒冷な高気圧が東進し、沖縄ふきんまたは南方海上にほぼ東西にのびる前線が停滞し、曇や雨の天気が多い。この前線上を小満芒種の頃小低気圧が通る時は大雨をもたらすことが多い。

（E）帯状高気圧（第十四図）

温暖型の移動性高気圧が東西に帯状に連なるか、又は小さい移動性高気圧が東西に一列に並び順ぐりに東進する場合です。この時はこの域内に低気圧や前線が発生したり通過することがなく、良い天気が続きます。春秋のころにあらわれやすい。

これは平均的には中緯度の高気圧帯というものが四季を通じて地球をとりまいていますが、冬は大陸高気圧が強くてかくされており、夏は大陸が暑くて低圧部

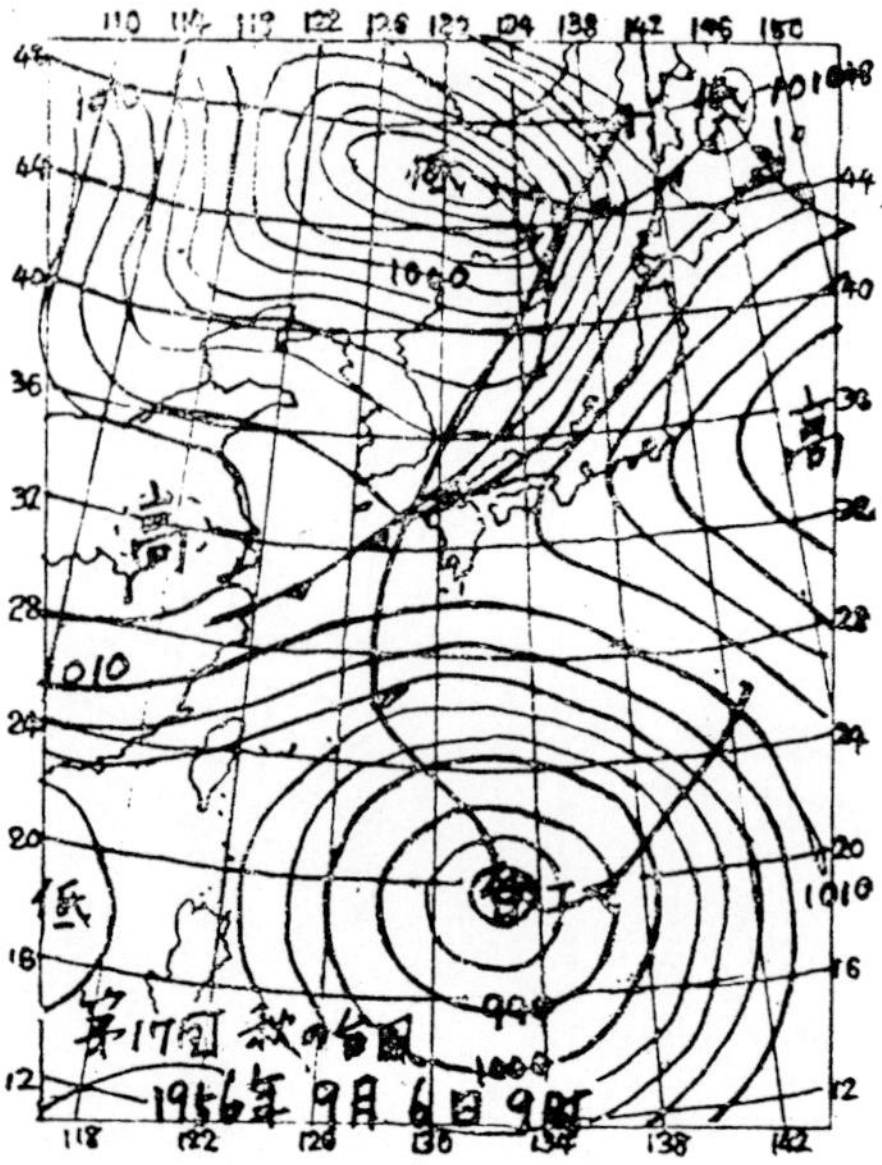
第17図 秋の台風
1956年9月6日9時

となつて消されてしまいます。つまり大陸から中緯度高気圧が帯状になつてくるのは春秋の頃に多くなるわけでこの帯状高気圧が北にかたより北日本をほぼ東西にのびる時は前の北高型のように陰曇な天気になる事があります。

（F）南高北低型（夏型）

夏に多い型で春秋のころにもあらわれます。第十五図に示すように太平洋の高気圧が西方にのび沖縄方面をおおいます。

当地方では南東の風が吹きむし暑い天候をもたらします。この気圧配置は安定で一般に好天気が続きます。夏余り長く続くと旱魃をおこします。夏この型がくずれて雨がふるのはふつう台風が北上する時です。

（G）台風型（第十六図と第十七図）

七、八月のころは台風は太平洋高気圧の周りを廻つて沖縄および台湾方面に進んでくることが多い。

九月になつて夏型の気圧配置が衰え、大陸に高気圧が発生し始めると、寒冷前線が東支那海方面に南下してきます。このような気圧配置になると今まで北西に動いていた台風が沖縄ふきんで北東に向きをかえて本州に進むようになります。

むすび

以上ごく一般的に天気図の見方と天気予報のあらましについてのべました。限られた紙で十分意につくせませんでしたが、詳しいとこはその他の参考書を見るなりまたは直接気象台か測候所におとい合わせ下さい。

これが気象教育の一助になれば幸いです。

気象相談室（気象台・伊志峰安進）

問…地上の風向と雲の進行方向で天気予報をたすけるための統計をとつていたところが、私のいるそばの煙突の煙が、南の方へ流れているのに、ここから二粁程はなれた煙突の煙は全く反対の方向に流れていた。このような小さな範囲の気象要素もその地域の天気を左右する原因になるか。

答…およそ気象の現象面は或る作用中心が原因となり或る結果をうみ、その結果がまた原因となつて他の結果をうむ連鎖反応をくりひろげることがはなはだ多い。地上の風は、風向風速ともに地形や地物のえいきようを受けて上空のものと異つてきます。だから気圧傾度（気圧の落差）による風は気球を揚げてはからねばならない。地上一、〇〇〇米位の風向は天気図上の等圧線の方向と大体に一致する。地上ではそのふきんの地形地物が構成する大きい谷の方向に沿うような風向に変つてくる。そして山や高地の風下では渦巻となり場合によつては主風と全く反対の風向があらわれることもある。一般に風が谷へ吹き込む処では風向は両岸の斜面の走向に沿うて風速が増大し谷から風が吹き出す処では風速は弱くなる。またこういう処では風のむきが不安定である。都市や村落などのまわりでは、風向もそのまわりの線に沿うて吹き、内部では大きな道路の走つている方向に吹き、そのため街路では処により、風が直角に吹き曲ることがある。

以上のほかに、山の近くや海べでは山谷風や海陸風が吹く。いずれにしてもこういう風向のちがいは、小範囲にいくらでもあるが、これは直接天気の変化を支配する力とはならないでしよう。むしろこれらの現象の原因となつている一般風や海陸風の方が天気と関係が深い。

問…くろはえ(黒南風）しろはえ(白南風）とはどんなものか。

答…黒南風とは、梅雨（つゆ）の頃に吹く南の風をいう、この風のため空がくもり、いんうつな天気がつづく。白南風とは梅雨あけの頃に吹く南の風で、この風が吹きだすとつゆがあけて夏がくるとされている。

「緑化の歌」一等当選歌
軽快に ♩=約92
みどり音頭
兼次美和子作詩
平良健作曲
みんなで うえーよこ
のーおーかーにー
みどりの もりをつくるのだ
おがわの きしへつづーくのだ は
るは ことーり もとん
でーくーるー ー ホラ
なえぎがめをふいた ホラ めを
ふいーた
みどり音頭
みどり行進曲
兼次美和子 作詞
一、みんなで植えよこの丘に
みどりの森をつくるのだ
小川の岸へつづくのだ
春は小鳥もとんでくる
ホーラ苗木が芽をふいた
芽をふいた
二、みんなで植えよこの道に
みどりの並木つくるのだ
村から町へつなぐのだ
夏はいこいの風も吹く
ホーラ若木が伸びました
伸びました
三、みんなで植えよあの山に
みどりの林つくるのだ
島はゆたかにあおあおと
樹々のこずえも陽に映えて
ホーラこだまがかえりくる
かえりくる

全琉緑化推進本部推薦曲
みどり行進曲
慧次美和子 作詩
山里将秀 作曲
行進曲風に ♩=112位(軽快に)
みんなでうえよー とのおかに
みどりのもりをー つくるのだ
おがわのきしへ つづくのだ はる
はことりも とんでくる ホー
ラー なえぎがめーをふいた め
をーふいた る

一九五九年度異動後

校長名一覧

校名は新任校
（ ）内は前任校
◎は校長事務取扱

コザ地区

コザ中　島袋　良繁
コザ小　知念　俊吉
島袋小中　具志　幸善
越来小　山城　宗雄
安慶田小　高良　裕渉
諸見小　山田　朝良
中の町小　城間　喜春
美東中　当間　嗣永
美東小（文教局主事）　◎桑江　良善
美里中　島崎　友勝
美里小　比嘉　寛清
北美小　田中　市助
高原小（野嵩高定時制主事）　仲宗根　繁
コザ高　新屋敷文太郎

那覇地区

那覇中　真栄城朝敎
上山中　島袋　正輝
小禄中　糸洲　長良
首里中　比嘉　俊成
垣花小中　西平　守良
小禄小（高良小）　上原　栄
高良小（昇任首里中教頭）　糸洲　朝宜
泊小　真栄城玄信
真和志中　渡久地政功
寄宮中　富原　守模
安謝小中　山城　芳栄
真和志小　阿波根直英
大道小　譜久山朝直
楚辺小　喜納　政敦
浦添中　銘苅　真栄
仲西中　親富祖永吉
仲西小　平良　利雄
城岳小　宇久　真成
開南小　大見謝恒義
壺屋小　親泊　興輝
久茂地小　山口　重和
城北小　長嶺　朝昂
城南小　真栄城朝康
城西小　稲峰　成浩
松川小　諸見里朝暉
若狭小　砂辺　正孝
前島小　名渡山兼秀
浦添小　浜比嘉宗正
南大東中小　伊集　盛敏
北大東中小　与那原春佳
神原小（学校教育課長）　中山　興真

知念地区

与那原小　与那嶺真栄
与那原中　新垣　庸一
南風原小　比嘉　定盛
南風原中　翁長　朝義
大里北小　上原　敏雄
西原小（大里南小）　喜舎場朝鴻
大里中　中村　義永
佐敷小　山城　静進
佐敷中　津嘉山朝吉
百名小（知念小）　外間　長賢
知念中　渡名喜元尊
大里南小（久高小中）　吉元　仙永
玉城中（玉城小）　前川　守皎
知念小（百名小）　仲里　仁十
船越小　伊礼　克淳
玉城小（玉城中）　糸数　新一
西原中（西原小中）　東恩納徳友
坂田小（坂田小中）　新垣　良康
知念高　金城　宏吉
久高小中（坂田小中教頭）　与那嶺義孝

読谷、嘉手納地区

読谷小　比嘉　良正
渡慶次小（嘉手納小教頭）　伊波　剛
古堅小中　山内　繁茂
喜名小　知花寺次郎
読谷中　真壁　松徳
嘉手納小　大湾　梅成
宮前小（渡慶次小）　具志　清繁
嘉手納中　宮城伝三郎
読谷高　照屋実太郎

石川地区

石川高　田港　朝明
石川中　栗国　朝光
城前小　当真　嗣昌
宮森小　仲嶺　盛文
伊波小　当銘　盛順
山田小中　福地　蔡元
仲泊小中　城間　恒英
喜瀬武原小　玉木　清仁
恩納中　屋宜　盛徳
恩納小（安富祖小中）　佐久本政亮
安富祖小中（恩納小）　平田　啓

宜野座地区

金武中　安富祖義徳
金武小　新里　孝市
中川小　松田義太郎
嘉芸小中　安富　毅
宜野座中　宮里　武英
宜野座小　浦崎　康吉
漢那小　大城　栄俊
松田小　仲地　清徳
嘉陽小中　宮里　正照
久辺小中　松田　健徳
三原小中　城間　辰蔵
久志小中　上原　和智
天仁屋小中　山口　沢正
屋嘉小中　阿波連宗正
宜野座高　新垣　永昌

辺土名地区

津波小中　宮城　政忠
塩屋小中　宮城　久勝
大宜味小中　糸満　盛英
喜如嘉小中　上地完太郎
奥間小　宮城　倉栄
辺土名小　平良　仲蔵
国頭中　金城　珍徳
佐手小中　松田福一郎
北国中　宮城　功雄
奥小中　知念　森正
楚洲小中　大城　貞賢
安田小中　大城　貞三
安波小中　吉田　善昌
高江小中　宮城　剛信
東小中　吉田　賀盛
有銘小中　古堅　宗徳
辺土名高　上地　安林

久米島地区

具志川中　喜久里真長
久米島中　喜久村絜能
久米島小　高江洲昌昇
大岳小　山里　昌睦
清水小　上江洲仁清
仲里中　喜久里教達
仲里小　仲原　善秀
比屋定小中　嘉手苅景昌
美崎小　仲間　智秀
久米島高　有銘　興昭

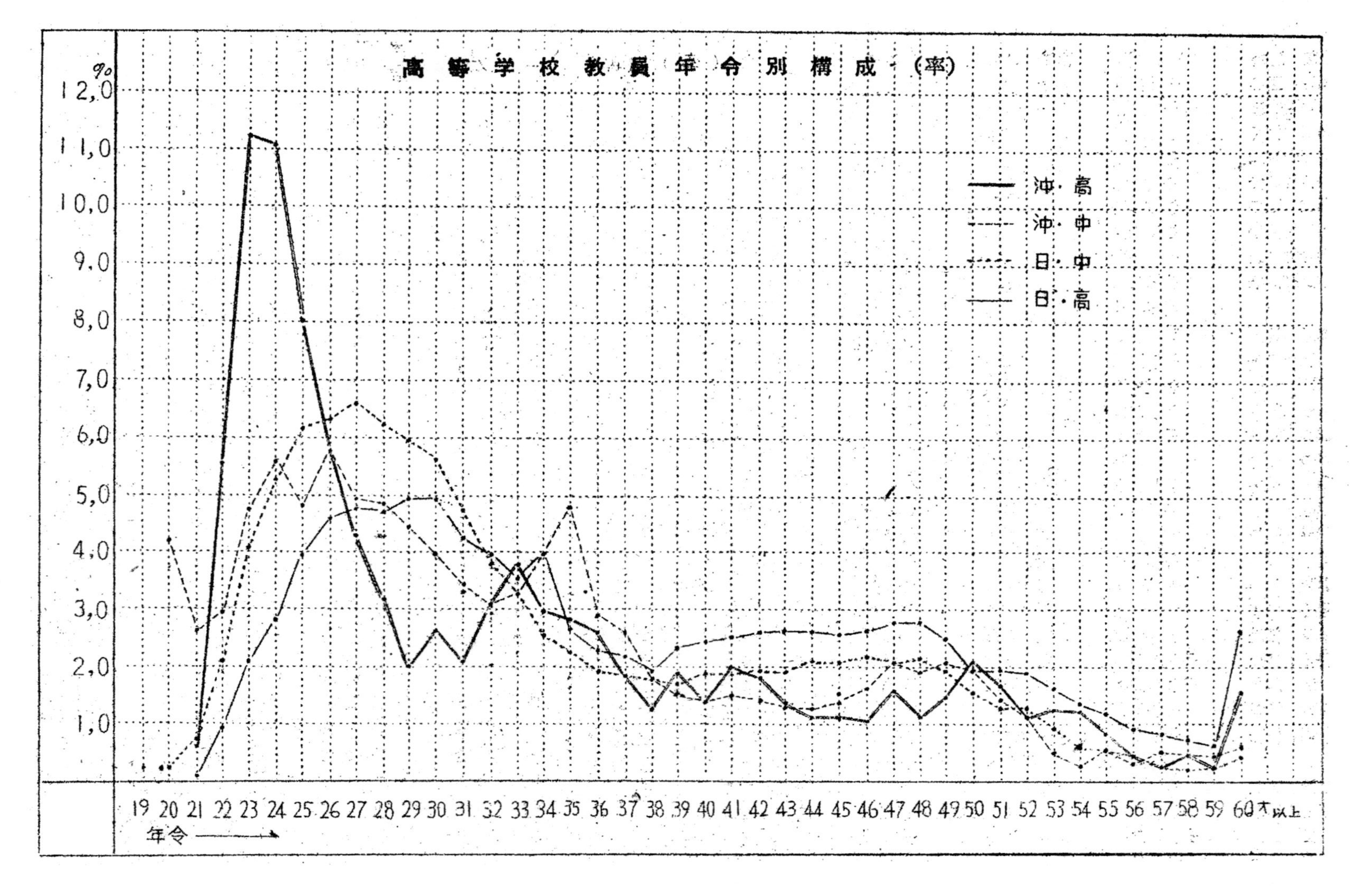
高等学校教員年令別構成（率）
沖・高
沖・中
日・中
日・高
%
12,0
11,0
10,0
9,0
8,0
7,0
6,0
5,0
4,0
3,0
2,0
1,0
19 20 21 22 23 24 25 26 27 28 29 30 31 32 33 34 35 36 37 38 39 40 41 42 43 44 45 46 47 48 49 50 51 52 53 54 55 56 57 58 59 60才以上
年令

高等学校教員経験年数別構成（率）

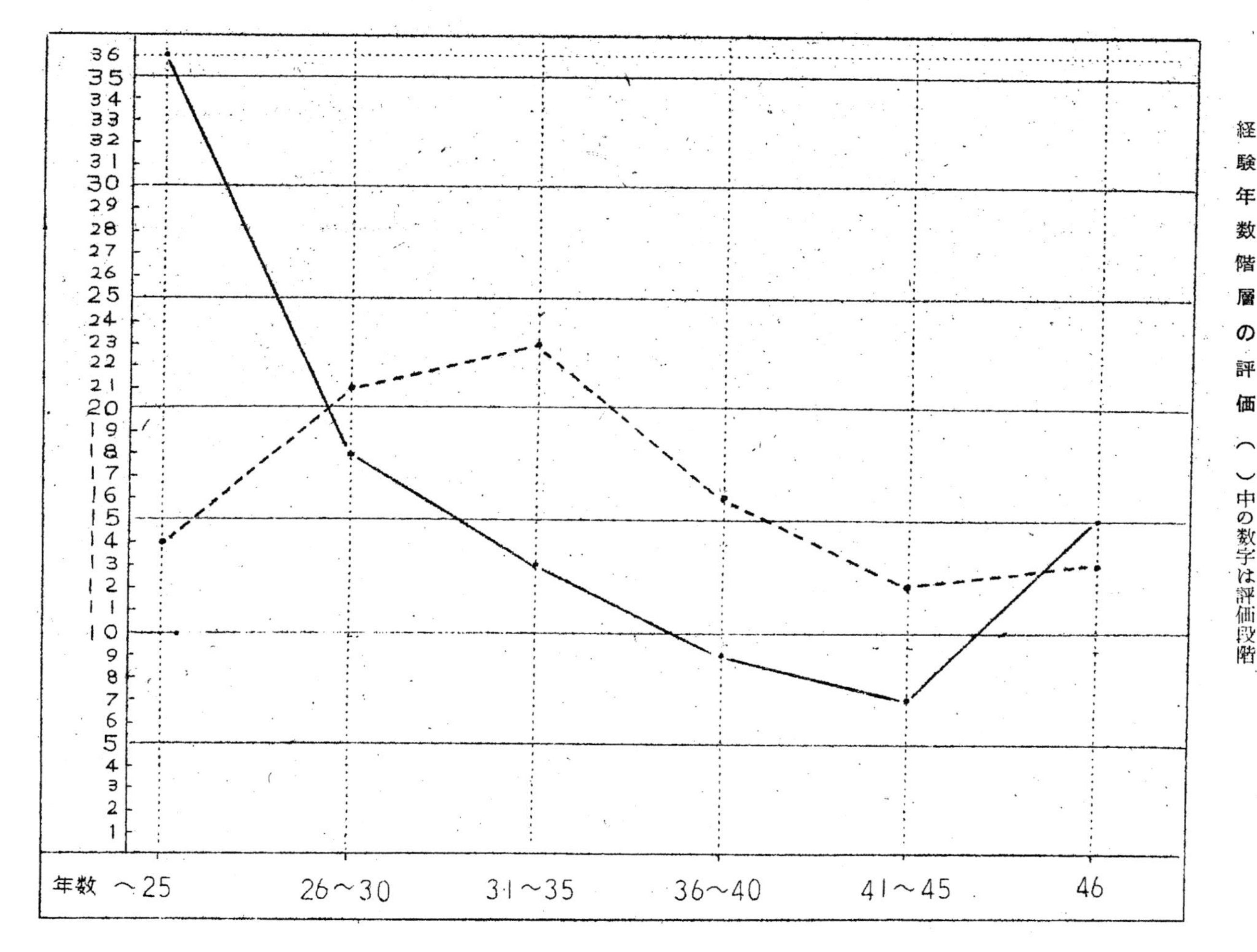

経験年数階層の評価 （ ）中の数字は評価段階

1年未満…（1）
1～5…（2）
5～10…（4）
10～20…（5）
20～30…（4）
30以上…（3）

年令別階層の評価

	A	B	
25才未満	36	14	+22
26～30	18	21	－3
31～35	13	23	－10
36～40	9	19	－8
41～45	7	12	－5
46才以上	15	13	＋2

A……Aは沖縄の高校教員
B……Bは文部省基準

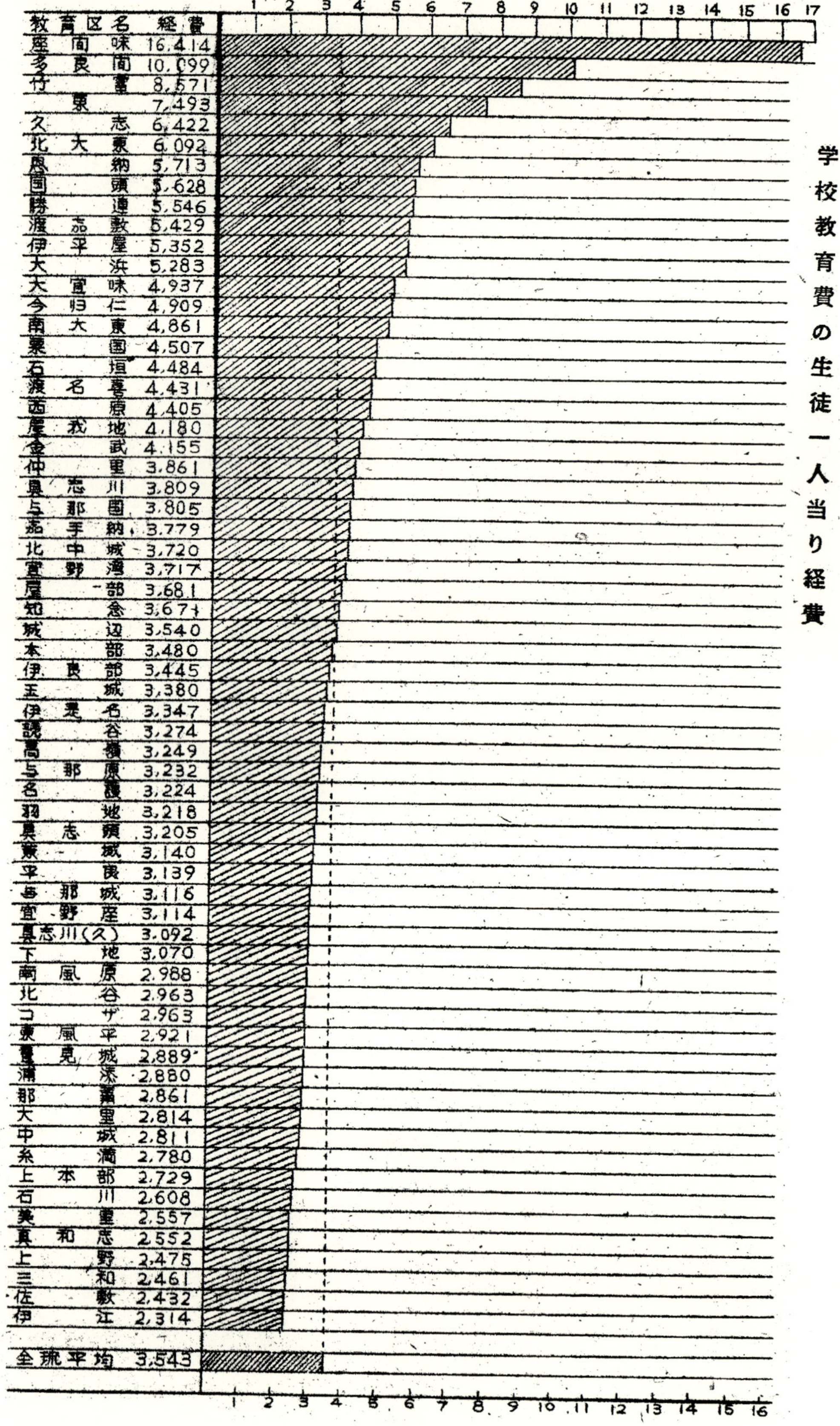
学校教育費の生徒一人当り経費
教育区名 経費
1 2 3 4 5 6 7 8 9 10 11 12 13 14 15 16 17
座間味 16,414
多良間 10,099
竹富 8,571
東 7,493
久志 6,422
北大東 6,092
恩納 5,713
国頭 5,628
勝連 5,546
渡嘉敷 5,429
伊平屋 5,352
大浜 5,283
大宜味 4,937
今帰仁 4,909
南大東 4,861
粟国 4,507
石垣 4,484
渡名喜 4,431
西原 4,405
屋我地 4,180
金武 4,155
仲里 3,861
具志川 3,809
与那国 3,805
嘉手納 3,779
北中城 3,720
宜野湾 3,717
屋部 3,681
知念 3,671
城辺 3,540
本部 3,480
伊良部 3,445
玉城 3,380
伊是名 3,347
読谷 3,274
高嶺 3,249
与那原 3,232
名護 3,224
羽地 3,218
具志頭 3,205
兼城 3,140
平良 3,139
与那城 3,116
宜野座 3,114
具志川(久) 3,092
下地 3,070
南風原 2,988
北谷 2,963
コザ 2,963
東風平 2,921
豊見城 2,889
浦添 2,880
那覇 2,861
大里 2,814
中城 2,811
糸満 2,780
上本部 2,729
石川 2,608
美里 2,557
真和志 2,552
上野 2,475
三和 2,461
佐敷 2,432
伊江 2,314
全琉平均 3,543
1 2 3 4 5 6 7 8 9 10 11 12 13 14 15 16

（五十一頁よりのつづき）

達おとなに何を望んでいるか、じかに子どもに接し子どもの口から彼等の現実の悩み要求を聞きとらねばならぬ。単なる昔流の忠君愛国的な盲従的親孝行観念や口先だけの説教や行いでは子どもが理解し納得するはずがない。

　年令的にあるいは精神的に幼稚であるというだけで子どもに理解をもさせないでおしつけにいいつけることはよくないことである。理解してはじめて子どもは喜んで親のいいつけもきくものである。理解のともなわない行いを強いるのはながつづきもしないし、子どもにとって決してプラスならない。荒れ果てた悪の横行する現実の社会を子どもがどう見ているかムチ打つ前に本当に相手の身になって考え、行い、反省しない限り子どもの道徳意識、実践力は決してコウヨウしないであろう。

　要は私たちおとなが子どもの現実をよく見、絶えず子どもの指導に気を配ることである。そのためにはどうしても学校、地域社会、家庭が車の両輪のように歩調を合わさなければ個々の子どもの人格完成も望めないであろう。

　時間特設しようがしまいがそれは問題でなく教師の指導技術と道徳感覚、そうして誠意の問題であると信ずる。


（コザ市越来小学校教諭）

学校教育費の児童一人当り経費

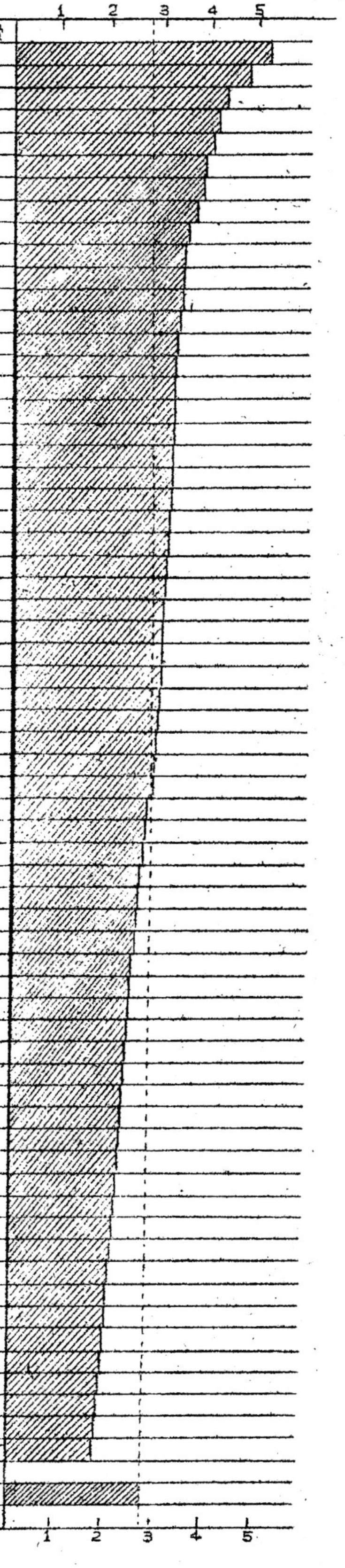

教育区名	経費
大浜	5,008
粟国	4,639
宜野座	4,245
三和	4,089
豊見城	3,985
屋部	3,845
東	3,766
竹富	3,601
仲里	3,552
具志頭	3,503
金武	3,502
羽地	3,443
上本部	3,436
伊平屋	3,304
渡嘉敷	3,285
大宜味	3,245
与那原	3,212
城辺	3,204
平良	3,161
美里	3,143
北中城	3,126
座間味	3,100
宜野湾	3,070
嘉手納	3,055
石垣	3,052
名護	3,021
北谷	2,998
大城	2,997
国頭	2,930
与那国	2,849
久志	2,840
中城	2,838
那覇	2,831
石川	2,818
浦添	2,734
コザ	2,695
恩納	2,652
真和志	2,628
本部	2,592
具志川(ス)	2,515
多良間	2,496
玉城	2,451
北大東	2,444
与那城	2,403
今帰仁	2,384
勝連	2,329
屋我地	2,310
佐敷	2,271
兼城	2,241
高嶺	2,210
具志川	2,165
下地	2,165
南大東	2,154
伊江	2,119
南風原	2,091
渡名喜	2,086
上本部	2,066
知念	1,995
読谷	1,973
糸満	1,925
伊是名	1,852
東風平	1,816
西原	1,771
上野	1,751
全琉平均	2,817

教育費のすがた（続）

研究調査課

4　一学校当りの平均教育費（支出項目別、財源別）

この表は一九五七会計年度の教育財政調査の結果にもとづいて、小中学校別に全琉平均による一人当りの教育費総額を支出項目別に示したものであります。

小学校

単位Ｂ円（本土の分は昭和三十一年度の地方教育費の調査による、日円をＢ円に換算して括弧内に示す）

寄附金その他（寄附金）	教育区支出金（市町村支出金）	政府支出金（国、県支出金）	財源の内訳	
7% (5)	8% (17)	5% (78)	1,519,133円 (2,115,280)	教育費総額
0% (0)	0% (1)	100% (99)	890,973円 (1,197,640)	1 教員の給与
55% (26)	26% (45)	19% (29)	68,856円 (99,860)	2 教員の給与以外の教授費
24% (3)	76% (77)	0% (20)	36,892円 (121,360)	3 維持費
39% (15)	55% (82)	6% (3)	37,061円 (43,310)	4 修繕費
59% (14)	20% (70)	21% (16)	28,392円 (53,930)	5 補助活動費
6% (11)	75% (87)	19% (2)	15,908円 (129,200)	6 所定支払金
8% (9)	7% (74)	85% (17)	441,051円 (406,980)	7 資本的支出

図書紹介

道徳教育

―その主体的確立のために―

広島大学教育学部教授　佐藤正夫編

先生方が、現場での教育実践のなかで、自主的に主体的に道徳教育をうちたてるためには、どういう基本的な態度と観点に立てばよいか―。といつた課題ととつくんで、

新しい学習指導要領などの問題をふまえて明確に論述した共同作で、

編者は一九五七年度夏季講師として来島された佐藤正夫先生が当る。

おもな内容と執筆された先生方は

日本の進路と道徳教育（長田　新）

第一部　道徳教育の課題と目標（石井金一郎　古浦一郎　佐藤正夫）

(1) これからの日本はどんな人間を要求するか
　―人間像の問題―

(2) 道徳性はどのように発達するか　また、それをどのように導いたらよいか
　―発達心理学の立場から―

(3) 新しい道徳教育は、どんなしくみをもたねばならないか
　―新時代の道徳内容―

第二部　道徳教育の内容と方法（佐藤正夫　吉本均　松永信一　金子廉）

(1) 生活指導と道徳教育とはどんな関係をもつか
(2) 生活作文のなかで、道徳教育をどのようにすすめたらよいか
(3) 教科学習のなかで、道徳教育をどのようにすすめたらよいか
(4) 社会科学習のなかで、道徳教育をどのようにすすめたらよいか

第三部　道徳教育の特設時間をどう考え
　どのように受けとめたらよいか
　―教委指導主事、現場の先生のアンケート―

発行所　西日本図書　定価五七セント

三月のできごと

一日　沖縄タイムス社主催第二回タイムス駅伝、国場組優勝

本土同胞から愛の苗木第一陣九州から送らる、二万五千本

二日　ハワイ大学の経済学主任教授トーマス・H・伊芸博士（金武村出身）琉大卒業式で「新時代の展望」と題して講演

三日　苗木二陣六千三百余本関西送らる

バージャー首席民政官当間主席に職業教育備品として十六万ドル小切手交付。

四日　台湾の職業教育状況視察のため琉大講師スローカム氏、小波蔵文教局長、比嘉職業教育課長、安里琉大学長、与那嶺教育学部長の五氏出発

琉大入学試験（六日まで）

平良市池間中学校「純漁村の職業教育について」実験学校発表会

ニューヨーク自然博物館のバード、エクホルムの両博士嘉手納村兼久海岸の貝塚で千三百年前の唐古銭発掘

五日　台湾政府からユーカリ、木麻黄等の苗木七万本入荷。

文教局指定読谷小校研究発表会「理科の学習環境の整備と学習指導法の研究」

六日　軍民合同記念植樹祭（那覇市泊浄水場で）

与那原中校「生徒指導のための教育調査」について実験学校発表会

奥間小学校実験学校発表会

七日　文教局主催養護教諭研修会（教職員共済クラブにて）

沖縄教職員共済会館の建設について文部大臣の決裁をえて最終的決定をみる。

八日　区教育委員投票日、ほとんどの教育区無投票、コザ、三和、伊良部、決戦投票。

九日　教育長定例会（於読、嘉連教委事務局）

組踊保存会結成（会長山里永吉）

十日　来島中の早大雄弁会が那覇高校で弁論大会開く。

十一日　コザ学園中央高校では教頭の全日制解任問題で職員が理事会および校長と対立す。

十二日　公立高校の政府移管について教育長、高校長、文教局の合同懇談（那覇高校にて）

十四日　第三学期修了式

沖縄タイムス文化講座NHKニュース解説担当平沢和重氏「最近の内外情勢について」

沖縄教職員共済会那覇宿泊所（共済会館）建設のため渡日中の屋良教職員会長四千万円（日円）の契約を文部省との間に成立させ帰る。

十五日　八重山各区教育委員選挙

十六日　ハワイ沖縄観光団二十三人来島

学習院大学剣道部十人沖縄剣道部の招きで来島

十七日　那覇区教育委員会教員異動発表

十八日　第六回春の高校野球大会開幕（那覇高校で）

文部省体育局事務官松島茂善氏改訂指導要領の講習のため来島。

二十日　沖縄教職員共済会那覇宿泊所建設工事地鎮祭鉄筋コンクリート三階建延三六六坪、竣工は今年十一月の予定

沖縄子どもを守る会の第五回中央大会（教育会館ホール）

二十一日　沖縄タイムス社主催第十一回沖縄美術展覧会（壺屋小校で）二五日まで

沖縄短大講師高宮広衛氏ら兼城貝塚を発掘土器石器出る

二十三日　保健体育の高等学校教育課程分科審議会（新庁舎会議室で）

二十四日　沖縄中校体育連盟、沖縄社会人野球連盟共催第二回春季中校野球大会

二十五日　京都府遺族会第二回沖縄戦跡巡拝団二五人来島

コザ小学校の招きで久留米市篠山小学校豆使節団来島

二十七日　第六十六回中教委で国吉有慶氏を副委員長に選出

沖縄教職員会第四回定期総会で「皇太子ご成婚の日を本土なみに休日と国旗掲揚させてもらう」よう要請

三十日　中教委で「短期大学を設置する財団法人設立認可基準」「義務教育学令児童および学令生徒の就学義務の猶予と免除に関する規程」「盲ろう学校を廃止し盲学校、ろう学校とそれぞれ独立校にする」案を可決

日本ノンプロ女子野球チーム来島

三十一日　教職員会中教委に「皇太子ご成婚の日の休日について」陳情

立法院本会議で「皇太子ご成婚の日を休日とする立法案」可決

那覇市議会では「沖縄市への改称」を否決した。

文教時報（第五十三号）（非売品）

一九五九年四月二日　印刷
一九五九年四月六日　発行

発行所　琉球政府文教局
研究調査課

印刷所　那覇市久茂地町一の八八
新光社印刷所
（電話六八〇番）

文教時報

琉球　1959

54

文教局研究調査課　NO 54

はしがき

この報告書は、文部省が主催する全国学力調査を全琉球の公立小学校、中学校、高等学校（政府立も含む）の児童・生徒を対象として、下記の教科について実施（昭和三十三年九月二十五日）した調査の結果である。

小学校：音楽、図画工作、家庭、教科以外の活動
中学校　英語、職業家庭
高等学校　英語、保健・体育

ここに発表する資料は、その結果を各教科別・学校種別に主要事項について本土の児童・生徒の成績と比較しながら分析、検討したものである。

問題の分析、検討にあたつては多教科にわたつた関係上、十分突込んだ検討が出来なかつたが、各教科とも問題のねらいに対して正答率で、本土と琉球の成績を比較してあるので、その正答率から学習上の問題点を判断し、指導の改善に資してもらいたい。

もともと、本調査は児童・生徒個々の成績や個々の学校の評価を意図してなされたものではなく、現在、文部省の示す各教科の目標に対してどの程度到達しているかということを全国的な規模においてみるためのものである。しかし時間的な制限やペーパーテストであるということから児童・生徒の学力の全分野を調査することができない面はあるが、琉球の児童・生徒の学力の一般的な傾向はとらえることができると思う。この観点から調査結果の資料は、常に教育的に取扱い、学習上の長所や問題点をこれによつて見出し、教育条件の整備改善に活用していただきたい。

昭和三十四年三月

文教局研究調査課長
喜久山添采

目次

I　調査対象について

調査対象は、全琉球の小学校六年、中学校は二年(職・家)と三年(英語)、高等学校は全日制三年、定時制四年の全児童生徒である。

結果の集計に当つては、小学校、中学校は全琉から、三分の一の学校を無作為抽出によつて選定し、これらの学校の児童生徒の成績をまとめたものであり、高等学校は全日制二〇校、定時制五校のテストを受けた全生徒の成績をまとめたものである。

抽出によつて選定された学校数および児童生徒数は、第1表のとおりである。

第1表　調査対象数

小学校	学校数	児童数			
		音楽	図画工作	家庭	教科以外の活動
	78校	5,777	5,919	5,827	5,775

中学校	学校数	生徒数	
		英語	職業・家庭
	54	5,894人	4,729人

全日制高校	課程数	生徒数	
		英語	保健・体育
	20	5,622人	5,632人

定時制高校	課程数	生徒数	
		英語	保健・体育
	5	323人	362人

II　得點別にみた結果

1　全国平均と全琉平均

備考　英語Pは一五単位履修者
英語Qは一五単位未満履修者
英語Rは初修用教科書使用者
全日制高校の英語Q、定時制高校(P・Q)の平均点は一〇〇点満点に換算したものである。

第2表　学校種別・教科(科目)別にみた平均得点　(1958年9月実施)

	小学校		中学校		全日制高校		定時制高校	
	全国	全琉	全国	全琉	全国	全琉	全国	全琉
音楽	54.6	41.4						
図工	56.6	41.7						
家庭	52.7	39.9						
職・家			41.2	31.9				
英語			I 44.4 II 36.8	31.5	P 49.4 Q 31.1 R 19.3	33.7 14.1 —	24.0 17.0 15.3	20.4 9.9 —
保健					38.9	31.3	31.8	20.1
体育					41.2	28.1	31.1	25.1

2　児童生徒の得点の分布

次に掲げる第1図は、学校種類別、教科別にテストを受けた個々の児童生徒が一〇〇点満点の配点に対して得た得点の分布を、琉球と全国とを比較したものである。

(1)　小学校

各教科とも本土の分布状態と比較した場合に、はるかに下回つている。本土が全般としてほぼ五〇点を中心として正規分布に近い形が得られているのに対して琉球の場合は、四〇点を中心とした分布曲線になつている。このことは琉球の児童生徒の学力不振を裏付けるものである。極めて注目しなければならない。

図工の場合、得点分布の変化が激しいようにみえるが、一〇点配点の問題が五問題、五点配点の問題が三問題を占めているのを、二点きざみの複数で示したためであつて、一〇点きざみにみれば音楽や図工と同様の分布に近い形が得られるであろう。

以下教科別に得点分布を示すと次の通りである。

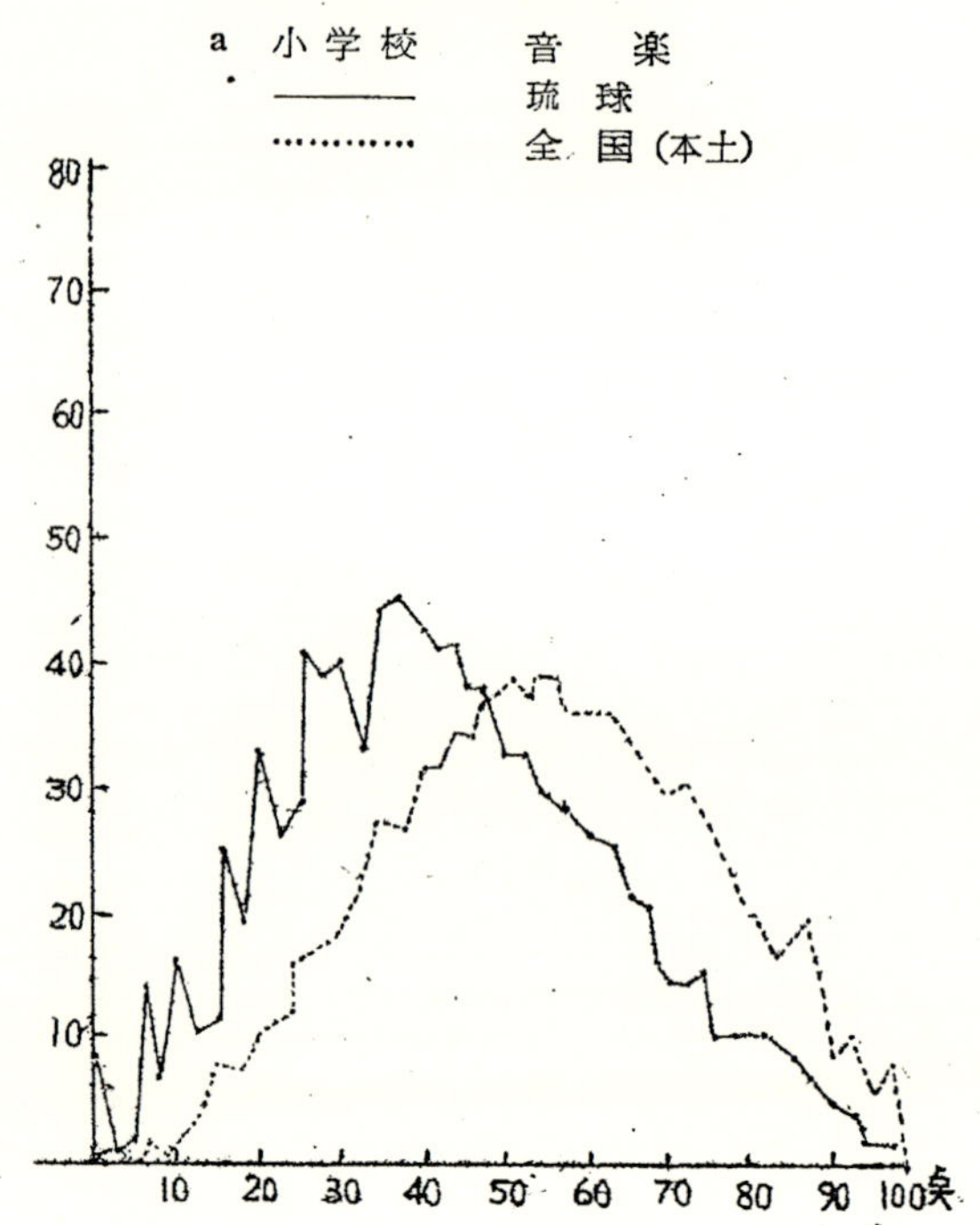

第1図 兒童の得点分布

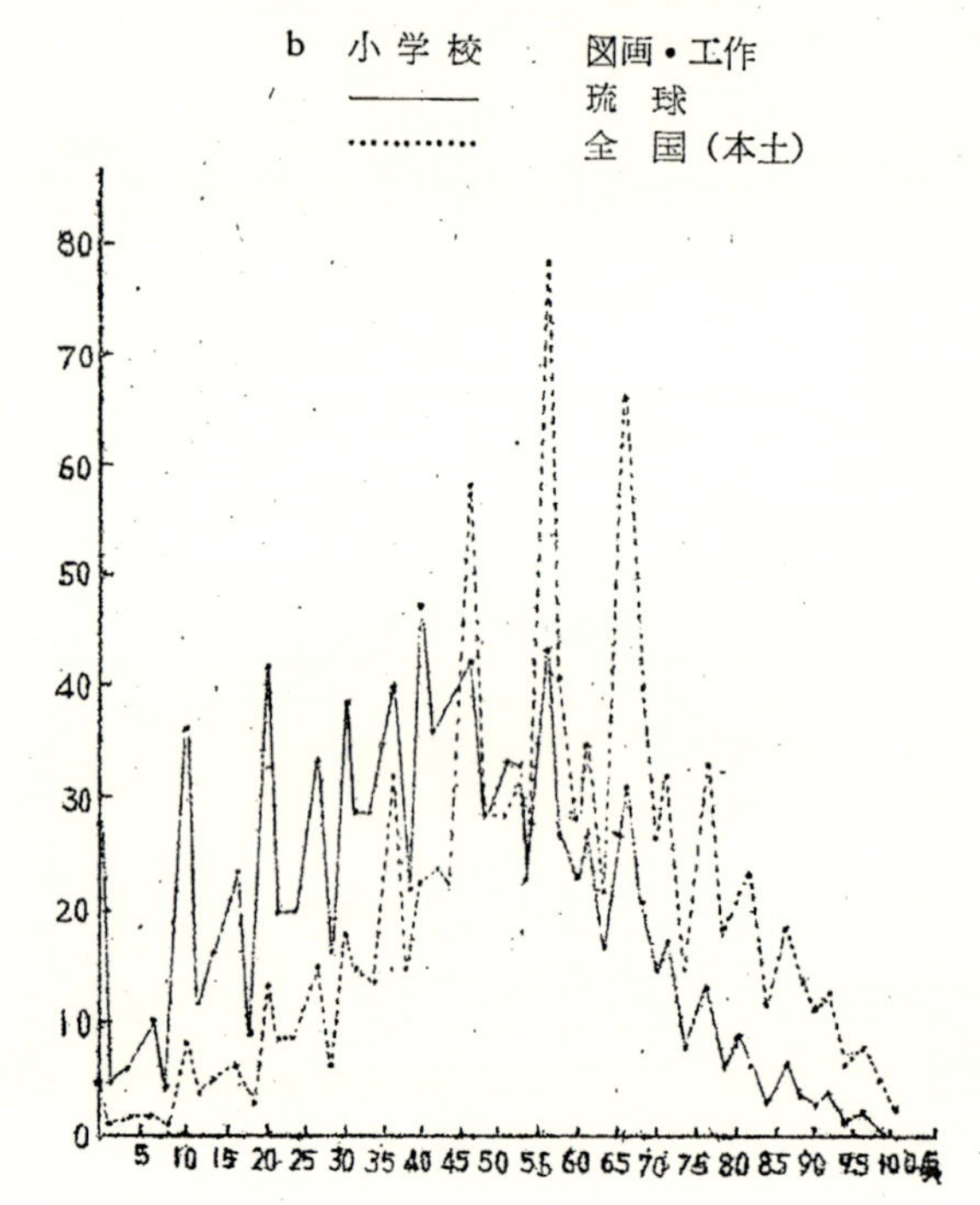

第1図 兒童の得点分布

(2) 中学校

英語は、琉球の場合は必修教科であり、本土の場合は選択教科であるが、幸に文部省で集計した本土の中学校の英語の成績は、第一学年～第三学年の全学年を通じて英語を履修している生徒のみの学校のものであるので、直接比較することができた。

その分布状態をみると、いずれの場合も正規分布とならずに、頂点が低い点数に偏つた分布となつており、本土の場合は琉球と比較すると、土位の方に厚みがある。

また職業家庭の分布は、テストを受けた生徒全員に課した共通問題について示したものである。

この分布は、やや正規分布に近い傾向を示しているが頂点が低い点数に偏つた分布となり、琉球の場合は本土と比べて、さらに頂点の点数が低い分布となつている。

以下第**2**図で示すことにする。

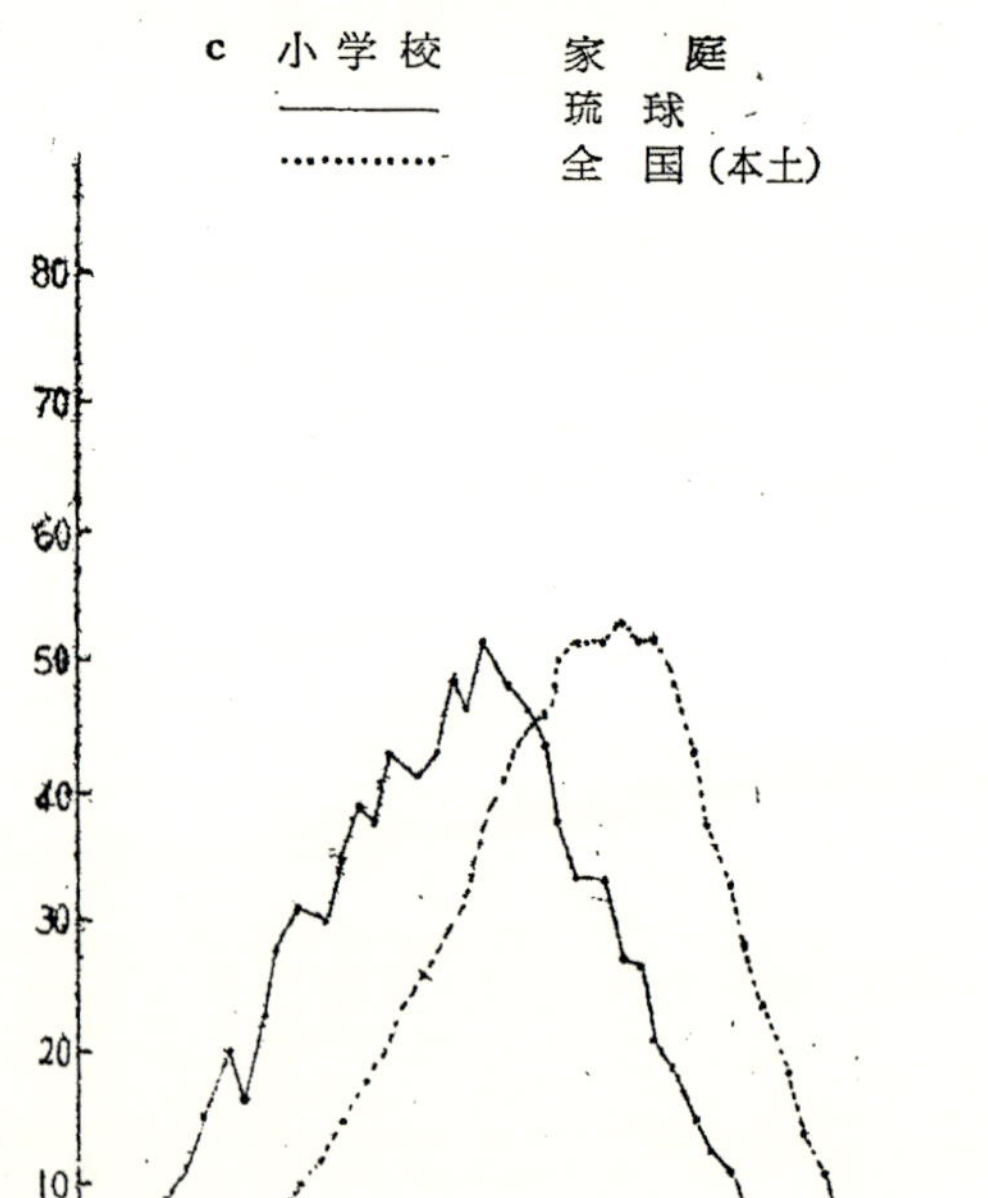

第1図 兒童の得点分布

第２図　生徒の得点分布

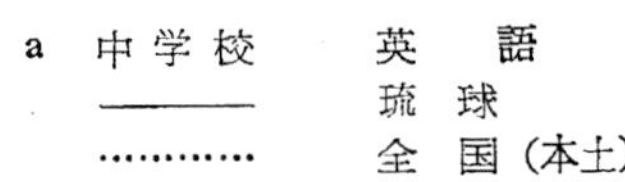

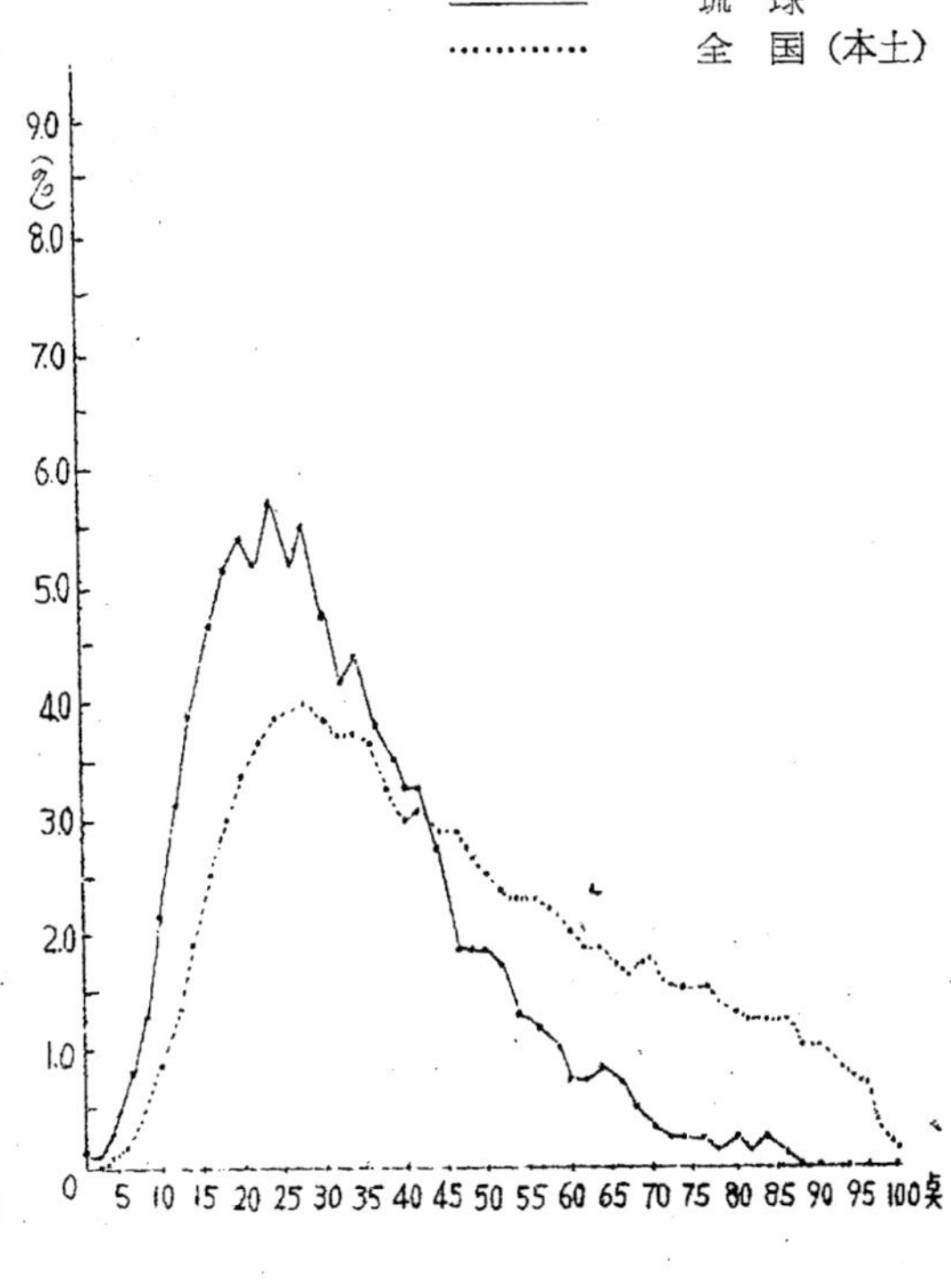

第２図　生徒の得点分布

b　中学校　職業家庭
琉　球
全　国（本土）

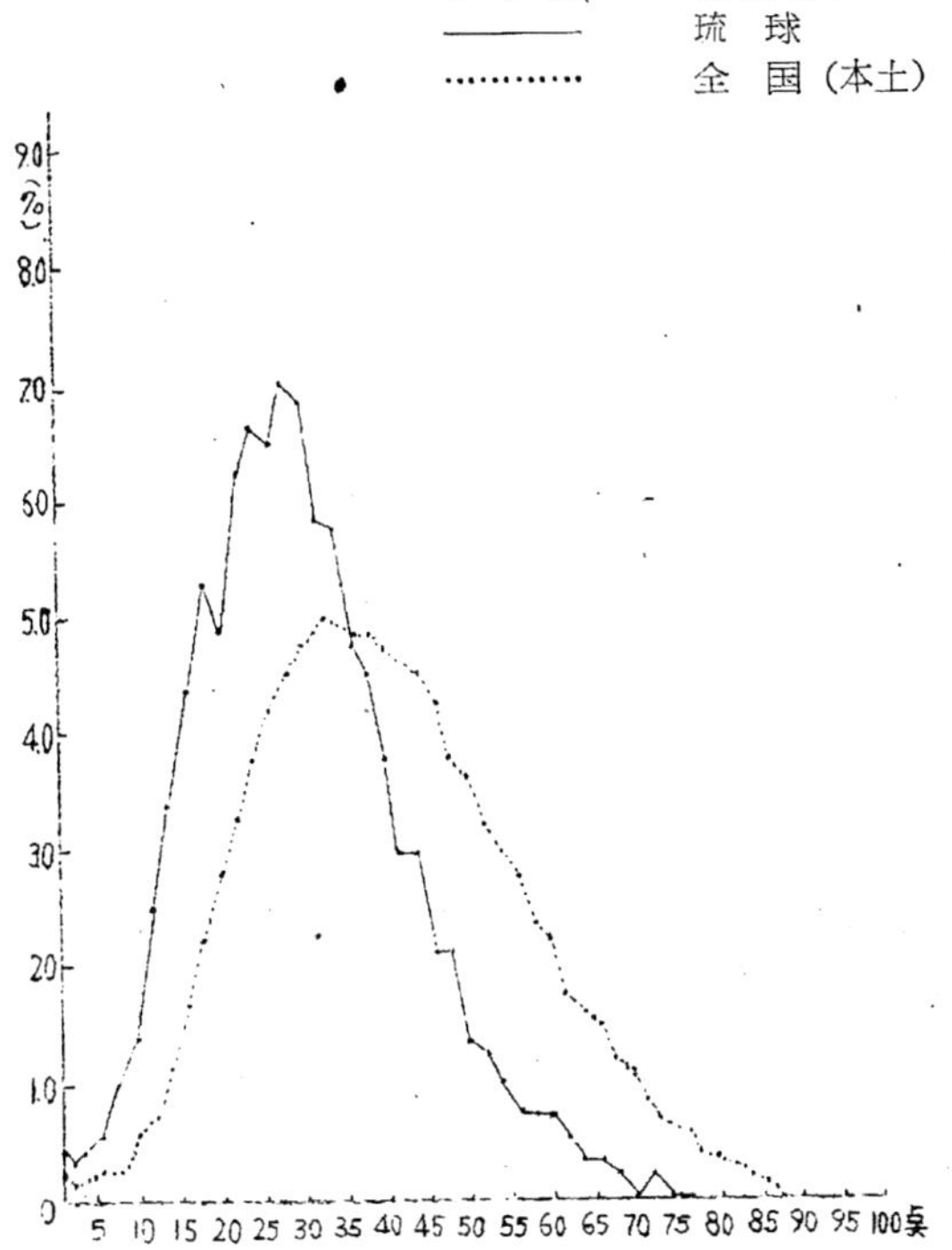

(3) 高等学校

英語においては、教科履修状況に応じてP（一五単位以上履修者）、Q（一五単位未満履修者）、R（初修用教科書使用者）別に示してある。ただし、琉球の場合は、Rに該当する者はなく、したがってP、Qの二つに分類されている。

その結果を概観すると、いずれの場合も正規分布にならずに、頂点が低い点数の方に偏った分布となっている。

とくにこの傾向は、定時制高校の場合に著しい。

なお、第３図bを読むに当っては、六四点満点であること、さらに定時制高校のP・Qの場合は放送の部分を採点から除外したので、九〇点、五四点がそれぞれ満点であることに注意されたい。

保健体育では、保健はほぼ正規分布に近い形が得られているが、平均予想得点五〇点をはるかに下回っており、琉球の場合はさらに本土とのひらきが大きい。

体育の場合は、本土も琉球も五〇点以下の部分の変化が激しく、四点おきにピークが現われている。これは出題された問題の配点によるものであると思う。

体育は本土と琉球がほとんど同じ傾向にあるところに注目したい。

いずれの場合も平均をはるかに割っているので、出題された問題や生徒の履修状態に再検討の余地が残されているように思う。

以下に図で分布の状態を示すことにする。

第３図　生徒の得点分布

b　高等学校（全日制）　英 語（Q）

――――――　琉 球

…………　全 国（本土）

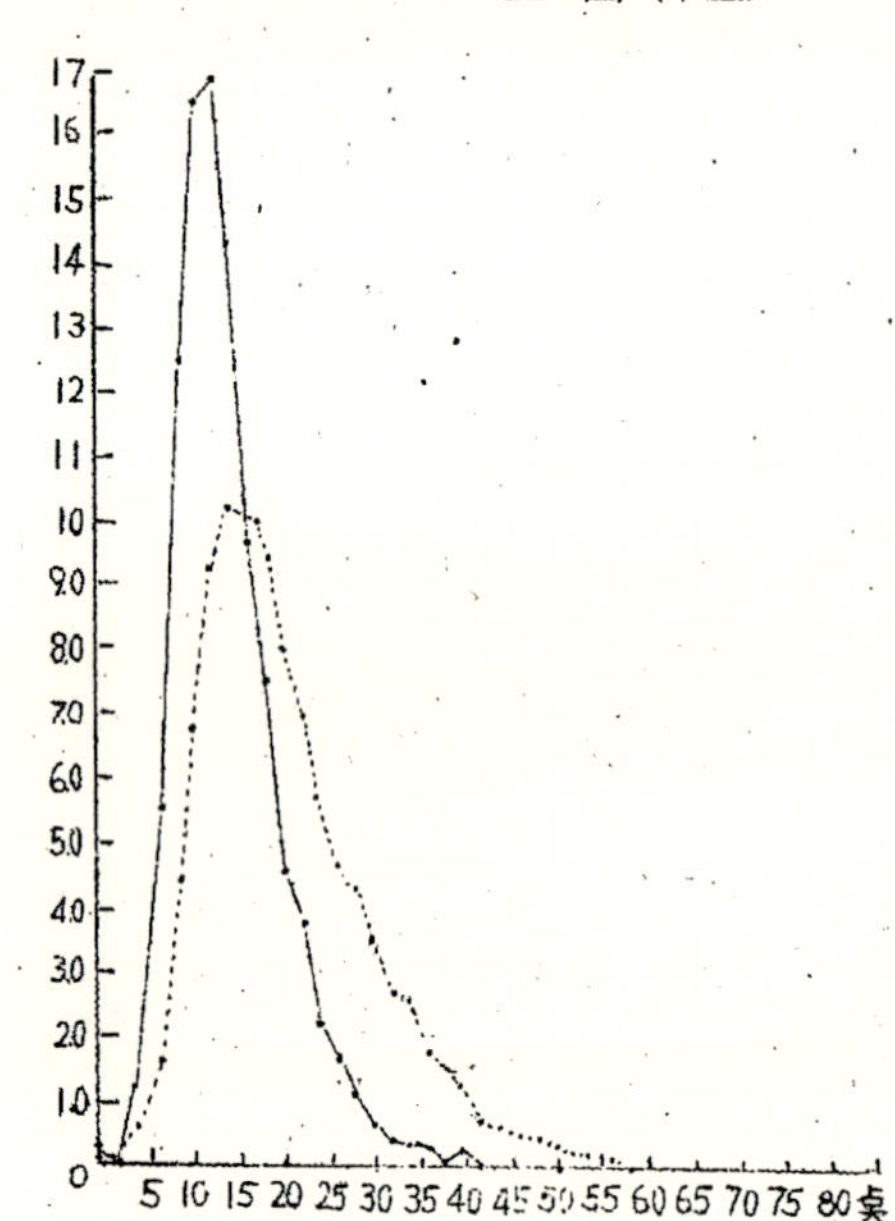

第３図　生徒の得点分布

a　高等学校（全日制）　英 語（P）

――――――　琉 球

…………　全 国（本土）

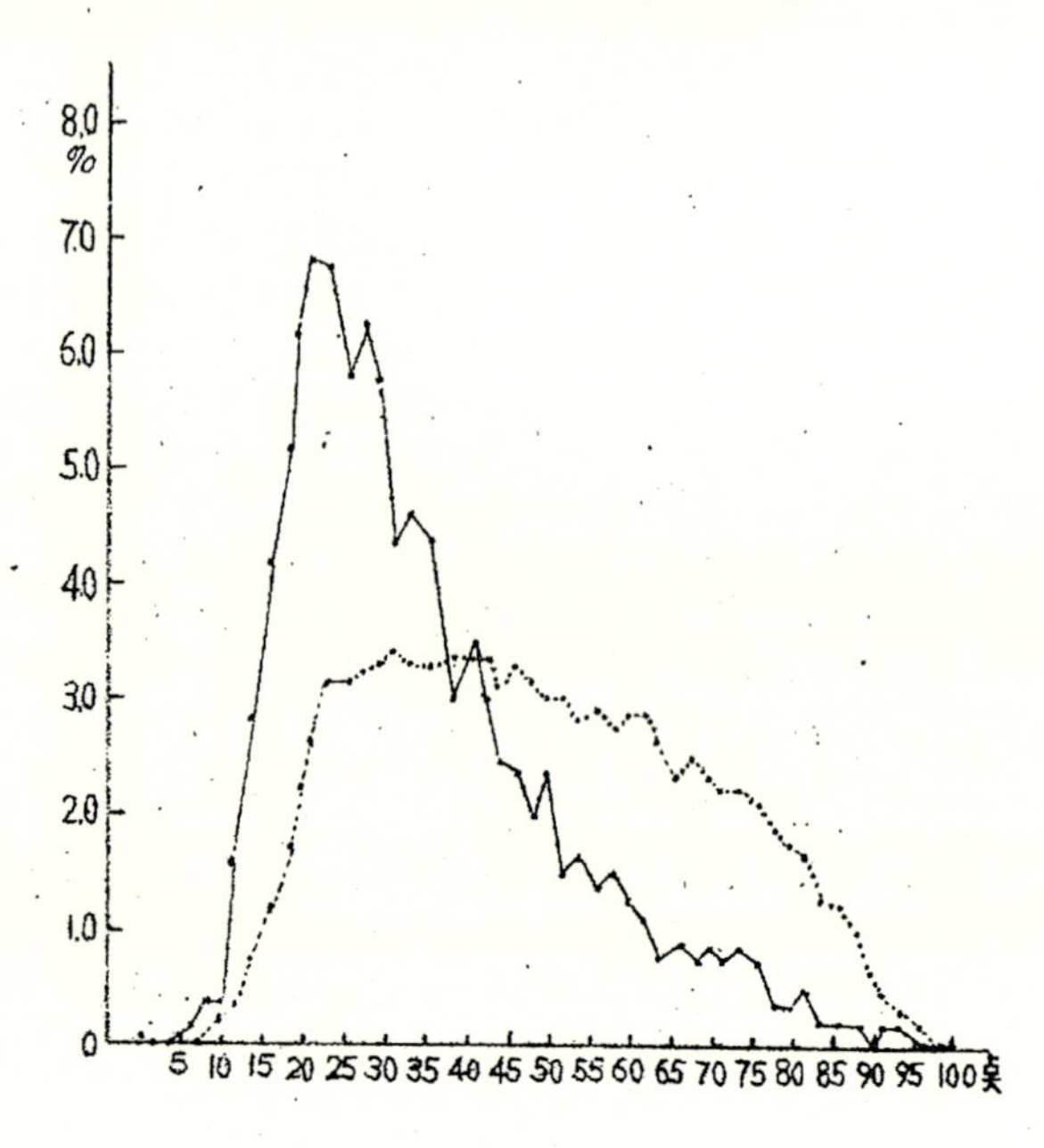

第３図　生徒の得点分布

d　高等学校（定時制）　英 語（Q）

――――――　琉 球

…………　全 国（本土）

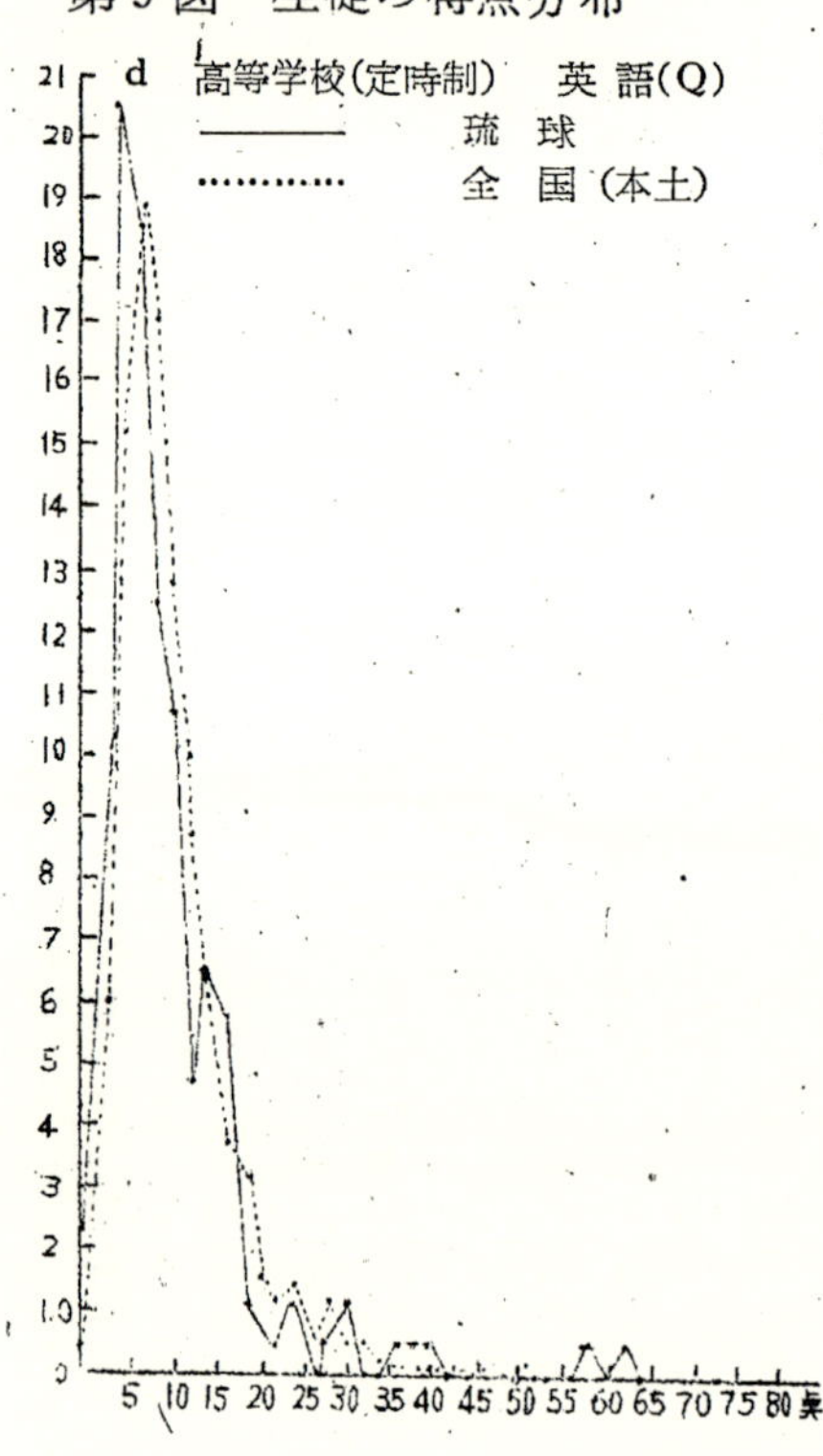

第３図　生徒の得点分布

c　高等学校（定時制）　英 語（P）

――――――　琉 球

…………　全 国（本土）

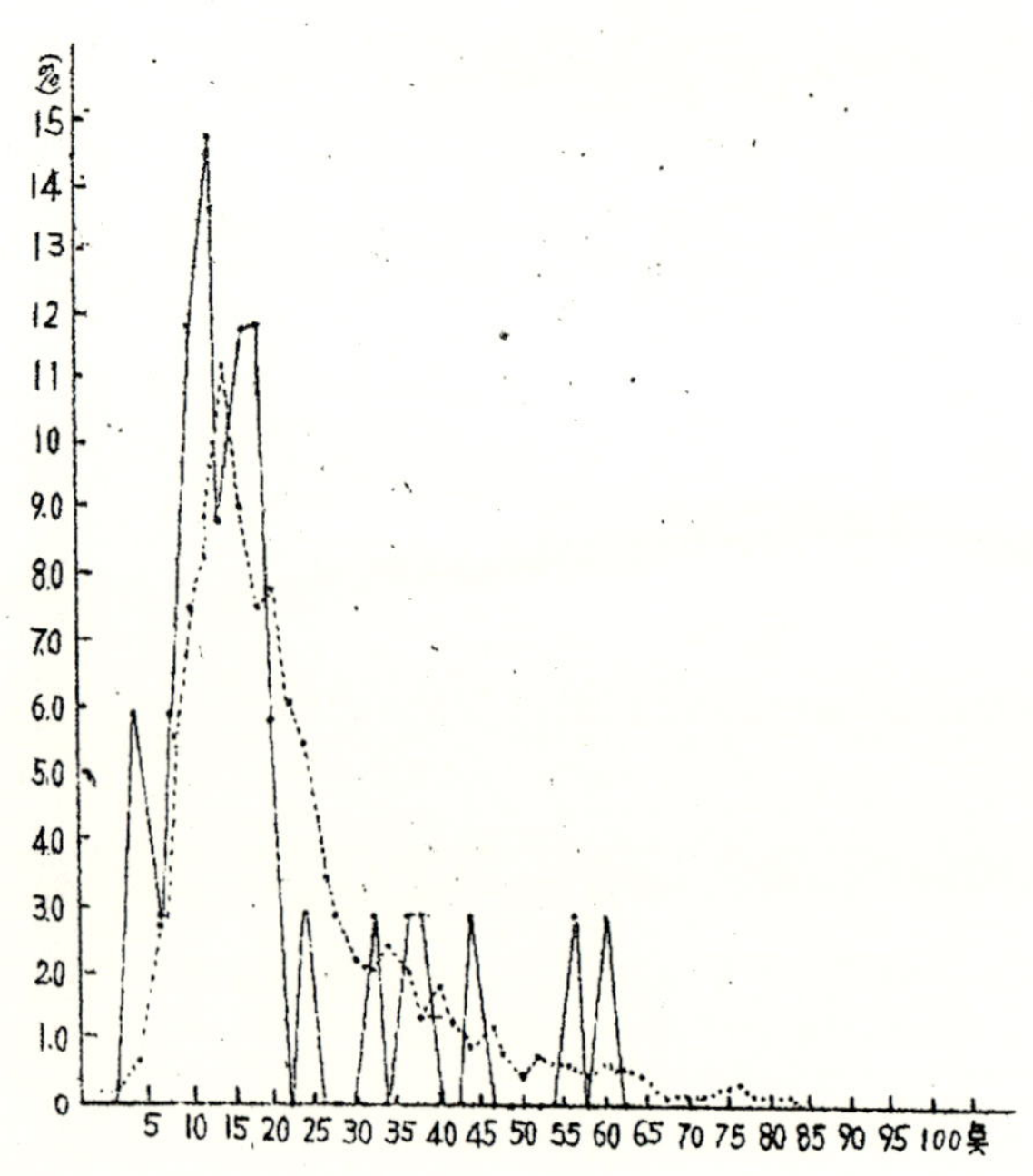

第3図　生徒の得点分布

f　高等学校（定時制）　体　育

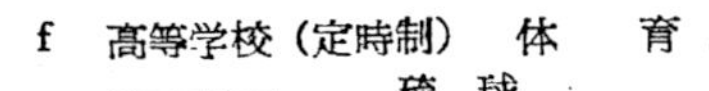

――――――　琉　球

…………　全　国（本土）

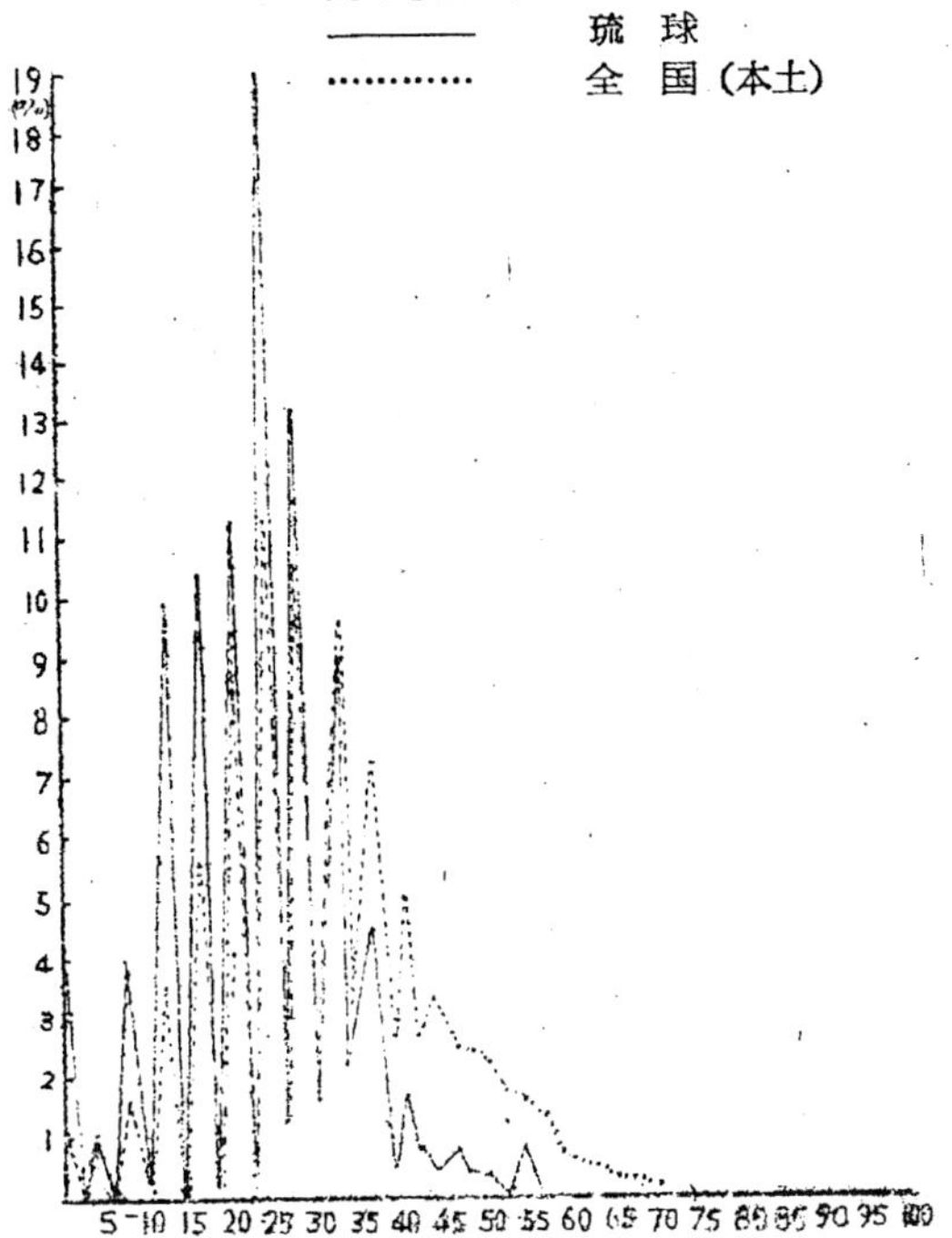

第3図　生徒の得点分布

e　高等学校（全日制）　体　育

――――――　琉　球

…………　全　国（本土）

第3図　生徒の得点分布

h　高等学校（定時制）　保　健

――――――　琉　球

…………　全　国（本土）

第3図　生徒の得点分布

g　高等学校（全日制）　保　健

――――――　琉　球

…………　全　国（本土）

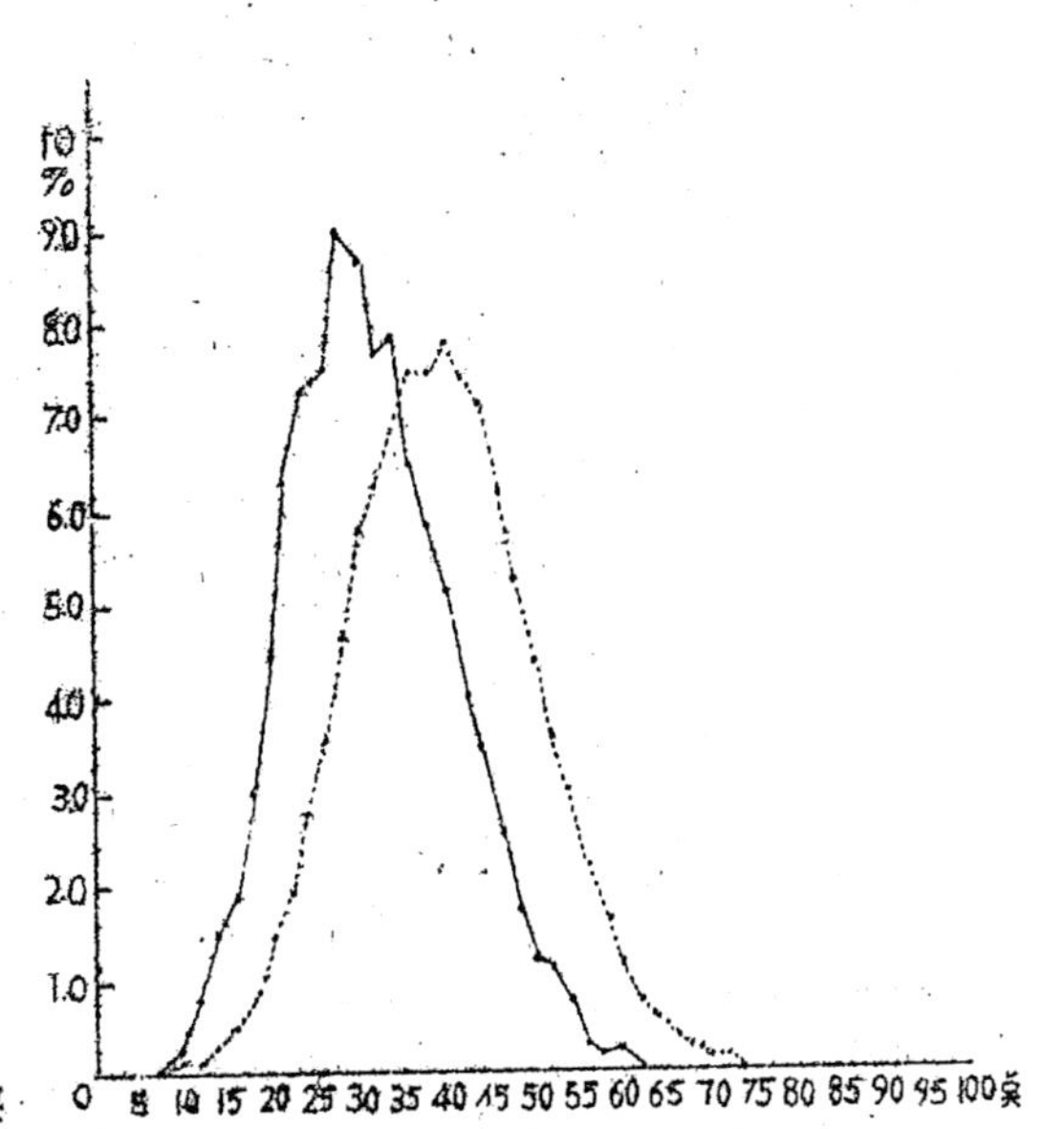

3 学校の平均点の分布

学校間の学力のひらきをみるため、調査を実施した。小学校、中学校、高等学校について、それらの学校の平均点の分布状況を示したのが第４図である。

(1) 小学校

下記の図からも読みとれるように、音楽、図画、工作、家庭の各教科とも最高と最低のひらきは、四〇～六〇点に及んでおり、学校間の学力の差が極めて大きいことが注目される。

それと同時に、いずれの教科も全国平均に及ばず、頂点が低い点数に偏った分布となっており、本土と比較して一三～一五点のひらきを示している。

第４図　学校平均点の分布

a　小学校

――― 音楽
……… 図画・工作
―・―・― 家庭

（沖縄）

(2) 中学校

中学校においても、その学校平均点は、最高四五点以上から、最低一五点未満に及んでおり、学校によって学力の差が著しいことがうかがえる。また、英語と職業家庭ともほぼ同じ形の分布になっているが、いずれも本土と比べると一〇～一三点のひらきがある。また、本土の場合は四五点以上の学校が数多くあるのに対して琉球の場合は、最高でも五〇点未満である。

(3) 高等学校

高等学校の英語保健、体育について全日、定時別に学校平均点の分布状況をみたのが第４図のc、d、e、fである。なお、英語の場合は生徒の履修状況によって、P（一五単位以上履修者）、Q（一五単位未満履修者）、R（初修用教科書使用）の別になっているが、琉球の場合は、Rに該当する学校はなかった。

また、定時制高校の英語は放送によるテストの部分が採点されないので、九〇点満点になっていることに注意されたい。

全日制高校の分布もあまりよいとはいえないが、定時制高校の場合には、さらによくな

第４図　学校平均点の分布

b　中学校

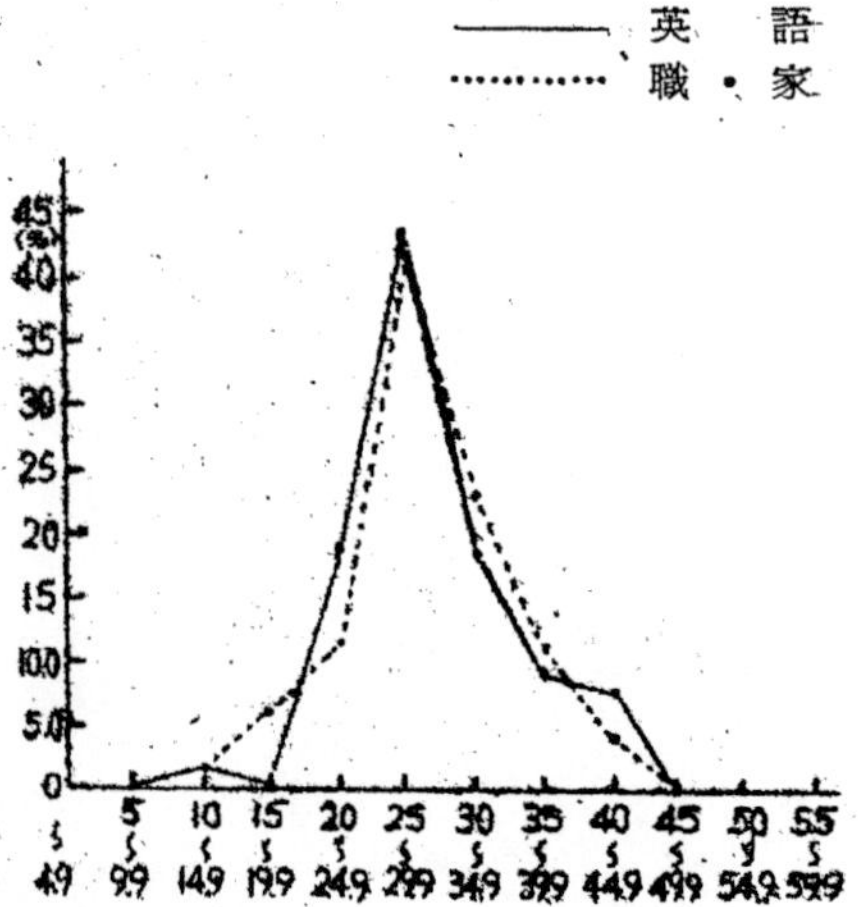

第４図　学校平均点の分布

c　高等学校　英語（P）

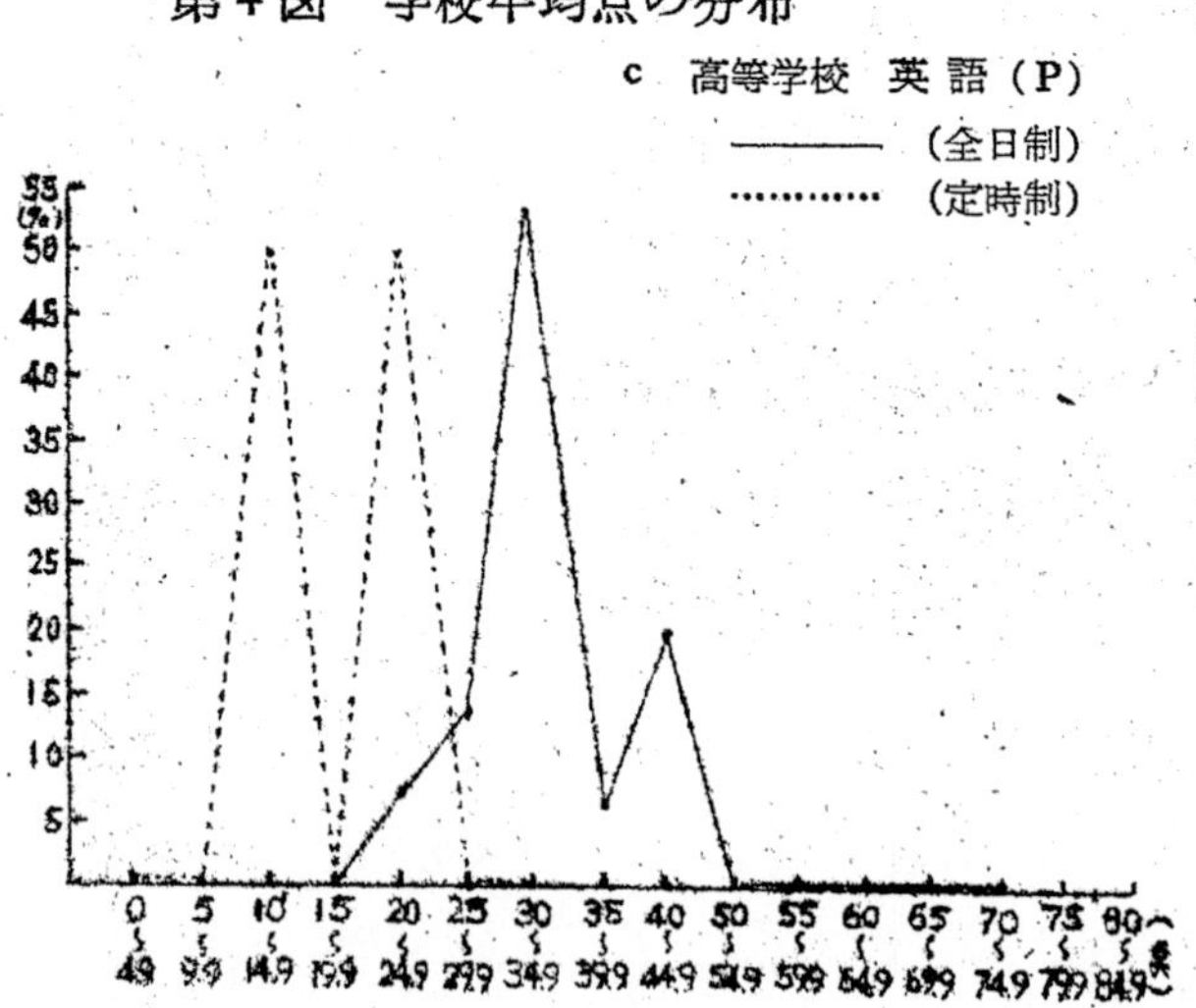

い。とくに両者のひらきが大きいのに注目しなければならない。

保健と体育においても、全日と定時制のひらきは大きい。これは本土の場合もいえることであるが、琉球の場合は頂点が低い点数の分布であるところに問題があると思われる。四五点以上の学校が一校もないのはさびしい。

第4図　学校平均点の分布

d　高等学校　英語(Q)

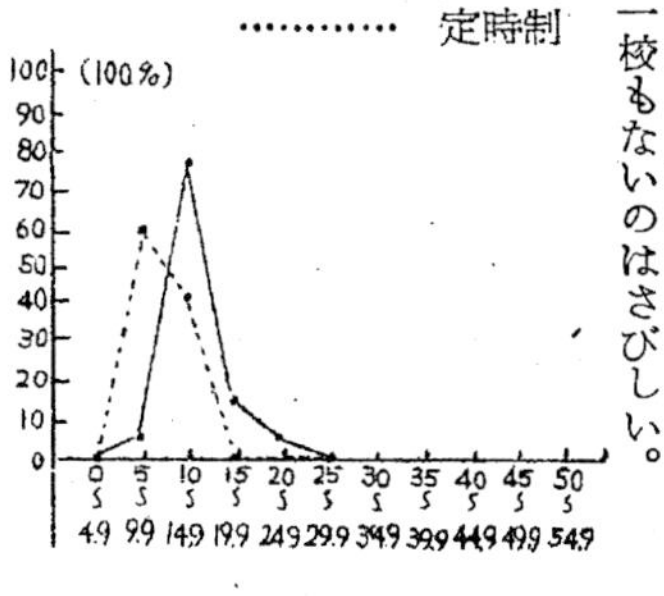

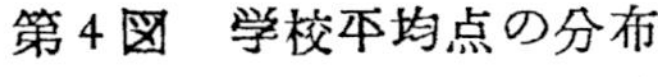
第4図　学校平均点の分布

e　高等学校　保　健

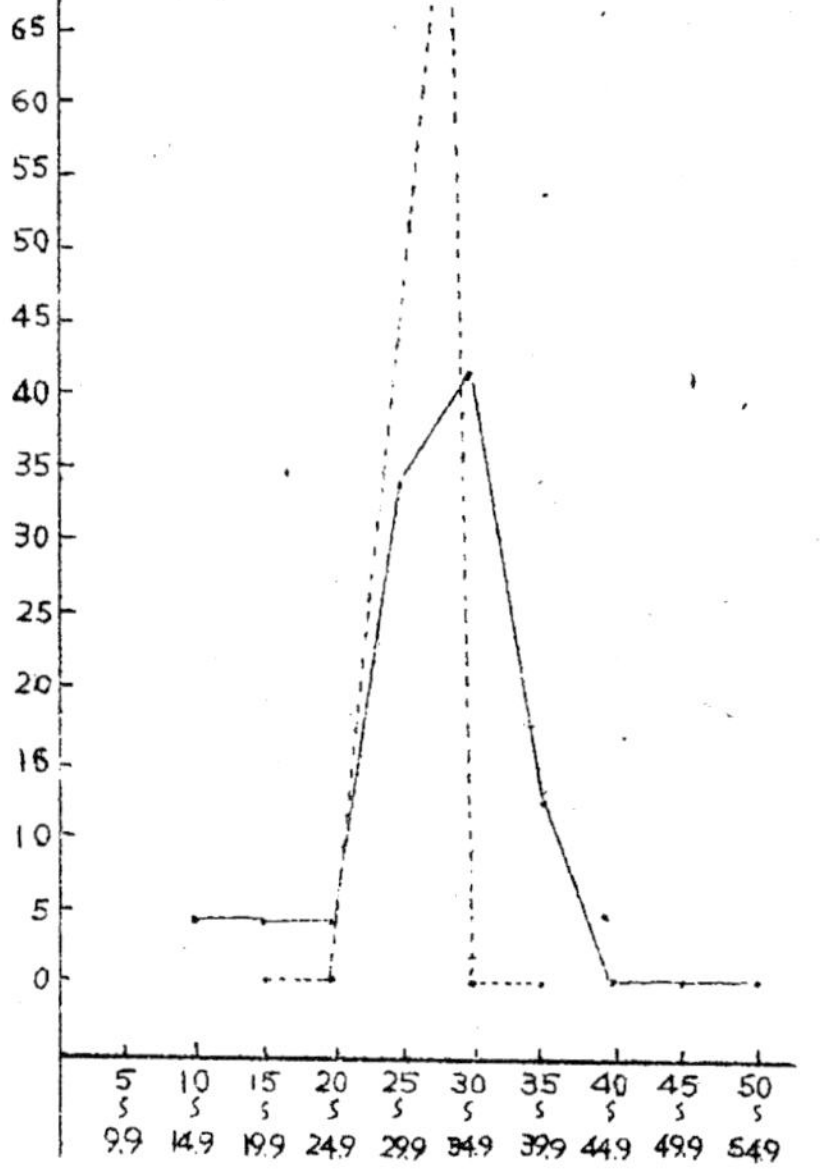

4　高等学校課程別の生徒平均点

全日制高等学校における各教科の平均点を、その課程別に本土のそれと比較しながらみたのが第3表である。

第4図　学校平均点の分布

f　高等学校　体　育

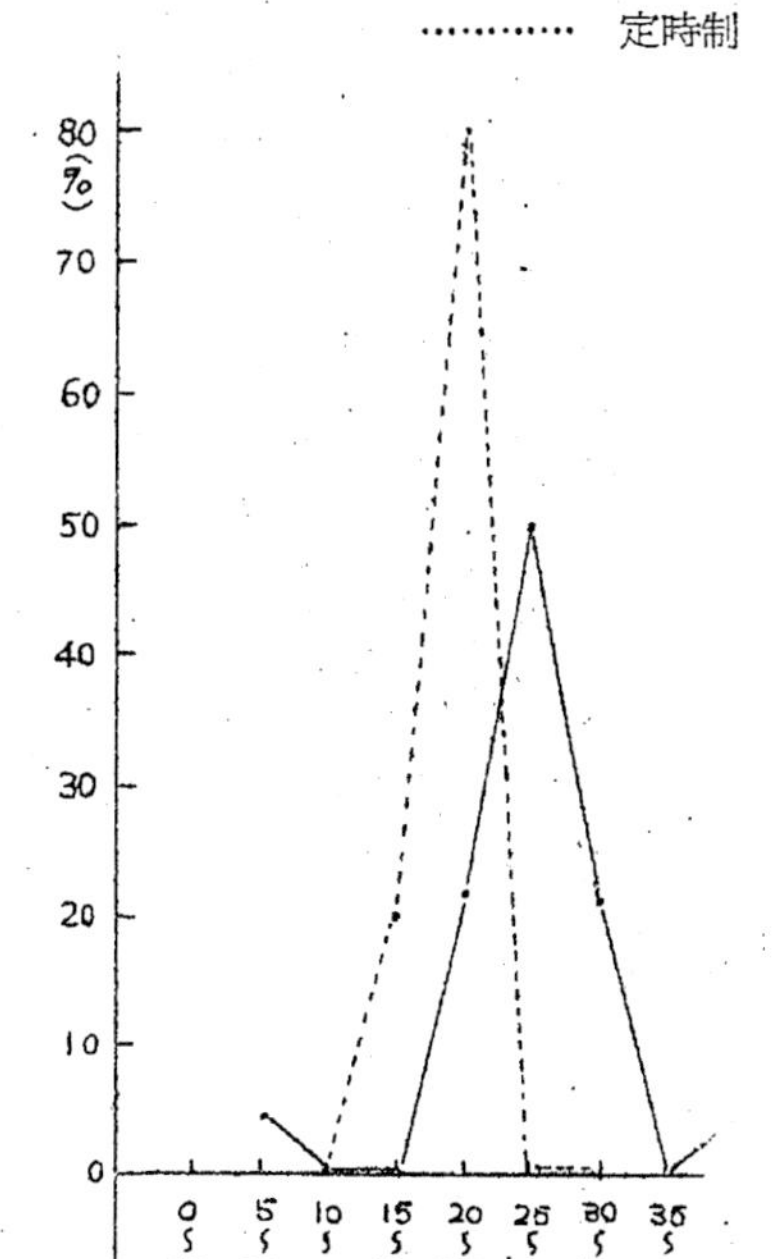

この表からいえることは、英語Pにおいては普通課程が他の課程をはるかに上回り、商業課程とくらべても一三点のひらきを示している。

保健体育においては、英語Pほど、課程間の差は認められないが、農業課程が特に不振である。本土においては、普通課程がいずれの教科においても、他の教科をはるかに上回っているのに対して、琉球の場合は、商業課程と工業課程の保健が普通課程のそれに接近し、体育においては、商業課程と水産課程が普通課程を上回っていることは注目されよう。

また、定時制高等学校においては、各課程間にそれほど大きいひらきが認められないのが特徴である。保健の場合は、工業課程が普通課程よりもよく、体育の場合は、商業課程が本土のそれを上回っている。

第3表　高等学校課程別の生徒平均点

全・定別	全日制高等学校						定時制高等学校					
教科別	英語P		保健		体育		英語P		保健		体育	
課程別	全国	琉球	全国	琉球	全国	琉球	全国	琉球	全国	琉球	全国	琉球
平均	49.4	33.7	38.9	31.3	41.2	28.1	24.0	20.4	31.8	20.1	31.1	25.1
普通課程	51.6	35.5	40.9	32.5	43.0	29.4	24.1	19.4	32.6	16.4	31.9	22.2
農業〃	24.6	Q(11.1)	32.7	23.5	34.7	20.1	—	—	29.3	—	28.9	—
工業〃	35.2	Q(13.2)	38.9	29.8	42.1	26.6	23.6	Q(8.7)	32.2	28.9	32.8	20.5
商業〃	35.9	22.9	37.7	31.5	41.1	33.0	21.6	Q(12.4)	31.7	27.1	29.9	37.8
水産〃	—	Q(12.7)	32.9	27.6	33.8	31.9	—	—	—	—	—	—

※　P（15単位以上の履修者）　Q（14単位以下の履修者）

5 地域別にみた平均点

小学校、中学校について、地域別に児童、生徒の平均点を算出したのが、第4表である。ここでは、地域を都市半都市、農漁村、へき地の四地域に分類した。

この地域の分類は困難な問題であるが、研究調査課においてきめたものであるので、なお、検討の余地があることを申添えておきたい。

それによると、各教科とも平均点の高い地域は、都市地域で、次いで半都市となつているが、へき地における小学校の図工、中学校の職・家は、本土の場合とは異り、半都市、農漁村の成績を上回り、極めて注目すべき傾向となつている。さらに、最上位の地域の平均点と最下位の地域の平均点の差をみると、小学校の音楽と家庭が一六・四、中学校の英語は、九・七、職家は五・九となつていて、地域的学力の差は小学校が大きく、中学校では大ぶんちぢめられている。以下第4表によつて示すことにする。

第4表　地域類型別平均点　1958.9

地域別＼学校別・教科別	小学校			中学校	
	音楽	図・工	家庭	英語	職・家
都市地域	42.8	46.0	42.5	37.3	32.0
半都市	42.2	42.8	41.7	34.2	29.2
農漁村	38.8	37.9	38.0	27.6	26.1
へき地	26.4	43.4	26.1	29.0	29.7

Ⅲ 問題のねらいとその結果

次に各学校種類別、教科別に、そこに含まれる問題が、どのような面をみることを意図して出題されたか、またその意図するものが、どのような学習の領域に属するものであつたかを表の形で示し、さらにこれらの問題に対してどのような結果が得られたかを本土の成績と比較しながら概観することにする。

1 小学校

a 音楽

音楽教育においては、音楽的感覚を洗練していくことが重要なねらいであることはいうまでもない。音楽的感覚が鋭敏であればある程、音楽を鑑賞する力が高まり、歌唱、器楽、創作などの音楽的表現も伸びていくからである。しかも音楽的感覚は、あくまで実際の音を聞くことを通してでなければ洗練していくことは困難である。

したがつて、その実態を調査するためには、聴覚に訴えてでなければ、妥当な結果を求めることは期待できない。そこで今回の調査においては、主として音楽的感覚に関する事項についてはペーパーテストによることにした。

音楽

分野	問題番号	問題のねらい	正答率 本土	正答率 沖縄
			%	%
音楽的感覚（放送利用）	〔1〕	長調と短調とを聞きわける能力 同じ旋律線で作られた長、短両調（同主調）を聞き比べさせて、「調」に対する感覚をみる。	57.7	50.8
	〔2〕	拍子を聞きわける能力 音楽を聞かせ、その音楽が2拍子か3拍子かを聞き分けさせて、拍子感をみる。	67.5	57.3
	〔3〕	速度を聞きわける能力 あらかじめメトロノームによつて与えられた一定の速さに比べ、次に演奏される曲の速さが、「速かに」「同じか」「おそいか」を聞き分けさせて、速度感をみる。	71.4	56.7
	〔4〕	音と楽譜の照合 演奏された旋律と、印刷された楽譜とを照会させて、あつている楽譜を選ばせ聴音力と読譜力とをみる。	46.5	34.9
知的理解	〔5〕	音符の記入 五線と階名との関係についての理解（全音符シャープフラットの書き方をみる）	50.4	37.3
	〔6〕	階名の判別 読譜力（特に調と階名との関係の理解をみる。）	42.6	28.6
	〔7〕	諸記号の理解 音楽で用いるいろいろな記号の意味の理解をみる。	56.7	34.9
	〔8〕	楽譜のつなぎ合わせ 楽譜の理解と読譜力をみる。	36.5	17.1

以下各問題についてのねらいならびに正答率を示すと次表のようになる。

この表からいえることは、速度感については、五〇・八%を示し、一応の水準に達していると考えられる。拍子を聞きわける能力も本土なみとまではいかないが、五六～五七%の正答率を示し、一応は身についたといえよう。

しかし、音と楽譜の照合や音階の問題、または、読譜力や楽譜の理解力等は、本土も他の領域と比べてよくないが、琉球の場合にはさらに不振である。今後はこの方面への指導の強化が一層望まれなければならないと思われる。

b 図画工作

今回のテストでは、ペーパーテストによつたために、図画工作科の諸領域の中で、主として理解面を中心とした部面に限定せざるを得なかつたが、結果を総合して各領域間の差があるように思われる。描画やポスターについての各問題のねらいは相当に達成されているようであるが、本土と比べるとまだまだ努力の余地を残しているといえよう。

一方、配色の問題やデザインにおける感覚等においては、本土と共に不振である。また工作においてはいずれの問題も本土と比べて低調で、工作図の理解（図の読み方）工具の取扱い等に関する問題では、二四～二八%のひらきがあり、注目に価する。わずかに鑑賞の問題で、美的実用的な価値についての正答率は本土なみとなっているが高い水準には達していない。一般的な傾向としては、本土でよいものは琉球でもよいし、本土で不振であるものは琉球でも不振である。このような傾向は、教育課程とも関係が深いと思われるが、指導のあり方にも反省の余地を残すと共に問題の難易や教材、教具の設備状況とも直接、間接に関係するものであるのでなお一層科学的な資料を集めて検討しなければならないと思う。一応、現在の目標に到達していないことを認めざるを得ない。

図画・工作

分野	問題番号	問題のねらい	正答率 本土	正答率 沖縄
描画	〔1〕	描画における立体感の表現（立体と陰影の関係）についての理解。	75.8%	61.7%
	〔2〕	描画における創造的表現の態度。	59.4	66.0
色彩	〔3〕	配色とくに目立つ配色、目立ない配色についての理解。	30.8	19.6
図案	〔4〕	デザインにおける感覚（線の構成とそれによる感じ）	24.1	17.2
	〔5〕	ポスターについての理解、とくにポスターの機能を中心とした理解。	84.3	64.0
工作	〔6〕	工作図についての理解、とくに図の読み方について。	64.4	40.8
	〔7〕	工作法、とくに製作過程の理解。	66.0	50.4
	〔8〕	工具の取扱い（名称と使用目的）の理解。	82.9	54.4
鑑賞	〔9〕	美的実用的な価値についての理解、とくに形体と構造、機能の関係について。	25.3	24.5
	〔10〕	簡単な美術常識について。	22.8	13.9

c 家庭

家庭は四学年までにおける家庭生活についての学習経験に即応して、五、六学年の児童に課し、家庭生活の意義を理解させ、日常生活に必要な衣、食、住などの生活技能を学習させ、家庭生活に実践する態度を養うことを、ねらいとしている。そこで、家庭科の学力を調べる上には、ペーパーテストという制約の上から、これらに必要な知識理解や、技能に結びつく知識、理解、家庭生活に応用する能力、適応する能力等が考えられる。

今回は、テストの時間が限られていることと、指導内容の全分野にふれようとしたことで、調査項目は十二項とし、各項目の結果をみると、すまいに関する問題〔8〕、〔9〕、家族関係、〔12〕等の問題は、単なる知識、理解に関する問題で高い正答率が得られた。しかし、本土の成績と比べると、まだまだその差は大きい。一方、実践的な学習に結びつく知識、理解、たとえば被服の〔3〕の(1)、〔4〕家族関係〔11〕などは予想外に低調である。さらに、これらの知識、理解にもとづいて技能を身につけ、生活に応用する能力を調べた被服〔1〕の(1)(2)、〔2〕、食物の〔6〕などが正答率が低かった。

このことは、家庭科としては重要な問題で、今後指導のあり方がじゅうぶん検討されなければならないと思う。

以下表によって本土と比較することにする。

d 教科以外の活動

教科以外の活動においては、これらの活動によって児童が学習することが望ましいと思われる能力、すなわち自主的、実践的、協力的な考え方や態度をしらべることをねらいとして問題が出題されている。これらの問題の中には、必ずしも正答または誤答というように簡単に処理できない性質のものも含まれているので、以下に結果を示すにあたつては各問題の選択肢ならびにその反応をそのまま示すこととする。

家　　庭

分　野	問題番号	問題のねらい	正答率 本土	正答率 沖縄
被　服	〔1〕(1)	被服の基礎技能をもとにして、生活に実際に応用する能力。	% 17.5	% 14.1
	(2)	被服の基礎技能の理解。	56.1	27.8
	〔2〕	目的に応じた布の大きさを見積る能力。	14.0	19.6
	〔3〕(1)	洗たくの基礎的な知識。	34.3	33.4
	(2)	実践を通して、はあくし得る洗たくの基礎知識。	41.3	50.8
	〔4〕	ミシンの基礎技能についての理解。	64.9	53.8
食　物	〔5〕	食事のあとかたづけの基礎知識や理解。	62.4	51.3
	〔6〕	調理の基礎技能。	47.8	36.8
	〔7〕	栄養に関する基礎知識	48.8	35.0
住　居	〔8〕	すまいの整理整とんに関する理解。	73.2	55.6
	〔9〕	すまい方をくふうする諸条件についての理解。	74.3	51.8
生活管理	〔10〕	家庭生活を合理的に処理するについての理解。	67.7	44.6
家族関係	〔11〕	客の接待について実践を前提とした知識。	31.8	15.8
	〔12〕	家族との協力、自分の役割に対する判断。	68.1	51.8

しかしながら各問題について一応の望ましい解答はあるので、それを示すと次のようになつている。

一般的にみて、教科以外の活動においては、本土も琉球も同じ傾向といえよう。ただ琉球の場合は、本土とくらべて望ましい解答に対する応答率がやや低い傾向にある。

したがつて望ましくない解答に反応した者が多数いることになる。

このテストは児童、生徒の行動を規定する考え方をみるのがねらいであるので、琉球の場合はその観点からもなお、検討を要する幾多の問題があるのではなかろうか。

教 科 以 外 の 活 動

問題番号	問題のねらい	本土 1	本土 2	本土 3	本土 4	本土 5	本土 無答その他	本土 計	沖縄 1	沖縄 2	沖縄 3	沖縄 4	沖縄 5	沖縄 無答その他	沖縄 計
		%	%	%	%	%	%	%	%	%	%	%	%	%	%
〔1〕	各人の意志をできるだけ生かそうとする自主的な考え方	13.5	9.3	44.1	11.5	21.0	0.6	100	13.1	15.9	34.0	16.2	19.3	2.1	100
〔2〕	きまりは全体の幸福と秩序のためにあるという。規則についての基本的な理解と弾力性ある考え方	30.1	14.2	9.7	34.3	11.1	0.6	100	30.2	12.9	12.7	27.1	15.2	2.3	100
〔3〕	一般児童として代表者に協力しようとする心がまえ	5.5	5.8	28.2	45.4	14.4	0.7	100	6.9	9.5	28.5	34.0	18.3	2.8	100
〔4〕	現実的、実践的に物事を解決していこうとする考え方	8.5	16.5	7.8	14.2	52.2	0.8	100	11.3	11.9	12.2	19.9	42.7	2.0	100
〔5〕	選挙についての正しい考え方	4.8	38.8	32.5	16.1	6.8	1.0	100	8.8	31.7	30.9	15.3	9.2	4.1	100

注　各問題の ◯ を付した数値はその問題における望ましいとされる選択肢の応答率を示すものである。

問題(1)の選択肢

1 みんなの希望をいちいちきいていてはなかなかきまらない。こういうときにはしかたがないから、先生に相談して、きめてもらつたほうがよい。

2 学級委員はみんなの代表なのだから、こういうことは学級委員がきめるのがよい。

3 少しぐらい時間がかかつても、かたよりができたことを考えた上でもういちど希望を書いてもらい、みんなで相談してきめるのがよい。

4 いちいちみんなの希望をきいていると、どうしてもかたよりができるから、くじ引きできめたほうがよい。

5 はじめに各係の長になる人を投票できめて、残りの人をどの係にするかは、係の長になつた人たちが相談してきめればよい。

①30.2%　②15.9%　③34.0%　④16.2%　⑤68.4%　⑥その他2.1%

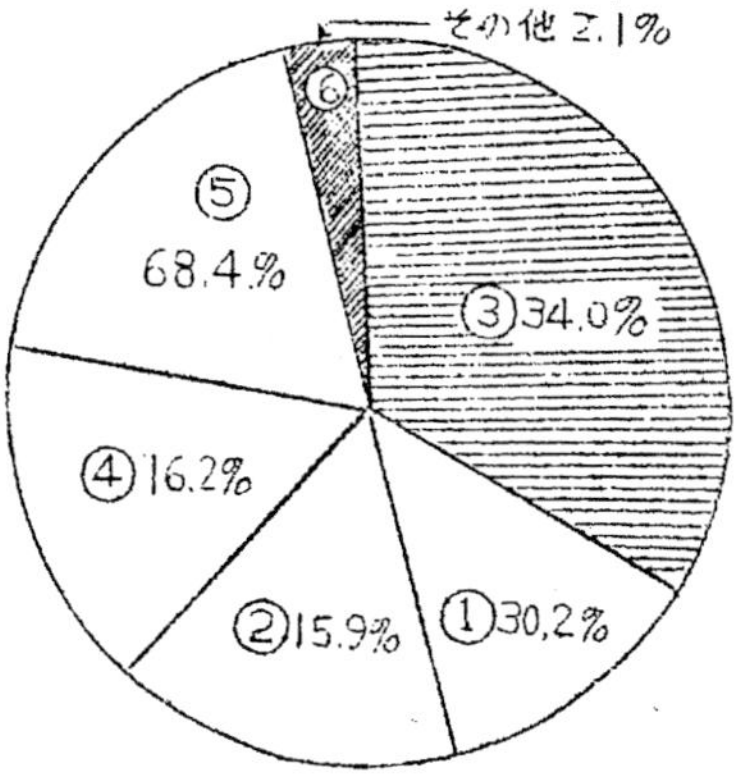

問題(2)の選択肢

1 いちどきめたきまりだから、少しぐらいぐあいがわるくてもかえるのはよくない。きまりを守つて、中庭ではぜつたいに遊ばないようにしたほうがよい。

2 児童会できめたきまりは、かんたんにかえないほうがよい。けれども、中庭で遊んでいる者は低学年の人たちだけなのだから、あまりやかましくいわないでもよい。

3 運動場がせまくなつているのだから、今までのきまりはむりだと思う。だから遊びたい者が中庭で遊んでもしかたがない。

4 運動場がせまくなつているのだから、今までのきまりをあらためて工事が終わるまで中庭で遊んでもよいことにきめるのがよい。

5 人にめいわくをかけなければ学校のどこで遊んでもかまわないと思う。だから遊び場所のきまりはいらない。

問題(3)の選択肢

1 学芸会係をつくつたのだから、はじめからその人たちだけでプログラムをつくればよいのに、各学級から希望の種目を書いて出させたのが、よくなかつた。

2 学校児童会が中心になつて学芸会の準備を進めるようなやり方にしたのがよくなかつた。

3 みんなに相談してきめればよいのに、学芸会係が自分たちでプログラをきめてしまつたのがよくなかつた。

4 希望の種目を書いて出すようにいわれていながら書いて出さない学級があつたのがよくなかつた。

5 プログラムを早くつくらなければならないというのなら、先生にきめてもらえばよかつたのに、学芸会係が自分たちでプログラムをきめたのがよくなかつた。

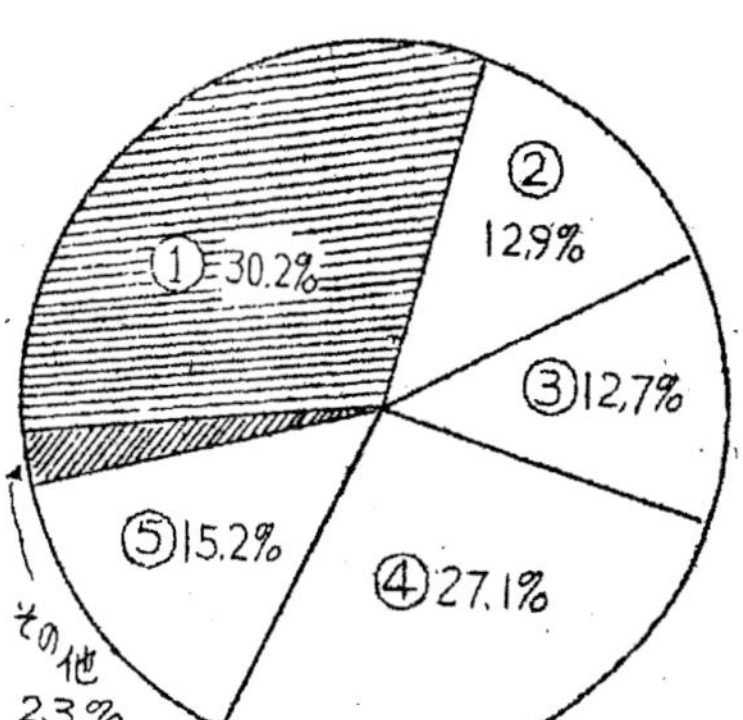

①30.2%　②12.9%　③12.7%　④27.1%　⑤15.2%　その他2.3%

問題(4)の選択肢

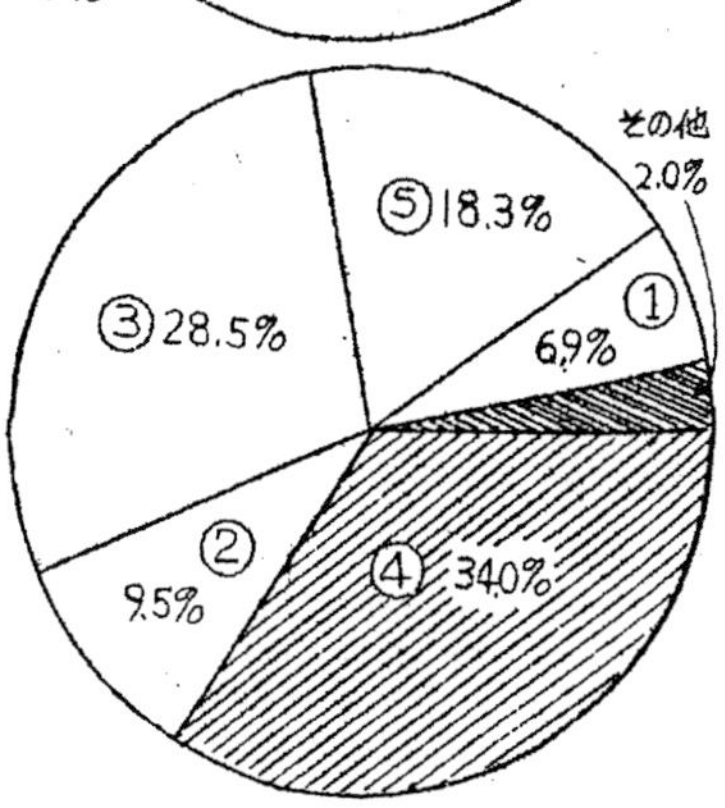

1 必ず新しいごみすて場にすてるようにもういちど児童会や学級会で申しあわせをするのがよい。

2 児童会や学級会で話しあいをしてもとのごみすて場のあとにすてるとなぜこまるかを、みんなでもういちどよく考えてみるのがよい。

3 学校のきまりを守らないくせがつくとよくないから、もとのごみすて場のあとにすてる者を見つけてその人たちの名まえを、朝会のときに発表するのがよい。

4 もとのごみすて場のあとにすてる者を見つけ、その人たちの組の名を朝会のときに発表して、みんなに注意をあたえるのがよい。

5 新しいごみすて場に持つていけないのには何かはつきりした理由があるのか、そのことをしらべてみんなでよく考えてみるのがよい。

①6.9%　②9.5%　③28.5%　④34.0%　⑤18.3%　その他2.0%

問題(5)の選択肢

1 「よく名まえを知つている人、顔を知つている人、近所の人などに投票すればよい。」という。

2 「候補者の意見に少しでも賛成することがあれば、その人に投票すればよい。」という。

3 「どんな人を選べばよいかきめられないときは、むりに投票するより投票しないほうがまじめな態度だ。」という。

4 「○○くんがいいだろう。」と自分が選ぼうと思つている人の名まえを教える。

5 「どの人を選んだらよいか。」先生にきいてみたらよいだろう。」という。

⑤42.7%
④19.9%
①11.3%
⑥
その他 2.0%
③12.2%
②11.9%

2 中学校

a 英語

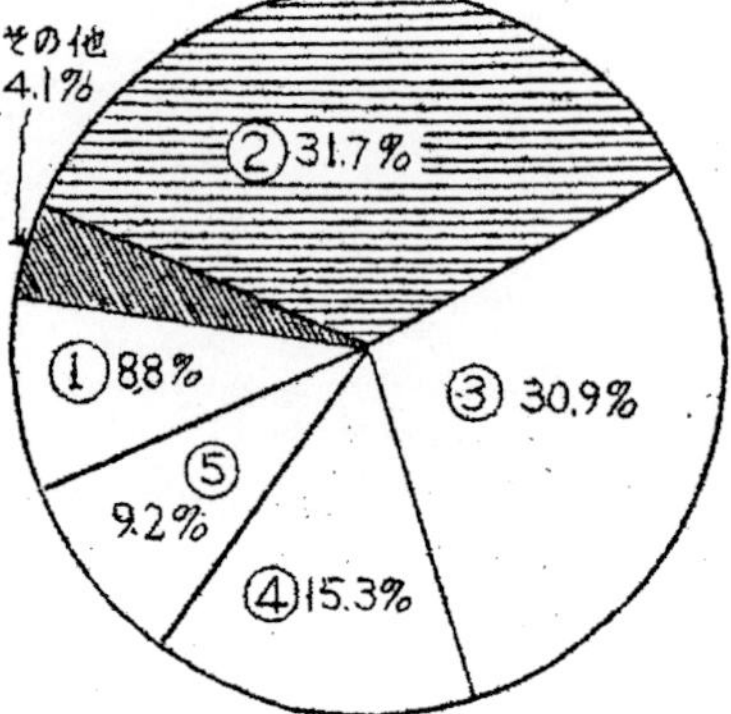

中学校における英語の履修状況は、本土と琉球の場合は異つているので直接比較は困難であるが、本土の場合は第一学年から第三学年までの全学年を通じて、英語を選択履修している生徒のみの学校を(I)とし、その他の学校を(II)としてまとめてある。

それに対して、琉球の場合は、中学校の英語は必修科目になつているので全児童生徒が受験し、集計も全生徒のものである。したがつて本土の成績と比べる場合は(I)の成績と比べるべきであると思う。

調査の結果をみると、本土における(II)のグループの学校の生徒の成績と比べても、はるかに及ばない状態で、われわれの予想以下であり、注目しなければならない。

放送を利用した聞き方のテストでは本土なみとまではいかないが、他の領域に比べて割合によくできているように思われる。しかしながら書き方の領域の問題では、文法上の運用能力をみる問題〔七〕や文の構成能力をみる問題〔八〕では、その正答率はきわめて低く、本土の成績には到底およばない実情である。

これらの問題が、徹底した反復練習を必要とするものであることを考えれば、一般に英語学習に継続的な努力が払われていないのではなかろうか。また、読み方の領域においても〔五〕〔六〕を本土と比べると正答率から一〇%ぐらいの差がみられ、同じく不振である。

以下表で比較することにする。

英語

領域	問題番号	問題のねらい	正答率 本土 I	正答率 本土 II	正答率 沖縄
			%	%	%
聞き方	〔1〕	英語の短文を聞き取る能力。	83.7	73.7	67.9
(放送利用)	〔2〕	英語の質問を聞き取り、それに答える能力	47.1	41.5	37.0
話し方	〔3〕	基礎的な語を発音する能力。	31,7	27.1	21.8
発音 アクセント	〔4〕	基礎的な語をアクセントをつけて、発音する能力。	55.6	50.1	44.0
読み方	〔5〕	節および句の意味を読解し、これらを結合して文を構成する能力。	35.5	28.3	25.1
	〔6〕	長文の中の部分を読み取る能力。	44.9	34.4	29.3
書き方 文法	〔7〕	動詞の変化、名詞の補数形、代名詞の格、形容詞の比較級など文法上の運用能力。	31.8	21.4	15.6
文の構成	〔8〕	基礎的な文を構成する能力。	33.7	26.6	17.8

※ 沖縄の場合、本土のIと比較すること。
Iは1学年から3学年までの全学年を通じて英語を選択歴修している生徒のみの学校
IIはI以外の学校の成績である。

b　職業家庭

職業・家庭の問題は、共通と選択の二つの部分に分けて出題されているが共通問題は性別や環境によらず共通に学習されていると思われる内容について出題されている。

共通問題の結果は、全般的各分野とも不振であり、二、三の問題を除いては、全国平均より下回っている。

本土の場合も期待通りの正答率ではないようであるが、琉球の場合は、一層下位にあるので、各方面からの検討が必要であると思う。中でも第二群、製図の〔六〕や第三群簿記の〔八〕のごときは極めて不振であり、問題のねらいから、製図や簿記についての技能面の修練がおろそかにされているのではなかろうか。

ただ、食物についての問題〔九〕〔一〇〕では琉球の成績が全国平均を上回っており、進歩の跡がうかがえる。

選択問題は、各群ごとに共通問題よりも程度の進んだ内容のものが出題されているが、選択履修している関係上他の教科と比べて全国平均と琉球の平均の差はちぢまっている。とくに、第三群の〔一〕の経営の問題と第五群の被服の問題においては、琉球の平均が全国平均を上回っている。

中学校　職業・家庭

共通問題

群	分野	問題番号	問題のねらい	正答率 本土	正答率 沖縄
第1群	栽培	〔1〕	草花の繁殖法、開花期についての基礎的な事項を通じ草花の種類と性質に関する理解。	% 39.9	% 25.6
		〔2〕	一般的な野菜の栽培上特に必要な基礎技術の習得程度。	42.7	35.1
		〔4〕	栽培上一般に用いられる野菜や肥料についての性質や用途についての理解。	33.8	34.9
第2群	製図	〔5〕	製図用具の使用法、線の用法、寸法の記入法など機械製図の基礎技術の理解。	49.2	44.4
		〔6〕	簡単な箱の平面図、断面図について、基礎的な図面の読みかた、書きかたの能力。	32.0	23.8
第3群	計算事務	〔3〕	珠算の技能の程度。	43.7	37.4
	簿記	〔7〕	記帳の原則についての正しい知識。	52.0	46.8
		〔8〕	現金出納帳の正確な記入についての技能。	34.3	14.6
第5群	食物	〔9〕	米について調理の基礎技術の理解と栄養上の正しい知識。	43.5	53.0
		〔10〕	食品の栄養的特質についての食生活の知識。	27.5	27.8
	被服	〔11〕	日常衣類整理の技術についての理解。	45.3	38.9

選択問題

群	分野	問題のねらい	正答率 本土	正答率 沖縄
第1群	栽培	〔1〕 麦の栽培について農耕の基礎技術の理解。	% 45.1	% 31.4
	飼育	〔2〕 にわとりの飼育に関する基礎技術の理解、特に育雛について。	45.5	39.9
第2群	機械・電気	〔1〕 機械の整備、修理、電気の保守、修理、金属加工の基礎的な加工技術の理解。	57.5	選択者なし
	製図・建設	〔2〕 簡単な箱を作るについて設計の基礎的な技術および読図の能力木材加工の仕事の順序の理解。	44.6	
第3群	経営	〔1〕 ねだんの計算法について売買の基礎的知識の理解。	25.1	30.0
	経営文書事務	〔2〕 物品の売買に際して文書の取扱いの基礎知識の理解。	40.9	39.3
	経営簿記	〔3〕 物品の売買に際して記帳、金融の基礎知識。	36.6	32.6
第4群	漁業	〔1〕 おもな魚類をとる漁具についての基礎知識…漁村の生活における常識として。	58.8	選択者なし
	増殖	〔2〕 養殖されているおもな魚貝類についての知識。	75.5	
第5群	被服	〔1〕 ブラウス製作について日常衣類の縫い方の基礎技術の理解。	50.8	54.0
	食物	〔2〕 変り飯のたき方、緑黄野菜の調理技術、食品の栄養的特質などの食生活調理の知識理解。	35.1	29.6

3 高等学校

a 英語

高等学校の英語の問題について各領域ごとにねらい、および正答率を本土と比較しながら、検討することにする。高等学校の英語においては、その選択履修状況P（一五単位履修者）、Q（一五単位未満履修者）、（R初修用教科書使用）の相違に応じて解答すべき問題の範囲を異にした。

したがつて、結果もP・Q・R別に示した。しかし、琉球の場合はRに該当するものはなかつた。

結果の概況を述べるに当つては問題の全体的構成が十五単位履修者を対象として作成されているので、これらの生徒の応答状況を主として述べることになる。結果を概観すると、放送を利用した聞き方のテストの問題は、四二・六％の正答率を示し、全国平均よりはいくぶん劣るが、おおかた予想通りの成績であり、この領域の学力はある程度身についているように思われる。

さらに「二つの節を結んで意味のとおる英文を構成する能力」においても五三・一％で、予想以上の正答率である。

しかしながら、「与えられた英文の意味を変えないで他の英語に書き換えて英文を構成する能力」や「前後関係

高等学校

英語

領域	問題番号	問題のねらい	全日制 本土 P	全日制 本土 Q	全日制 本土 R	全日制 沖縄 P	全日制 沖縄 Q	定時制 本土 P	定時制 本土 Q	定時制 本土 R	定時制 沖縄 P	定時制 沖縄 Q
			%	%	%	%	%	%	%	%	%	%
聞き方（放送利用）	〔1〕	英文を聞いて内容を理解する能力	48.0	39.9	—	42.6	39.2	—	—	—	—	—
話し方	〔2〕(1)	語を発音する能力	50.1	(a)～(f) 48.0	(a)～(d) 45.9	37.2	37.3	33.8	(a)～(f) 38.8	(a)～(d) 47.1	27.6	37.7
	(2)	語をアクセントをつけて発音する能力	45.8	30.3	(a)～(d) 23.5	32.4	23.9	27.8	23.8	(a)～(d) 21.8	20.6	20.1
	(3)	文をくぎつて読む能力	82.5	—	—	73.3	—	65.6	—	—	49.3	—
主として書き方	〔3〕(1)	名詞の複数形と性、動詞の活用、形容詞の比較変化、品詞転換、反意語など語形変化の能力	48.7	(a)～(f) 29.8	(a)～(d) 19.6	30.2	9.2	18.8	(a)～(f) 11.2	(a)～(b) 10.7	18.8	13.1
	(2)	前置詞、動詞の時制、数および付加疑問文についての運用能力	49.3	(a)～(c) 34.7	(a)～(b) 24.4	36.2	25.6	28.6	(a)～(c) 22.1	(a)～(b) 19.9	25.3	25.6
	(3)	与えられた日本文の意味を表わすように英語の語句を並べ変えて英文を構成する能力	49.6	18.1	(a)～(b) 7.8	30.3	7.4	17.2	7.3	(a)～(b) 5.9	13.7	8.7
	(4)	二つの節を結んで意味のとおる英文を構成する能力	69.2	—	—	53.1	—	40.8	—	—	34.6	—
	(5)	与えられた英文の意味を変えないで他の英語に書き換えて英文を構成する能力	29.5	1～3 5,5	1: 2 0:9	12.6	1.2	4.6	1～3 1.3	1.2 1.4	7.1	1.3
主として読み方	〔4〕(1)	英文を読んでその内容を理解する能力	54.4	29.9	A.B(a)(b) 18.9	43.4	20.3	24.8	15.9	A.B(a)(b) 12.5	25.2	16.2
	(2)	文の前後関係から判断して、空所を補うのに適当な語を選ばせてためす文の読解能力	32.4	—	—	17.2	—	13.6	—	—	8.8	—

から判断して空所を補うのに適当な語を選ばせる綜解能力」においては、きわめて低調であり、注目しなければならない。この領域は文法上の問題で、高い程度の学力を必要とすることはいうまでもないが、ここに琉球の英語の学力の不振を物語るものがあると思われる。

全日高等学校に比較すると、定時制高校は各問題ともに低く、大きな学力差を物語り、本土においてもそうであるが、定時制高校における英語は大いに検討されなければならないと思う。

b 保健体育

(1) 保　健

現在の高等学校の保健学習の内容には、公衆衛生的な色彩が強く、その単元の展開に関しては、一つの全体構造をもつた系統学習が要求されている。

問題作成にあたつては、このような性格の学習が身についているかどうかを評価することをねらいとしている。

すなわち

1 出題の範囲が指導要領の全学習領域にわたること。

2 各問題が指導要領の各単元についての評価をみること。

3 出題の内容には健健生活についての理論に関する項目と実際に関する項目とを適当に配分すること。

4 特に公衆衛生に関するものを重視すること。

であつた。

結果を概観すると、本土の成績と琉球の成績を比べても、さほど不振はみられないが、とくに問〔1〕〔2〕の生活と健康、建康と生活活動のごとく健康、疾病に関する基礎的な知識、理解の問題では琉球の正答率が上回つており、その他の領域においてもさほど不振はみられない。

しかしながら、問題〔3〕〔7〕〔8〕のように生理学的な知識、理解と力、衛生統計についての知識能力などの系統的、総合的な問題の正答率は本土も琉球も極めて低い。

保　　　健

分野	問題番号	問題のねらい	正答率 本土 全日制	正答率 本土 定時制	正答率 沖縄 全日制	正答率 沖縄 定時制
			%	%	%	%
生活と健康 生活と健康障害	〔1〕	保健学習の導入と、健康の自己理解への手がかりとして必要な青年期の心身の発達段階についての知識理解	56.2	40.1	56.5	49.4
健康と生活活動	〔2〕	保健学習の基礎理論である保健生活の時間的構造についての実際的な知識理解	77.9	72.7	80.6	60.2
精神とその衛生 生活体の適応および保健能力と環境との関係	〔3〕	保健学習の一つの足場になる心身の機能についての生理学的な知識理解	13.5	6.9	6.4	2.5
疾病、傷害、中毒とその治療および予防	〔4〕	疾病治療についての基礎理論の知識理解と自己処理の能力	63.3	59.3	63.9	51.8
疾病、傷害、中毒とその治療および予防公衆衛生	〔5〕	具体的な疾病に関する知識理解	58.2	47.2	42.3	35.2
労働と健康	〔6〕	労働衛生の基礎理論である諸項目への知識理解	52.8	48.0	51.9	43.8
公衆衛生	〔7〕	衛生統計の求め方についての知識と能力	7.2	4.4	7.7	4.8
国民生活と国民保健	〔8〕	国民保健への理解と衛生統計の見方の能力	37.2	22.3	24.8	15.0

(2) 体　育

高等学校の体育は一般的に運動種目の選択とか、運動の生活化に関する知識などをみる問題においては、本土と琉球を比べてもさほど差はみられないが、「運動技能に関する知識」をみる問題においては本土も琉球も非常に不振であり、とくに琉球の場合は不振である。

なかでも、定時制高校における問〔4〕の正答率は、四・三％であり、本土の場合でも一〇・六％となり、定時制課程におけるこれらの領域がどのように取扱われているか、検討しなければならない問題ではなかろうか。

体　　育

分野	問題番号	問題のねらい	正答率 本土 全日制	正答率 本土 定時制	正答率 沖縄 全日制	正答率 沖縄 定時制
運動技能の練習計画と練習法	〔1〕	運動の練習法特に練習の回数と時間配分についての一般的知識	% 41.6	% 36.8	% 40.8	% 32.2
運動種目の選択	〔2〕	運動の選択特に発達、職業生活との関係における一般的知識	58.0	47.9	51.8	35.9
運動の生活化に関する知識	〔3〕	運動の効果(特に生理的)、練習曲線、体育史、レクリエーションに関する知識、理解	49.7	42.8	47.9	32.6
運動技能に関する知識	〔4〕	具体的な運動に関する知識、特に琉球系統の運動の基礎技能、応用技能、ルールおよび競技用語、そのスポーツの起源について	28.3	14.9	10.6	4.3

一九五九年度教員異動後の校長名一覧

◎は校長事務取扱

宮古地区

平良中　与那覇春吉
鏡原中　平良恵亮
鏡原小（佐良浜中）　宮国泰栄
狩俣小中　高里好之助
西辺小中　下地玄三
池間小中　譜久村寛仁
平良第一小　平良寛
北小（西城中）　池村一男
久松中（事務局）　芳沢健有
久松小　山内朝源
宮原小　奥平恵一
大神小中（西城中教諭）　当山玄林
多良間小（西城小）　国吉兼雄
水納小中（多良間小）　◎大山春翠
城辺中（福嶺中）　上原金次郎
城辺小　金城金藏
西城中（久松中）　皆川昌徳
西城小（北小）　平良恵慈
砂川中（多良間小）　下地馨
砂川小　垣花良香
福嶺中（砂川中）　前田昌亮
福嶺小　宮城調瑗
下地中　川満一
来間小中　花城富藏
下地小　友利完一
上野中　大川恵良
上野小　平良恵信
伊良部中　下地恵義
伊良部小　下地恵辰
佐良浜中（北小）　山口清武
伊良浜小　平良恵祥

次号予告

道徳教育の立場と方法
東京教育大学教授　鈴木清

新しい道徳とは何かを理解させるにはどうすればよいか
糸満高校　福元栄次

=特殊教育=

成長をあすに期待する盲聾教育
与那城朝惇

高等部新設と視覚障害者の職業教育
町田実

ろう児の生活意識に関する調査
仲村渠三郎

=随　事=

寄宿舎の古つるべ
比嘉俊成
東恩納美代

沖縄の民家史（1）
饒平名浩太郎

編集計画

六月　教育研修
七月　保健教育、青少年問題
八月　実験学校研究学校紹介
九月　新会計年度教育予算の構想
一〇月　へき地教育の振興
一一月　職業技術教育
一二月　教育評価・高校入試
一月　教育行事
二月　社会教育団体
三月　学力の実態

昭和33年度　**小學校調査問題**　—全國学力調査—

音　樂　科

〔1〕，〔2〕，〔3〕，〔4〕の四つの問題は，放送を聞きながら，答を書いてください。

〔1〕 長調と短調のききわけ

ア　はじめにひいたふしは〔長調　短調〕です。　　イ　はじめにひいたふしは〔長調　短調〕です。

〔2〕 拍子あて

ア □ 拍子　　イ □ 拍子　　ウ □ 拍子　　エ □ 拍子

〔3〕 はやさあて

ア　この曲は，はじめに打つたメトロノームとくらべて〔はやい。おそい。おなじ。〕

イ　この曲は，はじめに打つたメトロノームとくらべて〔はやい。おそい。おなじ。〕

ウ　この曲は，はじめに打つたメトロノームとくらべて〔はやい。おそい。おなじ。〕

〔4〕 楽譜あて

あつている楽譜を一つ選んで，その番号を○でかこみなさい。

これで，放送を聞いて答える問題は，終わりです。

これからあとは，放送を聞かないで答を書いてください。時間は10分です。

〔5〕 下に書いてある階名（ドレミ）を五線に全音符（ O ）で書き入れなさい。

ド　　ソ　　レ　　ラ　　ミ　　高いド（ド）　　高いミ（ミ）　　シャープのついたファ　　フラットのついたシ

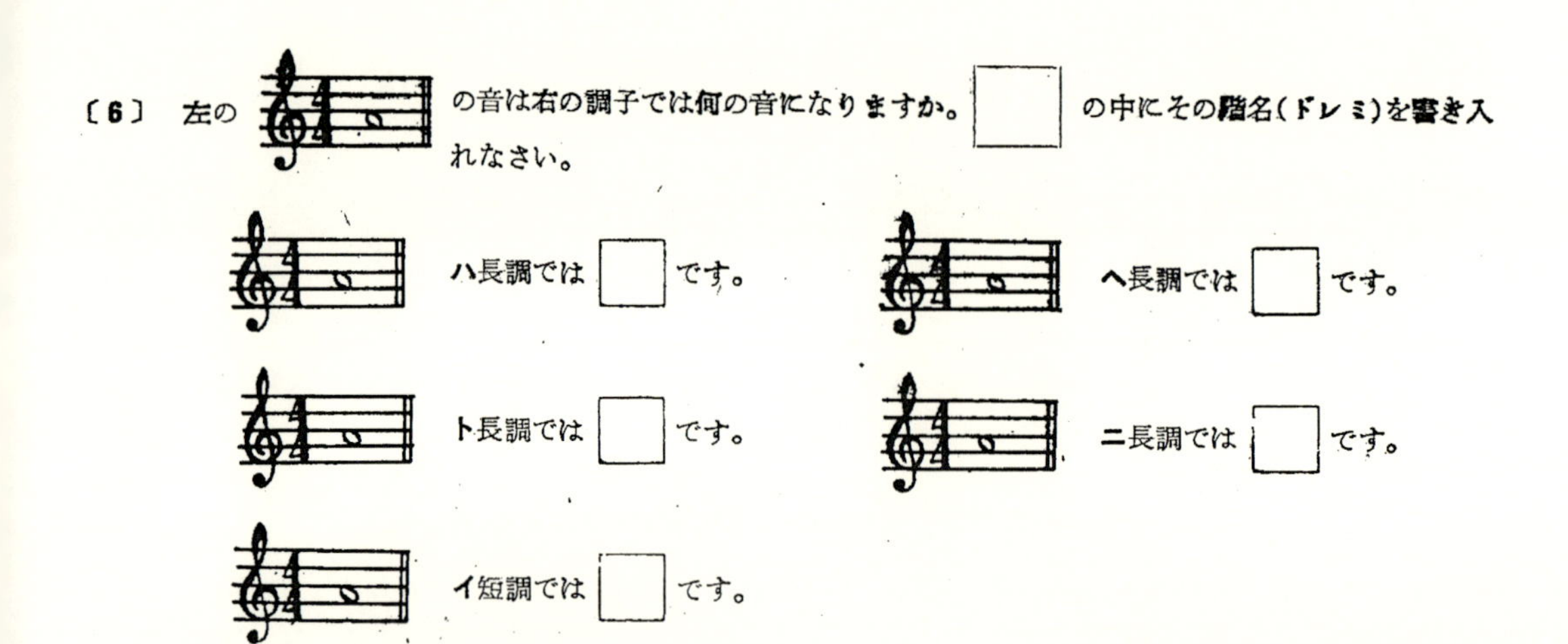

〔6〕 左の　の音は右の調子では何の音になりますか。□の中にその階名(ドレミ)を書き入れなさい。

ハ長調では □ です。　　ヘ長調では □ です。

ト長調では □ です。　　ニ長調では □ です。

イ短調では □ です。

〔7〕 次のいろいろな記号は何を表わしていますか。下に書いてある八つのことばの中から正しいものを選んで、その番号を□の中に書き入れなさい。

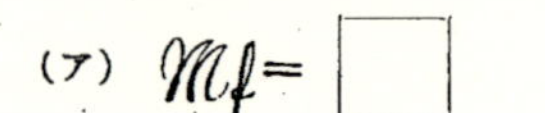

(ア) *mf* = □　　(イ) *p* = □　　(ウ) *f* = □

(エ) 𝄐 = □　　(オ) 𝄇 = □　　(カ) ＜ = □

1　強　く	2　やや強く	3　だんだん強く	4　のばすしるし
5　弱　く	6　やや弱く	7　だんだん弱く	8　くりかえしのしるし

〔8〕 次の楽譜(がくふ)はみんながよく知つている歌をばらばらにしたものです。どんな順番で歌つたらよいか，歌う順に( )の中に 1，2，3，4 と番号を書き入れなさい。

(1) 「春の小川」(ハ長)………調子の小川は　さらさら　いくよ

(2) 「みなと」(ハ長調)………そらも　みなとも　よは　はれて

(3) 「きしや」(ト長調)………いまはやまなか　いまははま

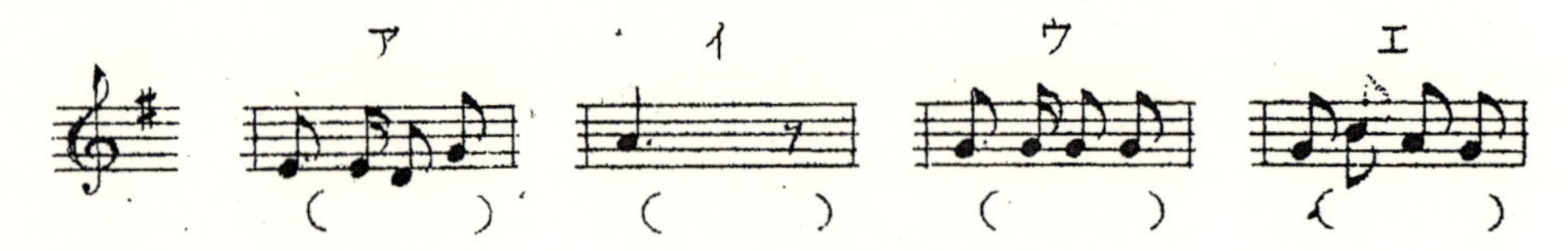

（4）「むらのかじや」（へ長調）………しばしもやすまず つちうつひびき

図画工作科

〔1〕右の図はせつこうでできた柱を台の上においたものです。図のように一方から光がきているとして，三つの面を明かるい面，暗い面，中くらいの面の三段階にえんぴつでぬりわけなさい。

注意　1　台の上にできたかげをみて，光の方向を正しく考えてぬりなさい。

2　一つの面は，みな同じ明かるさにぬりなさい。

3　ぬり方は下のようにする。

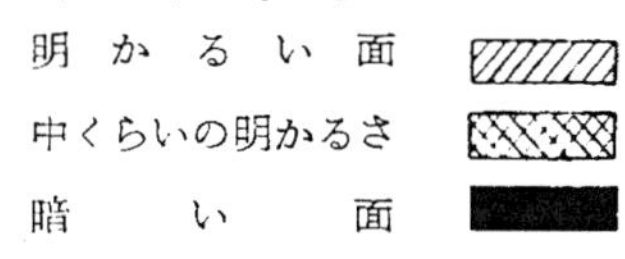

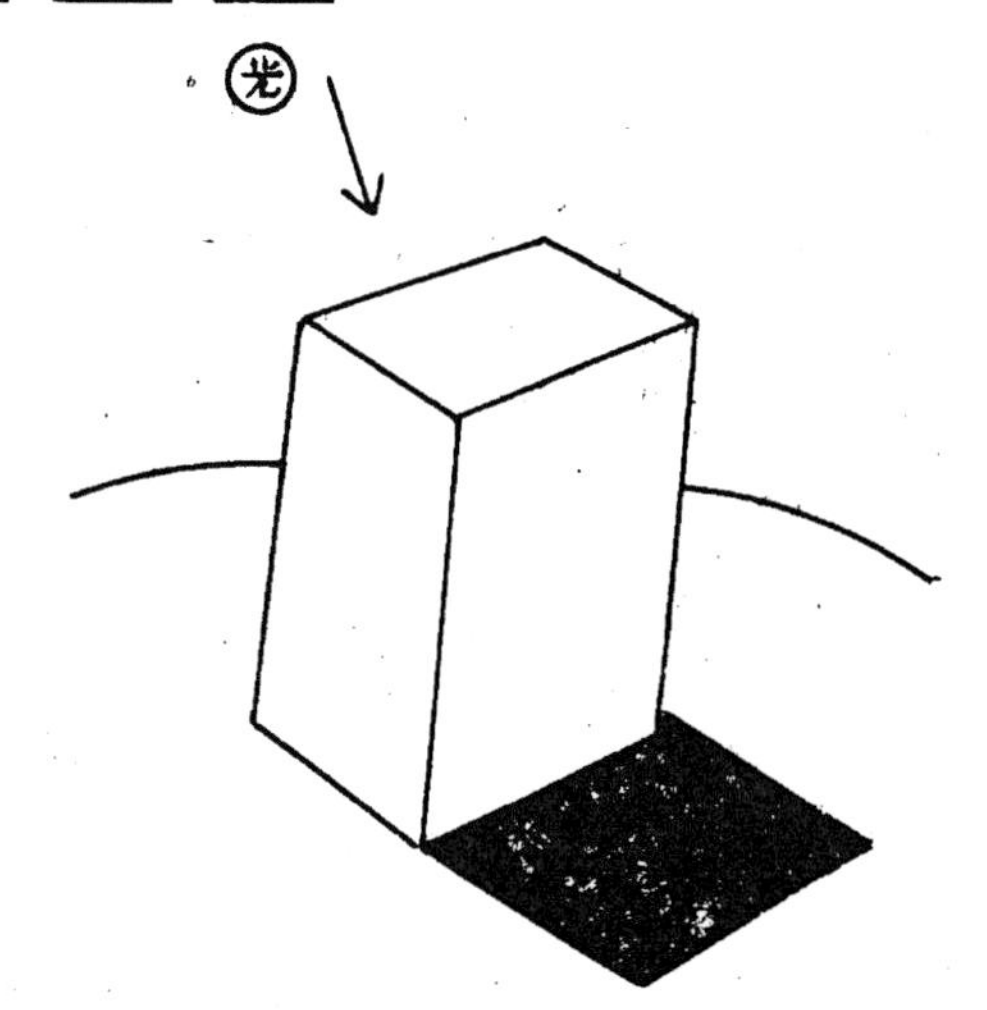

〔2〕友だちの間で次のような意見が出ましたが，絵をかく勉強でいちばんたいせつなことは，この中でどれでしょう。一つだけ選んでの中の字に○印をつけなさい。

（ア）絵は遠くのものを小さく，近くのものを大きくかくことがたいせつです。

（イ）絵は写真のように実物になるべく似せてかくことがたいせつです。

（ウ）絵は自分が感じた美しさを表わすようにかくことがたいせつです。

（エ）絵はなるべくおとなの絵や教科書の絵などをまねてかくとがたいせつです。

〔3〕次の配色の中で最もよく目だつ配色には○印，最も目だたない配色には×印を，（　）の中の字につけなさい。

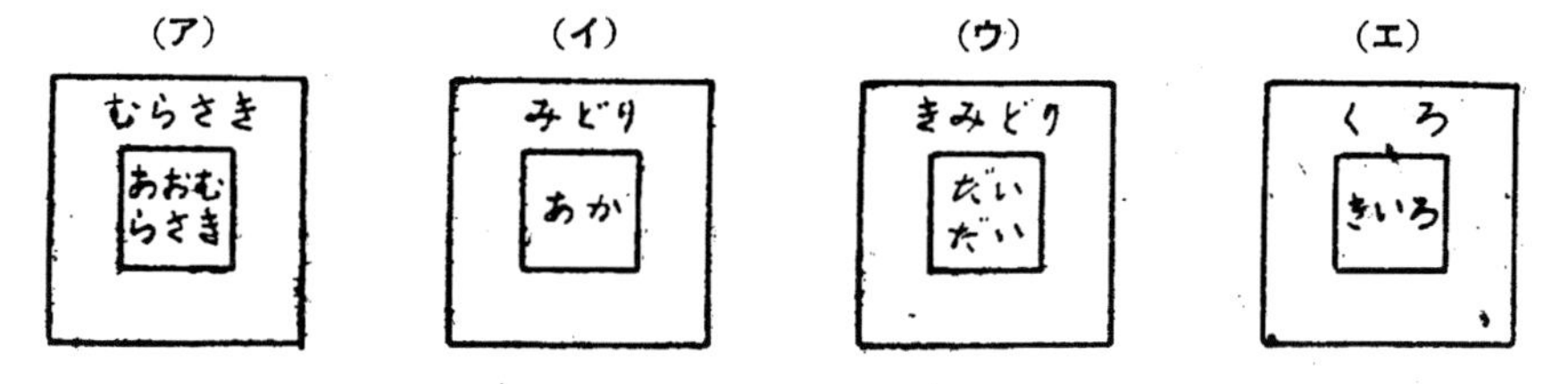

〔4〕次の四つの図の中から，最も動きの感じが出ているものに○印，最もつりあいのとれている感じのものに×印を，（　）の中の字につけてなさい。

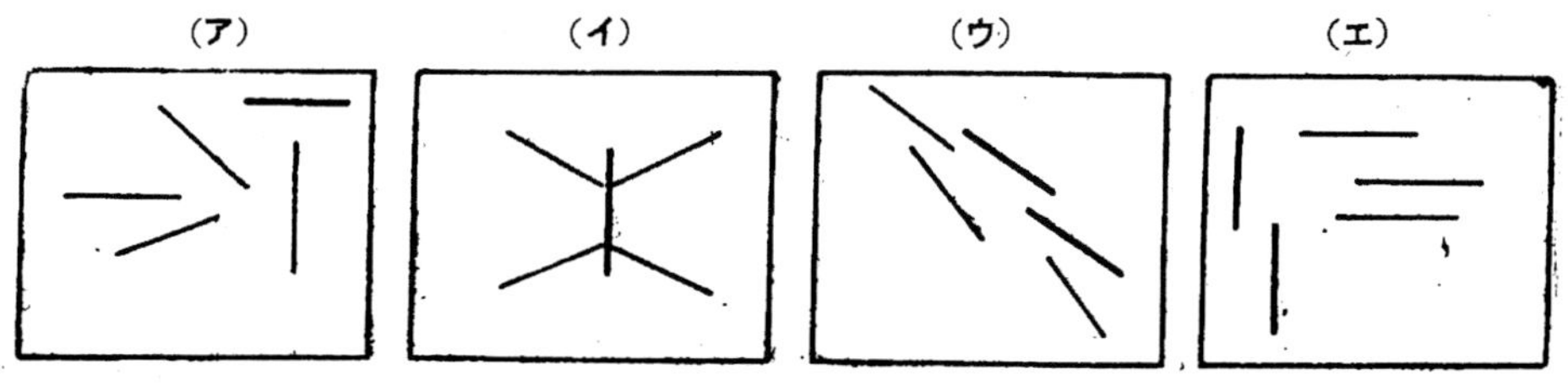

〔5〕 次の中から，ポスターをかくときにいちばんたいせつなものを一つ選んで，（ ）の中の字に○印をつけなさい。

（ア） 絵も文字の説明も，できるだけこまかくていねいにかくようにする。

（イ） 絵はできるだけあつさりさせ，文字でこまかに説明する。

（ウ） 遠くからでもよく目だつように，配色・絵・文字の組みあわせをくふうする。

（エ） 色かずはいろいろな色をできるだけ多く使つて，複雑な感じを出すようにする。

〔6〕 下の図のような，本を立てるものを作りたいと思います。工作図はどれが正しいでしよう。よいものを一つだけ選んで，（ ）の中に○印をつけなさい。

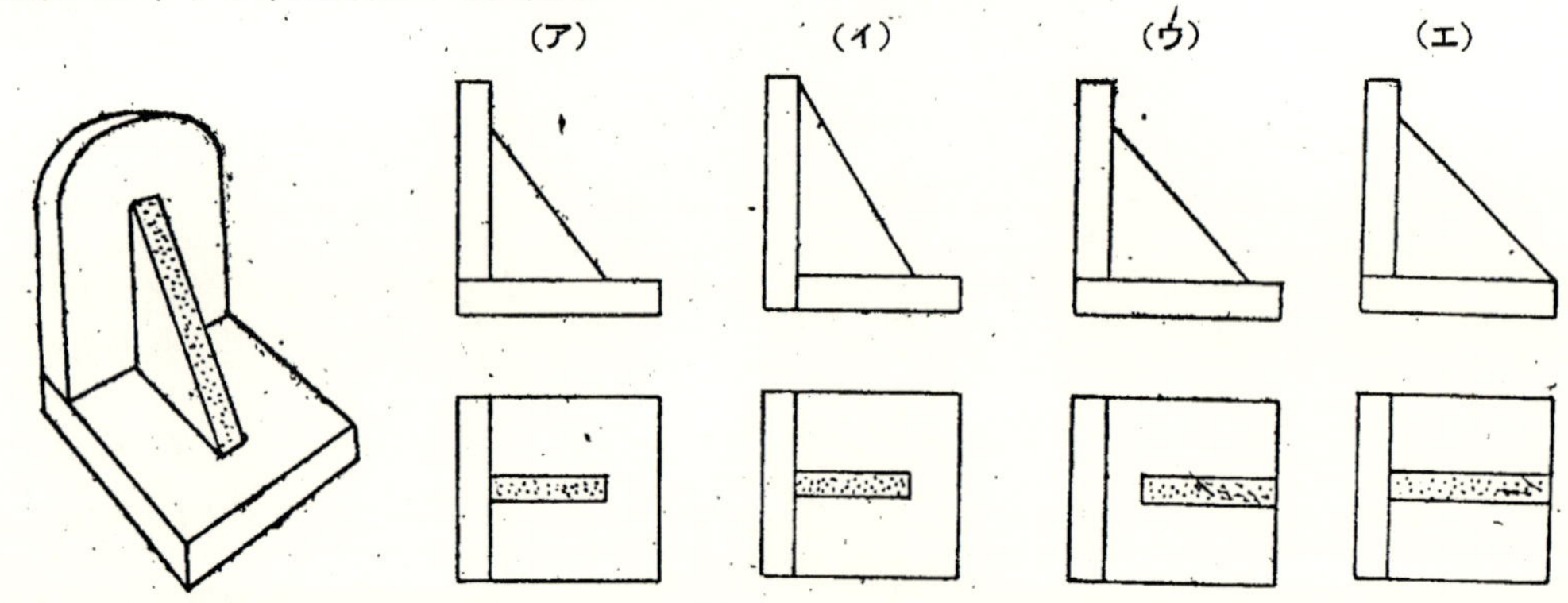

〔7〕 下の文はふみ台をつくる順序を四とおり示したものです。どの順序がよいか，よいと思うものを一つだけ選んで，番号に○印をつけなさい。

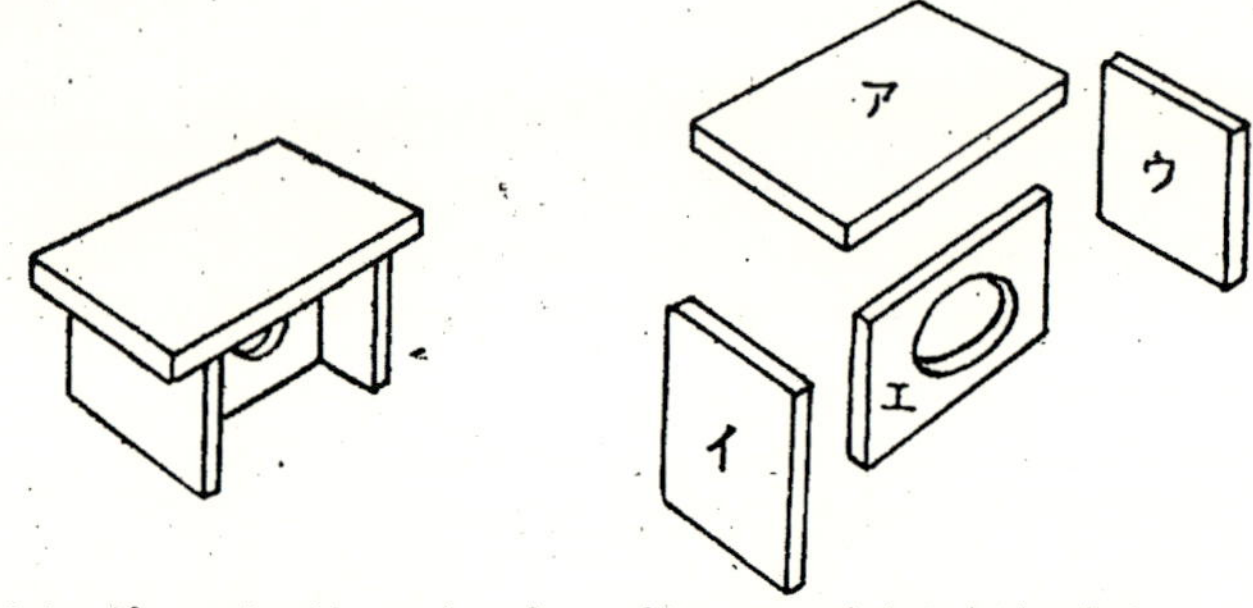

（1） アにイとウをつけ，エをつけてから，糸のこぎりで丸いあなをあけました。

（2） アにエをつけ，それにウとイをつけてから，糸のこきりで丸いあなをあけました。

（3） 糸のこきりでエに丸いあなをあけ，ウをつけてアをつけ，最後にイをつけました。

（4） 糸のこぎりでエに丸いあなをあけ，イとウをつけてから，最後にアをつけました。

〔8〕 一郎（ろう）くんは板や金網（かなあみ）を使つて，図のような小鳥を入れる箱（はこ）を作つています。次の文はできあがるまでの間の

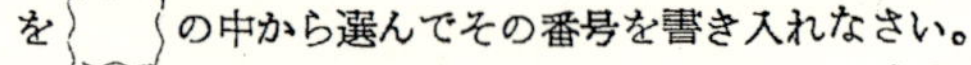

いくつかのしごとを示したものです。どんな工具を使つたらよいでしようか。次の文の（ ）中に，必要な工具

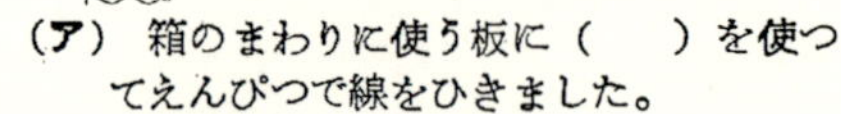

を〔　〕の中から選んでその番号を書き入れなさい。

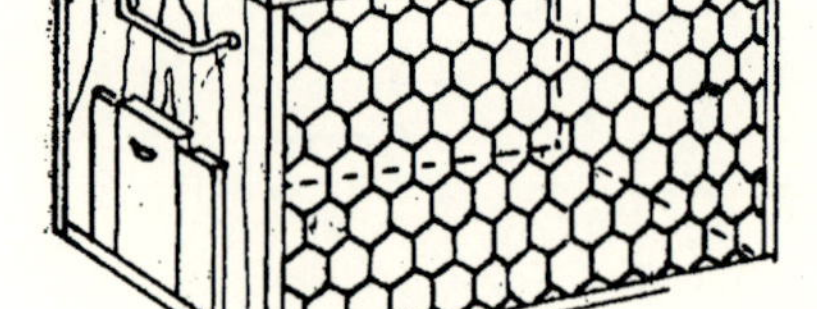

（ア） 箱のまわりに使う板に（　　）を使つてえんぴつで線をひきました。

（イ） この線にしたがつて（　　）を使つて板を切りました。

（ウ） その次は（　　）を使つて板をけずりました。

（エ） （　　）で板にくぎを打ち，箱を組みたてました。

（オ） （　　）を使つて金網（かなあみ）を切り，箱の前に張りつけました。

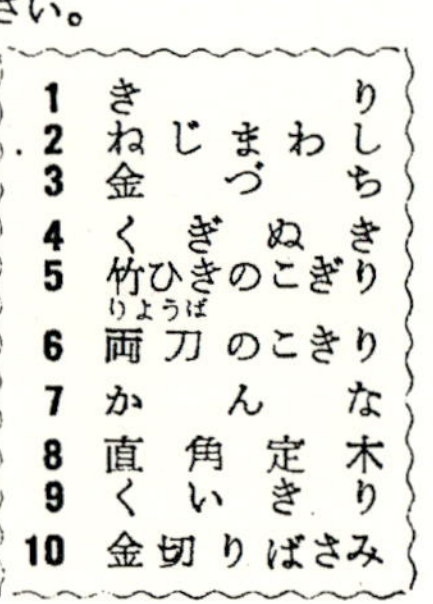

1 きり
2 ねじまわし
3 金づち
4 くぎぬき
5 竹ひきのこぎり
6 両刃（りょうば）のこきり
7 かんな
8 直角定木
9 くいきり
10 金切りばさみ

〔9〕 次のいろいろな本立の形や組みあわせ方や板の使い方をみて，次のことがらでいちばんよいと思うものにしるしをつけなさい。

① 形がすつきりして，実用にも適しいるものに○印をつけなさい。

② 形はわるくないが，板の使い方がよくないのもに×印をつけなさい。

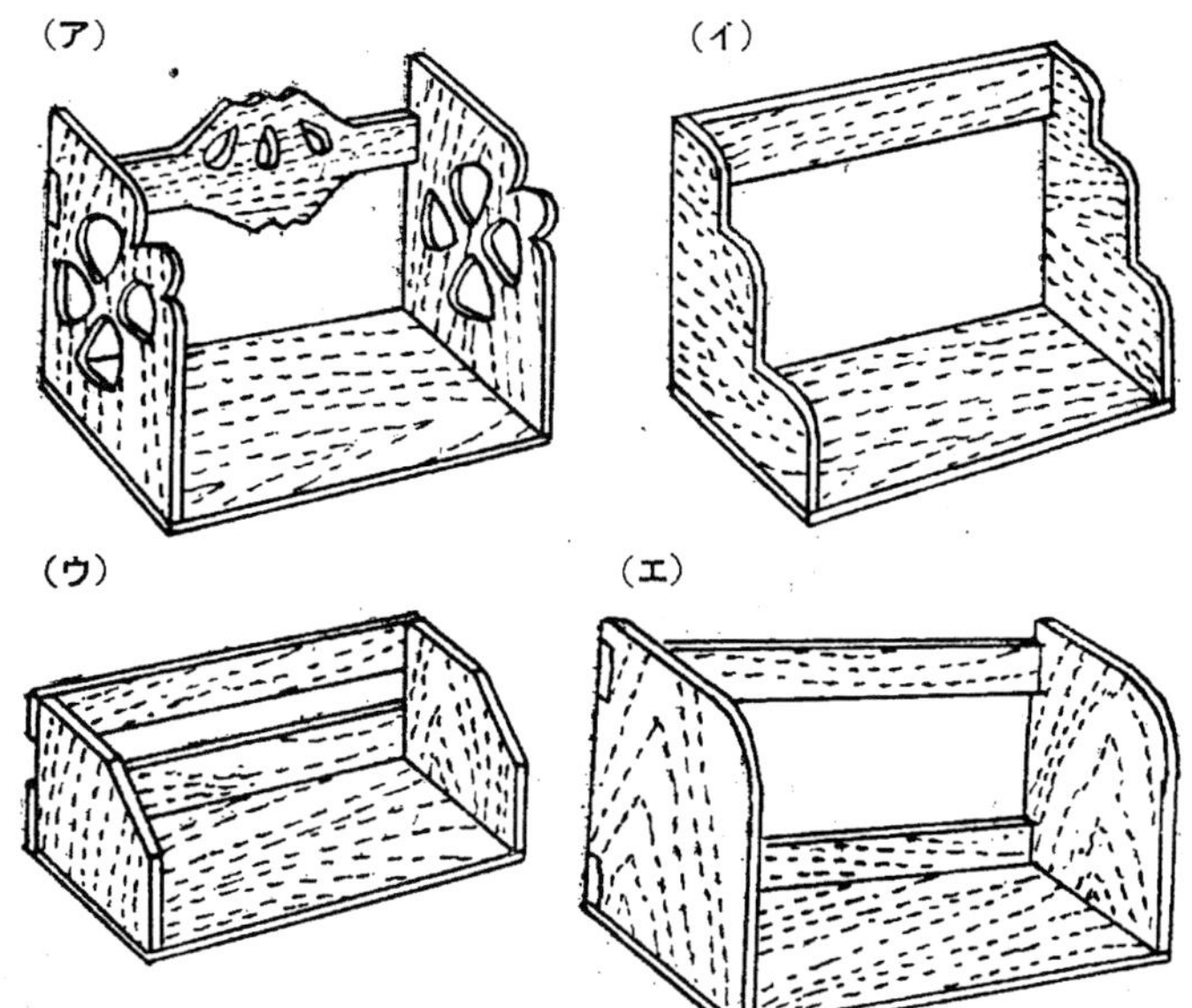

〔10〕 下の（ア）から（オ）までと最も関係の深いものを［　　］の中から一つ選んで、その番号を（　）の中に書き入れなさい。

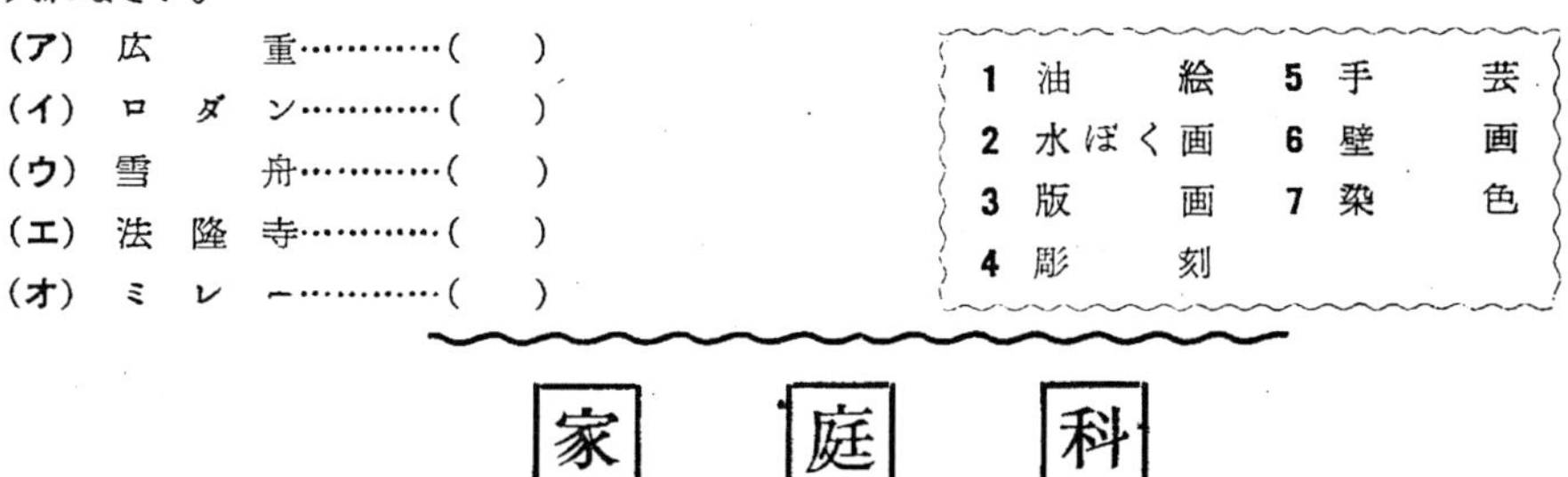

（ア） 広　重…………（　　）
（イ） ロ ダ ン…………（　　）
（ウ） 雪　舟…………（　　）
（エ） 法 隆 寺…………（　　）
（オ） ミ レ ー…………（　　）

1 油　絵	5 手　芸
2 水ぼく画	6 壁　画
3 版　画	7 染　色
4 彫　刻	

家　庭　科

〔1〕 身なりを整えるために，あなたは下の (1)，(2) の場合にどのようにしますか。

(1) ア図のように，ふつうにぬつてあるところがほころびました。どのようになおしますか。下の図の五つのなおし方を見て，いちばんよいと思うものを一つ選(えら)んで，その番号を○でかこみなさい。

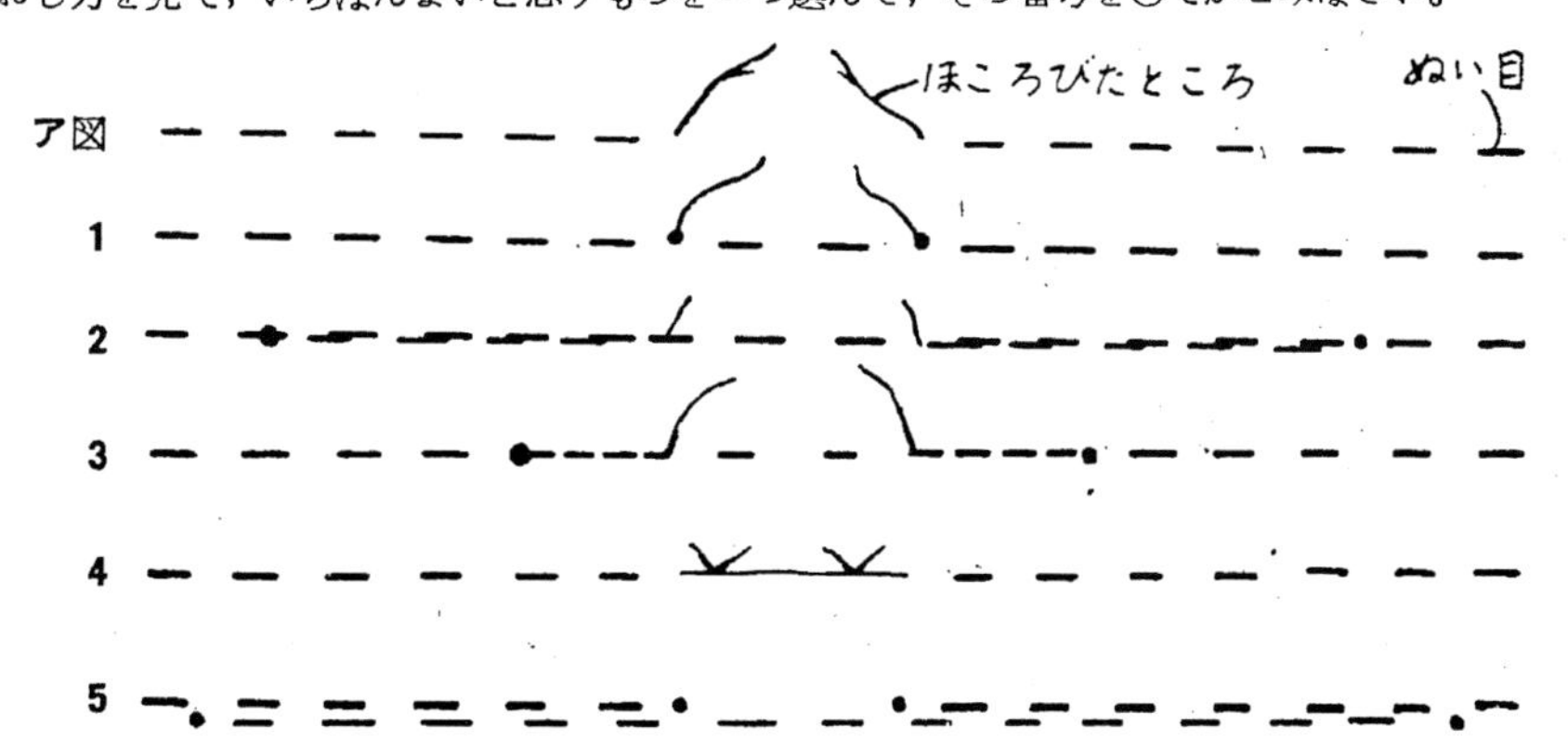

(2) スナップがとれました。どのようにつけますか。下の図の四つのつけ方のうち，いちばんよいと思うものを一つ選んで，その番号を○でかこみなさい。

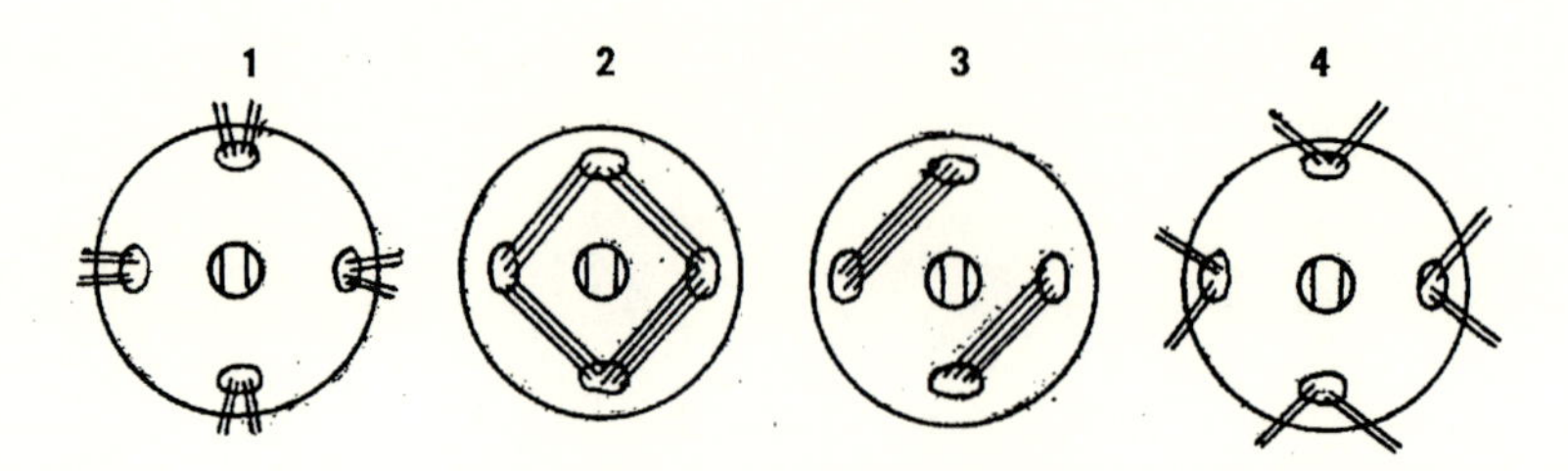

〔2〕 次に書いてある大きさのそろばんを入れるふくろを作るには，下の1，2，3図のどの大きさの布が適当か。よいと思うものを一つ選んで，その番号を○でかこみなさい。

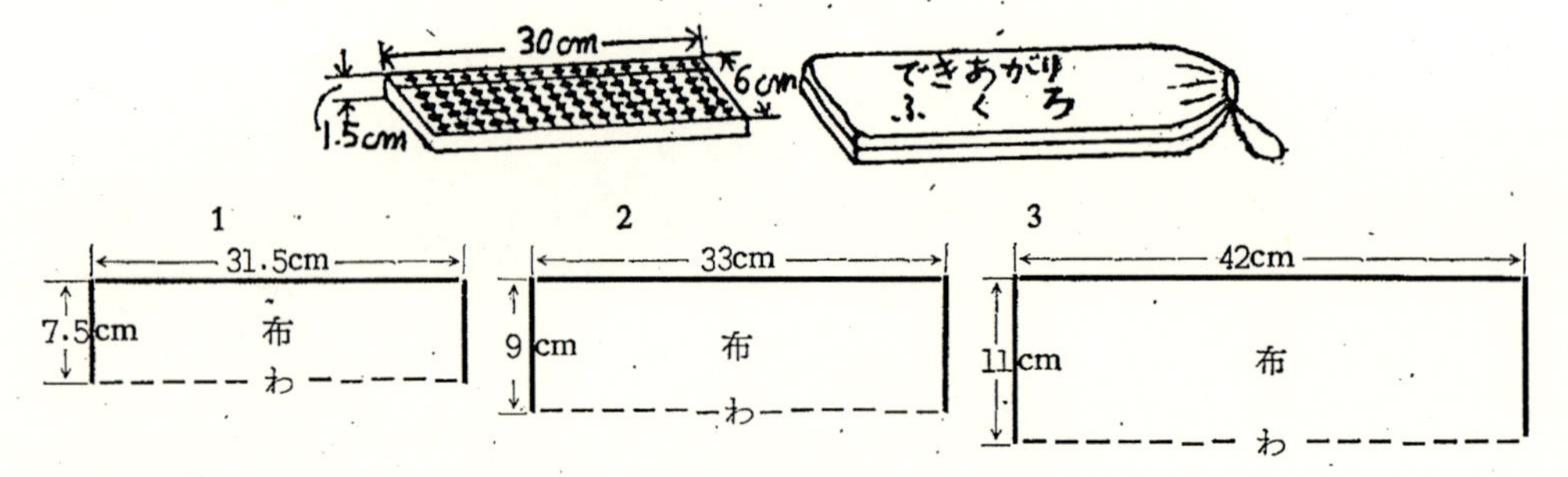

〔3〕 せんたくについて，下の二つの問題に答えなさい。

(1) 白いもめんの下着をせんたくする石けん液を作るには，水1 l に石けんなんグラムいれたらよいか。下に書いてある量の適当なものを一つ選んで，その番号を○でかこみなさい。

1 1 g　**2** 5 g　**3** 10g　**4** 50g　**5** 100g

(2) せんたくをするとき，ふつう下あらいをします。それはなんのためにするのですか。下に書いてあることのうち，あてはまるものを一つ選んで，その番号を○でかこみなさい。

1 本あらいをしないでもすむから，手がかからないため。
2 水でおちるよごれを取つて，石けんをむだに使わないため。
3 布をいためないで，早くあらうことができるため。

〔4〕 ミシンでぬうとき，はずみ車はどのようにまわしたらよいか。次の三つのまわし方について，よいと思うものを一つ選んで，その番号を○でかこみなさい。

1 向こうにまわす　**2** 手前にまわしてから向こうにまわす　**3** 手前にまわす

〔5〕 次の食事のあとかたづけのしかたで，よいものを三つ選んで，その番号を○でかこみなさい。

1 さかなや類のあぶらのついた食器は，水につけておいてからあらう。
2 アルマイトやアルミニウムのなべは，毎日みがきこをたわしにつけてごしごしあらう。
3 伝せん病のうたがいのある人の食器は熱湯消毒する。
4 ほうちようはあらつて，水分をよくふきとつて，きまつた場所に置く。
5 コップは熱湯を入れて，くもりがなくなるようにあらう。
6 食器類は同じ種類のものを重ねて，しまう。

〔6〕 次の文を読んで，正しいものを一つ選んで，その番号を○でかこみなさい。

1 サンドイッチにはさむ野菜を，キャベツときゆうりにしました。キャベツは1まい1まいうらおもてを，流し水でよくあらいました。
2 きゆうりやキャベツは，切つて塩をふつておいたら，水がでてきたので，かたくしぼつてから，酢(す)と油で味をつけました。
3 パンは切りにくいので，ほうちようを上からおしつけて切りました。

〔7〕 次の食品は，下の栄養分の何が多くふくまれていますか。□ の中に栄養分の番号を書き入れなさい。

ア じやがいも □　　イ こんぶ □　　ウ トマト □

エ とうふ □　　オ バター □

1 たんぱく質　　2 しぼう　　3 でん粉（炭水化物）

4 はい分（無機質）　　5 ビタミンB　　6 ビタミンC

〔8〕 次の文は，自分の持ち物を整理したことについて発表したものです。どの整理のしかたが便利で能率的なしかたか，よいと思うものを一つ選んで，その番号を○でかこみなさい。

1　あき箱をもらい，持ち物を全部入れてみました。一つでは足りないので，もう一つもらつたら，全部はいつてしまい，すつかりきれいになりました。

2　持ち物を種類別にしてから，毎日使うものと，ときどきしか使わないものとを区別して，つくえのひき出しや本箱などに分類して入れました。あまり使わないものは箱に入れ，箱には，入れたものの名まえを書いておきました。

3　わたしは父や母が，自分のことは自分でせよといわれるので，自分で出し入れするように箱に入れてあります。1週間に1回全部ひつくりかえして整理しています。

4　わたしは前から本箱がほしいと思つていたので，父や母に相談して，買つていただいて，持ち物を入れました。本箱の上には，かびんに花をさしてきれいにかざりました。

〔9〕 夏になつたので，すずしく住む方法を考えることになりました。どんなことに気をつけたらよいか。次の七つの中で，あてはまるものを三つ選んで，その番号を○でかこみなさい。

1 日あたりをよくする。　　2 風通しをよくする。　　3 採光をよくする。

4 暖房を考える。　　5 日よけをくふうする。　　6 消毒をする。

7 へやの，物の置き方をくふうする。

〔10〕 次のアからオは，どんなめあてでしますか。下の1から5の中からあてはまるものを選んで，（ ）の中にその番号を書き入れなさい。

ア（ ）あき箱で整理箱を作る。　　イ（ ）上着にアイロンをかける。

ウ（ ）こづかい帳をつける。　　エ（ ）食事のしたくの手順を考える。

オ（ ）大そうじをする。

1 衛生上必要なため　　2 物をたいせつにし，利用するため。

3 計画的にしようとするため　　4 能率的にしようとするため。

5 身なりを正しくするため。

〔11〕 お客さまが4人いらつしやつて，おかあさんがお相手しているので，わたしがお茶をいれることになりました。下のどれのようにしたらよいか。よいと思うものを一つ選んで，その番号を○でかこみなさい。

1　五つの茶わんを用意して，初めに少しずつじゆんじゆんにつぎ入れ，次に前の順序と反対の順序で，八分目ほど入れました。

2　お客さまの茶わんに八分目ほどずつ，じゆんじゆんにつぎました。あとでおかあさんの茶わんにつぎました。

3　4人のお客さまの茶わんを，おほんの上にならべ，大いそぎで，いつぱいになるようにつぎました。

〔12〕 家庭生活をよくしていくのには，家族がみんなで仕事を分担して協力しあうことがよいということがわかりました。そこでわたくしは自分のふとんのあげおろしは自分でしようと決心しました。ところがおかあさんがしてあげるからいいといいます。あなたなら，そのときどのようにしますか。次の文を読んで，いちばんよいと思うものを一つ選んで，その番号を○でかこみなさい。

1 わたしは，おかあさんのいわれることは，そのまま聞いて，いうとおりにします。

2 わたしは，おかあさんに自分の生活の計画を話して，自分でするようにします。

3 わたしは，6年生になつたのだから，自分できめたことは，だれが何といつてもやります。そうでなければ勉強したかいがありません。

4 わたしは，おかあさんに決心したわけを聞いてもらい，おかあさんの考えも聞いて，できるだけ自分のできる仕事は分担しようとします。

教科以外の活動

〔1〕 新しい学年になつたので，学級会で仕事の係をきめることになりました。そこで，どんな係になりたいかみんなが希望を書いて出し，それによつて係をきめようとしました。ところが，同じ係にたくさんの希望があつまり，ほかの係を希望するものがひとりもいない，というように，たいへんかたよつてしまつたので，みんなこまりました。そこで，どうしたらよいか，みんなで相談しました。そのとき，次のようないろいろな意見が出ました。あなただつたらどの意見に賛成しますか。一つだけ選んで，その番号を○でかこみなさい。

1 みんなの希望をいちいちきいていては，なかなかきまらない。こういうときにはしかたがないから，先生に相談して，きめてもらつたほうがよい。

2 学級委員はみんなの代表なのだから，こういうことは学級委員がきめるのがよい。

3 少しぐらい時間がかかつても，かたよりができたことを考えた上で，もういちど希望を書いてもらい，みんなで相談してきめるのがよい。

4 いちいちみんなの希望をきいていると，どうしてもかたよりができるから，くじ引きできめたほうがよい。

5 はじめに各係の長になる人を投票できめ，残りの人をどの係にするかは，係の長になつた人たちが相談してきめればよい。

〔2〕 太郎くんたちの学校には，運動場のほかに中庭がありますが，中庭には花だんや温室などがあるので，遊ばないことにしようと学校児童会でできめていました。ところが，ことしの夏ごろから，運動場の一部で校舎の建築工事がはじまつたため，運動場の使える所が少しせまくなつてしまいました。そのせいか，近ごろ低学年の人たちの中に，中庭で遊ぶ者がだんだん多くなつてきました。そのことが，ある日の学校児童会で問題になりいろいろな意見が出ました。あなたは次の意見のうちどれに賛成しますか。一つだけ選んで，その番号を○でかこみなさい。

1 いちどきめたきまりだから，少しぐらいぐあいがわるくてもかえるのはよくない。きまりを守つて，中庭ではぜつたいに遊ばないようにしたほうがよい。

2 児童会できめたきまりは，かんたんにかえないほうがよい。けれども，中庭で遊んでいる者は低学年の人たちだけなのだから，あまりやかましくいわないでもよい。

3　運動場がせまくなつているのだから，今までのきまりはむりだと思う。だから，遊びたい者が中庭で遊んでもしかたがない。

4　運動場がせまくなつているのだから，今までのきまりをあらためて，工事が終わるまで中庭で遊んでもよいことにきめるのがよい。

5　人にめいわくをかけなければ，学校のどこで遊んでもかまわないと思う。だから，遊び場所のきまりはいらない。

〔3〕　一郎(いちろう)くんたちの学校では，ことしの学芸会(がくげいかい)は，学校児童会が中心になつて準備(じゅんび)を進めることになりました。それで，学芸会係(がかり)をつくり，その人たちが，いろいろな準備の仕事を始めました。まず学芸会の種目(しゅもく)をきめるために，各学級に紙をくばつて，やりたいと思う種目を一つ書いて出すようにたのみました。ところが，しめきりの日がきても出さない学級が多く，何回さいそくしても，書いてくれない学級がありました。

学芸会の日もせまつてきて，プログラムを早くつくらなければならないので，係の人たちはこまつてしまい，自分たちでプログラムをつくり全校に発表しました。それを見て，各学級からいろいろな不満が起つてきました。そこで，この問題が学校児童会で取り上げられ，次のようないろいろな意見が出ました。

あなたが賛成する意見を一つだけ選んで，その人の名まえの番号を○でかこみなさい。

1　一郎くん　学芸会係をつくったのだから，はじめからその人たちだけで，プログラムをつくればよいのに，各学級から希望の種目を書いて出させたのが，よくなかつた。

2　太郎くん　学校児童会が中心になつて学芸会の準備を進めるようなやり方にしたのが，よくなかつた。

3　花子さん　みんなと相談してきめればよいのに，学芸会係が自分たちでプログラムをきめてしまつたのが，よくなかつた。

4　次郎(じろう)くん　希望の種目を書いて出すようにいわれていながら，書いて出さない学級があつたのが，よくなかつた。

5　よし子さん　プログラムを早くつくらなければならないというのなら，先生にきめてもらえばよかつたのに，学芸会係が自分たちでプログラムをきめたのが，よくなかつた。

〔4〕　学校のごみすて場が校舎(こうしや)に近すぎてきたならしく，またいやなにおいがするので，こんど新しいごみすて場を運動場の遠くのすみにつくり，どの学級も必ずそこにごみをすてることにきまりました。

はじめのうちは，みんなその新しいごみすて場に持つて行つて，すてていましたが，学期の終わりごろになつたら，だんだんこのきまりが守られなくなり，校舎に近い，もとのごみすて場のあつた所にすてる者が出てきました。校内放送(ほうそう)で，そのことについて二，三回注意(ちゆうい)がありましたが，やはりなおりません。そこでその問題が学校児童会で取り上げられました。そのとき，次のようないろいろな意見が出ました。あなたはどの意見がよいと思いますか。一つだけ選んで，その番号を○でかこみなさい。

1　必ず新しいごみすて場にすてるように，もういちど児童会や学級会で申(もう)しあわせをするがよい。

2　児童会や学級会で話しあいをして，もとのごみすて場のあとにすてるとなぜこまるかを，みんなでもういちどよく考えてみるのがよい。

3　学校のきまりを守らないくせがつくとよくないから，もとのごみすて場のあとにすてる者を見つけて，その人たちの名まえを，朝会のときに発表するのがよい。

4　もとのごみすて場のあとにすてる者を見つけ，その人ちの組の名を，朝会のときに発表して，みんなに注意をあたえるのがよい。

5　新しいごみすて場に持つていけないのには，何かはつきりした理由(りゆう)があるのか，そのことをしらべて，みんなでよく考えてみるのがよい。

〔5〕 石井くんの学校では，学校児童会の議長（ぎちょう）は，まず6年生の候補者（こうほしゃ）が意見を発表（はっぴょう）し，そのあとで，4年生以上の学級委員が投票（とうひょう）してきめることになつています。はじめて投票する4年生の学級委員山中くんは，だれに投票したらよいかがわからなくて，6年生の石井くんのところに相談に来ました。あなたが石井くんだつたら，どのように教えますか。次の五つの中から一つだけ選んで，その番号を○でかこみなさい。

1 「よく名まえを知つている人，顔を知つている人，近所（きんじょ）の人などに投票すればよい。」という。

2 「候補者の意見に，少しでも賛成する人があれば，その人に投票すればよい。」という。

3 「どんな人を選べばよいかきめられないときは，むりに投票するより投票しないほうが，まじめな態度（たいど）だ。」という。

4 「○○くんがいいだろうと。」自分が選ぼうと思つている人の名まえを教える。

5 「どの人を選んだらよいか，先生にきいてみたらよいだろう。」という。

昭和33年度

中學校調査問題 —全国学力調査—

英語科

〔1〕 ラジオで放送する先生のさしずにしたがつて，やつてください。（正しい答の記号を○でかこみなさい。）

（例） 練習題の答（問題は先生が読みます。）

ア There is a book.
(イ) This is a book.
ウ This is a box.
エ There is a box.

A
ア The ten boys are in that room.
イ Those ten boys are in this room.
ウ The ten boys are in the room.
エ Those ten boys are in the room.

B
ア We had three meals a day.
イ We have three meals a day.
ウ We had two meals a day.
エ We have two meals a day.

C
ア Jane doesn't know well how to swim.
イ John doesn't swim very well.
ウ John doesn't know how to swim.
エ Jane doesn't swim very well.

D
ア Will you go with him ?
イ Will you play with me ?
ウ Will he go with me ?
エ Will you go with me ?

E
ア There are many people who like to play baseball.
イ There were a great many people who liked to play baseball.
ウ There are a great many people who like to play football.
エ There were many people who liked to play baseball.

〔2〕 ラジオで放送する先生のさしずにしたがつて，やつてください。（正しい答の記号を○でかこみなさい。）

（例） 練習題の答（問題は先生が読みます。）

ア Yes, it is.
イ No, it is not.
(ウ) Yes, I am.
エ No, I am not.

A
- ア　Yes, it is.
- イ　No, it is not.
- ウ　Yes, it is not.
- エ　No, it is.

B
- ア　There are six.
- イ　There are eight.
- ウ　There are five.
- エ　There are seven.

C
- ア　It is Sunday.
- イ　It is Tuesday.
- ウ　It is Friday.
- エ　It is Saturday.

D
- ア　We call it October.
- イ　We call it December.
- ウ　We call it November.
- エ　We call it February.

E
- ア　No, it does.
- イ　No, it does not.
- ウ　Yes, it does.
- エ　Yes, it does not.

〔3〕　1から5までの文の中に，下線のある単語が一つずつあります。その下線のある部分と同じ音をもつている単語を，ア，イ，ウ，エ，オ の単語の中から一つずつ選んで，その記号を○でかこみなさい。

1　I saw a bird on a tree.
- ア　boat
- イ　cold
- ウ　notebook
- エ　coal
- オ　walk

2　I have no money with me.
- ア　down
- イ　cow
- ウ　now
- エ　show
- オ　how

3　She looked at the pretty flower.
- ア　opened
- イ　jumped
- ウ　ended
- エ　wanted
- オ　lived

4　There was a girl by the window.
- ア　heart
- イ　laugh
- ウ　large
- エ　work
- オ　warm

5　He gives me a pen.
- ア　cats
- イ　ships
- ウ　dogs
- エ　takes
- オ　months

〔4〕　次の単語を発音するとき，いちばん強く発音する部分の記号を，例にならつて，解答欄に書き入れなさい。

(例)　Jan(ア) - u(イ) - a(ウ) - ry(エ)

1　be(ア) - gin(イ)

2　dic(ア) - tion(イ) - a(ウ) - ry(エ)

3　A(ア) - mer(イ) - i(ウ) - can(エ)

4　an(ア) - oth(イ) - er(ウ)

5　a(ア) - fraid(イ)

6　tel(ア) - e(イ) - phone(ウ)

7　ア　イ　ウ
un-der-stand

8　ア　イ　ウ
Sep-tem-ber

9　ア　イ
be-tween

10　ア　イ　ウ
beau-ti-ful

	(例)	1	2	3	4	5	6	7	8	9	10
解答欄	ア										

〔5〕 次の1から5までと，アからカまでとを結び合せて，最も正しい意味を表わす文とするには，どれとどれを結んだらよいか，アからカまでのうちから適当なものを一つずつ選んで，その記号を（　）の中に書き入れなさい。

1 He ran as fast as he could (　　)
2 You may use the pencil (　　)
3 As she was very tired (　　)
4 You must come home (　　)
5 When we are thirsty (　　)

ア we want to drink.
イ which is on the desk.
ウ and it begins to rain.
エ before it gets dark.
オ she couldn't walk any more.
カ to catch the train.

〔6〕 次の文を読んで，1から5までの問に対する答の________の上に，適当な単語を一つずつ書きなさい。

On Monday morning John got up late, and he ran to school. He had four lessons in the morning and two more in the afternoon. After school he played tennis for an hour. He came home at a quarter to five. He had his supper at half past six. Then he worked hard at his homework. It was difficult, and it took him much time. So he did not listen to the radio. He went to bed at ten.

1 問 Did John get up early ?

答 No, he did not. He got up________________

2 問 How many lessons did he have on that day ?

答 He had________________lessons.

3 問 Did he work at his homework before supper or after supper ?

答 He worked________________supper.

4 問 Was the homework easy ?

答 No, it was not. It was________________

5 問 Why didn't he listen to the radio ?

答 Because the homework took him________________time.

〔7〕 1から5までの問題の＿＿＿の上に，（　）の中の単語の形を適当に変えて書き入れなさい。

1 Have you ever ＿＿＿＿＿＿＿＿ a lion ? (see)

2 The baby is ＿＿＿＿＿＿＿＿ by everybody. (love)

3 Tokyo is one of the largest ＿＿＿＿＿＿＿＿ in the world. (city)

4 She has a ribbon on ＿＿＿＿＿＿＿＿ hair. (she)

5 This picture is the ＿＿＿＿＿＿＿＿ of all. (good)

〔8〕 1から5までいくつかの単語が並べてあります。これらの単語を使つて，国語で書いた文の意味を表わすような英文を作りなさい。それらの単語の順をア イ ウ エ………の記号で下の［　|　|　］の中に書き入れなさい。

1 ア is　イ where　ウ Tom's　エ cap

トムのぼうしはどこにありますか。

［　|　|　|　］?

2 ア us　イ taught　ウ music　エ he

かれはわたしたちに音楽を教えました。

［　|　|　|　］.

3 ア English　イ it　ウ hard　エ is

オ speak　カ to

英語を話すのはむずかしい。

［　|　|　|　|　|　］

4 ア was　イ friends　ウ with　エ a song

オ she　カ singing　キ her

彼女は友だちと歌を歌つていました。

［　|　|　|　|　|　|　］

5 ア Tom　イ Mary　ウ taller　エ is

オ or　カ which

トムとメアリーとでは，どちらがせが高いか。

［　|　|　|　|　|　］?

共通

職業・家庭科

〔1〕 右の表は草花の種類，おもなふやしかた，畑や花だんで栽培(さいばい)したときに花の咲(さ)くだいたいの時期を示したものである。ふやし方，花の咲く時期についてaからdの各らんに下のことばの中から最も適当なものを一つずつ選び，その番号を書き入れなさい。

草花の名まえ	ふやしかた	花の咲く時期
三色すみれ（パンジー）	a	春
チューリップ	球根でふやす。	b
サルビヤ	種でふやす。	c
カンナ	d	夏から秋

（ふやしかた）

1 株分けやさし木でふやす。
2 球根でふやす。
3 種でふやす。
4 株分けだけでふやす。

（花の咲く時期）

5 冬から春
6 春
7 夏から秋
8 秋から冬

〔2〕 次の野菜の栽培について，最も関係の深いものを，右のことがらの中からそれぞれ一つずつ選んで，その番号を □ の中に書き入れなさい。

（野菜）

a トマト □
b ほうれん草 □
c だいこん □

（ことがら）

1 酸性の土に弱い。
2 土入れをじゆうぶんしないと，のび過ぎる。
3 雑種になつているものがまじつているから，子葉の色や形に注意して間引く。
4 連作すると生育がたいへん悪くなる。

〔3〕 そろばんの問題

そろばんを用いて，下の問題を計算して，その答を次のらんに記入しなさい。

問題番号	1	2	3	4	5
答	¥	¥	¥	¥	¥

……………………（切り取り線）……………………

（問題）

1	2	3	4	5
¥ 203	¥ 58	¥ 5,061	¥ 92	¥ 6,079
62	170	382	81	854
57	691	56	9,463	210
908	320	−293	50	9,311
740	−86	47	357	−940
65	−430	104	48	853
13	504	38	924	−6,762
49	−20	−4,078	101	765
200	79	−150	36	−573
18	42	29	7,085	344

〔4〕 次にあげる農薬や肥料について，最も関係の深いものを右のことがらの中から，それぞれ一つずつ選んで，その番号を□の中に書き入れなさい。

（農薬・肥料）

a 硫酸アンモニア(硫安) □

b DDT粉剤 □

c 石灰ボルドー液 □

d 草木灰 □

（ことがら）

1 カリ肥料

2 作物の病気の予防

3 窒素(ちつ)肥料

4 りん酸肥料

5 土の消毒

6 作物の害虫の駆除(くじょ)と予防

〔5〕 次の a，b，c は製図について述べた文である。それぞれの下の 1，2，3 のうちから最も適当なものを一つずつ選んで，その番号を□の中に書き入れなさい。

a 図面を書くとき，紙上に正確な寸法をとるには，□方法がよい。

1 紙上に物さしをぴつたりつけ，しんのとがつた鉛筆(えんぴつ)でしるしをつける

2 ディバイダ(分割器)の足を物さしの目もりにあわせて，紙上に寸法を移す

3 紙上に物さしをおき，ディバイダの足で寸法のしるしをつける

b 物体の見えない部分の形を示すには□を用いる。

1 実線　2 一点鎖(さ)線　3 破線

c 機械製図に記入する寸法の単位には，ふつう，□を用いるがその単位の記号は書かない。

1 ミリメートル　2 センチメートル　3 寸(すん)

〔6〕 右の図は箱の平面図と，AB線のところで切断した断面図である。この図を見て，次の各問に答えなさい。

a 次の文の（　）の中から正しい答を選んで，その符号を○でかこみなさい。

(1) 記入のしかたが誤つている寸法は，

（ア 120□　イ 100□　ウ 60　エ 10）である。

(2) 120□，100□ の□の記号は，

（ア 直径　イ 正方形　ウ 半径　エ 面取(めんと)り）を表わす

(3) この箱の内側の容積は，

（ア 500　イ 600　ウ 720　エ 1,000）cm_3である。

b 断面図の中に，実線が1本足りないから，それを書きたしなさい。（定木は使わなくてもよいから，正しくきれいに書きなさい。）

A
B
120□
100□
60
10

共　通

〔7〕 次に示すそれぞれの文の（　　）の中に書かれてあることがらのうちから，正しいものを一つだけ選んで，その符号を○でかこみなさい。

a　領収書を発行するとき，10円の収入印紙をはらなければならないのは，金額が

（ア　1,000円　　イ　2,000円　　ウ　3,000円）以上のものである。

b　領収書に¥1,352の金額を和数字で記入するには，

（ア　千三百五十二円　　イ　壱千参百五拾弐円　　ウ　壱千参百五十二円）と書くのが，いちばん正しい。

c　一個当り10円の価格を，帳簿の摘要（てきよう）らんに示す場合には，

（ア　#¥ 10　　イ　@ ¥ 10　　ウ　√¥ 10）として表わす。

d　費目別に分けた家計簿に，カーテン用の布地を¥500買つたことを記帳する場合に，金額は，

（ア　被服費　　イ　住居費　　ウ　衛生費）のらんに記入する。

e　事務用文書を書くとき，ふつうの通信文とちがうおもな点は，

（ア　受信者名　　イ　発信年月日　　ウ　文書番号）がいちばんはじめの行に書かれることである。

〔8〕 次に帳簿が示されている。そのうちaからjまでの符号のあるらんの中には五つの記入もれの箇所がある。これを調べて正しく記入しなさい（そろばんを使つてもよい。）

現　金　出　納　帳

月	日	摘　要	収　入		支　出		差引残高	
9	1	前月くりこし	a		b		2,560	—
	13	預金引き出し	1,600	—	c		d	
	18	旅行費を納入			1,870	—	2,290	—
	20	運動ぐつ買い入れ	e		f		1,980	—
	28	ノート3冊買い入れ			60	—	1,920	—
	30	次月くりこし	g		h			
			4,160	—	4,160	—		
10	1	前月くりこし	i		j		1,920	—

〔9〕 次の問題を読み（　）の中から最も適当なものを一つずつ選んで，その番号を□の中に書き入れなさい。

a 米を洗うとき，失われるビタミンは

（1 ビタミンA　2 ビタミンB_1　3 ビタミンC）である。 □

b 白米200cc（0.2 l）の重さは

（1 150g　2 200g　3 400g）ぐらいである。 □

c ご飯をたくときの水の量は，白米（内地米）の場合，その体積の

（1 0.8倍　2 1.2倍　3 1.5倍）ぐらいがふつうである。 □

〔10〕 次のaからdの栄養素は，1から6までの食品のどれに最も多く含まれているか。ただし食品はどれも同重量とする。食品の番号を一つずつ選んで，□の中に書き入れなさい。

（栄養素）

a たんぱく質 □

b 炭水化物 □

c ビタミンA □

d ビタミンC □

（食品）

1 食パン　5 いわし

2 牛乳　6 バター

3 みかん

4 りんご

〔11〕 衣類に使われるせんいの性質にはそれぞれ特徴がある。次の問題を読み，下にあげた1から5のせんいの中から，最も適当なものをそれぞれ一つずつ選んで，その番号を□の中に書き入れなさい。

a 水にぬれると，乾（かわ）いているときより最も弱くなるものはどれか。 □

b 熱湯やアルカリ洗剤で洗うと最もちぢむものはどれか。 □

c アイロンをかけるとき

ア 最も低い温度でかけなければならないものはどれか。 □

イ 最も高い温度でかけるほうがよいものはどれか。 □

1 もめん　4 羊毛

2 人絹（レーヨン）　5 ナイロン

3 絹

選　択　〔オ１群〕

〔１〕 麦の栽培について，次のａ，ｂの問に答えなさい。

ａ　麦ふみはどんな効果があるか。下に書いてあることがらの中から，最も適当と思うものを**二つ**だけ選んでその番号を○でかこみなさい。

１　根のうきあがりを防ぎ，土中の水分の状態をよくする。

２　地温を上げ，穂(ほ)のできるのを早め，その生育をよくする。

３　土の組織を団粒(だんりゅう)組織にして通気をよくする。

４　根ばりをよくし，のび過ぎや倒れるのを防ぐ。

ｂ　次の文の［　　］の中に，下に書いてある１から８のことばの中から，最も適当と思われるものをそれぞれ一つずつ選んで，その番号を書き入れなさい。

麦には芽が出てから一定期間，ア［　　］にあわないと穂(ほ)が出ない性質がある。この性質を，イ［　　］性という。種まきにあたつては，はだか黒穂(ほ)病菌の消毒をおこなうために，ウ［　　］をおこなうとよい。

１　寒　さ	２　2,4－Dの散布	３　秋まき	４　耐(たい)寒(かん)
５　暑　さ	６　BHCの散布	７　春まき	８　冷水温湯浸法

〔２〕 次の文の（　）の中のことばから，最も正しいと思うものを一つずつ選んでその番号を［　　］の中に書き入れなさい。

ａ　ひなのえさずけは，ひながかえつてから（１　１～２日　　２　５～６日　　３　８～９日）ぐらいたつてからおこなう。

［　　］

ｂ　母鶏が種卵(たねたまご)を抱くと，ふつう（１　１週間　　２　２週間　　３　３週間）でひなにかえる。

［　　］

ｃ　せまい場所に，にわとりをたくさん飼うには

（２　平(ひら)がい　　２′バタリー式　　３　放(はな)しがい）が適している。

［　　］

ｄ　にわとりは，ア（１　春先　　２　初夏　　３　秋）に換羽(かんう)をはじめるから，この時期には，イ（４　たんぱく質　　５　脂(し)肪(ぼう)　　６　でんぷん）にとんだ飼料を多く与えなければならない。

ア［　　］　イ［　　］

選　択　〔才2群〕

〔1〕 次の文の（　　）の中から最も適当なものを選び，その番号を［　］の中に書き入れなさい。

a　六角形のナットを速く確実にしめるには（1　やつとこ　　2　スパナ　　3　ペンチ）を使用するとよい。［　］

b　家庭で電熱器を使うときは，できるだけ（1　キーソケット　　2　開閉器　　3　コンセント）につなぐとよい。［　］

c　自転車の回転部分は，玉軸受（じくうけ）になつているから，その中には（1　時々マシン油をさす　　2　グリースをつめておく　　3　石油をさす）必要がある。［　］

d　はんだづけをするときは，こて先が（1　色が変らないくらい　　2　あずき色ぐらい　　3　赤くなるくらい）に焼いて使うのがよい。［　］

〔2〕 下の図のような箱を作りたい。これについて次の（A）および（B）の問に答えなさい。

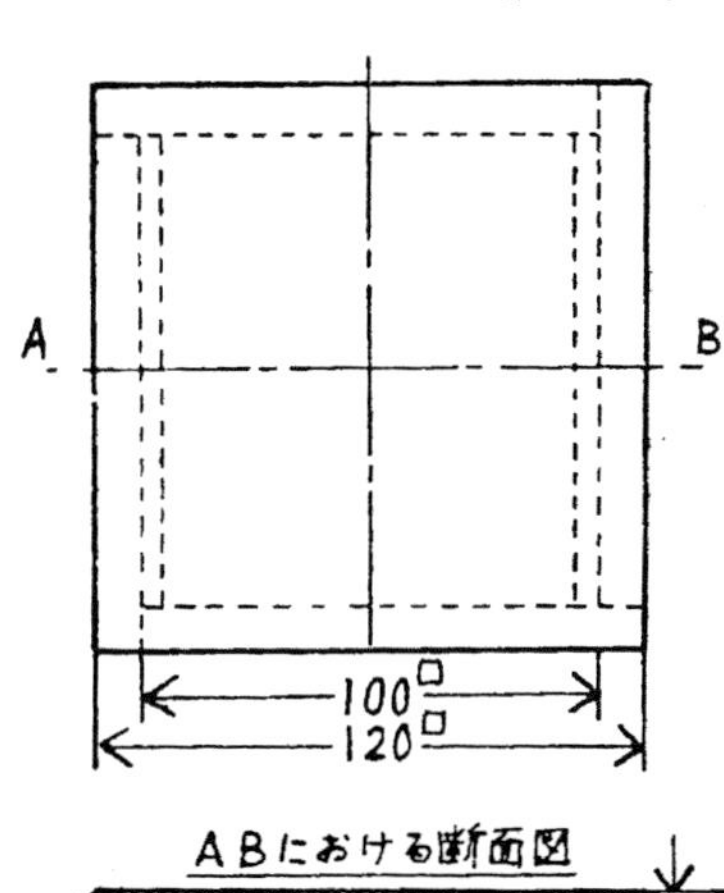

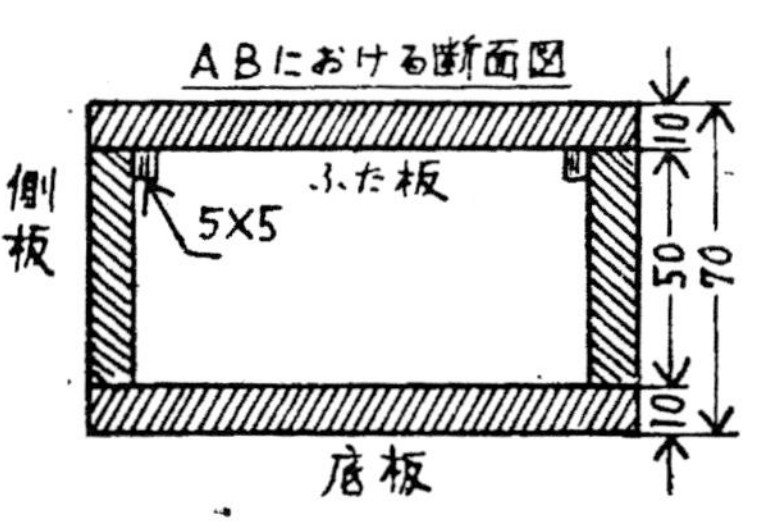

（A） 材料表を次のように作つた。表の空らんの a，b，c にあてはまる寸法または数量を下の表から選んで，その番号を書き入れなさい。

材　料　表

材　料　名	寸　　法	数　　量
底板およびふた板	a	2 枚
側（がわ）板（いた）	b	c
ふ た の さ ん	5 × 5 × 100	2 枚

（aの寸法）	（bの寸法）	（cの数量）
1　100×100×10	1　10×50×120	1　1枚
2　120×70×10	2　10×50×110	2　2枚
3　120×120×10	3　10×70×120	3　3枚
		4　4枚

〔2〕 (B) この箱を作るには，aからdの仕事についてどんな順序で仕事したらよいか，下の1から4の順序のうち正しいと思うものを選び，その番号を［　］の中に書き入れなさい。

a　組みたてる

b　ふた板，側（がわ）板，さんの木取りをする。

c　図面をかく。

d　ニスを塗る。

e　それぞれの寸法にのこぎりびきし，かんなけずりする。

（順　序）

1　c→e→b→d→a
2　c→b→d→e→a
3　b→e→a→d→c
4　c→b→e→a→d

［　］

選　択　〔才3群〕

〔1〕 次の式は売買値だんを計算するときの要素を示したものである。この中に不適当なものが**二つ**まじつている。それを二本線で消しなさい。

発駅貨車渡値だん＝（置場渡値だん）(a) ＋（荷造費）(b) ＋（トラック賃）(c) ＋（積込料）(d) ＋（鉄道運賃）(e) ＋（運送保険料）(f)

〔2〕 次のa，bの文の[　　]の中に，最も適当な書類の名を，下の1から6のことばの中から選んで，その番号を書き入れなさい。（同じ番号を2度使つてもよい）

a　商品を発送するときには，ア[　　]の内容に一致するように用意し，発送と同時に，売手は買手に対して，イ[　　]を送付する。

b　商品が到着すると，買手は売手から送つてきた，ア[　　]と商品とを照合して品不足，品違いや破損の有無を確めてから，売手に，イ[　　]を送るのがふつうである。

1　請求書　　2　見積書　　3　注文書　　4　物品受領書　　5　送り状　　6　見積依頼書

〔3〕 次の文の[　　]の中に適当なものを下のことばの中から選んで，その番号を書き入れなさい。

a　商品を掛で仕入れた場合には，仕入帳のほかに，ア[　　]，イ[　　]にも記入しなければならない。

1　現金出納帳　　2　売上帳　　3　得意先元帳　　4　仕入先元帳　　5　商品有高帳

b　郵便局を利用する送金方法には現金書留，郵便為替（かわせ）と，ア[　　]とがあり，銀行利用の場合には送金小切手，イ[　　]などがある。

1　定期預金　　2　振替預金　　3　当座口振込　　4　当座預金　　5　普通預金

選　択　〔才4群〕

〔1〕 次の魚類はどのような漁具でおもにとられるか，（　　）の中に適当な漁具の番号を一つずつ選んで書き入れなさい。

a　かつお（　　）
b　さんま（　　）
c　いわし（　　）
d　まぐろ（　　）
e　さ　け（　　）

（漁　　具）

1　流し網　　4　棒受け網
2　きん着網（あぐり網）　　5　底引き網
3　さおづり　　6　はえなわ

〔2〕 次のものの中で，一般に養殖（ようしょく）されているものを**五つ**だけ選んで，その番号を○でかこみなさい。

1　きんぎょ　　3　さざえ　　5　ひめます　　7　あじ　　9　こい
2　さば　　4　かれい　　6　のり　　8　かき　　10　さめ

選　択　〔オ5群〕

〔1〕 右の図のようなブラウスを製作する場合を考えて，a，bの問題に答えなさい。

a　下の図のどことどこを縫いあわせたらよいか，答のらんのアからオについて適当な箇所の番号を（　）の中に書き入れなさい。

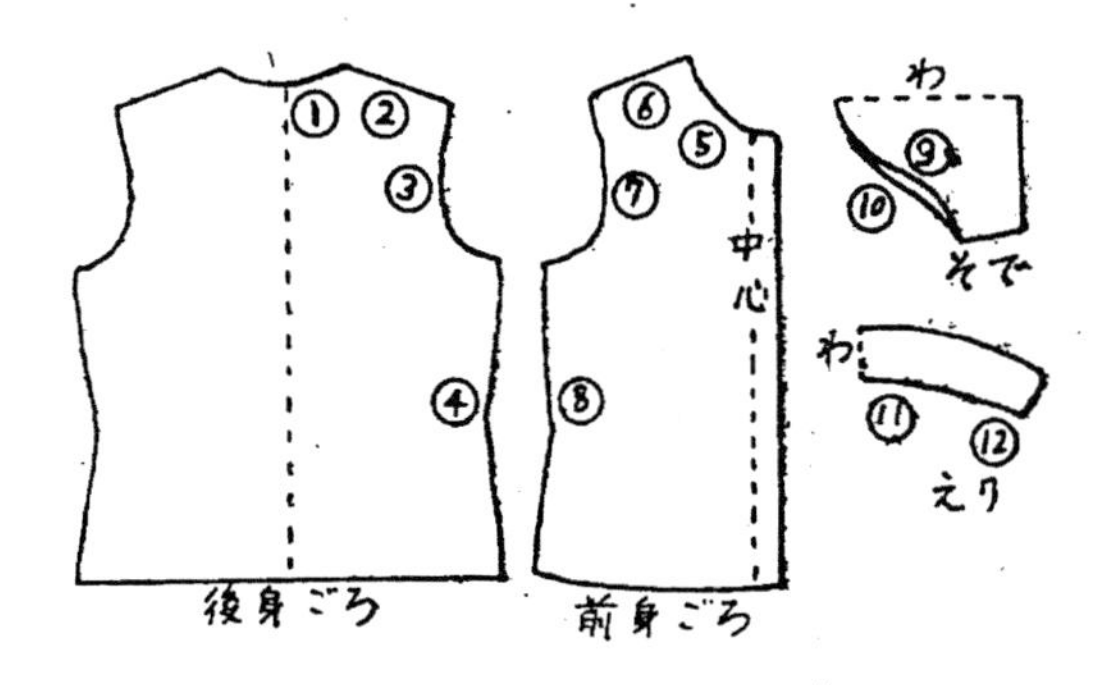

答

例	④	と	⑧	とを縫いあわせる
ア	②	と（　）		とを縫いあわせる
イ	①	と（　）		
ウ	⑤	と（　）		
エ	③	と（　）		
オ	⑦	と（　）		

b　えりをつけるとき，次のどの方法が最もよいか。
一つを選んで，その番号を □ の中に書き入れなさい。

1　えりを，身ごろよりもつらせる。
2　えりを，身ごろよりもゆるめる。
3　えりと，身ごろとを同じつりあいにする。

〔2〕 次の問題を読み，それぞれ最も適当なものを一つずつ選んで，その番号を □ の中に書き入れなさい。

a　えんどう飯（むきえんどうを使う）をたくときの，水の量のきめかた，どれがよいか。
1　米とえんどうとを加えた量からきめる。
2　米の分量だけできめ，えんどうの水を少し加える。
3　米の分量だけできめ，えんどうの水は加えない。

b　ほうれん草をゆでるとき，色が美しく，味もよく，栄養的に見てもよい方法はどれか。
1　ほうれん草を水からゆで，ゆだつたらしるを捨ててしぼる。
2　ほうれん草を沸とうした湯に入れ，手早くゆで，ゆだつたら水につけ，すぐあげてしぼる。
3　ほうれん草を沸とうした湯に入れ，ゆだつたら水に長時間つけておき，のちしぼる。

c　調理（料理）をするとき，加熱によつて，最も多く失われるビタミンはどれか。
1　ビタミンA　　2　ビタミンB_1　　3　ビタミンC　　4　ビタミンD

d　次の食品のうち，カロリーの最も多いものはどれか。ただし同重量とする。
1　白　米　　2　牛　肉　　3　じやがいも　　4　マーガリン

昭和33年度 高等學校調査問題 ―全國学力調査―

英 語 科

【注意】
① 履修単位が15単位の者は，すべての問題について解答すること。
② 履修単位が15単位に満たない者は※印および※※印の問題だけ解答すること。
③ 初修用の教科書を使用する学級の者は※印の問題だけ解答すること。
④ 最初の「聞き方」の問題は，先生の指示に従って解答し，その他の問題は，それぞれの問題ごとに与えられている指示を読んで解答すること。

※※〔1〕「聞き方」

初めに先生が英語の文章を読み，次にその内容について英語で質問をしますから，それを聞きながら正しい答をさがして，その番号を解答欄に書きなさい。

(本問題にはいる前に練習をします。)

(練習題の答)　(A) 1 Yes　2 No

(B) 1 Yes　2 No

本問題の答

(a) 1 Ycs　2 No

(b) 1 Yes　2 No

(c) 1 Yes　2 No

(d) 1 one　2 two　3 three　4 four

(e) 1 Yes　2 No

(f) 1 Yes　2 No

(g) 1 on the table　2 on the desk

3 on the gas-stove　4 on the shelves

(h) 1 Yes　2 No

(i) "Well, I still have the (1 fish　2 tomato　3 soup　4 cat)."

(j) 1 Yes　2 No

解答欄

練習		※※	※※	※※	※※	※※	※※	※※	※※	※※	※※
(A)	(B)	(a)	(b)	(c)	(d)	(e)	(f)	(g)	(h)	(i)	(j)
2	1										

〔2〕

(1) 次の各組の語群のうち，左端の語の下線の部分と同じ発音を含む語を，一つずつ選んで，その番号を解答欄に書きなさい。

※(a)	bed	1 pretty	2 bread	3 speak	4 break
※(b)	cake	1 key	2 eye	3 sight	4 rain
※(c)	part	1 heard	2 warm	3 heart	4 talk
※(d)	walked	1 loved	2 played	3 watched	4 wanted
※※(e)	laugh	1 bough	2 bought	3 caught	4 enough
※※(f)	food	1 group	2 foot	3 could	4 loud
(g)	now	1 allow	2 arrow	3 law	4 wounded
(h)	hear	1 merely	2 hair	3 bear	4 heir
(i)	cut	1 wander	2 pull	3 flute	4 glove
(j)	then	1 breath	2 cloth	3 smooth	4 throw

解答欄

※(a)	※(b)	※(c)	※(d)	※※(e)	※※(f)	(g)	(h)	(i)	(j)

(2) 次の各組の語群の中に，アクセントの位置が他と異なるものがそれぞれ1語あります。その語の番号を解答欄に書きなさい。

※(a)	1 pic-nic	2 cap-tain	3 pock-et	4 po-lice
※(b)	1 vis-it	2 be-gin	3 o-mit	4 oc-cur
※(c)	1 bus-y	2 hon-est	3 for-gct	4 pub-lic
※(d)	1 char-ac-ter	2 pro-fes-sor	3 con-duc-tor	4 con-tin-ue
※※(e)	1 man-ag-er	2 cal-en-dar	3 in-ven-tor	4 u-ni-verse
※※(f)	1 in-flu-ence	2 cou-ra-geous	3 vic-to-ry	4 en-er-gy

解答欄

※(a)	※(b)	※(c)	※(d)	※※(e)	※※(f)

(3) 次の英文を読むとき，( )内に示した数だけ，途中でくぎるには，どこでくぎればよいか。くぎるところの番号を解答欄に書きなさい。

(a) I $_1$ was $_2$ quite $_3$ at $_4$ a $_5$ loss $_6$ which $_7$ way $_8$ to $_9$ go. (1)

(b) I $_1$ tried $_2$ in $_3$ vain $_4$ to $_5$ solve $_6$ the $_7$ problem. (1)

(c) I $_1$ have $_2$ not $_3$ yet $_4$ decided $_5$ whether $_6$ to $_7$ go $_8$ by $_9$ plane $_{10}$ or $_{11}$ by $_{12}$ boat. (2)

解答欄

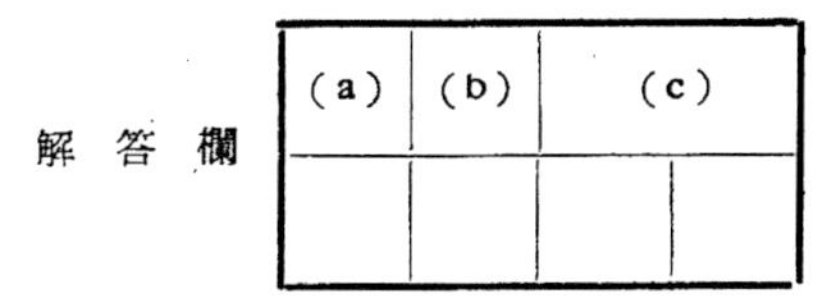

(a)	(b)	(c)	

〔3〕

(1) 次の各組でCとDとの関係がAとBとの関係に等しくなるように，Dに補うべき語を______の上に書きなさい。

	A	B	C	D
(例)	boy	boys	man	men
※(a)	book	books	tooth	______
※(b)	go	goes	try	______
※(c)	come	came	take	______
※(d)	tall	taller	bad	______
※※(e)	father	mother	uncle	______
※※(f)	catch	catcher	sail	______
(g)	see	seen	blow	______
(h)	rain	rainy	anger	______
(i)	large	enlarge	deep	______
(j)	happy	unhappy	regular	______

(2) 次の各文の空所に入れるのに適当な語または句を，下のかつこ内か選んで，その番号を解答欄に書きなさい。

※(a) We searched all day______the lost cat.

(1 of 2 to 3 for 4 about)

※(b) She______ill for a week when she was sent to hospital.

(1 is 2 was 3 has been 4 had been)

※※(c) He didn't come here yesterday, ______?

(1 isn't it 2 did he 3 didn't he 4 does he)

(d) Either you or your brother______to do the work.

(1 must 2 has 3 have 4 are)

(e) If she had started a little earlier, she______the accident on the way.

(1 might not have met 2 might have not met
3 might not meet 4 may not have met)

解答欄	※(a)	※(b)	※※(c)	(d)	(e)

(3) 次の各組の語句を並べかえて，かつこ内に示された意味を表わす英文を作りなさい。並べる順序を番号で解答欄に書き入れなさい。

※(a) 1 the poet 2 where 3 the village 4 this is 5 was born
(ここはその詩人が生れた村です。)

※(b) 1 this box 2 what 3 is 4 made of 5 do you think
(この箱は何でできていると思いますか。)

※※(c) 1 a walk 2 every morning 3 it 4 I make 5 a rule 6 to take
(私は毎朝散歩することにしています。)

解答欄

※(a)				

※(b)				

※※(c)					

(4) 次のA群の語句のあとに続くべきものをB群の中から選んで，その番号を解答欄に書きなさい。

A

(a) She became more gentle
(b) He has changed very much
(c) She wore such thin clothes
(d) Hardly had I started

B

(1) than he came to see me.
(2) when it began to rain.
(3) since I met him three years ago.
(4) because I was expecting a visitor.
(5) as she grew older.
(6) that it is no wonder she caught cold.

解答欄

(a)	(b)	(c)	(d)

(5) 次の各文の意味を表わすよう，下の文に語を補つて完成しなさい。

※ 1 He said to me, "Where are you going?"
He asked me where ....

※ 2 I was so tired that I could not walk a step farther.
I was too tired ....

※※ 3 It is said that he is a great musician.
He is said ....

4 No other boy in his class can swim so well as John.
John is the ....

5 He was punished because he droke the window-pane.
He was punished for ....

〔4〕

(1) 次の英文を読んで下の設問に答えなさい。

There was once a poor young man who lived in the heart of a great city. He had not even a window to look upon the street, but, in his attic-room, only a skylight. Without an overcoat, <u>he was often in bad weather kept in his room</u>(a) for days together.

Then <u>he had nothing to do but lie on his back and look out at the sky.</u>(b) He could see clouds floating by. At first they seemed shapeless, but <u>little by little he came to know all the kinds of cluds.</u>(c) And then. one day, he discovered a new kind, so rare that it had never been observed before that time. A million other people in Paris could have seen it that day, if they had had the eyes of Lamarck, who became afterwards a famous scientist in France.

A 次の問に簡単に答えなさい。

(a) (b) は原語で，(c) 以下は日本語で書くこと。

※(a) この青年の名は何というか。 ______

※(b) 'a great city' とはこの場合どこをさすか。 ______

※(c) かれの住んでいたへやから街路が見えたか。 ______

※(d) ある日かれは何を発見したか。 ______

※(e) ほかの人たちもかれが発見したものに気づいたか。 ______

※(f) かれは後日どんな人になつたか。 ______

B 下線の部分の意味を日本語で書きなさい。

※(a) ______

※(b) ______

※※(c) ______

(2) 次の文の空所に入れるべき適当な語句を，下にあげた語句の中から選んで解答欄にその番号を書き入れなさい。

The word sport, originally ...(a)... any sort of pastime, is now ...(b)... for a great number of games and activities. especially those carried on ...(c)... . Sport implies contest. It is a struggle between one man and another, one team and another, or between man and nature. It is not sport to develop your muscles alone ...(d)... ; but it is sport to match your brain and muscles against those of an equally ...(e)... eopponent in a boxing match. It is not sport to shoot a ...(f)... animal or bird at close range: but it is sport to match your skill and quickness of eye ...(g)... gfiying high and fast over your head.

1 used　　2 developed　　3 meaning
4 sitting　　5 against a wild duck　　6 with your dog
7 in your room　　8 in the open air

解答欄	(a)	(b)	(c)	(d)	(e)	(f)	(g)

保健体育科

保　健

〔1〕 次の文章のうち正しいものには○印を，まちがつているものには×印を，それぞれ(　)の中に書き入れよ。

1 (　　) 同一年齢の男子と女子の平均身長・平均体重は常に男子のほうが大きい。

2 (　　) 一生がいのうちで，高校時代はいろいろな欲求不満に対して，最も正しく適応機制を発揮することができる時期である。

3 (　　) 一生がいのうちで，高校時代は死亡率が最も低い時期である。

4 (　　) 甲状せんの機能が低下すると，精神活動が活発になる。

5 (　　) 脳の重量は，一生がいのうちで，高校時代にその増加率が最も大きい。

〔2〕 高校生のA君は，中学生のころから健康にあまり自信がもてなかつたので，高校入学の当初に次の図に示したような日常の生活設計案を立てて，すすんで健康になろうとした。これらの3案のうちで，A君にもつとも適切であると思われる生活設計案の番号を解答欄に書き入れよ。

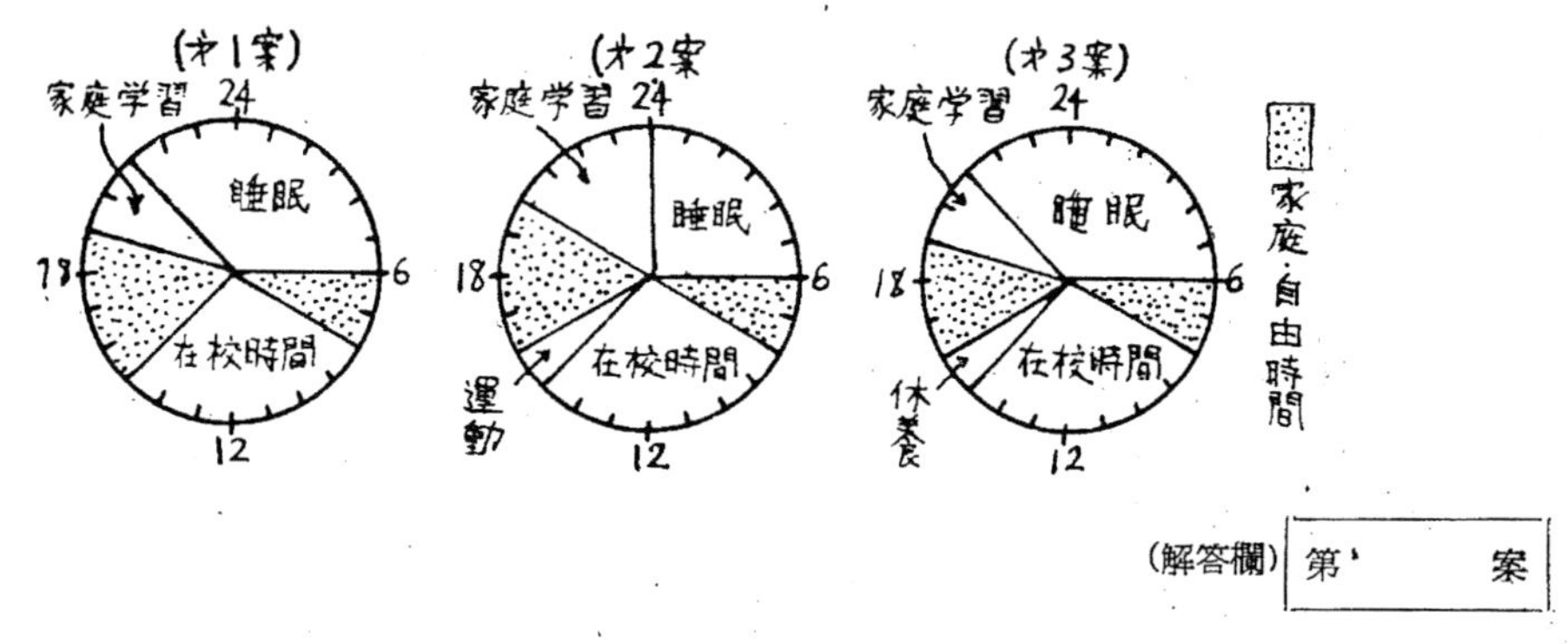

(解答欄) 第　　案

〔3〕 次の各項目の□の中に一字ずつ適当なことばを書き入れて，文を完成せよ。ただし，書き入れることばは，すべて解答欄に書き入れよ。なお，問によつて，漢字またはかなを用いることになるが，そのどちらを用いるにしても一つの□の中に一字ずつ書き入れよ。

1 乾布(かんぷ)まさつや冷水浴は，□□神経に適当な刺激を与えて，内臓器官のはたらきをさかんにするのに役だつ。

2 食中毒には細菌によるものがあり，その原因菌としては，(1)□□□□□菌属，(2)□□□(状)球菌などがある。前者は(3)□□□の尿によつて媒介されることが多い。

3 議論が沸騰して双方がつかみあいのけんかになろうとしているときなどには，確かに副腎(じん)の髄質から(1)□□□□□□が多量に分泌されている。その結果(2)□の数が増加し，肝臓から(3)□□□糖が動員されて(4)□□が増加する。

4 感情や情緒の中枢は，脳の□□にあるといわれている。

5　春の初めのころには，一般にほこりが立ちやすく，また花粉などが飛散することが多く，これを吸入して，ぜんそくなどの［　　　　　　］性の病気が起りやすくなる。

（解答欄）

1			3	(2)	
2	(1)			(3)	
	(2)			(4)	
	(3)		4		
3	(1)		5		

〔4〕　病気の治療法には，原因療法と対症療法とがある。次の各項目のうちで，原因療法に該当するものには○印を，対症療法に相当するものには×印を，それぞれ解答欄に書き入れよ。

1　医師の診断をうけたら，かっけにかかつているといわれたので，白米食をやめて七分つき米食を始めた。

2　二，三日便秘が続き，下腹が張つて苦しいので，ヒマシ油を飲んだ。

3　かぜをひいて，高い熱がでたので，氷枕で頭を冷した。

4　結核にかかったので，ストレプトマイシンの注射をうけた。

5　脳貧血を起して倒れたので，頭を低くして安静に寝た。

（解答欄）

1	2	3	4	5

〔5〕　次にあげた病気のうちから，下にあげた各項目に該当するものを一つずつ選び出して，その番号を解答欄に書き入れよ。

1　らい　　2　インフルエンザ　　3　脳卒中　　4　赤痢

5　痘そう　　6　日本脳炎　　7　はしか　　8　精神薄弱

9　がん　　10　不慮の事故

ア　慢性の伝染病で，現在のところでは治療が非常に困難なもの。

イ　届出伝染病で，時に爆発的な世界的大流行を見ることがあるもの。

ウ　予防接種の完全実施によつて，わが国では近年まつたく発病者を見なくなったもの。

エ　最近におけるわが国の死因別死亡率の第1位を占めているもの。

オ　特に，優生結婚の必要が痛感されるもの。

（解答欄）

ア	イ	ウ	エ	オ

〔6〕 次の文の{　　}の中のことばのうちから適当なものを一つずつ選んで，その番号を解答欄に書き入れよ。

1　重激な作業の場合には，特に{1 ビタミンA　2 ビタミンB_1　3 ビタミンE}が不足しないように注意しなければならない。

2　高熱作業の場合には，一般の作業の場合に比べて{1 カリウム塩　2 ナトリウム塩}が不足しないように特に注意しなければならない。

3　うつ熱症は{1 25°C以上の高温　2 70%以上の高湿　3 25°C以上で70%以上の高温高湿}で{4 筋肉作業　5 精神作業}を続ける場合に，一般には最も起りやすいものである。

4　エネネルギー代謝率は，同じ作業については，身体の大小や，年齢や，性別によつて，非常に{1 ちがった値になる。　2 ちがった値になることはない。}

5　筋肉疲労の強さは{1 必ず並行している。　2 必ずしも並行しているとは限らない。}

（解答欄）

1	2	3	4	5

〔7〕 次の各問の答を解答欄に書き入れよ。

1　長径6mmで短径が4mmの発赤（はつせき）をみたツベルクリン反応の判定を，定められた記号で示せ。

2　ある年に，A市では総人口100,000人で，その年の全出生者数が2,350人で全死亡者数が840人で，この死亡者のうちで120人は脳卒中死亡者であつた。この市のこの年の人口の自然増加率と脳卒中の死因別死亡率を求めよ。

（解答欄）

1	ツベルクリン反応判定	
2	(1) 人口自然増加率	
	(2) 脳卒中死亡率	

〔8〕 右に示したわが国とアメリカと，世界最低死亡率国のオランダとの年歯階級別死亡率曲線を参考として，次の各問の答を解答欄に書き入れよ。

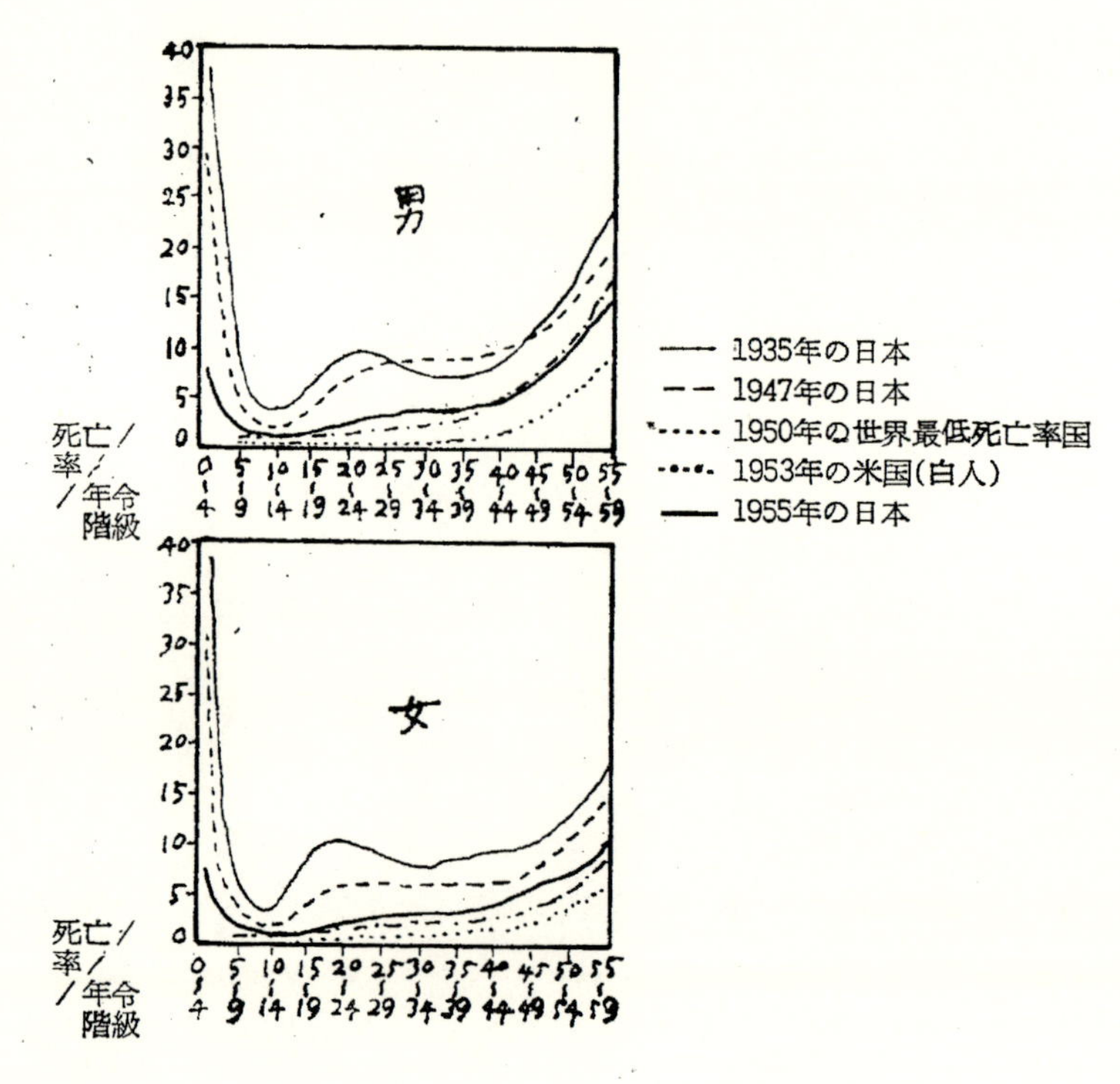

1 日本人の平均寿命は，第二次世界大戦後の10年間に約10歳のびたが，これからもつづいてのびることが予想するためには，どのようなことを調べる必要があるか。ただし，理由の説明はいらない

2 将来の日本人の平均寿命をさらに一段とのばすためには，今後，どの年齢階級の死亡率のひき下げに最も努力しなければならないだろうか。

3 国の医学や公衆衛生や安全対策や社会保障制度が，理想的に発達した場合に，毎年の死亡率の第１位を占めるようになるのは何か。次の項目のうち一つをあげよ。

a 伝染病　　b 体質病　　c 自然死　　d 災害

e 自 殺　　f 脳卒中　　g が ん

（解答欄）

1	（　　　　　）原因の調査
2	〜　　　歳階級
3	

体　　育

〔1〕 次の文章の A ～ E に，最もよくあてはまることばを，下の1～9の中から選んで，その番号を解答欄に記入せよ。同じことばを2度用いてもよい。

運動技術の上達のためにたいせつなことの一つは，相当期間続けて練習することであり，そしてこの練習についていえば，その回数や時間の配分に注意することである。この回数や時間の配分は，運動の種目や年齢などによつて，一様にいえないが，一般的には，練習の A には効果が失われやすいので，時間を B して C 練習することが必要であり，ある程度まで上達すると，1回の練習時間を D して，練習の間隔がいくらか E なつてもよいといわれている。

1 制　限　　2 たびたび　　3 短かく
4 中間期　　5 ときどき　　6 終　期
7 まじめに　　8 長　く　　9 初　期

(解答欄)

A	B	C	D	E

〔2〕 次の文章中の A ～ E を埋めるのに最も適当なことばの一つを，下記のA，B……E の各群の中から一つずつ選び，解答欄にその番号を記入せよ。

各種の運動にはそれぞれ特色があり，これを行う人々の年齢や性，体力や職業などの条件はさまざまである。それゆえに，運動による効果を高めるためには，各人の条件に応じて運動の特色を生かすように種目を選ぶのがよい，たとえば，年齢についていえば，成長期には A を促進するような活発な運動を数多く行うのがよいし，発達を完了した後の時期には，健康の保持に必要な B を行うのがよい。職業についていえば，激しい筋肉労働に従事している人は，軽度の運動や労働のかたよりを C する運動がよく，からだを動かすことの少ない人には D が適しているといえる。また，人工的で刺激の多い都会に住んでいる人は E に親しむことが望ましい。

A { 1 筋力の発達　2 特技の上達　3 円満な発達 }

B { 1 比較的強度な運動　2 徒手体操　3 比較的軽度な運動 }

C { 1 除　去　2 調　整　3 軽　減 }

D { 1 興味ある運動　2 歩行運動　3 活動的な運動 }

E { 1 ひとりでできる運動　2 野外運動　3 ピクニツク }

(解答欄)

A	B	C	D	E

〔3〕 次の各文章について，適当なものに○印を，不適当なものには×印を，それぞれ解答欄に記入せよ。ただし，一部は正しくても，正しくない部分があれば不適当とする。

1 運動によつて筋肉をつくり返し使用していると，筋繊維の数がふえて，筋肉が全体として太さをまし，余分の皮下脂肪をとり，骨格の発達もよくなる。

2 長期間運動を行つた人の呼吸は，そうでない人に比べて，はやくかつ深く行われるようになる。

3 反復練習によつて，練習効果のあらわれていく状態をあらわしたものが「練習曲線」であるが，この練習曲線を運動についてみると，ほとんどの人は大体同じような型を示すのが通例である。

4 近代オリンピック競技のモデルは古代オリンピック競技であるから，両者の間には多くの共通点がある。すなわち，共通点のいくつかをあげるならば，明確な目標をもつていること，宗教や民族の違つている各国の人々が参加すること，男女の競技が行われること，国際親善に貢献することなどである。

5 交通機関や商工業の発達に伴う商工業の発達に伴う都市の増大，マス・コミュニケーションの普及など社会生活における一連の変化は，スポーツを「行うもの」から「見る」，「聞く」，「読む」ものに変えつつある。このような変化は，スポーツの普及を示すものとして喜ぶべき傾向である。それゆえに，これまでスポーツのもつ基本的価値は，これを「行う」ことによらなければ得られないとされてきたが，この考え方は改められてもよい。

（解答欄）

1	2	3	4	5

〔4〕 次に示してあるA群，B群からそれぞれ一つずつのスポーツを選んで，A群から選んだスポーツ名を表のA欄に，B群から選んだものをB欄に書き入れ，それぞれに関して表に示してある問題に答えよ。 （解答は表のA欄，B欄に記入した各種目の下の該当する欄に○印をつける。）

A 群 ① バレーボール ② バスケットボール

B 群 ① ハンドボール ② サツカー ③ ラグビー

（解答欄）

問題		選んだスポーツ名 A	B
1 そのスポーツの起つた国を選べ	(1)アメリカ		
	(2)イギリス		
	(3)ドイツ		
	(4)スウェデン		
2 そのスポーツの最も重要と思われる基礎技能を四つ選べ	(1)ストローク		
	(2)アンダーハンドパス		
	(3)ドライブ		
	(4)ドリブル		
	(5)タッチ		
	(6)ロビング		
	(7)クリーア		
	(8)アウトサイドキツク		
	(9)バント		
	(10)キル（スパイク）		
	(11)ピボツト		
	(12)パントキツク		
	(13)トラツピング		
	(14)トスアツプ		
	(15)キヤツチ		
3 そのスポーツの最も重要と思われる応用技能または作戦を二つ選べ	(1)スクリーンプレイ		
	(2)マスドリブル		
	(3)ゾーンデイフェンス		
	(4)ウエイテングシステム		
	(5)三段戦法		
	(6)スクラムメージ（スクラム）		
	(7)リバウンド戦法		
	(8)ロビング戦法（キツクアンドラツシユ）		
4 そのスポーツに該当するルールや競技用語を三つ選べ	(1)監督またはキヤプテンは「タイム・アウト」を要求できることになつている		
	(2)インターフェアー		
	(3)ヘルドボール		
	(4)選手の交代ができる		
	(5)オフサイドの規則がある		
	(6)スローフオワードは反則である		
	(7)自陣のペナルテイ・エリア内での反則は他の場所での反則より重い		
	(8)ハンデイング		
	(9)イリーガリーピツチ		
	(10)サーバーは相手がわがレシーブの用意をするまでサーブすることはできない		

二年間で円滑に移行

「算数」は特に詳細に示す

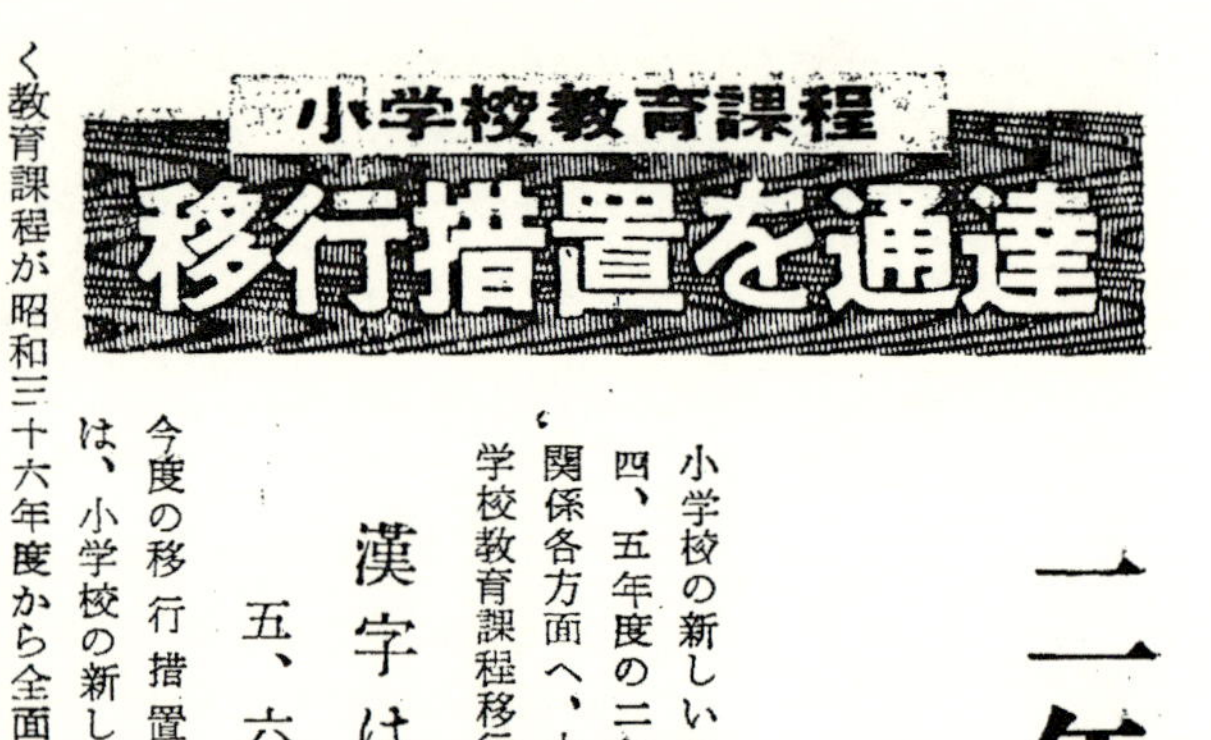

小学校の新しい教育課程が、昭和三十六年度から全面的に実施されるので、本省では、昭和三十四、五年度の二か年で、移行を円滑にするため、二月六日稲田事務次官から都道府県教育委員会など関係各方面へ、小学校の教育課程に関する移行措置が通達された。この移行措置通達の内容は「小学校教育課程移行措置要項」と「移行措置期間における指導上の留意事項」からなつている。

漢字は学年別配当

五、六年で小数・分数の乗除

今度の移行措置

は、小学校の新しく教育課程が昭和三十六年度から全面実施になる場合、現在の教育課程との間に断層や重複ができるので、それらをなくすために、昭和三十四、五年度の二か年で各学年の指導に適切な措置を講じて、昭和三十六年度の全面実施を迎えようとするものでこのたび公表された移行措置は、この期間においては、できるだけ現在の教科書を基本として教え、教育に混乱を生じないようにすることを基本方針としていて、措置すべき事項は最小限度にとどめられている。

移行措置のおもな点をあげると次のようである。

授業時数

授業時数は、移行措置を実施するにあたつて必要がある場合には、現行学習指導要領一般編によらず新しい授業時数（学校教育法施行規則二四条別表第一による）を参考にして別に定めることができる。

国　語

国語では読解力をつけ、漢字学習の場合は、新しい学習指導要領で示された学年別配当によつて教える。また、ローマ字は四年生から必修になるので、新学習指導要領によつてなるべくローマ字を指導するようにする。

算　数

新教育課程では、算数が相当に程度が高められており、基礎が理解されていないと上学年で困るので算数は特に「算数の移行措置に関する参考資料」として具体的に詳細な移行措置の案が出された。すなわち、今まで、分数の掛算、割算、小数の掛算・割算は中学校の一年にあつたのを、小数の掛算・割算は小学校の五年へ、また、分数の掛算・割算は小学校の六年へもつてきた図形で三角形とか平行四辺形とかの面積を求めることが、今まで中学校の二年にあつたのを、小学校の五年にもつてきた。昭和三十四年度の六年生については、算数の掛算、割算と図形の面積を求めることをやらせるが、特に、分数の乗除はやらなくてもよいといつたたてまえをとつている。来年の五年生以下は、二年間の移行期間があるから、初めの一年間の間に多少なしくずしをやりそして、昭和二十五年度の終りまでに新教育課程の線にまでもつていく。

昭和三十四年度の五年生は、小数の掛算、割算までやり、分数と図形の求積は六年生になつてからやることが考えられている。

また、来年の六年生だけは中学校に行つても尺貫法はやらないので六年で尺貫法を軽くやる。五年以下の学年は、中学一年でやることになつているから、小学校ではやらない。

なお、小数・分数が現行小学校教科書に載つていないので、教える場合不便が生ずることも考えられるので、教師用の教材は現在使用している教科書を検討して、県や市町村教委単位などで共同で作つてもらうよう要望している。

小学校 教育課程移行措置要項

1、昭和三十四年度および昭和三十五年度において、それぞれ第一学年から第六学年までの各学年を通じて移行措置を行うものとすること。

2、各学年における、各教科の授業時数の配当は移行措置を実施するにあたつて必要がある場合には、学習指導要領一般編（昭和二十六年改訂版十八ページ）に示した「教科についての時間配当の例」にかかわらず、学校教育法施行規則の一部を改正する省令（昭和三十三年文部省令第二十五号）第二十四条の二第一項別表第一の授業時数の表を参考として定めることができること。

3、国語においては、次のように措置すること。

(1)漢字の学習に関しては、各学年とも小学校学習指導要領（昭和三十三年文部省告示第八〇号）第二章第一節国語に示した「学年別漢字配当表」を考慮して指導すること。

(2)従来、ローマ字を課していない場合には、なるべく小学校学習指導要領第二章第一節国語に示すところに従つて、ローマ字の指導を行うようにすること。

4、社会においては、次のように措置すること。

(1)昭和三十五年度における第一学年については、小学校学習指導要領第二章第二節社会第一学年の「2内容」の(12)（家庭の衣食住、その他の生活の季節による相違）をつけ加えて指導すること。

(2)昭和二十五年度における第五学年については、小学校学習指導要領第二章第二節社会第五学年の「2内容」の(14)（わが国における貿易の必要性とその現状）をつけ加えて指導すること。

5、算数においては次のように措置すること。

①昭和三十四年度の第一学年ないし第五学年については、小学校学習指導要領第二章第三節算数に示した、昭和三十五年度における当該学年までの内容を、昭和三十四、三十五両年度にわたつて、だいたい指導し終えるようにすること。ただし、昭和三十四年度の第五学年（昭和三十五年度の第六学年）については、中学校学習指導要領（昭和三十三年文部省告示第八一号）第二章第三節数学の第一学年において引き続いて発展的に取り扱われる内容のうち、たとえば、比の用法、比例、図形の取扱などは、実情により、多少軽く取扱つてもよいこと。

なお、これらの学年の両年度にわたる取扱については、別記「算数の移行措置に関する参考資料」を参考とすること。

②昭和三十五年度の第一学年については、小学校学習指導要領第二章第三節算数第一学年の「2内容」のうち次の項目をつけ加えて指導すること。

(以下)たとえばA数と計算、D図形の場合のA、Dとか(5)・(6)あるいは、ア・イなどの記号は小学校学習指導要領の中の記号である。

▽A数と計算

(5)加法、減法が用いられる簡単な場合について理解させる。

ア　加法、減法が用いられる場合とその記号を知ること。

イ　加法、減法の記号を用いて式をかいたり読んだりすること。

(6)加法、減法について計算する能力を伸ばす。

ア　和が一〇以下の一位数と一位数の加法、およびその逆の減法。

イ　一〇、二〇、三〇などについての計算、二位数と一位数とについての計算などで、上のアの程度の計算でできるもの。

ウ　和が一〇よりも大きくなる一位数の加法およびその逆の減法。

③昭和三十四年度の第六学年については、小学校学習指導要領第二章第三節算数で、小学校において新しく指導することになつている内容のうち、一応次の項目について指導するようにすること。

▽第四学年、D図形

(3)基本的な図形について理解させる。

ア　二等辺三角形、正三角形、平行四辺形、ひし形および台形。

▽第五学年、A数と計算

(2)十進数について、その大きさをわかりやすく表わしたり読んだりする能力を伸ばすとともに、概数についての理解を深める。

イ　三けたくぎりが、一般的に用いられていることを知ること。

▽第五学年、A数と計算

(7)乗数・除数が小数である場合の計算の意味とその方法とを理解させ、小数の乗法、除法について計算する能力を伸ばす。

▽第五学年、A数と計算

(8)小数の乗法・除法についても、整数の場合と同じ関係や法則がなりたつことを理解させ、計算の方法をくふうしたり計算の結果を確かめたりするのに、これを用いることができるようにする。

▽第五学年、A数と計算

(9)分数の意味について理解を深める。

ア　分数は除法の結果（分子を分母で割つた）を表わす数とみられること。

▽第五学年、B量と測定

(3)基本的な図形について、その面積が計算で求められることを理解させ、面積を測定する能力をいっそう伸ばす。

ア　三角形、平行四辺形、ひし形、台形などの面積の求め方。

イ　多角形の面積を三角形などに分けて求めること。

ウ　円の面積の求め方。

▽**第五学年、C数量関係**（割合）

(1)同種の二つの量A、Bの割合を表わすのに、整数、小数および分数を用いることや、それに関する計算の基本的な場合について理解させる。

（A、Bが整数または小数の場合）

ア　AのBに対する割合(P)を一つの数で表わすのに、A÷Bを用いること、ならびに、その割合(P)を整数、小数および分数で表わすこと。

（比の第一用法）

イ　Pが小数で表わされる場合にも、AはB×Pとして求められること

（比の第二用法）

ウ　A÷BがPで表わされるとき、Bを1とみると、AがPで表わされること、およびPが1より大きいか小さいかで、AがBより大きいか小さいかがわかること。

▽**第五学年、数量関係**（式・公式）

(5)公式の意味についての理解を深めるとともに、公式の示している関係を一般的に用いたり公式を変量関係とみたりする能力を漸次伸ばす。

▽**第五学年、D図形**

(1)基本的な平面図形とその性質についての理解を深め、それらを弁別したり表現したりすることが、いっそう確実に手ぎわよくできるようにする。

ア　三角形、四角形

(ア)正三角形、二等辺三角形ならびに正方形、長方形、平行四辺形、ひし形、台形などについて、辺や角に着目してそれらの関係を明らかにすること。

(イ)求積の方法を理解するのに必要な簡単な性質を知ること。

イ　円

(ア)円周率とその意味（円周率としては三・一四を用いる）

(イ)円をもとにして正多角形をかくこと。

▽**第六学年、A数と計算**

(2)概数を用いる能力を伸ばすとともに、整数や小数についての四則計算が、いっそう確実にかつ手ぎわよくできるようにする。

▽**第六学年、C数量関係**（割合）

(1)比の三つの用法について理解を深め、これを有効に用いることができるようにする。

ア　AのBに対する割合(P)はA÷Bで求められること（比の第一用法）

イ　AはPが分数および小数のときもA÷Pとして求められること。（比の第二用法）

ウ　BはPが分数および小数のときも、A÷Pとして求められること。

（比の第三用法）（ただし、イおよびウについてはPが分数の場合は除く）

▽**第六学年、C数量関係**

(2)割合が百分率および歩合で表されている場合にも、比の三つの用法を用いることができるようにする。

（ただし、歩合の場合は除く）

なお、次の項目については必ずしも指導しなくてもよい。

▽**第五学年、D図形**

(2)対称の概念について理解させ、簡単な場合について、図形の見方を深めたり整った図形を認めたりする能力を伸ばす。

▽**第六学年A、数と計算**

(4)乗数・除数が分数である場合の計算の意味とその方法を理解させ、分数の乗法・除法について計算する能力を伸ばす。

▽**第六学年、A数計算**

(5)簡単な場合について、次のようなことを理解させ、分数の乗法・除法を含めて、能率のあがる計算方法をくふうする能力を伸ばす。

ア　整数および小数についての計算は分数の計算の特別の場合とみられること。

イ　除法は、除数の逆数をかける計算に直して考えられること。

ウ　乗法・除法に関する計算を一つの分数の形にまとめて表わすことができること。

▽**第六学年、A数と計算**

(6)整数、小数および分数について大小が比べられることや四則についての法則が同じであることなどをまとめて、数についての理解を深める。

▽**第六学年、B量と測定**

(2)比例関係などを用いて量を測定する能力を伸ばす。

▽**第六学年、B量と測定**

(3)角柱および円柱について、その表面積および体積を求める能力を伸ばす。

▽**第六学年、C数量関係**（割合）

(1)比の三つの用法について理解を深め、これを有効に用いることができるようにする。

イ　AはPが分数および小数のときもB×Pとして求められること。（比の第二用法）

ウ　BはPが分数および小数のときもA÷Pとして求められること。（比の第三用法）

イおよびウについてPが分数の場合

▽**第六学年、C数量関係**

(2)割合が百分率および歩合で表わされている場合にも、比の三つの用法を用いることができるようにする。のう

ち歩合の場合。

▽**第六学年、C数量関係**

（4）簡単な場合について、比例の考え方を理解させるとともに、それを用いる能力を伸ばす。

ア　比例（正比例）について、次のような関係を知ること。

一方の量Aがaからa'になるとき、それに応じて地方の量Bがbからb'になるとするとき。

（ア）Aがn倍（$\frac{1}{n}$）になるときは、それに対応してBもn倍（$\frac{1}{n}$）になること。

（イ）一般に、$\frac{b'}{b}$が$\frac{a'}{a}$に等しいこと。

（ウ）b'がa'に対する割合が、いつもbのaに対する割合に等しいこと。

（エ）A、Bの関係を折れ線グラフに表わすとそのグラフは直線（原点を通る）になること。

イ　反比例について知ること、（比例と対比して知る程度）。

▽**第六学年、C数量関係**

（6）式や公式を分数の場合にも適用することなどを通して、それらによって表わされる数量の関係を、より一般的にみていく考え方をいっそう伸ばす。

▽**第六学年、C数量関係**

（7）簡単な公式について、量の変化に着目して数量の関係の特徴を調べる能力を漸次伸ばす。

▽**第六学年、C数量関係**

（8）簡単なことがらについて、場合の数を整理して数えたり、それを検討したりする能力を伸ばす。

▽**第六学年、D図形**

（2）基本的な立体図形や、直線および平面の位置関係などについて理解を深める。

イ　角柱、角すい、円柱および円すい。のうち角すいおよび円すい。

▽**第六学年、D図形**

（3）回転体について理解させ、これを立体図形や具体的な事物を考察するのに用いる能力を伸ばす。

---

④　尺貫法については指導しない。ただし、昭和三十四年度の第六学年については、できるだけ簡単に指導すること。

⑤　温度および方位については原則として理科に移して指導すること。

算数の移行措置に関する参考資料

一、この参考資料は、昭和三十四年度および昭和三十五年度において、従来の学習指導要領算数科編の「III各学年の指導内容」に示した指導内容について、追加、軽減または削除することを適当とする。おもな内容をあげたものである。

二、この参考資料は、昭和三十四年度の各学年について、昭和三十四年度および昭和三十五年度において、それぞれ措置することが望ましいと考えられる内容を、授業時数などをも考慮し、多少調整を図って示したものであるが、実際の取扱にあたっては、地域や教科書の実情をも考慮して、さらに検討することが望ましいこと。

（以下に用いる記号は、小学校学習指導要領第2章第3節算数の「第2各学年の目標および内容」の項目を示す。たとえば、1～A（5）アとあるのは第一学年の内容で、A数と計算の（5）のアを指す。また（注）において「　」でかこんだことばは、従来の学習指導要領算数科編の「III各学年の指導内容における領域又は項目を指す。

I、昭和三十四年度の第一学年

（1）昭和三十四年度（第一学年）において新しく追加する内容

1～A（5）ア、イ

1～A（6）

（注）「方向・位置関係」のうち東、西、南、北は除外してよい。（理科において指導する）

（2）昭和三十五年度（第二学年）において新しく追加する内容

2～A（5）　2～A（8）

2～A（10）　2～B（3）イ、ウ

（注）昭和三十四年度に追加した内容に該当する部分は、従来より軽く取り扱つてよい。

II、昭和三十四年度の第二学年

（1）昭和三十四年度（第二学年）において新しく追加する内容

2～A（5）　2～A（8）

（2）昭和三十五年度（第三学年）において新しく追加する内容

3～A（1）エ　3～A（3）

3～A（6）　3～A（7）

3～A（10）　3～C（6）

3～D（1）

（注）昭和三十四年度に追加した内容に該当する部分は、従来より軽く取り扱つてよい。また「温度」および「方向・位置関係」としてあげた指導内容は、軽減または除外してよい。（原則として理科において指導する。

III、昭和三十四年度の第三学年

（1）昭和三十四年度（第三学年）において新しく追加する内容

3〜A（1）エ　3〜A（3）
3〜A（6）3〜A（7）
3〜A（10）3〜D（1）

（注）「温度」、「方向・位置関係」としてあげた指導内容は、軽減または除外してよい。（原則として理科において指導する。）

（2）昭和三十五年度（第四学年）において新しく追加する内容

4〜A（2）4〜A（6）
4〜A（7）イ　4〜A（8）
4〜A（11）イ　4〜A（12）イ、ウ
4〜B（1）ア　4〜B（3）
4〜B（4）4〜B（5）
4〜B（6）4〜C（4）
4〜C（5）4〜D（1）
4〜D（2）4〜D（3）

（注）次のような指導内容は、軽減または除外してよい。

○昭和三十四年度に追加した内容に該当する部分。

○「物の形と図形」のうち案内図に関する指導内容（社会科において指導する。

○「温度」によってあげた指導内容（理科において指導する）

IV、昭和三十四年度の第四学年

（1）昭和三十四年度（第四学年）において新しく追加する内容

3〜D（1）（直角三角形について）
4〜A（2）4〜A（6）
4〜A（7）イ　4〜A（8）
4〜A（11）イ　4〜A（12）イ、ウ
4〜B（3）4〜B（5）（イを除く）
4〜C（4）4〜C（5）
4〜D（1）ア

（注）次のような指導内容は、軽減または除外してよい。

○「物の形と図形」のうち案内図に関する指導内容（社会科において指導する）

○「温度」としてあげた指導内容（理科において指導する）

（2）昭和三十五年度（第五学年）において新しく追加する内容。

4〜B（6）4〜D（2）
4〜D（3）ア　5〜A（2）
5〜A（3）5〜A（7）
5〜A（8）5〜A（9）ア、ウ
5〜A（10）5〜B（3）
5〜B（5）5〜C（1）
5〜C（2）5〜C（4）ア
5〜C（5）5〜C（8）
5〜D（1）5〜D（2）

（注）ア「重さ」のうち貫匁に関する指導内容および「面積・体積」のうち石、斗、升、合に関する指導内容は除外すること。（中学校において指導する。）

（イ）次のような指導内容は、軽減または除外してよい。

○昭和三十四年度に追加した内容に該当する部分。

○「物の形と図形」のうち水平、鉛直、縮図および地図に関する指導内容。

V、昭和三十四年度の第五学年

（1）昭和三十四年度（第五学年）において新しく追加する内容

3〜D（1）（直角三角形について）
4〜B（6）5〜A（2）
5〜A（3）5〜A（7）
5〜A（8）5〜A（9）ア
5〜C（1）5〜C（2）
5〜C（5）5〜C（8）

（注）（ア）「重さ」のうち貫匁および「面積・体積」のうち石、斗、升、合に関する指導内容は除外すること。

（イ）「物の形と図形」のうち水平、鉛直、縮図および地図に関する指導内容は、軽減または除外してよい。

（2）昭和三十五年度（第六学年）において新しく追加する内容。

4〜D（3）ア　5〜B（3）
5〜B（5）5〜D（1）
5〜D（2）※　6〜A（2）
6〜A（4）6〜A（5）※
6〜A（6）※　6〜B（2）※
6〜B（3）6〜C（1）※
6〜C（2）※　6〜C（4）※
6〜C（6）※　6〜C（7）※
6〜D（2）※　6〜D（3）※

（注）（ア）「長さ」のうち寸、尺、間および「面積・体積」のうち町、反畝、歩、坪に関する指導内容は除外すること。（中学校において指導する）

（イ）次のような指導内容は、軽減または除外してよい。

○昭和三十四年度に追加した内容に該当する部分。

○「表とグラフ」のうち正方形グラフに関する指導内容。

○「実務」としてあげた指導内容（ウ）この学年の昭和三十四年、三十五年度にわたる内容の配分については、内容の発展系統についてふつごうが生じない限り、教科書をできるだけ活用できるように特に配慮すること。

（エ）※を付した項目は、実情により、軽く取り扱ってもよい内容を示したものである。

移行措置期間における……指導上の留意事項

国語

（1）各学年とも内容を精選、充実し、基礎的なものを確実に学習できるように努めること。

(2)読むことに関しては、説明的な文章の学習に留意し、正確に読解できる能力を養うように特に配慮すること。

(3)書くことに関しては、作文の基礎的な能力が身につくように発展的に指導すること。

社　会

(1)各学年とも内容を精選し、発展的効果的な学習ができるように努力するとともに、道徳の時間における指導との関連についてじゅうぶんに留意すること。特に第一学年では、従来の学習指導要領社会科編の第一学年に示していた健康・安全のための習慣形成をめざす内容や動植物の愛護、身のまわりの整とんなどに関する内容の取扱いについては、道徳の時間との調整を図ること。

(2)小・中学校の内容の一貫性を考え、第六学年の終了までに日本の地理、歴史などについての基礎的な理解や概観的なはあくができるように留意すること。

算　数

(1)各学年とも、従来の学習指導要領算数科編に示した指導内容のうち、小学校学習指導要領第二章第三節算数においても、それに該当する内容のあるものについては、できるだけ改訂の趣旨に沿って指導するようにすること。

なお次の点に配慮すること。

(ア)基礎的な知識や技能がじゅうぶん習熟されるように指導すること。特に測定や図形については、実際的な取扱いを重視すること。

(イ)基礎的な概念や原理の理解に基いて、系統的、発展的に指導するようにすること。

(ウ)実務的な指導内容については、算数としてのねらいからそれで深入りしないようにすること。

(2)第四学年以上においては、内容の増加や学年的移動が多いが、各内容について、前後の学年における取扱いとの関連をよく検討し、おもな内容について落ちやむだな重複が起らないように留意すること。

(3)移行措置は、一つの年度に集中して児童の学習に無理を生じないように配慮すること。なお、移行措置期間においては通常の場合以上に多くの内容を取り扱うことになるので、授業時数について特に配慮し、形式的な指導に終らないようにすること。(第四学年以上において、必要によっては、一週間当り七ないし八の授業時数を配当することも考えられる)

理　科

(1)(1)各学年とも内容を精選し、基礎的なものを確実に学習できるように努めるとともに、他教科との関連にもじゅうぶん留意して指導すること。

(2)観察、実験による学習をいっそう推進し、科学的な見方・考え方・扱い方を確実にするように配慮すること。

音　楽

(1)各学年の指導においては、教材の精選を図り、系統的、発展的な指導を行うようにすること。特に小学校学習指導要領第二章第五節音楽において、具体的に曲名を明示した教材については、なるべく前学年のものも指導すること。

(2)下学年の器楽指導および教材選択については、改訂の趣旨を考慮し、その指導の充実に特に留意すること。

(3)上学年の読譜・記譜の指導および創作指導については、小学校学習指導要領第二章第五節音楽に示すところを参考として、内容の整理を図ること。

図画工作

(1)各学年とも表現の技能・創造的な力、実践的な態度をつちかうことに特に配慮して指導すること。

(2)特に上学年においては、技術を体得し、これを実践する態度を養うように留意して指導すること。

家　庭

各学年とも、内容を精選し、日常生活に必要な衣食住などの生活技能について、実践的な学習を中心として指導すること。なお、他教科との関連についてもじゅうぶん留意すること。

体　育

(1)各学年とも、運動種目を精選し、基礎的な運動能力を高めるように留意して指導すること。特に低学年および中学年における徒手体操、器械運動、陸上運動に関する内容は、発達段階に即し、発展的に取り扱うように考慮すること。

(2)運動の指導にあたっては、単に技能の習得のみに限ることなく、責任・協力・公正などの態度や、健康・安全についての習慣、態度なども学習できるように配慮すること。

教科以外の活動

教科以外の活動計画、実施にあたっては、小学校学習指導要領第三章第二節特別教育活動に示す趣旨を生かすように配慮し、昭和三十三年八月二十八日付文初初第四五九号文部事務官通達に示したように、児童会活動・学級会活動・クラブ活動の指導に重点をおき、特に、道徳の時間における指導との調整に留意すること。

なお、学校行事その他の教育活動の計画・実施にあたっては、小学校学習指導要領第三章第三節学校行事等に示すところを参考として行うようにすることが望ましいこと。

「つづり方兄妹」の主人公と文通
──久米島高校の喜久村君──

＊＊＊＊＊＊＊＊

映画「つづり方兄妹」は、全琉の人々を感動させたが、その主人公、野上丹治君と五年前まで文通をしていた少年がいる。当時久米島地区美崎小学校に学んでいた喜久村準君がその人。

あの純真そのもの〝野上少年（長男）と、沖縄のそのまた離島の純情な一少年の心と心が、結び合つていたのである。以下は当時を偲びながら、あの映画を見た喜久村少年の感想である。（久米島にて、宮里静湖）

＊＊＊＊＊＊＊＊

つづり方兄弟の野上丹治君と僕

久米島高校一年　喜久村　準

僕が美崎小学校五年生の時、本土との文通が非常にさかんであつた。それは、つい最近フラフープが流行したように、当時の美崎小学校は「文通ブーム」であつた。僕も友人たちと一しよに、当時の学習雑誌から二三人の生徒の名前をさがし当てた。偶然にもその中のひとりが野上君であつた。彼と僕が文通を始め、そしてとだえてからかれこれ四年はたつただろうか──。彼のことを何かにつけては思い出しては、今頃どうしているだろうかと案じていたが、彼が小学校を終えてどこの中学校へ行つたかも全くわからないままに、手紙を出すすべもなく、今日まで過ぎてしまつた。

僕が小学六年の時、彼からの年賀状の一部に

「遠く離れていても心は一つです。血は通つています。…………………輝く新しい太陽を信じて………」

という言葉があつた。ちようどその時、僕はすでに筋炎という病気にかかつていた。それからしばらくして、僕は手術のためはるばる海をへだてた沖縄本島へ行かねばならなかつた。中学への入学式も間に合わず、約十日間欠席した。島へ帰つて来て、ご無沙汰している日本々土の友達にわび状を出したが、野上君は香里小学校からどの中学校へ進んだかも全然わからないので彼だけにはどうしようもなかつた。

先日、僕は「つづり方妹」を見て、直接彼に会つてあの当時の話をきいているかのように思つた。苦しい生活の中ですこしもひるまず、強く明るく生きていく彼等兄妹を見て心から感激した

僕はもう、どうしても筆をとらずにはいられなくなつた。そしてすぐ一通の手紙を香里小学校経由で出した。

今頃この映画を見るのかと、彼は思うかも知れない。しかし、久米島は離島で地理的環境には恵まれていない。だからして映画やその他の文化が半年いや一年もおくれてくるのだからいたし方ない。

映画の上映される前日、何気なく映画の解説を見た、その解説の中の

圭一………野上丹治

その数行後の香里小学校という文字が僕の眼を吸いつけた。同時にすぐ彼を思いだした。早速勉強室へ小走りで行き、状差しを調べた。彼からの葉書が他の手紙とまじつているのを見て、何とも言えぬなつかしい気がした。葉書のインクはうすれているが「野上丹治」解説にもちやんと、黒い太い字で野上丹治君。

母に葉書と解説を見せると、

「まあ、丹治君がつづり方兄妹の兄さんなの、へエ──」

と、まぬけた声を出していた。その晩早速、妹や弟をさそつて映画へ行つた。

彼等が、あの生活環境の中で、明るく、くじけずに、次々とりつぱな作品を生みだしたことには、全く頭がさがる。彼等と比べて、僕等は幸福、いや幸福すぎるのだ。がしかし、現在彼等と僕等は或面において、天と地の差がついていると思う。それにつけても僕等はまた、今後彼等に負けてはいられない。

あの、明るく、朗らかな房雄君、野上家でも人一倍の人気者だつたろうに自分の作品がモスコーで一等になつたのも知らずに、ねむり去るとは──。今は亡き房雄君の霊に心から「おめでとう」を言わずにおれない。また、今では人並に話せる洋子さんも、丹治君もかずかずの賞を受けている。彼等のお母さんも、子どもたちに負けてはいられないとばかりに張切つておられる。一家の支え柱として、また一家の良きおかあ様として──。

僕は野上君を、僕の母は野上君のお母様を見ならつて、これからの修養を積んでゆきたい。

今では彼も大阪市立高校へ通つているそうだし、これからもまた文通を復活させたいものである。

──一九五九年三月十二日記す──

あとがき

※昨年九月実施の文部省全国学力テストの結果のまとめを教育関係者諸氏のお手許へお送りすることができた

※一九五六年度は小校（国語・算数）中、高校（国語・数学）、一九五七年度は小中校（社会・理科）、高校（社会・物理・化学・生物）の学力がそれぞれ調査され、その結果は当課から先に発行された「学力調査のまとめ」「文教時報四〇号」に収録されているので併せて研究に資していただきたい。

※四月になつて局内教育課程研究会が活発になつた。本土の小中校の学習指導要領の全面改訂とそれへの移行措置が昨年十月一日、本年二月六日と相次いで明らかにされたのに対応するためである。

※問題は本局の基本的態度の決定から始まり、法改制、沖縄における移行措置等々なかなか難事が重なつている。諸先生方のご研究とご協力を切に望みたい。

一九五九年四月十二日 印刷
一九五九年四月十五日 発行

文教時報
（第五十四号）（非売品）

発行所 琉球政府文教局
研究調査課
印刷所 新光社
電話六八〇番

一九五九年六月

文教時報

現行教育法令特集號

（免許関係法規別冊）

文教局

= 目次 =

○教育基本法（一九五八年立法第一号）……一
○教育委員会法（一九五八年立法第二号）……四
○学校教育法（一九五八年立法第三号）……三五
○社会教育法（一九五八年立法第四号）……五二
○へき地教育振興法（一九五八年立法第六十三号）……六二
○へき地教育振興法施行規則（一九五九年中教委規第四号）……六五
○中央教育委員会の委員の選挙執行に関する規則（一九五八年中教委規第七十号）……六七
○学校教育法施行規則（一九五八年中教委規第三十四号）……七四
○社会教育法施行規則（一九五八年中教委規第四十四号）……八四
○中央教育委員会会議規則（一九五八年中教委規第十六号）……八九
○中央教育委員会傍聴人規則（一九五八年中教委規第十七号）……九一
○中央教育委員会公告式規則（一九五八年中教委規第十八号）……九二
○幼稚園設置基準（一九五八年中教委規第二十号）……九三
○小学校設置基準（一九五八年中教委規第二十一号）……九五
○中学校設置基準（一九五八年中教委規第二十二号）……九八
○高等学校設置基準（一九五八年中教委規第二十三号）……一〇一
○各種学校設置規則（一九五八年中教委規第二十九号）……一〇七
○短期大学設置基準（一九五八年中教委規第四十八号）……一一二
○短期大学を設置する財団法人設立等認可基準（一九五九年中教委規第十五号）……一一八
○教育に関する寄附金募集に関する規則（一九五八年中教委規第九号）……一一九
○教育に関する寄附金募集認可基準（一九五八年中教委規第十号）……一二一
○教育調査委員会規則（一九五九年中教委規第二号）……一二三

○教育統計調査規則（一九五八年中教委規第七号）……一二四
○教育財政調査要項……一二五
○学校基本調査要項……一二七
○学校衛生統計調査要項（一九五八年中教委規第四十七号）……一三〇
○学校教員調査要項……一三八
○学校身体検査規則（一九五八年中教委規第三十号）……一三九
○学校伝染病予防規則（一九五八年中教委規第三十一号）……一四九
○学校の保健に関する保健所の協力等の基準（一九五八年中教委規第三十二号）……一五八
○結核性疾患教員の休暇並びに補充教員に関する規則（一九五八年中教委規第三十三号）……一五九
○公立学校教育職員給料補助金交付に関する規則（一九五八年中教委規第三十四号）……一六〇
○政府立学校入学料授業料及び入学検定料徴収規則（一九五八年中教委規第十三号）……一六一
○公立高等学校授業料等徴収認可基準（一九五八年中教委規第十四号）……一六二
○政府立学校施設使用に関する規則（一九五八年中教委規第十五号）……一六三
○教育補助金交付規程（一九五八年中教委規第十九号）……一六四
○校舎建築に関する基準（一九五八年中教委規第二十五号）……一六五
○公立学校教科書補助金割当基準（一九五八年中教委規第二十六号）……一六六
○公立学校備品補助金の額の算定基準（一九五八年中教委規第二十八号）……一六七
○公立学校教育職員の公務災害補償のための補助金交付に関する規則（一九五八年中教委規第二十七号）……一六八
○公立学校教育職員の退職手当補助金交付に関する規則（一九五八年中教委規第三十六号）……一六九
○研究教員の休暇及び補充教員に関する規則（一九五八年中教委規第三十七号）……一七六
○女子教員の出産休暇及びその補充教員に関する規則（一九五八年中教委規第三十八号）……一七七
○教科用図書目録編集委員会規則（一九五八年中教委規第三十九号）……一七八
○教育課程審議会規則（一九五八年中教委規第四十号）……一七九
○学校教育課程の基準（一九五八年中教委規第四十一号）……一八〇
○教科用図書目録編集委員の手当（一九五八年中教委訓第四号）……一八〇

○中央教育委員会委員の報酬及び費用弁償等に関する規則（一九五九年中教委規第十八号）……一八一
○教育長の選任に関する規則（一九五八年中教委規第六十号）……一八一
○養護教諭の任用並びに給与補助金割当基準（一九五八年中教委規第五十八号）……一八二
○社会教育主事の任用並びに給与補助金割当基準（一九五八年八月中教委規第五十七号）……一八三
○宿日直手当支給規則（一九五五年中教委規第六号）……一八四
○特殊勤務手当支給規則（一九五五年中教委規第七号）……一八四
○補助金交付に要する公立の小学校及び中学校の学級数及び教員数の算定基準（一九五八年中教委規第四十二号）……一八五
○政府立学校学生徒児童懲戒規則（一九五八年中教委規第四十三号）……一八六
○社会教育のための講座並びに事業等に関する補助金交付に関する規則（一九五八年中教委規第四十五号）……一八七
○教育振興奨励金交付規程（一九五五年中教委告第六号）……一九一
○新生活運動推進協議会設置規程（一九五六年訓令第十二号）……一九二
○公立学校教育職員のへき地勤務手当補助金交付に関する規則（一九五八年中教委規第十二号）……一九四
○公立学校職員の単位手当補助金交付に関する規則（一九五八年十月中教委規第六十四号）……一九七
○公立学校職員の積立年次休暇に相当する金額の補助金交付に関する規則（一九五九年五月中教委規第十九号）……一九九
○政府立学校職員の勤務時間及び勤務時間の割振に関する規則（一九五七年中教委規第六号）……二〇一
○政府立学校職員の日額旅費の支給を必要とする旅行並びに額及び一般職俸給表の適用を受けない者の日額旅費（一九五六年文教局訓令第一号）……二〇一
○政府立学校生産物処理規程（一九五六年中教委告第四号）……二〇二
○教員志望生学奨学規程（一九五三年告示第百三十九号）……二〇四
○留日琉球派遣研究教員制実施要項……二一〇
○学徒対外競技の基準……二一一
○文教地区建築規則（一九五八年規則第八十四号）……二一五
○文教局組織規則（一九五八年中教委規第五号）……二一六
○文教局処務規程（一九五六年中教委訓第三号）……二一九
○文教局委任規則（一九五八年中教委規第六号）……二二三

○文教局表彰規程（一九五八年中教委訓第二号）……二三四
○懲戒審査規程（一九五六年中教委訓第一号）……二三六
○文教審議会規程（一九五三年告示第七十三号）……二三七
○文教局職員の積立年次休暇に相当する金額の支給の方法に関する規則（一九五七年中教委規第四十九号）……二三九
○超過勤務手当支給規則（一九五七年中教委規第五十号）……二四〇
○文教局文書種目の定（一九五八年中教委訓第四号）……二四三
○政府立学校文書種目（一九五八年中教委訓第六号）……二五三
○政府立図書館博物館文書種目（一九五八年中教委訓第七号）……二五五
○文教局公印規程（一九五九年中教委訓第三号）……二五八
○出勤簿整理保管規程（一九五七年中教委訓第一号）……二六一
○休暇取扱細則（一九五八年人事委細第一号）……二六二
○盲学校ろう学校の学級編成及び教職員定数の算定に関する規則（一九五九年中教委規第三号）……二六四
○義務教育学令児童及び学令生徒の就学義務の猶予及び免除に関する規程（一九五九年中教委規第十七号）……二六五
○琉球大学（一九五二年二月琉球列島米国民政府布令第六十六号の第十四章）……二七七
○琉球育英会法（一九五二年立法第三十五号）……二七八
○琉球育英会法施行規則（一九五二年）……二八二
○行政事務部局組織法（一九五三、四、一、立法第九号）……二八三
○琉球政府公務員法（一九五三年立法第四号）……二九〇
○一般職の職員の給与に関する立法（一九五四年立法第五十三号）……三〇六
○財政法（一九五四年一〇月、立法第五十五号）……三一二
○会計法（一九五四年一〇月、立法第五十六号）……三一九
○予算決算及び会計規則（一九五四年規則第八十九号）……三二六
○補助金等に係る予算の執行の適正化に関する立法（一九五七年立法第五十七号）……三四九
○補助金等に係る予算の執行の適正化に関する立法施行規則（一九五七年規則第百六号）……三五六
○琉球政府公務員の退職手当に関する立法（一九五六年二月二四日立法第三号）……三五九
○琉球政府公務員の退職手当に関する立法施行規則（一九五六年三月一五日規則第三八号）……三六二

教育基本法（一九五八年立法才一号）五八、一、一〇公布

われらは、日本国民として人類普遍の原理に基き、民主的で文化的な国家及び社会を建設して、世界の平和と人類の福祉に貢献しなければならない。
この理想の実現は、根本において教育の力にまつべきものである。
われらは、個人の尊厳を重んじ、真理と平和を希求する人間の育成を期するとともに、普遍的にしてしかも個性ゆたかな文化の創造をめざす教育を普及徹底しなければならない。
ここに、以上の理念に則り、教育の目的を明示して教育の基本を確立するため、この立法を制定する。

（教育の目的）
第一条 教育は、人格の完成をめざし、平和的、民主的な国家及び社会の形成者として、真理と正義を愛し、個人の価値をたつとび、勤労と責任を重んじ、自主的精神に充ちた心身ともに健康な国民の育成を期して行わなければならない。

（教育の方針）
第二条 教育の目的は、あらゆる機会に、あらゆる場所において実現されなければならない。この目的を達成するためには、学問の自由を尊重し、実際生活に即し、自発的精神を養い、自他の敬愛と協力によつて、文化の創造と発展に貢献するように努めなければならない。

（教育の機会均等）
第三条 すべて住民は、ひとしく、その能力に応ずる教育を受ける機会を与えられなければならないものであつて、人類、信条、性別、社会的身分、経済的地位又は門地によつて、教育上差別されない。
2 琉球政府（以下「政府」という。）及び地方教育区は、能力があるにもかかわらず、経済的理由によつて修学困難な者に対して、奨学の方法を講じなければならない。

（義務教育）
第四条 住民は、その保護する子女に、九年の普通教育を受けさせる義務を負う。

2　政府又は地方教育区の設置する学校における義務教育については、授業料は、これを徴収しない。

（男女共学）

第五条　男女は、互に敬重し、協力し合わなければならないものであつて、教育上男女の共学は、認められなければならない。

（学校教育）

第六条　法令に定める学校は、公の性質をもつものであつて、政府又は地方教育区のほか、法令に定める法人のみが、これを設置することができる。

2　法令に定める学校の教員は、全体の奉仕者であつて、自己の使命を自覚し、その職責の遂行に努めなければならない。このためには、教員の身分は、尊重され、その待遇の適正が、期せられなければならない。

（社会教育）

第七条　家庭教育及び勤労の場所その他社会において行われる教育は、政府及び地方教育区によつて奨励されなければならない。

2　政府及び地方教育区は、図書館、博物館、公民館等の施設の設置、学校の施設の利用その他適当な方法によつて教育の目的の実現に努めなければならない。

（政治教育）

　良識ある公民たるに必要な政治的教養は、教育上これを尊重しなければならない。

2　法令に定める学校は、特定の政党を支持し、又はこれに反対するための政治教育その他政治的活動をしてはならない。

（宗教教育）

第九条　宗教に対する寛容の態度及び宗教の社会生活における地位は、教育上これを尊重しなければならない。

2　政府及び地方教育区が設置する学校は、特定の宗教のための宗教教育その他宗教的活動をしてはならない。

（教育行政）

第十条　教育は、不当な支配に服することなく、住民全体に対し直接に責任を負つて行われるべきものである。

2　教育行政は、この自覚のもとに、教育の目的を遂行するに必要な諸条件の整備確立を目標として行われなければならない。

（補　則）

第十一条　この立法に掲げる諸条項を実施するために必要がある場合には、適当な立法が制定されなければならない。

附　則

この立法は、一九五八年四月一日から施行する。

教育委員会法（一九五八年立法才二号）五八、一、一〇公布

沿革　立法七三、一九五八、九、三〇　立法五、一九五九、一、二〇

第一編　総　則

（この立法の目的）

第一条　この立法は、教育が不当な支配に服することなく、住民全体に対し直接に責任を負つて行われるべきであるという自覚のもとに、公正な民意により、琉球の実情に即した教育行政を行うために、地方教育区及び教育委員会を設け、教育本来の目的を達成することを目的とする。

（地方教育区及び教育委員会）

第二条　地方教育区とは、教育区及び連合教育区（以下「連合区」という。）をいう。

2　政府、連合区及び教育区にそれぞれ中央教育委員会（以下「中央委員会」という。）、連合教育区教育委員会（以下「連合区委員会」という。）及び教育区教育委員会（以下「区委員会」という。）を設置する。

（政府及び地方教育区の事務）

第三条　政府及び地方教育区は、法令の定めるところにより、教育、学術及び文化（以下「教育」という。）に関する事務を処理する。

（教育委員会の組織、権限及び職務）

第四条　教育委員会の組織、権限及び職務は、この立法の定めるところによる。

（教育委員会の規則制定権）

第五条　教育委員会は、法令に違反しない限りにおいて、その権限に属する事務に関し、教育委員会規則を制定することができる。

2　教育委員会規則その他教育委員会の定める規程で公表を要するものは、一定の公告式により、これを公布しなければならない。

3　前項の公告式は、教育委員会規則でこれを定め、公布のための署名、公布の方法、施行期日その他必要な事項を規定しなければならない。

4　中央委員会、連合区委員会及び区委員会の制定する規則は、それぞれ中央教育委員会規則（以下「中央委員会規則」という。）、連合教育区教育委員会規則（以下「連合区委員会規則」という）及び教育区教育委員会規則（以下「区委員会規則」という。）という。

（委任の禁止）

第六条　教育委員会は、その委員の一人又は一部の委員に行政上の職務を行うことを委任することはできない。

（経費の負担）

第七条　中央委員会、連合区委員会及び区委員会に要する経費は、そぞれ政府、連合区及び教育区の負担とする。

第二編　地方教育区

第一章　通　則

（地方教育区の法人格）

第八条　地方教育区は、法人とする。

（住民の意義及び権利義務）

第九条　地方教育区の区域内に住所を有する者は、当該地方教育区の住民とする。

2　住民は、この立法の定めるところにより、その属する地方教育区の財産及び営造物を共有する権利を有し、その負担を分任する義務を負う。

第二章　教育区

第一節　通　則

（教育区の区域及び名称）

第十条　教育区の区域は、市町村の区域とする。
2　教育区の名称は、従来の例による。
（教育区の廃置分合及び境界の変更）
第十一条　教育区は、市町村が市町村自治法（一九五三年立法オ一号）オ三条の規定により廃置分合し、又は境界を変更した場合には、当該市町村と同様に廃置分合し、又は境界を変更するものとする。
2　前項の場合において財産処分を必要とするときは、関係教育区の区委員会が協議してこれを定める。その協議が調わないときは、関係教育区の意見を徴して、中央委員会が、これを定める。
3　オ一項の規定により教育区が合併する際、合併関係教育区の委員会の委員で、当該合併教育区の委員の被選挙権を有することとなる者は、その任期中引き続き、合併教育区の委員会の委員として在任する。この場合において、教育区合併の際に当該合併教育区の委員会の委員である者の数が、オ十二条オ一項の規定による定数をこえるときは、同条同項の規定にかかわらず、当該数をもつて、当該合併教育区の委員会の委員の定数とし、委員の欠員が生じ、又は委員がすべてなくなつたときは、これに応じてその定数は、同条同項の規定による定数に至るまで減少するものとする。
4　合併教育区は、合併関係教育区の相互の間に、教育税の賦課に関し著しい不均衡があり、その全地域にわたつて、均一の課税をすることが著しく困難と認められる特別の事情がある場合においては、教育区合併の行われた日の属する年度及びこれにつづく一箇年度に限り、その不均衡の程度を限度として、不均一の課税をすることができる。

第二節　教育区教育委員会

第一款　組　　織

（委　　員）
第十二条　区委員会は、五人の委員でこれを組織する。ただし、人口十万人以上の教育区の区委員会の委員は、七人とする。
2　前項に規定する委員は、選挙による。ただし、補充委員は、区委員会が選任するものとする。

（任　期）

第十三条　選挙による委員の任期は、オ二項に規定する場合のほか、四年とする。ただし、後任委員が就任するまで在任するものとする。

2　オ二十条の規定により補充委員の後任委員及び任期満了により選挙される委員の数が、七人、六人、五人、四人又は三人の場合の委員の任期は、次の各号の定めるところによる。

一　七人の場合は、得票数の多い者の順で四人は四年、三人は二年

二　六人の場合は、得票数の多い者の順で三人は四年、三人は二年

三　五人の場合は、得票数の多い者の順で三人は四年、二人は二年

四　四人の場合は、得票数の多い者の順で二人は四年、二人は二年

五　三人の場合は、得票数の多い者の順で二人は四年、一人は二年

3　前項の場合において、得票数が同数の場合又は無投票当選の場合は、抽せんにより、これを定める。

4　オ二十条の規定により選任された委員の任期は、次の最初の選挙により選挙された委員が就任する日の前日までとする。

5　オ一項及びオ二項に規定する委員の任期は、選挙の日から起算する。

第二款　選挙及び直接請求

（選挙権及び被選挙権）

オ十四条　改正市町村議会議員及び市町村長選挙法（一九五〇年琉球列島米国軍政本部布令オ十七号）（以下「市町村議会議員選挙法」という。）オ二条又はオ三条の規定による選挙権又は被選挙権を有する者は、区委員会の選挙権又は被選挙権を有する。

（欠格事由）

第十五条　次の各号の一に該当する者は、区委員会の委員となることはできない。

一　禁治産者、準禁治産者又は破産者で復権を得ない者

二　禁錮以上の刑に処せられた者
三　受刑中の者及び執行猶予中の者

（半数交代制）
第十六条　委員の選挙は、隔年毎の三月中に行わなければならない。
2　前項に規定する選挙においては、委員の定数が七人の場合は、原則として四人及び三人、五人の場合は、原則として三人及び二人を隔年毎に交互に改選する。

（選　挙　区）
第十七条　区委員会の委員の選挙は、教育区の区域内において行う。

（選挙事務）
第十八条　区委員会の委員の選挙に関する事務は、市町村の選挙管理委員会が、これを管理する。

（選挙人名簿）
第十九条　区委員会の委員の選挙は、市町村議会議員選挙法才十七条に規定する選挙人名簿により、これを行う。

（委員の選任）
第二十条　区委員会の委員に欠員を生じた場合は、当該委員会において、委員の被選挙権を有する者のうちから、三十日以内に、補充委員を選任する。
2　当選の資格を失い又は当選が無効になつた場合において、当選人を定めることができないときは、区委員会において、委員の被選挙権を有する者のうちから、すみやかに補充委員を選任する。

（準用規定）
第二十一条　区委員会の委員の選挙については、この立法又はこれに基く中央委員会規則に別段の定がある場合を除いては、市町村議会議員の選挙の例による。

（解職の請求）
第二十二条　区委員会の委員の選挙権を有する者は、委員の解職の請求をすることができる。

2　前項に規定する委員の解職の請求に関しては、市町村議会の議員の解職の請求の例による。

第三款　職務権限

（教育区の統括及び代表）

第二十三条　区委員会は、当該教育区を統括し、これを代表する。

（区委員会の所管）

第二十四条　区委員会は、当該教育区の設置する学校その他の教育機関を所管する。

（区委員会の事務）

第二十五条　区委員会は、当該教育区の教育に関する事務を処理するために、教育長の助言と推せんを得て、次に掲げる事務を行う。

一　教育区の政策を設定することによつて所管する学校及びその他の教育機関の一般的統括に関すること。
二　教育区の資金使途を決定し、その支払を承認すること。
三　教育区の教育職員及びその他の職員の任免その他の人事に関すること。
四　教育財産の取得、管理及び処分に関すること。
五　教育目的のための基本財産及び積立金穀の管理及び処分に関すること。
六　区委員会の規則の制定又は改廃に関すること。
七　教育区の歳入歳出の予算の編成に関すること。
八　学校その他の教育機関の設置、管理及び廃止に関すること。
九　文教局長の認可を得て、その管轄する学校の教育課程の制定及び教科内容に関すること。
十　社会教育に関すること。
十一　中央委員会の編集した教科用図書目録から教科用図書を採択すること。
十二　教育事務のための契約に関すること。

十三　校長、教員その他の教育職員の研修に関すること。
十四　校長、教員その他の教育職員並びに生徒、児童及び幼児の保健、福利及び厚生に関すること。
十五　学校の保健計画の企画及び実施に関すること。
十六　学校環境の衛生管理に関すること。
十七　学校その他の教育機関の敷地の設定及び変更並びに校舎その他の建物の営繕、保全の計画に関すること。
十八　所管学校の年中行事の認可に関すること。
十九　証書及び公文書類を保管すること。
二〇　学校給食に関すること。
2　区委員会は、前項に規定する事務を除くほか、法令によりその権限に属する事務を管理し及び執行する。

第四款　会　　議

（委員長及び副委員長）
第二十六条　区委員会は、委員のうちから委員長及び副委員長各一人を選挙しなければならない。
2　委員長及び副委員長の任期は、一年とする。ただし、再選することができる。
3　委員長は、区委員会の会議を主宰する。
4　副委員長は、委員長を補佐し、委員長に事故があるとき又は委員長が欠けたときは、その職務を行う。
（会議の招集）
第二十七条　区委員会の会議は、委員長が、これを招集する。ただし、選挙後の最初の会議は、教育長が招集しなければならない。
2　委員二人以上の者から書面で会議に付議すべき事件を示して臨時会の招集を請求したときは、委員長は、これを招集しなければならない。
3　会議開催の場所及び日時は、会議に付議すべき事件とともに委員長が、あらかじめこれを告示しなければならない。

4　区委員会の会議の招集は、開会の日前七日までに、これを告示しなければならない。ただし、急施を要する場合は、この限りでない。

（定例会及び臨時会）

第二十八条　区委員会の会議は、定例会及び臨時会とする。

2　定例会は、一年に少くとも六回これを招集しなければならない。

3　臨時会は、必要がある場合において、その事件に限り、これを招集する。

4　会議招集告示後に急施を要する事件があるときは、前条才三項及び前項の規定にかかわらず、直ちにこれを会議に付議することができる。

（会議の定足数）

第二十九条　区委員会の会議は、定数の過半数が出席しなければ、これを開くことができない。

（会議の公開）

第三十条　区委員会の会議は、これを公開する。ただし、委員の発議により出席委員の三分の二以上の多数で議決したときは、秘密会を開くことができる。

2　前項の委員の発議は、討論を行わないでその可否を決しなければならない。

（議決の方法）

第三十一条　区委員会の議事は、出席委員の過半数でこれを決する。

（議事参与の制度）

第三十二条　区委員会の委員は、自已又は配偶者若しくは三親等以内の親族の一身上に関する事件については、その議事に参与することができない。ただし、会議に出席し、発言することができる。

（会　議　録）

第三十三条　区委員会の会議の次才は、すべて会議録に記載しなければならない。

2　前項の会議録について必要な事項は、区委員会規則で、これを定める。

（会議規則等）

第三十四条　区委員会は、会議規則及び傍聴人規則を設けなければならない。

2　この立法に別段の定がある場合を除いては、区委員会の会議に関する事項は、会議規則でこれを定めることができる。

第五款　事務局及び会計監査委員

（事　務　局）

第三十五条　区委員会の職務に属する事務を処理させるために、区委員会に事務局を置く。

2　事務局に常勤又はは非常勤の会計係を置く。

3　前項の会計係のほか、必要な常勤又は非常勤の職員を置くことができる。

4　前二項の職員は、教育長の推せんを得て、区委員会が任命する。

5　オ二項及びオ三項の職員の定数は、区委員会規則でこれを定める。

（職員の事務）

第三十六条　会計係は、教育区の出納その他の会計事務を掌る。

2　前条オ三項の職員は、区委員会の事務に従事する。

（監査委員の設置及び定数）

第三十七条　教育区に、区委員会規則で会計監査委員（以下「監査委員」という。）を置く。

2　監査委員の定数は、二人以上四人以内とする。

（任命、兼職の禁止及び退職）

第三十八条　監査委員は、区委員会が学識経験を有する者のうちから任命する。

2　監査委員は、区委員会の委員又は職員を兼ねることができない。

3　監査委員は、退職しようとするときは、区委員の承認を得なければならない。

（任　　期）

第三十九条　監査委員の任期は、一年とする。

（職　務）

第四十条　監査委員は、教育区の出納を監査する。

2　監査委員は、毎会計年度少くとも二回期日を定めて前項の規定による監査をしなければならない。

3　監査委員は、前項に定める場合を除くほか、必要があると認めるときは、何時でも監査することができる。

4　監査委員は、監査の結果を公表しなければならない。

第三節　給　与

（委員等の報酬及び費用の弁償）

第四十一条　教育区は当該区委員会の委員、監査委員、市町村の選挙管理委員、選挙の実施に関する事務に従事する者並びに才三十五条才二項及び才三項に規定する非常勤の職員に対し、報酬を支給しなければならない。ただし、給料は支給しない。

2　前項に規定する者は、職務を行うために要する費用の弁償を受けることができる。

3　区委員会の委員に関しては、前二項に規定する報酬及び費用弁償の額は、当該市町村議員のそれをこえてはならない。

（常勤職員の給料、旅費及び退職金）

第四十二条　教育区は、才三十五条才二項及び才三項に規定する常勤の職員に対し、給料及び旅費を支給しなければならない。

2　前項の職員は、退職金を受けることができる。

（委任規定）

第四十三条　前二条に規定する報酬、費用弁償、給料、旅費及び退職金の額並びに支給方法は、区委員会規則でこれを定める。

第四節　財　産

第一款　財　産

（基本財産、特別基本財産、積立金穀）

第四十四条 教育区は、学校その他教育機関のためにする財産を基本財産として維持することができる。

2 教育区は、特定の目的のためにする特別の基本財産を設け又は金穀等を積み立てることができる。

第二款 収入

（教育税）

第四十五条 教育区は、この立法の定めるところにより、教育税を賦課徴収することができる。

（納税義務者）

第四十六条 教育税は、その教育区と区域を同じくする市町村の市町村税の納税義務者に対し、その年度の市町村税額を課税標準としてこれを課する。

（賦課徴収の委任）

第四十七条 教育区は、オ四十五条に規定する教育税の賦課徴収をその市町村に委任する。

2 市町村は、前項の委任がある場合は、教育税を徴収し、当該区委員会の指定する期日までに、その会計係に納入しなければならない。

（準用規定）

第四十八条 教育税の賦課、徴収、督促及び滞納処分については、市町村税法（一九五四年立法オ六十四号）の例による。ただし、市町村税法に基く条例については、この限りでない。

（教育区債）

第四十九条 教育区は、公聴会の承認を経て、教育区債を起すことができる。

2 教育区債を起すにつき、公聴会の承認を経るときは、併せて起債の方法、利息の定率及び償還の方法について承認を経なければならない。

3 教育区が、教育区債を起し、並びに起債の方法、利息の定率及び償還の方法を変更しようとするときは、中央委員会の許可を受けなければならない。

4 教育区債は、次の各号に掲げる事業の財源としてのみこれを起債することができる。

一 教育区の行う建築に要する経費の財源とする場合

二 学校設備に要する経費の財源とする場合

三 校地を買収するために要する経費の財源とする場合

(一時借入金)

第五十条 区委員会は、予算内の支出をするため、公聴会の承認を経て、一時の借入をすることができる。

2 前項に規定する借入金は、その会計年度内の収入をもつて償還しなければならない。

(委任規定)

第五十一条 教育税の賦課、徴収、賦課期及び納期その他必要な事項は、当該市町村の条例で、これを定める。ただし、教育税の課税率は、教育区の才入予算のうち教育税による予算額を教育区に納入できるように定めなければならない。

第三款 支出

(経費の支弁)

第五十二条 教育区は、その必要な経費及び法令により教育区の負担に属する経費を支弁する義務を負う。

(経費の支出)

第五十三条 予算の議決があつたときは、区委員会は、直ちにその写を教育長及び会計係に交付しなければならない。

2 会計係は、区委員会の命令がなければ支出することができない。命令を受けても出支の予算がなく、かつ、財務に関する規定により支出することができない場合も、また、同様とする。

(支払金の時効)

第五十四条 教育区の支払金の時効については、政府の支払金の時効による。

第四款　予　　算

(予算及び会計年度)

第五十五条　区委員会は、毎会計年度才入才出予算を調製し、年度開始前に、公聴会を開き、その意見を聞くものとする。

2　教育区の会計年度は、政府の会計年度による。

3　予算を公聴会に提出するときは、委員会は、併せて財産表、予算説明その他財政状態の説明資料を提出しなければならない。

(予算追加又は更正、暫定予算)

第五十六条　区委員会は、既定予算につき公聴会を開き、その意見を聞いて既定予算の追加又は更正することができる。

2　区委員会は、必要に応じて一会計年度中の一定期間内にかかる暫定予算につき公聴会を開き、その意見を聞いて、これを編成することができる。

3　前項の暫定予算は、当該会計年度の予算が成立したときは、その効力を失うものとし、その暫定予算に基く支出又は債務の負担があるときは、その支出又は債務の負担は、これを当該会計年度の予算に基く支出又は債務の負担とみなす。

(継　続　費)

第五十七条　教育区の経費をもつて支弁する事件で、数年を期してその経費を支出すべきものは、公聴会を開き、その意見を聞いて、その年期間各年度の支出額を定め、継続費とすることができる。

(予　備　費)

第五十八条　区委員会は、予算外の支出又は予算超過の支出に充てるため、予備費を設けなければならない。

2　特別会計には、予備費を設けないことができる。

(特別会計)

第五十九条　区委員会は、公聴会にはかつて特別会計を設けることができる。

(公　聴　会)

第六十条　教育区における公聴会は、当該教育区の教育委員の選挙権を有する者で構成しなければならない。

（公聴会の開催）

第六十一条 公聴会は、区委員会が、これを開催する。

2 区委員会は、公聴会開催の日時及び場所を公聴会に付すべき事件とともに、開催の日前五日までにこれを告示しなければならない。

（委任規定）

第六十二条 この立法及びこれに基く中央委員会規則に規定するもののほか、公聴会に関し必要な事項は区委員会規則で、これを定める。

第五款 出納及び決算

（出納の決算）

第六十三条 教育区の出納は、年二回例日を定めて監査委員が、これを検査しなければならない。ただし、必要があるときは、臨時に検査することができる。

2 監査委員は、検査の結果を区委員会に報告しなければならない。

（出納の閉鎖）

第六十四条 教育区の出納は、翌年度の八月三十一日をもつて閉さする。

（決　算）

第六十五条 決算は、証書類と併せて会計係からこれを区委員会に提出しなければならない。この場合において、会計係は、出納閉さ後一ケ月以内にこれをしなければならない。

2 区委員会は、決算及び証書類を監査委員の審査に付しその意見を付けて、公聴会の認定に付さなければならない。

3 決算は、その認定に関する公聴会の記録とともに、文教局長に報告し、かつ、その要領を告示しなければならない。

第六款 補　則

（財務監視）

第六十六条 文教局長は、必要があるときは、教育区につき財務に関係のある事務の報告をさせ、書類帳簿を徴し、又は実地について財務に関係のある事務を視察し、若しくは出納を検閲することができる。

（競争入札）

第六十七条 教育区は、立法又は中央委員会規則に特別の定がある場合を除くほか、財産の売却及び貸与、工事の請負並びに物件、労力その他の供給は、競争入札に付さなければならない。ただし、臨時急施を要するとき、又は入札の価格が入札に要する経費に比較して得失相償わないときは、この限りでない。

（維持及び修繕費の計上並びに残額の積立）

第六十八条 区委員会は、毎会計年度予算に、学校建物の維持及び修繕費として建物一平方メートル当り三十五セントを下らない額を計上しなければならない。この項目に計上された予算額のうち、当該予算年度内に支出されなかつた残額は、校舎を除く学校の恒久建物の建築のための積立基金に繰り入れなければならない。（改一九五九立法五）

（仮校舎建築資金借入の禁止）

第六十九条 教育区は、仮校舎を建築するために資金を借りることはできない。

（財政状況の報告）

第七十条 区委員会は、区委員会規則の定めるところにより、毎年二回以上予算の使用の状況、収入の状況並びに財産、教育区債及び一時借入金の現在高その他財政に関する事項を説明する文書を作成し、これを住民に公表しなければならない。

（市町村職員の賠償責任）

第七十一条 市町村の職員は、故意又は重大な過失により、教育税の査定、賦課又は納入を怠つたときは、それによつて生じた損害を賠償する責任を負う。

（会計係等の賠償責任）

第七十二条 教育区の会計係その他の職員が、法令の規定に基いて保管する現金又は物品を亡失又はき損した場合における賠償については、市町村の出納職員等の賠償の例による。

第三章 連合教育区

第一節　通　　則

（設　置）

第七十三条　教育区は、教育の指導と管理を一層有効にし、教育の事務を能率的に処理し、及び高等学校その他の学校を設置するため、その協議により規約を定め、中央委員会の認可を得て、連合区を設置することができる。

（規約の規定事項）

第七十四条　連合区の規約には、次に掲げる事項について規定を設けなければならない。

一　連合区の名称
二　連合区を組織する教育区
三　連合区の共同処理する事務
四　連合区の事務局の位置
五　連合区の経費の支弁の方法

（規約の変更）

第七十五条　連合区は、規約を変更しようとするときは、関係教育区の協議により、中央委員会の認可を受けなければならない。

（解　散）

第七十六条　連合区を解散しようとするときは、関係教育区の協議により、中央委員会の認可を受けなければならない。

（財産処分）

第七十七条　前二条の場合において、財産処分を必要とするときは、関係教育区の協議により、若しくは関係教育区と連合区との協議により又は連合区委員会の議決によりこれを定める。

（経費の分賦の異議）

第七十八条　連合区の経費の分賦に関し、違法又は錯誤があると認めるときは、教育区は、その告示を受けた日から三十日以内に連合区委員会に異議の申立をすることができる。

2　前項の異議の申立があつたときは、連合区委員会は、その申立を受けた日から三十日以内に、これを決定しなければならない。

（教育事務の委託）

第七十九条　連合区は、特別の事由があるときは、関係連合区の協議により規約を定め、高等学校の生徒の全部又は一部の教育事務を他の連合区に委託することができる。

2　前項の委託については、学校教育法（一九五八年立法才三号）才三十二条才二項から才五項までの規定を準用する。

（準用規定）

第八十条　連合区については、法令に特別の定のある場合を除くほか、教育区に関する規定を準用する。

第二節　連合教育区教育委員会

第一款　組 織 及 び 会 議

（委　　員）

第八十一条　連合区委員会の委員は、五人を下らない数とし、所属する区委員会の委員のうちから、各々一人を区委員においてこれを選挙する。ただし、所属する教育区が、四区以下の場合は、各区委員会の選挙する委員の数は、その教育区の人口に比例し定めるものとする。

2　前項の規定にかかわらず、十万人をこえる人口を有する教育区は、当該連合区委員会に少くとも三人を選挙により参加させなければならない。

（任　　期）

第八十二条　連合区委員会の委員の任期は、それぞれの区委員会の委員の任期中とする。

第二款　教育長及び事務局

（教育長及で教育次長）

第八十三条　地方委員会（区委員会及び連合区委員会をいう。以下同じ。）に教育長を置く。

2　連合区委員会の教育長は、当該連合区を構成する教育区の区委員会の教育長を兼任するものとする。
3　連合区委員会に、教育次長を置くことができる。
4　教育長及び教育次長は、教員、校長及び教育長免許令（一九五四年琉球列島米国民政府布令才百三十四号）の定める教育長の免許を有する者のうちから連合区委員会が、中央委員会規則の定めるところにより、当該連合区を構成する教育区の区委員会と協議して、これを選任する。

（教育長及び教育次長の任期）

第八十四条　教育長及び教育次長は、六年間同一地方教育区に在任した場合は、それ以後十年を経過しない限り、当該地方教育区に教育長又は教育次長として六年をこえて在任することはできない。
2　教育次長が同一地方教育区において教育長に選任された場合は、通算して六年をこえて当該教育区に在任することはできない。

（教育長の職務）

第八十五条　教育長は、その属する地方委員会の指揮監督を受け、当該地方委員会の処理するすべての教育事務を掌る。
2　教育長は、その属する地方委員会の行うすべての教育事務につき、助言し、推薦することができる。
3　教育長は、その属する地方委員会の事務局の事務を総括し、及びその職員を指揮監督する。
4　教育長は、自己の身分取扱についての議事が行われるとき又はやむを得ない事由がある場合を除くほか、地方委員会のすべての会議に出席しなければならない。この場合、教育長は、議事について発言することができるが、選挙及び議決に加わることはできない。
5　教育長は、その事務の執行に関し、地方委員会の所轄地域の教育に関し、必要な報告及び資料を中央委員会並びに地方委員会に提出しなければならない。

（教育次長の職務）

第八十六条　教育次長は、教育長を補佐し、教育長に事故があるとき又は教育長が欠けたときは、その職務を行う。

（事　務　局）

第八十七条　連合区委員会の職務権限に関する事務を処理させるため、連合区委員会に事務局を置く。

（事務局の職員）

第八十八条　事務局には、指導主事、会計係その他必要な職員を置く。

2　前項に規定する職員は、教育長の推せんにより当該委員会が、これを任命する。

3　事務局に属する職員（教育長及び教育次長を含む。）の定数は、当該委員会が、これを定める。

（指導主事の職務）

第八十九条　指導主事は、校長及び教員に助言と指導を与える。ただし、命令及び監督をしてはならない。

（教育長の報酬、給料等）

第九十条　才四十二条の規定は、教育長及び教育次長若しくは才八十八条才一項に規定する職員で、常勤の者に、才四十一条の規定は、才八十八条才一項に規定する職員で、非常勤の職員に、これを準用する。

2　前項に規定する職員の報酬、費用弁償、給料、旅費及び退職金の額並びに支給の方法は、連合区委員会規則でこれを定める。

第三編　中央教育委員会

第一章　組　　織

（定　　数）

第九十一条　中央委員会は、選挙された十一人の委員でこれを組織する。

（任　　期）

第九十二条　中央委員会の委員の任期は、四年とする。ただし、補充委員の任期は、前任者の残任期間とする。

2　前項に規定する委員の任期は、選挙の日から、これを起算する。

（委員の報酬及び費用弁償）

第九十三条　政府は、中央委員会の委員に対し報酬を支給しなければならない。ただし、給料は支給しない。

2　委員は、職務を行うために要する費用の弁償を受けることができる。

3　前二項の規定する報酬及び費用弁償の額は、立法院議員のそれをこえてはならない。

4　報酬及び費用弁償の額並びにその支給方法は、中央委員会規則で定める。

第二章　選　　挙

（選挙権及び被選挙権）

第九十四条　立法院議員の被選挙権を有する者は、中央委員会の委員の被選挙権を有する。

2　区委員会の委員は、中央委員会の委員の選挙権を有する。

（半数交代制）

第九十五条　中央委員会の委員は、隔年毎の十二月中に六人及び五人を交互に改選する。

（選挙区等）

第九十六条　中央委員会の委員の選挙区及び各選挙区において選挙すべき委員の数は、別表で定める。

（選挙事務）

第九十七条　中央委員会の委員の選挙に関する事務は、教育長がこれを管理する。

2　選挙区の区域内を管轄する教育長が二人以上あるときは、文教局長は、当該教育長の意見を聴取して選挙に関する事務を管理する教育長を定める。

（候　補　者）

第九十八条　中央委員会の委員の候補者になろうとする者は、選挙の期日の公示があつた日から十日以内に、その旨前条に規定する教育長（以下この章において「教育長」という。）に届け出なければならない。

（選挙期日）

第九十九条　中央委員会の委員の任期満了による通常選挙は、委員の任期満了の日前三十日以内に行う。

2　補充選挙は、これを行うべき事由が生じた日から四十日以内に、これを行う。

（選挙期日の公示）

第百条　選挙の期日は、少くとも二十日前に公示しなければならない。

（補充選挙）

第百一条　中央委員の委員について、次の各号に掲げる事由の一が生じた場合には、補充選挙を行う。

一　委員が、その職を辞したとき。

二　委員が、死亡したとき。

三　委員が、被選挙権を喪失したとき。

四　委員が、兼職禁止の職についたとき。

（集　会）

第百二条　選挙人は、教育長が選挙の日前七日までに通知した日時及び場所に集会しなければならない。

2　天災その他避けることのできない事故により集会することができないときは、教育長は、更に期日を定めて投票を行わせなければならない。ただし、その期日は、少くとも五日前に公示しなければならない。

3　集会した選挙人が、総選挙人の三分の二に達した後、教育長は、委員の選挙を行う。

（投　票）

第百三条　投票は、無記名で行い、一人一票に限る。

2　投票は、投票箱に投入する。

3　現在選挙人が投票を終つたときは、教育長は、投票箱の閉さを宣告する。この宣告があつた後は、投票することはできない。

（投票の点検）

第百四条　投票が終つたときは、教育長は、二人の立会人立会の上、当該連合区委員会事務局の職員をして、直ちに投票を点検させる。

2　前項の開票立会人は、教育長が、集会した選挙人に諮り選挙人のうちから選任する。

（選挙結果の報告）

第百五条　投票の点検が終つたときは、教育長は、選挙の結果を報告する。

（当選人の決定）

第百六条　投票の最多数を得た者を当選人とする。ただし、投票数が同じときは、抽せんでこれを定める。

（当選人の報告）

第百七条　教育長は、当選人が決定したときは、すみやかに、文教局長に報告しなければならない。

（当選人の辞退）

第百八条　当選人が当選を辞したときは、更にその選挙を行う。

（選挙疑義の決定）

第百九条　すべて選挙に関する疑義は、文教局長が、これを決する。

第三章　職務権限

（中央委員会の所管）

第百十条　中央委員会は、政府の設置する学校その他の教育機関を所管する。

（中央委員会の事務）

第百十一条　中央委員会は、政府の教育に関する事務を処理するために、文教局長の助言と推せんを得て次に掲げる事務を行う。

一　教育政策を設定すること。

二　教育課程の基準を設定すること。

三　政府立の学校その他の教育機関の用に供し、又は用に供するものと決定した財産（以下「教育財産」という。）の取得、管理及び処分に関すること。

四　教育目的のための基本財産、特別基本財産及び積立金穀の管理に関すること。
五　文教局長の任免について、行政主席に推せん又は勧告すること。
六　文教局及び政府立の学校その他教育機関の職員の任免その他の人事に関すること。
七　文教局の部課、附属機関及び支分部局に関すること。
八　文教局長の提出する教育予算の見積を承認すること。
九　教育に関する立法案を行政主席に提出すること。
十　法令に基く規則の制定又は改廃に関すること。
十一　学校が使用する教科用図書目録の設定に関すること。（改一九五八立法七三）
十二　学校及び其の他の教育機関の設置、廃止、建築施設及び移転の基準の設定並びにその認可に関すること。（改一九五八立法七三）
十三　社会教育に関する基準に関すること。
十四　教員及び児童生徒の身体検査の基準及び規則制定に関すること。
十五　学校環境の衛生管理に関すること。
十六　学校給食に関すること。
十七　教育に関する法人に関すること。
十八　校長、教員その他の教育職員の研修に関すること。
十九　その他法令によりその権限に属する事務に関すること。（改一九五八立法七三）

（教育補助金の配分）
第百十二条　中央委員会は、政府立及び公立の学校の別なく教育の機会を平等にもたらすように各地方教育区に公平に政府補助金（以下「教育補助金」という。）の全割当額又は建築資金の割当額を適正に配分する責任を有する。

（教育補助金交付基準）
第百十三条　中央委員会は、前条に規定する教育補助金の交付の基準を定める場合は、児童、生徒及び教員数並びに各地方教育区の財政能力その他の合理的基準を考慮に入れなければならない。

（教科用図書目録の編集）

第百十四条　中央委員会は、学校が使用する教科用図書を採択し又は地方委員会に推せんするために、文部省検定の図書のうちからそれらの図書目録を編集しなければならない。

2　前項の図書目録を編集するため、中央委員会に教科用図書目録編集委員会を置く。

3　前項の委員会の委員は、小学校、中学校、高等学校及び文教局の職員のうちから、文教局長の推せんにより中央委員会が任命する。

4　前項に規定する委員の任期は、三年をこえることはできない。

5　才二項に規定する委員会について必要な事項は、中央委員会が、これを定める。

（高等学校の移管）

第百十五条　中央委員会は、関係地方教育区と協議して、政府の設置する高等学校を地方教育区に、又は地方教育区の設置する高等学校を政府に移管することができる。

第四章　会　　議

（会議の招集）

第百十六条　中央委員会の会議は、委員長が、これを招集する。ただし、選挙の後の最初の会議は、文教局長が招集しなければならない。

2　中央委員会の会議の招集は、開会の日前十四日までに、これを告示しなければならない。ただし、急施を要する場合は、この限りでない。

（準用規定）

第百十七条　才二十六条、才二十七条才二項若しくは才三項及び才二十八条から才三十四条までの規定はこの章にこれを準用する。

第五章　財　　務

（才入才出予算の見積）

第百十八条　文教局長は、毎会計年度教育予算の見積を作成し、中央委員会の承認を得て、これを政府における予算の統合調整に供するため、行政主席に送付しなければならない。

（才出見積の減額）

第百十九条　行政主席は、毎会計年度才入才出予算を作成するに当つて、教育予算の才出見積を減額しようとするときは、あらかじめ中央委員会の意見を求めなければならない。

（同　前）

第百二十条　行政主席は、教育予算の才出見積を減額した場合においては、教育予算の才出見積についてその詳細を才入才出予算に付記するとともに、立法院が、教育予算の才出額を修正する場合における必要な財源についても明記しなければならない。

（予算の追加又は更正、暫定予算の調製）

第百二十一条　既定の教育予算を追加し、更正し、又は暫定予算を調製する場合においては、前三条の例による。

（教育機関の廃止）

第百二十二条　政府立の学校その他の教育機関が廃止される場合には、中央委員会は、当該教育機関の使用する教育財産の廃止後の用途について、あらかじめ、行政主席と協議するものとする。

（特殊教育諸学校の運営の責任）

第百二十三条　学校教育法（一九五八年立法才三号）才六章に規定する特殊教育諸学校を運営維持することは、中央委員会の責任とし、その予算は教育予算に計上しなければならない。

第四編　文　教　局

（文教局長の職務）

第百二十四条　文教局長は、中央委員会の執行者及び幹事を努めるものとする。

2　第八十五条第二項及び第四項は、文教局長の職務について準用する。

第百二十五条　文教局長は、教育分野を絶えず調査し、教育の向上発展に資すると思われる報告又は勧告を中央委員会に対して行わなければならない。

2　文教局長は、中央委員会の求めに応じ、教育目的完遂に役立つと認める研究調査を行い、その結果を報告するものとする。

第百二十六条　文教局長は、第百三十三条第三項の規定により行政主席の委任を受けた場合には、中央委員会の方針及び規則にしたがつて、これを行わなければならない。

（会議録の公開及び保管）

第百二十七条　文教局長は、中央委員会の会議録を各週毎に適当な期間中公衆の閲覧に供するため、中央委員会規則にしたがつて公開し、安全に保管しなければならない。

（文教局の部課等）

第百二十八条　文教局には、中央委員会規則の定めるところにより、必要な部課及び附属機関を置く。ただし、教育の調査及び統計に関する部課並びに教育の指導に関する部課は、これを置かなければならない。

（文教局の教職員）

第百二十九条　文教局に指導主事、教科用図書の採択、教科内容及びその取扱、学校保健、建築その他の事項にする事務又は技術に従事する必要な事務職員及び技術職員その他の職員を置く。

2　前項の職員は、文教局長の推せんにより中央委員会が任命する。

第百三十条　教科用図書の採択、教科内容及びその取扱、その他特殊な事務又は技術に従事する事務職員又は技術職員には、教員をもつてこれに充てることができる。ただし、その期間中は教員の職務を行わないことができる。

第五編　雑　　則

（報告書の提出）

第百三十一条　文教局長は、地方委員会に対し、その所轄区域の教育に関する年報その他の報告書を提出させることができ

る。（改一九五八立法七三）

2　立法に別段の定がある場合の外、中央委員会又は文教局長は、地方委員会に対して行政上及び運営上指揮監督してはならない。

（地方委員会の処理する政府事務の指揮監督）

第百三十二条　地方委員会が、政府の機関として処理する行政事務については、中央委員会の指揮監督を受ける。

（事務の委任及び臨時代理）

第百三十三条　教育委員会は、教育委員会規則の定めるところにより、次の各号に掲げる事務を文教局長又は教育長に委任し又はこれを臨時に代理させることができる。

一　九十日をこえない期間の職員補充をすること。

二　昇給に関すること。

三　職員の出張（校長及び教員の七日をこえる出張を除く）に関すること。（改一九五八立法七三）

四　財産及び特別資金の日常管理に関すること。

五　委員会の規則及び指令にしたがつて予算を執行すること。

六　緊急の際における十日をこえない休暇を与えること。

2　文教局長又は教育長は、前項の規定により委任された事務の一部を学校その他の教育機関の長に委任し、又はこれをして臨時に代理させることができる。

3　行政主席は、教育のための割当資金の請求の権限を、文教局長に委任することができる。

（文教局長及び教育長の代理執行）

第百三十四条　委員がすべて欠けた場合は、中央委員会の行う職務は、文教局長が、地方委員会の行う職務は教育長が、これを行う。

2　前項の規定による処理については、文教局長及び教育長は最初の会議において、これを当該教育委員会に報告し、会議録に記載しなければならない。

（文教局長代理及び教育長代理）

第百三十五条　中央委員会の委員がすべて欠け、更に文教局長も欠けた場合には、行政主席は、文教局長代理を任命する。

2　連合区委員会のすべての委員及び教育長が欠け、更にその教育次長も欠けた場合には、中央委員会は、当該地区の教育長代理を命ずる。

3　才一項の文教局長代理及び前項の教育長代理は、当該教育委員会の最初の会議まで在任する。

（教育補助金の対象）

第百三十六条　政府は、才七条の規定にかかわらず地方教育区に義務教育に要する経費のうち、校舎の建築費及び教育職員給与費の全額を補助しなければならない。

2　政府は、次の各号に掲げる経費に対し地方教育区に教育補助金を交付することができる。

一　高等学校の校舎建築及び教育職員給与

二　出産休暇、結核休暇及び研究のための休暇をうけた教育職員の補充教員の給与

三　教育職員の大学単位追加修得に伴う単位手当

四　教育職員の賞与

五　校舎の維持及び修繕費

六　その他地方教育区の教育に要する経費

（単位手当及び賞与）

第百三十七条　教育職員はすべて、大学単位追加修得による単位手当及び賞与を支給されなければならない。

2　地方教育区の教育職員の賞与は、政府公務員の賞与に準じて支給するものとする。

（学校の保健）

第百三十八条　教育委員会は、学校身体検査、精密検診その他の事項に関し、中央委員会規則で定める基準に従い、行政主席に対し、保健所の協力を求めるものとする。

2　保健所は、学校環境の衛生、学校の保健に関する資料の提出その他の事項に関し、法令で定める基準に従い、教育委員会

に助言と援助を与えるものとする。

（建築の実施）

第百三十九条　中央委員会は、政府立の学校その他の教育機関の建築の実施を、工務交通局長に原則として委任するものとする。

2　政府立の学校その他の教育機関の建築の計画及び実施については、工務交通局長は、中央委員会の意見を聞いて、これをなさなければならない。

（委員の兼職禁止）

第百四十条　立法院議員、市町村議会の議員、常勤の政府公務員、市町村職員（市町村の長を除く。）、地方教育委員会の職員、公立学校の職員及びその就任について立法院又は市町村議会の選挙、議決又は同意を必要とする政府公務員及び市町村職員は、教育委員会の委員を兼ねることができない。

2　中央委員会の委員と区委員会の委員とは、これを兼ねることができない。

（秘密を守る義務）

第百四十一条　教育委員会の委員は、職務上知ることのできた秘密を漏らしてはならない。その職を退いた後においても同様とする。

2　前項の規定に違反した者は、一万円以下の罰金に処する。

（施行規定）

第百四十二条　この立法施行に関し必要な事項は、中央委員会規則で、これを定める。

附　則

1　この立法は、一九五八年四月一日から施行する。

2　この立法による中央委員会の委員のオ一回の選挙は、次に定めるところにより、一九五八年十二月中に行う。

選挙区	**選挙委員数**
北部地区	二人

中部地区　　　　　　三人
南部地区　　　　　　一人
都市地区　　　　　　一人

3　前項の場合において、北部地区及び中部地区選出の委員の中最低得票者各一名は、任期二年とする。ただし、最低得票数が同数の場合又は無投票当選の場合は、抽せんにより、これを定める。

4　この立法施行の際現にその職にある中央委員会委員のうち一九五八年に任期が満了する委員は一九五八年十二月の選挙による委員が就任するまで、一九六〇年に任期が満了する委員は、一九六〇年十二月の選挙による委員が就任するまで在任する。

5　この立法の定める区委員会の委員の才一回の選挙は、一九五九年三月中に行うものとする。ただし、この立法施行の際現にその職にある区委員会の委員で、一九五八年に任期が満了する委員は、一九五九年三月の選挙による委員が就任するまで、一九六〇年以後に任期が満了する委員は、一九六一年三月に施行される選挙により選挙された委員が就任するまで在任する。

6　この立法施行の際、現に存する教育区は、この立法による教育区とみなす。

7　琉球大学については、別に立法がなされるまでは、なお、従前の例による。

8　才二十一条の規定により、区委員会の委員の選挙について市町村議会議員選挙法が準用される場合には、「議会」とあるのは、「区委員会」と、「議員」とあるのは、「委員」と読み替えるものとする。

9　この立法施行の際、現にその職にある文教局長、文教局次長その他の文教局職員及び区委員会の職員は、それぞれこの立法に基く相当の機関及び職員となり同一性をもつて存続するものとする。

10　この立法施行の際、現にその職にある教育長、教育次長及び教育長事務所の職員は、それぞれ現にある級及び現に受ける号俸に相当する給料をもつて、当該連合区の教育長、教育次長又は事務局の職員に任用されたものとする。

別表

選挙区		委員数
北部地区	国頭教育区、大宜味教育区、東教育区、羽地教育区、屋我地教育区、今帰仁教育区、上本部教育区、本部教育区、屋部教育区、名護教育区、久志教育区、宜野座教育区、金武教育区、伊江教育区、伊平屋教育区、伊是名教育区（改一九五八立法七三）	二人
中部地区	恩納教育区、石川教育区、与那城教育区、勝連教育区、具志川教育区、美里教育区、コザ教育区、読谷教育区、嘉手納教育区、北谷教育区、北中城教育区、中城教育区、宜野湾教育区、西原教育区、浦添教育区（改一九五八立法七三）	三人
南部地区	豊見城教育区、糸満教育区、兼城教育区、三和教育区、高嶺教育区、東風平教育区、具志頭教育区、玉城教育区、知念教育区、佐敷教育区、与那原教育区、大里教育区、南風原教育区、仲里教育区、具志川教育区、（久米島）、渡嘉敷教育区、座間味教育区、粟国教育区、渡名喜教育区、南大東教育区、北大東教育区（改一九五八立法七三）	二人
都市地区	那覇教育区（改一九五八立法七三）	二人
宮古地区	平良教育区、城辺教育区、下地教育区、上野教育区、伊良部教育区、多良間教育区	一人
八重山地区	石垣教育区、大浜教育区、竹富教育区、与那国教育区	一人

学校教育法（一九五八年立法オ三号）五八、一、一〇公布
沿革　立法九四、一九五八、一〇、三一

第一章　総　則

（学校の範囲）
第一条　この立法で学校とは、小学校、中学校、高等学校、大学、盲学校、ろう学校、養護学校及び幼稚園とする。

（学校の設置者）
第二条　学校は、琉球政府（以下「政府」という。）、地方教育区（教育区及び連合教育区をいう。以下同じ。）及び民法（明治二十九年法律オ八十九号）オ三十四条に規定する財団法人（以下「財団法人」という。）のみが、これを設置することができる。

2　この立法で、政府立学校とは、政府が設置する学校を、公立学校とは、地方教育区の設置する学校を私立学校とは、財団法人の設置する学校をいう。

（設置基準）
第三条　学校を設置しようとする者は、学校の種類に応じ、中央教育委員会（以下「中央委員会」という。）の定める設備、編成その他の設置基準に従い、これを設置しなければならない。

（設置廃止等の認可）
第四条　政府立学校のほか、この立法によつて設置する学校（大学の学部又は大学院についても同様とする。）の設置廃止、設置者の変更その他中央委員会の規則で定める事項は、中央委員会の認可を受けなければならない。

（学校の管理、経費の負担）
第五条　学校の設置者は、その設置する学校を管理し、法令に特別の定のある場合を除いては、その学校の経費を負担する。

（授業料その他の費用）
第六条　学校においては、授業料その他の費用を徴収することができる。ただし、政府立又は公立の小学校及び中学校又はこれに準ずる盲学校、ろう学校及び養護学校における義務教育については、これらを徴収することができない。

2　政府立又は公立の学校における授業料その他の費用に関する事項は、政府立学校においては、中央委員会が、公立学校においては、中央委員会の認可を得て設置者がこれを定める。
3　政府立又は公立学校の教育に関連した目的のための寄附金の募集は、中央委員会の認可を得た後でなければ、これを行うことはできない。

(校長、教員)
第七条　学校には、校長及び相当数の教員を置かなければならない。

(校長の任期)
第八条　校長は、校長として同一学校に五年をこえて継続的に勤務することはできない。
2　校長は、オ三項の場合を除いては、同一教育区に通算して十年をこえて勤務することはできない。
3　通算して十年以上勤務した校長は、その後五年を経ずして校長として同一教育区に戻ることはできない。
4　通算して十年未満、校長として勤務した教育区には、校長としていつでもまた戻り、十年から、以前校長として勤務した年数を差し引いた期間、勤務することができる。ただし、同一学校に戻つて勤務するときは、その期間は、半減されるものとする。
5　職業課程のみを置く高等学校の校長については、前各項の規定は適用しないことができる。(改一九五八立法九四)

(校長、教員及び養護教諭の資格)
第九条　校長、教員及び養護教諭の資格に関する事項は、別に法令で定めるもののほか、中央委員会がこれを定める。(改一九五八立法九四)

(校長、教員及び養護教諭の欠格事由)
第十条　次の各号の一に該当する者は、校長、教員又は養護教諭となることができない。(改一九五八立法九四)
一　禁治産者及び準禁治産者
二　禁錮以上の刑に処せられた者
三　免許状取上げの処分を受け、二年を経過しない者
四　政府を暴力で破壊することを主張する政党その他の団体を結成し、又はこれに加入した者

（私立学校の校長届出義務）
第十一条　私立学校は、校長を定め、文教局長に届け出なければならない。（改一九五八立法九四）
（学生、生徒等の懲戒）
第十二条　校長及び教員は、教育上必要があると認めるときは、政府立学校においては、中央委員会の定めるところにより、公立学校及び私立学校においては、設置者が中央委員会の認可を得て規定した規則に従い、学生、生徒及び児童に懲戒を加えることができる。ただし、体罰を加えることはできない。
（身体検査、衛生養護施設）
第十三条　学校においては、学生、生徒、児童及び幼児並びに職員の健康増進をはかるため、身体検査を行い、及び適当な衛生養護の施設を設けなければならない。
2　身体検査及び衛生養護の施設に関する事項は、中央委員会が、これを定める。
（学校閉さ命令）
第十四条　次の各号の一に該当する場合においては、中央委員会は、学校閉さを命ずることができる。
一　法令の規定に故意に違反したとき。
二　法令の規定により、中央委員会のなした命令に違反したとき。
三　六箇月以上授業を行わなかつたとき。
（設備授業等の変更命令）
第十五条　学校が、設備、授業その他の事項について、法令の規定又は中央委員会の定める規程に違反したときは、中央委員会は、その変更を命ずることができる。
（私立学校の届出義務）
第十六条　私立学校は、毎会計年度の開始前に収支予算を毎会計年度の終了後二箇月以内に収支決算を文教局長に届け出なければならない。（改一九五八立法九四）
2　収支予算に重大な変更を加えようとするときも、又同様とする。

（子女使用者の義務）

第十七条 子女を使用する者は、その使用によつて、子女が、義務教育を受けることを妨げてはならない。

第二章 小学校

（目的）

第十八条 小学校は、心身の発達に応じて、初等普通教育を施すことを目的とする。

（目標）

第十九条 小学校における教育については、前条の目的を実現するために、次の各号に掲げる目標の達成に努めなければならない。

一 学校内外の社会生活の経験に基き、人間相互の関係について、正しい理解と協同、自主及び自律の精神を養うこと。

二 郷土及び国家の現状と伝統について、正しい理解に導き、進んで国際協調の精神を養うこと。

三 日常生活に必要な衣、食、住、産業等について、基礎的な理解と技能を養うこと。

四 日常生活に必要な国語を、正しく理解し、使用する能力を養うこと。

五 日常生活に必要な数量的な関係を、正しく理解し、処理する能力を養うこと。

六 日常生活における自然現象を、科学的に観察し、処理する能力を養うこと。

七 健康、安全で幸福な生活のために必要な習慣を養い、心身の調和的発達を図ること。

八 生活を明るく豊かにする音楽、美術、文芸等について、基礎的な理解と技能を養うこと。

（修業年限）

第二十条 小学校の修業年限は、六年とする。

（学級在籍）

第二十一条 小学校の一学級の在籍は、五十人を標準とする。

（教科）

第二十二条 小学校の教科に関する基本的な事項は、オ十八条及びオ十九条の規定に従い、中央委員会が、これを定める。

（教科用図書教材）

第二十三条　小学校においては、中央委員会の定めるところにより、教科用図書目録編集委員会の編集した教科用図書目録のうちの教科用図書を使用しなければならない。

2　前項の教科用図書以外の図書、その他教材で有益適切なものは、これを使用することができる。

（就学させる義務）

第二十四条　保護者（子女に対して親権を行う者、親権を行う者のないときは、後見人又は後見人の職務を行う者をいう。以下同じ。）は、子女の満六歳に達した日の翌日以後における最初の学年の初から、満十二歳に達した日の属する学年の終りまで、これを小学校又は盲学校、ろう学校若しくは養護学校に就学させる義務を負う。

2　前項の義務履行の督促その他の義務に関し必要な事項は、中央委員会規則でこれを定める。

（就学義務の猶予又は免除）

第二十五条　前条の規定によつて、保護者が就学させなければならない子女（以下「学令児童」という。）で、病弱、発育不完全その他やむを得ない事由のため、就学困難と認められる者の保護者に対しては区教育委員会（以下「区委員会」という。）は、中央委員会の定める規程により、中央委員会の認可を受けて、前条才一項に規定する義務を猶予又は免除することができる。

（就学援助）

第二十六条　経済的な理由によつて、就学困難と認められる学令児童の保護者に対しては、政府、地方教育区及び市町村は、必要な援助を与えなければならない。

（児童の出席停止）

第二十七条　小学校の管理機関は、伝染病にかかり、若しくはそのおそれのある児童又は性行不良であつて他の児童の教育に妨げがあると認める児童があるときは、その保護者に対して、児童の出席停止を命ずることができる。

（学令未満子女の入学禁止）

第二十八条　学令に達しない子女は、これを小学校に入学させることができない。

（校長、教諭その他の職員）

第二十九条　小学校には、校長、教諭、養護教諭及び事務職員を置かなければならない。ただし、特別の事情のあるときは、養護教諭及び事務職員を置かないことができる。（改一九五八立法九四）

2　小学校には、校長を補佐し校務を処理させるために、教頭を置くことができる。

3　前項の教頭は、教諭の中からこれを命ずる。

4　小学校には、才一項のほか、助教諭その他必要な職員を置くことができる。（改一九五八立法九四）

5　校長は、校務及び児童の教育を掌り、所属職員を監督する。

6　教諭および助教諭は、児童の教育を掌る。（改一九五八立法九四）

7　養護教諭は、児童の養護を掌る。（改一九五八立法九四）

8　事務職員は、事務に従事する。

（小学校設置義務）

第三十条　教育区は、その区域内にある学令児童を就学させるに必要な小学校を設置しなければならない。

（連合教育区の設置する小学校）

第三十一条　教育区が、前条の規定によることを不適当と認めるときは、教育委員会法（一九五八年立法才二号）才七十三条に規定する連合教育区が、小学校を設置することができる。

（教育事務の委託）

第三十二条　教育区が、前二条の規定によることを不可能又は不適当と認めるときは、関係地方教育区の協議により規約を定め、小学校の設置に代え、学令児童の全部又は一部の教育事務を、他の教育区又は連合教育区に委託することができる。

2　前項の規定により委託した事務を変更し、又はその事務の委託を廃止しようとするときは、関係地方教育区は、同項の例により、協議してこれを行わなければならない。

3　前二項の場合において地方教育区は、事務の管理および執行につき連絡調整を図るため協議により規約を定め、関係地方教育区の協議会を設けなければならない。

4　関係教育区は、協議会を設けたときは、その旨及び規約を告示するとともに、文教局長に届け出なければならい。（改一九五八立法九四）

5　オ一項からオ三項までに定める規約の規定事項並びに協議会の組織その他必要な事項は、中央教育委員会規則（以下「中央委員会規則」という。）で定める。

（補　助）

第三十三条　教育区が、前二条の規定による負担に堪えないと中央委員会が認めるときは、政府は、その教育区に対して、必要な補助を与えなければならない。

（私立小学校の所管）

第三十四条　私立の小学校は、中央委員会の所管に属する。

第三章　中　学　校

（目　的）

第三十五条　中学校は、小学校における教育の基礎の上に、心身の発達に応じて、中等普通教育を施すことを目的とする。

（目　標）

第三十六条　中学校における教育については、前条の目的を実現するために、次の各号に掲げる目標の達成に努めなければならない。

一　小学校における教育の目標をなお充分に達成して、国家及び社会の形成者として必要な資質を養うこと。

二　社会に必要な職業についての基礎的な知識と技能、勤労を重んずる態度及び個性に応じて将来の進路を選択する能力を養うこと。

三　学校内外における社会的活動を促進し、その感情を正しく導き、公正な判断力を養うこと。

（修業年限）

第三十七条　中学校の修業年限は、三年とする。

（教　科）

第三十八条　中学校の教科に関する基本的な事項は、オ三十五条及びオ三十六条の規定に従い、中央委員会が、これを定める。
（就学させる義務）
第三十九条　保護者は、子女が小学校の課程を修了した日の翌日以後における最初の学年の初から、満十五才に達した日の属する学年の終りまで、これを、中学校又は盲学校、ろう学校若しくは養護学校に就学させる義務を負う。
2　前項の規定によつて保護者が就学させなければならない子女は、これを学令生徒と称する。
（準用規定）
第四十条　オ二十一条、オ二十三条、オ二十四条オ二項、オ二十五条からオ二十七条まで及びオ二十九条からオ三十四条までの規定は、中学校に、これを準用する。

第四章　高　等　学　校

（目　的）
第四十一条　高等学校は、中学校における教育の基礎の上に、心身の発達に応じて、高等普通教育及び専門教育を施すことを目的とする。
（目　標）
第四十二条　高等学校における教育については、前条の目的を実現するために、次の各号に掲げる目標の達成に努めなければならない。
一　中学校における教育の成果をさらに発展拡充させて、国家及び社会の有為な形成者として必要な資質を養うこと。
二　社会において果さなければならない使命の自覚に基き、個性に応じて将来の進路を決定させ、一般的な教養を高め、専門的な技能に習熟させること。
三　社会について、広く深い理解と健全な批判力を養い、個性の確立に努めること。
（学科及び教科）

第四十三条　高等学校の学科及び教科に関する事項は、前二条の規定に従い、中央委員会が、これを定める。

（定時制の課程）

第四十四条　高等学校には、通常の課程のほか、夜間その他特別の時間又は時期において、授業を行う課程（以下「定時制の課程」という。）を置くことができる。

第四十四条の二　高等学校には職業課程に限り専攻科を置くことができる。

2　高等学校の専攻科は、高等学校若しくはこれに準ずる学校を卒業した者、又は中央委員会の定めるところにより、これと同等以上の学力があると認められた者に対して精深な程度において、特別の事項を教授し、その研究を指導することを目的とし、その修業年限は一年または二年以内とする。（改一九五八立法九四）

（修業年限）

第四十五条　高等学校の修業年限は、三年とする。ただし、定時制の課程を置く場合は、その修業年限は四年以上とする。

（学級在籍）

第四十六条　高等学校の一学級の在籍は、四十人を標準とする。

（入学資格）

第四十七条　高等学校に入学することのできる者は、中学校若しくはこれに準ずる学校を卒業した者又は中央委員会の定めるところにより、これと同等以上の学力があると認められた者とする。

（入学、退学、転学等）

第四十八条　高等学校に関する入学、退学、転学その他必要な事項は、中央委員会が、これを定める。

（校長、教諭その他の職員）

第四十九条　高等学校には校長、教頭、教諭及び事務職員を置かなければならない。

2　高等学校には、前項の外、助教諭、養護教諭、技術職員、その他必要な職員を置くことができる。（改一九五八立法九四）

3　教頭は、校長を補佐し、校務を処理する。

4　技術職員は技術に従事する。（改一九五八立法九四）

（準用規定）

第五十条　才二十三条、才二十九条才三項及び才五項から才八項まで、並びに才三十四条の規定は、高等学校に、これを準用する。

第五章　大　学

（目　的）

第五十一条　大学は、学術の中心として、広く知識を授けるとともに、深く専門の学芸を教授研究し、知的、道徳的及び応用的能力を展開させることを目的とする。

（学　部）

第五十二条　大学には、数個の学部を置く。ただし、特別の必要がある場合においては、単に一個の学部を置くものを大学とすることができる。

（夜間において授業を行う学部）

第五十三条　大学には、夜間において授業を行う学部を置くことができる。

（修業年限）

第五十四条　大学の修業年限は、四年とする。ただし、特別の専門事項を教授研究する学部及び前条の学部については、その修業年限は、四年をこえるものとすることができる。

2　医学又は歯学の学部において医学又は歯学を履修する課程については、前項本文の規定にかかわらず、その修業年限は、六年以上とし、四年の専門の課程とこれに進学するための二年以上の課程とする。

3　特別の事情のあるときは、中央委員会の定めるところにより、医学若しくは歯学の学部に、前項の規定にかかわらず、同項に規定する専門の課程のみを置き、又は医学若しくは歯学の学部以外の学部に同項に規定する二年以上の課程を置くことができる。

（入学資格）

第五十五条　大学に入学することのできる者は、高等学校を卒業した者若しくは通常の課程による十二年の学校教育を修了した者（通常の課程以外の課程によりこれに相当する学校教育を修了した者を含む。）又は中央委員会の定めるところにより、これと同等以上の学力があると認められた者とする。

2　前条オ二項に規定する専門の課程に進学することのできる者は、同項に規定する二年以上の課程を修了した者又は中央委員会の定めるところにより、これと同等以上の学力があると認められた者とする。

（専攻科及び別科）

第五十六条 大学には、専攻科及び別科を置くことができる。

2 大学の専攻科は、大学を卒業した者又は中央委員会の定めるところにより、これと同等以上の学力があると認められた者に対して、精深な程度において、特別の事項を教授し、その研究を指導することを目的とし、その修業年限は、一年以上とする。

3 大学の別科は、前条に規定する入学資格を有する者に対して、簡易な程度において、特別の技能教育を施すことを目的とし、その修業年限は、一年以上とする。

（学長、教授その他の職員）

第五十七条 大学には、学長、教授、助教授、講師及び事務職員を置かなければならない。

2 大学には、前項のほか、助手、技術職員その他必要な職員を置くことができる。

3 学長は、校務を掌り、所属職員を統督する。

4 教授は、学生を教授し、その研究を指導し、又は研究に従事する。

5 助教授は、教授に準ずる職務に従事する。

6 講師は、教授又は助教授に準ずる職務に従事する。

7 助手は、教授及び助教授の職務を助ける。

8 技術職員は技術に従事する。

（教　授　会）

第五十八条 大学には、重要な事項を審議するため、教授会を置かなければならない。

2 教授会の組織には、助教授その他の職員を加えることができる。

（研究施設の附置）

第五十九条 大学には、研究所その他の研究施設を附置することができる。

（大学院の設置）
第六十条　大学には、大学院を置くことができる。
（学　士）
第六十一条　大学に四年以上在学し、一定の試験を受け、これに合格した者は、学士と称することができる。
2　学士に関する事項は、中央委員会がこれを定める。
（私立大学の所轄）
第六十二条　私立の大学は、中央委員会の所轄とする。
（大学院の目的）
第六十三条　大学院は、学術の理論及び応用を教授研究し、その深奥を究めて、文化の進展に寄与することを目的とする。
（研　究　科）
第六十四条　大学院には、数個の研究科を置くことを常例とする。ただし、特別の必要がある場合においては、単に一個の研究科を置くものを大学院とすることができる。
（大学院の入学資格）
第六十五条　大学院に入学できる者は、才五十六条才二項に規定する者とする。
（学　位）
第六十六条　大学院を置く大学は、中央委員会の定めるところにより、博士その他の学位を授与することができる。
（名誉教授）
第六十七条　大学は、大学に学長、教授、助教授又は講師として多年勤務した者であつて、教育上又は学術上特に功績のあつた者に対し、当該大学の定めるところにより、名誉教授の称号を授与することができる。
（普及講座）
第六十八条　大学においては、普及事業及び普及講座の施設を設けることができる。
2　普及事業及び普及講座に関し必要な事項は、中央委員会が、これを定める。

（通信教育）

第六十九条　大学は、通信による教育を行うことができる。

2　通信による教育に関し必要な事項は、中央委員会規則で定めるもののほか、当該大学の管理機関が、これを定める。

（短期大学）

第七十条　大学の修業年限は、当分の間才五十四条の規定にかかわらず、中央委員会の認可を受けて、二年又は三年とすることができる。

2　前項の大学は、短期大学と称する。

3　才一項の大学には、才六十条の規定は、これを適用しない。

（短期大学の修業年限の通算）

第七十一条　前条に規定する大学を卒業した者は、才五十四条に規定する大学に入学する場合には、その卒業した大学における修業年限を、中央委員会の定める基準により入学した大学の修業年限に通算することができる。

（準用規定）

第七十二条　才二十九条才八項の規定は、大学に、これを準用する。

第六章　特　殊　教　育

（盲、ろう、養護学校の目的）

第七十三条　盲学校、ろう学校又は養護学校は、それぞれ盲者、ろう者、又は精神薄弱、身体不自由その他心身に故障のある者に対して、幼稚園、小学校、中学校又は高等学校に準ずる教育を施し、併せてその欠陥を補うために必要な知識技能を授けることを目的とする。

（もう、ろう、養護学校の部別）

第七十四条　盲学校、ろう学校及び養護学校には、小学部及び中学部を置かなければならない。ただし、特別の必要のある場合においては、その一のみを置くことができる。

2　もう学校、ろう学校及び養護学校には、幼稚部及び高等部を置くことができる。

（教　科　等）

第七十五条　もう学校、ろう学校及び養護学校の小学部及び中学部の教科、高等部の学科及び教科又は幼稚部の保育内容は、小学校、中学校、高等学校又は幼稚園に準じて中央委員会が、これを定める。

（設置義務）

第七十六条　政府は、学令児童及び学令生徒の中、盲者、ろう者又は精神薄弱、身体不自由その他心身に故障のある者を就学させるに必要な盲学校、ろう学校又は養護学校を設置しなければならない。

（特殊学級）

第七十七条　小学校、中学校及び高等学校には、次の各号の一に該当する児童及び生徒のために、特殊学級を置くことができる。

一　性格異常者
二　精神薄弱者
三　ろう者及び難聴者
四　盲者及び弱視者
五　言語不自由者
六　その他の不具者
七　身体虚弱者

2　前項に掲げる学校は、疾病により療養中の児童及び生徒に対して、特殊学級を設け、又は教員を派遣して、教育を行うことができる。

（準用規定）

第七十八条　オ二十条、オ二十三条、オ二十八条、オ二十九条（オ四十条及びオ五十条において準用する場合を含む。）、オ三十四条、オ三十七条、オ四十五条からオ四十九条まで、オ八十二条及びオ八十三条の規定は、盲学校、ろう学校及び養護学校に、これを準用する。

第七章　幼稚園

（目　的）

第七十九条　幼稚園は、幼児を保育し、適当な環境を与えて、その心身の発達を助長することを目的とする。

（目　標）

第八十条　幼稚園は、前条の目的を実現するために、次の各号に掲げる目標の達成に努めなければならない。

一　健康、安全で幸福な生活のために必要な日常の習慣を養い、身体諸機能の調和的発達を図ること。

二　園内において、集団生活を経験させ、喜んでこれに参加する態度と協同、自主及び自律の精神の芽生えを養うこと。

三　身辺の社会生活及び事象に対する正しい理解と態度の芽生えを養うこと。

四　言語の使い方を正しく導き、童話、絵本等に対する興味を養うこと。

五　音楽、遊戯、絵画その他の方法により、創作的表現に対する興味を養うこと。

（保育内容）

第八十一条　幼稚園の保育内容に関する事項は、前二条の規定に従い、中央委員会が、これを定める。

（入園資格）

第八十二条　幼稚園に入園することのできる者は、満三才から、小学校の就学の始期に達するまでの幼児とする。

（園長、教諭その他の職員）

第八十三条　幼稚園には、園長及び教諭を置かなければならない。

2　園長は、園務を掌り、所属職員を監督する。

3　教論及び助教諭は、幼児の保育を掌る。（改一九五八立法九四）

（準用規定）

第八十四条　第二十九条第四項、第三十四条及び第四十六条の規定は、幼稚園に、これを準用する。

第八章　雑　　則

（各種学校）

第八十五条　才一条に掲げるもの以外のもので、学校教育に類する教育（当該教育を行うにつき他の立法に特別の規定があるものを除く。）を行うものは、これを各種学校とする。

2　各種学校その他才一条に掲げるもの以外の教育施設は、才一条に掲げる学校の名称を用いてはならない。

3　才四条から才七条まで、才十条から才十五条まで及び才三十四条の規定は、各種学校に、これを準用する。

4　前項のほか、各種学校に関し必要な事項は、中央委員会が、これを定める。

（各種学校設置の勧告等）

第八十六条　中央委員会は、学校又は各種学校以外のものが各種学校の教育を行うものと認める場合においては、関係者に対して一定の期間内に各種学校設置の認可を申請すべき旨を勧告することができる。ただし、その期間は、一月を下ることができない。

2　中央委員会は、前項の関係者が、同項の規定による勧告に従わず引き続き各種学校の教育を行つているとき、又は同項の規定による勧告に従つて各種学校設置の認可を申請したが、その認可が得られなかつた場合において引き続き各種学校の教育を行つているときは当該関係者に対して、当該教育をやめるべき旨を命ずることができる。

（学校施設の社会教育への利用）

第八十七条　学校教育上支障のない限り、学校の施設を社会教育その他公共のために、利用させることができる。

（施行規定）

第八十八条　この立法に規定するもののほか、この立法施行のため必要な事項は、中央委員会がこれを定める。

第九章　罰　　則

（学校閉さ命令違反の罪）

第八十九条　才十四条の規定（才八十五条才三項において準用する場合を含む。）による閉さ命令又は才八十六条才二項の規定による命令に違反した者は、これを六箇月以下の懲役若しくは禁錮又は四千円以下の罰金に処する。

（子女使用の義務違反の罪）

第九十条　オ十七条の規定に違反した者は、これを一千円以下の罰金に処する。

（保護者の就学義務違反の罪）

第九十一条　オ二十四条オ一項又はオ三十九条オ一項の規定による義務履行の督促を受け、なお履行しない者は、これを四百円以下の罰金に処する。

（学校の名称使用違反の罪）

第九十二条　オ八十五条オ二項の規定に違反した者は、これを二千円以下の罰金に処する。

附　則

1　この立法は、一九五八年四月一日から施行する。

2　この立法施行前にした教育法（一九五七年布令オ百六十五号）に違反する行為に対する罰則の適用については、なお従前の例による。

3　この立法施行の際、現に存する従前の規定による学校は、それぞれこの立法によつて設置された学校とみなす。

4　この立法施行の際、現にその職にある校長で五年未満校長として勤務した者は、十年の任期制限にかかわらず満五年に達するまで、同一学校に継続勤務することができる。

5　琉球大学については、別に立法がなされるまでは、なお従前の例による。

社会教育法（一九五八年立法才四号）五八、一、一〇公布

沿革　立法四六　一九五九、四、二八

第一章　総則

（この立法の目的）

第一条　この立法は、教育基本法（一九五八年立法才一号）の精神に則り、社会教育に関する政府及び地方教育区（教育区及び連合教育区をいう。以下同じ。）の任務を明らかにすることを目的とする。

（社会教育の定義）

第二条　この立法で「社会教育」とは、学校教育法（一九五八年立法才三号）に基き、学校の教育課程として行われる教育活動を除き、主として青少年及び成人に対して行われる組織的な教育活動（体育及びレクリエーションの活動を含む。）をいう。

（政府及び地方教育区の任務）

第三条　政府及び地方教育区は、この立法及び他の法令の定めるところにより、社会教育の奨励に必要な施設の設置及び運営、集会の開催、資料の作成、頒布その他の方法により、すべての住民があらゆる機会、あらゆる場所を利用して、自ら実際生活に即する文化的教養を高め得るような環境を醸成するように努めなければならない。

（政府の地方教育区に対する援助）

第四条　前条の任務を達成するために、政府は、この立法及び他の法令の定めるところにより、地方教育区に対し、予算の範囲内において、財政的援助並びに物資の提供及びそのあつ旋を行う。

（地方教育委員会の事務）

第五条　地方教育区の教育委員会（以下「地方委員会」という。）は、社会教育に関し、当該地方の必要に応じ、予算の範囲内において、次の事務を行う。ただし、連合教育区の教育委員会については、才二号及び才三号は、これを適用しない。

一　社会教育に必要な援助を行うこと。

二　社会教育委員の委嘱に関すること。
三　公民館の設置及び管理に関すること。
四　所管に属する図書館、博物館その他社会教育に関する施設の設置及び管理に関すること。
五　青年学級の開設及び運営に関すること。
六　所管に属する学校の行う社会教育のための講座の開設及びその奨励に関すること。
七　講座の開設及び討論会、講習会、講演会、展示会その他集会の開催並びにこれらの奨励に関すること。
八　職業教育及び産業に関する科学技術指導のための集会の開催及びその奨励に関すること。
九　生活の科学化の指導のための集会の開催及びその奨励に関すること。
十　運動会、競技会その他体育指導のための集会の開催及びその奨励に関すること。
十一　音楽、演劇、美術その他芸術の発表会等の開催及びその奨励に関すること。
十二　一般公衆に対する社会教育資料の刊行配布に関すること。
十三　視覚聴覚教育、体育及びレクリエーションに必要な設備、器材及び資料の提供に関すること。
十四　情報の交換及び調査研究に関すること。
十五　その他才三条の任務を達成するために必要な事務

（中央教育委員会の事務）

第六条　中央教育委員会（以下「中央委員会」という。）は、社会教育に関し、予算の範囲内において、前条各号の事務（才二号、才三号及び才五号の事務を除く。）その他法令によりその職務権限に属する事務を行う。

（文教局長の事務）

第七条　文教局長は、社会教育に関し、次の事務を行う。
一　法人の設置する公民館の設置及び廃止の届出に関すること。
二　社会教育を行う者の研修に必要な施設の設置及び運営、講習会の開催、資料の配布等に関すること。
三　社会教育に関する施設の設置及び運営に必要な物資の提供及びそのあつ旋に関すること。

四　地方委員会との連絡に関すること。
五　青年学級の奨励に関すること。
六　その他法令によりその職務権限に属する事項
（教育委員会と市町村の長との関係）
第八条　市町村の長は、その所掌事項に関する必要なこう報宣伝で、視覚聴覚教育の手段を利用しその他教育の施設及び手段によることを適当とするものにつき、教育委員会に対し、その実施を依頼し、又は実施の協力を求めることができる。
2　前項の規定は、他の行政庁がその所掌に関する必要なこう報宣伝につき、教育委員会に対し、その実施を依頼し、又は実施の協力を求める場合に準用する。
第九条　教育委員会は、社会教育に関する事務を行うために必要があるときは、当該市町村の長及び関係行政庁に対し、必要な資料の提供その他の協力を求めることができる。
（図書館及博物館）
第十条　図書館及び博物館は、社会教育のための機関とする。
2　図書館及び博物館に関し、必要な事項は、別に立法をもつて定める。

第二章　社会教育主事及び社会教育主事補

（社会教育主事又は社会教育主事補の設置）
第十一条　文教局及び連合教育区教育委員会事務局に社会教育主事を置く。ただし、必要に応じ、社会教育主事補をおくことができる。
2　教育区の教育委員会（以下「区委員会」という。）事務局に社会教育主事及び社会教育主事補を置くことができる。
（改一九五九立法四六）

（社会教育主事及び社会教育主事補の職務）

第十二条　社会教育主事は、社会教育を行う者に、専門的技術的な助言と指導を与える。ただし、命令及び監督をしてはならない。
2　社会教育主事補は、社会教育主事の職務を助ける。

（社会教育主事及び社会教育主事補の資格）

第十三条 社会教育主事及び社会教育主事補の資格及び免許に関し必要な事項は、別に立法をもつて定める。

2 社会教育主事補の資格について必要な事項は、中央教育委員会規則（以下「中央委員会規則」という。）で定める。

（改一九五九立法四六）

第三章 社会教育関係団体

（社会教育関係団体の定義）

第十四条 この立法で「社会教育関係団体」とは、法人であると否とを問わず、公の支配に属さない団体で社会教育に関する事業を行うことを主たる目的とするものをいう。

（文教局長及び教育委員会との関係）

第十五条 文教局長及び教育委員会は、社会教育関係団体の求めに応じ、これに対し、専門的技術的指導又は助言を与えることができる。

2 文教局長及び教育委員会は、社会教育関係団体の求めに応じ、これに対し、社会教育に関する事業に必要な物資の確保につき援助を行う。

（政府及び地方教育区との関係）

第十六条 政府及び地方教育区は、社会教育関係団体に対し、いかなる方法によつても、不当に統制的支配を及ぼし、又はその事業に干渉を加えてはならない。

第十七条 政府及び地方公共団体（教育区、連合教育区及び市町村をいう。以下同じ。）は、社会教育関係団体に対し、補助金を与えてはならない。ただし、社会教育上特に必要な事業に対しては、この限りでない。

第十八条 文教局長及び教育委員会は、社会教育関係団体に対し、指導資料の作成及び調査研究のために必要な報告を求めることができる。

第四章 社会教育委員

（社会教育委員の構成）

第十九条 教育区に社会教育委員を置くことができる。

2 社会教育委員は、次の各号に掲げるもののうちから、区委員会が委嘱する。

一 当該教育区の区域内に設置された各学校の長

二 当該教育区の区域内に事務所を有する各社会教育関係団体において選挙その他の方法により推薦された当該団体の代表者

三 学職経験者

3 前項に規定する委員の委嘱は、同項各号に掲げる者につき教育長が作成して提出する候補者名簿により行うものとする。

4 教育委員会は、前項の規定により提出された候補者名簿が不適当であると認めるときは、教育長に対し、その再提出を命ずることができる。

（社会教育委員と公民館運営審議会委員との関係）

第二十条 公民館を設置する教育区にあつては、社会教育委員は、才三十二条に規定する公民館運営審議会の委員をもつて充てることができる。

（社会教育委員の職務）

第二十一条 社会教育委員は、社会教育に関し、教育長を経て教育委員会に助言するため、次の職務を行う。

一 社会教育に関する諸計画を立案すること。

二 定時又は臨時に会議を開き、教育委員会の諮問に応じ、これに対して、意見を述べること。

三 前二号の職務を行うために必要な研究調査を行うこと。

2 社会教育委員は、教育委員会の会議に出席して社会教育に関し意見を述べることができる。

（社会教育委員の定数等）

第二十二条 社会教育委員の定数、任期その他必要な事項は、当該区委員会規則で定める。

第五章 公民館

（目的）

第二十三条 公民館は、教育区その他一定区城内の住民のために、実際生活に即する教育、学術及び文化に関する各種の事業を行い、もつて住民の教養の向上、健康の増進、情操の純化を図り、生活文化の振興、社会福祉の増進に寄与することを目的とする。

（公民館の設置者）

第二十四条 公民館は、教育区が設置する。

2 前項の場合を除くほか、公民館は、公民館設置の目的をもつて民法才三十四条の規定により設立する法人（この章中以下「法人」という。）でなければ設置することができない。

（公民館の事業）

第二十五条 公民館は、才二十三条の目的達成のため、おおむね、次の事業を行う。ただし、この立法及び他の法令によつて禁じられたものは、この限りでない。

一 青年学級を実施すること。

二 定期講座を開設すること。

三 討論会、講演会、講習会、実習会、展示会等を開催すること。

四 図書、記録、模型、資料等を備え、その利用を図ること。

五 体育、レクリエーション等に関する集会を開催すること。

六 各種の団体、機関等の連絡を図ること。

七 その施設を住民の集会その他公共的利用に供すること。

（公民館の運営方針）

第二十六条 公民館は、次の行為を行つてはならない。

一 もつぱら営利を目的として事業を行い、特定の営利事業に公民館の名称を利用させその他営利事業を援助すること。

二 特定の政党の利害に関する事業を行い、又は公私の選挙に関し、特定の候補者を支持すること。

2 教育区の設置する公民館は、特定の宗教を支持し、又は特定の教派、宗派若しくは教団を支援してはならない。

（公民館の設置）

第二十七条　教育区が、公民館を設置しようとするときは、区教育委員会規則（以下「区委員会規則」という。）で、公民館の設置及び管理に関する事項を定めなければならない。
第二十八条　教育区が、公民館を設置、又は廃止したときは、その旨を文教局長に報告しなければならない。
2　前項の報告に必要な事項は、中央委員会規則で定める。（改一九五九立法四六）
第二十九条　法人の設置する公民館の設置及び廃止並びに設置者の変更は、あらかじめ、文教局長に届け出なければならない。
2　前項の届出に必要な事項は、中央委員会規則で定める。
（公民館の職員）
第三十条　公民館に館長を置き、その他必要な職員を置くことができる。
2　館長は、公民館の行う各種の事業の企画実施その他必要な事務を行い、所属職員を監督する。
第三十一条　教育区の設置する公民館の館長その他必要な職員は、教育長の推薦により、当該区委員会が任命する。
2　前項の規定による館長の任命に関しては、区委員会は、あらかじめ、オ三十二条に規定する公民館運営審議会の意見を聞かなければならない。
（公民館運営審議会）
第三十二条　公民館に公民館運営審議会を置く。
2　公民館運営審議会は、館長の諮問に応じ、公民館における各種の事業の企画実施につき調査審議するものとする。
第三十三条　教育区の設置する公民館にあつては、公民館運営審議会の委員は、次の各号に掲げる者のうちから、区委員会が委嘱する。
一　当該教育区の区域内に設置された各学校の長
二　当該教育区の区域内に事務所を有する教育、学術、文化、産業、労働、社会事業等に関する団体又は機関で、オ二十三条の目的達成に協力する者を代表する者
三　学識経験者

2　前項才二号に掲げる委員の委嘱は、それぞれの団体又は機関において選挙その他の方法により推薦された者について行うものとする。

3　才一項才三号に掲げる委員には、市町村の長若しくはその補助機関たる職員又は市町村議会の議員を委嘱することができる。

4　才一項の公民館運営審議会の委員の定数、任期その他必要な事項は、区委員会規則で定める。

第三十四条　法人の設置する公民館にあつては、公民館運営審議会の委員は、その役員をもつて充てるものとする。

（特別基本財産）

第三十五条　公民館を設置する教育区にあつては、公民館の維持運営のために、特別の基本財産又は積立金を設けることができる。

（特別会計）

第三十六条　公民館を設置する教育区にあつては、公民館の維持運営のために、特別会計を設けることができる。

2　前項の規定による特別会計の設置に関し必要な事項は、区委員会規則で定める。

（公民館補助その他の援助）

第三十七条　政府は、公民館を設置する教育区に対し、予算の定めるところに従い、その施設及び運営に要する経費の補助その他必要な援助を行う。

第三十八条　前条の規定により政府が補助する場合の補助金の交付は、公民館を設置する教育区の次の各号の経費の前年度における精算額を基準として行うものとする。

一　公民館における基本的事業に要する経費

二　公民館に備えつける図書その他の教養設備に要する経費

2　前項各号の経費の範囲その他補助金の交付に関し必要な事項は、中央委員会規則で定める。

第三十九条　政府の補助金を受けた教育区は、次に掲げる場合においては、その受けた補助金を政府に返還しなければならない。

一　公民館がこの立法若しくこの立法に基く中央委員会規則又はこれらに基いてした処分に違反したとき。
二　公民館がその事業の全部若しくは一部を廃止し、又は才二十三条に掲げる目的以外の用途に利用されるようになつたとき。
三　補助金交付の条件に違反したとき。
四　虚偽の方法で補助金の交付を受けたとき。

（公民館の指導）
第四十条　政府は、公民館の運営その他に関し、その求めに応じて必要な指導及び助言を与えることができる。

（公民館の事業又は行為の停止）
第四十一条　公民館が才二十六条の規定に違反する行為を行つたときは、中央教育委員会はその事業又は行為の停止を命ずることができる。

（罰　則）
第四十二条　前条の規定による公民館の事業又は行為の停止命令に違反する行為をした者は、一年以下の懲役若しくは禁錮又は八十五ドル以下の罰金に処する。

第六章　学校施設の利用

（適用範囲）
第四十三条　社会教育のためにする政府立又は公立の学校（この章中以下「学校」という。）の施設の利用に関しては、この章の定めるところによる。

（学校施設の利用）
第四十四条　学校の管理機関は、学校教育上支障がないと認める限り、その管理する学校の施設を社会教育のために利用に供するように努めなければならない。

2　前項において「学校の管理機関」とは、政府立学校にあつては中央委員会、公立学校にあつては地方委員会をいう。

（学校施設利用の許可）

第四十五条　社会教育のために学校の施設を利用しようとする者は、当該学校の管理機関の許可を受けなければならない。

2　前項の規定により、学校の管理機関が学校施設の利用を許可しようとするときは、あらかじめ、学校の長の意見を聞かなければならない。

第四十六条　政府又は地方公共団体が社会教育のために、学校の施設を利用しようとするときは、前条の規定にかかわらず、当該学校の管理機関と協議するものとする。

第四十七条　オ四十五条の規定による学校施設の利用が一時的である場合には、学校の管理機関は、同条オ一項の許可に関する権限を学校の長に委任することができる。

2　前項の権限の委任その他学校施設の利用に関し必要な事項は、学校の管理機関が定める。

（社会教育の講座）

第四十八条　学校の管理機関は、それぞれの管理に属する学校に対し、その教員組織及び学校の施設の状況に応じ、文化講座、専門講座、夏期講座、青年学級講座、社会学級講座等学校施設の利用による社会教育のための講座の開設を求めることができる。

2　文化講座は、成人の一般的教養に関し、専門講座は、成人の専門的学術知識に関し、夏期講座は、夏期休暇中、成人の一般的教養又は専門的学術知識に関し、それぞれ大学又は高等学校において開設する。

3　青年学級講座は、勤労に従事し、又は従事しようとする青年に対し、実際生活に必要な職業又は家事に従事する知識及び技能を習得させ並びにその一般教養を向上させるため、小学校、中学校又は高等学校において開設する。

4　社会学級講座は、成人の一般的教養に関し、小学校又は中学校において開設する。

5　オ一項に規定する講座を担当する講師の報酬その他必要な経費は、予算の範囲内において、政府又は地方教育区が負担する。

第七章　雑　　則

（施行規定）

第四十九条　この立法の施行に関し必要な事項は、中央委員会規則で定める。

附　則

1　この立法は、一九五八年四月一日から施行する。
2　図書館、博物館に関する立法が施行されるまでの間、図書館、博物館に関しては、なお従前の例による。

へき地教育振興法　（一九五八年立法才六十三号）五八、九、二六公布

（目　的）
第一条　この立法は、教育の機会均等の趣旨に基き、かつ、へき地における教育の特殊事情にかんがみ、政府及び地方教育区が、へき地における教育を振興するために実施しなければならない諸施策を明らかにし、もつてへき地における教育の水準の向上を図ることを目的とする。

（定　義）
第二条　この立法において「へき地学校」とは、交通困難で自然的、経済的、文化的諸条件に恵まれない山間地、離島その他の地域に所在する公立の小学校及び中学校をいう。

（地方教育区の任務）
第三条　地方教育区は、へき地における教育の振興を図るため、当該地方の必要に応じ、次に掲げる事務を行う。
一　へき地学校の教材、教具等の整備、へき地学校に勤務する教員の研修、その他へき地における教育の内容を充実するため必要な措置を講ずること。
二　へき地学校に勤務する教員及び職員のための住宅の建築、あつ旋その他その福利厚生のため必要な措置を講ずること。
三　体育、音楽等の学校教育及び社会教育の用に供するための施設をへき地学校に設けること。

2　地方教育区は、前項に掲げる事務を行うほか、へき地学校における教員及び職員並びに児童及び生徒の健康管理の適正な実施を図り、児童及び生徒の通学を容易にするため必要な措置を講ずるように努めなければならない。

（中央教育委員会の任務）

第四条　中央教育委員会（以下「中央委員会」という。）は、前条に規定する地方教育区の任務の遂行について、地方教育区に対し、適切な援助を行い、及びへき地学校に勤務する教員の研修について教員に十分な機会を与えるように特別の考慮を払わなければならない。

2　中央委員会は、へき地学校に勤務する教員及び職員に対する特殊勤務手当の支給について、特別の考慮を払わなければならない。

3　中央委員会は、地方教育区の行うへき地学校に勤務する教員及び職員の定員の決定について特別の考慮を払わなければならない。

4　中央委員会は、必要に応じ、へき地学校に勤務する教員の養成施設を設けなければならない。

（文教局長の任務）

第五条　文教局長は、へき地における教育について必要な調査、研究を行い、及び資料を整備し、並びに才三条に規定する地方教育区の任務の遂行について、地方教育区に対し、適切な指導、助言を行い又は必要なあつ旋をしなければならない。

2　文教局長は、地方教育区の行うへき地学校に勤務する教員及び職員の採用について必要な指導、助言及びあつ旋をしなければならない。

（政府の補助）

第六条　政府は、地方教育区が行う才三条に掲げる事務に要する経費について、予算の範囲内で、その全部又は一部を補助するものとする。

2　前項の規定により政府が補助する場合の経費の範囲、算定基準及び補助の比率は、中央教育委員会規則（以下「中央委員会規則」という。）で定める。

（補助金の返還）

第七条　政府は、政府から補助金の交付を受けた地方教育区が次の各号の一に該当するに至つたときは、当該年度におけるその後の補助金の全部又は一部の交付をやめるとともに、すでに交付した当該年度の補助金の全部又は一部を返還させることができる。

一　補助金を補助の目的以外の目的に使用したとき。

二　正当な理由がなくて補助金の交付を受けた年度内に補助に係る施設を設けないこととなつたとき。

三　補助に係る施設を、正当な理由がなくて補助の目的以外の目的に使用し、又は中央委員会の許可を受けないで処分したとき。

四　補助金の交付の条件に違反したとき。

五　虚偽の方法により補助金の交付を受けたことが明らかになつたとき。

（補助金の配分）

第八条　中央委員会は、学校施設の建設又は復旧、教材、教具等の備整、その他の教育事務に要する経費について地方教育区に交付する補助金の配分を行うに当つては、へき地における教育の特殊性に留意して適切な配分を行わなければならない。

（準用規定）

第九条　この立法及びこの立法に基く中央委員会規則で定めるもののほか、補助金の交付及び返還の手続その他に関する事項は、補助金等に係る予算の執行の適正化に関する立法（一九五七年立法オ五十七号）及び同法施行規則（一九五七年規則オ百六号）の規定を準用する。

（委任規定）

第十条　この立法の施行に関し必要な事項は、中央委員会規則で定める。

附　則

この立法は、一九五九年七月一日から施行する。

へき地教育振興法施行規則

（一九五九年中央教育委員会規則才四号）

（目　的）

第一条　この規則は、へき地教育振興法（一九五八年立法才六十三号）以下「法」という。）才六条才二項及び才十条の規定に基き、へき地教育振興法施行のため必要な事項を定めることを目的とする。

（へき地学校の指定）

第二条　この規則で、へき地学校及びその級別指定は、公立学校教育職員のへき地勤務手当補助金交付に関する規則（一九五八年中央教育委員会規則才十二号）の定めるところによる。

（教材、教具の整備）

第三条　法才三条才一項才一号による教材教具等の整備に要する経費について補助する場合の補助の比率は、その経費の三分の二を標準とする。ただし、へき地の級別に応じては、その比率を増減することができる。

2　前項の場合、特にへき地に必要な教材、教具は、当該教育区よりの申請及び報告等により文教局長が決定するものとする。

（体育、音楽設備）

第四条　法才三条才一項才三号の規定により、必要なる体育、音楽等の設備に要する経費について補助する場合の補助の比率はその経費の三分の二を標準とする。この場合の必要設備は、当該教育区よりの申請及び報告等により、文教局長が決定するものとする。

2　前条のただし書は、この条及び才六条、才七条、才八条の規定に準用する。

（健康管理）

第五条　法才三条才二項の定めるところにより、へき地学校教職員及び児童、生徒の健康管理の適正な実施のための巡廻診療をなす場合は、政府は、予算の範囲内でその経費を補助するものとする。この場合、文教局長はその実施方法及び結果の処置について助言するとともに、保健所の協力等、必要なあっ旋をするものとする。

2　前項のほか、児童生徒の通学を安全、容易にするための事業を行う場合も予算の範囲内でその経費の一部を補助することができるものとする。

（職員住宅建築）

第六条　法才三条才一項才二号に掲げるへき地学校に勤務する教職員のための住宅の建築（買収その他これに準ずる方法による取得を含む。）を補助する場合の補助の比率は別に定めるものとする。

2　前項の経費は、本工事費及び附帯工事費（以下「工事費」という。）事務費及び買収その他これに準ずる場合にあつては、買収費とする。

3　才一項における職員住宅の規模及び工事費（買収その他これに準ずる方法による取得の場合にあつては買収費とする。）及び事務費は、当該建築を行うとする時における建築費を参しやくして文教局長が定めるものとする。

4　前二項のほか必要な事項は補助金割当規則で定めるものとする。

（集会所の設置）

第七条　法才三条才一項才三号に掲げる体育音楽等学校教育及び社会教育に供するための集会所の設置及びその他の施設をなす場合の補助及び施設の規模については、必要なる調査、報告に基いて文教局長が決定するものとする。

2　文教局長は、へき地における集会所の設置を促進し、設置後の運営についてたえず指導助言し、その運営費についての補助も特別に考慮するものとする。

（住　宅　料）

第八条　法才三条才一項才二号に掲げる事項により、へき地学校に勤務する教職員が住宅不足のため借家（借間下宿等を含む。）をしている場合には、月三ドル以下の住宅料を支給するものとする。

（へき地勤務手当）

第九条　法才四条才二項によるへき地学校に勤務する教職員のへき地勤務手当支給については、公立学校教育職員のへき地勤務手当補助金交付に関する規則による。

（単級並びに複式手当）

第十条　法才四条才二項により、へき地学校の単級学校及び複式学級を担任する教員には「公立学校単級複式手当補助金交付に関する規則（一九五八年中央教育委員会規則才八十四号）」によりそれぞれ、単級手当並びに複式手当を支給する。

（教職員の研修並びに認定講習）

第十一条　法才四条才一項によるへき地学校勤務教職員の研修並びに認定講習を行う場合は、当該教育区若しくは受講に適当な他の場所において、実施するものとする。

2　前項に要する教職員の研修のための旅費は、他の旅費に優先して補助するものとする。

（へき地学校に勤務する教員の養成）

第十二条　文教局長は、へき地学校に勤務せしめるための教員を中央教育委員会の指定する養成機関に依頼して、その養成に努めるものとする。

2　前項の教員養成のための奨学金制度を設け、教員組織の必要に応じて、へき地学校に配置するものとする。

3　奨学生に関する必要な事項は、教員志望学生奨学規程（一九五六年行政主席告示オ六十二号）の定めるところによる。

附　則

この規則は、一九五九年七月一日から施行する。

中央教育委員會の委員の選挙執行に関する規則

（一九五八年中央教育委員会規則オ七十号）

第一章　総　則

（目　的）

第一条　この規則は、教育委員会法（一九五八年立法オ二号）以下「法」という。）オ九十四条からオ百九条までの規定に基き、中央教育委員会（以下「中央委員会」という。）の委員の選挙執行に関し、必要な事項を定めることを目的とする。

第二章　選挙事務の管理執行

（選挙事務）

第二条　中央委員会の委員の選挙に関する事務は、各選挙区の教育長が管理執行する。

（選挙区の区域内を管理する教育長が二人以上あるときの選挙の管理執行）

第三条　文教局長は、法オ九十七条オ二項の規定に基き、次にかかげる各選挙区の選挙に関する事務を管理執行する教育長を指定しなければならない。

一　北部地区選挙区は、辺土名、名護及び宜野座の三連合区の教育長のうち一人

二　中部地区選挙区は、普天間、コザ、読谷嘉手納、前原及び石川の五連合区の教育長のうち一人。

三　南部地区選挙区は、糸満、知念及び久米島の三連合区の教育長のうち一人。

第三章　選　挙　権

（選挙人）

第四条　教育区教育委員会（以下「区委員会」という。）の委員は、中央委員会の委員の選挙人となる。

（選挙人名簿）

第五条　オ二条及びオ三条に規定する教育長は、中央委員会の委員の選挙を行う場合においては、当該選挙区の選挙人の名簿を、選挙期日前十日現在において別記オ一号様式により調製しなければならない。

2　前項における選挙人名簿の調製後、選挙人に異動が生じた場合においては、区委員会は、直ちに、その旨を選挙期日の前日までに教育長に報告しなければならない。

3　教育長は前項の報告を受けた場合は、直ちに選挙人名簿を修正しなければならない。

第四章　候補者

（候補者の届出）

第六条　法才九十八条の規定による届出は、別記才二号様式により作成しなければならない。

2　教育長は、候補者の届出を受理したとは、直ちに、これを才九号様式により公示するとともに、当該選挙区の区委員会並びに文教局長に報告しなければならない。

（重複立候補の禁止）

第七条　一の選挙区において候補者となつた者は、同時に、他の選挙区において、その選挙における候補者となることはできない。

第五章　選挙

（選挙期日の公示及び通知）

第八条　法才百条の規定による選挙期日の公示は、別記才三号様式によらなければならない。

2　教育長は前項における公示をしたときは、直ちに、その写しを添えて選挙区の区委員会並びに文教局長に通知しなければならない。

（選挙のための集会の通知）

第九条　教育長が法才百二条の規定に基く選挙の日時及び場所について集会の通知をなす場合は、別記才四号様式によらなければならない。ただし、交通不便な離島又は山間へき地等に対しては、電報その他適切な方法を講ずることができる。

2　法才百二条才二項の規定により公示した場合も前項と同様通知しなければならない。

（候補者等の氏名掲示）

第十条　選挙会場には、候補者の氏名（ふりがなを付すること。）を掲示しなければならない。ただし、掲示の順位は届出の順による。

（事務従事者）

第十一条　教育長は、あらかじめ投票及び開票事務に従事せしめるため、事務従事者五人を指名しなければならない。

2　前項による事務従事者は、その選挙に関係のある連合区事務局職員（連合区教育長を含む。）の中から指名しなければならない。

（投票用紙の交付及び様式）

第十二条　教育長は、選挙人が選挙人名簿に登載されている者であることを選挙人名簿と対照して確認した後、これに投票用紙を交付しなければならない。

2　前項の投票用紙は、教育長の官印を押したものでなければならない。その様式は、別記才五号様式によるものとする。

（開票の場合の投票の効力の決定）

第十三条 投票の効力は、開票立合人の意見を聴き、教育長が決定する。

（無効投票）

第十四条 次にかかげる投票は、無効とする。

一 成規の用紙を用いないもの。

二 候補者でない者の氏名を記載したもの。

三 一投票中に二人以上の候補者の氏名を記載したもの。

四 被選挙権のない候補者の氏名を記載したもの。

五 候補者の氏名の外、他事を記載したもの、ただし、職業、身分、住所または敬称の類を記入したものは、この限りでない。

六 候補者の氏名を自書しないもの

七 候補者の何人を記載したかを確認し難いもの。

（選　挙　録）

第十五条 教育長は、選挙録を作成し選挙の次才を記載しなければならない。

2 前項による選挙録は、別記才六号様式によらなければならない。

第六章　当　選　人

（無投票当選）

第十六条 才六条の規定による届出のあつた候補者が、当該選挙区の委員の定数を越えないときは、投票は行わない。

2 前項の規定により投票を行わないことになつたときは、教育長は、直ちに、その旨を当該選挙区の各区委員会に通知し、併せてこれを公示し、且つ、文教局長に報告しなければならない。

3 才一項の場合において、教育長は、選挙期日に当該候補者をもつて当選人と定めなければならない。

4 前項の場合において、当該候補者の被選挙権の有無も併せて決定しなければならない。

（選挙結果の報告）

第十七条 投票の点検が終つたときは、教育長は、投票総数、得票数等の朗読をしなければならない。

（当選人の決定）

第十八条 当選人を決定する場合においては、教育長は、その者の被選挙権の有無についても併せ決定しなければならない。

（当選人の公示及び告知）

第十九条 当選人が定つたときは、教育長は直ちに、当選人に当選の旨を告知し、且つ、当選人の住所氏名を別記才七号様式により公示しなければならない。

（当選の効力の発生）

第二十条 当選人の当選の効力は、前条の規定による当選人の公示のあつた日から生ずるものとする。

(兼職禁止の職を辞さない場合の当選人の失格)

第二十一条　当選人で法才百四十条その他の法令の定めるところにより、中央委員会の委員と兼ねることができない職にあるものが、教育長に対し才十九条の規定により、当選の告知を受けた日から五日以内にその職を辞した旨の届出をしないときは、その当選を失う。

2　前項の場合において、同項に規定する公務員がその退職の申出をしたときは、当該公務員の退職に関する法令の規定にかかわらずその申出の日に、当該公務員たることを辞したものとみなす。

(当選証書の附与)

第二十二条　前条に規定する場合を除く外、教育長は才二十条の規定により当選の効力が生じたときは、直ちに、当選人に当選証書を附与しなければならない。

2　前条の規定により当選を失わなかつた当選人については、教育長は、前条に規定する届出があつたときは、直ちに、当該当選人に当選証書を附与しなければならない。

3　当選証書の様式は別記才八号様式によらなければならない。

(当選人等のない場合の報告及び公示)

第二十三条　候補者又は当選人がないときは、教育長は直ちに、その旨を公示し、各区委員会に報告し、更にその選挙を行わなければならない。

(当選等に関する報告)

第二十四条　前二条の場合においては、教育長は、直ちに、その旨を文教局長に報告しなければならない。

雑則

(委員の任期満了及び欠員の場合の通知)

第二十五条　法才九十九条及び才百一条の規定により中央委員会の委員の任期満了又は欠員を生じたときは、文教局長は直ちに、選挙区の教育長にその旨を通知しなければならない。

(文教局長の行う当選人の公示)

第二十六条　文教局長は、各選挙区において中央委員会の委員の当選人が決定し、その報告があつたときは、これをまとめて公報登載によつて公示しなければならない。

附則

この規則は、公布の日から施行する。

才一号様式

選挙人名簿の例

中央教育委員会委員選挙人名簿

年　月　日執行（通常選挙）選挙区名

番号	氏名	性別	住所	所属教育区

才二号様式

候補者届の例

一、候補者氏名（ふりがなを付すること。）
二、本籍地
三、住　所
四、生年月日
五、性　別
六、職　業
七、被選挙権の有無
八、選　挙　　年　月　日執行
（中央教育委員会委員選挙（通常補充選挙）

右のとおり立候補の届出をします。

年　月　日

氏　名　㊞

何選挙区教育長

何　某　殿

才三号様式

選挙期日の公示例

公示才　号

中央教育委員会委員の通常(補充)選挙を左のとおり行う。
右教育委員会法才百条の規定により公示する。

年　月　日

何選挙区教育長　氏　名㊞

一、選挙期日　年　月　日

才四号様式

選挙のための集会の通知例

才　号

年　月　日

何選挙区教育長　氏　名㊞

何教育区教育委員会
委員　何　某　殿

中央教育委員会委員の通常(補充)選挙執行について

右のことについて、左記のとおり執行致しますので、中央教育委員会の委員の選挙執行に関する規則才九条の規定により通知します。

記

一、選挙期日　　年　　月　　日　　時

二、選挙会場

才五号様式

投票用紙の例

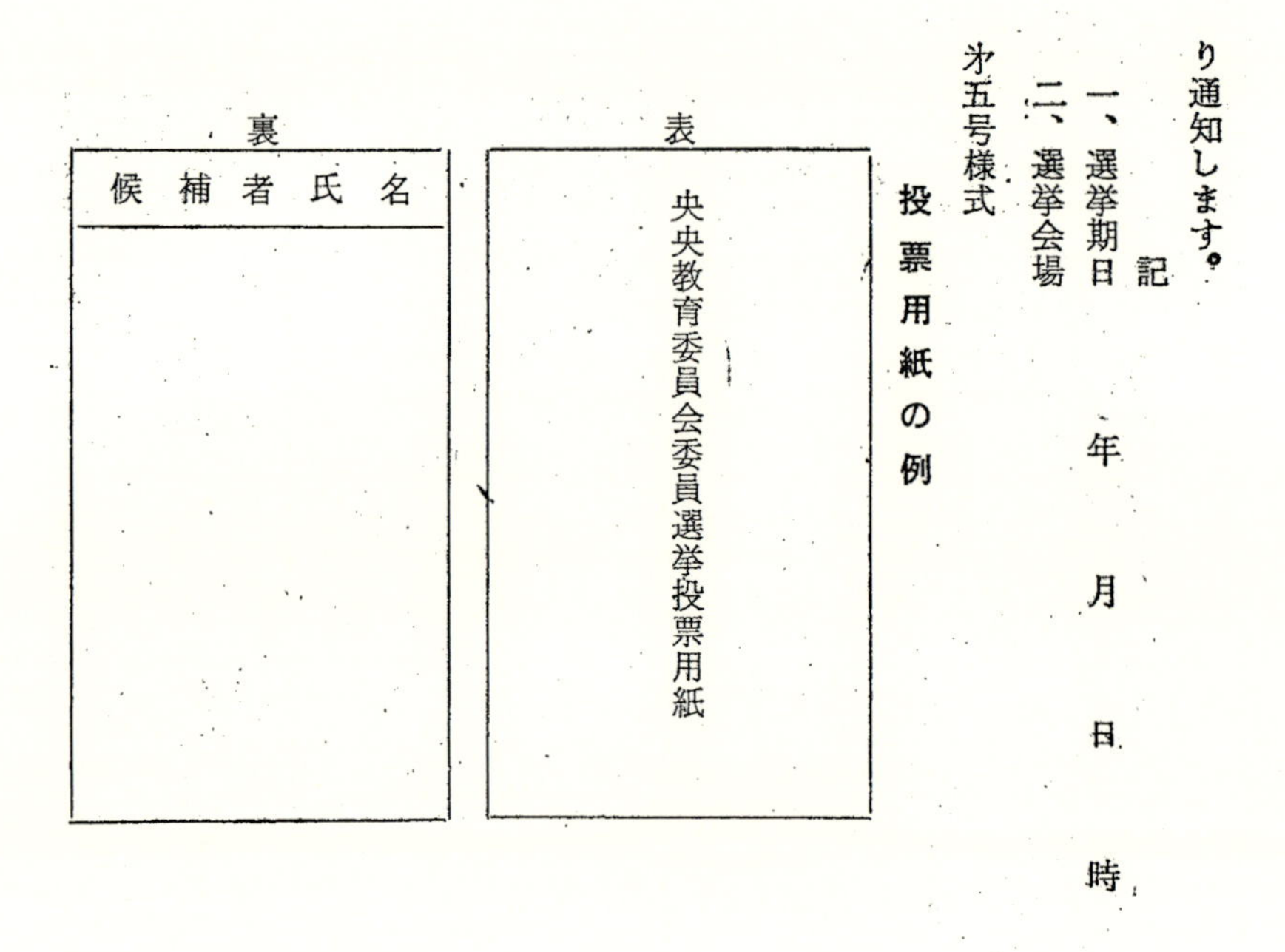

表
中央教育委員会委員選挙投票用紙
裏
候補者氏名

才六号様式

選挙録の例

選挙録

年　　月　　日執行中央教育委員会委員（通常）選挙　　　選挙区

1 選挙会場	何連合区教育委員会事務局					
2 選挙終始時刻	午前何時開始　　午後何時終了					
3 投票の状況	選挙人名簿登録者数		投票者数	棄権者数	投票率	
	（男）					
	（女）					
	計					
4 投票数	投票総数	有効投票	無効投票	無効投票率		
5 各候補者の得票数	候補者氏名	得票数	候補者氏名	得票数		

6　選挙事務従事者氏名	教育長（1人）
	事務局職員（連合区教育長を含む）（4人）

年　　月　　日調製

教育長　職氏　　　　　名 ㊞

われわれは、この選挙録の記載が真正であることを確認して署名する。

開票立会人　氏　　　　名 ㊞

開票立会人　氏　　　　名 ㊞

才七号様式

当選人の住所氏名の公示例

公示才　　号

年　月　日執行の中央教育委員会の委員の選挙において当選した者の氏名、住所は次のとおりである。

年　月　日

何選挙区教育長　　　　㊞

記

（氏　名）　（住　所）

才八号様式

当　選　証　書

住　所

氏　名

右は中央教育委員会の委員に当選したことを証す。

年　月　日

何選挙区教育長

氏　　　　名 ㊞

才九号様式

候補者の届出に関する公示例

公示才　　号

年　　月　　日左記の者より琉球政府中央教育委員会委員候補者の届出があつたので公示する。

年　　月　　日

何地区選挙区教育長

氏　　　　名㊞

記

候　補　者

（氏　　名）　　（住　　所）

学校教育法施行規則

（一九五八年中央教育委員会規則第二十四号）

第一章　総　則

第一節　学校の設置、廃止等

第一条　学校には、別に定める設置基準に従い、その学校の目的を実現するために必要な校地、校舎、校具、運動場、図書館又は図書室、保健室その他の設備を設けなければならない。

第二条　学校設置の認可を受けようとする者は次の事項を記載した書類に校地、校舎、運動場、寄宿舎等の図面を添え、中央委員会に申請しなければならない。

一　目　的　　　四　学　則
二　名　称　　　五　経費及び維持方法
三　位　置　　　六　開設の時期

2　前項第一号から第五号までの事項の変更についての認可の申請は認可申請書に、変更の事由及び時期を記載した書類を添えてしなければならない。

第三条　前条の学則中には、少くとも次の事項を記載しなければならない。

一　修業年限、学年、学期及び授業を行わない日（以下「休業日」という。）に関する事項
二　部科及び課程の組織に関する事項
三　教育課程及び授業日時数に関する事項

四　学習の評価及び課程修了の認定に関する事項
五　収容定員及び職員組織に関する事項
六　入学、退学、転学、休学及び卒業に関する事項
七　授業料、入学料その他の費用徴収に関する事項
八　賞罰に関する事項
九　寄宿舎に関する事項

第四条　校地を増減し、又は校舎、運動場、寄宿舎等の増改築をしようとするときは、設置者においてその図面を添え中央委員会の認可を受けなければならない。

第五条　学校の設置者を変更しようとするときは、その設置者及び新たに設置者となろうとする者において変更前及び変更後の第二条第一項第一号から第五号までの事項及び変更の年月日を具し、中央委員会の認可を受けなければならない。

第六条　学校を廃止しようとするものは、廃止の事由及び時期並びに生徒児童又は幼児の処置方法を具し、中央委員会の認可を受けなければならない。

第二節　管　理

第七条　身体検査、健康相談、疾病の予防措置、学校給食その他衛生養護の施設に関する事項は、別にこれを定める。

第八条　学校には、学校医及び学校歯科医をおくことができる。
2　学校医は、学校保健に関する職務に従事する。
3　学校歯科医は、学校歯科衛生に関する職務に従事する。
4　学校医又は学校歯科医は、それぞれ琉球政府によつて認められた医師又は歯科医師でなければならない。

第九条　校長は、その学校に在学する児童生徒等の指導要録を作成しなければならない。
2　校長は、児童が小学校より中学校へ進学する場合においては、当該児童生徒等の指導要録を進学先の校長に送付するとともに、その作成に係る指導要録の抄本を作成しなければならない。
3　校長は、生徒が中学校より高等学校へ進学する場合は、抄本を送付し、原本は、中学校に保管しなければならない。
4　校長は児童生徒が転学した場合においては、当該児童生徒等の指導要録を転学先の校長に送付するとともに、その作成に係る指導要録の抄本を作成しなければならない。

第十条　校長は、当該学校に在学する児童生徒等について出席簿を作成しなければならない。

第十一条　私立学校が校長を定め、文教局に届け出るに当つては、その履歴書を添えなければならない。

第十二条　学校において備えなければならない表簿は概ね次のとおりとする。
一　学校に関係のある法令
二　学則、日課表、教科用図書配当表、学校沿革誌、学校医視察簿及び学校日誌
三　職員の名簿、履歴書、出勤簿並びに担任学級、担任の教科又は科目及び時間表
四　指導要録、その抄本、出席簿、身体検査に関する表簿及び卒業証書台帳
五　入学者の選抜及び成績考査に関する表簿

六　資産原簿、出納簿及び経費の予算決算についての帳簿並びに図書機械器具、標本、模型等の教具の目録

七　往復文書処理簿

2　前項の表簿中、指導要録及びその抄本は三十年間その他の表は、五年以上これを保存しなければならない。

3　学校が廃止又は閉鎖された場合には、政府立又は公立の学校にあつては、その設置者において、私立学校にあつては、中央委員会において指導要録又はその抄本を保管しなければならない。

4　前項の規定により指導要録及びその抄本を保管しなければならない期間は、第二項のこれらの書類の保存期間から当該学校において、これらの書類を保存している期間を控除した期間とする。

第二章　小学校

第一節　設備、編制

第十三条　小学校の設置基準は、この節に規定するもののほか別にこれを定める。

第十四条　小学校の学級は、同学年の児童で編制することを原則とする。ただし特別の場合においては、数学年の児童を一学級に編制することができる。

2　全校の児童を一学級に編制する小学校は、これを単級小学校とし、二学級以上に編制する小学校は、これを多級小学校とする。

第十四条ノ二　小学校においては、特別の事情のあるときは、分校を設置若しくは、これを廃止することができる。

2　前項の分校を設置しようとする場合においては、その設置者は、第二条第一項の規定、若しくは廃止しようとする場合は第六条の規定にしたがつて、それぞれ中央委員会の認可を受けなければならない。

第十五条　地方教育委員会は、当該教育区の設置する小学校の学級の編制又はその変更については文教局長の認可を受けなければならない

2　学級編制の認可を受けようとする者は、認可申請書に各学年ごとの各学級別の児童の数（低学年の児童を一学級に編成する場合にあつては、各学級ごとの学年別の児童とする。本条中以下同じ。）を記載した書類を添えてしなければならない。

3　学級の編制の変更についての認可を受けようとする場合は、認可申請書に変更の事由及び時期並びに変更前及び変更後の各学年ごとの各学級別の児童の数を記載した書類を添えてしなければならない。

第十六条　小学校において、教室数が所定の学級数に足りない場合、それを充足するまでの期間、二部授業を行うことができる。

2　前項の二部授業を行う場合において設置者はその事情及び期間を具し、文教局長に届け出なければならない。

第十七条　小学校においては、校長のほか、各学級ごとに専任の教諭を一人以上をおかなければならない。ただし特別の事情のある時は校長が教諭を、教諭が校長を兼ね、又は教諭が得られない時は、助教諭を以て教諭に代えることができる。

第二節　教科

第十八条　小学校の教科は、国語、社会、算数、理科、音楽、図画、

工作、家庭及び体育を基準とする。

第十九条　小学校の教育課程については、中央委員会の定める基準による。

第二十条　児童が心身の状況によつて履修することが困難な教科は、その児童の心身の状況に適合するように課することができる。

第二十一条　小学校において、各学年の課程修了又は卒業を認めるに当つては、児童の平素の成績を評価して、これを定めなければならない。

第二十二条　校長は、小学校の全課程を修了したと認めた者には、卒業証書を授与しなければならない。

第三節　就　学

第二十三条　区教育委員会は、毎年十一月一日現在によりその教育区内に居住する子女で翌年四月一日においてその年令が就学の始期に達する者を調査して、十一月末日までに別記様式一によつてその学令簿を編製しなければならない。

2　区教育委員会は、前項の学令児童数を十二月十五日までに文教局に報告しなければならない。

第二十四条　区教育委員会は、学令簿の編製後三月末日までに、その年の四月一日において、就学の始期に達する子女がその教育区に来住した場合には、すみやかにこれを学令簿に記入しなければならない。

2　区教育委員会は、学令児童でその教育区に来住した者があるときは、すみやかにその児童の就学の始期に達した年の学令簿に記入しなければならない。

3　区教育委員会は、学令簿に登載した児童で次の各号の一に該当するものがあるときは、すみやかにこれを消さなければならない。

一　児童が死亡したとき。

二　児童が教育区外に転住したとき。

4　区教育委員会は、前項第二号に該当する者があるときは、学令簿の謄本を児童の転住地の区教育委員会に送付して、転住地の区教育委員会より来住した旨の報告があつたときにこれを消さなければならない。

5　前項の規定によつて学令簿の謄本の送付を受けた区教育委員会は、すみやかにこれを学令簿に記入し、謄本を送付した区教育委員会に対して、この手続きが完了した旨又は児童の来住しない旨を通知しなければならない。

6　第二項及び第三項のほか、学令簿の記載事項に異動を生じたときはすみやかにこれを加除訂正しなければならない。

第二十五条　区教育委員会は、児童の入学期日を一月末日までにその保護者に通知しなければばらない。

2　区教育委員会は、その所管する小学校が二校以上ある場合は前項の通知をなすに当つて児童の入学する学校を指定しなければならない。ただし、児童の保護者は、正当な理由がある場合には、その児童を入学させようとする小学校を選んで、これを区教育委員会に申し立てることができる。

第二十六条　区教育委員会は、前条の規定により通知した児童の氏名及び入学期日をすみやかに関係校長に通知しなければならない。この通知をした後、児童の就学に関して異動を生じたときもまた同様とする。

第二十七条　児童の保護者がその児童をその居住する区域の区教育委員会の設置する小学校以外の学校に入学させようとするときは、公立学校にあつては、管理者その他の学校にあつては、校長の承諾書を添え、その旨をその児童の居住する区域の区教育委員会に届け出なければならない。

2　前項の規定により公立学校の管理者が児童の保護者に入学の承諾を与えようとする場合においては、あらかじめ児童の居住する区域の区教育委員会と協議しなければならない。

第二十八条　児童が教育区外に転住した場合においては、その保護者は、その居住する区域の区教育委員会に届け出なければならない。

第二十九条　校長は、第二十七条の規定により通知を受けた児童の中、入学期日後七日以内にその小学校に入学しないものがあるときは、その氏名をその児童の居住する区域の区教育委員会に報告しなければならない。

第三十条　在学中の児童で病気、旅行、移転又は家族の死亡等以外に正当の事由なく引き続き七日間欠席した者があるときは、校長はすみやかにその保護者に対して児童を出席させるように通知し、なお引き続き七日以上出席させないときは、その旨をその児童の居住する区域の区教育委員会に報告しなければならない。

第三十一条　区教育委員会は前二条の規定による報告を受けたときは、その児童の保護者に対して、その児童の就学又は出席を督促しなければならない。

2　前項の規定により督促をしても、なお七日以内に就学又は出席をさせないときは、区教育委員会は、学校の実情調査に基いてその児童の保護者に対し、学校教育法第九十一条に規定する処置を講ずるように関係当局に訴えることができる。

3　区教育委員会は、前項の処置をとつた場合はこれを文教局長に報告しなければならない。

第三十二条　校長は、毎学年の終りにその全課程を終了した児童の氏名をすみやかにその児童の居住する区域の区教育委員会に報告しなければならない。

第三十三条　学令児童で学校教育法第二十五条に掲げる就学不可能な心身障害の児童があるときは、その保護者は、就学義務の猶予又は免除を区教育委員会に願い出なければならない。この場合においては、医師の証明書等その事由を証するに足る書類を添えなければならない。

2　区教育委員会は、前項の願出があつた場合においては、理由を具し、すみやかに、中央委員会の認可を受けなければならない。

第三十四条　区教育委員会は、学校教育法第二十五条の規定により就学義務を猶予又は免除された保護者について当該猶予又は免除の事由がなくなつたことにより就学義務が生じたときは、当該保護者及び児童の氏名並びにその事情及び期日をすみやかに文教局長に報告するものとする。

第三十五条　政府立又は私立の小学校に在学する児童で、その課程を修了しないで退学したときは、その校長及び児童の保護者はすみやかにその旨をその児童の居住する区域の区教育委員会に届け出なければならない。

第三十六条　連合教育区の設置する小学校においては、区教育委員会の設置する小学校に関する規定をすべて適用するものとする。

第四節　学年及び授業日時数

第三十七条　小学校の学年は四月一日から始まり、翌年三月三十一日に終る。

2　小学校の学期は文教局長の助言を得て設置者がこれを定める。

第三十八条　小学校の授業日時数は別に定める。

第三十九条　授業終始の時刻は、校長が当該区教育委員会にはかってこれを定める。

第四十条　小学校における休業日は、次のとおりとする。

一　琉球政府職員の休日に関する立法（一九五二年立法第二号）の規定による公休日

二　日曜日

三　夏季、冬季、学年末その他における休業日は、公立小学校については、区教育委員会が定める日

四　私立小学校における休業日は、当該学校の学則で定める日とする。

第四十一条　非常変災、伝染病その他急迫の事情があるときは、校長は臨時に授業を行わないことができる。この場合においては、この旨を公立小学校においては、区教育委員会、政府立又は私立の小学校については、文教局長に報告しなければならない。

第三章　中学校

第四十二条　中学校の設置基準は、この章に定めるもののほか、別にこれを定める。

第四十三条　中学校の教科は、これを必修教科と選択教科に分ける。

第四十四条　必修教科は国語、社会、数学、理科、音楽、図画工作、保健体育、英語及び職業家庭を基準とし、選択教科は、職業、家庭及びその他の教科を基準とする。

第四十五条　校長は、中学校卒業後、高等学校その他の学校に進学しようとする生徒のある場合には、調査書その他必要な書類をその生徒の進学しようとする学校の校長あて送付しなければならない。

第四十六条　第十四条から第十七条及び第十九条から第四十一条までの規定は、中学校にこれを準用する。

第四章　高等学校

第一節　設備、編制及び教科

第四十七条　高等学校の設備、編制及び教科等に関しては、別に定める高等学校設置基準による。

第四十八条　高等学校において通常の課程若しくは定時制の課程を新設しようとするときは、その設置者において第二条第一項の規定に準じ、中央委員会の認可を受けなければならない。これを廃止しようとするときも第六条の規定に準じ同様とする。

第二節　入学、退学、休学及び卒業

第四十九条　高等学校の入学は、当該管理者の規定にしたがつて校長が、これを許可する

2　入学志願者が入学定員を超過した場合には、入学者の選抜を行うことができる。

第五十条　第二学年以上に入学を許可される者は、相当年令に達し、前各学年の課程を修了した者と同等以上の学力があると認められた者とする。

第五十一条　他の高等学校に転学を志望する生徒のあるときは、校長はその事由を具し、生徒の在学証明書及び指導要録を転学先の校長に送付しなければならない。転学先の校長は、欠員のある場合には、転学を許可することができる。

2　通常の課程及び定時制の課程相互の間の転学又は転籍については、履修した単位に応じて、相当学年に転入することができる。

第五十二条　生徒が休学又は退学しようとするときは、校長の許可を受けなければならない。

第五十三条　学校教育法第四十七条の規定により高等学校入学に関し、中学校を卒業した者と同等以上の学力があると認められる者は、次の各号の一に該当する者とする

一　外国において学校教育における九年の課程を修了した者

二　一九四六年四月以前の尋常小学校の卒業者又は国民学校初等科の修了者及び一九四七年三月までに高等小学校第二学年又は初等学校（八年課程）を卒業した者で、文教局において中学校卒業認定試験に合格した者

三　その他政府立高等学校においては、文教局長が、公立高等学校においては、当該学校を所管する連合区教育委員会が、中学校を卒業した者と同等以上の学力があると認めた者

第五十四条　高等学校に通常の課程と定時制の課程を併置する場合は、定時制の課程に主事を置くことができる。

2　主事はこの課程に属する教諭をもつてこれにあてる。校長の監督を受け、その課程に関する校務をつかさどる。

第五十五条　高等学校の授業日時数は、別にこれを定める。

第五十六条　第三十八条及び第四十条から第四十一条までの規定は、高等学校に準用する。この場合において、「区教育委員会」とあるのは、「連合区教育委員会」と読み替えるものとする。

第五章　大　学

第一節　設備、編制、学部及び学科

第五十七条　大学（大学院を含む。）の設備、編制、学部及び学科の種類並びに学士に関する事項は、この節に規定するもののほか、別に定める大学設置基準による。

第五十八条　医学又は歯学の学部を置かない大学の学部に学校教育法第五十四条第二項に規定する専門の課程（以下「専門の課程」という。）に進学するための課程（以下「進学の課程」という。）を置く場合には、当該大学は、次に掲げる事項について、同条第三項の規定により専門の課程のみを置く大学と協議しなければならない。

一　進学の課程の教育課程に関する事項

二　収容定員に関する事項

三　進学の課程修了者の進学の方法に関する事項

四　その他必要な事項

第五十九条　進学の課程においては、次の表の上欄に掲げる科目につ

き、同表の下欄に掲げる単位を含め、六十四単位以上を修得しなければならない。

人文科学に関する科目のうち三科目	各　四単位
社会科学に関する科目のうち三科目	各　四単位
自然科学に関する科目のうち、物理学、化学、生物学及び数学のうち三科目	各四単位（うち一単位は実習とする。ただし、数学については、この限りでない。）
外国語に関する科目のうち「英語及びドイツ語」又は「英語及びフランス語」	いずれか十六単位
保健体育に関する科目（講義及び実技）	四単位
基礎教育科目	八単位

2　前項の表中自然科学に関する科目のうち三科目十二単位並びに人文科学に関する科目及び社会科学に関する科目のうちそれぞれ三科目十二単位は、一般教育科目として修得するものとする。

3　基礎教育科目は、第一項の表中自然科学に関する科目として掲げるもののうち、一般教育科目として修得しなかつた科目及びその他の科目について修得するものとする。

第二節　入学、退学、転学、休学、卒業その他

第六十条　学生の入学、退学、転学、休学、進学の課程の修了及び卒業は、教授会の議を経て、学長がこれを定める。

第六十一条　学長、教授、助教授、助手及び講師の資格に関する事項並びに学位に関する事項は、別にこれを定める。

第六十二条　学校教育法第五十五条第一項の規定により大学入学に関し、高等学校を卒業した者と同等以上の学力があると認められる者は、左の各号の一に該当する者とする。

一　外国において学校教育における十二年の課程を修了した者

二　日本において文部大臣の指定した者

三　大学入学資格検定規程（昭和二十六年文部省令第十三号）により文部大臣の行う大学入学資格検定に合格した者

四　その他大学において、相当の年令に達し、高等学校を卒業した者と同等以上の学力があると認めた者

第六十三条　学校教育法第五十五条第二項の規定により、進学の課程を修了した者と同等以上の学力があると認められる者は、次の各号の一に該当する者とする。

一　外国において、第六十条第一項に定める課程に相当する課程を含む学校教育における十四年の課程を修了した者

二　日本において文部大臣の指定した者

第六十四条　学校教育法第五十六条第二項（第六十五条において準用する場合を含む。）の規定により大学の専攻科（大学院を含む。）への入学に関し、大学を卒業した者と同等以上の学力があると認められる者は、次の各号の一に該当する者とする。

一　外国において、学校教育における十六年（医学又は歯学を履修する。課程への入学については、十八年）の課程を修了した者

二　日本において文部大臣の指定した者

三　その他大学の専攻科（大学院を含む。）において、大学を卒業

した者と同等以上の学力があると認めた者

第六十五条　学校教育法第六十八条による普及事業及び普及講座に関する事項は、別にこれを定める。

第六章　特殊教育

第六十六条　盲学校及びろう学校の設置基準は、この章に規定するもののほか、別にこれを定める。

第六十七条　盲学校及びろう学校において、特殊の教科を担任するため、必要な数の教員を置かなければならない。

第六十八条　盲学校及びろう学校には寄宿舎を設けなければならない。ただし、特別の事情のある場合には、これを設けないことができる。

第六十九条　寄宿舎には寮母を置かなければならない。

2　寮母は、寄宿舎における児童又は生徒の世話及び教育にあたる。

3　寮母の数は、寄宿舎に寄宿する児童又は生徒のうち盲者数を五人をもつて除して得た数及びろう者数を十人でもづて除して得た数以上とする。ただし、やむを得ない事情のある場合には、学令に該当しない児童又は生徒の数は、これを本文の児童又は生徒の数から除くことができる。

第七十条　盲学校及びろう学校には、各部に主事を置くことができる。

2　主事は、その部に属する教諭をもつて、これに充てる。校長の監督を受け、部に関する校務を掌る。

第七十一条　盲学校及びろう学校の小学部又は中学校の一学級の児童又は生徒の数は十人以下を標準とし、高等部の同時に授業を受ける一学級の生徒数は十五人以下を標準とする。

2　幼稚部において教諭一人の保育する幼児数は、八人以下を標準とする。

第七十二条　第十五条、第十六条、第十八条、第二十二条、第三十八条、第四十条、及び第四十一条の規定は、盲学校及びろう学校の小学部、中学部及び高等部にこれを準用する。

2　第十八条及び第十九条から第二十一条までの規定は、盲学校及びろう学校の小学部に、これを準用する。

3　第二十条、第二十一条、及び第四十四条から第四十五条までの規定は、盲学校及びろう学校の中学部に、これを準用する。

4　第二十条及び第五十条から第五十五条までの規定は、盲学校及びろう学校の高等部に、これを準用する。

5　第二十一条及び第七十六条の規定は、盲学校及びろう学校の幼稚部に、これを準用する。

第七十三条　養護学校については、小学校、中学校、高等学校及び幼稚園に準じて別にこれを定める。

第七十四条　特殊学級の設備編制については、別にこれを定める。

第七章　幼稚園

第七十五条　幼稚園の設置基準は、別にこれを定める。

第七十六条　幼稚園の教育課程は、中央委員会の定める基準による。

第七十七条　第二十一条、第三十八条及び第四十条から第四十一条までの規定は幼稚園にこれを準用する。

第八章　雑則

第七十八条　私立学校の設置者は、その設置する学校について、それぞれ次の事由があるときは、文教局長に対し、その旨を届け出なければならない。

一　目的、名称、位置、学則又は経費及び維持方法を変更しようとするとき。

二　校地、校舎、運動場その他直接保育又は教育の用に供する土地建物に関する権利を取得し、若しくは処分しようとするとき、又は用途の変更、改築等によりこれらの現状に重要な変更を加えようとするとき。

三　小学校又は中学校において二部授業を行うとするとき、又はこれらの学校の学級の編制をし、若しくはこれを変更しようとするとき。

四　高等学校の課程を設置し、又は廃止しようとするとき。

第七十九条　第二条から第六条まで及び条十一条、第十二条の規定は、各種学校にこれを準用する。

附則

1　この規則は公布の日から施行し、一九五八年四月一日から適用する。

2　教育法施行規則（一九五七年中央教育委員会規則第三十四号）は廃止する。

別記様式一

学令児童生徒氏名				就学						不就学		
				小学校（小学部）			中学校（中学部）			猶予		
本籍地	現住所	生年月日	性別	学校名	入学年月日	卒業年月日	学校名	入学年月日	卒業年月日	認可年月日	事由	期間

保護者			異動事項	免除	
氏名	現住所	学令児童生徒との関係		認可年月日	事由
			就学状況		

（備考）

一　学校名の欄には、その学令簿に登載したときの入学校名を記入する。

二　入学年月日の欄には、学校名の欄に記入した学校への入学年月日（教育委員会が通知した入学期日をいう。）を記入すること。

三　異動事項の欄には、次の事項を記入すること。
イ　転学した者については、転学先の学校名及びその年月日、転学してきた者については、従前在学していた学校名、退学した者については、退学の事由及び年月日、就学義務を猶予又は免除されていて復学した者については、その年月日
ロ　その他必要な事項
四　就学状況の欄には、次の事項を記入すること。
イ　盲者又はろう者については、文教局長に対し、学令簿の謄本を送付したとき、その旨及び送付の年月日
ロ　就学状況が良好でない者について、校長から通知を受けたとき及び教育委員会が就学義務の履行を督促したときその旨及び通知を受け又は督促した年月日
ハ　その他必要な事項

社会教育法施行規則

（一九五八年中央教育委員会規則第四十四号）

（こう報宣伝に要する経費についての協議）

第一条　社会教育法（一九五八年立法第四号）以下「法」という。）第八条の規定により市町村の長又は他の行政庁が教育委員会に対し、こう報宣伝の実施を依頼し、又は実施の協力を求める場合には、あらかじめ、これらに要する経費の支払に関する必要な処置についてその教育委員会と協議して、これらに要する経費について必要な処置を講じなければならない。

（公民館の設置、又は廃止したときの報告）

第二条　法第二十八条及び第二十九条の規定による報告又は、届け出なければならない事項、提出期限及び記載様式は次の表に掲げるところによる。

報告又は届出者	報告又は届出事項	提出期限	記載様式
教育区	一　公民館設置報告	設置又は廃止の日から十日以内	第一号様式
	二　公民館廃止報告		第二号様式
法人	一　公民館設置届	あらかじめ	第三号様式
	二　公民館廃止届		第四号様式
	三　公民館設置者変更届		第五号様式

(公民館施設及び運営費補助申請書の提出)

第三条　法第三十七条の規定により政府が公民館の施設及び運営に要する経費を補助する場合において、その補助金を受けようとする教育区は第六号様式により第四条第一項に規定する経費の前年度における精算額を記載した書類を当該年度の九月末日までに文教局長に提出しなければならない。

2　教育長は前項に規定する申請書をとりまとめ、これに自己の意見を附した第七号様式による書類を添えて文教局長に送付するものとする。

(公民館に対する政府補助の基準となる経費の範囲)

第四条　法第三十八条第一項第一号の経費は受講料を徴しないで一会計年度十八日以上開催した定期講座に要した経費、同条同項第二号の経費は公民館に備えつける図書ならびにその他教育用器具器材の購入に要した経費とする。

2　前項において、「定期講座」とは一定の教育計画のもとに一日二時間以上で連続し又は連続しないで合計三日以上にわたり一般公衆に対して開設する講座であつて定期的に行うものをいう。

(補助金割当方式)

第五条　削　除

(報　告)

第六条　第三条の規定により政府から補助金の交付を受けた教育区は、文教局長に対して当該年度の六月末日までに公民館補助に関する事項を第八号様式により報告しなければならない。

附　則

この規則は、公布の日から施行し、一九五八年四月一日から適用する。

第一号様式

公民館設置報告

一 公民館名	
二 所在地	
三 設置年月日	年　月　日
四 戸数及び人口	戸　男　人　女　人
五 運営の力点	
六 組織	館長名
	主事名
	運営委員数　一号委員　人　二号委員　人　三号委員　人
	各部の名称及び事業概要
七 建物	坪数　坪
	構造

八 設備

区分	品目	数量
1 教育文化具	図書	冊
	新聞雑誌	種
2 厚生娯楽具	放送施設	一式無有
	ラジオ	無　有
	蓄音機	無　有
	野球用具	一式無有
	バレー用具	一式無有
	卓球用具	一式無有
3 産業機具	噴霧器	台
		台
4 その他	時計	
	謄写版	一式無有
	みそ摺器	

九 事業

定期講座名				
開設日数	日	日	日	日
その他				

一〇 経費

委員会収入額	政府補助金　円
	部落の負担経費　円
委員会支出額	一 職員給与及び旅費　円
	二 講座費　円
	三 研修費　円
	四 維持費　円
	五 修繕費　円
	六 資本的支出　円
	七 所定支払金　円
	八 債務償還費　円

各報告いたします。

年　月　日

区教育委員会名　㊞

文教局長殿

第二号様式

（公民館廃止報告）

公民館廃止報告

一　廃止年月日

二　廃止の事由

三　処分方法

四　その他参考事項

右報告いたします。

年　月　日

区教育委員会名　印

文教局長殿

第三号様式

（公民館設置届）

第一号様式に準ずる外、法人設立認可書写並びに社団法人にあつては定款写及び財団法人にあつては寄附行為写を添付すること。

第四号様式

（公民館廃止届）

第二号様式に準ずる。

第五号様式

（公民館設置者変更届）

公民館設置者変更届

一　公民館所在地

設置年月日

二　変更年月日

三　変更の事由

四　新設者の住所、氏名、職業

五　その他参考事項

右のとおり変更しましたからお届けします。

年　月　日

新代表者氏名　印

文教局長殿

第六号様式

公民館補助金交付申請書

記載事項＼公民館名					計
定期講座開設日数					
昨年度における公民館の自己負担にかかる経費　定期講座開設費					
昨年度における公民館の自己負担にかかる経費　図書その他教育用器具器材購入費					
昨年度における教育区の自己負担にかかる経費　定期講座開設費					
昨年度における教育区の自己負担にかかる経費　図書その他教育用器具器材購入費					
本年度における教育区の予算額　定期講座開設費					
本年度における教育区の予算額　図書その他教育用器具器材購入費					

昨年度（　年度）における公民館の定期講座開設費及び図書その他教育用器具器材購入費は右のとおりでありますから社会教育法施行規則第三条第一項の規定により補助を申請します。

年　月　日

区教育委員会　印

文教局長殿

第七号様式

公民館補助金交付申請送付書

教育区名＼記載事項	定期講座開設日数	昨年度における公民館の自己負担にかかる経費　定期講座開設費	昨年度における公民館の自己負担にかかる経費　図書その他教育用器具器材購入費	昨年度における教育区の自己負担にかかる経費　定期講座開設費	昨年度における教育区の自己負担にかかる経費　図書その他教育用器具器材購入費	本年度における教育区の予算額　定期講座開設費	本年度における教育区の予算額　図書その他教育用器具器材購入費	教育長意見
計								

昨年度（　年度）における公民館の定期講座開設費及び図書その他教育用器具器材購入費を右のとおりとりまとめ社会教育法施行規則第三条第二項の規定により送付します。

年　月　日

教育長　名　印

文教局長殿

第八号様式

公民館補助金に関する報告

公民館名	講座内容	日数	図書その他教育用器具器材購入費　図書　冊	図書その他教育用器具器材購入費	備考

右のとおり報告致します。

年　月　日

区教育委員会　印

文教局長殿

中央教育委員會會議規則

（一九五八年中央教育委員会規則第十六号）

第一章　総　則

（目　的）

第一条　この規則は、教育委員会法（一九五八年立法第二号）第百十七条の規定に基き、中央教育委員会の会議その他中央教育委員会の議事運営に関し、必要な事項を定めることを目的とする。

第二章　委員長及び副委員長

（委員長、副委員長の選挙、代理者の選任方法）

第二条　委員長、副委員長の選挙は、無記名投票により行い、有効投票の最多数を得た者（その者が二人以上あるときは、これらの者のうちからくじで定める者）をもつて当選人とする。

2　委員中に異議がないときは、前項の選挙につき指名推せんの方法を用いることができる。この場合においては、被指名人をもつて当選人と定めるべきかどうかを会議にはかり、委員会員の同意があつた者をもつて当選人とする。

3　委員長の選挙があつたときは、その住所及び氏名を告示するものとする。

4　委員会の会議において委員長の職務を行う者がないときは、委員中最も長く在任した者がその職務を行う。ただし、在任期間の同一の者が二人以上の場合はくじで定める。

第三章　会　議

（定例会及び臨時会）

第三条　会議は定例会及び臨時会とする。

2　定例会は一月、三月、五月、七月、九月及び十一月の第三火曜日に開催するものとする。ただし、特別の事情があるときは、委員長において開催の日を変更することができる。

（参　集）

第四条　委員は招集の当日、指定の時刻までに、指定の場所に参集しなければならない。

2　委員は招集に応ずることができない場合には、その理由を具して開会前までに委員長に届け出なければならない。

（議　席）

第五条　委員長は委員席を定め、各席に氏名票を附する。委員長は必要があるときは、委員席を変更することができる。

（開議及び閉議）

第六条　会議は午前十時に開き、午後四時に閉ずるものとする。ただし、委員会において特に議決したときはその限りでない。

（議事日程）

第七条　委員会の会議に付する案件及びその順序並びに開議の月日は、これを議事日程に記載しなければならない。委員長は議事日程を印刷してあらかじめ各委員に配布する。ただし、急を要する場合はこれを省略し若しくは掲示をもつてこれに代えることができる。

（会議の順序）

第八条　会議は次の順序で行う。ただし、特別の場合はこの限りでない。

一　開　　会
二　前回会議録の承認
三　会議録署名人の決定
四　事務報告
五　日程の決定
六　議　　事
七　委員から提出された動議の討論等
八　閉　　会

（動議の提出）

第九条　委員は急施を要する事件があるときは、動議を提出することができる。

2　動議が提出されたときは、一人以上の賛成者を待つて議題とする。

（発言の許可）

第十条　会議において発言しようとする者は、委員長の許可を得なければならない。

2.　二人以上の者が発言を求めたときは、委員長はさきに発言したと認めた者に指名して発言させるものとする。

（発言の範囲）

第十一条　一議題について審議されているときは、その議題以外について発言することはでない。

（委員以外の出席者の発言）

第十二条　文教局職員または委員会の必要に応じて会議に出席した者は、委員会の要求により発言することができる。

（請願、陳情）

第十三条　請願または陳情をしようとする者は、委員長の許可を得て、会議において事情を述べることができる。

2　請願又は陳情を採たくすべきか否かは、委員会において決する。

（採　　決）

第十四条　委員長は論議がつきたと認めるときは、会議にはかつて採決しなければならない。

2　採決は投票で行うものとする。ただし、委員長において各委員の賛否の意見を求めて行うことができる。

3　採決の結果が可否同数の場合は、更に次回以降継続して審議の上採決する。

（原案修正の動議）

第十五条　修正の動議は、原案に先立つて可否を決するものとする。

2　修正の動議が数箇あるときは、原案に最も遠いものから順次採決する。

3　修正の動議がすべて否決されたときは、原案について採決する。

（会議運営に関し必要な事項）

第十六条　この章に定めるもののほか会議の運営に必要な事項は、委員長が会議にかつて定める。

第四章　会　議　録

（会議録記載事項）

第十七条　会議録には、次に掲げる事項を記載しなければならない。

一　開会及び閉会の日時
二　会議の場所
三　出席した委員及び文教局職員並に委員会の要求に応じて出席した者の氏名
四　委員及び文教局長の報告の要旨
五　議題及び議事の大要
六　その他必要と認める事項

2　会議録に記載した事項に関して委員中に異議があるときは、委員長は、会議にはかつて決定しなければならない。

（会議録署名人）
第十八条　会議録に署名する委員数は二人とし、会期ごとに委員長が出席委員のうちから指名し、会議にはかつてこれを定める。

2　会議録には、定められた委員及びこれを作成した職員が署名しなければならない。

（会議録の承認）
第十九条　会議録は、次回の会議において全委員の承認を得なければならない。

（会議録の公開）
第二十条　会議録は、毎週の日曜及び琉球政府の公休日並びに勤務を要しない日を除く日の執務時間中、文教局庶務課において公衆の閲覧し供する。

2　会議録を閲覧しようとする者は、係員に住所氏名を告げ、係員の指示に従つて閲覧しなければならない。

第五章　紀　律

（会の品位の尊重）
第二十一条　すべて委員は、委員会の品位を重んじなければならない。

（宿所の通告）
第二十二条　委員は常時連絡の場所及び委員会の招集地における宿所を委員長に通告しなければならない。その場所及び宿所を変更したときもまた同様とする。

（紀律に関する問題）
第二十三条　委員がこの規則に違反し、または議事の進行を故意に妨害し、あるいは委員会を騒すなど、委員会の体面を汚したときは委員長はその発言を制止し、または取消しを命ずることができる。

2　その他紀律に関する問題については委員長が委員会にはかりこれを決する。

附　則

この規則は公布の日から施行し、一九五八年四月一日から適用する。

中央教育委員會傍聴人規則

（一九五八年中央教育委員会規則第十七号）

（目　的）
第一条　この規則は教育委員会法（一九五八年立法第二号）第百十七条の規定に基き中央教育委員会の傍聴に関し必要な事項を定めるこ

とを目的とする。

(傍聴の許可)

第二条 中央教育委員会の会議を傍聴しようとする者は、自己の氏名、住所、職業、その他委員長の必要と認める事項を告げて委員長の許可を受けなければならない。

2 次の各号の一に該当する者は、傍聴を許可しないものとする。

一 精神に異常があると認められる者
二 めいていしていると認められる者
三 会議の妨害となると認められる器物を携帯している者
四 前各号のほか、委員長において傍聴を不適当と認める者

(傍聴の心得)

第三条 傍聴人は、次に掲げる行為をしてはならない。

一 みだりに傍聴席をはなれること。
二 私語、雑談又は拍手等をすること。
三 議事に批評を加え、又は賛否を表明すること。
四 飲食すること。
五 前各号のほか、会議の妨害となるような挙動をすること。

2 傍聴人は、委員長が傍聴を禁じたとき、又は退場を命じたときは、すみやかに退場しなければならない。

3 前各号に規定するもののほか、傍聴人は、委員長の指示に従わなければならない。

附 則

この規則は、公布の日から施行し、一九五八年四月一日から適用する。

中央教育委員會公告式規則

(一九五八年中央教育委員会規則第十八号)

(目 的)

第一条 この規則は、教育委員会法(一九五八年立法第二号)第五条第三項の規定に基き、公告式に関する事項を定めることを目的とする。

(公報登載事項)

第二条 中央教育委員会の定める規則、告示、訓令等は、中央教育委員が署名し、公布年月日を記入して公布する。

2 前項に規定する規則、告示、訓令等は、暦年ごとに、それぞれ一連の番号をつけ、琉球政府の発行する公報に登載して公布する。

(公報登載までの期限)

第三条 前条に規定する事項の公報登載は、制定又は議決の日から二十五日以内になすものとする。

(施行期日)

第四条 第二条の規則、告示、訓令等は、特に施行の期日を定めるもののほか、公布の日から起算して三十日を経て施行する。

(公報登載以外の公告)

第五条 中央教育委員会の公告に関しては、この規則に定めるもののほか、中央教育委員会の会議にはかつて定めることができる。

附 則

この規則は、公布の日から施行し、一九五八年四月一日から適用する。

幼稚園設置基準

（一九五八年中央教育委員会規則第二十号）

第一章　総　　則

（趣　旨）

第一条　幼稚園の設置は、学校教育法（一九五八年立法第二号）第七章に規定するもののほか、この規則の定めるところによる。

第二章　編　　制

（一学級の幼児数）

第二条　幼稚園の一学級の幼児数は四十人を標準とする。

（学級の編制）

第三条　幼稚園の学級は、学年初めの日の前日において同じ年令にある幼児で編制するのを原則とする。

（教職員）

第四条　幼稚園には、園長の外、各学級ごとに少なくとも専任の教諭一人を置かなければならない。ただし、園長は兼任することができる。

2　適当な有資格の教諭がない場合は、臨時教授許可証所持者（以下「助教諭」という。）をもつて、前項の教諭に代えることができる。

3　幼稚園を小学校に付属し、小学校の管理下で運営する場合は、小学校長が幼稚園の園長を兼ねることができる。

4　第一項及び第二項のほか、幼稚園には、学校看護婦又は事務職員を置くことができる。

第五条　幼稚園には、幼稚園医及び幼稚園歯科医を置くものとする。

2　前項の医師及び歯科医は、それぞれ資格を有するものにこれを委嘱することができる。

第三章　施設、設備等

（幼稚園の位置）

第六条　幼稚園の位置は、近くに危険な場所、或は保育上有害と思われる営業所、又は、工場等がなく、かつ、災害の際にも待避に支障なく、通園にも安全であつて教育上及び保健衛生上最も適切な環境にこれを定めなければならない。

（園地、園舎及び運動場）

第七条　園舎は平屋建を原則とする。特別の事情があるため園舎を二階建にする場合は、保育室、遊戯室及び便所の施設は、必ず第一階に置かなければならない。ただし、園舎が耐火構造で、幼児の待避上必要な施設を備えるものにあつては、これらの施設を第二階に置くことができる。

2　園舎及び運動場は、同一の敷地内にあることを原則とする。ただし、園地に隣接して適切な施設を有する場所があるときは、その管理者の許可を得て、これを運動場に利用することができる。

3　園舎の面積は、次のとおりとする。

一　保育室の面積は、一学級の幼児数二十五人以下の場合は四十五平方米、二十六人から四十人までの場合は、七十平方米を下らないものとする。ただし、やむを得ない事情により一学級の幼児数を五十人とした場合は、八十平方米を下らないものとする。

二　園舎の面積は、全保育室の面積に、保健室及び職員室（この両者は兼用することができる。）その他必要な室の面積を合計して最低百平方米を下ってはならない。

4　運動場の面積は、幼児数が四十人までの場合は、百二十平方米とし、四十人をこえる場合は二十五人増すごとに六十平方米を加えるものとする。

（施設及び設備等）

第八条　幼稚園には、次の施設及び設備を備えなければならない。ただし、特別の事情があるときは、保育室と遊戯室及び職員室と保健室とは、それぞれ兼用することができる。

一　保育室
二　遊戯室
三　保健室
四　職員室
五　便　所
六　飲料用水設備、手洗用設備、足洗用設備
七　消火用設備

2　保育室の数は、学級数と同数とする。

3　便器の数は、幼児数六十人までは、二十人について大便器及び小便器各一個、六十人をこえる場合は、三十人を増すごとに各一個を加えるものとする。

4　飲料水用設備は、手洗用設備又は足洗用設備と区別して備えるものとする。

5　飲料水の水質は、衛生上無害であることが証明されたものでなければならない。

6　消火用設備は、消防法（一九五二年立法第六十六号）及び同法火災予防規則（一九五四年規則第三十号）の規定による。

第九条　幼稚園には、前条の施設及び設備のほか、次の施設及び設備を備えるように努めなければならない。

一　図書室
二　給食施設
三　備品室
四　視聴覚施設

（園具、教具）

第十条　幼稚園には、次の園具及び教具を備えなければならない。

一　机、腰掛、黒板
二　すべり台、ぶらんこ、砂遊び場
三　積木、がん具、紙芝居用具、絵本その他の図書
四　ピアノ又はオルガン、簡易楽器、蓄音機及びレコード
五　保健衛生用具、飼育栽培用具、絵画製作用具
六　職員用図書及び事務用具

2　前号の園具及び教具は、学級数及び幼児数に応じ必要な種類及び数を備えなければならない。

（他の施設及び設備等の使用）

第十一条　幼稚園が備えなければならない施設及び設備等（保育室、机及び腰掛を除く。）については、他の学校又は施設及び設備の一部を使用することができる。

2　前項の他の学校又は施設及び設備の一部を使用するときは、当該学校等の教育又は業務に支障を及ぼさない範囲内で使用しなければ

ならない。

附　則

1　この規則は、公布の日から施行し、一九五八年四月一日から適用する。

2　幼稚園設置基準（一九五七年中央教育委員会規則第三十三号）は、廃止する。

3　この規則施行の際、現に存する幼稚園の設置者は、規則施行後、五年以内にこの規則に定める基準に従つて施設及び設備の改善をしなければならない。

小学校設置基準

（一九五八年中央教育委員会規則第二十一号）

第一章　総　則

第一条　小学校設置基準は、この規則の定めるところによる。

第二章　設　置

第二条　公立の小学校が次の各号の一に該当し、学校長の管理が著しく困難と認められる場合には、新たに設置することができる。

一　児童数約二、四〇〇人をこえる場合において、新設しようとするとき、両校の児童数が各々約一、〇〇〇人をこえる場合

二　通学距離が約四粁をこえる児童数が各学年とも一学級以上に編成することができる場合

三　離島又は、山間へき地その他地理的条件若しくは米軍事施設等のため児童の通学が著しく困難と認められる場合

四　分校の児童数が、増加して各学年とも各々一学級以上に編制することができ、かつ、約三〇〇人をこえ、同一教育区内の小学校との関係が次に該当する場合

両学校間の距離	両学校児童数の合計	両校児童数の比率
約一・五粁以内	一、五〇〇人　以上	五対五乃至六と四
約一・五粁以上	一、二〇〇人　以上	五対五乃至六と四

2　公立の小学校が前項の規定に該当しない場合で、次の各号の一に該当するときは、分校を設けることができる。ただし、分校は、第一、二学年の児童のために設けるのを原則とするも諸種の事情を勘案して第三学年以上に及ぶことができる。

一　通学距離が約四粁をこえる児童数が約二十五人をこえる場合

二　離島又は山間へき地その他地理的条件若しくは米軍事施設等のため児童の通学が著しく困難と認められる場合

第三条　公立の小学校が二つ以上ある場合、次の各号に該当するときは、その学校数を減ずることができる。

一　当該学校がそれらの学校を中心とする半径四粁（交通距離）以内にある場合

二　併合後の学校の通学距離が四粁をこえない場合

三　併合する際の児童数の合計が二、四〇〇人をこえない場合

第三章　編　制

第四条　公立の小学校の児童数は二、四〇〇人以下を標準とする。

ただし、人口（四平方粁における）一万人以上の密集都市においては、この標準をこえることができる。

第五条　公立の小学校で児童数が著しく増加し、本校において、収容困難な場合は、適当な建物を分教場として使用することができる。

第四章　施設及び設備等

第六条　小学校の校舎は、建築基準法（一九五二年立法第六十五号）、同法施行規則（一九五三年規則第二十四号）及びその他の関係法規並びに中央教育委員会の定める基準に基かなければならない。

第七条　小学校の校地、運動場及び校舎の面積は、別表第一号に示す基準以上でなければならない。ただし、人口（四平方粁における）一万人以上の密集都市の学校においては、別表第二号によることができる。

第八条　児童用便器数の標準は、次の表のとおりとする。

学級区分	児童数区分	小便器	大便器
六学級まで	男 一〇〇人につき 女 〃	四	二 五
十二学級まで	男 一二〇人につき 女 〃	四	二 五
二十四学級まで	男 一四〇人につき 女 〃	四	二 五
二十五学級まで	男 一六〇人につき 女 〃	四	二 五

第九条　小学校には、次に掲げる施設を備え、かつ、これら施設は、常に改善されなければならない。ただし、教育上支障のないときは、一つの施設をもつて二つ以上に兼用することができる。

一　学級数の普通教室
二　校長室、事務室、備品室、保健室
三　給水場
四　便　所
五　給食準備室

2　小学校には、前項のほか、次に掲げる施設を備えるよう努めなければならない。

一　理科室、図画工作室、音楽室、図書室
二　体育館、講堂
三　校長住宅

第十条　小学校には、学習用図書、実験用器具、機械模型、体育用器具、保健衛生用備品並びに急救用薬品一組　給食用備品及びその他の校具を備えなければならない。

2　前項の校具は、学習上、保健衛生上、有効適切なものであり、かつ、常に改善し、補充されなければならない。

第十一条　小学校には、学校の規模に従い保健衛生上必要な給水設備を備え、その水質は、衛生上無害であると証明されたものでなければならない。

第十二条　小学校には、学校の規模に応じて防火及び消火に必要な設備を備えなければならない。ただし、防火及び消火に関する施設の基準は消防法（一九五二年立法第六十六号）及び同法火災予防規則（一九五四年規則第三十号）の規定による。

第十三条　小学校の設置者は、毎年度の終りに、施設及び設備の改善の程度を文教局長に報告しなければならない。

附　則

1　この規則は、公布の日から施行し、一九五八年四月一日から適用する。

2　小学校設置基準（一九五七年中央教育委員会規則第三十号）は、廃止する。

3　この規則施行の際、現に存する小学校の設置者は、規則施行後、五年以内に、この規則に定める基準に従つて施設及び設備の改善をしなければならない。

別表第一

小学校の校地、運動場及び校舎の面積基準表

区分	校地	運動場	校舎	備考
150人まで	3,000m²	2,500m²	児童1人当り 2m²	単位は平方メートル
151人～300人	3,000m²+(15m²×150人をこえる児童数)	2,500m²+(10m²×150人をこえる児童数)	〃	〃
301　～600	5,250m²+(10m²×300人をこえる児童数)	4,000m²+(7m²×300人をこえる児童数)	〃	〃
601　～1,200	8,250m²+（6m²×600人をこえる児童数)	6,100m²+(4m²×600人をこえる児童数)	〃	〃
1,201～以上	11,850m²+（4.5m²×1,200人をこえる児童数)	8,00m²+(3m²×1,200人をこえる児童数)	〃	〃

校地とは校舎敷地と運動場を含めたもをいう。

別表第二

区分	校地	運動場	校舎	備考
150人まで	3,000m²	2,500m²	児童1人当り 2m²	単位は平方メートル
151人～300人	3,000m²+(12m²×150人をこえる児童数)	2,500m²+(9m²×150人をこえる児童数)	〃	〃
301　～600	4,800m²+(7m²×300人をこえる児童数)	3,800m²+(5m²×300人をこえる児童数)	〃	〃
601　～1,200	6,900m²+(4m²×600人をこえる児童数)	5,300m²+(3.5m²×600人をこえる児童数)	〃	〃
1,201～以上	9,300m²+(3m²×1,200人をこえる児童数)	7,400m²+(2.5m²×1,200人をこえる児童数)	〃	〃

校地とは、校舎敷地と運動場を含めたものをいう。

中学校設置基準

（一九五八年中央教育委員会規則第二十二号）

第一章　総　則

第一条　中学校設置基準は、この規則の定めるところによる。

第二章　設　置

第二条　公立の中学校が、次の各号の一に該当し、学校長の管理が著しく困難と認められる場合には、新たに設置することができる。

一　生徒数が約二、〇〇〇人をこえる場合において、新設しようとするとき、両校の生徒数が各々約七五〇人をこえる場合

二　通学距離が、約六粁をこえる生徒数が、各学年とも各々一学級以上に編制することができる場合

三　離島又は山間へき地その他地理的条件若しくは米軍事 施設等のため生徒の通学が著しく困難と認められる場合

四　分校の生徒数が、増加して各学年とも各々一学級以上に編制することができ、かつ、約一五〇人をこえ、同一教育区内の中学校との関係が次に該当する場合

両校間の距離	両校生徒数の合計	両校生徒数の比率
約一・五粁以内	一、二〇〇人以上	五対五乃至六と四
約一・五粁以上	九〇〇人以上	五対五乃至六と四

2　公立の中学校が、次の各号の一に該当するときは、諸種の事情を勘案して分校を設けるこがとできる。

一　通学距離が、約六粁をこえる生徒数が約二十五人をこえる場合

二　離島又は山間へき地その他地理的条件若しくは米軍事施設等のため生徒の通学が著しく困難と認められる場合

第三条　公立の小学校が次の各号に該当するときは、これを公立の中学校に併置することができる。

一　公立の小学校の学校区域が中学校の学校区域と同一の場合

二　併置する際の両校の児童及び生徒数の合計が九〇〇人をこえない場合

三　併置する小学校と中学校の距離が一・五粁をこえない場合

2　公立の小学校及び中学校が併置されている場合において、両校の児童、生徒数の合計が約一、二〇〇人をこえる場合は、これを分離して設置することができる。

第四条　公立の設置する中学校が二つ以上の場合、次の各号に該当するときは、その校数を減ずることができる。

一　当該学校が、それぞれの学校を中心とする半径六粁（交通距離）以内にある場合

二　併合後の学校の通学距離が六粁をこえない場合

三　併合後の生徒数が二、〇〇〇人をえない場合

第三章　編　制

第五条　公立の中学校の生徒数は二、〇〇〇人以下を標準とする。ただし、人口（四平方粁における）一万人以上の密集都市においては、この標準をこえることができる。

第六条　公立の中学校で生徒数が著しく増加し、本校での収容が困難な場合は、適当な建物を分教場として使用することがきる。

第四章　施設及び設備等

第七条　校舎は、建築基準法（一九五二年立法第六十五号）同法施行規則（一九五三年規則第二十四号）及びその他の関係法規並びに中央教育委員会の定める基準に基かなければならない。

第八条　中学校の校地、運動場及び校舎の面積は別表第一号の基準以上とする。ただし、人口（四平方粁につき）一万人以上の密集都市の学校においては、別表第二号によることができる。

2　小学校及び中学校の併置校の場合には、別表第三号によることができる。

第九条　中学校における農業実習地は、生徒一人当り一平方米を標準とする。ただし、農業を主内容とする職業家庭の場合には、一人当り三・三平方メートルを標準とする。

第十条　便所は、男女別に別室とし、生徒用便器数の標準は、次の表のとおりとする。

学級区分	生徒数区分	小便器	大便器
六学級まで	男子 一〇〇人につき	四	二
	女子 〃		五
十二学級まで	男子 一二〇人につき	四	二
	女子 〃		五
二四学級まで	男子 一四〇人につき	四	二
	女子 〃		五
三五学級以上	男子 一六〇人につき	四	二
	女子 〃		五

第十一条　中学校には次に掲げる施設を備え、かつ、これらの施設は常に改善されなければならない。ただし、教育上に支障のないときは、一つの施設をもつて二つ以上に兼用することができる。

一　相当数の普通教室（普通教室と特別教室との合計数は少くとも同時に授業を行う学級数を下つてはならない。）
二　校長室、事務室、備品室、保健室
三　給水場
四　便　所
五　給食準備室

2　中学校には、前項のほか、次に掲げる施設を備えることができる。

一　理科教室、音楽教室、図画教室、工作教室、家庭科教室、図書室及びそれぞれの準備室
二　体育館、講堂
三　倉庫、肥料舎、畜舎
四　校長住宅

第十二条　中学校には、学習用図書、体育用器具機械、保健衛生用備品並びに急救用薬品一式、実験用器具機械、標本模型、給食用備品及びその他の校舎を備えなければならない。

2　前項の校具は、学習上、保健衛生上有効適切なものであり、かつ、常に改善し補充されなければならない。

第十三条　中学校には、学校の規模に従い、保健衛生上必要な給水設備を備え、その水質は、衛生上無害であると証明されたものでなければならない。

第十四条　中学校には、学校の規模に応じて防火及び消火に必要な設備を備えなければならない。ただし、防火及び消火に関する施設の基準は消防法（一九五二年立法第六十六号）及び同法火災予防規則

（一九五四年規則第三十号）の規定による。

第十五条 中学校の設置者は、毎年度の終りに施設の改善程度を文教局長に報告しなければならない。

附　則

1 この規則は、公布の日から施行し、一九五八年四月一日から適用する。

2 中央教育委員会規則第三十一号（一九五七年八月十五日）は、廃止する。

3 この規則施行の際、現に存する中学校の設置者は、規則施行後五年以内に、その規則に定める基準に従つて施設及び設備の改善をしなければならない。

別表第一号

中学校の校地、運動場及び校舎の面積基準表

区　分	校　地	運動場	校舎	備考
150人まで	4,500m2	4,000m2	生徒１人当り 2m2	単位は平方メートル
151人～300人	4,500m2＋(20m2×150人をこえる生徒数)	4,000m2＋(16m2×150人をこえる生徒数)	〃	〃
301人～600人	7,500m2＋(10m2×300人をこえる生徒数)	6,400m2＋(7m2×300人をこえる生徒数)	〃	〃
601人～1,200人	10,500m2＋(6m2×600人をこえる生徒数)	8,500m2＋(5m2×600人をこえる生徒数)	〃	〃
1,201人以上	14,100m2＋(4m2×1,200人をこえる生徒数)	11,500m2＋(3.5m2×1,200人をこえる生徒)	〃	〃

校地とは、校舎敷地と運動場を含めたものをいう。

別表第二号

区　分	校　地	運動場	校舎	備考
150人まで	4,500m2	4,000m2	生徒1人当り 2m2	単位は平方メートル
151人～300人	4,500m2＋(18m2×150人をこえる生徒数)	4,000m2＋(14m2×150人をこえる生徒数)	〃	〃
301人～600人	7,200m2＋(8m2×300人をこえる生徒数)	6,100m2＋(6m2×300人をこえる生徒数)	〃	〃
601人～1,200人	9,600m2＋(5m2×600人をこえる生徒数)	7,900m2＋(4m2×600人をこえる生徒数)	〃	〃
1,201人以上	12,600m2＋(3m2×1,200人をこえる生徒数)	10,300m2＋(2.5m2×1,200人をこえる生徒数)	〃	〃

校地とは、校舎敷地と運動場を含めたものをいう。

別表第三号

併置校（小中校）の校地、運動場及び校舎基準の面積基準表

区分	校地	運動場	校舎	備考
150人まで	4,500m²	4,000m²	生徒1人当り2m²	人数は小学校及び中学校の児童生徒の、合計を示す。
超過する場合	4,500m²を基礎として増加した分について、小学校及び中学校の面積基準表の区分にしたがつて、それぞれの算定方法によつて算出して得た数を加算する。ただしこの場合小学校の最低基準3,000m²は加算しない。	4,000²を基礎とし、増加した分については小学校及び中学校の面積基準表の区分にしたがつて、それぞれの算定方法によつて算出して得た数を加算する。ただしこの場合小学校の最低基準3,000m²は加算しない。		

校地とは、校舎敷地と運動場を含めたものをいう。

高等学校設置基準

（一九五八年中央教育委員会規則第二十三号）

第一章　総則

第一条　高等学校設置基準は、教育基本法（一九五八年立法第一号）教育委員会法（一九五八年立法第二号）及び学校教育法（一九五八年立法第三号）に規定するもののほか、この規則の定めるところによる。

第二章　設置

第二条　連合教育委員会が設置する高等学校が次の各号に該当するときは、その増設を認可することができる。

一　校地、校舎その他の理由で生徒定員を増すことが著しく困難な場合

二　増設しようとする高等学校の区域の面積約九十六平方粁以上で人口約二万以上（ただし、人口十万以上の密集都市を除く。）の場合

2　定時制の課程の入学希望者が少くとも一学級の定員数以上のときは、当該連合教育委員会の設置する高等学校に定時制の課程の設置を認可することができる。

第三条　中央教育委員会は、特に必要があると認める場合は、臨時に分教場の設置を認可することができる。

第四条　連合教育委員会はその設置する高等学校の数を減じ、又は廃止し、若しくは他の連合教育委員会と連合して各々の設置する高等学校を併合して設置することができる。ただし、併合後の学校の生徒数は二、〇〇〇人以下を標準とする。

第三章　学科

第五条　高等学校の学科は、普通教育を主とする学科及び専門教育を主とする学科とする。

第六条　普通教育を主とする学科は、普通科とする。
2　専門教育を主とする学科は、次のとおりとする。
農業に関する学科
　農業科　林業科　畜産科　園芸科　造園科　農業土木科　農産加工科　農村家庭科　拓殖科
水産に関する学科
　漁業科　水産製造科　水産増殖科　製造増殖科　機関科　無線通信科
工業に関する学科
　機械科　電気科　建築科　木材工芸科　漆工科　自動車科　土木科　工業化学科　紡織色染科　塗そう科　図案科
商業に関する学科
　普通商業科　一般事務科　金融科　貿易科　経理科
家庭に関する学科
　被服科　食物科　手芸科　家庭科　保育科　工芸科
厚生に関する学科
商船に関する学科
外国語に関する学科
美術に関する学科
音楽に関する学科
3　その他専門教育を施す学科として適当な規模及び内容があると認められる学科

第四章　編　制

第七条　高等学校の生徒数は、二、〇〇〇人以下を標準とする。ただし、人口十万以上の密集都市においては、この標準を超えることができる。
第八条　同時に授業を受ける一学級の生徒数は四十人を標準とする。
第九条　教育上必要があるときは、同じ学年の学科を異にする生徒、又は学年の異なる生徒を合せて授業を行うことができる。
第十条　教諭の数は、第一号表によつて定められた数以上とする。教諭のうち、その半数以上は、他の職を兼ねず又他の職から兼ねない者でなければならない。
第十一条　特別の事由があるときは、前条の教諭はその三分の一以内の範囲で臨時教授許可証所持者をもつてこれに代えることができる。
第十二条　事務職員の数は、生徒数三六〇人以下の高等学校においては、一人以上、生徒数三六〇人をこえる高等学校においては、二人以上おかなければならない。
2　定時制の課程においては前項の規定にかかわらず、一人以上の事務職員をおかなければならない。
第十三条　高等学校には、校長、教頭、教諭、事務職員をおかなければならない。
第十四条　高等学校には、前条の職員のほか技術職員、実習助手、実験助手、司書及び生徒の養護をつかさどる職員をおくことができる。
第十五条　高等学校において生徒の養護をつかさどる職員は、看護婦又は公衆衛生看護婦の資格をもつものでなければならない。

第五章　施設及び設備

第十六条　校舎は、建築基準法（一九五二年立法第六十五号）同法施

行規則（一九五三年規則第二十四号）及び関係法規並びに中央教育委員会の定める基準に基かなければならない。

第十七条　校地、運動場、校舎その他の面積に関する最低基準は、第二号表による。

第十八条　夜間においてのみ授業を行う高等学校の校地及び運動場の面積は、前条の規定によらなくてもよい。

第十九条　校舎には、次の掲げる施設を備え、かつ、それらの施設は、常に改善されなければならない。ただし、教育上支障のないときは、一つの施設をもつて二つ以上に兼用することができる。

一　校長室、事務室、保健室

二　相当数の普通教室（普通教室と特別教室との合計数は少くとも同時に授業を行う学級数を下つてはならない。

三　社会科教室及びその標本室

四　物理、化学、生物、地学のそれぞれの実験室、標本室及び準備室

五　音楽教室、図画教室、製図教室、工作教室及びそれぞれの準備室

六　図画室

2　専門教育に必要な施設の基準は第三号表による。

第二十条　高等学校には、学習用、体育用及び保健衛生用の図書、機械、器具、標本、模型その他の校具を備えなければならない。

2　前項の校具は、学習上、保健衛生上有効適切なものであり、かつ、常に改善し、補充されなければならない。

第二十一条　第十九条の教室、実験室及び実習施設には、同時に授業を受ける一学級の生徒が学習するに必要な相当数の校具その他の設備を備えなければならない。

2　設備々品の基準は、当分の間文教局作成の設備及び備品録による。

第二十二条　高等学校には、学校の規模に従い、保健衛生上必要な便所洗面所及び給水設備を備えなければならない。

2　給水のための水質は、衛生上無害であることが証明されたものでなければならない。

第二十三条　高等学校には、学校の規模に広じて、防火及び消火に必要な設備を備えなければならない。ただし、防火及び消火に関する基準は、消防法（一九五二年立法第六十六号）及び火災予防規則（一九五四年規則第三十号）の規定による。

第二十四条　夜間において授業を行う高等学校には、生徒数に広じて必要な給食施設を備えなければならない。

第二十五条　夜間において授業を行う高等学校の図書室及び教室の机上面及び黒板面の照度は、五〇ルツクスを下つてはならない。

第二十六条　高等学校には必要に広じてなるべく次の施備を置かなければならない。

一　講堂及び体育館

二　寄宿舎

三　給食施設

四　生徒集会所

五　会議室

六　教員研究室

七 プール
八 学校農園
九 職員住宅

第二十七条 高等学校の設置者は、毎年度の終りに施設の改善程度を文教局長に報告しなければならない。

附　則

第二十八条 この規則は、公布の日から施行し、一九五八年四月一日から適用する。

第二十九条 既設の高等学校でこの規則に適合しない学校の設置者は、他の法令に定めのない限り五年以内に適合させなければならない。

第一号表

(一) 生徒総数四百八十人以下の学校においては

$$\frac{生徒総数 \times 週当り授業時数}{40 \times 16}$$

(二) 生徒総数四百八十一以上九百六十以下の学校においては

$$\frac{生徒総数 \times 週当り授業時数}{40 \times 18}$$

(三) 生徒総数九百六十一人以上の学校においては

$$\frac{生徒総数 \times 週当り授業時数}{40 \times 20}$$

(四) (一)による数が二二以下のときは、二二人以上とし、(三)による数が四二以下のときは、四二以上とする。

(五) 農業、水産又は工業に関する学科において(一)(二)(三)(四)のほか生徒数百二十人以上の場合においては、一人を増加し、更に百二十人を加える毎に一人を増加する。

(六) 生徒総数九百六十一人以上の学校においては、(一)(二)(三)(四)(五)のほか一人以上を増加しなければならない。

(七) 週当り授業時数は、

全日制
- 普通課程 32
- 商業に関する課程 34
- 家庭に 〃 34
- 農業に 〃 34
- 工業に 〃 35
- 水産に 〃 35
- 定時制に 〃 24

第二号表

一 校地、運動場、校舎の面積最低基準

学校別	校地面積（実習地を含まない。）		運動場	校舎床面積
	生徒数四八〇人まで一人当り	生徒数四八〇人を超えた数について一人当り		
普通科をおく高等学校	三〇平方米	十平方米	一二、〇〇〇平方米以上	一人当り三、三平方米
農業に関する学科をおく高等学校	三〇平方米	十平方米	一二、〇〇〇平方米以上	一人当り四、〇平方米
水産 〃	三〇平方米	十平方米	一二、〇〇〇平方米以上	一人当り四、〇平方米
工業 〃	（ただし、全面積は一、四〇〇〇平方米以上とする。）		一二、〇〇〇平方米以上	一人当り四、〇平方米
商業 〃	（ただし、全面積は一、四〇〇〇平方米以上とする。）		一二、〇〇〇平方米以上	一人当り三、三平方米
家庭 〃	（ただし、全面積は一、四〇〇〇平方米以上とする。）		一二、〇〇〇平方米以上	一人当り三、三平方米

ただし、人口十万以上の密集都市においては、生徒数四八〇人までの一人当り校地面積は、「三〇平方米を二十平方米」運動場面積

「一二、〇〇〇平方米以上」とすることができる。

二　農業に関する学科の実習地一人当り面積標準

1　農業科　九〇平方米
2　畜産〃　九〇〃
3　園芸及び農産製造科　七〇〃
4　造園課程　七〇〃
5　農業土木　三〇〃
6　農村家庭〃　三〇〃
7　林業課程畑地　一八〃
8　同　演習林　二四〇〃

第三号表

一　農業に関する学科の場合

1　農業科
耕種関係　農具室、収納室、作業室、肥料舎
養畜関係　畜舎、飼料室、ふ卵育すう室
農産加工関係　農産加工室
農業工作関係　農業工作室

2　林業科
林業関係　林産加工室、林業管理室、木材倉庫
農業関係　農業科耕種関係に準ずる。

3　園芸科
園芸関係　温室、盆栽室、ピット
耕種農産加工〃　農業科、耕種、農産加工関係に準ずる。
園芸工作関係　園芸工作室

4　農業土木科
測量関係　測量機械室
農業関係　農業科耕種関係に準ずる。

5　畜産科
畜産関係　畜舎、飼料室、ふ卵育すう室、鶏肥育室、消毒室、管理室、牧夫室
農業加工関係　畜産加工室
耕種関係　農業科耕種関係に準ずる。

6　造園科
造園概説関係　庭園
造園材料関係　材料室
造園設計施工〃　設計室
測量関係　測量機械室
耕種関係　農業科耕種関係に準ずる。

7　農産加工科
農産加工関係　農産加工室、作業室
生物化学関係　薬品室、細菌培養室
応用微生物関係　薬品室、細菌培養室

8　農村家庭課程
家庭科関係　裁縫室、調理室、作法室、更衣室
耕種養畜産加工関係　農業科耕種畜養農産加工関係に準ずる。

9　拓殖科　農業土木科に準ずる。

二　水産に関する学科の場合

1 漁業科　実習船、漁具倉庫、漁具実習室
2 水産製造科　製造実習室、くん製室、倉庫
3 水産増殖科　養漁池、飼料調製室、倉庫室、管理室兼生徒番室
4 製造増殖科　水産製造科、水産増殖科に準ずる。
5 機関科　実習船、機械工場模型及び標本室、製図室
6 無線通信科　測定実習室、電子管及び高周波回路実習室、電気通信機器実習室（測定実習室を兼ねることができる。）製図室、機械工作実習工場

三 工業に関する学科の場合

1 機械科　製図室、機械工場、仕上組立工場、鍬造工場木型工場、鋳造工場
2 電気科　強電実習室、弱電実習室、電気工作工場、製図室、機械工作実習工場
3 工業化学科　化学実習室（定性分析実習室及び定量分析実習室を兼ねることができる。）てんびん室、硫化水素発生室
4 紡織染色科　製織工場、試験鑑識室、標本室、精練漂白、工業浸染工場、仕上工場、織物試験室、染料実験室、製図室兼図案室
5 土木科　製図室、測量機械器具室
6 建築科　製図室、施工実習室、測量機械器具室
7 採鉱科　送鉱実習室、測量機械器具室、鉱物分析室
8 木材工芸科　製図室、組立工場、ひき物彫刻工場、塗装工場、木工機械工場
9 漆工科　きゅう漆実習室、模様実習室、塗装実習室、木地乾燥室、陳列室
10 自動車科　製図室、鋳物工場兼鍛造工場、機械工場、兼エンヂン工場、試験室、車体工場
11 塗装科　塗装実習室及びその準備室、車体工場
12 図案科　図案室、彫塑絵画室、工作室、標本室

四 商業に関する学科の場合

「工業及び資材」実験室（理科実験室を兼ねることができる。）
実践室、調査資料室、タイプライテング教室

五 家庭に関する学科の場合

1 被服科　洋裁室、和裁室及びその準備室、せんたく室兼染色室及びその準備室、兼標本室
2 食物科　調理室及びその準備室、家事実験室及びその標本室、試食室（作法室を兼ねることができる。）
3 手芸科　被服科に準ずる。
4 保育科　保育室及びその準備室、遊戯室
5 工芸科　精練漂白工業、浸染工場、仕上工場、織物試験室、製図室兼図案室

各種学校設置規則

（一九五八年中央教育委員会規則第二十九号）

第一章　総　　則

（目　的）

第一条　各種学校に関し必要な事項は、学校教育法（一九五八年立法第三号以下「法」という。）その他の法令に規定するもののほか、この規則の定めるところによる。

（意　義）

第二条　法第八十五条に規定する各種学校とは、一以上の教科若しくは技術又はこれら双方を教授する教育施設であつて教員と生徒を有するものをいう。

（水準の維持、向上）

第三条　各種学校は、この規則の定めるところによることはもとよりその水準の維持、向上を図ることに努めなければならない。

（修業期間）

第四条　各種学校の修業期間は三月以上とする。

（授業時数）

第五条　各種学校の授業時数は、一週六時間を最低として定めるものとする。

（生徒数）

第六条　各種学校の収容定員は、教員数、施設、設備及び地域社会の実情を考慮してその数を定めるものとする。

2　各種学校の同時に授業を行う生徒数は次のとおりとする。

一　実習を要する授業においては、五十人以内を標準とする。

二　実習を要しない授業においては、教室の面積が一人当り一・三平方米を下らず必要な種類及び数の校具、教具その他の施設が教育上支障のない場合に限り一〇〇人までとすることができる。

（入学資格の明示）

第七条　各種学校は、課程に応じ、一定の入学資格を定め学則に記載するほか広告しなければならない。

（校　長）

第八条　各種学校の校長は、教育に関する識見を有するもの、又は当該教科に関し、専門的知識技術を有するものでなければならない。

（教　員）

第九条　各種学校には、課程及び生徒数に応じて学級数以上の教員を置かなければならない。

2　各種学校の教員は、次の各号の一に該当するものでなければならない。

一　大学に二年以上在学して六十二単位以上修得したもの

二　当該学校の教科に関する免許状を有するもの

三　当該教科に関し各種学校課程を一年以上修得し、その業務に一年以上従事したもの

第十条　各種学校の教員は、つねに専門の知識、技術、技能等の向上に努めなければならない。

（位置及び施設、設備）

第十一条　各種学校の位置は、教育上及び保健衛生上、適切な環境に定めなければならない。

2　各種学校には、その教育の目的を実現するために必要な校地、校舎、校具その他の施設、設備を備えなければならない。

第十二条　各種学校の校舎の面積は、同時に授業を行う生徒一人当り一・六五平方米以上とする。ただし、次の基準を下ることはできない。

生徒数（人）	校舎面積（平方米）
一〇～二〇	三三
二一～五〇	八二・五

2　校舎には、教室、管理室、便所等の施設を備えなければならない。

3　各種学校は、関係法規に準じ課程に応じ、実習場、その他必要な施設を備えなければならない。

4　校地、校舎、その他の施設は、教育上支障のない場合に限り、その一部は、他の各種学校等の施設を使用することができる。

第十三条　各種学校は、課程及び生徒数に応じ必要な種類及び数の校具、教具、図書、その他の設備を備えなければならない。その基準については、次のとおりである。

一、和洋裁

品名	区分	区分に対する数量
示範台	五〇人につき	一
生徒用裁縫台	五人〃	一
生徒用机いす	一人〃	各一
仮縫室用机	五〇人〃	一
仕上台	二五人〃	一
鏡	五〇人〃	一
ミシン	一〇人〃	一
ミシン腰掛	一〇人〃	一
人台（子供用婦人用）	五〇人〃	一
アイロン	二〇人〃	一
二、タイプ		
英文タイプ	一人につき	一
和文タイプ	一人〃	一
机、いす	一人〃	各一
三、浣記		
浣記用黒板	五〇人につき	一
机、いす	一人〃	各一
帳浣見本	五〇〃	一揃
四、珠算		
教授用ソロバン	五〇人につき	一

ストップオッチ	五〇人につき	一

五、自動車

車輛	一〇人につき	一
コース用敷地		三三三平方米

六、舞踊

電蓄若しくは、ピアノ三味線	五〇人につき	一

七、教養

黒板	五〇人につき	一
机、いす	一人〃	各一

八、編物

机、いす	一人につき	各一
編物器	一人〃	一

九、音楽

ピアノ	一〇人につき	一
五線板	五〇人〃	一
メトロノーム	五〇人〃	一
鏡	五〇人〃	一

一〇、電気

(イ) 変電装置

配電盤装置	五〇人につき	一種
変圧器	五〇人〃	一種
直流電源装置		
実験台	五〇人〃	一台

(ロ) 電気機器実習設備

抵抗器	五〇人につき	一種
抵抗測定器	五〇人〃	二〃
電気及び磁気測定器	五〇人〃	一〃
指示計器	五〇人〃	二〃
実験台	五〇人〃	一台

(ハ) 電気磁気実習設備

電気機器	五〇人につき	四種
指示計器	五〇人〃	三〃
測定器	五〇人〃	一〃
実験台	五〇人〃	一台

(ニ) 照明工学実習設備

照明用計測器	五〇人につき	一種
照明器具装置	五〇人〃	二〃
電気器具	五〇人〃	各種

(ホ) 電気工作実習設備

電気機器	五〇人につき	二種
工作用機器	五〇人〃	一〃
計測器	五〇人〃	一〃
工作工具	五〇人〃	二〃
実習台	五〇人〃	一台

(ヘ) 電気工事実習設備

電気工事用工具	五〇人につき	五種
計測器	五〇人〃	一〃
実習用具	五〇人〃	一〃
実習台	五〇人〃	一台

(ト) 機械工作実習設備

工作機械	五〇人につき	二種
手仕上用工具	五〇人〃	二〃
動力装置	五〇人〃	一式
作業台	五〇人〃	五台

(チ) 製図実習設備

製図板	二人につき	一
製図机	一人〃	一
製図用具	五〇人〃	一式
製図参考品		一式

(リ) 簡易測量実習設備

測量器機	五〇人につき	一種
度器	五〇人〃	三種

(ヌ) 通信実験設備

発振器	五〇人につき	一種
指示計器	五〇人〃	五〃
測定器	五〇人〃	二〃
送信受信用器	五〇人〃	十四〃
電源装置	五〇人〃	一〃
実験台	五〇人〃	一台

(ル) ラジオ、テレビ実習設備

計測器	六人につき	各種
実習用具	六人〃	一個
実習台		一台

2 前項の設備は、学習最低の基準であつて、かつ、つねに補充し、改善されなければならない。

3 夜間において授業を行う各種学校は、適当な照明設備を備えなければならない。その照明度については、次のとおりとする。

イ 製図室、図書室、裁縫室　五〇ルクス以上

ロ 普通教室、実験室　五〇〜一〇〇

ハ 出入口、廊下、階段、便所　一〇〜二〇

二　集会室、講堂　　二〇～五〇

（名　称）

第十四条　各種学校の名称は、各種学校として適当であるとともに課程にふさわしいものでなければならない。

（標　示）

第十五条　各種学校は、設置の認可を受けたあと校名を標示する場合は、文教局認可という語句を用いることができる。

（各種学校の経営）

第十六条　各種学援の経営は、その設置者が学校教育以外の事業を行う場合には、その事業の経営と区別して行わなければならない。

第二章　設置廃止

（学校の設置、変更等の認可申請）

第十七条　各種学校設置の認可を受けようとする者は、次の事項を記載した書類に校地、校舎、運動場、寄宿舎等の図面を添え中央教育委員会（以下「中央委員会」という。）に申請しなければならない。

一　目　的
二　名　称
三　位　置
四　学　則
五　経営及び維持方法
六　学校開設の時期

2　前項第一号から第五号までの変更は中央委員会の認可を受けなければならない。

（学則必要記載事項）

第十八条　前条の学則中には少くとも次の事項を記載しなければならない。

一　修業年限、学年及び授業を行わない日に関する事項
二　部科及び課程の組織に関する事項
三　教育課程及び授業日時数に関する事項
四　学習の評価及び課程修了の認定に関する事項
五　収容定員及び職員組織に関する事項
六　入学、退学、卒業に関する事項
七　授業料、入学料、その他の費用徴収に関する事項
八　賞罰に関する事項
九　寄宿舎に関する事項

（校地校舎等の拡張等の認可）

第十九条　校地を増減し、又は校舎、運動場、寄宿舎等の増改築をしようとするときは、設置者において、その図面を添え中央委員会の認可をうけなければならない。

（学校の廃止の認可申請）

第二十条　各種学校を廃止しようとするものは、廃止事由及び生徒の処置方法を具し、中央委員会の認可を受けなければならない。

（学級編制の届出）

第二十一条　学級編制の届出は届出書に、各課程ごとの各学級別生徒数を記載した書類を添えなければならない。

第三章　雑　則

（校長、教員の届出）

第二十二条　各種学校が校長及び教員を定め文教局長に届け出るに当つては、その履歴書を添えなければならない。

（表　　彸）

第二十三条　各種学校において備えなければならない表彸は概ね次のとおりとし、その表彸については文教局長の指導をうけるものとする。

一　学校に関係ある法令
二　学則、日課表、学校沿革誌、学校日誌
三　職員名彸、履歴書、出勤彸並びに担任学科及び時間表
四　学校の指導要録に準ずるもの、出席彸
五　課程終了の認定及び入学考査に関する表彸
六　図書、機械器具、標本、模型等の教具の目録

附　　則

1　この規則は公布の日から施行する。
2　教育法（一九五七年布令第百六十五号）によつて中央委員会の認可を受けた各種学校は、この規則で認可されたものとみなす。
3　この規則施行の際現に存する各種学校については、第六条第二項第二号及び第十二条第一項の規定にかかわらず、一九六二年三月末日までは、それぞれ一人当り一平方米及び一・三平方米とする。

短期大学設置基準

（一九五八年中央教育委員会規則第四十八号）

第一章　総　　則

第一条　短期大学設置基準は、教育基本法（一九五八年立法第一号）教育委員会法（一九五八年立法第二号）及び学校教育法（一九五八年立法第三号）に規定されるもののほか、この規則の定めるところによる。

第二章　設　　置

第二条　短期大学は、その名称を〇〇短期大学と呼称する。

第三条　短期大学は、その設置の目的使命を明示しなければならない。

第四条　短期大学における学科又は専攻部門の設置は、別表第一の基準による。

2　前項の学科又は、専攻部門の設置に当つて、その実質及び規模が一学科又は一専攻部門を構成するのに適当なときは、必要に応じ、これを分合して一学科又は一専攻部門とすることができる。

第五条　短期大学の教員組織は、左の基準による。

一　学科又は専攻部門ごとに専任の教授、助教授、講師をもつて必要にして充分な教員組織を構成しなければならない。
二　主要な科目は、専任の教授、助教授が担任することを原則とする。
三　専任の教授、助教授が得られない場合は、専任講師又は兼任者

が担任することができる。ただし、その場合専任者の数は、教員数の三分の一以上とする。

四　学科目で実験実習を伴うものには、相当数の助手をおかなければならない。

五　講義を担任しない教授又は助教授を置くことができる。

第六条　教員は、その担当する授業科目及びその教授法の研究に努め、学生の学習及び一般生活の補導について責任を負わなければならない。

2　教員の資格等については、次の基準による。

一　教授、助教授の資格は、次の各項のいずれか一つに該当するものであつて、教育の能力があると認められたものでなければならない。

イ　学位を有する者

ロ　公刊された著書、論文、報告（大学院程度の）による研究業績をあらわした者

ハ　教育上、学問上の業績ある教育経験者

教授にあつては、高等専門学校以上の学校で三年以上教員の経験があり、教授上、学問上の業績がある者

助教授にあつては、高等専門学校以上の学校で二年以上教員（大学の助手、副手、大学院学生を含む。）の経験があり、教授上又は学問上の能力ありと認められた者

ニ　高等専門学校以上（同程度の課程を修了した者）の卒業生で学術技能に秀でた者

二　専任講師の資格は、教授若しくは助教授の資格に準ずる者又は専門科目に関する実務に深い経験を有する者でなければならない。

第七条　学生定員は、学科数又は専攻部門数、授業科目数、教授能力、講義並びに実験実習設備、衛生施設等を充分考慮して決定しなければならない。

定員については、教授会の議が尊重されなければならない。

2　実験、実習を行う科目の授業の学生数は、五十人以下とする。

第八条　学生の入学に関しては、次の基準による。

一　入学資格は、学校教育法（一九五八年立法第三号）及び同法施行規則（一九五八年中央教育委員会規則第二十四号）に定められたところによる。ただし、入学試験を行い、短期大学における学業を修め得る見込のある者を選択することができる。

二　入学試験の科目は、各短期大学においてこれを決定することができるが、学科試験の科目は、高等学校の課程の範囲内で選ばなければならない。

第九条　授業科目及びその単位数は、次の基準による。

一　短期大学は、次に掲げる一般教養科目中三系列の関係科目にわたつて、それぞれ二科目以上を用意しなければならない。

人文関係科目　哲学、倫理学、宗教、歴史、文学、音楽、美術、演劇

社会科学関係科目　社会学、法学、政治学、経済学、教育心理学、人文地理、文化人類学

自然科学関係科目　数学、統計学、物理学、化学、地学、生活科学、実験心理学

二　短期大学は、一般教養科目のほかに、一つ以上の外国語について四単位以上を用意しなければならない。
三　短期大学は、体育に関する講義及び実技各一単位以上を課することを要する。
四　一科目に対する課程を修了した学生には、単位を与えるものとする。
各科目に対する単位数は、次の基準によつて計算する。
イ　講義に対しては、一時間の講義に対し、教室外における二時間の準備又は学習を必要とすることを考慮し、毎週一時間十五週の講義を一単位とする。
ロ　数学演習のごとき演習は、二時間の演習に対し、一時間の準備を必要とすることを考慮し、毎週二時間十五週の演習を一単位とする。
ハ　化学実験、機械実験、農場実習、工作実習、機械製図、体育の実技のごとき実験室又は実習場における授業に対しては学習は、すべて実験室又は実習場において行われるものであることを考慮し、毎週三時間十五週の実習又は演習を一単位とする。

第十条　卒業者に対する最低要求は、次の基準によるものとする。
一、卒業資格の最低要求は、第九条第四号に定められた単位、六十及び体育の単位二を二ケ年以上に取得することとする。
二　学生は、一般教養科目中第九条第一号に示す三系列の関係科目にわたつて、それぞれ四単位以上合計十二単位以上と、専門科目について二十四単位以上とを取得し、かつ、その短期大学の定めるところに従つて設置した科目にわたつて、合計二十四単位を取得しなければならない。
三　三年制短期大学にあつては、学生は、一般教養科目について第九条第一号に示す三系列の関係科目にわたつて、それぞれ六単位以上合計一八単位以上と、専門科目について三十六単位以上を取得し、かつ、その短期大学の定めるところに従つて設置した科目にわたつて、三十六単位以上及び体育三単位合計九十三単位を三箇年以上に取得しなければならない。

第十一条　校舎は、建築基準法（一九五二年立法第六十五号）同法施行規則（一九五三年規則第二十四号）及びその他の関係法規並びに中央教育委員会の定める基準に基かなければならない。

第十二条　校地は教育にふさわしい環境をもち校舎敷地には学生が休息その他に利用するのに適当な空地を有するものとする。
2　校地（運動場を含む）校舎その他の面積に関する基準は別表第二による。

第十三条　校舎、諸施設々備は、短期大学の組織、規模に応じ、教授上、研究上及び保健上の必要を考慮し、少くとも次に掲げるものを備え、かつ、それらの施設は、つねに改善されなければならない。
一　教室、実験実習室、図書館、研究室、医療室、学長室、事務室、共学の場合には、それに必要な特別の設備
二　学科又は専攻部門の種類に応じ、特に質を考慮された一般教育専門の図書の相当部数、あわせて学生の自発的研究を可能ならしめるように整備と指導との用意がなされ、又常に新刊図書、定期刊行物の購入がなければならない。なお、図書館に関しては、別表第三に示す程度に整備されることが望ましい。

三　教授上、研究上必要な機械、器具、標本の最低必要量その他学科又は専攻部門の規模に応じ、必要な施設を備えなければならない。

第十四条　法人の設置する短期大学の資産及び維持経営の方法は、次の基準による。

一　短期大学は、その組織規模に相応ずる校地、校舎、諸施設々備等のほか、適当額の資産を備える。

二　経営に必要な財政的基礎を確立することが必要である。このために、学生から徴収する授業料及び前項資産から生ずる果実のほか、必要に応じ相当の収入を得られる適当な機関を置くことができる。

第十五条　短期大学が、大学、高等学校等に併設される場合には、短期大学の本質にかんがみ、前期諸施設、設備等は、これに応ずるように特に考慮されなければならない。なお、授業は、他の併設学校と別に行わなければならない。

第十六条　夜間において授業を行う短期大学にあつても、前記の基準を適用することはもちろんであるが、その教員組織及び夜間の授業に必要な諸施設々備等については、特に考慮されなければならない。

第十七条　短期大学の設置者は、毎年度の終りに施設の改善程度を文教局長に報告しなければならない。

附　則

1　この規則は、公布の日から施行し、一九五八年四月一日から適用する。

2　短期大学の設置者は、第十二条の規定にかかわらず、当分の間、設立第一年次における教室は、学生一人当り二、三平方米以上とし、その他適当な管理室、保健室及び便所を用意しなければならない。ただし、五年以内にこの規則に適合させなければならない。

附　則

この規則は、公布の日から施行し、一九五九年三月三十一日より適用する。

別表第一

短期大学学科（又は専攻部門）

分類	学科（又は専攻部門）	備考
文学	国語科、文科、国文科、英文科、英語科、英語英文科、米英語科、中国語科、文芸科、外国語科、 神学科、仏教科、宗教科、キリスト教科、宗教教育科、 社会科、社会科学科、新聞科、社会事業科、産業福祉科	
法政	法科、法律科、法律実務科、法経科	
商経	商科、商業科、経済科、経営科、貿易科、商経科、英語商業科、商工経営科、能率科	
理学	理数科、数理科	
工学	機械科、機械電気科、自動車工業科、工科、工業科、工業技術科（機械）；熔接科、電気科、通信科、工業技術科（電機） 土木科、建築科、建設工業科、建設科、 工業化学科、応用化学科、化学工業科、写真技術科、写真工業科、写真科、印刷科 繊維科、紡織科、色染科、機械紡績科、化学色染科 造船科	
農学	農業科、農芸科、農業経済科、農業協同組合科、農産製造科、醸造科、農芸家政科、園芸科、 酪農科	
家政看護	家政科、栄養科、生活科、被服科、食物科、家庭科、生活科学科、児童福祉科、生活芸術科、家庭生活科、服飾科、家庭科学科、保健科、家庭理科、看護科、厚生科	
教員養成	初等教育科、保育科、児童教育科	幼稚園の教員養成課程を含む
体育	体育科、保健体育科	
芸術	美術工芸科、美術科、工芸科、音楽科、音楽教育科	
その他	教養科、運輸科、交通科	

別表第二

学生一人当り校舎面積（単位「平方米」）

科別 適応学生数	理、工、農学科系	文科系	家、教育、体育、芸術学科系
一〇〇人	一七、一六	九、五〇	一三、四六
二〇〇	一二、八〇	七、一三	一〇、三〇
三〇〇	一〇、九六	六、四七	八、九八
四〇〇	九、三七	五、八二	七、六六
五〇〇	八、五八	五、四二	六、七三
一、〇〇〇	五、九四	四、三六	五、二八
一、五〇〇	五、二八	四、二二	四、八八

校地面積は、校舎面積の五倍以上とする。

別表第三

図書館細目

図書館は、短期大学の目的使命を達成するために必要な施設であるから機構、内容の充実をはかり、その機能を充分に発揮し得るように運営されなければならない。

一　施　設

図書閲覧室は、少くとも学生総数の一割以上の座席を用意する。

二　図　書

(1) 図書の総数は少くとも五千冊以上とする。

(2) 図書は、授業科目に関連があり、しかも図書の種類が偏しないものとする。

(3) 一般及び専門図書を教員及び学生のための参考資料として用意する。

(4) 著者カード目録、書名カード目録及び件名カード目録又は分類カード目録を備付ける。

三　定期刊行物

(1) 各学科又は各専攻部門について必要に応じ、相当種類の定期刊行物を用意する。

(2) 定期刊行物はその種類が偏していないとともに、授業参考資料として役立つものとする。

短期大学を設置する財団法人設立等認可基準

（一九五九年中央教育委員会規則第十五号）

短期大学を設置する財団法人及び短期大学と短期大学以外の学校をあわせて設置する財団法人の設立について、当分の間次の基準によって審査した上総合的に判定するものとする。

第一　資産について

一　基本財産

次の施設及び設備又はこれらに要する資金を有すること。

(A) 施　設

(イ) 校地　校舎等の建物敷地、運動場その他教授研究上必要な土地とし、その面積は、校舎延面積の五倍を標準とする。

(ロ) 校舎　短期大学の校舎等建物の面積は、短期大学設置基準の程度とするが主要な建物は専用としその面積は別表一による。短期大学以外の学校の校舎等建物の面積は学校の種類別に各々の設置基準を準用する。

(B) 設　備

(イ) 教具（教育上必要な機械、器具、図書、標本、模型等）

(ロ) 校具（教育上必要な机腰掛等）

基本財産は、原則として負担附（担保に供されている等）又は借用のものでないこと。但し特別の事情があり、且つ教育上支障がないことが確実と認められる場合には、この限りでないこと。この場合においても校地及び校舎の相当部分は、自己所有のものであること。

二　運用財産

運用財産としては、学校の種類、規模に応じて確実な収入源があること。運用財産中現金は年間経常部予算のおおむね三月分以上を保有すること。

三　資産総額

資産の総額は、八万三千弗以上とし、学生数一〇〇人以下の短期大学においては四万弗以上とする。但し高等学校、中学校、小学校を一校増すごとに四万一千七百弗程度、幼稚園、各種学校を一校増すごとに一万三千八百弗程度を資産基準額に加算すること。

第二　収支予算について

収支予算については、次により且つこれが実行の確実性があると認められたものであること。

一　経常部予算

経常部予算は学校の種類規模に応じて毎年度の経常支出に対し授業料、入学金等の経常的収入その他の確実な収入で、収支の均衡が保てるものであること。支出としては、申請書記載の教職員組織に応ずる所要の給与費、学校の種類、規模に応ずる図書費、機械器具費研究費、及び実験実習費、その他の経常的費用が計上してあること。

二　臨時部予算

申請書記載の校地、校舎充実計画及び図書、機械器具充実計画に応ずる所要の支出に対し、確実な収支等の資金的裏付があることと。

別表 一

校舎面積（単位「平方米」）

分類＼学生定員	入学定員一〇〇人 総定員二〇〇人の場合	入学定員二〇〇人 総定員四〇〇人の場合	入学定員三〇〇人 総定員六〇〇人の場合
文学	一、三三〇	一、九八〇	二、五〇八
法政	一、三三〇	一、九八〇	二、五〇八
商経	一、三三〇	一、九八〇	二、五〇八
理学	二、三一〇	三、五六四	
工学	二、六四〇	四、四八八	
農学	二、五〇八	四、三五六	
家政看護	一、九八〇	二、七七二	
教員養成	一、三二〇	一、九八〇	二、五〇八
体育	一、七一六	二、五〇八	
芸術	一、九一四	三、一六八	

備考

一 本表は、学長室、会議室、事務室等の諸室、教室、研究室図書館等を対象にしたもので、講堂、寄宿舎その他、付属施設（実習工場、農場、演習林等）の校舎等は含まない。

二 学生入学定員が一〇〇人以下の場合の教室、研究室については学科並びに学生数、教授数に応じて二割の範囲において面積を減ずることができる。また学生入学定員が三〇〇人を超える場合には、教授及び研究に支障のないように面積を増加しなければならない。

三 二以上の学科（又は専攻部門）で組織する短期大学は、一般教育その他につき、各学科（又は専攻部門）が共同に使用する建物であるときは、これを参酌してこの表の面積を減ずることができる。

四 夜間授業の学科又は専攻部門をおく場合には、夜間授業の専任教員のための研究室その他を増設する外、特に照明、衛生等の諸施設に留意し、教授及び研究に支障のないよう準備するものとする。

五 本表以外の学科（又は専攻部門）についてはその学科（又は専攻部門）が本表に掲げる学科の類似の学科の例による。

附 則

この規則は、公布の日から施行し、一九五九年三月三十日より適用する。

教育に関する寄附金募集に関する規則（一九五八年中央教育委員会規則第九号）

第一条 この規則は学校教育法（一九五八年立法第三号）第六条第三項に規定する政府立又は公立学校の教育に関連した目的のための寄附金の募集について定め、金銭物品等の寄附を募集するものをして、その行為を公明にし募集金品の経理の公正をはかることを目的とする。

第二条 この規則における用語の定義は、次のとおりとする。

一 寄附金とは、個人の自由意志によつて与えられる金銭或いは物品をいう。

二 募金とは、多人数の金品の出捐を促す行為をいう。

三　募金責任者とは、認可を受けて募金を行い、その管理及び処分を行う者をいう。

四　募金従事員とは、募金責任者の命を受けて募金に従事するものをいう。

第三条　寄附金の募集を行うとするものは、次に掲げる事項を記載した申請書に教育に関する寄附金募集認可基準（一九五八年中央教育委員会規則第十号）第六条の規定による証明書を添付して、中央教育委員会に提出し、その認可を受けなければならない。

一　募金責任者の本籍、住所、氏名、職業、年令（法人又は団体にあつては、事務所の所在地、名称、代表者の氏名）

二　募金の目的及び方法

三　募集する金品の総額又は数量

四　募金の区域

五　募金の期間

六　事業計画及び予算

七　募集金品等の管理及び処分法

八　募金従事員の本籍、住所、氏名、職業、年令

第四条　寄附金募集の認可を受けようとする場合は教育に関する寄附金募集認可基準（一九五八年中央教育委員会規則第十号）によらなければならない。

第五条　中央教育委員会は、第三条の規定により提出された申請書が教育に関する寄附金募集認可基準に合わず、又は募金が教育に関連した目的を逸脱し或は公共の秩序を乱し、住民の福祉を害するおそれがあると認めるときは、認可しないものとする。

第六条　募金の期間は、六月を超えないことを原則とする。ただし、事業の内容及び募金の区域等の関係によつては上記の期間は一年までこれを延ばすことができる。

第七条　募金責任者及び募金従事員は、次に掲げる事項を遵守しなければならない。

一　募金に際しては、常に文教局長の発行する募金許可書、若しくはその写を携帯し関係人の請求があつたときは、これ呈示すること。

二　募集金品等の割当又は寄附を強要しないこと。

三　募集金品等は、目的以外に処分しないこと。

第八条　募金責任者は、次の諸帳簿及びその他必要な書類を備え常に金品等の出納その他必要事項を明らかにしておかなければならない。

一　事業計画書、趣意書及び予算書

二　募集計画書

三　募金責任者及び募金従事員等の名簿

四　寄附者名簿

五　会計簿及び出納簿

六　その他必要な書類

第九条　文教局長は、必要があるときは、前条の帳簿の提出を命じ、又は関係職員をして調査させることができる。

第十条　募金責任者は、募金を中止し、又は終了し若しくは募金期間が満了したとき、及び募集金品の処分をしたときは、十日以内に計算書を添えて文教局長に報告しなければならない。

第十一条　寄附金募集の認可後状況の変化等によつて所定の募金額、募金の期間及び事業計画を変更しようとする場合は、募金責任者はすみやかに事由を具し、文教局長に、その変更願を提出しなければならない。

第十二条　文教局長は、募金責任者又は募金従事員が第六条から第十一条までの規定に違反したとき、又は募金事務に関し違反行為をしたときはその募金の停止を命ずる等適当な措置をすることができる。

第十三条　文教局長は募金の申請に対し認可があつたときは、募金関係者にそれぞれ募金許可書を発行しなければならない。

第十四条　この規則は、教育に関する目的のための寄附を奨励するものでなく、公益を負う公教育の適正な公費による運営をはかるという趣旨に基いて解釈し運用しなければならない。

附　　則

1　この規則は公布の日から施行し、一九五八年四月一日から適用する。

2　教育に関する寄附金の募集に関する規則（一九五七年中央教育委員会規則第十三号）は、廃止する。

教育に関する寄附金募集認可基準

（一九五八年中央教育委員会規則第十号）

第一条　教育に関する寄附金の募集に関する規則（一九五八年中央教育委員会規則第九号）第四条に基く寄附金の募集の認可に関してはこの基準によるものとする。

第二条　学校教育又はそれに関連した目的のための事業又は行事（以下「事業」という。）にして、これを募金によつて施行しようとするものは、公費によるべきもの以外のものたることを原則とする。

第三条　公費によるべき事業である場合においても教育予算その他の事情でその施行が著しく困難で、かつ、急施を要する場合は、前条の規定にかかわらずこれを募金によつて施行することができる。ただし、この場合の事業は、おおむね次の各号に示すもの又はそれに類するものとする。

一　奨学、育英に関する事業
二　記念会館（図書館、体育館、会議室等の併用を含む。）の建設
三　記念植樹
四　記念のための学芸会、展示会、表彰式、記念式等の行事
五　記念誌の発行
六　安全教育のための施設

第四条　政府立又は公立の学校において、学校の創立に関する記念事業を募金によつて行うとするときは創立十周年以上の場合でなければならない。

第五条　教育区が設置する学校に関する事業を募金によつて行うとする場合は、当該教育区（二以上の学校を有する場合は、校区）における教育税の前年度の賦課額に対する徴収率が認可申請の日現在において、平均九十パーセント以上でなければならない。

2　連合教育区の設置する学校の場合は、当該連合教育区を構成する各教育区における教育税の前年度分の賦課額に対する徴収率が認可

申請の日現在において平均九十パーセント以上でなければならない。

3　政府立学校の場合における事業募金計画及び募金総額等に関しては、あらかじめ、文教局長の指示に基いて決定しなければならない。

第六条　前条における教育区及び校区又は連合教育区の教育税の徴収率については教育区及び校区の場合は、別表第一による当該市町村長及び教育長の、連合教育区の場合は、教育長の証明がなければならない。

附　則

1　この規則は公布の日から施行し、一九五八年四月一日から適用する。

2　教育に関する寄附金募集認可基準（一九五七年中央教育委員会規則第五十二号）は、廃止する。

別表第一

教育税の前年度分賦課徴収に関する証明書

	○○教育区	○○校区	備考
前年度教育税	賦課額　弗	賦課額　弗	
	徴収額　弗	徴収額　弗	
	徴収率　%	徴収率　%	

上記のとおり相違ないことを証明する。

195　年　月　日

市町村長職氏名印

教育長職氏名印

註(1)　校区とは、教育区内における学校区域をさす。

(2)　一教育区一校の場合は教育区のらんに記入し二校以上の場合は、教育区及び校区のらんにそれぞれ記入する。

(3)　備考らんには(2)の説明、その他必要事項があれば記入する。

別表第二

教育税の前年度分賦課徴収に関する証明書

○○連合教育区

構成教育区名	前年度分教育税			備考
	賦課額	徴収額	徴収率	
	弗	弗	%	
平均			%	

上記のとおり相違ないことを証明する。

195　年　月　日

教育長職氏名印

註　備考らんには必要な事項があれば記入する。

教育調査委員會規則

（一九五九年中央教育委員会規則第二号）

第一条　教育委員会法（一九五八年立法第二号）第百二十五条の規定に基き、教育に関する調査を行い、教育の向上をはかる基礎資料を得るために、文教局に教育調査委員会（以下「委員会」という。）を設置する。

第二条　委員会は、次に掲げる事務を所掌する。

一　学力向上に関する調査

二　教育測定評価に関する調査

三　教育指導および管理のための調査

四　その他教育に関する必要な調査

第三条　委員は学校教育職員、文教局職員および学織経験者のうちから、文教局長が委嘱または任命する。

第四条　委員会の委員数は六十名以内とし、必要がある場合臨時に委員を教育区数および学校種別に被調査学年の学級数以内において増すことができる。

第五条　委員はすべて非常勤とし、当該調査事項の完結とともに委員を解任されるものとする。

2　委員はその職務を行うために予算の範囲内で手当および費用の弁償を受けることができる。

第六条　委員長は文教局長をもつてこれに充て、委員会の会議を召集し会務を総理する。

2　副委員長は委員の互選によるものとし委員長を補佐し、委員長に事故があるときは、その職務を代理する。

第七条　委員会は委員長の定めるところにより連合教育区に地区委員会をおくことができる。

2　地区委員会は委員長の委託した事務を処理する。

3　地区委員会の委員長は当該連合教育区の教育長とし、その地区委員会の会務を掌理する。

第八条 委員会の事務は文教局において処理する。

第九条 委員会に必要な経費は文教局予算にこれを計上する。

第十条 この規則に定めるもののほか、委員会の運営その他に関し必要な事項は委員会がこれを定める。

附　則

1 この規則は公布の日から施行し、一九五八年七月一日から適用する。

教育統計調査規則

（一九五八年中央教育委員会規則第七号）

（目　的）

第一条 この規則は教育委員会法（一九五八年立法第二号）第百二十五条の規定を達成するために、文教局が全琉球にわたる単一の教育統計調査組織により、調査の真実性を確保し、正確なる統計を得ることを目的とする。

（教育指定統計）

第二条 この規則に基いて文教局が行う教育統計調査はこれを教育指定統計といい、中央教育委員会はこれを次のとおり指定する。

指定番号	統計調査名称
教育指定統計第一号	教育財政調査
〃　第二号	学校基本調査
〃　第三号	学校衛生統計調査
〃　第四号	学校教員調査

その他教育の向上に関係ある事項であつて、統計技術をもつて調査することのできるものは、中央教育委員会の指定によつて、この規則による統計調査の対象とすることができる。

（調査要項の承認）

第三条 この規則による統計調査は文教局がこれを行い、文教局長は、その統計調査に関する必要な要項を作成し、中央教育委員会の承認を受けなければならない。

（報告の義務）

第四条 文教局長は、この規則による統計調査に関して、教育機関又は教育団体に対して報告を要請し、教育機関又は教育団体の長はこれに対して、定められた期日までに報告しなければならない。

（重複する調査の廃止）

第五条 他の如何なる教育機関又は教育団体も教育指定統計の内容と重複するような調査を行うことはできない。

（立入調査）

第六条 この規則による統計調査に従事する者は、統計調査のため必要な場合に立入り、あらかじめ、中央教育委員会の承認を得た要項によつて調査し、資料の提出を求め、又は関係者に対して質問をすることができる。

（報告と公表）

第七条 文教局長は、教育指定統計の結果を速やかに中央教育委員会に報告し、又関係機関に公表しなければならない。

(秘密の保護)

第八条　統計調査の結果、知られた人、法人またはその他の団体の秘密は保護されなければならない。

(資料の保存)

第九条　文教局に提出された調査票または報告書等の保存は文教局長の責任とし、その保存期間は調査要項に定めなければならない。

(教育指定統計に対する協力)

第十条　教育指定統計の実施者が、その統計調査を行うに際して、必要があると認めたときは、関係行政機関の長、またその他の者に対し、調査、報告その他の協力を求めることができる。

(統計調査事務費の補助)

第十一条　教育指定統計に必要な地方教育委員会の経費の一部は、これを教育行政補助金の中に入れて算定しなければならない。

(報告の遅延又は不正の防止)

第十二条　教育指定統計に関して報告を怠り、不正又は虚偽の報告が行われた場合、その教育機関及び教育団体に対し、すべての政府教育補助金の支出を停止し、又は返還を命ずることができる。またこの場合文教局は直接に立入調査を行い、正確なる報告書を作成しなければならない。

(雑　則)

第十三条　この規則は、公布の日から施行する。ただし第十一条については一九五八年七月一日から適用する。

教育財政調査要項

(趣　旨)

一　教育統計調査規則(一九五八年中央教育委員会規則第七号)第二条の規定による教育財政調査(指定統計第一号)の施行に関しては、この要項の定めるところによる。

(調査の目的)

二　教育財政調査は公教育費について、中央教育委員会又は地方教育委員会が、その教育施策を決定するのに役立つ基礎資料を得ることを目的とする。

(調査の範囲)

三　教育財政調査は、全琉の中央、地方を通ずる教育行政機関および公立諸学校について行う。

(調査事項)

四　教育財政調査は、次に掲げる事項について行う。

A　学校教育費の調査

(一)　財源の種類別経費

1　公　費

(1)　政府支出金

(2)　教育区支出金

2　私　費

(1)　PTA及び後援会費よりの支出金

(2)　学校徴収金よりの支出金

(3) 公費に組み入れらない寄附金よりの支出金
(4) 学校収益金よりの支出金

(二) 支出項目別経費

1 消費的支出

(1) 教授費
(2) 維持費
(3) 修繕費
(4) 補助活動費
(5) 所定支払金

2 資本的支出

(1) 土地費
(2) 建築費
(3) 教材用設備備品費
(4) 図書購入費

3 債務償還費

B 社会教育費の調査

社会教育費の調査は、公民館、図書館、博物館、体育施設費、教育委員会が行つた社会教育活動費、文化財保護費を左記事項の全部又は一部について調査する。

(一) 財源の種類別経費

1 公費

(1) 政府支出金
(2) 教育区支出金

2 私費

(1) 公費に組み入れられない寄附金よりの支出金
(2) その他の支出金

(二) 支出項目別経費

1 消費的支出

(1) 職員の給与、旅費
(2) その他の消費的支出

2 資本的支出

(1) 土地建築費
(2) 設備、備品費

3 債務償還費

C 教育行政費の調査

(一) 財源の種類別経費

1 公費

(1) 政府支出金
(2) 教育区支出金

2 私費

(1) 公費に組み入れられない寄附金
(2) その他の支出金

(二) 支出項目別経費

1 消費的支出

(1) 教育委員会費
(2) 管理費
(3) 指導費
(4) 維持費

(5) 修繕費

(6) 補助活動費

(7) 所定支払金

2 資本的支出

3 債務償還費

(調査の方法および提出)

五 調査の方法は次のとおりとする。

1 学校の長および教育委員会はそれぞれの調査票について調査する会計年度の決算書、出納簿、伝票等を参照し、その経費の使途の実態について調査する。

2 文教局は、直接又は教育長を通じて所定の調査票を配付する。

3 教育長は管内の教育委員会に対し、調査票の配付、およびそのとりまとめにあたる。

4 政府立の学校長は、別に示す期日までに直接文教局長へ提出する。

5 教育長は各調査票を種別に取りまとめ、審査の上、別に示す期日までに、文教局長へ提出する。

(結果の公表)

六 文教局は調査票により集計、分析の上、その結果は報告書によって公表する。

(関係書類の保存期間)

七 関係書類の保存期間は一年とする。

学校基本調査要項

一 目的、事項、範囲、期日または期間および方法

A 目的

学校教育法による学校の全般に関し、基本的事項を調査し、教育行政上の基礎資料をうることを目的とする。

B 事項

次の調査に区分し、設置者別、学校種別本校または分校の別により各事項の全部または一部について行う。

1 学校調査

(1) 学校名

(2) 学校の所在地

(3) へき地学校指定の有無

(4) 全日制または定時制の課程の別

(5) 昼間授業または夜間授業の別

(6) 学級または組の数

(7) 普通または職業の課程の別

(8) 教員および職員の数(年令別、性別)

(9) 幼児、児童、生徒の数

(10) 入学者数

(11) 卒業者数

(12) 児童または生徒の出席状況

2 学齢児童生徒調査

(1) 学齢児童生徒数

(2) 就学の免除および猶予をうけた学齢児童生徒数

(3) 死亡した学齢児童生徒数

3 学校施設調査

(1) 校舎の構造別面積

(2) 校舎の用途別面積

(3) 新築、改築および移転した面積ならびに購入、寄附等により増加した面積

(4) 校舎の災害面積

(5) 用途を変更および廃止した面積

(6) 校地の用途別面積

4 学校図書館（室）調査

(1) 館（室）数　(3) 図書の冊数

(2) 係員数　(4) 閲覧者数

5 卒業後の状況調査

(1) 全日制または定時制の課程別

(2) 昼間授業または夜間授業の別

(3) 普通または職業の課程の別

(4) 進学、就職、無業、死亡または不詳の者の数

C 範　囲

次の各号に該当するものを調査の対象とする。

1 学校教育法第一章第一条の小学校、中学校、高等学校、大学、盲学校、ろう学校、養護学校および幼稚園

2 同法第八章第八十五条の各種学校

3 学齢児童および学齢生徒

D 期日または期間

1 学校調査　毎年五月一日現在、ただし、入学者は、その年度の入学者、卒業者および出席状況は、前学年度間の卒業者および出席状況

2 学齢児童生徒調査　毎年五月一日現在、ただし、死亡者数については、前学年度間の死亡者数

3 学校施設調査　毎年五月一日現在、ただし、新築、改築、移転、購入、寄附等の面積、用途変更、用途廃止の面積および災害面積については、前年五月一日から本年四月三十日までの面積

4 学校図書館（室）調査　毎年五月一日現在

5 卒業後の状況調査　前学年度間の卒業者について毎年七月一日現在

E 方　法

1 文教局は、直接または教育長を通じて所定の調査票を配付する。

2 教育長は、管内の学校の長　教育委員会に対し、調査票を配付しおよびその取り集めにあたる。

3 C（範囲）のうち1、2の学校については、その長、教育委員会および学校法人等に、3の学齢児童および学齢生徒については、市町村の教育委員会に前記Bの調査事項について所定の調査票によりそれぞれ報告または申告せしめる。

4 政府立の学校長私立学校長および各種学校の設置者は、別に

示す期日までに直接文教局長に提出する。

5　公立学校の長、区教育委員会は、所定の調査票を別に示す期日までに教育長に提出する。

6　教育長は、前記5によって提出された各調査票を調査種別に取り集め、審査の上、文教局長へ提出する。

F　調査票の提出期限

各調査票の提出期限は別表のとおりとする。

区分	各報告者から教育長へ提出する期日	各報告者から文教局長へ提出する期日
学校調査票	五月二〇日	五月三十一日
学校施設調査票	五月二〇日	五月三十一日
学齢児童生徒調査票	五月二〇日	五月三十一日
図書館（室）調査票	五月二〇日	五月三十一日
卒業後の状況調査票	七月二〇日	七月三十一日

二　集計事項

学校種別、設置者別等におおむね次の事項について集計する。

2　学校調査

(1)　規模別、全日制定時制別、昼夜別、類型別学校数および課程別の延学校数

(2)　編成方式別学級数

(3)　本務兼務別、職名別、男女別、年令別、教職員数

(4)　課程、学年、年令別、男女別、幼児、児童生徒数

(5)　課程別入学定員、入学志願者、入学者の数

(6)　課程別、男女別卒業者または修了者数

(7)　学年別、男女別児童、生徒の出席率

2　学齢児童生徒調査

(1)　年齢別、男女別、学齢児童生徒数

(2)　就学免除または就学猶予の理由別、男女別学齢児童生徒数

(3)　年齢別、男女別死亡者数

3　学校施設調査

(1)　用途別校地坪数

(2)　所有者別、構造別、用途別校舎坪数

(3)　新築、改築等の校舎坪数および災害坪数ならびに用途変更または用途廃止の校舎坪数

4　学校図書館（室）調査

(1)　館（室）数および係員数

(2)　図書冊数

5　卒業後の状況調査

(1)　課程別、進学、就職、無業、死亡、不詳別、男女別卒業者数

(2)　課程、産業別および職業別就職者数

三　結果の公表の方法および利用

1　全琉集計の結果は、報告書によって公表する。

2　この調査は学校又は区および連合区教育委員会事務局の職員が学校一覧の作成、学校施設の実態調査、その他教育行政のための資料として統計目的以外に使用できるものとする。

四　関係書類の保存期間

関係書類の保存期間は三年とする。

学校衛生統計調査要項

（一九五八年中央教育委員会規則第四十七号）

（趣　旨）

一　教育統計調査規則（一九五八年中央教育委員会規則第七号）第二条の規定により指定統計として指定を受けた学校衛生統計（指定統計第三号）を作成するための調査（以下「学校衛生統計調査」という。）の施行に関しては、この要項の定めるところによる。

（調査の目的）

二　学校衛生統計調査は、学生、生徒、児童、幼児及び職員の発育及び健康の状態並びに身体検査の実施状況及び保健設備について調査し、学校衛生行政上の基礎資料を得ることを目的とする。

（定　義）

三　この要項で「学校」とは学校教育法第一章第一条に定める学校をいう。この要項で「職員」とは学校身体検査規則第二条に定める学校の職員をいう。

（調査の範囲）

四　学校衛生統計調査は、毎年前項に規定した学校の学生、生徒、児童、幼児及び職員について行う。

（調査方法及び調査事項）

五　学校衛生統計調査は、次に掲げる事項の全部又は一部について行う。

(一)　学生、生徒、児童及び幼児

(1) 身　長
(2) 体　重
(3) 胸　囲
(4) 坐　高
(5) 栄養要注意
(6) せき柱異常
(7) 胸郭異常
(8) 屈折異常（近視、遠視、乱視）
(9) 弱視（両眼）
(10) 色神異常
(11) トラホーム
(12) 難聴（両耳）
(13) 中耳炎及び乳様突起炎
(14) 鼻及びいん頭疾患（鼻の疾患、アデーイド、扁桃線肥大）
(15) 伝染性皮膚疾患性
(16) う　歯
(17) 結核疾患（呼吸系の結核、その他の結核）
(18) その他の疾病及び異常（精神薄弱、身体虚弱、運動障害）
(19) ツベルクリン皮内反応成績
(20) 寄生虫卵保有者
(21) 寄生虫病
(22) 心臓の疾患

(23) 要養護者

(二) 職　員

結核性疾患（呼吸系の結核、その他の結核）

(三) 身体検査の実施状況及び保健施設、設備

(1) 学生、生徒、児童及び幼児の事由別身体検査不受験者数

(2) 歯牙、眼及び耳鼻いん頭検査についての専門医の実施状況

(3) X線検査、ツベルクリン皮内反応検査、B・C・G接種、寄生虫病検査及び寄生虫卵保有者検査の実施状況

(4) 保健衛生施設及び設備の種類と個数

2 前号(一)及び(二)の調査は、学校身体検査規則による学徒身体検査及び職員身体検査の結果に基いて行う。

（報告の義務）

六 学校の長は、前項に掲げる事項について、文教局長が定める様式の調査票によつて、報告しなければならない。

2 前号の調査票は、学校身体検査学校調査票及び学校保健調査票とする。

（報　告）

七 前項の報告は、八項の定める調査票に所定の事項を記入し記名押印の上、左の区分によりこれを提出することによつて行うものとする。

(一) 大学及び政府立学校並びに私立の学校長は、文教局長の指定する期日までに学校身体検査学校調査票又は学校保健調査票一部を文教局長に提出する。

(二) 前記以外の高等学校の長は、連合教育委員会の指定する期日までに学校保健調査票三部を作成し、二部を連合教育委員会に提出する。

(三) 前記(一)及び(二)以外の学校の長は、区教育委員会の指定する期日までに学校保健調査票四部を作成し三部を区教育委員会に提出する。

2 前号(二)及び(三)の規定による場合において、区教育委員会及び連合教育委員会（以下「地方教育委員会」という。）は必要と認めるときは文教局長の承認を得て調査票の提出系統を変更することができる。

（調査票）

八 学校の長は前項により次の各区分に定める学校身体検査学校調査票及び学校保健調査票を作成しなければならない。

(一) 大　学

(1) 学生の身長、体重、胸囲及び坐高並びに男女別の各学校身体検査学校調査票（様式A）

(2) 学生の健康状態の男女別各学校身体検査学校調査票（様式B）

(3) 職員の健康状態の学校身体検査学校調査票（様式D）

(二) 前記(一)以外の学校

(1) 生徒児童及び幼児の身長、体重、胸囲及び坐高別の各学校保健調査票（様式A）

(2) 生徒、児童及び幼児の健康状態（結核及び寄生虫に関するものを除く）並びに歯牙、眼及び鼻いん頭検査についての専門医の実施状況の男女別の各学校保健調査票（様式B）

(3) 生徒、児童及び幼児の健康状態のうち結核及び寄生虫に関す

る学校保健調査票（様式C）

(4) 職員の健康状態の学校保健調査票（様式D）

2 前号(二)の場合において分教場を置く小学校及び中学校の長は分教場の身体検査の結果を本校にあわせて集計しなければならない。

（調査票の提出期日）

九 第七項並びに第九項の第三号による調査票の提出期日は左のとおりする。

(一) 大学及び政府立の学校の長は学校身体検査学校調査票又は学校保健調査票を毎年五月三十一日までに文教局長あて送付しなければならない。

(二) 地方教育委員会は教育区集計票及び学校保健調査票に教育区名及び通し番号を記入し、これに押印の上、次の期日までに文教局長あて送付しなければならない。

(1) 学校保健調票の様式A及び様式B並びにこれらによる教育区集計票毎年六月十五日

(2) 学校保健調査票の様式C及び様式D並びにこれらによる教育区集計票毎年十二月十五日

(三) 地方教育委員会は第七項第一号の(二)及び(三)の規定により調査票の提出期日を指定する場合及び第七項第二号の規定により調査票提出の系統を変更した場合には各学校長に対しこれを通知しなければならない。

(四) 第八項に掲げる学校長又は地方教育委員会は(一)及び(二)に掲げる期日までに提出できないときはその事情を具し提出期日の変更についてあらかじめ文教局長の承認を得なければならない。

（調査票及び集計票の提出）

十 区教育委員会は第七項第一号(三)の規定により提出された学校保健調査票を審査し、文教局長の定める様式により、教育区集計票を作成し学校保健調査票の二部を保管（うち一部は教育長保管）する。

2 連合教育委員会は第七項第一号(二)の規定により提出された学校保健調査票を審査し、一部を保管する。

3 教育長は文教局長が指定する期日までに前二号に規定する学校保健調査票及び教育区集計票をとりまとめ、文教局長に提出しないければならない。

（記入上の注意事項）

十一 学校長は第八項に掲げる学校保健調査票の作成にあたり特に左の各事項について注意しなければならない。

(一) 様式Aの身長は一区分一センチメートルとし、例えば一〇八センチメートルの区分は一〇八・〇センチメートルから一〇八・九センチメートルまでを含め、胸囲及び坐高については身長の区分に準じ体重については一区分を一キログラムとし、例えば一八キログラムの区分は一八・〇キログラムから一八・九キログラムまでを含めて記入する。

(二) 様式Aの身長、体重、胸囲及び坐高については、年令別に各検査人員の合計及び平均を算出記入すること。

(三) 様式Bの「う歯」の欄には、う歯全部の処置を終つた者を未処置の欄には未処置のう歯ある者の数をそれぞれ記入する。

(四) 様式Bの「弱視（両眼）」の欄には左右両眼とも矯正視力〇・三に満たないものを、屈折異常の欄には、近視、遠視、乱視のものの人員をそれぞれ各別に記入する。但し同一人で一眼近視、一眼乱視の場合はそれぞれ一人として記入する。

「聴力障害ある者」の欄には両耳とも難聴と認められたものの人員を記入する。

㈤　様式Cの寄生虫病は学校医の検査の結果、寄生虫病と認められた者を、寄生虫卵保有者は検査により寄生虫卵のあつた者をそれぞれ記入する。

(調査結果の公表)

十二　地方教育委員会は当該教育区の学校衛生統計調査の結果を、文教局長の公表以前に公表することができる。但しこの場合においては文教局長の公表が確定数であることを附記しなければならない。

(調査票の保管期間及び関係書類)

十三　第十項による地方委員会が保管する調査票及びその関係書類は地方教育委員会、その他の調査に関する書類は文教局長が一年間これを保管しなければならない。

検査項目	身長 体重 胸囲 坐高	学校保健調査票（様式A）	※通し番号	

1地区名		2学校名		3校長氏名	

男								女							
計量区分＼年令	年	年	年	年	年	年	以上年	計量区分＼年齢	年	年	年	年	年	年	以上年
受検人員合計								受検人員合計							
算術平均								算術平均							

取扱主任者氏名	

学校保健調査票（様式C）

通し番号	

1地区名		2学校名		3校長氏名	

項目＼男女及年令別				男 年	年	年	年	年	年以上	計	女 年	年	年	年	年	年	以上年
在学生徒・児童・幼児数																	
4 生徒・児童・幼児の健康状態	a X線検査及結核性疾患	受検人員															
		(イ)結核性疾患	呼吸器系														
			その他														
		(ロ)結核性疾患	呼吸器系														
			その他														
	ツベルクリン反応成績	受検人員															
		(イ)陽性	(1) 既陽性														
			(2) 陽転														
		(ロ)疑陽性															
		(ハ)陰性															
	c 寄生虫卵保有	(イ)受検人員															
		(ロ)卵保有															
d 寄生虫病																	
e 要養護																	

取扱主任者氏名	

男女別		男・女	学校保健調査票（様式B）	通し番号
地区名		学校名		校長名

		項目 ＼ 年令	年	年	年	年	年	年	年以上	計
		在学生徒・児童・幼児数								
		受検人員（一般検診）								
生徒・児童・幼児の健康状態		a 栄養要注意								
		b せき柱異常								
		c 胸部異常								
		d 伝染性の皮膚疾患								
	眼	e 近視								
		f 遠視								
		g 乱視								
		h 弱視（両眼）								
		i 色神異常								
		j トラホーム								
		k その他の眼疾								
	耳	l 難聴（両耳）								
		m 中耳炎								
		n その他の耳疾								
	鼻およびいん頭	o せん様増殖症（アデノイド）								
		p 蓄膿症								
		q へんとうせん肥大								
		r その他の鼻及びいん頭の疾患								
	歯が	受検人員								
		s むし歯 (イ) 処置を完了した者								
		s むし歯 (ロ) 未処置歯ある者								
		t その他の歯疾								
		u 身体虚弱								
		v 精神薄弱								
		w 運動機能障害								
		x 心臓の疾患								
		y その他の疾患および異常								

z 検査状況	事項	トラホームの検査	耳鼻いん頭の検査	歯がの検査	近視・遠視の検査
	検査した医師	眼の専門医 その他の医師	耳鼻科の専門医 その他の医師	歯科医、その他の医師	きよう正視力検査を実施した。同検査不実施

取扱主任者氏名	

指定統計第15号

※整理番号

学校身体検査学校調査票 (様式B)

男女別	男・女

1 設置者別	国・立 公・立 私・立	2 学校種別	大学 短期大学	3 昼夜別	昼 夜	4 学校名		5 校長名	

この調査票は統計目的以外に使用しない。

事項 ＼ 年令	18年	19年	20年	21年	22年	23年	24年	25年以上		計
学生生徒総数										
6 学生の健康状態 受検人員(一般検診)										
a トラホーム										
b 近視										
c 遠視										
d 乱視										
e 色神異常										
f 難聴(両耳)										
g 栄養要注意										
h むし歯 受検人員										
h むし歯 むし歯のない者										
h むし歯 むし歯のある者 処置完了者										
h むし歯 むし歯のある者 未処置歯ある者										
X線検査および結核性疾患 学校が実施したX線検査受検者 受検人員										
X線検査および結核性疾患 学校が実施したX線検査受検者 (イ)結核性疾患 呼吸器系										
X線検査および結核性疾患 学校が実施したX線検査受検者 (イ)結核性疾患 その他										
X線検査および結核性疾患 その他 (ロ)結核性疾患(療養中の者を含) 呼吸器系										
X線検査および結核性疾患 その他 (ロ)結核性疾患(療養中の者を含) その他										
7 ツベルクリン皮内反応成績 受検人員(既陽性の不受検者を含む)										
陽性										
疑陽性										
陰性										

取扱主任者氏名　　　　電話　　　番

昭和　年度学校衛生統計

指定統計第15号

学校身体検査学校調査票（様式C）

※整理番号

この調査票は統計目的以外には使用しない

1 設置者別	国立・公立・私立	2 学校種別	大学・短期大学	3 昼夜別	昼・夜	4 学校名		5 学長名	

6 本務（常勤）職員の健康状態

区分		本務（常勤）職員総数	X線検査および結核性疾患							休職者総数
			学校で実施したX線検査受検者			(ロ) その他結核性疾患（休養者を含む）		(ハ) 結核性疾患による休職者		
			受検人員	(イ) 結核性疾患						
				呼吸器系	その他	呼吸器系	その他	呼吸器系	その他	
教員	男									
	女									
	計									
教員以外の職員	男									
	女									
	計									

取扱主任者氏名	電話　　　番

学校教員調査要項

（調査の目的）

一　教員調査は、教員の構成、現職教育、待遇等に関する基礎資料を得るために、教員の現状を明らかにすることを目的とする。

（定　義）

二　ここでいう「学校」とは、学校教育法（一九五八年立法第三号）第一条に掲げる学校をいう。

2　ここでいう「教員」とは、学校に勤務する左の各号に掲げる者をいう。

(一)　学長、校長、園長

(二)　教授、助教授、講師、助手、教諭、助教諭、養護教諭、養護助教諭

（調査期日）

三　教員調査を行うべき年度および期日については、文教局長がその都度定める。

（調査事項）

四　教員調査は、教員に関し、左に掲げる事項について行う。

(一)　校　名

(二)　現住所

(三)　氏　名

(四)　本　籍

(五)　男女別

(六)　年　令

(七)　職　名

(八)　出身学校

(九)　教育職員としての勤務年数

(十)　教員として受ける本俸の級号および給与総額

(十一)　教育職員免許状の種類

(十二)　担任教科、担任学科、担当研究および授業時数

(十三)　学　位

(十四)　兼務教員の区分および兼務の数

（調査票の提出）

五　教員は調査票に所定の事項を記入し、押印して、一部を所属する学校の長に提出しなければならない。ただし、公立学校（大学ならびに、政府立の学校、私立の学校を除く以下同じ。）に勤務する教員にあつては、二部を提出するものとする。

六　大学、政府立の学校、私立の学校の長は、文教局長の定める期日までに、当該学校に勤務する教員の調査票一部に、別に定める様式による、学校要計表一部を添えて、文教局長に提出しなければならない。

七　公立の小学校、中学校、高等学校の長は教育長の定める期日までに当該学校に勤務する教員の調査票二部、別に定める様式による学校要計票二部を添えて教育長に提出するものとする。

八　教育長は文教局長の定める期日までに調査票および学校要計表各々一部を文教局に提出しなければならない。

（調査票の保存期間および責任者）

九　調査票および学校要計票の保存期間は、文教局長が次回に行う学校教員調査の結果について公表を完了するまでとし、その保存責任

者は、文教局研究調査課長および教育長とする。

学校身体検査規則

（一九五八年中央教育委員会規則第三十号）

第一章　総　則

第一条　教育委員会法（一九五八年立法第二号）第百十一条第一項第十四号及び学校教育法（一九五八年立法第三号）第十三条の規定による身体検査は、この規則の定めるところによる。

第二条　この規則で、学徒身体検査というのは、学生、生徒、児童及び幼児に対して行う身体検査をいい、職員身体検査というのは、学校の職員（学校に勤務する常勤者、非常勤者を含む。）に対して行う身体検査をいう。

第三条　この規則で、定期身体検査というのは、第八条（第十三条で準用する場合を含む。）の規定による身体検査をいい、臨時身体検査というのは、その他の身体検査をいう。

第四条　校長（学長及び園長を含む。以下同じ。）は、学徒身体検査及び職員身体検査を保健所の医師、学校医及び学校歯科医に行わせるものとする。ただし、保健所の医師、学校医又は学校歯科医がこれを行うことができないときは、校長は、他の医師又は歯科医師に依頼して行わせることができる。

2　前項の場合において、校長は学校の職員その他適当な者に身体検査の一部を補助させることができる。

第五条　疾病その他やむを得ない事由によつて、身体検査を受けることができない者に対しては、その事由のなくなつた後すみやかに身体検査を行わなければならない。

2　疾病その他やむを得ない事由によつて、定期身体検査を受けなかつた者については、その氏名、学年（学校の職員にあつては、その職名）、年令、事由（疾病によるときは病名）を文教局長に、五月末日までに報告しなければならない。

第六条　校長は、身体検査の結果に基いて、健康教育、健康相談、疾病の予防処置その他適当な衛生養護の指導及び施設をしなければならない。

第二章　学徒身体検査

第七条　学徒身体検査については、身長、体重、胸囲、坐高、栄養、せき柱、胸郭、眼、耳、鼻及びいん頭、皮膚、歯牙、「ツベルクリン」皮内反応その他疾病及び異常について検査を行わなければならない。

2　前項のほか、運動機能、精神機能等校長が必要と認める事項についても検査を行うことができる。

第八条　学徒身体検査は、毎年四月に行われなければならない。

第九条　学徒身体検査は、次の各項に準拠して行わなければならない。

一　身長、胸囲及び坐高の測定は「センチメートル」体重は「キログラム」を単位とし、四捨五入法によつて単位の下一位に止める。

二　身長はたび、くつ等を脱ぎ、両かがとを密接し、背、でん部及びかがとを尺柱に接して直立し、両上肢を体側に垂れ、頭を正位に保つて測定する。

三　体重は、衣服を脱ぎ、はかり台の中央に静止させて測定する。着衣のまま測定したときは、その衣服の重量を控除する。

四　胸囲は、起立の姿勢で両上肢を自然に垂れさせ、背面は肩こう骨の直下部前面は、乳頭の直上部に尺帯を当て、安静呼息の終つたときに測定する。乳房が著しく膨隆している女子については、尺帯を少し上方に当てて測定する。

五　坐高は、腰掛に正坐させ、上体を垂直に保ち、身長の測定方法に準じて座面から頭頂までの距離を測定する。

六　栄養は皮膚の色沢、皮下脂肪の充実、筋骨の発達等について検査する。

七　せき柱は、形態及び疾病について検査する。疾病は特に「カリエス」に注意する。

八　胸部は、形態、発育等について検査する。

九(1)　眼は、視力、屈折異常、色神及び眼疾について検査する。

(2)　視力は、万国式試視力表によつて、左右各別に裸眼視力を検査する。

(3)　裸眼視力一・〇に達しない者については、きよう正視力を検査する。

(4)　眼疾は、特に「トラホーム」に注意する。

(5)　小学校第二学年以下の児童にあつては、視力、屈折異常及び色神の検査を省略することがきる。

十(1)　耳は、聴力及び耳疾について検査する。

(2)　聴力は、じ語法によつて左右各別に障害の有無を検査する。

(3)　耳疾は、特に中耳炎に注意する。

十一　鼻及びいん頭の検査は、鼻炎、鼻たけ、蓄のう症、せん様増殖症、扁桃腺肥大等に注意する。

十二　皮膚の検査は、白せん、かいせん、その他の伝染性皮膚病、湿しん、頭しらみ等に注意する。

十三　歯牙の検査は、う歯その他の歯疾について行い、不正こう合についても注意する。

十四　結核性疾患の検査は、結核予防法（一九五六年立法第八十五号）及び同法施行規則（一九五六年規則第百三十号）による。

十五　その他の疾病及び異常については、呼吸器、循環器、神経系を検査し結核性疾患、ろく膜炎、心臓疾患、貧血、かつけ、ヘルニヤ、神経衰弱言語障害、精神障害骨関節の異常、四肢運動障害及び寄生虫病等の発見につとめる。

第十条　学校は、身体検査の結果をすみやかに本人及びその保護者に通知するとともに、次の各号によつて、適切に処理し、及び活用しなければならない。

一　発育及び栄養状態の不良な者に対しては、その原因を調査し、発育の促進、栄養の改善等の方法を講じる。

二　せき柱胸郭に異常のある者は、異常のきよう正につとめる。

三　視力及び聴力に障害のある者は、座席の配置等を考慮し、なお視力に障害がある者で必要のあるときは、適当なめがねをかけるよう注意する。

四　「ツベルクリン」皮内反応自然陽転者及び結核性疾患がある者は、養護を適切にしなければならない。

五(1)　眼疾、耳疾、鼻及びいん頭疾患歯疾、皮膚病、寄生虫病等のある者に対しては、すみやかに治療を受けさせる。
(2)　伝染性疾患のある者に対しては、学校伝染病予防規則によつてすみやかに予防処置を講じる。
六　身体虚弱者、精神薄弱者、肢体不自由者等には、その程度によつて、学習運動、作業の軽減、停止あるいは変更等を行い、養護の適正を図る。
七　身体検査の結果については、個々の発育記録及び学級、学年の統計を作成し、健康教育並びに保健対策の資料として十分に活用する。
八　発育、健康状態に応じて、机、腰掛の配置転換、運動及び学校行事への参加、学級編成等の適正を図る。
第十一条　校長は、身体検査を行つたときは、第一号様式によつて、学徒身体検査票を作成しなければならない。
2　学校歯科医が歯牙の検査を行つたときは、第二号様式によつて、学徒歯牙検査票を作成しなければならない。
3　転入学した者があるときは、校長は従前在学していた学校からその学徒身体検査票及び学徒歯牙検査票の交付を受けなければならない。
4　学徒身体検査票及び学徒歯牙検査票は、校長が五年以上保存しなければならない。
第十二条　校長は、身体検査を行つたときは教育統計調査規則（一九五八年中央教育委員会規則第七号）に基づく学校衛生統計調査要項の定めるところによつて処理しなければならない。

第三章　職員身体検査

第十三条　第七条、第八第及び第九条第一号から第十四号までの規定は、職員身体検査に準用する。ただし、身長、体重、胸囲及び坐高の測定は行わないことができる。
2　疾病及び異常は、主として結核性疾患、その他の伝染性疾患について検査する。
3　結核性疾患の検査は、結核予防法及び同法施行規則による。
第十四条　校長は、職員身体検査を終了したときは、次の各号によつて適切の措置を講じなければならない。
一　身体検査の結果は、すみやかに本人に通知し、身体に故障がある者には、それぞれ必要な注意を与えて適切な処置を講じさせなければならない。
二　学徒の保健上、特に考慮を要する疾病又はその疑のある症状を有する者があるときは、その保養等に関して必要な措置を講じなければならない。
第十五条　教育委員会及び文教局長において必要があると認めたときは、それぞれの所管に属する学校の職員について、特定の医師を指定して、身体検査を行わせることができる。
第十六条　校長は、身体検査を行つたときは、第三号様式によつて、職員身体検査票を作成しなければならない。
2　他の学校から転任した者があるときは、校長は、従前勤務した学校から、その職員身体検査票の交付を受けなければならない。
3　職員身体検査票は、校長が五年以上保存しなければならない。
第十七条　校長は、職員身体検査を行つたときは、学校衛生計調査規則の定めるところによつて処理しなければならない。

第四章　臨時身体検査

第十八条　臨時身体検査は、次の場合に学生、生徒児童及び幼児並びに職員に対して行うことができる。

一　学校伝染病の発生したとき。

二　長期にわたつて授業を行わない場合の直前、直後

三　結核、寄生虫病、その他の疾患について精密検査を行う必要のあるとき。

四　就学、入学又は卒業のとき。

五　その他校長が必要と認めたとき。

第十九条　前条の身体検査を行つたときは、校長はその目的、検査、人員、検査方法、検査成績等を文教局長に報告しなければならない。

附　則

第二十条　この規則は、公布の日から施行する。

第二十一条　学校身体検査規則（一九五七年中央教育委員会規則第十七号）は、廃止する。

第一号様式

生徒身体検査票

学校名							
氏名			男 女	年 月	日生	家の職業	
年令	年	年	年	年	年	年	年
検査年月日	年 月 日	年 月 日	年 月 日	年 月 日	年 月 日	年 月 日	年 月 日
身長	◦cm	◦cm	◦cm	◦cm	◦cm	◦cm	◦cm
体重	◦Kg	◦Kg	◦gK	◦Kg	◦Kg	◦K8	◦Kg
胸囲	◦cm	◦cm	◦cm	◦cm	◦cm	◦cm	◦cm
坐高	◦cm	◦cm	◦cm	◦cm	◦cm	◦cm	◦cm
栄養							
背柱 形態							
背柱 疾病							
胸郭							
眼 視力 右	( )	( )	( )	( )	( )	( )	( )
眼 視力 左	( )	( )	( )	( )	( )	( )	( )
眼 屈折異常 右	( )	( )	( )	( )	( )	( )	( )
眼 屈折異常 左	( )	( )	( )	( )	( )	( )	( )
眼 色神							
眼 眼疾							
耳 聴力 右							
耳 聴力 左							
耳 耳疾							
鼻及びいん頭							
皮膚							
歯牙 う歯 処置							
歯牙 う歯 未処置							
歯牙 その他の歯疾							
「ツベルクリン」皮内反応 反応	×( )	×( )	×( )	×( )	×( )	×( )	×( )
「ツベルクリン」皮内反応 判そ							
の他の疾病及び異常概							
許主							
主なる既往症							
予防接種							
指導事項 学校医・学校歯科医							
指導事項 教師							
検査医印 学校医							
検査医印 学校歯科医							
備考							

「学徒身体検査票」作成上の注意事項

一、用紙の大きさは日本標準規格による紙の仕上げ寸法A列第四番（縦二九・七センチメートル、機二一・〇センチメートル）とする。

二、縦の区画は、修業年限に応じて適当に設けること。

三、年令は、四月一日において、満六年一日以上満七年に達するまでの者を六年とし、その他は、これに準ずること。

四、「栄養」の欄には、栄養状態が不良で、特に注意を要すると認めたときは、「要注意」、その他のものは「可」と記入すること。

五、「せき柱」の形態の欄には、生理的わん曲のものは、「正」とし、異常のあるものについては、「平背」、「円背」、「亀背」、「側わん」等を区別して記入すること。

六、「胸郭」の欄には、胸郭の異常のあるものについては、「へん平胸」、「漏斗胸」、「はと胸」等を区別して記入する。

七、「視力」の欄には、裸眼視力を左右各別に記入し、きよう正視力を検査したときは、括弧内にきよう正視力を記入すること。

八、「屈折異常」の欄には、近視、遠視、乱視の種別を左右各別に記入し、弱視、失明等は、その旨を「屈折異常」の欄の括弧内に記入すること。

九、「色神」の欄には、その異常の有無を記入すること。

十、「聴力」の欄には、聴取距離六メートルに達しないものについては、その距離を左右各別に記入し、更に精密聴能の検査を行い、「難聴」と認められたときは、その旨を左右各別に「難聴」と記入すること。

十一、「う歯」の欄には、処置歯、未処置歯に区別して、それぞれの歯数を記入すること。ただし、学校歯科医が歯牙検査を行つたときには、学徒歯牙検査表よりその結果を転記すること。

十二、（「ツベルクリン」皮内反応）の欄には、発赤の長短径（二重発赤あるときは外径）を反応欄の×の両側にミリメートル単位で記入すること。こう結は「I」、二重発赤は「D」、水ほうは「V」、え死は、「N」として括弧内に記入すること。発赤の長短径の平均値が四ミリメートル以下を(－)、五～九ミリメートルを(±)十ミリメートル以上を(＋)として判定欄に記入すること。

十三、「その他の疾病及び異常」の欄には、疾病又は異常の病名を記入すること。

十四、「概評」の欄には、身体虚弱、精神薄弱又は疾病及び異常を有する者で、特別養護の必要があると認めた場合には「要養護」とその他の者は「可」と記入すること。

十五、「予防接種」の欄には、その年度に受けた予防接種の種類と接種年月日を記入すること。

十六、「指導事項」の欄には、身体検査の結果健康指導に関し、必要のある事項を具体的に記入すること。

十七、身体検査の結果、検査項目その他について異常のないときは、当該欄に斜線を引き空欄としないこと。

十八、「備考」の欄には、身体検査に関し必要のある事項を記入すること。

十九、移転先の学校名は、適宜学校名の欄の余白に記入すること。

二十、疾病等の事由によつて身体検査を受けなかつたときは、備考欄にその旨を記入すること。

「学徒歯牙検査表」作成上の注意事項

一、用紙の大きさは、日本標準規格による紙の仕上げ寸法B列第四番(縦三六・四センチメートル、横二五・七センチメートル)とする。

二、「歯牙」の欄には、その欄の記号を用いて、それぞれの歯式の該当歯牙に該当記号を附すること。

三、「現在歯」の欄には、歯牙の健否にかかわらず、歯附の数を乳歯、永久歯に区別して記入すること。

四、「喪失歯」の欄には、喪失した永久歯の数を記入すること。

五、「う歯」の欄には、左記によつて、それぞれの歯数を記入すること。

(一)「う歯」は、乳歯、永久歯、に区別し、更にこれを処置歯、未処置歯に区別すること。

(二)永久歯の未処置歯については、左記によつて浅在(C1)深在(C2)残根(C3)に区別すること。

1 浅在うしよく(C1)とは、ほうろう質あるいは象牙質うしよくであつて、歯髄の処置を要しないと認められるもの

2 深在うしよく(C2)とは象牙質うしよくであつて、歯髄の処置を要するが保存しうると認められるもの

3 残根(C3)とは、保存できないと認められるもの

(三)「う歯」の治療中のもの、あるいは処置をしてあるが、うしよくの再発等によつて処置を要するようになつたものは、未処置歯とすること。

(四)処置歯とは、充てん(ゴム充てんを除く。)補てん(金冠、継続歯、架工義歯の支台歯等)によつて歯牙の機能を営みうると認められるものとする。

六、「要抜去歯」の欄には、後継永久歯のほう出に障害を及ぼし、あるいは保存の必要のない乳歯の数並びに残根あるいは転位歯、過剰歯等で抜去を要すると認められた永久歯の数を記入すること。

七、「歯牙沈着物」の欄には、歯石等の沈着が明らかで障害があると認められたものの有無を記入すること。

八、「歯ぎん炎」の欄には、その有無を記入すること。

九、「歯そうのう漏」の欄には、その有無を記入すること。

十、「不正こう合」の欄には、不正こう合であつて、特にきよう正手術、徒手的きよう正、不良習慣の除去等の処置を要すると認められるものの有無を記入すること。

十一、「その他の疾病及び異常」の欄には、異常歯(ハツチンソン氏歯牙、フルニエ氏歯牙、フルニエ氏歯牙、斑状歯、ほうろう質発育不全、き形歯等)、口内炎等を記入すること。

十二、「予防処置」の欄には、予防処置を行つた歯数を記入すること。

十三、予防処置を行つたときは、歯牙欄の該当歯牙に赤印を附すること。

第二号様式　　学徒歯牙検査票

氏名		男・女	年　月　日生	家の職業		学校名	

歯牙　現在歯（例）　記号喪失歯△　う歯 {処置歯 0 / 未処置 {浅在 C 1 / 深在 C 2 / 残根 C 3}}　要抜去歯×

検査年月日	年令	歯牙	歯牙沈着物	歯ぎん炎	歯そうのう漏	不正こう合	その他の疾病及び異常		現在歯 乳歯	現在歯 永久歯	喪失歯	う歯 乳歯 処置歯	う歯 乳歯 未処置歯	う歯 乳歯 合計	う歯 永久歯 処置歯	う歯 永久歯 未処置歯 浅在	う歯 永久歯 未処置歯 深在	う歯 永久歯 未処置歯 残根	う歯 永久歯 未処置歯 計	合計	要抜去歯 乳歯	要抜去歯 永久歯	予防処置 充てん	予防処置 抜歯	予防処置 清掃	予防処置 ふつ化物塗布と銀法	学校歯科医師印	備考
年	月	8 7 6 5 4 3 2 1 1 2 3 4 5 6 7 8						上																				
月		上下 右 E D C B A A B C D E 左 上下						下																				
日		上下 右 E D C B A A B C D E 左 上下 8 7 6 5 4 3 2 1 1 2 3 4 5 6 7 8						計				（　）	（　）		（　）					（　）								
年	年	8 7 6 5 4 3 2 1 1 2 3 4 5 6 7 8						上																				
月		上下 右 E D C B A A B C D E 左 上下						下																				
日		E D C B A A B C D E 8 7 6 5 4 3 2 1 1 2 3 4 5 6 7 8						計				（　）	（　）		（　）					（　）								
年	年	8 7 6 5 4 3 2 1 1 2 3 4 5 6 7 8						上																				
月		上下 右 E D C B A A B C D E 左 上下						下																				
日		E D C B A A B C D E 8 7 6 5 4 3 2 1 1 2 3 4 5 6 7 8						計				（　）	（　）		（　）					（　）								
年	年	8 7 6 5 4 3 2 1 1 2 3 4 5 6 7 8						上																				
月		上下 右 E D C B A A B C D E 上下 左						下																				
日		E D C B A A B C D E 8 7 6 5 4 3 2 1 1 2 3 4 5 6 7 8						計				（　）	（　）		（　）					（　）								

第三号様式

職員身体検査票

学校名										
氏名					男女	年 月 日生			職名	
年令	年	年	年	年	年	年	年	年	年	年
検査年月日	年 月 日	年 月 日	年 月 日	年 月 日	年 月 日	年 月 日	年 月 日	年 月 日	年 月 日	年 月 日
身長	·Cm	·Cm	·Cm	·Cm	·Cm	·Cm	·Cm	·Cm	·Cm	·Cm
体重	·Kg	·Kg	·Kg	·Kg	·Kg	·Kg	·Kg	·Kg	·Kg	·Kg
胸囲	·Cm	·Cm	·Cm	·Cm	·Cm	·Cm	·Cm	·Cm	·Cm	·Cm
坐高	·Cm	·Cm	·Cm	·Cm	·Cm	·Cm	·Cm	·Cm	·Cm	·Cm
栄養										
せき柱 形態										
せき柱 疾病										
胸郭										
眼 視力 右	( )	( )	( )	( )	( )	( )	( )	( )	( )	( )
眼 視力 左	( )	( )	( )	( )	( )	( )	( )	( )	( )	( )
眼 屈折異常 右	( )	( )	( )	( )	( )	( )	( )	( )	( )	( )
眼 屈折異常 左	( )	( )	( )	( )	( )	( )	( )	( )	( )	( )
眼 色神										
眼 眼疾										
耳 聴力 右										
耳 聴力 左										
耳 耳疾										
鼻及びいん頭										
皮膚										
歯牙 う歯 処置歯										
歯牙 う歯 未処置歯										
歯牙 その他の歯疾										
呼吸器										
循環器										
神経系										
言語										
ツベルクリン皮内反応 反応	×( )	×( )	×( )	×( )	×( )	×( )	×( )	×( )	×( )	×( )
ツベルクリン皮内反応 判定										
その他の疾病及び異常										
概評										
主なる既往症										
予防接種										
病気欠勤日数										
指導事項										
検査者印										
被検査者印										

「職員身体検査票」作成上の注意事項

一、用紙の大きさは日本標準規格による紙の仕上げ寸法A列第四番（縦二九・七センチメートル、横二一・〇センチメートル）とすること。

二、縦の区画は十欄とし、なお不足したときは、別票を使用すること。

三、年令は、四月一日において、満十八年一日以上満十九年に達するまでの者を十八年とし、その他は、これに準ずること。

四、「職名」の欄には、学校長、教諭、養護教諭、助教諭、養護助教諭、事務職員、炊夫、給仕、小使等の別を記入する。

五、「栄養」の欄には、栄養状態が不良で、特に注意を要すると認めたときは、「要注意」、その他のものは、「可」と記入すること。

六、「せき柱」の形態の欄には、生理的わん曲のものは、「正」とし、異常のあるものについては、「平背」、「円背」、「亀背」、「側わん」等を区別して記入すること。

七、「胸郭」の欄には、胸郭の異常のあるものについては、「へん平胸」、「漏斗胸」、「はと胸」等を区別して記入すること。

八、「視力」の欄には、裸眼視力を左右別に記入し、きよう正視力を検査したときは、括弧内にきよう正視力を記入すること。

九、「屈折異常」の欄には、近視、遠視、乱視の種別を左右各別に記入し、弱視、失明等は、その旨を「屈折異常」の欄の括弧内に記入すること。

十、「色神」の欄には、その異常の有無を記入すること。

十一、「聴力」の欄には、聴取距離六メートルに達しない者については、その距離を左右各別に記入し、更に精密聴能の検査を行い「難聴」と認められたときは、その旨を左右各別に「難聴」と記入すること。

十二、「う歯」の欄には、処置歯、未処置歯に区別して、それぞれの歯数を記入すること。

十三、（「ツベルクリン」皮内反応）の欄には、発赤の長短径（二重発赤あるときは外径）を、反応欄の×の両側にミリメートル単位で記入すること。

こう結は「I」、二重発赤は「D」水ほうは「V」え死は「N」として、括弧内に記入すること。発赤の長短径の平均値が四ミリメートル以下を(－)、五～九ミリメートルを(±)、十ミリメートル以上を(＋)として判定欄に記入すること。

十四、「その他の疾病及び異常」の欄には、疾病又は異常の病名を記入すること。

十五、「概評」の欄には、身体虚弱又は疾病及び異常を有する者で特に保養の必要があると認めた場合には「要保養」と記入し、その他のものは、「可」と記入すること。

十六、「病気欠勤日数」の欄には、前年度における病気欠勤の延日数を記入すること。

十七、「指導事項」の欄には、身体検査の結果、保健指導を要する事項について具体的に記入すること。

十八、身体検査の結果、検査項目について異常のないときは、当該欄に斜線を引き空欄としないこと。

学校伝染病予防規則

（一九五八年中央教育委員会規則第三十一号）

（伝染病の範囲）

第一条　学校で特に予防しなければならない伝染病の種類は、次のとおりとする。

第一類　コレラ、赤痢（疫痢を含む。）腸チフス、パラチフス、発疹チフス、痘瘡、猩紅熱、ジフテリア、流行性脳脊髄膜炎、ペスト、日本脳炎

第二類　百日咳、麻疹、流行性感冒、流行性耳下線炎、風疹水痘

第三類　肺喉頭その他の器管の開放性結核、癩

第四類　トラホームその他の伝染性眼炎、かいせんその他の伝染性皮膚病

2　コレラ及びペストの疑似症は本規則の適用については、コレラ及びペストとみなす。

3　コレラ及びペスト以外の伝染病が流行し、若くは流行するおそれのあるとき又は、その他学校伝染病予防上必要があると認めたときは、地方教育委員会又は、文教局長は、それぞれその所管学校に対し、本規則中その伝染病に関する規定の全部又は一部を適用することができる。

4　第一類の伝染病の病原体保有者は、本規則の適用については、これをその伝染病の患者とみなす。

（種痘調査等）

第二条　学校長（学長及び園長を含む。）は、児童、生徒又は未成年の学生が入学した場合には、その法定の種痘が終つたかどうかを調査し未了者にはこれを受けさせ、また保護者にその義務を履行させなければならない。

第二期種痘定期にある在学中の児童に対しても同様である。

2　小学校又は小学校に相当する学校の課程の修了証書には当該児童が法定の種痘を終つたかどうかを記入しなければならない。

（第一類患者の昇校禁止）

第三条　第一類の伝染病に罹つた幼児、児童、生徒及び学生（以下「学生」という。）並びに職員等はなおつた後でなければ昇校することはできない。

2　第一類の伝染病病原体保有者は、その病原体消失した後でなければ昇校することはできない。ただし、次の各号の一に該当し、学校医又は保健所が適当と認める予防処置をなしたときは、その限りでない。

一　罹患後の病原体保有者で、その主要症状消退の時より起算して次の期間を経過したもの

イ　赤　痢　十四日

ロ　腸チフス、パラチフス、　二十一日

ハ　ジフテリア、流行性脳脊髄膜炎　七日

二　健康病原体保有者

3　コレラの病原体保有者及び教育委員会において特別の必要があると認めた者については、前項のただし書の規定を適用しない。

（病原体消失の認定）

第四条　コレラ、ジフテリア及び流行性脳脊髄膜炎にあつては、二十

四時間以上、赤痢、腸チフス及びパラチフスにあつては、四十八時間以上の間隔を置いて採取した検査材料について細菌学的検査を行い、引き続いて二回以上病原体の存在を証明しない場合は、病原体消失したものとみなす。

2　前項の検査材料は、コレラ及び赤痢はふん、腸チフス及びパラチフスはふん、尿、ヂフテリア及び流行性脳脊髄膜炎は、鼻、咽喉部の粘液とする。

（第二類患者の昇校制限）

第五条　第二類の伝染病に罹つた職員、学生は次に該当するのでなければ昇校することはできない。ただし、病況によつて学校医又は保健所がその伝染病の予防上支障がないと認めたときは、この限りでない。

一　百日咳にあつては、特有の咳嗽消失したもの
二　麻疹にあつては、主要症状消退後七日を経過したもの
三　流行性感冒にあつては、主要症状消退後三日を経過したもの
四　流行性耳下線炎にあつては耳下線の腫脹消失したもの
五　風疹にあつては、主要病状消退後五日を経過したもの
六　水痘にあつては、カサブタ全部脱落したもの

（第三類又は第四類患者の昇校禁止又は制限）

第六条　第三類又は第四類の伝染病に罹つた職員学生は、治癒した後でなければ昇校することはできない。ただし、肺喉頭の開放性結核以外の伝染病にあつては、学校医又は保健所が適当と認める予防措置をなし伝染の虞がないと認めたときは、この限りでない。

（患者居住の職員等の昇校制限）

第七条　職員学生で第一類又は第二類の伝染病患者のある家に居住するもの又は該病毒に感染の疑のあるものは、予防処置施行の状況その他の事情により学校医又は保健所が伝染の虞がないと認めた後でなければ昇校することができない。

（職員等申告義務）

第八条　職員等は学校内で第一条に掲げる伝染病患者又はその疑のある者若しくはその死者を発見したときは、ただちにこれを当該学校長に申告しなければならない。

2　学校長は、必要と認めるときは、当該学校医又は保健所に診断させ次に掲げる処置をしなければならない。

一　第一類の伝染病にあつては、すみかにその地区の警察官又は市町村長に通報し消毒、隔離、その他適当の処置をしなければならない。
二　第二類の伝染病にあつては、第五条各号の一に該当する者及び学校医又は保健所において予防上支障がないと認めた者のほか昇校を停止し消毒その他適当の処置をしなければならない。
三　第三類の伝染病にあつては、肺喉頭の開放結核以外の伝染病の患者で学校医及び保健所が適当と認める予防処置をした者又は病況によつて伝染の虞れがないと認めた者のほかは昇校を停止して消毒その他適当な処置をなさなければならない。
四　第四類の伝染病にあつては、学校医又は保健所が適当と認める予防処置をした者又は病況によつて伝染の虞がないと認めた者のほかは昇校を停止しなければならない。

3　学校内に第一条に掲げる伝染病毒に汚染し、若しくは汚染の疑が

ある物件があるときは、消毒、その他適当の処置をしなければならない。

（学校長の行う予防措置）

第九条　第三条第二項ただし書及び第六条ただし書によつて昇校する職員学生等がある場合は、学校長は学校医又は保健所の意見を徴し必要と認めるときは、次の各号に準拠して予防処置をしなければならない。

一　病原体保有者又は患者の座席を健康者の座席とはなすこと。

二　病原体保有者又は患者の使用する器具、書籍を専用とすること。

三　病原体保有者又は患者の座席、器具、書籍等を時々消毒すること。

四　病原体保有者又は患者の使用した衣類、器具、寝具、書籍その他の物を他人に交付し、又は使用させる場合には、それを消毒すること。

五　ヂフテリア、脳脊髄膜炎の病原体保有者にあつては、前各号に掲げる予防処置をなすほか、次の事項を遵守させること。

イ　せき、くしやみの際は、布片、紙片等をもつて口鼻を覆うこと。

ロ　鼻汁、唾痰の附着した布片、紙片その他鼻汁唾痰に汚された物を消毒し又は便池に投棄すること。

六　赤痢、腸チフス、パラチフスの病原体保有者にあつては、本条第一号から第四号まで掲げる予防措置をなすほか、次の事項を遵守させること。

イ　便所は専用とし、上せいの都度便池に消毒薬を投入すること。

ロ　便所の手洗水には、消毒薬を用い上せいの都度消毒すること。

ハ　ふん、尿に汚された物はこれを消毒すのこと。

七　トラホームその他の伝染性眼疾の患者にあつては、本条第一号から第四号までに掲げる予防処置をなすほか眼脂を拭うに清潔な専用の布片類を使用させること。

（学校の閉鎖又は休業）

第十条　学校内、学校所在地及びその附近で第一類又は第二類の伝染病が発生し、その状況により必要と認めるときは別段の規定がある場合を除くほかは、学校長が学校医又は保健所の意見を徴して学校の全部若しくはその一部を閉鎖又は休業させなければならない。

2　前項の場合には学校長は、ただちに任命権者に届け出なければならない。

（清潔方法の施行義務）

第十一条　学校所在地若しくはその附近において第一類又は第二類の伝染病が発生したときは、その状況によつて適当な清潔方法を施行しなければならない。

（学校等の清潔方法）

第十二条　伝染病のため閉鎖した学校若しくはその舎室は、再びこれを使用する前に十分な清潔方法を施行しなければならない。

（通学の区域等内発生時の昇校停止）

第十三条　学生の通学区域内若しくは職員等の居住地で、第一類又は第二類の伝染病が発生しその状況によつて必要と認めるときは、学校長は、学校医又は保健所の意見を徴してその地域から通学する学生及び職員等の昇校を停止することができる。

2　前項の規定は第一類又は第二類の伝染病流行地に滞在した学生及び職員等に対してこれを準用する。

3　前二項の場合においては学校長はただちにこれを任命権者に届け出なければならない。

（寄宿舎内発生時の報告義務）

第十四条　学校の寄宿舎に第一類の伝染病が発生したときは、政府立学校長又は地方教育委員会及び私立学校長は次の各号によつて文教局長に報告しなければならない。

一　初発の場合には病名、発病の日（不明のときは診断決定の日）患者数、疾病者の経過、感染経路、発病以来の処置、将来執ろうとする処置その他参考となるような事項について遅滞なく報告しなければならない。

二　続発した場合には、病名、発病の日（不明のときは、診断決定の日）患者数、初発報告以外時にとつてきた処置、その他参考となるような事項について報告しなければならない。ただし、多数の患者が連続発生するときは、即時報告しなければならない。

三　前二号の患者の転帰は、治癒、死亡その他（休学、退学）等に分けて報告しなければならない。

（学校長の遵守事項）

第十五条　学校長は、学校の設備について第三類及び第四類の伝染病予防のために次の事項を遵守しなければならない。

一　手洗水は、流出装置にすること。

二　共同手拭を備えないこと。

三　学生の数に応じて液体を入れた適当箇数の痰壷を配置し痰壷内の唾痰は消毒した後これを便池に投棄すること。

四　宿直、その他のために使用する共同寝具はこれを各自専用の白布又は使用者を改めるごとに洗濯した白布で被包すること。

（学校医の代理）

第十六条　本規則中、学校医の職務は学校医がいないとき若しくは止むを得ない場合は適宜他の医師に行わせなければならない。

（清潔方法）

第十七条　本規則によつて行う清潔方法は次のとおりとする。

一　コレラ、赤痢、腸チフス及びパラチフスについては、井戸側、井戸流、台所流、下水溝、汚水溜、便所、芥溜等不潔な場所を掃除し、必要がある場合には、その修理及び井戸浚をなし、かつ、蠅の駆除及び蠅の発生し易い場所の掃除を行うこと。

二　疱瘡、猩紅熱、ヂフテリア及び流行性脳脊髄膜炎については衣類、寝具、器具、玩具、畳、敷物等を清潔にすること。

三　発疹チフスについては、しらみの駆除を行いかつ衣類、寝具等のしらみの棲息し易い物件を清潔にすること。

四　ペストについてはそ族、のみ及び南京虫の駆除を行い、かつ、衣類、寝具、畳、敷物、床下等のみ及び南京虫の棲息し易い物件及び場所を清潔にし、及び掃除すること。

五　第二類、第三類及び第四類の伝染病については、衣類、寝具、書籍、器具、玩具、畳、敷物を清潔にすること。

六　前各号のほか必要に応じ次の清潔方法を行うこと。
イ　土地及び建物の内外を掃除すること。
ロ　室内の採光及び換気を十分にすること。
ハ　畳、敷物等を日光にさらすこと。
ニ　床下は換気を十分にし湿気著しい場所はこれを埋め又は排水を十分にすること。

2　第一類及び第二類の伝染病に対する清潔方法は、そ族昆虫等の駆除を除くほか消毒方法の施行をおわつた後これを施行しなければならない。

3　清潔方法を施行する場合においては、濫りに消毒薬を撒布してはならない。

4　伝染病の流行に際し溝渠を掃除する場合において必要なときは、か製石灰水、普通石灰水又はクロール石灰水で消毒した後浚渫しなければならない。

5　消毒方法の施行にして生じたをでい、塵芥の類は、適当の運搬器具に入れ一定の場所に投棄し又は焼却しなければならない。

(消毒方法)

第十八条　消毒方法の要項は次のとおりとする。

一　消毒方法は次の五種とする。
イ　焼　却
ロ　蒸気消毒
ハ　薬物消毒
ニ　日光消毒
ホ　煮沸消毒

二　蒸気消毒には、流通蒸気を用い、なるべく消毒器内の空気を排除し、一時間以上摂氏百度以上の湿熱に触れさせなければならない。蒸気消毒を施行しようとするときは、次の事項に注意しなければならない。
イ　消毒により褪色の虞ある物は、蒸気消毒を避け、他物に染色の虞ある物は、他物と混じて消毒を行わないこと。
ロ　衣類は、予め袖又は衣嚢を検索し、爆発又は発火し易い物件あるときは、これを取りだすこと。

三　煮沸消毒は、消毒すべき物件を全部水に浸漬し沸騰後三〇分間以上煮沸しなければならない。
煮沸消毒の施行に関しては、前号イを準用する。

四　薬物消毒に用いる薬品並びにその製法及び用法は次のとおりである。
イ　石炭酸水
（防疫用石炭酸　三分
水　九十七分）
石炭酸水を製するには、定量の防疫用石炭酸に少量の湯又は水を加え攪拌又は震蕩しながら徐々に水を注ぎ、定量にしなければならない。
石炭酸水は、使用の都度これを震蕩しなければならない。
ロ　クレゾール水
（クレゾール石験液　三分
水　九十七分）
クレゾール水を製するには定量のクレゾール石験液に定量の水を加えなければならない。クレゾール水は、使用の都度これを震蕩しなければならない。

ハ　昇こう水

（昇こう一分、普通食塩一分
水千分）

昇こう水を製するには、定量の昇こう及び普通食塩を定量の水に溶解し、又は昇こう錠（一錠中昇こう〇・五グラムを含む）を一錠について水約五百グラムの割合に溶解させなければならない。

昇こう水は、金属製でない容器にこれを貯蔵し、その昇こう錠を用いないものは、スサレツトフクシンSその他適当の色素を加え著色し識別しやすいようにすることが必要である。

ニ　か製石灰、少量の水を注ぐと熱を発し崩壊するもの

か製石灰末、か製石灰に少量の水を加え粉末にしたもの、か製石灰末を製するには、使用に臨んで、か製石灰に少量の水を加え粉末にしなければならない。

石灰乳

（か製石灰　二分
水　八分）

石灰乳を製するには、定量のか製石灰に徐々に定量の水を加え十分攪拌しなければならない。

石灰乳は、使用に臨んで、これを製し且使用の都度これを攪拌しなければならない。

か製石灰を得ることが困難な場合に限つて倍量の普通石灰でもつてこれにかえることができる。

ホ　クロール石灰水

（クロール石灰水　五分
水　九十五分）

クロール石灰水の製法及び用法は、石灰乳の例による。

ヘ　フォルマリン水

（フォルマリン　一分
水　三十四分）

フォルマリン水を製するには、使用に臨んで定量のフォルマリンに定量の水を加えなければならない。

ト　フォルムアルデヒード

フォルムアルデヒードは、フォルマリンを噴霧発生させ、又は適当の装置によりこれを発生させなければならない。

フォルムアルデヒードの使用については、次の事項に注意しなければならない。

(1) 消毒函内又は室内の容積二・七立方メートルについてフォルマリン四十グラム以上を噴霧させ、又はフォルムアルデヒードガス十五グラム以上を発生させると同時に約百グラム以上の水を蒸発させるような比例でもつて処置した後七時間以上密閉しておかなければならない。

(2) 物件の内部に至るまで消毒する必要があるものには、真空装置によるのでなければこれを使用してはならない。真空装置による消毒時間は、その処置によりこれを定めなければならない。

(3) 気密に閉鎖することができる消毒函内又は土蔵造り、洋風建物等で戸扉、窓穴を密閉することのできる室内でなければ

これを使用してはならない。

五　日光消毒は、日光に曝露するとともに十分に空気の流通を図らなければならない。

日光の強度、消毒物件の性質により数時間から数日間継続しなければならない。

六　コレラ、赤痢、腸チフス及びパラチフスについて消毒方法の施行を必要とするものは、おおむね次のとおりである。

イ　ふん尿、吐しや物及びその処置に用いた器具、布片、紙片等

ロ　死　体

ハ　患者及び死体の用に供した衣類、寝具、運搬器具等

ニ　看護人その他病毒に接触した者及びその使用した衣類、寝具等

ホ　患者の用に供した飲食器具、患者の飲食物、残さ等

ヘ　病室の畳、敷物等

ト　便所、手洗鉢等

チ　台所、台所器具、井戸、水槽等

リ　芥溜、下水溝等

七　痘瘡、猩紅熱、麻疹、風疹及び水痘について消毒方法の施行を必要とするものは、おおむね次のとおりである。

イ　鼻汁、唾液、膿汁、かさぶた落屑及びその処置に用いた器具、布片、紙片等

ロ　死　体

ハ　患者及び死体の用に供した衣類、寝具、運搬器具等

ニ　看護人その他病毒に接触した者及びその使用した衣類、寝具等

ホ　患者の用に供した飲食器具、その他の器具、書籍等

ヘ　病室の畳、敷物、建具、側壁等

八　発疹チフスについて消毒方法の施行を必要とするものは、おおむね次のとおりである。

イ　鼻汁、唾痰及びその処置に用いた器具、布片、紙片等

ロ　死　体

ハ　患者及び死体の用に供した衣類、寝具、運搬器具等

ニ　看護人その他病毒に接触した者及びその使用に供した衣類寝具等

ホ　病室の畳、敷物等

九　ヂフテリア、流行性脳脊髄膜炎、百日咳、流行性感冒及び流行性耳下腺炎について、消毒方法の施行を必要とするものはおおむね次のとおりである。

イ　鼻汁、唾痰及びその処置に用いた器具、布片、紙片等

ロ　患者の用に供した衣類寝具等

ハ　看護人及びその使用した衣類寝具等

ニ　患者の用に供した飲食器具その他の器具、書籍、玩具等

ホ　病室の畳、敷物、建具、側壁等

十　ペストについて消毒方法の施行を必要とするものは、おおむね次のとおりである。

イ　血液、鼻汁、唾液、膿汁及びその処置に用いた器具、布片、紙片等

ロ　死　体

ハ　患者及び死体の用に供した衣類、寝具、運搬器具等
ニ　看護人その他病毒に接触した者及びその使用した衣類、寝具等
ホ　患者の用に供した飲食器具、その他の器具、書籍等
ヘ　ねずみの棲息、交通する場所
ト　病室の畳、敷物、建具、側壁等

十一　消毒方法の応用は、おおむね次のとおりである。

イ　患　者

患者は、治癒したとき入浴させ、衣類を改めさせなければならない。但し温湿布で拭浄し、入浴にかえることを妨げない。入浴に使用した水の消毒は、本号中汚水の消毒による。

ロ　死　体

死体を棺におさめるには、その衣類に石炭酸水、クレゾール水若しくは昇こう水を十分撒布し、又は石炭酸水、クレゾール水若しくは昇こう水に浸漬した布片で死体を包み、又は棺内に普通石灰をつめなければならない。

ハ　ふん尿、吐しや物、その他の排せつ物

ふん尿、吐しや物その他の排せつ物には、同容量の石炭酸水、若しくはクレゾール水、その容量の三十分の一以上の、か製石灰末又はその容量の五分の一以上の石灰乳若しくは、クロール石灰水を加え、十分攪拌した後二時間以上放置し、又はこれを煮沸し若しくは焼却させなければならない。

昇こう水及びフォルマリン水は、ふん尿、吐しや物その他の排せつ物の消毒に適しない。

ニ　病毒に接触した者

看護人、消毒方法の施行又は患者、死体、排せつ物等の運搬に従事した者、その他病毒に接触した者は、時々又はその都度手足を消毒し、入浴しなければならない。手足の消毒には石炭酸水、クレゾール水又は、昇こう水を使用しなければならない。

ホ　衣類、寝具、敷物、布片等蒸気消毒若しくは煮沸消毒を行い、又は石炭酸水、クレゾール水若しくはフォルマリン水に二時間以上浸漬し、又はフォルムアルデヒードを使用しなければならない。絹布、毛織物、綿入布団、羽根布団等はなるべく蒸気消毒を行い、又はフォルムアルデヒードを使用しなければならない。

ヘ　患者、死体、病毒に汚染物件の運搬器具

患者、死体又は病毒に汚染し若しくは汚染の疑のある物件を運搬したかご、釣台、車等は使用の都度石炭酸水、クレゾール水、昇こう水若しくはフォルマリン水で拭浄し、又はこれを撒布しなければならない。

ト　図書、書籍等

フォルムアルデヒードを使用しなければならない。

チ　硝子器、陶器、磁器、鉱製品、竹木製品等

石炭酸水、クレゾール水、昇こう水、石灰乳若しくはフォルマリン水に浸漬し又は石炭酸水、クレゾール水、昇こう水若しくはフォルマリン水で、拭浄し、又はこれを撒布し、汽熱にたえるものは、蒸気消毒若しくは煮沸消毒を行わなければならな

い。

飲食器具、玩具、金属製品等の消毒には昇こう水を使用してはならない。

リ　革類、革製品、漆器その他の塗物類、ゴム製品、セルロイド製品、ゴム附品、糊附品、膠附品、紙製品、毛皮、象牙、べつ甲、角等

石炭酸水、クレゾール水、若しくはフォルマリン水で拭浄し若しくはこれを撒布し又はフォルムアルデヒードを使用しなければならない。

蒸汽消毒及び煮沸消毒は、以上の物件の消毒には適しない。

ヌ　校舎、寄宿舎その他の室内各部

石炭酸水、クレゾール水、昇こう水若しくはフォルマリン水で拭浄し、又はこれを撒布しなければならない。ただし密閉することができる場合は、フォルムアルデヒードを使用することができる。消毒後は、日光の射入、空気の流通を良くして乾燥させることが必要である。

ル　便所、芥溜、溝渠等

便所は石炭酸水、クレゾール水、若しくはフォルマリン水で拭浄し、又はこれを撒布し、便所、肥料溜等には、か製石灰末石灰乳又はクロール石灰水を注ぎ、十分攪拌しなければならない。ただし、ふん尿は消毒後一週間経過するのでなければ肥料に供することはできない。芥溜及び土地には石灰乳又はクロール石灰水を、溝渠には、か製石灰乳又はクロール石灰水を注ぎ、塵芥は、これを焼却しなければならない。

か製石灰末は、乾燥した場所の消毒には適しない。

ヲ　井戸、水槽、汚水等

井戸、水槽、汚水等には、水量の五十分の一のか製石灰を乳状としたもの若しくは水量の五百分の一のクロール石灰水を投入し、十分攪拌した後十二時間以上放置し、又は適当の装置によつて熱蒸汽を通し、三十分間以上沸騰させなければならない。

昇こう水は、飲料水に滲透するおそれのある場所の消毒にはこれを使用してはならない。

ワ　船　舶

船室の消毒は本号ヌに準じなければならない。船底水には、その容量の二百分の一のか製石灰又はその容量の二十分の一のクロール石灰水を加え、二十四時間を経過した後、これを汲み出さなければならない。

カ　動物の死体の消毒後再び用に供する目的のない物件又は消毒費用に比較して廉価な物件はこれを焼却しなければならない。

ヨ　衣類、寝具、器具、敷物、図書類その他の物件で焼却、蒸汽消毒、煮沸消毒、薬物消毒を施行し難いものは、日光消毒をしなければならない。

附　則

この規則は、公布の日から施行する。

学校の保健に関する保健所の協力等の基準

（一九五八年中央教育委員会規則第三十二号）

（趣旨）

第一条　教育委員会法（一九五八年立法第二号）第百三十八条の規定により、教育委員会が行政主席に対し、保健所の協力を求め、また保健所が教育委員会に助言と援助を与える場合の基準に関してはこの規則の定めるところによる。

（関係保健所）

第二条　教育委員会が、その所管する学校の保健に関し、前条の協力を求め、また、同条の援助を受ける保健所は、当該学校の所在する地域を所管する保健所とする（以下この協力関係に立つ教育委員会又は学校及び保健所を、それぞれ相互に「関係委員会」又は「関係学校」及び「関係保健所」と称する。）

（協力を求める事項）

第三条　教育委員会は、次に掲げる事項について、行政主席に対し関係保健所の協力を求めるものとする。

一　学校給食のための調理にもっぱら従事する職員のふん便検査その他の精密検査を行うこと。

二　学校身体検査の実施に関する技術的指導と援助を与えること。

三　児童又は生徒の保健に関係のある職員の特殊な訓練と指導を行うこと。

四　精密検診を要する事例がある場合に、児童生徒又は職員の精密検診を行い、必要に応じさらにその事後の措置をとること。

五　学校寄生虫駆除の実施及び駆虫薬の購入に関すること。

（助言を与える事項）

第四条　保健所は関係学校の環境の衛生に関し次に掲げる事項について関係委員会又は関係学校に助言を与えるものとする。

一　給水及び給水施設の衛生に関すること。

二　下水及び汚物の処理並びにこれらの施設に関すること

三　ねずみ族及びこん虫の駆除に関すること。

四　校舎、寄宿舎、運動場、プール及びこれらの附属施設の衛生に関すること。

五　食料品の選択及び配達、貯蔵、調理、供食その他の取扱上の衛生に関すること。

六　食品の調理施設の衛生に関すること。

2　保健所は前項の助言を与えるために必要があるときは、当該職員をして関係学校を視察させるものとする。

（援助を与える事項）

第五条　保健所は次に掲げる事項について、関係委員会に援助を与えるものとする。

一　学校給食に関し、参考資料を提供し、及び技術上の援助を与えること。

二　学校の保健に関し、情報を与え、及び視覚聴覚教育の資料を提供すること。

2　保健所は保健に関する特殊な訓練又は指導を行う場合には関係教育委員会に対し、その所管に属する学校の関係職員の参加を求めることができる。

（企画及び実施の協議）

第六条　教育委員会は、前三条に規定する事項に関しその企画及び実施について、あらかじめ行政主席と協議するものとする。

2　地方教育委員会は、前項の規定により、行政主席と協議すべき場合には文教局長にその協議を依頼することができる。

附　則

この規則は、公布の日から施行する。

結核性疾患教員の休暇並びに補充教員に関する規則

（一九五八年中央教育委員会規則第三十三号）

第一条　この規則は、教育委員会法（一九五八年立法第二号）第百三十六条の規定により学校教育法第一条に規定する公立の学校（幼稚園を除く。）に勤務する校長、教諭、学校看護婦（以下「教員」という。）の結核性疾患教員の休暇及びその補充教員に関して定める。

第二条　地方教育委員会は、学校の教員（補充教員を除く。）で結核性疾患のため長期の療養を要すると認めるのに対しては、文教局長と協議の上、二カ年以内の療養のための休暇を命ずるものとする。ただし、特に必要があると認めたときは、予算の範囲内においてその休暇を三年まで延長することができる。

2　前項の規定により休暇を要すると認められた者に対しては、休暇の期間中給与の全額を支給する。

第三条　地方教育委員会は、前条の規定による休暇の期間中その補充教員を任命することができる。

第四条　中央教育委員会は、地方教育委員会に対し、前二条に規定する教員の給与のための補助金を、第八条に規定する審査の結果に基いて交付する。

第五条　地方教育委員会は、その所管する公立学校の教員で結核性疾患のため長期の療養を要すると認める者がある場合は、次に掲げる申請書類を文教局長に提出しなければならない。

一　申請書
二　医師の診断書（レントゲン写真を含む。）
三　学校長意見書
四　その他文教局長が必要と認める書類

第六条　中央教育委員会は、結核性疾患教員の休暇に関する事務を公正にするために、文教局に、結核性疾患教員に関する審査会（以下「審査会」という。）をおく。

2　審査会の委員は、文教局職員の中から文教局長が任命する。

第七条　審査会は、社会局長の意見を聴取しなければならない。

第八条　審査会は、社会局「係医官」が診断書及びレントゲン写真等についての審査の結果、長期の療養を要するとの証明のあつた者に対して休暇の期間を決定する。

2　療養のための休暇を得ている教員で、出勤を願いでる場合もまた前項と同様な審査によらなければならない。

第九条　学校長は、当該学校の結核性疾患教員の休養期間中、三カ月に一回主治医の診断書を添えて、療養状況を教育長を通じて文教局長に報告しなければならない。

第十条　文教局長は、審査会において審査の結果、療養中の者で、療養成績不良と査定された者に対しては、補助金の交付を停止することができる。

第十一条　この規則の実施に必要な事項は文教局長がこれを定める。

附　則

1　この規則は、公布の日から施行し、一九五八年四月一日から適用する。

2　結核性疾患教員の休暇並びに補充教員に関する規則（一九五七年中央教育委員会規則第二十号）は、廃止する。

公立学校教育職員給料補助金交付に関する規則

（一九五八年中央教育委員会規則第三十四号）

第一条　この規則は、教育委員会法（一九五八年立法第二号）第五編第百三十六条の規定に基き、公立学校教育職員の給料補助金の交付について定める。

第二条　義務教育を行う公立の小学校及び中学校に勤務する教育職員の給料補助金は、文教局長の認定した現員現給の全額とする。

第三条　地方教育区の教育職員の現給の平均給が全琉の平均給を超えた場合は全琉平均に近づけるよう引下げ平均給以下については、全琉平均に近づけるよう予算の範囲内で引上げを考慮する。

第四条　公立高等学校に勤務する教育職員の給料補助金は、文教局長の認定した現員現給の全額とする。ただし、全日制課程においては42¢×在籍×（1－0.08）の額を差引いた額を補助する。

第五条　公立学校教育職員の給料補助金は、その月の補助額申請書を毎月十五日までに文教局長に提出された資料に基いて割当をなす。

第六条　地方教育委員会は、毎月十日までに前月分の支出負担行為済報告書を文教局長に提出する。

附　則

1　この規則は、公布の日から施行し、一九五八年四月一日から適用する。

2　公立学校職員給料補助金割当方式（一九五七年中央教育委員会告示第十六号）は、廃止する。

政府立学校入学料授業料及び入学検定料徴収規則

（一九五八年中央教育委員会規則第十三号）

第一条 政府立学校の入学料授業料及び入学検定料は、この規則の定めるところによりこれを徴収する。

第二条 入学料及び授業料は、次の額によらなければならない。ただし、特別の事由がある場合は、中央教育委員会においてその額を増減することができる。

一 全日制課程

入学料 八三仙 入学検定料 一弗

授業料 四二仙 （月額）

二 定時制課程

入学料 四二仙 入学検定料 一弗

授業料 二五仙 （月額）

第三条 入学料授業料及び入学検定料は、現金で納付する。入学料は政府立学校相互の転学者については、これを徴収しない。

第四条 授業料は毎月授業日より十日以内において学校長指定の日に納額告知書により学校の出納官に納付しなければならない。ただし年度内の授業料は、前納することができる。

2 前納した場合退学、転学又は休学等により過納となつたときは、還付する。

3 学校の出納官は、徴収した入学料授業料及び入学検定料を毎月の十三日までに政府所定の納付書によつて琉球銀行又はその支店に納付しなければならない。

第五条 退学、転学又は休学する者については、その月までの授業料を徴収する。ただし、政府立学校相互の転学者については、その月の授業料を転学先の学校において重復徴収しない。

第六条 中央教育委員会は、特別の事由があると認めたときは、授業料の全額若しくはその一部を免除し、又は徴収を猶予することができる。

第七条 学校がその月の全日に亘り授業を行わなかつた場合は、授業料を徴収しないことができる。

第八条 第六条の規定に該当すると学校長が認めた場合、学校長は、学年、氏名、年令、学業成績、人物評定、親権者又はその代理人の職業、収入等市町村長の証明書を附して、その免除又は猶予を中央教育委員会に申請するものとする。

第九条 学校長は、入学料及び授業料の納付を怠る者に対しては、出席を停止し、滞納三ケ月に及ぶときは、学籍を除くことができる。

附 則

この規則は、公布の日から施行し、一九五八年四月一日から適用する。

公立高等学校授業料等徴収認可基準

(一九五八年中央教育委員会規則第十四号)

第一条 公立高等学校の入学料及び授業料の徴収規則の認可の基準は、この規則の定めるところによる。

第二条 入学料及び授業料は、次の額によらなければならない。ただし、特別の事由がある場合は、中央教育委員会の認可を得て増減して定めることができる。

一 全日制課程

入学料 八三仙から一弗六七仙まで

授業料 四二仙から七六仙まで(月額)

二 定時制課程

入学料 三三仙から五〇仙まで

授業料 一七仙から三三仙まで(月額)

第三条 入学料及び授業料は、現金で納付させるものとする。

2 入学料は、同一教育委員会の設置する高等学校相互の転学者については、これを徴収してはならない。

第四条 授業料は、毎月授業日より十日以内において学校長が指定した日までに、教育委員会の会計係に納付させなければならない。ただし、年度内の授業料は、前納することができる。

2 前納した場合退学、転学、又は休学等により過納となつたときは、還付しなければならない。

3 教育委員会の会計係は、徴収した入学料及び授業料を納付期日後すみやかに銀行又はその他に預貯金し、その出納及び経理については公金取扱い規則によらなければならない。

4 前項の公金取扱い規則は当該教育委員会が定めなければならない。

第五条 退学、転学又は休学する者については、その月までの授業料を徴収しなければならない。ただし、同一教育委員会の設置する高等学校相互の転学者については、その月の授業料を転学先の学校において重複して徴収してはならない。

第六条 教育委員会は、特別の事由があると認めるときは、授業料の全部若しくは一部を免除し、又は徴収を猶予することができる。

第七条 授業料は、その学年を通じて十一月分を超えて徴収してはならない。

第八条 第六条に該当すると学校長が認めた場合、学校長は、学年、氏名、年令、学業成績、人物評価、親権者又はその代理人の職業、収入等市町村長の証明書を附して、その免除又は猶予を教育委員会に申請するものとする。

第九条 学校長は、入学料及び授業料の納付を怠る者に対しては、出席を停止し、滞納三月に及ぶときは、学籍を除くことができる。

附 則

この規則は、公布の日から施行し、一九五八年四月一日から適用する。

政府立学校施設使用に関する規則　（一九五八年中央教育委員会規則第十五号）

第一条　政府立学校施設（校地、校舎及びその他の施設。以下「学校施設」という。）の使用については、学校教育法（一九五八年立法第三号）第八十七条及び社会教育法（一九五八年立法第四号）第六章並びに同法施行規則（一九五八年中央教育委員会規則第二十四号）その他の法令に特別の定めがない限りこの規則によらなければならない。

第二条　学校長は次の各号の一に該当するものについては、学校施設の使用を許可することができる。
一　ＰＴＡ、保護者会、学校後援会及び同窓会等の学校目的達成のための行事
二　学校が他のものと共催し、又は後援する研究会
三　福祉を目的とする校内教職員の集会
四　教育関係団体の主催する体育行事
五　中央教育委員会の教育計画の行事
2　学校長は、前項の規定により学校施設の使用を許可した場合には、使用者の氏名、時期、期間、利用した施設及び集合人員を文教局長に報告しなければならない。

第三条　学校長は、前条第一項各号に定めるもの以外のもので次の各号の一に該当するものについて学校施設を使用させる場合は、文教局長の許可を得なければならない。
一　教育関係団体以外の主催する体育行事
二　産業、技術に関する講習会又は展示会
三　青年及び婦人団体のレクリエーションに関する行事
四　教育、学術、芸術、文化及び宗教に関する行事
五　福祉を目的とする教職員の集会

第四条　個人又は団体が前二条の各号の一に該当しない事項で学校施設を使用しようとする場合には、予め、中央教育委員会の書面による許可を得なければならない。
2　前項の許可申請は、当該学校長を通じてすることができる。

第五条　前条の許可を得ようとする場合には、次の事項を記載した書類を添えて申請しなければならない。
一　使用者（団体の場合は、その代表者。）の氏名、年令、住所及び職業
二　使用目的
三　使用する施設
四　時期及び期間
五　集合人員
六　計画書

附　則

1　この規則は公布の日から施行し、一九五八年四月一日から適用する。
2　政府立学校施設使用に関する規則（一九五七年中央教育委員会規則第三十五号）は、廃止する。

教育補助金交付規程

（一九五八年中央教育委員会規則第十九号）

第一条　教育委員会法（一九五八年立法第二号）の第百三十六条に規定する教育補助金の交付についてはこの規程の定めるところによる。

第二条　文教局長は決定された補助金の割当額に基き地方教育委員会の会計係に補助金を交付する。ただし文教局長が必要と認めるときは分割して交付することができる。

第三条　地方教育委員会は、あらかじめ会計係の氏名及び使用印鑑の届けを文教局長に提出しなければならない。

第四条　地方教育委員会は、補助金の決定通知に従い、補助金の請求書（様式一号）を文教局長に提出しなければならない。

第五条　地方教育委員会は毎月十日までに前月分の支出負担行為済報告書（様式二号）を文教局長に提出しなければならない。

附　則

この規程は、公布の日から施行し、一九五八年四月一日から適用する。

教育補助金補助請求書

年　　月　　日　　　　〇〇教育委員会会計係

氏名　　　　　　　　印

琉球政府

住所

支出官殿

$

上記金額は、内訳書のとおり教育委員会法に基く教育補助金として請求します。

内　　訳

事　　項	補助金額	摘　　要

年　　月　　日

上記の補助金は、教育委員会法に基く正当な債務の支払なることを認証する

教育長　　　　　　　　認証官

年　　月　　日

上記の補助金は確実に領収しました。

〇〇教育委員会

会計係　　　　　　　　印

（様式2号）

○　月分教育補助金支出負担行為済報告書

年　　月　　日

○○教育委員会

文教局長殿

補助金の交付目的別	受領済額		支出負担行為済額		残高
	本月分	累計	本・月分	累計	

校舎建築に関する基準

（一九五八年中央教育委員会規則第二十五号）

第一条　校舎（学校の使用する一切の建物を含む。）建築は、建築基準法（一九五二年立法第六五号）其の他関係法令に定めるもののほかこの基準の定めるところによる。

第二条　校舎は、堅ろうで、学習上、保健衛生上及び管理上適切なものでなければならない。

第三条　教室の床面の広さは、少くとも児童生徒一人当り、一、二平方メートルとし、一教室の広さは、四〇平方メートルを下つてはならない。

第四条　並列する校舎の対向する壁面間の距離は一〇メートル以上とし、二階以上の校舎の場合は次のとおりとする。

一　東西に並列する場合は、東側の建物の軒高の二分の一に一〇メートルを加えた距離以上

二　南北に並列する場合は、南側の建物の軒高の二倍の距離以上

第五条　教室の主採光窓は床面八〇センチメートルを有効とする。

第六条　木造で延べ面積が一〇平方メートル以内の畜舎、物置、納屋その他これらに類する建築物の主要な部分である柱の小径は九センチメートル以上でなければならない。

附　則

この規則は、公布の日から施行し、一九五八年四月一日から適用する。

公立学校教科書補助金割当基準

（一九五八年中央教育委員会規則第二十六号）

第一条　公立学校教科書補助金（以下「補助金」という。）の割当は この基準の定めるところによる。

第二条　補助金の目的

この補助金は小学校及び中学校に在学する児童生徒の中で政府から生活扶助を受けている家庭の児童生徒（以下「扶助家庭児童生徒」という。）及び生活困窮の家庭の児童生徒（以下「準扶助家庭の児童生徒」という。）に地方教育区が教科書を購入して貸与する目的で補助する。

第三条　測定単位

補助金の割当に用いる測定単位の数値は次表のとおりとする。

測定単位の種類	測定単位の算定の数値	表示単位
扶助家庭児童生徒数	最近の調査による該当児童生徒数	人
準扶助家庭の児童生徒数	最近の調査による小学校、中学校の児童生徒数から扶助家庭の児童生徒数を差引いた数の一〇％に相当する児童生徒数	人
小学校、中学校で使用している学年別教科書代	最近の調査による学年別教科書代	円

第四条　補正及び補正係数

補助金の割当に用いる補正及び補正係数は次の表のとおりとする。

補正の種類	補正係数
維持能力の補正	当該市町村教育区の維持能力補正係数とする。この算定は教育行政補助金の額の算定に用いた係数と同一とする。

第五条　単位費用

各々の測定単位に係る単位費用の算定の方法は次の通りとする。

1　扶助家庭の児童生徒にかかる単位費用は、当該学年の教科書代の六〇％とする。

2　準扶助家庭の児童生徒にかかる単位費用は、予算額から全琉扶助家庭児童生徒数の分を差引いた額を補正された全琉の準扶助家庭児童生徒数で除した額とする。

第六条　交付額の算定方法

1　扶助家庭の児童生徒の分

学年別の単位費用に学生別児童生徒数を乗じた額の合計額に補正係数を乗じた額をその教育区の交付額とする。

2　準扶助家庭児童生徒の分

単位費用に準扶助家庭児童生徒数を乗じた額に補正係数を乗じた額をその教育区の交付額とする

3　前二項の合計額をその教育区の全交付額とする。

附　則

1　この規則は、公布の日から施行し一九五八年四月一日から適用する。

2　公立学校教科書補助金の額の算定に関する方式（一九五七年中央教育委員会規則第四十六号）は、廃止する。

公立学校備品補助金の額の算定基準（一九五八年中央教育委員会規則第三十八号）

第一条　公立学校備品補助金（以下「補助金」という。）の額はこの基準の定めるところによつて算定する。

（測定単位）

第二条　補助金の額の算定に用いる測定単位の数値は次の表のとおりとする

測定単位の種類	測定単位の数	表示単位
小学校、中学校高等学校の生徒数	最近の調査による小学校、中学校、高等学校の児童生徒数	人
小学校、中学校高等学校の学級数	最近の調査による小学校、中学校、高等学校の学級数	学級
小学校、中学校高等学校の学校数	最近の調査による小学校、中学校、高等高校の学校数	校

ただし、1　定時制課程をおく高等学校は全日制と合せて一校とし生徒数は合算する。

2　設置認可された学校は開校はまだでも一校とみなす。

（補正及び補正係数）

第三条　補助金の額の算定に用いる補正及び補正係数は次の表のとおりとする。

補正の種類	補正係数
校種別、生徒数、学校数、学級数の補正	独立小学校一、〇　独立中学校及び併置小中学校一、三　高等学校二
数級数の段階補正	別表による
維持能力の補正	当該市町村教育区の維持能力補正係数とする。この数値は教育行政補助金の額の算定に用いた係数と同一とする。

（単位費用）

第四条　各々の測定単位にかかる単位費用の算定の基準は次のとおりとする。

学校にかかる単位費用は予算額の二五％を校種別学校数の補正と維持能力によつて補正された全琉学校数で除した額とする。

2　学級にかかる単位費用は予算額の五〇％を段階補正と校種別補正し更に維持能力によつて補正された全琉学級数で除した額とする。

3　生徒にかかる単位費用は予算額の二五％を校種別補正と維持能力によつて補正された全琉児童生徒数で除した額とする。

（区別交付額の算定）

第五条　それぞれの単位費用に各教育区のそれぞれの補正さされた測定数値を乗じた額の合計額をその教育区への交付額とする。

附　則

1　この規則は公布の日から施行し、一九五八年四月一日から適用する。

2　公立学校備品補助金の額の算定に関する方式（一九五七年中央教育委員会規則第四十五号）は、廃止する。

公立学校教育職員の公務災害補償のための補助金交付に関する規則

（一九五八年中央教育委員会規則第二十七号）

第一条　この規則は公立学校教育職員の公務上の災害補償のための補助金交付に関して定める。

第二条　この規則で公務上の災害とは業務に基因しまたは業務と因果関係をもつて発生することが明かに認められる場合の疾病、負傷及び死亡のことをいう。

第三条　公務災害補償の補助金の支給を受けようとする者は左に掲げる書類を添えて補助金交付申請書を所属教育委員会を経て文教局長に提出するものとする。

一　医師の診断書（必要な場合はレントゲン写真を含む）
二　調査書
三　補償申請内訳書（療養に要した費用の領収証を含む）
四　教育長及び学校長の意見書
五　死亡の場合は本人及び被償者の戸籍抄本
六　前各号に定めるものの外、文教局長が必要と認める書類

2　前項の申請書を提出すべき者が死亡しているときはその者の遺族がこれを提出する。

第四条　災害補償の事務を公正にするために文教局に教育職員の公務災害補償審査会（以下「審査会」という。）をおく。

2　審査会は委員六人をもつて構成し、委員は文教局職員の中から文教局長が任命するものとする。

第五条　審査会は、第三条に規定する申請書及び関係書類並びにその実情を調査の上審査し、補助金交付案を作成する。

2　審査会は、公務災害について必要な場合は社会局長の意見に基いて審査するものとする。

第六条　公務災害補償費の算定基準は次のとおりとする。

一　療養補償の場合は必要な療養費
二　災害補償の場合は、その障害の程度に応じて平均賃金に五〇—一三四〇日分の災害補償費
三　遺族補償の場合は、死亡者の死亡当時の平均賃金千日分の遺族補償費
四　葬祭料の場合は、死亡者の死亡当時の平均賃金六〇日分の葬祭料

2　前項の補償費の八割に相当する額を政府は補助するものとする。

第七条　この規則の実施について事務処理上必要な事項は文教局長がこれを定める。

附　則

1　この規則は、公布の日から施行し、一九五八年四月一日から適用する。

2　公立学校教育職員の身体障害補償補助金交付に関する規則（一九五七年中央教育委員会規則第十九号）は、廃止する。

別表

学級数	補正係数	学級数	補正係数	学級数	補正係数	学級数	補正係数
2	1.00	22	3.66	42	5.10	62	5.88
3	1.20	23	3.75	43	5.15	63	5.91
4	1.40	24	3.84	44	5.20	64	5.94
5	1.60	25	3.92	45	5.25	65	5.97
6	1.80	26	4.00	46	5.30	66	6.00
7	1.95	27	4.08	47	5.35	67	6.02
8	2.10	28	4.16	48	5.40	68	6.04
9	2.25	29	4.24	49	5.44	69	6.06
10	2.40	30	4.32	50	5.48	70	6.08
11	2.55	31	4.39	51	5.52	71	6.10
12	2.70	32	4.46	52	5.56	72	6.12
13	2.80	33	4.53	53	5.60	73	6.14
14	2.90	34	4.60	54	5.64	74	6.16
15	3.00	35	4.67	55	5.67	75	6.18
16	3.10	36	4.74	56	5.70	76	6.20
17	3.20	37	4.80	57	5.73	77	6.22
18	3.30	38	4.86	58	5.76	78	6.24
19	3.39	39	4.92	59	5.79	79	6.26
20	3.48	40	4.98	60	5.82	80	6.28
21	3.57	41	5.04	61	5.85		

公立学校教育職員の退職手当補助金交付に関する規則

（一九五八年中央教育委員会規則第三十六号）

（目　的）

第一条　この規則は、公立学校教育職員に対する退職手当支給のための補助金の交付に関する事項を定めることを目的とする。

（適用範囲）

第二条　この規則の規定による退職手当補助金は、給料が支給される公立学校教育職員が退職した場合に、その者（死亡による退職の場合には、その遺族）に支給するため、当該地方教育委員会に交付する。

2　この規則の規定による退職手当補助金は、公立学校教育職員が退職に当り、元南西諸島官公署職員等の身分、恩給等の特別措置に関する法律（昭和二十八年法律第百五十六号）の規定の適用により退職金の給付を受ける場合には交付しない。但し、その者が元南西諸島官公署職員等の身分、恩給等の特別措置に関する法律の規定の適用により受ける額のうち、一九五二年三月三十一日以前の期間に係る額を控除して得た額がこの規則の規定に基き交付される額に満たないときは、その差額を次の算式により計算して交付する。

1 $\left\{\text{俸給月額}\times\text{在職年}\times\text{率}\times\left(1-\frac{10}{100}\right)\right\}-\left\{\text{俸給月額}\times(\text{在職年}-\text{1952年4月1日から退職の日までの在職年})\times\text{率}\times\left(1-\frac{10}{100}\right)\right\}=$
1952年3月31日以前の期間に係る額を控除して得た額

（註）イ　俸給月額とは、元南西諸島官公署職員等の身分、恩給等の特別措置に関する法律（昭和28年法律第156号）第5条第2項の規定による俸給月額とする。

ロ　$\frac{10}{100}$は、同法附則第5項に規定する所得税率とする。

ハ　在職年及び率は、同法同条第1項により適用される国家公務員等退職手当暫定措置法（昭和28年法律第182号）第3条、第4条及び第7条による在職年及び率とする。

Ⅱ　{規則第3条第3条の2第4条又は第11条の規定により算出して得た額} ー {1952年3月31日以前の期間に係る額を控除して得た額} ＝退職手当支給額

3　公立学校教育職員が退職した場合において、その者が退職の日又はその翌日再び公立学校教育職員となつたときは、第一項の規定にかかわらず、当該退職に伴う退職手当補助金は、交付しない。

（普通退職の場合の退職手当補助金）

第三条　退職した者に対する退職手当の補助金の額は、第三条の二又は第四条の規定に該当する場合を除く外、退職の日におけるその者の給料の月額（休職、停職、減給その他の事由によりその給料の一部又は全部を支給されない場合においては、それらの事由がないと仮定した場合におけるその者の受けるべき給料の月額とする。以下「給料月額」という。）にその者の勤続期間を次の各号に区分して当該各号に掲げる割合を乗じて得た額の合計額とする。

一　三年以上五年未満の期間については、一年につき百分の八十

二　五年以上の期間については、一年につき百分の百

（死亡の場合の退職手当）

第三条の二　死亡（公務のための死亡を除く。）により退職した者に対する退職手当の額は、第三条の規定より計算した額に百分の百三十を乗じて得た額とする。但し、勤続期間三年未満の者については退職の日におけるその者の給料月額に、その者の勤続期間一年につき百分の八十を乗じて得た額とする。

（整理退職等の場合の退職手当補助金）

第四条　立法又は規則による職制若しくは定数の改廃又は予算の減少により廃職又は過員を生ずることにより退職した者又は公務のために負傷し、若しくは疾病にかかり退職した者及び公務のための死亡により退職した者に対する退職手当補助金の額は、前条の規定により計算した額に百分の二百を乗じて得た額とする。但し、勤続期間三年未満の者については、退職の日におけるその者の給料月額にその者の勤続期間一年につき百分の百五十を乗じて得た額とする。

第五条　前条の規定は、過去の退職につき既に同条の規定の適用を受

け、かつ、その退職の日の翌日から一年以内に再び公立学校教育職員となつた者がその再び公立学校教育職員となつた日から起算して一年以内に退職した場合においては、適用しない。

(勤続期間の計算)

第六条 退職手当補助金の算定の基礎となる勤続期間の計算は、公立学校教育職員として引き続いて在職した期間による。

2 前項の規定による在職期間の計算は、公立学校教育職員となつた日の属する月から退職した日の属する月までの月数による。

3 公立学校教育職員が退職した場合(第八条第一項第一号及び第二号の一に該当する場合を除く。)において、その者が退職の日又はその翌日に再び公立学校教育職員となつたときは、前二項の規定による在職期間の計算については、引き続いて在職したものとみなす。

4 前三項の規定による在職期間のうちに休職、停職、無給休暇、その他これらに準ずる事由により現実に職務に従事することを要しない期間のある月(現実に職務に従事することを要する日のあつた月を除く。)が一以上あつたときは、その月数の二分の一に相当する月数を前三項の規定により計算した在職期間から除算する。

5 前四項の規定により計算した在職期間に一年未満の端数がある場合には、その端数は、切り捨てる。但し、第三条の二又は第四条の規定による退職手当を計算する場合にあつては、その在職期間が一年未満の場合には、これを一年とする。

(勤務期間の計算の特例)

第七条 常勤を要しない公立学校教育職員でその勤務形態が常勤を要する職員に準ずる者及び臨時的任用の職員で、引続き正式任用になつた場合は、その勤続期間の計算については、次条の規定にかかわらず常勤を要しない職員としての期間及び臨時的任用の期間はこれを在職期間として通算するものとする。

2 前条第一項に規定する公立学校教育職員としての引き続いた在職期間には、政府公務員が機構の改廃、施設の移譲、その他の事由によつて引き続いて公立学校職員となつた時におけるその者の政府公務員としての引き続いた在職期間を含むものとする。

3 前条第二項から第五項までの規定は、前二項の場合に準用する。

(退職手当補助金の交付制限)

第八条 第三条及び第四条の規定による退職手当補助金は、次の各号の一に該当する者には、交付しない。

一 懲戒免職の処分又はこれに準ずる処分を受けた者

二 法第七章第二節リ項の規定による失職並びに教員、校長及び教育長免許令(一九五四年布令第百三十四号)第五章第一条の規定により免許状を取上げられた者又はこれに準ずる退職をした者

三 常勤を要しない者

(遺族の範囲及び順位)

第九条 第二条に規定する遺族は、次の各号に掲げる者とする。

一 配偶者(届出をしてないが公立学校教育職員の死亡当時事実上婚姻関係と同様の事情にあつた者を含む。)

二 子、父母、孫、祖父母及び兄弟姉妹で公立学校教育職員の死亡当時主としてその収入によつて生計を維持していたもの

三 前号に掲げる者の外、公立学校教育職員死亡当時主としてその

収入によつて生計を維持していた親族
四　子、父母、孫、祖父母及び兄弟姉妹で第二号に該当しない者
2　前項に掲げる者が退職手当補助金を受ける順位は前項各号の順位により、第二号及び第四号に掲げる者のうちにあつては、同号に掲げる順位による。
3　退職手当補助金の支給を受けるべき同順位の者が二人以上ある場合には、その人数によつて等分して交付する。

（起訴中に退職した場合の退職手当補助金の取扱）
第十条　公立学校教育職員が刑事々件に関し起訴された場合において、その判定前に退職したときには、退職手当補助金は交付しない。但し、禁錮以上の刑に処せられなかつたときは、この限りでない。

（在職期間の通算）
第十条の二　公立学校教育職員が機構の改廃、施設の移譲、その他の事由によつて引き続いて政府公務員として採用され、琉球政府公務員の退職手当に関する立法（一九五六年立法第三号）第七条第三項の規定の適用を受ける場合には、この規則による退職手当補助金は交付しない。

（退職手当補助金の交付の調整）
第十一条　公務のための負傷又は疾病によらないで勤務実績が良くないために退職させられた者に対する退職手当補助金の額及び前条但書の規定による退職手当補助金の額は第三条の規定により計算した額に百分の五十を乗じて得た額とする。

第十二条　公立学校教育職員の退職手当補助金の決定は、文教局長が行うものとする。

（退職手当の請求）
第十三条　退職手当の支給を受けようとする者は、別記様式第一号による請求書を二部作成し、退職当時の所属委員会を経由して文教局長に提出しなければならない。
2　前項の請求書には、その請求に係る公立学校教育職員（以下「旧公立学校教育職員」という。）の別記様式第二号による履歴書を添えなければならない。
3　第一項の請求書を提出すべき者（以下「請求者」という。）は旧公立学校教育職員（その者がすでに死亡しているときは、その者の遺族）とする。

第十四条　前条の請求書には、旧公立学校教育職員が次の各号に掲げる者に該当するときは、同条第二項の履歴書の外、当該各号に定める書類を添えなければならない。
一　死亡した者
イ　その者の死亡の年月日及び旧公立学校教育職員」と請求者との続柄を知ることができる戸籍謄本又は除かれた戸籍謄本
ロ　第九条第一項第一号の規定に基く請求者が、届出をしないが旧公立教育職員の死亡当時事実上婚姻関係と同様の事情にあつた者であつたときは、その事実を認めることのできる市町村長の発行する証明書
ハ　退職手当を請求すべき者が、第九条第一項第二号又は第三号の規定に該当する者であるときは、旧公立学校教育職員の死亡当時主としてその収入によつて生計を維持していた事実を認め

ることのできる市町村長の発行する証明書

二　第四条中、公務のため負傷し、若しくは疾病にかかり退職した者又は公務のための死亡により退職した者、その者が公務のため負傷し、若しくは疾病にかかり退職し、又は公務のため死亡したことを認めることができる文教局長の発行する証明書

三　第二条第二項の規定に該当する者、同条の算式に基く計算書

2　第十三条第三項に規定する請求者である旧公立学校教育職員の遺族が同条第一項の請求書を提出する場合において、その同順位者が二人以上あるときは、それらの者が協議の上そのうち一人を総代者に定めてなすものとす。

（退職手当補助金の請求）

第十五条　地方教育委員会は退職手当の請求書を受理した場合には、これを審査し、特別の事情のない限り十日以内に文教局長に提出するものとする。

2　文教局長は、前項の請求書を受理した場合には、これを審査し、退職手当補助額の決定を行い、特別の事情のない限り請求書を受理した日から二箇月以内に地方教育委員会にその支給に関する通知をするとともに、すみやかに退職手当補助金を交付しなければならない。

附　則

1　この規則は、公布の日から施行し、一九五八年四月一日から適用する。

2　この規則による退職手当補助金算定の基礎となる勤続期間の始期は、一九五二年四月一日とする。

3　公立学校関係職員の退職手当補助金交付に関する規則（一九五七年中央教育委員会規則第三十七号）は廃止する。

別記様式第一号
規格8×13

公立学校関係職員退職手当請求書

区教育委員会殿		請求年月日	年　月　日	
下記の退職手当を証拠書類を添えて請求します。		請求者の住所 氏　　名	印	
所属学校名 退職者の退職（死亡） 当時の職氏名		退職（死亡）当時の給料又は俸給月額	円 （　級　号）	
退職（死亡）年月日	年　月　日	1958年中央教育委員会規則第36号第2条第2項但書、第3条・第4条又は第11条の規定による退職手当	※支給決定額	円
退職（死亡）の事由			※税　額	円
			※差引金額	円

在職年内訳					
実在職年		除算年			
始終期	年月数	始終期		理由	年月数
年　月　日から 年　月　日まで		年　月　日から 年　月　日まで			
		年　月　日から 年　月　日まで			
		年　月　日から 年　月　日まで			
		年　月　日から 年　月　日まで			
		年　月　日から 年　月　日まで			
		年　月　日から 年　月　日まで			
		年　月　日から 年　月　日まで			
		計			
差引在職年月					

（記入注意）

1　請求者は※の欄に記入しないこと。

2　退職者が請求する場合は、本人の履歴書及び規則第14条第一項第2号又は第3号の規定により必要な書類を添付すること。

3　遺族が請求する場合には、退職者の履歴書の外、規則第14条第1項、第1号、第2号若しくは第2項の規定により必要な書類を添付すること。

※受理年月日	※決定年月日	※支払年月日	※No.
年　月　日	年　月　日	年　月　日	

別記様式第二号

履歴書

(退職当時の職名)

氏名 ㊞

年 月 日生

経歴

年月日	記事	官公署名

右に相違ないことを証明する。

年 月 日

(退職者の所属庁の長の職氏名) ㊞

研究教員の休暇及び補充教員に関する規則

（一九五八年中央教育委員会規則第三十七号）

第一条　教育委員会法（一九五八年立法第二号）第百三十六条第二項第二号に規定する公立学校に勤務する校長及び教員（以下「教員」という。）の研究のための休暇及び補充教員に関しては、この規則の定めるところによる。

第二条　任命権者は、前条に規定する学校の教員のうち研究のため休暇を申請した者に対しては、一年以内の休暇を許可することができる。

第三条　任命権者は、前条の規定により休暇を許可した教員の休暇の期間中その補充のための教員（以下「補充教員」という。）を任命しなければならない。ただし、短期間の研究で学校が授業を行わない期間においては、補充教員は任命しないものとする。

第四条　任命権者は、日本本土への研究教員及び琉球大学への研究教員を希望する者に対しては、第七条及び第八条の審査の結果決定する。

第五条　学校長は、所属教員で研究のため長期の休暇を願い出る者がある場合は、次に掲げる書類を申請書に添えて教育長を通じて文教局長に提出しなければならない。

一　研究教員派遣願

二　人物評価

三　過去一年の勤務成績

四　学校長及び教育長の推薦意見書

五　研究物及び実践記録

六　履歴書（二通）

七　診断書

八　契約書

九　その他文教局長が必要と認める書類

第六条　研究教員の選考に関する事務を公正にするために文教局に研究教員に関する審査委員会を置く。

2　審査委員会の委員は、文教局職員の中から文教局長が任命するものとする。

第七条　審査委員会の審査は、次のとおりとする。ただし、地方教育委員会で文教局の補助金を必要としない研究教員の審査は、この限りでない。

一　日本本土派遣の長期の研究教員の審査は、提出された申請書に基き、書類審査により候補者を決定する。

二　琉球大学の研究教員の審査は、提出された申請書に基き、書類審査により決定する。

三　その他短期間の研究教員は、文教局長が別に定める書類及び教育長の推薦意見書に基き審査決定する。

四　前三号のほか、必要に応じて面接を行い、決定する。

第八条　文教局長は、審査会で決定した日本本土派遣研究教員候補者名簿を文部省に送付し、その許可によつて最終決定をする。

第九条　任命権者は、第二条の規定により休暇を許可した教員に対しては、（自費研究教員を除く。）休暇の期間中、給与の全額を支給することができる。

第十条　中央教育委員会は、区教育委員会に対し、第七条第一号から第三号までの規定により決定した教員及びその補充教員の給与のための補助金を交付することができる。

第十一条　文教局長は、必要があるときは、第七条第一号及び第二号に該当する研究教員に対し、研究期間中必要な事項の報告を求めるものとする。

2　前項の研究教員は、研究期間終了後研究報告書を教育長を通じて文教局長に提出しなければならない。

第十二条　前条に規定する研究教員は、帰任後一年以内に文教局の指示にしたがい、研究した事項を勤務校若しくはその他の場所において発表しなければならない。

2　第七条第三号に該当する教員は帰任後文教局長又は教育長の指示する時期に研究報告をしなければならない。

第十三条　その他必要な事項は、文教局長が定める。

附　則

1　この規則は、公布の日から施行し、一九五八年四月一日から適用する。

2　研究教員の休暇並びに補充教員に関する規則（一九五七年中央教育委員会規則第二十九号）は、廃止する。

女子教員の出産休暇及びその補充教員に関する規則

（一九五八年中央教育委員会規則第三十八号）

第一条　この規則は、教育委員会法（一九五八年立法第二号）第百三十六条及び労働基準法（一九五三年立法第四十四号）第六十六条の規定により、学校教育法（一九五八年立法第三号）第二条第二項に規定する学校のうち、公立学校（幼稚園を除く。）に勤務する女子教員の出産休暇及びその補充教員について定める。

第二条　公立学校の校長（以下「学校長」という。）は、所属女子教員（補充教員を除く。）で産前、産後の休暇を願い出る者がある場合は、次に掲げる書類をおのおの二部作成して、当該学校を所管する教育委会に提出しなければならない。

一　申請書

二　医師又は助産婦の証明書

三　学校長の意見書

2　前項の規定による申請書類の提出があった場合は、地方教育委員会は、すみやかにおのおの一部を文教局長に提出するものとする。

第三条　地方教育委員会は、前条の規定により産前、産後の休暇を申請した場合は、当該教員に対し休暇を命じ、その休暇の期間中給与の全額を支給するものとする。

第四条　文教局長は、第二条の規定による書類を審査し、休暇の期間を決定して当該地方教育委員会に通知するものとする。

第五条　産前、産後の休暇の期間は、産前、産後を通して六週間以内とする。

第六条　地方教育委員会は、産前、産後の休暇を命じた場合は、その休暇の期間の範囲内において、その補充教員を臨時的に任命することができる。

2　前項の規定により補充教員を任命した場合は、当該教育委員会は、すみやかに文教局長に報告しなければならない。

第七条　この規則の実施に関し、必要な事項は、文教局長が定める。

附　則

1　この規則は、公布の日から施行し、一九五八年四月一日から適用する。

2　女子教員の出産休暇並びに補充教員に関する規則（一九五七年中央教育委員会規則第二十一号）は、廃止する。

教科用図書目録編集委員會規則

（一九五八年中央教育委員会規則第三十九号）

（目　的）

第一条　教科用図書目録編集委員会（以下「委員会」という。）は小学校、中学校及び高等学校が使用する教科用図書目録を編集する。

（組　織）

第二条　委員会に、小学校教科用図書目録編集委員会（以下「小学校委員会」という。）、中学校教科用図書目録編集委員会（以下「中学校委員会」という。）、高等学校教科用図書目録編集委員会（以下「高等学校委員会」という。）の小委員会を置き、各小委員会は教科ごとの教科委員で組織する。教科委員は五人以内とする。

2　委員会は、互選により委員長及び副委員長を置く。

（委員長、副委員長）

第三条　委員長は、委員会の規則に従つて会務を総理する。

2　副委員長は、委員長を補佐し、委員長に事故あるときは、その職務を代理する。

（委員の任期）

第四条　委員の任期は、一年とする。

2　委員に欠員を生じた場合の補充委員の任期は、前任者の残任期間とする。

（編　集）

第五条　委員会は、学校長、教員その他の意見を広く聴取し、各学年につき教科又は科目ごとに三種類の教科用図書を選定し、これを編集する。ただし、教科書見本が三種類以内の場合は、二種類以内にすることができる。

2　教科委員及び各小委員会は、相互に緊密な連繋を以て選定を行わなければならない。

3　委員会は、各教科委員が選定した教科用図書を小委員会の審議を経て、これを編集し、教科用図書目録案として中央教育委員会に提出する。

4　教科用図書目録は、毎年これを編集しなければならない。

（教科書センター）

第六条　文教局は、委員会の委員及び学校長、教員その他広く一般に常時教科書を閲覧研究させるための教科書センターを設置することができる。

2　文教局は、適当な地域において、毎年教科書展示会を開催しなければならない。

（委員の費用弁償）

第七条　委員は、非常勤とする。

2　文教局は、委員に対し、予算の範囲内で手当及び職務に要した費用を支払うことができる。

附　則

1　この規則は、公布の日から施行し、一九五八年四月一日から適用する。

2　教科書選択委員会規則（一九五七年中央教育委員会規則第五号）は廃止する。

教育課程審議會規則

（一九五八年中央教育委員会規則第四十号）

第一条　教育委員会法（一九五八年立法第二号）第百十一条第一項第二号の規定による教育課程の基準の設定に関して、中央教育委員会の諮問に応じ、教育課程に関する事項を調査審議し、及びこれに関して必要と認める事項を中央教育委員会に建議するために文教局に教育課程審議会（以下「審議会」という。）を設置する。

第二条　審議会は、次に掲げる事務を所掌する。

一　現行の教育目標及び教育課程の調査研究

二　教育内容の選択と整理

三　教育課程の基準案の設定

四　その他教育課程に関し、必要な事項

第三条　委員は、学校教育職員、文教局職員及び学識経験者のうちから中央教育委員会が委嘱又は任命する。

第四条　審議会に次表のとおり分科会を置く。ただし、高等学校教育課程分科審議会には、必要に応じ五〇人以内の臨時委員をおくことができる。

分科会の名称	委員数
小学校教育課程分科審議会	五〇人以内
中学校教育課程分科審議会	五〇人〃
高等学校教育課程分科審議会	五〇人〃
幼稚園教育課程分科審議会	一〇　〃
特殊教育教育課程分科審議会	三〇　〃
教育目標分科審議会	六〇　〃
社会教育教育課程分科審議会	二〇人〃

第五条　委員の任期は一年とする。ただし、欠員が生じた場合の補欠委員の任期は前任者の残任期間とする。

2　臨時委員は、特別の事項の調査審議が終つたときは退任するものとする。

第六条　委員は、すべて非常勤とし、その職務を行うために予算の範囲内で、手当及び費用の弁償を受けることができる。
第七条　委員長は文教局長をもつてこれに充て、審議会の会議を召集し、会務を総理する。
第八条　審議会の事務は文教局において処理する。
第九条　審議会に必要な経費は、文教局予算にこれを計上する。
第十条　この規則に定めるもののほか、審議会の運営その他に関し必要な事項は、審議会がこれを定める。

附　則

1　この規則は、公布の日から施行し、一九五八年四月一日から適用する。
2　教育課程審議会規則（一九五七年中央教育委員会規則第三十九号）は、廃止する。

学校教育課程の基準

（一九五八年中央教育委員会規則第四十一号）

第一条　この規則は、教育委員会法（一九五八年立法第二号）第百十一条第一項第二号の規定により教育課程の基準を設定することを目的とする。
第二条　小学校、中学校、高等学校及び幼稚園の教育課程の基準はそれぞれ一九五四年、一九五五年、一九五六年及び一九五七年における文教局編の基準教育課程によるものとする。

附　則

1　この規則は、公布の日から施行し、一九五八年四月一日から適用する。
2　学校教育課程の基準（一九五七年中央教育委員会規則第四十五号）は、廃止する。

教科用図書目録編集委員の手当

（一九五八年中央教育委員会訓令第四号）

教科用図書目録編集委員の手当は壱日につき二ドル八セントとする。

附　則

1　この訓令は、公布の日から施行し、一九五八年四月一日から適用する。
2　教科書選択委員の手当（一九五七年中央教育委員会訓令第三号）は廃止する。

中央教育委員會委員の報酬及び費用弁償等に関する規則

（一九五九年中央教育委員会規則第十八号）

第一条　中央教育委員会（以下「中央委員会」という。）の委員の手当は中央委員会の開会期間中一日につき

委員長　七弗
副委員長　六弗
委員　五弗七十七仙

とする。但し、中央委員会の会議に欠席した場合には手当を支給しない。

第二条　委員長、副委員長及び委員が定例会又は臨時会の招集に応じた場合にはその往復に要した旅行日数（開会期間中を除く。）により日額四弗十七仙を支給する外船賃、車賃又は航空賃の実費を支給する。但し、中央委員会の開かれる場所を距る十二粁以内に居住する者にはこれを支給しない。

第三条　委員長、副委員長及び委員は中央委員会の開会期間中、日当一弗六十七仙、宿泊料二弗五十仙を支給される。

第四条　中央委員会が調査を行うため琉球地域内（文教局を距る十二粁以内を除く。）に旅行した場合には旅行日数に応じて委員一人につき日額四弗十七仙を支給する外船賃、車賃又は航空賃の実費を支給する。

第五条　第二条及び前条の旅費については最も経済的な通常の経路及び方法によつて旅行した場合の旅費によつて計算する。但し、公務上の必要又は天災其の他やむを得ない事由によつて要した日数はこれを旅行日数とする。

第六条　船賃については、定期船の一等船賃による。但し、定期船以外の船舶による場合はその実費とする。

第七条　航空賃についてはその用務が特に緊急を要する場合に限りその実費を支給する。

第八条　委員長、副委員長及び委員が第四条の旅費を支給される場合は、旅行期間中に限り、第三条の日当及び宿泊料は支給しない。

附　則

1　この規則は、公布の日から施行し、一九五九年五月一日から適用する。

2　中央教育委員の手当に関する規則（一九五八年中央教育委員会規則第五十六号）は、廃止する。

教育長の選任に関する規則

（一九五八年中央教育委員会規則第六十号）

（目　的）

第一条　この規規は、教育委員会法（一九五八年立法第二号）第八十三条第四項の規定に基いて、教育長及び教育次長（以下「教育長」という。）の選任に関して必要な事項を定めることを目的とする。

（通　知）

第二条　連合教育委員会（以下「連合区委員会」という。）は、所属教育長に関して、次の各号の一に該当する事由が生じた場合は、当該連合区の構成教育区の区教育委員会（以下「区委員会」という。）及び文教局長にすみやかに通知するものとする。

一　教育長の在任期間が二十日後に満了するに至つた場合

二　教育長が、在任期間中において欠けた場合

三　連合教育区の廃置又は分合に伴い、連合区委員会が廃置又は分合された場合

（資格者名簿の提出）

第三条　文教局長は、前条の通知を受けた場合は、教育長の免許状を有する資格者の名簿（以下「資格者名簿」という。）を当該連合区委員会に提示するものとする。

（協　議）

第四条　連合区委員会は、第二条における事由が生じたときは、文教局長の提示による資格者名簿から少くとも五人の候補者を選定し、関係区委員会と、教育長選任についての協議を行わなければならない。

2　連合区委員会が、前項における協議を行う場合には、関係区委員会と合同して又は合同しないで、これを行うことができる。

3　連合区委員会は、教育長の選任に関して文教局長の助言を求めることができる。

（任　命）

第五条　教育長は、教育区の教育長を併任するものであるから、連合区委員会は、前条における協議において、じゆうぶん意見の調整をはかつた上、教育長を任命しなければならない。

（報　告）

第六条　連合区委員会は、教育長を選任した場合は、その氏名を文教局長に報告するものとする。

2　文教局長は、前項の報告を受けた場合は、文教局備付の教育長資格者名簿に、その旨を附記しなければならない。

（秘密の保持）

第七条　連合区委員会及び区委員会並びにそれぞれの委員は、教育長の選任に関しては、秘密を保持しなければならない。

附　則

1　この規則は、公布の日から施行し、一九五八年四月一日から適用する。

2　この規則施行の際、現にその職にある教育長は、この規則に基いて選任されたものとみなす。

養護教諭の任用並びに給与補助金割当基準

（一九五八年中央教育委員会規則第五十八号）

第一条　学校教育法（一九五八年立法第三号）第二十九条の規定により、すべての学校に養護教諭を配置する。但し、当分の間、文教局長の指定する教育区の学校に配置し、当該教育区に補助金の交付をする。

第二条 文教局長が前条による指定をする場合は、次の条件による。

一 地域的又は公衆衛生看護婦の配置状況を考慮して連合教育区単位に配置する。

二 連合教育区においては特定の学校を指定して配置する。但し、特定の学校とは次の学校をいう。

イ 連合教育区内のすべての学校の保健指導に容易である学校

ロ 学校保健上特に配置を必要とする学校

ハ 養護教諭が充分能力を発揮できる条件にある学校

三 指定する学校は毎年替えることを原則とする。

第三条 前二条による養護教諭の任用にあたつては次の条件によらなければならない。

一 養護教諭は沖縄公衆衛生看護学校又は沖縄看護婦学校を卒業しそれぞれの免許を有する者

二 日本本土において、これと同等以上の学校を卒業し、養護教諭の免許状を有する者

三 養護教諭の俸給は人事委員会規則(一九五五年人委規則第二号)第一条第二号のホ(養護教育職)並びに教育職員俸給格付表を準用し、小学校、中学校の教員と同等の査定をする。

第四条 社会局長及び保健所長は地方教育委員会の要請並びに協議により養護教諭の技術的専門的指導を行うことが出来る。

附　則

この規則は、一九五八年九月一日から施行する。

社會教育主事の任用並びに給与補助金割立基準

(一九五八年中央教育委員会規則第五十七号)

第一条 社会教育法(一九五八年立法第四号)第十一条第二項の規定により区教育委員会が社会教育主事を置く場合は、当分の間、左の条件による。

一 教員の普通免許状の授与を受ける資格を有するもので五年以上教育職員として勤務したもの

二 俸給の査定は、公立学校の例による。

第二条 文局長の指定する教育区に社会教育主事給与補助金を交付する。

第三条 文教局長は、左の条件を総合的に勘案して前条の指定を行う。

一 人口又は地域的、社会的条件等のために連合教育委員会の社会教育主事の負担が過重と認める教育区

二 へき地である教育区

三 従前の社会教育関係補助金が低額である教育区

附　則

この規則は、一九五八年九月一日から施行する。

宿日直手当支給規則

（一九五五年中央教育委員会規則第六号）

第一条　宿直勤務又は日直勤務を命ぜられた職員には左に掲げる宿日直手当を支給する。

一　宿日直勤務をする職員　一回につき五十八セント

但し、宿日直勤務時間が六時間に満たないときは二十九セントとする。

2　日直は午前八時から午後五時までとし、宿直は午後五時から翌日の午前八時までとする。

第二条　所属長（その委任を受けた者を含む。以下同じ。）は、職員に宿日直を命ずる場合は、宿日直勤務命令簿「別紙様式」によらなければならない。

2　前項の勤務命令簿は、支出負担行為認証官の審査を受けたうえ、保管しなければならない。

第三条　宿日直手当を請求しようとするときは、給与支払名簿によらなければならない。

第四条　宿日直手当は、その月分を翌月の二日から十五日までに支給する。

附　則

この規則は、公布の日から施行し、一九五四年七月一日から適用する。

特殊勤務手当支給規則

（一九五五年中央教育委員会規則第七号）

第一条　特別勤務手当の種類、支給を受ける者の範囲及び支給額は、左のとおりとする。

一　特殊病院手当　給料月額の百分の二十五

イ　愛楽園内にある澄井小学校、中学校に勤務する職員

ロ　南静園内にある稲沖小学校、中学校に勤務する職員

二　特殊勤務手当　給料月額の百分の五

高等学校定時制課程に勤務する職員

第二条　特殊病院手当を受ける職員で正規の勤務時間中に勤務しないときは、その勤務しない時間一時間について、その者の手当の月額に十二を乗じ、その額を政府立学校職員の勤務時間及び勤務時間の割振に関する規則（一九五七年中央教育委員会規則第六号）第一条の規定によつて定められるその者の一週間の勤務時間の数に五十二を乗じたもので除した額を、その者に支給すべき手当の額から控除する。

第三条　特殊勤務手当は月の一日から末日までの期間について、その月額の全額を支給する。

2　特殊勤務手当の支払日は、その月分を翌月の二日から十五日までとする。

3　特殊勤務手当の請求様式は、従来の例による。但し、勤務明細書は省略する。

附　則

この規則は、公布の日から施行し、一九五四年七月一日から適用する。

補助金交付に要する公立の小学校及び中学校の学級数及び教員数の算定基準

（一九五八年中央教育委員会規則第四十二号）

一　学級数算定基準

小学校及び中学校の学級は、次の各項に基いて算定する。

イ　学校の一学級平均在籍は、五〇人をこえないものとする。

ロ　単式学級の一学級の在籍は、六〇人をこえないものとする。

ハ　単級学校は在籍二五人までとする。

ニ　複式学級の一学級の在籍区分は次の表による。

学級数	隣接学年	非隣接学年
二カ学年	四五人まで	四〇人まで
三カ学年	三五人まで	三〇人まで
四カ学年	三〇人まで	二五人まで
五カ学年	二五人まで	

二　教員（校長を含む）数算定基準

a　小学校

イ　五学級以上の学校は、学級数に一人（校長）を加えた数

ロ　五学級未満の学校は学級数と同数

ハ　中学校と併置されている小学校には、専任の校長を置かない。中学校長が兼任する。

ただし、小学校の児童数と中学校の生徒数の合計が一、〇〇〇人を超える場合は、一人を加える。

ニ　イ号の外、児童数が一、〇〇〇人を超えた場合は、一人を二、〇〇〇人を超えた場合は、二人を加える。

b　中学校

イ　中学校の教員数の算出方法は次のとおりとする。

学級数	教員数の算出の仕方	備考
一〜二	学級数の二倍	単級中学校においては、生徒数が十五人以上二十五人までの場合は、教員数を三人とすることができる。
三〜六	〃一、五倍（端数切上）	
七〜九	〃一、五倍（〃四捨五入）	
一〇〜一二	〃一、四倍（〃切捨）	
一三以上	〃一、三倍（〃切上）	

中学校教員数算出表

学級数	教員数	備考
一	二	二倍
二	四	〃
三	五	一、五倍（切上）
四	六	〃
五	八	〃
六	九	〃
七	一一	一、五倍（四捨五入）
八	一二	〃
九	一四	〃
一〇	一四	一、四倍（切捨）
一一	一五	〃
一二	一六	〃
一三	一七	一、三倍（切上）
一四	一九	〃
一五	二〇	〃
一六	二一	〃
一七	二三	〃
一八	二四	〃
一九	二五	〃
二〇	二六	〃
二一	二八	〃
二二	二九	〃
二三	三〇	〃
二四	三二	〃
二五	三三	〃
二六	三四	〃
二七	三六	〃
二八	三七	〃
二九	三八	〃
三〇	三九	〃
三一	四一	〃
三二	四二	〃
三三	四三	〃
三四	四五	〃
三五	四六	〃
三六	四七	〃
三七	四九	〃
三八	五〇	〃
三九	五一	〃
四〇	五二	〃
四一	五四	〃
四二	五五	〃
四三	五六	〃
四四	五八	〃
四五	五九	〃
四六	六〇	〃
四七	六二	〃
四八	六三	〃
四九	六四	〃
五〇	六五	〃

附　則

1　この規則は、公布の日から施行し、一九五八年四月一日から適用する。

2　補助金交付に要する公立小学校及び中学校の学級数及び教員数の算定基準（一九五七年中央教育委員会規則第二十七号）は、廃止する。

政府立学校学生生徒児童懲戒規則

（一九五八年中央教育委員会規則第四十三号）

第一条　この規則は、学生、生徒及び児童の非行を予防し、又は反省させるために定める。

第二条　懲戒は、譴責、謹慎、停学及び退学とする。ただし、退学は義務教育の学校においては、これを課してはならない。

第三条　校長及び教員は、教育上必要があると認めたときは、職員会に諮り、学生、生徒及び児童を懲戒することができる。ただし教員は、謹慎、停学及び退学を課することはできない。

第四条　譴責は、校長及び関係教員から訓戒をなし、誓書を提出せしめ、その旨保護者に通知する。

第五条　謹慎は、保護者の出席を求め、校長から訓戒をなし、保護者連署の誓書及び一定期間中の反省日誌を提出せしめる。

第六条　停学は（有期三十日以内）及び無期とし、保護者の出席を求め、校長から訓戒を与え、その期間出校を停止するとともに、保護者連署の誓書及びその期間中の反省日誌を提出せしめる。

校長は、停学期間中にある者が改悛の情顕著と認めたときは、職員会に諮り、停学を解くことができる。

第七条　退学は、次の各号の一に該当する者に対してのみ行い、保護者の出席を求め、校長から訓戒を与え、退学の勧告をなし、応じないときは、除籍する。除籍された者は、復学することはできない。

一　性行不良で改善の見込がないと認められる者
二　学力劣等で成業の見込がないと認められる者
三　正当の理由がなくて出席常でない者
四　学校の秩序を乱し、学生、生徒としての本分に反した者

附　則

この規則は、公布の日から施行し、一九五八年四月一日から適用する。

社会教育のための講座並びに事業等に関する補助金交付に関する規則（一九五八年中央教育委員会規則第四十五号）

第一条　教育委員会法（一九五八年立法第二号以下「法」という。）第百三十六条第二項第六号の規定により政府が、地方教育区の社会教育に要する経費を補助する場合において、その補助金を受けようとする地方教育区は次による書類を当該年度の九月末日までに、教育長を経て文教局長に提出しなければならない。

社会教育講座講師手当補助申請書	第一号様式
研修会講師手当補助申請書	第二号様式
視聴覚教育用燃料補助申請書	第三号様式
新生活学級講師手当補助申請書	第四号様式

2　教育長は前項に規定する申請書を取りまとめ、これに自己の意見を附した第二号様式による書類を添えて、文教局長に送付するものとする。

第二条　前条第一項の社会教育に要する経費は左に掲げる経費とする。

一　学校及びその他の施設を利用して行う講座に要する経費
二　体育及びレクリエーション施設、体力健康検査等に要する経費
三　社会教育を行う者の研修に要する経費

四　各種競技会、発表会、展示会等に要する経費

五　その他社会教育振興に要する経費

2　前項第一号における「講座」は次の各号に掲げる条件をそなえなければならない。

一　受講者が二〇人以上であること。

二　一定の教育計画の下に、一会計年度十八日以上青年及び一般公衆に対して開設する講座であつて定期的に行うものであること。

第三条　削　除

第四条　第一条の規定により政府から補助金の交付をうけた地方教育区は、文教局長に対し当該年度の六月末日までに社会教育のための講座事業に関する事項を次により報告しなければならない。

社会教育講座報告書	第五号様式
研修会報告書	第六号様式
視聴覚教育用燃料報告書	第七号様式
新生活学級報告書	第八号様式

第一号様式

社会教育講座講師手当補助申請書

講座名	教育区の講座に要する経費のうち昨年度における講師手当支出額	昨年度				教育区の講座に要する経費のうち本年度における講師手当支出額	備考
		講座開設場所数	仝上日数	仝上在籍生徒数	仝上学習内容		
計							

昨年度における社会教育のための講座費は右のとおりでありますから社会教育のための講座並びに事業等に関する補助金交付に関する規則第一条第一項の規定により補助を申請します。

年　月　日

区教育委員会　印

文教局長殿

第二号様式

研修会講師手当補助申請書

研修会名	研修会場数	教育区の本年度における当該予算額	備考
計			

本年度における社会教育のための研修会費は右のとおりでありますから社会教育のための講座並びに事業等に関する補助金交付に関する規則第一条第一項の規定により補助を申請します。

年　月　日

区教育委員会㊞

文教局長殿

第三号様式

視聴覚教育用燃料費補助申請書

未点灯部落数	仝上の人口	教育区の本年度における当該予算額	備考

本年度における視聴覚教育用燃料費は右のとおりでありますから社会教育のための講座並びに事業等に関する補助金交付に関する規則第一条第一項の規定により補助を申請します。

年　月　日

区教育委員会㊞

文教局長殿

第四号様式

新生活学級講師手当補助申請書

学級数	学級開設日数	在籍生徒数	教育区の本年度における当該予算額	備考

本年度における新生活学級費は右のとおりでありますから社会教育のための講座並びに事業等に関する補助金交付に関する規則第一条第一項の規定により補助を申請します。

年　月　日

区教育委員会㊞

文教局長殿

第五号様式

社会教育講座報告書

講座の名称	実施機関名	開設日数	学習時間数			受講者数			講師数			教育区の当該予算支出額	備考
			一般教養	職業	家庭	男	女	計	男	女	計		
計													

右報告します。

年　月　日

区教育委員会㊞

文教局長殿

第六号様式

研修会報告書

研修会名	開催場所	研修内容	開催日数	研修者数	教育区の当該予算支出額	備考
計						

右報告します。

年　月　日

区教育委員会　印

文教局長殿

第七号様式

視聴覚教育用燃料報告書

上映場所	上映回数	観覧者 一般	観覧者 青年	観覧者 婦人	フイルム名	教育区の当該予算支出額	備考
計							

右報告します。

年　月　日

区教育委員会　印

文教局長殿

第八号様式

新生活学級報告書

開設場所	開設日数	学習時間	学習内容	受講者数	対象	教育区の当該予算支出額	備考
計							

右報告します。

年　月　日

区教育委員会　印

文教局長殿

附　則

この規則は、公布の日から施行し、一九五八年七月一日から適用する。

教育振興奨励金交付規程

（一九五五年中央教育委員会告示第六号）

第一条　学校及び社会における教育の振興及び普及を図るため、この規定により、予算の範囲内において奨励金を交付することができる。

第二条　奨励金は、左に掲げる事業のうち、文教局長が適当と認めるものに交付する。

一　教育、学術、文化に関する団体の行う教育に関係ある事業
二　文教局の行う事業、又は指定するもの
三　其の他

第三条　前条の奨励金は、予め予算に計画されたものでなければならない。

第四条　奨励金の交付を受けようとするものは、様式第一号による奨励金交付申請書に、様式第二号による事業計画書を添えて、文教局長に提出しなければならない。

第五条　文教局長は前条の規定により提出された書類を審査し、必要に応じ調査の上適当と認めたときは奨励金を交付する。

第六条　奨励金の交付を受けた者で申請した事項を変更しようとするときは、あらかじめ、その事由を具し文教局長に届け出なければならない。

2　文教局長は、前項の届出があつた場合において、必要を認めたときは届出事項について変更を指示することができる。

第七条　奨励金は、交付の対象となつた経費以外のいかなるものにも使用してはならない。

第八条　左の各号の一に該当するときは、奨励金の交付を取消し、又は奨励金の全部若しくは一部の返還を命ずることができる。

一　この規程、又はこの規程による指示に従わなかつたとき。
二　事業施行方法が不適当と認めたとき。
三　其の他不正行為があつたとき。

附　則

この規程は、公布の日から施行し、一九五五年七月一日から適用する。

様式第一号

教育振興奨励金交付申請書

　　　　　　　　　　　　を　　　　　　　　したいと思いますので奨励金を交付して下さるよう別紙計画書を添えて申請します。

年　　月　　日

団体又は
機関名

代表者
氏名印

文教局長あて

様式第二号

事業計画書

一 名称
二 事業の目的
三 事業の内容
四 事業の関係範囲
五 開催期日又は期間
六 場所
七 経費(収入及び支出)明細書

新生活運動推進協議會設置規程

(一九五六年訓令第十二号)

(設置)

第一条 新生活運動を推進するため、琉球政府に新生活運動推進協議会(以下「協議会」という。)を置く。

第二条 協議会は次の事務を行う。

一 新生活運動推進に関する総合的施策の樹立につき必要な事項を調査審議すること。
二 新生活運動推進に関する総合的施策の適正な実施を期するため必要な関係各機関団体相互の連絡調査を図ること。
三 その他必要な事項

2 協議会は、前項に規定する事項に関し、行政主席の諮問に答申し必要がある場合は行政主席に対し建議することができる。

(組織)

第三条 協議会は、会長一人、副会長二人及び委員若干人をもつて組織する。

2 会長は、副主席をこれに充て、副会長は、その一人を文教局長とし、他の一人を政府職員以外の委員の中から互選する。

(委員の任命及び委嘱)

第四条 委員は、次の各号に掲げる者について、行政主席が任命又は委嘱する。

一 行政副主席、行政主席官房長、各局長及び経済企画室長
二 各関係団体の代表者
三 学識経験者

2 前項第一号及び第二号の委員の任期はその在任期間とし第三号の委員の任期は二年とする。但し第三号の委員に欠員が生じた場合における補充委員の任期は、前任者の残任期間とする。

3 前項の委員は再任されることができる。

(専門委員)

第五条 協議会に専門委員若干人を置く。

2 専門委員は、次の事務を行う。
一 協議会において必要と認めた専門的事項に関する調査研究
二 新生活に対する専門的技術的援助
三 その他必要な事項
3 専門委員は、関係行政職員及び学識経験者のうちから会長が任命又は委嘱する。

（会長及び副会長）
第六条 会長は、協会の会務を総理し、会議の議長となり議事を整理する。
2 副会長は、会長を補佐し、会長に事故があるときは、文教局長がその職務を代理し、更に文教局長に事故があるときは、互選された副会長がその職務を代理する。

（委員及び専門委員の費用弁償）
第七条 委員及び専門委員は非常勤とする。
2 政府職員以外の委員及び専門委員には、その手当及びその職務を行うために要する旅費を支給する。
3 削　除　（改一九五七年訓令三）

（会　議）
第八条 協議会は、隔月に一回定例会議を開く外、必要に応じて会議を開くものとする。
2 会議は、会長が召集する。

（幹　事）
第九条 協議会に幹事若干人を置く。
2 幹事は、関係局の職員から会長が任命する。
3 幹事は、協議会の所掌事務の企画にあたる。

（支部の設置）
第十条 協議会は、その施策の徹底を期するため宮古及び八重山に支部を置く。
2 支部は、若干人の委員をもつて組織し、委員は、地方庁の各課長教育長、各関係団体及び機関の代表者並びに学識経験者の中から支部長の推薦した者を会長が任命又は委嘱する。
3 支部には支部長、副支部長各一人を置き、支部長は、地方庁長をもつてあて、副支部長は、委員の互選による。
4 支部長は、支部における会務を総理し、副支部長は、支部長が事故あるときにその職務を代理する。
5 支部に関するその他の事項については、中央の協議会に準ずる。

（庶　務）
第十一条 協議会の庶務は、文教局において処理する。

（雑　則）
第十二条 この規定に定めるものの外協議会の運営その他に関し必要な事項については、協議会がこれを定める。

附　則

この規程は、公布の日から施行する。

公立学校教育職員のへき地勤務手当補金交付に関する規則

（一九五八年中央教育委員会規則第十二号）

第一条　一般職の職員の給与に関する立法（一九五四年立法第五十三号以下「立法」という。）第十七条第二項の規定に準じ学校教育法（一九五八年立法第三号）第一章第二条第二項に規定する公立学校（幼稚園を除く。以下「学校」という。）に勤務する校長、教員、学校看護婦、事務職員（非常勤職員を除く。以下「教育職員」という。）のへき地勤務手当（以下「手当」という。）支給のための補助金交付及びへき地の指定に関する事項については、この規則の定めるところによる。

第二条　中央教育委員会は、立法第十七条の二第一項に規定する学校を別表のとおり指定する。

2　手当の月額は当該学校に勤務する教育職員（非常勤職員を除く。）に対し、前項の別表に定められた級別区分に対応する左の各号に掲げる額とする。

一　一級地　八三セント
二　二級地　一ドル六七セント
三　三級地　二ドル五〇セント
四　四級地　三ドル三三セント

第三条　中央教育委員会は、第二条、第一項に該当する学校の教育職員に対し、同条第二項の級別区分に対応する額を毎月補助金として、当該教育委員会に交付するものとする。

第四条　補助金の交付及び手当の支給の方法については、俸給支給の例による。

第五条　この規則の実施について必要な事項は、文教局長が定める。

附　則

1　この規則は公布の日から施行し、一九五八年四月一日から適用する。

2　隔遠地所在公立学校在勤教育職員の勤務手当補助金交付に関する臨時措置規則（一九五六年中央教育委員会規則第四号）は、廃止する。

別表一

所在地	学校名	級別区分
沖縄群島		
国頭　村字楚洲	楚洲小学校	二級地
〃　字楚洲	楚洲中学校	〃
〃　字安田	安田小学校	一級地
〃　字安田	安田中学校	〃
〃　字安波	安波小学校	二級地
〃　字安波	安波中学校	〃
東　村字高江	高江小学校	一級地
〃　字高江	高江中学校	〃

所在地	学校名	級別区分
伊平屋村字我喜屋	伊平屋小学校	一級地
〃 字我喜屋	伊平屋中学校	〃
〃 字島尻	島尻小学校	〃
〃 字田名	田名小学校	二級地
〃 字野甫	野甫小学校	〃
〃 字野甫	野甫中学校	〃
伊是名村字仲田	伊是名小学校	一級地
〃 字仲田	伊是名中学校	〃
〃 字具志川島	具志川島小学校	三級地
〃 字具志川島	具志川島中学校	〃
座間味村字座間味	座間味小学校	二級地
〃 字座間味	座間味中学校	〃
〃 字阿嘉	阿嘉小学校	三級地
〃 字阿嘉	阿嘉中学校	〃
〃 字慶留間	慶留間小学校	〃
〃 字慶留間	慶留間中学校	〃
粟国村字東	粟国小学校	三級地
〃 字東	粟国中学校	〃
渡名喜村字渡名喜	渡名喜小学校	〃
〃 字渡名喜	渡名喜中学校	三級地
仲里村字儀間	久米島中学校	一級地
〃 字比嘉	仲里中学校	〃
〃 字謝名堂	仲里小学校	〃
〃 字宇江城	比屋定小学校	二級地
〃 字宇江城	比屋定中学校	〃
〃 字真謝	美崎小学校	一級地
〃 字宇根	仲里小学校奥武分校	三級地
久米島具志川村字嘉手苅	久米島高等学校	一級地
〃 字嘉手苅	久米島小学校	〃
〃 字西銘	具志川中学校	〃
〃 字仲泊	清水小学校	〃
〃 字仲泊	大岳小学校	〃
渡嘉敷村字渡嘉敷	渡嘉敷小学校	二級地
〃 字渡嘉敷	渡嘉敷中学校	〃
〃 字阿波連	阿波連小学校	〃
〃 字前島	前島小学校	三級地
〃 字前島	前島中学校	〃
本部町字瀬底水納	水納小学校	三級地
〃 字瀬底水納	水納中学校	〃

所在地	学校名	級別区分
勝連村字津堅	津堅小学校	二級地
〃 字津堅	津堅中学校	〃
知念村字久高	久高小学校	〃
〃 字久高	久高中学校	〃
与那城村字宮城	宮城小学校	〃
〃 字宮城	宮城中学校	〃
〃 字宮城桃原	桃原小学校	〃
〃 字伊計	伊計小学校	〃
〃 字伊計	伊計中学校	〃
南大東村在所区	南大東小学校	四級地
〃 在所区	南大東中学校	〃
北大東村中之区	北大東小学校	〃
〃 中之区	北大東中学校	〃
久米島具志川村鳥島	鳥島小学校	〃
〃 鳥島	鳥島中学校	〃

所在地	学校名	級別区分
宮古群島		
平良市字大神	大神小学校	二級地
〃 字大神	大神中学校	〃
〃 字池間	池間小学校	一級地
〃 字池間	池間中学校	〃
下地町字来間	来間小学校	二級地
〃 字来間	来間中学校	〃
伊良部村字前里添	佐良浜小学校	一級地
〃 字前里添	佐良浜中学校	〃
〃 字国仲	伊良部小学校	〃
〃 字国仲	伊良部中学校	〃
多良間村字仲筋	多良間小学校	三級地
多良間村字仲筋	多良間中学校	三級地
〃 字水納	水納小学校	四級地
〃 字水納	水納中学校	〃
八重山群島		
竹富町字黒島	黒島小学校	一級地
〃 字黒島	黒島中学校	〃
〃 字新城	上地小学校	四級地

所在地	学校名	級別区分
〃字新城	上地中学校	四級地
〃字西表由布	島小学校	三級地
〃字西表由布	島中学校	〃
〃字西表大原	大原小学校	二級地
〃字西表大原	大原中学校	〃
〃字西表古見	古見小学校	〃
〃字西表古見	古見中学校	〃
〃字西表船浦	船浦小学校	〃
〃字西表船浦	船浦中学校	〃
〃字西表上原	上原小学校	〃
〃字西表上原	上原中学校	〃
〃字西表租納	西表小学校	一級地
〃字西表租納	西表中学校	〃
竹富町字西表白浜	白浜小学校	〃
〃字西表白浜	白浜中学校	〃
〃字西表船浮	船浮小学校	四級地
〃字西表船浮	船浮中学校	〃
〃字西表網取	網取小学校	〃
〃字西表網取	網取中学校	〃
〃字西表鳩間	鳩間小学校	二級地
字西表鳩間	鳩間中学校	〃
〃字波照間	波照間小学校	三級地
〃字波照間	波照間中学校	〃
〃字小浜	小浜小学校	一級地
〃字小浜	小浜中学校	一級地
与那国町字租納	与那国中学校	三級地
〃字租納	与那国小学校	〃
〃字久部良	久部良小学校	四級地
〃字久部良	久部良中学校	〃
〃字比川	比川小学校	四級地

公立学校職員の単位手当補助金交付に関する規則

（一九五八年中央教育委員会規則第六十四号）

第一条　教育委員会法（一九五八年立法第二号）第百三十六条に規定する単位手当補助金（以下「単位手当」という。）交付は、この規則の定めるところによる。

第二条　単位手当は、公立学校職員（以下「職員」という。）の現在勤務する職の免許状を上級にするために、職員が修得した必要な単位について、地方教育委員会に交付する。

第三条　単位手当は、前条に定める単位壱単位につき、予算の範囲内で月十七セントを超えない額を別表に定める単位数以内で交付する。

2　前項に定める単位手当は、単位を修得した翌月から交付する。

第四条　職員は第二条に定める単位を修得したときは、単位修得証明書を、文教局長に提出するものとする。

2　文教局長は、前項の証明書の提出を受けたときは、教育職員免許状に関する原簿に単位を登録し、第二条に該当する単位については、単位手当交付の通知をするものとする。

第五条　単位手当交付の通知をうけた職員は、当該教育委員会を通じ単位手当の交付を受けるものとする。

附　則

1　この規則は、公布の日から施行し、一九五八年七月一日から適用する。

2　単位手当及び単位登録の補助金交付に関する規則（一九五八年中央教育委員会規則第十一号）並びに単位登録の補助金交付に関する規則の一部を改正する規則（一九五八年中央教育委員会規則第四十九号）は、廃止する。

別　表

現資格	適用される教員校長及び教育長免許令施行規則の規程	単位数
小仮	別表第一又は別表第二	十五単位以内
中仮		
小二普	別表第一、別表第二又は規則第二十六条	二十三単位以内
中二普		
高仮		
高二普	別表第二の備考三又は規則第二十六条	二十三単位以内
	別表第一又は別表第二	十五単位以内
校長二普	別表第四	八単位以内

公立学校職員の積立年次休暇に相当する金額の補助金交付に関する規則

（一九五九年五月中央教育委員会規則第十九号）

第一条　この規則は教育委員会法（一九五八年立法第二号）第百三十六条の規定に基き、公立学校の校長、教員及び事務職員（以下「職員」という。）の積立年次休暇に相当する金額（以下「積立年休額」という。）の補助金交付に関し必要な事項を定めることを目的とする。

第二条　この規則による積立年休額の補助金は強制、非強制の如何にかかわらず職員が退職した場合にその者（死亡による退職の場合にはその遺族）に支給するため、当該地方教育委員会に交付する。

2　前項の補助金の金額の算定は、職員が退職の日の属する月において受けるべきであつた給料月額を二十六で除し、積立年次休暇の日数を乗じて得た金額とする。

第三条　職員が退職した場合において、その者が退職の日若しくはその翌日（以下「引き続き」という。）再び職員となつたとき、引き続き政府公務員となつたときは第一項の規定にかかわらず、当該退職に伴う積立年休額の補助金は、これを交付しない。

2　前項の規定により積立年休額の支給を受けなかつた者の積立年次休暇は新たに就職した当該機関において通算するものとする。

3　政府公務員が引き続き職員となつた場合における、その者の積立年次休暇を計算するときは、政府公務員としての積立年次休暇を含むものとする。

第四条　積立年休額の支給を受けようとする者は別表第二様式による証明書を添付した別表第一様式による請求書を三部作成し、退職当時の所属教育委員会に提出するものとする。

第五条　地方教育委員会は前条の積立年休額の請求書を受理した場合には、これを審査し、特別の事情がない限り十日以内に文教局長に提出しなけれ学ならない。

2　文教局長は前項の請求書を受理した場合にはこれを審査の上、積立年休額の補助金額を決定し、特別の事情がない限り請求書を受理した日から二ケ月以内に地方教育委員会に通知すると共に速かに積立年休額の補助金を交付しなければならない。

第六条　積立年休額の補助金額の計算は休暇取扱細則（一九五六年人事委員会細則第一号）の規定に準じて定められた休暇台帳による差引積立の日数を基礎にして算定しなければならない。

附　則

1　この規則は公布の日から施行し、一九五九年五月一日から適用する。

2　公立学校職員の積立年次休暇に相当する金額の補助金交付に関する規則（一九五七年中央教育委員会規則第五十三号）は廃止する。

別表第一様式

公立学校職員積立年次休暇額請求書

区教育委員会殿

下記の積立年休額を証拠書類を添えて請求します。

請求年月日　　　年　月　日

請求者の住所

氏　名　　　印

所属機関名 退職当時の職氏名	退職当時の俸給月額　$ 退職当時の級各　（　級　号）
退職年月日　年　月　日 差引積立年休日数	※支給決定額　$ ※税　額　$ ※差形金額　$

（註）※印の欄は記入しない。

別表第二様式

休暇台帳取扱者印	

証　明　書

退職当時の所属機関名

職氏名　　　印

年次休暇		給料月額		1959年中央教育委員会規則第19号第2条第2項の規定に基く算定額	摘要
採用及び退職の年月日	差引積立日数	職務の級及び号給			
採用　年　月　日 退職　年　月　日		級　号	$		

上記のとおり相違ないことを証明する。

年　月　日

所属機関の長職氏名　　　印

1　この表の差引積立日数は1956年人事委員会細則第1号の規定に基く休暇台帳による差引積立日数と相違しないように記入すること。

2　この表の給料月額は、退職当時の給料月額であること。

政府立学校職員の勤務時間及び勤務時間の割振に関する規則

（一九五七年中央教育委員会規則第六号）

第一条 政府立学校職員（以下「職員」という。）の勤務時間は、一般職の職員の給与に関する立法（一九五四年立法第五十三号。以下「給与法」という。）第二十条第一項本文に規定する時間とする。

第二条 給与法第二十一条本文に規定する職員の勤務時間の割振は、月曜日から金曜日までを午前八時から午後五時までとし、正午から午後一時までを休憩時間とする。但し、定時制高等学校職員の勤務時間の割振は、月曜日から金曜日までを午後一時から午後十時までとし午後五時から午後六時までを休憩時間とする。

2 土曜日は正午までとし、日曜日は勤務を要しない日とする。但し、定時制高等学校職員の土曜日の勤務時間は午後六時から午後十時までとする。

附則

この規則は、一九五七年五月十四日から施行し、一九五七年四月一日から適用する。

政府立学校職員の日額旅費の支給を必要とする旅行並びに額及び一般職俸給表の適用を受けない者の日額旅費

（一九五六年文教局訓令第一号）

一 研修、講習等のための旅行の日額旅費

旅行名	適当と認める額	摘要
1 在勤地内の旅行で行程八キロメートル以上	バス賃の実費	
2 在勤地以外の宿泊を要しない旅行	バス賃の実費	
3 在勤地以外の宿泊を要する旅行	イ 船、バス賃の実費 ロ 宿泊料一夜につき六七仙	船賃は三等とする。

二 生徒の実習指導訓練等のための旅行の日額旅費

旅行名	適当と認める額	摘要
1 沖縄水産高等学校練習船開洋丸による実習訓練のための旅行、但し遠航実習に限る。	一、二二五仙	宿泊を要する旅行の場合

2 沖縄水産高等学校練習船開洋丸による海洋、漁場調査及び漁撈操業のための旅行	六七仙	宿泊を要する旅行の場合
3 水産高等学校生徒の練習船以外の船舶による依託実習訓練のための旅行	六七仙	同
4 農林高等学校生徒の開拓実習訓練のための旅行	イ 船、バス賃の実費 ロ 日額 六七仙	同 船賃は三等とする。

三 一般職俸給表の適用を受けない者に対する第二項第一号及び第二号の旅行については、日額旅費を五〇仙とする。

四 左勤地内における旅行において、公務上の必要又は天災その他やむを得ない事情により宿泊する場合には第一項第一号の規定にかかわらず、同項第三号を準用する。

五 船、バス賃の計算方法及び径路は、法第七条の規定による。

附 則

この旅費の支給は、公布の日から施行し、一九五六年七月一日から適用する。

政府立学校生産物処理規則

（一九五六年中央教育委員会告示第四号）

第一条 政府立学校（以下「学校」という。）において生産した生産物は、この規程によつて処理する。

第二条 この規程において生産物とは、政府有財産法（一九五四年立法第八号）第二条に規定された政府有財産によつて生産された次に掲げるものをいう。

一 農産物、畜産物、林産物、農畜産加工品、蚕系製品

二 水産品、水産加工品

三 工作品、工芸品

四 その他

第三条 前条による生産物は、次の区分によつて処理するものとする。

一 販　売

二 試験研究材料

三 家畜飼料

四 加　工

五 種　苗

六 廃　棄

第四条 生産物の販売価格は、文教局長が市価を勘案してこれを定める、販売した代金は、現品と引換に徴収し、収入官に納付しなければならない。

第五条 学校長は、次の各号の区分により生産物を処理したときは、当該各号に定める報告書を作成して、毎月十日までに文教局長に提出しなければならない。

一 生産物を販売したときは、その種類、数量及び価格

二 生産物を試験研究材料に供したときは、その種類、品種及び数量

三　生産物を家畜の飼料にしたときは、家畜の種類、飼料の品名及び数量

四　生産物を加工又は、種苗用に使用したときは、それぞれその種類及び数量

五　生産物が腐敗その他により販売品として不適当と認められたためにこれを廃棄処分にしたときは、その種類、数量及び廃棄の事由

第六条　学校は、別記様式の生産台帳（様式第一号）、生産物処理簿（様式第二号）及び生産物売上簿（様式第三号）を備え付けるものとする。

第七条　生産物販売収入金は、出納官吏事務規程第二章第十七条の規定により処理するものとする。

第八条　販売した生産物の引渡後は、いかなる事由があつても売買の取消、代金の返還又は減額、代物の交付若しくは、損害の賠償を請求することはできない。

附　則

この規程は、公布の日から施行し、一九五六年七月一日から適用する。

（様式第一号）

生　産　台　帳

年月日	品名	収獲高（魚獲高・生産高）	収獲面積（操業場所・作業場所）	植付年月日（操業年月日・製作年月日）	備考

（様式第二号）

生産物処理簿

年月日	受高	販売高		加工用	試験研究材料	家畜飼料	種・苗用	斤減	その他	払出計	残高	備考
		数量	金額									

（様式第三号）

生産物売上簿

販売年月日	品目	単価	数量	金額	備考

教員志望学生奨学規程

（一九五三年告示百三十九号）

（目　的）

第一条　この規程は、教員養成の基礎を確立し、教育の振興をはかることを目的として、小学校、中学校及び高等学校の教員組織の必要に応じて、勤務すべき教員を志望する学生に毎年度予算の範囲内において学資を給与する事項について規定する。

（養　成）

第二条　この規程による教員の養成は、琉球大学（以下「大学」という。）において行う。

2　この規定によつて、学資の給与を受ける学生を奨学生といゝ、給与する学資を奨学金という。

（奨学生の資格）

第三条　奨学生は、大学で小学校及び中学校の教員養成課程に在学し、品行方正、学術優秀、身体強健で学資の支弁が困難と認められるものでなければならない。

（奨学金の額）

第四条　奨学金の額は予算の範囲内において月額一、〇〇〇円以内とする。

（給与の期間）

第五条　奨学金を給与する期間は四年以内とする。

（願出手続）

第六条　奨学生志望者は、大学々長の推薦により所定の次の書類を琉球大学々長を経て、文教局長あて、毎年四月三十日までに提出しなければならない。但し、提出期日は、文教局長が変更することができる。

一　奨学生願書（第一号様式）
二　奨学生推薦調書（第二号様式推薦順位を附する。）
三　履歴書（第三号様式）
四　戸籍謄本
五　市町村長の証明した戸主及び家族の資産、所得及び納税調書（第四号様式）
六　文教局長の指定する医師の身体検査書（第五号様式）

2　前項の奨学生願書には、連帯保証人は本人の父兄母姉又は、これに代る者でなければならない。

3　中学校教員養成課程を履修する者は、第一項第二号に規定する奨学生推薦調書に専攻教科を記入しなければならない。

（奨学生の決定）

第七条　奨学生の決定は、大学々長の推薦に基いて文教局長が中央教育委員会の承認を得て、これを決定する。

2　前項の決定は、大学々長を経て本人に通知する。

（誓　約　書）

第八条　奨学生に決定された者は、別記第六号様式により保証人二名連署の上誓約書を文教局長に提出しなければならない。

2　保証人は、琉球政府管内に籍を有する成人でなければならない。

（学業成績の提出）

第九条　奨学生は、大学々長を経て毎学期学業成績表を文教局長に提出しなければならない。

（異動届出）

第十条　奨学生は、次の場合には、連帯保証人と連署して、大学々長を経て、文教局長に届け出なければならない。但し、本人が疾病などのために届け出ることができないときは、連帯保証人から届け出なければならない。

一　休学、復学、退学

二　本人及び連帯保証人の身分、住所その他重要な事項に異動のあったとき。

（奨　学　金）

第十一条　奨学金は毎月大学々長を経て交付する。但し、特別の事情があるときは、数月分を合せて交付することができる。

（就職の義務及びその期間）

第十二条　奨学生は、卒業後直ちに文教局長の指定する教育区に勤務しなければならない。

2　前項の勤務年数は奨学金の給与を受けた期間と同一の年月数とする。

3　文教局長が第一項による指定をなす場合は、あらかじめ区教育委員会の採用申請によらなければならない。

4　文教局長が第一項による指定をなさない場合は、随意就職することができる。但し、文教局長は、就職義務年限内は、いつでも就職を指定することができる。

（奨学金の償還）

第十三条　奨学生が前条の規定を履行しないときは、在学中給与を受けた奨学金及び授業費の金額を償還しなければならない。但し、特別の事情がある場合はその一部を償還することができる。

（奨学金の停止及び廃業並びに償還）

第十四条　奨学生が左の各号の一に該当するときは、奨学金の給与を廃止し、給与を受けた奨学金及び授業費の全額を即時償還しなければならない。但し、特別の事情がある場合は文教局長の指定する方法により償還することができる。

一　奨学生に選定された当時の課程を変更した者

二　特別の事情ある場合を除き停級した者

三　退学した者

四　奨学生を辞退した者

五　その他文教局長が奨学生の資格を欠くと認めた者

2　前項第一号の場合は、あらかじめ文教局長の許可を得た者は、この限りではない。

3　奨学生が休学した場合は、その期間奨学金の給与を停止する。

（延滞利息）

第十五条　奨学金及び授業費の償還を命ぜられた者が正当と認められる事由がなくて償還を遅延したときは、日歩二銭の延滞利息を徴収する。

（奨学金の償還及び就職義務の減免）

第十六条　文教局長は、奨学生が左の各号の一に該当した場合は、奨学金及び授業費の償還並びに就職の義務を減免することができる。

一　病気のために退学したとき。

二　義務履行中死亡し、又は不具となり、あるいは疾病のため勤務につくことができないとき。

2 前項の場合は、本人及び連帯保証人又は遺族から事情を具して願出なければならない。

（実施細目）

第十七条 この規定の実施について、必要な事項は、文教局長が決定する。

附　則

この規程は、一九五三年七月一日から適用する。

第一号様式

奨学生願書

私こと教員志望学生奨学規程による奨学生に採用され度く奨学生推薦調書、履歴書、戸籍謄本、資産、所得及び納税調書、身体検査書を添えて御願いします。

年　月　日

本　籍

住　所

戸主との続柄

志望者　氏　名　㊞

年　月　日生

本　籍

住　所

職　業

父（母兄姉）又は保証人　氏　名　㊞

琉球政府文教局長　氏名殿

第二号様式

奨学生推薦調書

1 氏名（ふりがな付） 昭和　年　月　日生	年　月　日 入学 編入 転入 年　月　日 修了 卒業見込	本籍 父兄の住所	7 推薦順位	人中　番
2 教科学習成績の発達	教科目 / 目標 / 学年			専攻教科 第一 / 第二

3 個人的社会的公民的発達	(1) 社会性	(2) 明朗性ある幸福感	(3) 成功性	(4) 判断力	(5) 安定感	(6) 情緒安定度	(7) 自信	(8) 親切と礼義	(9) 尊敬の態度	(10) 協調の習慣	(11) 指導能力	(12) 責任ある態度	(13) 寛容の態度	(14) 独立の性質	(15) 正直な性質	(16) 余暇の善用	(17) 創造性
行動特徴																	
評定																	

4 在学中の活動状況	特別教育活動における状況（生徒会、クラブ、ホームルーム、その他所属校内団体名、役員の経歴、活動状態）	趣味読書傾向	備考

5 身体状況及び出欠状況 区分／学年	身長 cm	体重 kg	胸囲 cm	ツベルクリン皮内反応	既往症及び現在の健康状況	授業日(時)数	欠席日(時)数	欠課時数	欠席、欠課の重な理由	備考

5 綜合所見

8 就学中の異動		
休学等の場合その学年及び事由	休学等	
	学年	
	事由	
旧制中学校より旧制高等専門学校入学の場合又は転学	もとの学級	
	事由	
	年月日	

9 卒業又は修了後の経歴		
予備校等に在学の場合	学校名	
	入学期日	
社会等に勤務の場合	勤務先	
	職種	

本書の記載事項には誤りがないことを証明する。

年　月　日

琉球大学長　氏　名　㊞

第三号様式

履歴書

本籍

住所

職業

何某　何男（何女）
（ふりがな）

氏　　名

年　月　日生

学業及び免許

一　何年何月何日　何小学校卒業
二　〃　〃　何中学校卒業
三　〃　〃　何高等学校入学
四　〃　〃　何高等学校卒業
五　〃　〃　何学校入学
六　〃　〃　何学校卒業
七　〃　〃　琉球大学何学部何科入学
八　〃　〃　何免許状の受領

業務

一　何年何月何日より何年何月何日まで何業に従事
二　何年何月何日より何年何月何日まで何々勤務月俸何円

賞罰

一　何年何月何日何所で何々により何罰を受けた。

右のとおり相違ありません。

右　氏　　名　印

第四号様式

資産、所得及び納税調書

群島市町村字（区）番地

職業

志望者何某の何（父母、兄姉）

氏　　名

一　資産
1　土地
宅地　坪、畑　坪、田　坪、山林　坪
2　家屋
坪
3　その他

二　所得
年額何円

三　税額
1　何税何円
2　何税何円
以下同じ

右のとおり相違ありません。

年　月　日

市町村長　氏　　名　印

第五号様式

身体検査書

氏　　名

年　月　日生

一　身長
二　体重
三　胸囲
四　坐高
五　視力
六　色神
七　眼疾
八　耳疾
九　鼻及び咽頭の疾患
十　皮膚病
十一　神経系
十二　結核性疾患
十三　ツベルクリン皮内反応
十四　その他の疾病

右のとおり相違のないことを証明します。

年　月　日

何保健所
医師　氏名　㊞

第六号様式

誓約書

印紙 ㊞

何某こと教員志望学生奨学規程による奨学生に選定になりましたについては奨学生として在学中は勿論卒業後共固く御規定の旨を遵守し違背致しません。奨学生として在学中及び卒業後の就職義務期間中の本人の身上に関する事件一切保証人において引受け、在学中給与を受けた奨学金及び授業費の償還を命ぜられた場合は、本人及び保証人は連帯の責に任じ即時償還します。

よつて連署して誓約書を提出します。

年　月　日

本籍
住所
何某何男（何女）
本人氏名　印
本籍
住所
父、母（兄、姉）学生との関係
保証人氏名　印
本籍
住所

保証人　氏　　名　印

琉球政府文教局長　氏　名　殿

前記保証人某並びに共に未成者で保証人の責に任じ得る者と認める。

年　月　日

市町村長　氏　名　㊞

留日琉球派遣研究教員制実施要項

第一条　留日琉球派遣研究教員（以下「琉球研究教員」という）とは、毎年度文部大臣の定めるところに従い、国立又は公立の小学校、中学校、又は高等学校において当該教育に関する研究に従事するために日本国に派遣された琉球諸島の小学校中学校、若しくは高等学校又はこれらに準ずる学校の校長及び教員をいう。

第二条　琉球研究教員は、毎年度琉球中央政府の提出する琉球研究教員候補者名簿に記載されている候補者のうちから、文部大臣が選考する。

第三条　研究教員の研究期間は、原則として毎学年の初期からその学年の終期までの一年間とする。但し必要があるときは四月一日から九月三十日まで及び十月一日から翌年三月三十一日までの二期に分けることができる。

第四条　文部大臣は、琉球研究教員の配属を依嘱する学校（以下配属学校」という。）につき、あらかじめ当該学校の管理者（国立学校にあっては、その学校の長、公立学校にあっては、その学校を所管する教育委員会とする。以下同様とする。）と協議の上委嘱する前年の三月三十一日までに配属学校を指定し、この旨を、当該学校の長及び琉球研究教員に通知する。

第五条　琉球研究教員は、文部大臣、配属学校の管理者及び配属学校の校長（以下「監督者」という。）の監督に服するものとする。

第六条　文部大臣は、必要があるときは、監督者に琉球研究教員に関し、必要な事項の報告を求めるものとする。

第七条　文部大臣及び管理者は、必要があるときは、琉球研究教員に必要な研究報告をさせることができる。

2　研究教員は、研究期間が終了したときは、その研究報告書を管理者を経由して、文部大臣に提出しなければならない。

3　配属校の校長は、琉球研究教員が前二項の研究報告書を提出するときは、これに対する意見書を作成し、これを当該研究報告書に添付するものとする。

第八条　文部大臣は、琉球研究教員が病気その他の事由により研究を継続することが著しく困難若しくは不適当と認めるとき又は監督者の命に服さないときは、その研究を中止させ、又は滞在費の支給を停止することができる。

第九条　文部大臣は、琉球研究教員に対し、その研究期間中、予算の範囲内で、その滞在費を支給する。

2　滞在費の支給基準は左記の通りとする。

地域の区分	月額
五級地	七、五〇〇円
四級地	七、二〇〇円

三級地　六、九〇〇円
二級地　六、六〇〇円
一級地　六、三〇〇円
その他の地　六、〇〇〇円

備考

地域の区分は一般職の職員の給与に関する法律（昭和二五年法律第九五号）第十二条の規定による勤務地手当の支給地域の区分による。

第十条　琉球研究教員に関する事務は、関係局課と連絡して、初等中等教育局庶務課において処理する。

研究教員の注意事項

一　文部省の受入れまで団体行動をとる。
団長、副団長、連絡係等

二　文部省における関係部局課等について知つておくこと。
初等中等教育局長、初等中等教育局財務課長、全初等教育課長、調査局長、調査局国際文化課長、調査課長補佐、調査事務官

三　配置校に到着したら其の旨文教局に報告すること。

四　配置校における勤務は、同校の職員と同様に行うこと。

五　研究期間中の勤務、研究計画、研究会出席、他校参観など校長に相談又は指示をうけること。

六　文部省によつて決定された配属校の変更をしないこと。
文部省は委員会及び学校当局等と交渉して決定しているので、文部省の立場を考慮すること。

七　沖縄の教育、行政、財政等研究しておくこと。

八　留守宅からの送金について（期間中、月額二〇弗）

証明証下附願

本籍地
現住所
学校名
氏名

右の研究教員に対する普通送金証明書を下附下さいますようお願いします。

年　月　日

右願人（教員との関係）
現住所
氏名

文教局長殿

学校対外競技の基準

学徒の対外競技は、それが真の教育的に企画運営される場合には、学徒の心身の発達を促し、公正にして健全な社会的態度（スポーツマンシツプ）を育成するためのよい機会となり、教育的効果はきわめて大きい。しかしその運用を誤ると学校教育の自主性がそこなわれ、学業がおろそかになり健康を害し多額の費用を費すなど種々の弊害を生じ教育上望ましくない結果を招来する。学徒の対外競技を教育的に運

営するためには教科としての体育、クラブ活動校内競技等との関連を十分に考慮し、学校体育の一環として行なわれなければならない。またそれぞれの学校が対外競技に参加する場合には、学校長の責任において、競技会の性格を十分検討し、学校教育全体の立場から無理がないように取扱わねばならない。なお、学校を代表しないで競技会に出場する場合にも、この基準によつて指導する。

以上の見地から特に必要と考えられる点を次に掲げる。

一　小学校においては対外競技は行わない。

親睦を目的とする隣接校との連合運動会はその目的を逸脱しない限り行つてさしつかえない。この場合主催者は教育関係者（学校、教育委員会）とする。

二　中学校の対外競技の範囲は群島内（沖縄本島、宮古、八重山の別）にとゞめる。

1　群島内大会を行う場合においても宿泊を要しないような計画とする。

2　対外試合よりも校内競技に重点をおくことが望ましい。

三　高等学校の対外競技は琉球内で行うことを原則とし、本土大会に派遣する場合には十分にその技倆成績等を考慮し、且学業に支障のないようにする。本土大会への参加は生徒一人につきそれぞれ年一回程度とする。但し国民体育大会への参加は例外とする。

四　生徒の参加する競技会は教育関係団体が主催しその責任において運営を期す。なお主催者においては、次の点に留意することが必要である。

1　**主催団体は、その地域外に参加者の範囲を拡大することはできない。**

2　同種目、同範囲の大会は関係団体の共同主催で行うことが望ましい。

五　対外競技は長期休暇中又は学業に支障のない日に行なわれることを原則とする。

六　選手はできるだけ固定することなく多くのものが参加できるようにする。

七　選手は単に競技成績だけでなく、本人の意志、健康、学業、品性その他を考慮してきめる。

八　対外競技に参加するものは、それが個人であると否とにかかわらず、あらかじめ健康診断を受けその健康証明を得なければならない。

九　対外競技は、学徒の心身の発達や性別に応じた運営をしなければならない。その為に必要な競技規則を設けることが望ましい。また女子が対外競技に参加する場合は、女教師が付き添うようにすることが望ましい。

十　応援については、日頃その指導とその責任者を明らかにし、学徒としてふさわしい態度をとるようにする。

△　基準についての解説

その基準の基本方針は、さきの文指通達の主旨を変更するものではない。其の後いろいろと問題になつていた事柄を具体的にこの基準で明示し、学校対外競技の一層適正な運営を図ろうとするものである。

次にこの基準の要点をとりあげて、説明することにする。

1　学徒の対外競技は学校体育の一環として行わなければならないこと。

学徒の対外競技が、教育的な立場で企画運営される場合、それに期待できる教育的効果はきわめて大きいが、その運用を誤ると、これによつて生ずる弊害も又大きい。対外競技につきまとう弊害を取り除いて教育的な効果をあげるためには、教科としての体育、クラブ活動、校内競技等との関連を十分考慮し、それの延長として行われるようにすることが大切である。

2　対外競技に参加する場合には、学校長の責任に於て、学校教育全体の立場から無理がないように取扱われなければならないこと。

学徒の参加する競技会には、参加するものゝ立場から競技会の性格を十分検討し、学校教育全体からみても、無理のないような競技会にのみ参加するようにすることである。その為には、競技会の規模の大小を問わず、これが真に学校体育の一環として行われるものである限り、常に学校長の責任において参加させることが大切であり、他からのいろいろな圧力に屈することなく、学校がどこまでも主体性を保持することによつて教育的効果は大いに期待できるのである。

3　学徒が学校を代表しないで競技会に出場する場合においてもこの基準によつて指導すること。学徒が学校を代表しないいわゆる個人として競技会に出場する場合もこの基準によつて指導する。このことは中学校、高等学校の生徒が個人として全琉及全国大会等に参加することもあり得るが、その場合この基準によることを意味している。

4　小学校の場合

従来小学校では「校内競技にとゞめる」とし、対外競技は行わないことは説明で指導してきたが、この基準では「対外競技は行わない」と明示した。連合運動会は、こゝでいういわゆる対外競技とは異なるものであり、競うというよりも、むしろ子供達が一緒に楽しく運動することによつて教育的効果をあげようとするものである。この連合運動会も、その運営いかんによつては、必要以上に競争意識をかり立て、対外競技の形式に陥る恐れがあるので、その目的を明確にするとともに、その主催者を明らかにし、その責任において開催されることの必要を明らかにした。

5　中学校の場合

この基準全体を通じて、最も問題となつたのは、中学校の対外競技である。それは中学校の基準が従来は「宿泊を要しない地区内程度にとどめる」とあつたのであるが、環境の整備、現場の教育計画等の適正向上に鑑み、且世論等も勘案し更に学校自体の自主性を尊重して、群島別大会まで範囲を拡げた。

しかし乍ら中学生は義務教育の段階にあり、学校経営の立場から、又心身の発達段階からみて校内競技及び地区内大会に重点をおくことが望ましい。

6　高等学校の場合

高等学校に於いては従来と変りないが、同一人が何回も競技会に出場し、個人の負担が過重にならぬよう学校教育の立場からできるだけ多くの生徒が参加できるようにすることが望ましい。

7　競技会の開催期日、選手の選定、選手の健康管理、心身の発達や性別に即した競技規則の適用、応援等。

競技会を適正に運営するために必要な事項を示したが、これらは従来と変らずきわめて重要なことがらである。

すなわち、競技会の開催期日については、競技会に参加する者が、学業を犠牲にしなければならないような計画は、主催者としてさけなければならないし、学校としてもそのような計画のものについては、学校教育全体の立場から参加すべきではない。

従って全琉大会のような大規模のものは長期休暇中に行われることを原則とし、小規模の競技会でも休日又は学業に支障のない日に行われることを原則としている。

選手の選定については、体育全体の立場から、できるだけ多くの者が対外競技に参加し、その経験を持つことができるように考慮し、また特定の個人だけにかぎることによつてその者に過重の負担をかけることは避けるようにしなければならない。

そのために選手を選ぶ場合には、本文に掲げたようなことがらを考慮して候補者を定め、関係教師や保護者の承認を得て、一定の手続きのもとに学校長が最後に決定することが望ましい。

心身の発達や性別に即した競技規則の適用については、中学校、高等学校などそれぞれ学校別により、また男女の性別によつて競技規則の適用をはかる必要がある。

女子の場合は過度に感情を刺戟するような形式の競技会はさけるのが望ましく、そのための計画や競技規則を考えなければならない。

応援は競技会と表裏一体のものであり、競技会の成果をあげるためには、学徒としてふさわしい応援の心得や態度を指導する必要がある。今日までいろ〳〵の問題があつたが、あくまで生徒会活動の一環として、自主的、組織的に実施させ、更に継続的な教師の補導が望ましい。

コーチや役員及経費等についても考慮しなければならない。

コーチは技術がすぐれているだけじやなく、学校教育についても十分理解をもち、人格教養共にすぐれている者を学校長が委嘱することが必要である。

経費について一部少数のものが不当に多額の経費を使用したりしないようにし、又その収支を明確にすることが大切である。

以上でこの基準についての一般的な説明を終るが局内に学徒の対外競技審議委員会を設けてその健全なる普及と発達を計りたいと思つている。

文教地区建築規則

（一九五八年規則第八十四号）

（総　則）

第一条　建築基準法（以下「法」という。）第四十八条第三項の規定による文教地区内の建築物の制限又は禁止については、この規則の定めるところによる。

（文教地区）

第二条　文教地区を第一種文教地区及び第二種文教地区に分ける。

（第一種文教地区内の建築制限）

第三条　第一種文教地区内においては、法第四十五条の制限によるほか、別表一に掲げる用途に供するために建築物を建築し、又は用途を変更してはならない。ただし、行政主席が文教上必要と認め又は文教上の目的を害するおそれがないと認めて許可した場合は、この限りでない。

（第二種文教地区内の建築制限）

第四条　第二種文教地区内においては、法第四十五条の制限によるほか、別表二に掲げる用途に供するために建築物を建築し、又は用途を変更してはならない。ただし、行政主席が文教上必要と認め、又は文教上の目的を害するおそれがないと認めて、許可した場合は、その限りではない。

附　則

この規則は、公布の日から施行する。

別表一

一	待合、料亭、カフエー、料理店、キャバレー、舞踏場、舞踏教習所の類で風俗営業取締法（一九五二年立法第十八号）の適用をうけるもの
二	ホテル又は旅館
三	劇場、映画館、演芸場又は観覧場
四	マーケット（市場を除く。）
五	遊技場又は遊戯場、たゞし、学校附属のものを除く。
六	前各号の建築物に類するもので環境を害し、又は風俗をみだすおそれがあると認めて行政主席が指定するもの。

別表二

一	待合、料亭、カフエー、料理店、キャバレー、舞踏場、舞踏教習所の類で風俗営業取締法の適用をうけるもの
二	ホテル又は旅館
三	劇場、演芸場又は観覧場
四	前各号の建築物に類するもので環境を害し又は風俗をみだすおそれがあると認めて行政主席が指定するもの

文教局組織規則

（一九五八年中央教育委員会規則第五号）

第一章　総　則

（目　的）

第一条　この規則は、教育委員会法（一九五八年立法第二号）及び行政事務部局組織法（一九五三年立法第九号）に基いて文教局の内部分課並びに中央教育委員会管理の下にある機関の所掌事務の範囲及び組織を定めることを目的とする。

第二章　内部分課

第二条　文教局に次の課を置く。

一　庶　務　課
二　学校教育課
三　職業教育課
四　保健体育課
五　研究調査課
六　施　設　課
七　社会教育課

（所掌事務）

第三条　庶務課においては、次の事務をつかさどる。

一　秘書に関すること。
二　各課の連絡調整に関すること。
三　中央教育委員会に関すること。
四　文教審議会に関すること。
五　職印の保管に関すること。
六　職階及び人事に関すること。
七　公文書類の接受、発送、編集及び保存に関すること。
八　局内予算、決算及び会計に関すること。
九　局の管理に属する財産及び物品に関すること。
十　地方教育委員会に対する会計事務指導及び財務監査に関すること。
十一　その他、他課に属しないこと。

第四条　学校教育課においては、次の事務をつかさどる。

一　学校教育関係法令の運営上の指導助言に関すること。
二　学校教育関係法令案の作成に関すること。
三　地方教育委員会に対する行政上の連絡及び指導助言に関すること。
四　所掌事務に関する教育補助金の割当に関すること。
五　教育委員会法及び学校教育法（一九五八年立法第三号）の規定に基く許可、認可届出等（他課の所掌するものを除く）に関すること。
六　教育職員の養成充足の計画に関すること。
七　教育職員の資格及び免許に関すること。
八　義務教育学校関係法人に関すること。
九　教育職員候補者名簿に関すること。
十　教育職員の現職教育計画及び実施に関すること。
十一　教育公務員の福祉及び関係諸団体に関すること。
十二　義務教育学校の管理運営についての指導助言に関すること。

十三　義務教育学校の教育課程の基準設定、管理及びその取扱についての指導助言に関すること（保健体育課所管を除く）
十四　義務教育学校の生徒指導についての指導助言に関すること。
十五　認定教科書目録の作成に関すること。
十六　所管の実験学校、研究学校等の指定及びその指導助言に関すること。
十七　義務教育学校関係備品に関する事（保健体育課所管を除く）
十八　特殊教育及び幼稚園に関すること。
十九　中学校卒業資格認定に関すること。

第五条　職業教育科においては、次の事務をつかさどる。
一　中学校及び高等学校における職業教育の企画指導及び援助に関すること。
二　政府立高等学校の管理及び運営（施設課所管を除く。）に関すること。
三　高等学校の入学、退学、転学、入学者選抜に関すること。
四　高等学校の管理及び運営についての指導助言に関すること。
五　大学教育に関すること。
六　職業教育備品及び高等学校の一般備品に関すること（保健体育課所管を除く。）。
七　高等学校の教育課程の基準の設定、管理及びその取扱いについての指導助言に関すること（保健体育課所管を除く。）。
八　高等学校の生徒指導についての指導助言に関すること。
九　高等学校及び職業教育関係実験学校、研究学校の指定及びその指導助言に関すること。
十　所管学校職員の研修に関すること。
十一　高等学校及び大学関係の許可、認可、届出等に関すること。
十二　高等学校及び大学関係法人に関すること。
十三　所管の学校教育関係の諸団体に関すること。
十四　留学生及び大学入学資格検定に関すること。
十五　通信教育に関すること。

第六条　保健体育課においては、次の事務をつかさどる。
一　学校保健体育に関すること。
二　児童生徒及び教育職員の健康管理に関すること。
三　学校給食に関すること。
四　学校及び環境衛生に関すること。
五　保健体育施設及び保養施設に関すること。
六　社会体育に関すること。
七　保健体育に関する教育課程の基準の設定、管理及びその取扱いについての指導助言に関すること。
八　保健体育関係備品に関すること。
九　保健体育関係団体との連絡及びその育成指導に関すること。
十　所管の実験学校、研究学校の指定及びその指導助言に関すること。
十一　保健体育関係職員の研修に関すること。

第七条　研究調査課においては、次の事務をつかさどる。
一　教育測定及び教育評価に関すること。
二　学校教育に関する研究、調査、統計に関すること。
三　社会教育に関する研究調査に関すること。

四　教育行政に関する研究調査に関すること。
五　教育要覧、文教時報、研究集録、その他出版物の編集頒布に関すること。
六　教育に関する研究調査統計に関し、教育機関及び教育職員に援助を与え、かつ、普及指導を行うこと。
七　教育の研究調査に必要な研究、実験、施設等の指導及び援助に関すること。
八　管外の教育事情について調査研究を行い、図書及び資料を収集すること。
九　琉球歴史の史料及び編集に関すること。

第八条　施設課においては、次の事務をつかさどる。
一　政府立学校及びその他の教育機関の建設、修繕、施設及び土地の管理に関すること。
二　校地、校舎及施設の基準の設定並に認可に関すること。
三　義務教育学校の施設に関すること。
四　地方教育委員会に対し、学校の建築、修繕、施設及び校地に関する指導助言をなすこと。
五　公立学校の建築及び修繕補助金割当に関すること。
六　義務教育学校の児童生徒の教科用図書に関し、地方教育委員会に補助金の割当をなすこと。

第九条　社会教育課においては、次の事務をつかさどる。
一　政府立の図書館、博物館、その他の社会教育機関、施設の設置及び管理に関すること。
二　政府立以外の社会教育機関、施設、団体等に対する育成指導に関すること。
三　社会教育関係法令の運営上の指導助言に関すること。
四　社会教育関係法令案の作成に関すること。
五　所管の実験及び研究のための社会教育学級、団体等の指定及びその指導助言に関すること。
六　青少年及び成人の社会教育（職業技術教育を含む。）及び福祉に関すること。
七　社会教育関係職員の研修に関すること。
八　新生活運動に関すること。
九　リクレーションに関すること。
十　社会教育補助金の割当に関すること。
十一　各種学校に関すること。
十二　社会教育関係法人に関すること。
十三　学術及び文化（学校教育関係を除く。）宗教に関すること。

第三章　附属機関

（図書館の名称及び位置）
第十条　図書館の名称及び位置は、次のとおりとする。

名称	位置
首里図書館	那覇市
宮古図書館	平良市
八重山図書館	石垣市

（所掌事務）
第十一条　図書館においては、次の事務をつかさどる。

一　図書館記録、視聴覚教育の資料、郷土資料、美術品、レコード、フィルム、その他必要な資料（以下「図書館資料」という。）を収集し、一般公衆の利用に供すること。
二　図書館資料の分類、配列、保全及び目録整備に関すること。
三　図書館資料の利用についての指導助言に関すること。
四　図書館相互の図書館資料の貸借に関すること。
五　図書館内外における図書館資料の閲覧及び巡回貸出に関すること。
六　読書会、研究会、鑑賞会、映写会資料、展示会等の開催及びその奨励に関すること。
七　時事に関する情報及び参考資料の紹介及び提供に関すること。
八　学校、博物館、研究所、公民館等との連絡及び協力に関すること。
九　その他文教局長の命ずること。

（博物館の名称及び位置）
第十二条　博物館の名称及び位置は、次のとおりとする。

名称	位置
琉球政府博物館	那覇市

（所掌事務）
第十三条　博物館においては、次の事務をつかさどる。
一　歴史、芸術、民俗、産業、自然科学等に関する実物、標本、模写、模型、文献、図表、写真、フィルム、レコード等の資料（以下「資料」という。）を豊富に収集し、保管し、及び展示すること。
二　資料を館外で展示すること。
三　一般公衆に対して資料の利用に関し、必要な説明、助言、指導を行い、又は利用させること。
四　資料に関する専門的技術的な調査研究を行うこと。
五　資料の保管及び展示に関する技術的研究を行うこと。
六　資料に関する案内書、解説書、目録、図書、年報、調査研究の報告書等を作成し及び頒布すること。
七　資料に関する講演会、講習会、映写会、研究会等を主催し、及びその開催を援助すること。
八　学校図書館、研究所、公民館等の教育、学術又は文化に関する諸施設と協力し、その活動を援助すること。
九　その他文教局長の命ずること。

附　則
一　この規則は、一九五八年四月一日から施行する。

文教局処務規程

（一九五六年中央教育委員会訓令第三号）

第一章　目　的

（目　的）
第一条　この規程は、文教局（政府立学校、図書館及び博物館を含む）職員がその事務を処理するにあたり、能率的かつ効果的ならしめることを目的とし、立法又はこれに基く規則に規定されているものを除く。

第二章　事務分掌

（係の設置）

第二条　文教局組織規則（一九五八年中央教育委員会規則第五号）第二条に規定する課に別表の係を置く。

（係長の任命）

第三条　係に係長を置き、文教局長が命ずる。

（係の分掌及び課員の担任）

第四条　係の分掌事務及び課員の担任事務は、所属の課長が定めるものとする。

第三章　職務権限

（事務の代決）

第五条　局長、次長、課長、図書館長、博物館長及び学校長の事務代決は別に定めるところによる。

（係長の職務権限）

第六条　係長は上司の命を受けて所掌事務を処理し、課長に事故あるときは、あらかじめ文教局長の指定した係長又は職員がその職務を代行する。

（後　閲）

第七条　代行した事項中重要又は必要と認めるものについては事後すみやかに上司の閲覧に供するものとする。

第四章　文書の取扱及び例式

（文書の取扱及び例式）

第八条　文書の取扱及び例式については文書取扱規程（一九五四年訓令第九号）及び文書作成規程（一九五二年告示第六十三号）の規定を準用する。但し、文書種目については別に定めるところによる。

第五章　服　務

（服務の宣誓）

第九条　琉球政府公務員法（一九五三年立法第四号）第三十九条の規定及び職員の服務の宣誓（一九五三年人事委員会規則第十号）に基く服務の宣誓は、文教局本局の職員、附属機関及び政府立学校の長にあつては、中央教育委員会、その他の職員にあつては、各機関の長（以下「それぞれの所属長」という。）に対して行うものとする。

（新任の場合の履歴書の提出）

第十条　新任の職員は発令の日から十五日以内に履歴書（第一号様式）及び住所届（第二号様式）をそれぞれの所属長に提出しなければならない。

（履歴事項追加変更届）

第十一条　職員は身分に関し次の各号に掲げる事由を生じたときは、十五日以内に履歴事項追加変更届（第三号様式）をそれぞれの所属長に提出しなければならない。

一、氏名の変更
二、本籍の移動
三、住所の移動

四　学歴の取得
五　資格の取得

（職務に専念する義務免除の手続）

第十二条　職員の職務に専念する義務の特例（一九五三年人事委員会規則第十一号）（以下本条において「規則」という。）の規定に基き職員が職務に専念する義務の免除について承認を受けようとするときは次の各号に規定するところにより手続をとらなければならない。

一　規則第二条第三号及び第五号に規定する場合は職務に専念する義務の免除に関する承認願（第四号様式）を提出してあらかじめそれぞれの所属長の承認を得なければならない。

二　規則第三条第一号1から4まで及び7に該当して事前にそれぞれの所属長の承認を得られなかつた場合はその事前に承認を得られなかつた事由の消滅後直ちに前号の手続をとらなければならない。

三　規則第二条第一号及び第二号に規定する場合はそれぞれの所属長の命令又は承認を以て手続にかえるものとする。

（給与法第九条に基く承認手続）

第十三条　一般職の職員の給与に関する立法（一九五四年立法第五十三号）第九条の規定に基き正規の勤務時間中に勤務しないことについて承認をうけようとするときは同法同条に基く承認願（第五号様式）を提出してあらかじめそれぞれの所属長の承認を得なければならない。

2　病気災害その他やむを得ない事由によりあらかじめ前項の承認の得られない場合はその事由の消滅後直ちに承認願を提出しなければならない。

（営利企業従事許可の手続）

第十四条　琉球政府公務員法第四十六条及び営利企業等の従事制限（一九五三年人事委員会規則第一五号）の規定に基き職員が営利企業等の従事について許可を受けようとするときは営利企業等の従事許可願（第六号様式）三通に関係書類を添えそれぞれの所属長に提出しなければならない。

（出勤簿の押印）

第十五条　職員は定刻までに出勤し、出勤簿（第七号様式）に自ら押印しなければならない。

（遅刻早退休暇等）

第十六条　病気その他の事由により出勤時間を過ぎて出勤しようとする者、勤務時間中早退しようとする者又は休暇を受け若しくは欠勤しようとする者はそれぞれの事由に応じ遅刻早退簿（第八号様式）、年次休暇願（第九号様式）病気休暇願（第十五号様式）又は欠勤届（第十一号様式）によりあらかじめそれぞれの所属長の承認を受け又は届出をしなければならない。

2　急病災害その他やむを得ない事由によりあらかじめ前号の手続をとることが出来ない場合はとりあえず電報電話伝言等により連絡をとるとともに遅滞なく所定の手続をとらなければならない。

（診断書の提出）

第十七条　負傷又は疾病のため七日以上勤務できない場合は医師の診断書をそれぞれの所属長に提出しなければならない。その期間を過ぎてもなお引続き勤務できない場合もまた同様とする。

（出勤簿の整理保管）

第十八条 出勤簿の整理保管の方法等について別に定める。

（勤務時間中の外出）

第十九条 職員は勤務時間中執務場所を離れようとするときは上司の承認を受けなければならない。

（退庁時の文書等の保管）

第二十条 職員は退庁しようとするときは各自所管の文書物品を整理し所定の場所に収置し散逸させてはならない。

2 職員の退庁後当直員の看守を要する物品は退庁の際当直員に看守を依頼しなければならない。

（重要な文書物品等の取扱）

第二十一条 重要な文書を蔵する書籍、物品等は非常の場合に備えて搬出しやすい場所に置きこれに非常持出の標示をして置かなければならない。

（勤務時間外の登退庁）

第二十二条 勤務時間外（退庁時限後一時間以内を除く）勤務を要しない日、休日等に居残り勤務又は臨時に登庁した場合には、時間外登退庁簿（第十二号様式）にその都度記載し退庁のときは、火気盗難等に特に注意しなければならない。

（公務旅行の予定変更）

第二十三条 公務による旅行中次の各号の一に該当するときは電報電話等ですみやかに連絡すると共に帰庁後所定の手続をとらなければならない。

一 用務の都合により予定日数を超過しようとするとき。

二 便船の関係その他交通関係の事故のために命令期間内に帰庁できないとき。

三 疾病災害その他の故障により用務を遂行できないとき。

2 前項第一号に該当するときはあらかじめ連絡して指示を受けなければならない。

（公務旅行の復命）

第二十四条 公務による旅行を完了したときは上司に随行した場合を除くほか、七日以内に復命書を作り、旅行命令権者に提出しなければならない。但し、軽易な事項は口頭で復命することができる。

（公務旅行等の場合の事務処理）

第二十五条 公務旅行、休暇、欠勤等の場合には、担任事務の処理に関し、必要な事項をあらかじめ上司に申し出て事務処理に遅滞を生じないようにしなければならない。

（証人、鑑定人等としての出頭）

第二十六条 職員が証人、鑑定人、参考人として裁判所その他の官公庁へ出頭しようとするときは、その旨をそれぞれの所属長に届け出なければならない。

2 前項の場合、職務上知ることができた秘密について供述しようとするときはあらかじめ任命権者の許可を受けなければならない。

（私事旅行、転地療養）

第二十七条 私事旅行又は転地療養のため管内を離れようとする者は、私事旅行転地療養願（第十三号様式）と転地療養にあつては医師の診断書を添えてそれぞれの所属長に提出し、その許可をうけなければならない。

（転任のときの着任期日）

第二十八条 職員が転勤を命ぜられたときは、その通達を受けた日から七日以内に着任しなければならない。

2 疾病その他特別の事由により前項の期限までに着任することができないときは、それぞれの所属長の許可を受けなければならない。

（事務引継）

第二十九条 職員が退職、休職又は転勤となつた場合は担任事務の要領及び処分未済の事由を具し、それぞれの所属長の指名した者に担任事務の引継をなし、事務引継書に連署の上すみやかにそれぞれの所属長に提出しなければならない。但し、職務の級九級以下の職員にあつては口頭をもつてこれに代えることができる。

（非常の際の服務）

第三十条 庁舎又はその近傍に火災その他事変があるときは、すみやかに登庁し、上司の指揮を受けなければならない。但し、急迫の場合には当直員と共に臨機の処置をしなければならない。

第六章 当 直

第三十一条 職員は勤務時間外、勤務を要しない日、休日等には輪番で当直しなければならない。但し、年令十八未満の職員は特に指定する場合を除く外、当直勤務に従事しない。

2 当直を要しないと認められる事由があるものについては、それぞれの所属長が行政主席の承認を得て当直を行わないことができる。

（当直の種類及び勤務時間）

第三十二条 当直は宿直と日直の二種とし、勤務時間は原則として次のとおりとする。但し、時間経過後であつても引継を終るまではなお引続き当直勤務に従事しなければならない。

一 宿直 午後五時から翌日の職員の登庁時までとする。

二 日直 土曜日は職員の退庁時から午後五時までとし、勤務を要しない日及び休日は登庁時から午後五時までとする。

2 宿直の勤務時間中、午後九時から翌日午前七時までは原則として休憩時間とする。但し、職務上必要がある場合及び巡視の場合はこの限りでない。

3 女子職員は特に指定する場合を除くほか宿直勤務に従事しない。

4 当直の勤務時間等について前各項により難いものは行政主席の承認を得て別に定めることができる。

（当直勤務の命令）

第三十三条 当直の勤務命令はそれぞれの所属長又は所属長から委任を受けた者がその順序及び日割を定め当直順番法（第十四号様式）により、当直の日の三日前までに本人に通知して行う。

（事故による代直）

第三十四条 当直を命ぜられた職員が疾病、事務の都合、その他やむを得ない事故により当直することができないときは、他の職員と交替することができる。この場合あらかじめ交替者の所属職、氏名等を当直管理者（庶務課長、政府立学校長、図書館長、博物館長）に通知し承認を受けなければならない。

（当直の免除）

第三十五条 特別の事由のある者は、当直を免除することができる。

（上席当直者の指揮監督）

第三十六条　当直者が二人以上の場合は当直管理者がうち一人を主任者に指名し、他の当直員を指揮監督せしめる。

（当直員の職責）

第三十七条　当直員は常に周到な注意の下に職責を果し非常異変に臨んでは機宜の処置をとらなければならない。

2　当直員は勤務中みだりに庁舎を離れてはならない。

3　当直員は勤務上必要な場合を除く外、休憩の時間でも常に当直室にあつていつでも職責を遂行できる態勢を保持しなければならない。

4　当直員は、宿直にあつては午前零時以前及び以後、日直にあつては午前及び午後それぞれ一回以上庁舎内外を巡視してその取締及び警戒に当らなければならない。この場合当直員を二人以上置く場合には一人は必ず当直室に止らなければならない。

5　特別の事由ある者は前項の庁舎内外の巡視を免除することができる。

（当直員の任務）

第三十八条　当直員の任務はおおむね次のとおりとする。

一　文書の受領及び急施を要する文書の発送に関すること。

二　公印、金庫及び各室のかぎの管守に関すること。

三　防火防犯等庁内の取締り及び警戒に関すること。

四　当直守衛の指揮監督に関すること。

五　その他当直管理者が必要と認めた事項

（当直員の事務処理要領）

第三十九条　当直員は次の各号により事務を処理しなければならない。

一　受領文書は親展又は秘文書、書留文書、速達、普通文書及び私文書に区分し記録を要するものは、備付綴冊に記録した後処理すること。

二　受領文書の中、緊急を要すると認められるものは電話又は急便によりその要領を関係者に通知し、その処理につき打合わせること。

三　訴願、訴訟、異議の申立等に関する文書は封筒に文書の到達した日時を明記して当直員の印を押すこと。

四　至急親展電報を受理したときは直ちに宛名の者に送付すること。但し、夜間又は当直員一人のために送付できないときは、電話等でできるだけすみやかに宛名の者に対し、連絡の方途を講ずること。

五　受理した文書、金銭その他の物品は厳重に保管すること。

六　電話又は口頭で受理した事項は、その要旨を記録し、重要又は急を要するものは、すみやかに関係者に通知すること。

七　急を要する発送文書は備付綴冊に記録した上所定の発送手続をとること。

八　文書に公印の押印を求める者があるときは、必ず原議と対照し、公印使用綴（第十五号様式）に記載すること。この場合当直員が二人以上のときは公印使用に係る責任は第三十六条の規定により当直管理者が指名した主任者に属する。

（当直日誌）

第四十条　当直員は当直日誌（第十六号様式）に次の事項を記載し勤

務時間終了後、収受物件と共に当直管理者に引き渡し、その決裁を受けなければならない。

一　取扱文書の種類及び件数

二　庁内取締に関する事項

三　その他重要と認める事項

（当直事務の引継）

第四十一条　当直員は勤務に先立ち当直管理者又は前の当直員から次の簽冊物品を受取り、勤務終了後、その取扱いに係る文書物品とともに当直管理者又は次の当直員に引き継がなければならない。

一　公印及び公印使用簽

二　当直日誌

三　文書収受簽（第十七号様式）

四　文書発送簽（第十八号様式）

五　時間外登退庁簽

六　当直順番簽

七　その他当直管理者から示された簽冊物件

附　則

この規程は公布の日から施行する。

別表

文教局

庶務課

人事係

庶務係

経理係

企画調査係

学校教育課

係をおかない。

施設課

施設係

校地校舎係

研究調査課

係をおかない。

職業教育課

係をおかない。

社会教育課

係をおかない。

保健体育課

係をおかない。

附　則

この規程は、一九五八年四月一日から適用する。

第一号様式

履歴書

本籍	
現住所	
	氏名
	年　月　日生

一　学歴

年月日	事項	官庁
年 月 日		
年 月 日		
年 月 日		

一　学歴

年月日	事項	官庁
年 月 日		
年 月 日		
年 月 日		
年 月 日		
年 月 日		
年 月 日		
年 月 日		
年 月 日		
年 月 日		
年 月 日		
年 月 日		
年 月 日		
年 月 日		
年 月 日		
年 月 日		
年 月 日		

第二号様式

住所届

課名		氏名	
現住所			
最寄停留所		電話又は呼出電話	
住所案内図			

（注）1 住所案内図は附近の要図を調整し目標となりやすい地点から点線をもつて住所まで表示されたい。

第三号様式

履歴事項追加変更届

所属長認印

項目	旧	新	添付書類
1 姓名			戸籍抄本
2 本籍			戸籍抄本
3 住所			／
4 学歴			卒業証明書写
5 資格取得			資格取得証明書写

右のとおりお届けします。

年　月　日

所属
職名
氏名　㊞

所属長殿

第四号様式

職務専念義務免除承認願

専念義務の免除を受けようとする期間及び事由	期間		事由	

職員の職務に専念する義務の特例（一九五三年人事委員会規則第十一号）第二条の規定に基き右のとおりお願いします

年　月　日

所属
職名
氏名　㊞

所属長殿

第五号様式

給与法第九条に基く承認願

勤務時間中に勤務しないことについて承認を受けようとする期間及び事由		
	期間	
	事由	

一般職の職員の給与に関する立法（一九五四年立法第五十三号）第九条の規定に基き勤務時間中に勤務しない事についての承認方について右のとおりお願いします。

年　月　日

所属
職
氏名　㊞

所属長　殿

出勤簿整理済印

第六号様式

営利企業等の従事許可願

1 申請者について	氏名		生年月日		住所
	職務内容		職名		所属
2 つこうとする業務の属する団体について	勤務先		所在地		
	事業の内容		事業形態の種別		
3 つこうとする業務について	職名		職務内容と責任の程度		
	勤務の態様				
	勤務時間				
	収入額				
	従事の時間				
4 営利企業等に従事することを必要とする理由					
5 営利企業等に従事することが現職遂行に与える影響その他参考事項					

琉球政府公務員法（一九五三年立法第四号）第四十六条の規定に基き右のとおりお願いします。

年　月　日

氏名　㊞

所属長　殿

所属長の所見
所属長　㊞

第七号様式　甲

年　上　半　期　分

月／日	1 月		2 月		3 月		4 月		5 月		6 月		発令年月日
	押印	記入事項	押印	記入事項	押印	記入事項	押印	記入事項	押印	記入事項	押印	記入事項	
1													
2													
3													
4													
5													
6													
7													
8													
9													
10													
11													職
12													
13													
14													
15													
16													
17													
18													
19													
20													
21													
22													
23													
24													
25													氏名
26													
27													
28													
29													
30													
31													
整理欄　出勤													
年次休	日 時間												
病気休	日 時間												
承認休													
出張													
遅刻													
早退													
欠勤													
その他													

第七号様式乙

年　下　半　期　分

日＼月	7月 押印	7月 記入事項	8月 押印	8月 記入事項	9月 押印	9月 記入事項	10月 押印	10月 記入事項	11月 押印	11月 記入事項	12月 押印	12月 記入事項
1												
2												
3												
4												
5												
6												
7												
8												
9												
10												
11												
12												
13												
14												
15												
16												
17												
18												
19												
20												
21												
22												
23												
24												
25												
26												
27												
28												
29												
30												
31												

整理欄	7月	8月	9月	10月	11月	12月
出勤						
年次休	日 時間					
病気休	日 時間					
承認休						
出張						
遅刻						
早退						
欠勤						
その他						

発令年月日	
職	
氏名	

第八号様式

遅刻早退箋

月日	登庁時間	早退時間	理由	職種	氏名	印	出勤箋整理済印

第九号様式

年次休暇願

期間	月　日から 月　日まで　日
休暇地	
目的（理由）	

年　月　日

所属
職名
氏名　㊞

所属長殿

出勤箋整理済印	休暇台帳整理済印

第十号様式

病気休暇願

期間	月　日から 月　日まで　日
休暇地	
病名	

年　月　日

所属
職名
氏名　㊞

所属長殿

出勤箋整理済印	休暇台帳整理済印

第十一号様式

欠勤届

（病名、事故名）のため　月　日から　月　日まで　日間欠勤致したいと思いますのでお届け致します。

年　月　日

所属
職名
氏名　㊞

所属長殿

出勤箋整理済印

第十二号様式

時間外登退庁簿

月日	登庁 時	登庁 分	退庁 時	退庁 分	用件	所属	氏名	守衛又は当直者印

第十三号様式

私事旅行
転地療養 願

期間	年　月　日から 年　月　日まで
旅行又は療養地	
理由	

右のとおりお願いします

年　月　日

所属
職
氏名　㊞

所属長　殿

第十四号様式

認印 局長	認印 次長	認印 当直管理者	月日	区分	当直者 主任当直者 所属	職	氏名	当直者 補助当直者 所属	職	氏名	備考

第十五号様式（公印使用簿）

当直管理者	月日	件名	使用印	通数	起案主任	使用者課名	当直者印

第十六号様式（当直日誌）

月日	気象	日直宿直当直者	主任当直者	補助当直者	記事

第十七号様式（文書収受箋）

月日	番号	受信人	発信人	受領者印	当直管理者認印	備考

第十八号様式（文書発送箋）

月日	文書番号	発信人	受信人	使用切手枚数 1	2	3	4	5	8	10	20	30	40	50	100		はがき	備考

文教局委任規則

（一九五八年中央教育委員会規則第六号）

第一条　教育委員会法（一九五八年立法第二号）第百三十三条第一項及び第二項の規定に基いて文教局長に次に掲げる事務を委任する。

一　九十日をこえない期間の職員の補充に関すること。

二　昇給に関すること。

三　職員の出張（校長及び教員の七日をこえる出張を除く）に関すること。

四　政府財産（政府有財産法（一九五四年立法第八号）に定める財産及びその他の物品のうち教育に関する財産をいう。）及び特別資金の管理に関すること。

五　中央教育委員会の権限に属する予算の執行及び経理に関すること。

六　緊急の際における職員の十日をこえない休暇に関すること。

第二条　文教局長は、学校及びその他の教育機関の長に次の事項を委任することができる。

一　前条第三号の旅行命令（管内）に関すること。

二　前条第六号の休暇の承認に関すること。

附　則

1　この規則は、一九五八年四月一日から施行する。

文教局表彰規程

（一九五八年中央教育委員会訓令第二号）

（目　的）

第一条　この規程は、教育委員会法（一九五八年立法第二号）第百十一条第一項第六号の規定により、中央教育委員会の任命の下にある職員（以下「職員」という。）又はその団体（内部分課、附属機関及び支分部局の職員の構成をいう。（以下「団体」という。）で顕著な功績があり、他の模範として推奨に値する業績若しくは善行があつたものを表彰し、もつて職員の勤労意欲をこう揚し、業務能率向上を図ることを主たる目的とする。

（職員の表彰）

第二条　職員の表彰は、次の各号の一に該当する者に対して行う。ただし。懲戒処分をうけた職員で第一号、第二号、第五号、第六号及び第八号に該当するものについては、懲戒処分を受けてから六箇月を経なければならない。

一　業務の成績を向上させ、その成績が抜群であつた者

二　一年間無欠勤で勤務成績が特に優秀であつた者

三　旺盛な責任観念に徹し、困難な業務を完成した者

四　能率の増進を図り、業務上有益な発明又は顕著な改良をした者

五　二年間無欠勤で勤務成績が優良であつた者

六　永年勤続し、勤務成績、操行ともに優良であつた者

七　危険を顧みず身をていじて職責を尽した者

八　前各号に掲げるもののほか、他の職員の模範として推奨に値する業績のあつた者

（団体の表彰）

第三条　団体の表彰は、次の各号の一に該当するものに対して行う。

一　協力一致して能率の増進を図り、その業績が特に顕著な団体

二　危険を顧みず、その障害を克服して業務を遂行し、顕著な業績のあつた団体

三　前各号に掲げるもののほか、模範として推奨に値する業績のあつた団体

（表彰権者）

第四条　表彰は中央教育委員会が表彰状を授与して行う。ただし、第二条第二号、第五号及び第六号の一に該当する場合は、表彰通知をもつて替えることができる。

2　前項の場合には、一般職の職員の給与に関する立法（一九五四年立法第五十三号）の規定に基く特別昇給を行うことができる。

3　表彰状は、別記様式による。

（表彰の時間）

第五条　表彰は、原則として毎年四月一日（琉球政府創立記念日）付で行い、その翌日（当日が日曜日に当るときは、その翌日、）に表彰式を行うものとする。ただし、特別の必要があるときは、随時表彰を行うことができる。

2　表彰を受けるものが、表彰前に退職又は死亡したときは、退職前又は生前の日付にさかのぼつて表彰する。

（職員の表彰の内申）

第六条　第二条各号の一に該当し、表彰するに値すると認められる者

があるときは、所属機関の長は、その旨を文教局長に内申するものとする。

2　前項の内申には、次の事項を記載するものとする。

一　当該職員の所属機関、職名、職務の級、氏名生年月日及び履歴の概略

二　当該職員の平素の勤務状況

三　表彰の事由となる業績の大要

四　表彰の事由となる業績が部内及び部外に与えた影響

五　その他参考となる事項

（内申の時期）

第七条　前条又は第三条による表彰の対象となる期間は暦年によるものとし、内申は翌年一月中に行うものとする。ただし、第五条第一項ただし書及び第二項の規定による表彰の場合は、随時内申するものとする。

（表彰審査会）

第八条　表彰を公正且つ、適切に行うため、表彰審査会（以下「審査会」という。）を文教局におく。

2　審査会は、委員長一人及び委員四人をもつて組織する。

3　委員長は、文教局長をもつてあて、委員は、中央教育委員の互選によるもの三名及び文教局次長とする。

4　委員長に事故があるときは、あらかじめ指定された委員が代理する。

第九条　審査会に幹事一人をおく。

2　幹事は文教局庶務課長とする。

3　幹事は、委員長の命をうけて事務に従事する。

（審査の手続）

第十条　文教局長は、第六条の内申をうけたとき、又は第三条各号の一に該当し、表彰するに値すると認められる団体があるときは、審査会に命じて審査を行わしめる。

第十一条　審査会は、過半数の委員が出席しなければ会議を開くことができない。

2　審査会は、表彰の適否を審査し、その結果を文書で中央教育委員会に報審しなければならない。

附　則

一　この規程は、公布の日から施行し、一九五六年一月一日から適用する。ただし、第二条第五号の規程は、一九五五年一月一日から適用する。

二　この規程施行の日以前に死亡又は退職したものには、適用しない。

三　一九五七年における内申の時期については、第七条前段の規定にかかわらず文教局長が別に定めるところによる。

別記様式

表彰状

（被表彰者）
所属

職名　氏名

又は
（表彰団体）

団体名

右は……………………………………

……………………………………表彰する

年　月　日

（表彰者）　中央教育委員会　官印

懲戒審査規程

（一九五六年中央委員会訓令第一号）

（総則）

第一条　琉球政府公務員法（一九五三年立法第四号）第三条に基いて中央教育委員会の行う懲戒は、この規程の定めるところによる。

（懲戒審査会の設置及び組織）

第二条　中央教育委員会は、前条の懲戒について審査をさせるため懲戒審査会（以下「審査会」という。）を文教局におく。

2　審査会は、委員長一名及び委員四名をもつて組織する。

3　委員長は、文教局長をもつてあて、委員は中央教育委員の互選によるもの三名及び文教局次長とする。

4　委員長に事故があるときは、あらかじめ、指定された委員が代理する

5　委員の任期は、一年とする。但し、再任を妨げない。

6　委員に欠員を生じた場合の補充委員の任期は、前任者の残任期間とする。

第三条　中央教育委員たる委員は、非常勤とする。

2　前項の委員は、審査会に出席するために要する費用の弁償をうけることができる。

第四条　審査会に幹事及び書記各一名をおく。

2　幹事及び書記は、文教局職員の中から委員長が任命する。

3　幹事は、委員長の命をうけ審査会の議事を準備し、事務を統理する。

4　書記は幹事の命をうけて事務に従事する。

第五条　各課長、政府立学校長及び附属機関の長は、所属職員で、懲戒にあたるべき所為があると認めるときは、証憑を添えて任命権者に報告しなければならない。

2　中央教育委員会並びに文教局長は、前項の規定にかかわらず、職員で懲戒にあたる所為があると認めるときは、当該職員の所属長に報告をもとめることができる。

第六条　中央教育委員会並びに文教局長は、前条の報告をうけたとき、審査会に対し審査を要求することができる。

第七条　委員長は、前条の要求があつたとき、すみやかに期日を定めて審査会を招集しなければならない。

2　審査会は、二分の一以上の委員が出席しなければ会議を開くことができない。

3　委員は、自己及び三親等以内の親族に関する事件の会議に参与することはできない。

4　審査会は、本人及びその関係者に対し、審査会に出席して意見を述べることを求めることができる。

5　本人及びその関係者は、審査会に出席して意見を述べることができる。

6　第四項の場合においては、必要な旅費を支給する。

第八条　委員長は、審査の結果を、会議録をそえて文書で当該職員の任命権者に報告しなければならない。

第九条　この規程に定めるもののほか、審査会の議事の手続その他運営に関し必要な事項については、委員長が審査会にはかつて定める。

附　則

この規程は、公布の日から施行する。

文教審議會規程

（一九五三年告示第七十三号）

（目　的）

第一条　文教審議会（以下「審議会」という。）は、行政主席の諮問に応じて学術、教育、文化に関する重要事項について答申するものとする。

（組　織）

第二条　審議会は、委員二十人以内でこれを組織する。但し、特別の事項を審議するための必要があるときは、臨時専門委員（以下「専門委員」という。）をおくことができる。

2　専門委員は七人以内とする。

3　審議会に委員の互選による委員長及び副委員長各一人をおく。

（改一九五五告示二一）

第三条　審議会の委員及び専門委員は、各界層における学識経験のあるもののうちから、行政主席が委嘱する。　（改一九五五告示六）

（委員の任期）

第四条　委員の任期は、三年とし、初回委員に限り半数は三年、半数は二年とする。

2　委員に欠員が生じた場合の補充委員の任期は、前任者の残任期間とする。

3　専門委員は当該特別の事項に関する審議が終つたときは、解任されるものとする。（改一九五五告示二一）

（委員長及び副委員長）

第五条　委員長は審議会の会務を総理する。

2　副委員長は、委員長を補佐し委員長に事故があるときは、その職務を代理する。

3　委員長及び副委員長の任期は一年とする。但し、再任を妨げない。

（委員及び専門委員の費用弁償）

第六条　委員及び専門委員は非常勤とする。（改一九五五告示二一）

2　委員及び専門委員は、その職務を行うために要する費用の弁償を受けることができる。（改一九五五告示二一）

3　費用弁償の額及びその支給の方法は行政主席が定める。

（内規の制定）

第七条　この規定に定めるもののほか審議会の議事の手続その他運営に関する必要な事項については、審議会がこれを定める。

（会議の招集）

第八条　審議会の会議は、必要に応じて行政主席が招集する。

（議　事）

第八条の二　審議会は、委員及び議事に関係のある専門委員の総数の過半数が出席しなければ、議事を開き、議決をすることができない。

2　審議会の議事は、出席した委員及び議事に関係のある専門委員の過半数をもつて決し、可否同数のときは、委員長の決するところによる。（改一九五五告示二一）

第九条　審議会は、関係各局長及びその所属職員に対し、審議会に出席して意見を述べることを求めることができる。

2　関係各局長は、審議会に出席して意見を述べることができ、又その所属職員をして審議会に出席して意見を述べることができる。

第十条　審議会は必要に応じて各界の専門家を招きその意見を求めることができる。

（幹事及び書記）

第十一条　審議会に幹事及び書記をおく。

2　幹事及び書記は、文教局の職員のうちから行政主席が任命する。

3　幹事は、上司の指揮を承けて庶務を整理する。

4　書記は、上司の指揮を承けて庶務に従事する。

（経　費）

第十二条　審議会に要する経費は、文教局予算に計上する。

附　則

この規程は、公布の日から施行する。

文教局職員の積立年次休暇に相当する金額の支給の方法に関する規則

（一九五七年中央委員会規則第四十九号）

第一条　この規則は、一般職の職員の給与に関する立法（一九五四年立法第五十三号）第二十六条の二第三項の規定に基き、文教局職員（以下「職員」という。）の積立年次休暇に相当する金額（以下「積立年休額」という。）の支給の方法に関し必要な事項を定めることを目的とする。

2　この規則で「文教局職員」とは中央教育委員会の管理の下にある職員をいう。

第二条　積立年休額の支給決定は、文教局長が行うものとする。

2　積立年休額を支給する場合には、休暇取扱細則（一九五六年人事委員会細則第一号）の規定に基く休暇台帳による差引積立の日数を基礎にして算定しなければならない。

第三条　積立年休額の支払日は、特別の事情がない限り職員が退職した日の属する月の翌月の二日から十五日までとする。

2　中央教育委員会の管理の下にある機関の長は、積立年休額の支払にあたつては、別表による証明書を添付しなければならない。

3　積立年休額の請求様式は給与支払名簿を準用する。

附　則

1　この規則は、公布の日から施行し一九五七年七月一日から適用する。

2　一九五七年七月一日から同年十一月三十日までに退職した職員の積立年休額の支給については、第三条第一項の規定は適用しない。

（別　表）

<table>
<tr><td colspan="6">証　明　書　　　退職当時の所属機関名
職氏名　　　印</td></tr>
<tr><td colspan="2">年　次・休　暇</td><td colspan="2">給　料　月　額</td><td>1954年立法第53号第26条の2第2項の規定に基く算定額</td><td>摘　要</td></tr>
<tr><td>採用及び退職の年月日</td><td>差引積立日数</td><td>職務の級及び号給</td><td rowspan="2">$</td><td rowspan="2">$</td><td rowspan="2"></td></tr>
<tr><td>採用　年　月　日
退職　年　月　日</td><td></td><td>級　額</td></tr>
<tr><td colspan="6">上記のとおり相違ないことを証明する。
年　　月　　日
所属機関の長職氏名
印</td></tr>
</table>

休暇台帳取扱者印

1　この表の差引積立日数は１９５６年人事委員会細則第１号規定に基く休暇台帳による差引積立日数と相違しないように記入すること。

2　この表の給料月額は、退職当時の給料月額であること。

超過勤務手当支給規則

（一九五七年中央教育委員会規則第五十号）

第一条　この規則は、一般職の職員の給与に関する立法（一九五四年立法第五十三号）第十七条の三の規定に基き、中央教育委員会の任命権の下にある職員の超過勤務手当（以下「超勤手当」という。）の支給の方法に関し必要な事項を定めることを目的とする。

第二条　旅行目的地において正規の勤務時間をこえて、勤務することをあらかじめ命ぜられた場合において現に勤務し、かつ、その勤務時間につき明確に証明できるものについては、超勤手当を支給する。

2　正規の勤務日において休憩時間中に勤務することを命ぜられた場合は、超勤手当を支給する。

3　休日又は勤務を要しない日若しくはこれに準ずる日において前項と同様な勤務を命ぜられた場合は、超勤手当を支給する。

第三条　超勤手当の支給の基礎となる勤務時間数は、その月分の全時間数によつて計算するものとし、この場合において一時間未満の端数があるときは、その端数は切り捨てる。

第四条　超過勤務命令は、超過勤務命令箋（別紙様式）により、文教局長又はその委任を受けた者が行う。

2　超過勤務命令箋は、各課、各機関別に作成するものとする。

第五条　超勤手当は、その月分を翌月の二日から末日までに支給しなければならない。

2　超勤手当の支払にあたつては、別表による超過勤務明細書を添付しなければならない。

3　超勤手当の請求様式は、給与支払名箋を準用する。

附　則

1　この規則は、公布の日から施行する。

2　この規則施行前の超勤手当の支給については、この規則の規定にかかわらず、なお従前の例による。

別紙様式

超過勤務命令票

命令年月日	超過勤務命令権者	庶務課長	支出負担行為認証官	支出負担行為担当官	主務課長	超過勤務日時	総時間数	勤務命令事由	職名	級号及び給料月額	職員氏名	受命者認印	備考手当額
						月　日 午前　時　分 午後　時　分 午前　時　分 午後　時　分	時 分			級　号 $			
						月　日 午前　時　分 午後　時　分 午前　時　分 午後　時　分	時 分			級　号 $			
						月　日 午前　時　分 午後　時　分 午前　時　分 午後　時　分	時 分			級　号 $			
						月　日 午前　時　分 午後　時　分 午前　時　分 午後　時　分	時 分			級　号 $			
						月　日 午前　時　分 午後　時　分 午前　時　分 午後　時　分	時 分			級　号 $			
						月　日 午前　時　分 午後　時　分 午前　時　分 午後　時　分	時 分			級　号 $			

超過勤務明細書　　　年　　　月分

支出負担行為担当官　職氏名　㊞

超過勤務命令権者　職氏名　㊞　支出負担行為認証官　職氏名　㊞

月日 氏名	1	2	3	4	5	6	7	8	9	10	11	12	13	14	15	16	17	18	19	20	21	22	23	24	25	26	27	28	29	30	31	計

文教局文書種目の定

（一九五八年中央教育委員会訓令第四号）

文書種目　　　　庶務課

種目番号	文書種目	文書細目	保存種別
第一号	法令及び例規に関する書類	人事関係例規綴	第一種
		庶務関係例規綴	〃
		予算会計関係例規綴	〃
		公報綴	〃
第二号	文書件名綴		第三種
第三号	法令案調整に関する書類		第一種
第四号	人事に関する書類	人事発令書類	第二種
		発令通知綴	〃
第五号	職員の身分に関する書類	履歴書	第一種
		職位台帳	第二種
		職位格付書綴	〃
		職員の表彰及び懲戒処分に関する書類	〃
第六号	職員の諸願届等に関する書類		第四五種
第七号	職員の給与発令に関する書類	俸給発令に関する書類	第二種
		退職手当に関する書類	〃
第八号	中央教育委員会々議に関する書類	中央教育委員会々議案	第二種
		中央教育委員会々議録	〃
第九号	文教審議会に関する書類	文教審議会議事録	〃
		文教審議会答申書及び審議資料綴	〃
第十号	陳情及び請願に関する書類	中央教育委員会あての陳情、請願に関する書類	第二三四種
		文教局長あての陳情、請願に関する書類	
第十一号	官紀及び服務に関する書類	出勤綴	第三種
		休暇台帳	第一種
		休暇願及び承認書類	第三種
第十二号	秘書に関する書類	祝辞及び弔辞に関する書類	第五種
		推せん及び証明書に関する書類	第四種
第十三号	諸報告に関する書類		第二、三、四、五種
第十四号	予算及び決算に関する書類	支出負担行為計画及び支払計画に関する書類	第三種
		予算の移替、移用、流用及び予備費使用に関	

文書種目番号	文書種目	文書細目	保存種別
		する書類	
		支出負担行為認証登録簿	第三種
		支出負担行為認証簿	〃
		局伝票登録簿	〃
		支出負担行為差引簿	〃
		支出済証憑書類	〃
		現金出納簿	〃
		前渡資金科目整理簿	〃
		概算整理簿	〃
		小切手控綴	〃
		当座預金入金票控綴	〃
		前渡資金出納計算書綴	〃
		予算執行状況報告書綴	第四種
		決算関係書類	〃
		予算見積書	〃
第十五号	会計に関する書類	契約関係書類	第三種
		所得税源泉徴収簿	第四種
		源泉所得税年度末調整書類	〃
		扶養家族控除申告書控綴	〃
		才入徴収済報告書	第三種
		旅行命令簿	〃
		超過勤務命令簿	〃
		日直勤務命令簿	〃
第十六号	用度に関する書類	物品請求書	第三種
		物品送付書	〃
		物品出納簿	〃
		物品調達決議書類綴	〃
		物品請求受領書類綴	〃
		物品廃棄亡失毀損関係書類綴	〃
第十七号	財産に関する書類	政府有財産台帳	第二種
		土地建物貸借関係書類	第三種
		財産関係書類	〃
第十八号	雑書		第三、四、五種
第十九号	文書簿冊台帳		第一種
第二十号	文書廃棄台帳		第一種

学校教育課　文書種目

文書種目番号	文書種目	文書細目	保存種別
第一号	法令及び例規に関する書類	教育関係規則（英文）	第一種
		教育関係文書綴（疑義照会及び回答）	〃
		立法要請参考案	〃
		教育関係法令集	〃

号	区分	書類	種別
第二号	公立学校教育補助金に関する書類	教育補助金割当原議綴	第三種
		公立学校職員給料補助金申請書	〃
		定期昇給調査書	〃
		調整号給調査書	〃
		表彰による昇給調査書	〃
		新給料調査書	〃
		戦前免許状所持者の俸給是正資料	第二種
		教育補助金実支出額調査	〃
		教育補助金支出状況調	〃
		公立学校職員級号別人員表	第三種
		へき地手当割当資料	第二種
		研修旅費割当資料	〃
		公立学校教育職員の補充教員に関する書類	〃
		年末手当割当資料	〃
第三号	行政補助金に関する書類	連合区及び教育区の予算決算に関する書類	第二種
		教育行政費補助金割当に関する書類	〃
第四号	教育職員免許状に関する書類	免許申請に関する受付台帳	第一種
		教員免許状（台帳）	〃
		教員免許に関する願書綴	〃
		成績通知書綴	〃
		教員個人カード及び単位給支給カード	〃
		単位給交付原符	第二種
		講習関係書類	〃
		証明書発行原議と台帳	第一種
		臨時教授免許可証申請書台帳	〃
第五号	教員志望奨学生に関する書類	教員志望奨学生原議綴	第二種
		教員志望奨学生誓約書綴	〃
		教員志望奨学生奨学金支給原符	〃
		教員志望奨学生に関する報告書	〃
第六号	許可、認可、届出等に関する書類	学級編制認可に関する書類	第二種
		学校設置、廃止、移転、敷地拡張、校名変更認可に関する書類	第一種
		寄附金募集認可申請書	第二種

号	文書種目	内容	種別
		並びに認可に関する書類 中教委認可指令書綴	第一種
第七号	学校教育統計報告に関する書類	公立小、中学校学校教育統計に関する書類	第一種
第八号	義務教育学校の就学猶予並免除に関する書類	義務教育学校の就学猶予並免除に関する書類	第二種
第九号	公立学校教育職員退職手当に関する書類	公立学校教育職員退職手当補助金交付に関する書類	第二種
第十号	教職員研修に関する書類	琉大研修教員に関する文書	第三種
		琉大研修教員名簿	〃
		研究教員に関する書類	〃
		研究教員名簿	〃
第十一号	教育課程に関する書類	教育課程審議会に関する書類	第二種
		教育課程審議会名簿	第三種
第十二号	認定教科書に関する書類	認定教科書目録編集に関する書類	第三種
		認定教科書目録綴	〃
第十三号	実験学校、研究学校に関する書類		第三種

号	文書種目	内容	種別
第十四号	義務教育学校備品に関する書類	備品購入補助金割当原簿	第二種
		各学校備品購入計画書	第三種
第十五号	特殊学校に関する書類	特殊学校関係原議綴	第一種
		同　受付文書綴	第二種
		履歴書綴	第一種
		予算示達簿	第二種
第十六号	学校管理運営上の指導助言に関する書類	教育長会議録	第三種
		学校管理運営上の指導助言に関する原議綴	〃
第十七号	中学校卒業認定試験に関する書類		第一種
第十八号	陳情請願に関する書類		第一種
第十九号	諸報告書	事務職員採用報告書	第四種
		二部授業実施報告書	〃
		公立学校職員任免報告書	〃
第二十号	教育委員会の教育委員選挙に関する書類	同　上	第三種
		教育委員会委員及び会計係名簿	〃

文書種目番号	文書種目	文書細目	保存種別
第一号	法令及び例規に関する書類	人事に関する例規綴	第一種
		政府立学校関係例規綴	〃
第二号	政府立学校職員の人事に関する書類	人事発令書類	第二種
		俸給発令に関する書類	〃
		退職手当及び年休買上に関する書類	〃
第三号	政府立学校職員の身分に関する書類	履歴書綴	第一種
		職位台帳（俸給台帳）	第二種
		職位格付書類	〃
		職員の表彰及び懲戒処分に関する書類	〃
第四号	政府立学校職員の官紀及び服務に関する書類	休暇台帳	第一種
		休暇願及び承認書類	第三種
第五号	政府立学校職員の諸願届等に関する書類	同上	第四五種
第六号	政府立学校に関する予算及び決算に関する書類	予算割当書類綴	第三種
		予算資料綴	第四三種
		生産物の処理に関する書類	第三種
		授業料減免に関する書類	〃
第七号	高等学校及び中学校職業科教育企画並びに指導に関する書類	同上	第三種
第八号	高等学校の定員並びに入学者選抜に関する書類	政府立高等学校入学者定員及び職員定員に関する書類	第二種
		公立高等学校入学者補助定員及び職員補助定員に関する書類	〃
		高等学校入学者選抜に関する書類	第三種
第九号	高等学校及び大学の許可認可届出等に関する書類	高等学校、大学の設立認可に関する書類	第二種
		高等学校、大学の諸規則認可、届出等に関する書類	第三種
第一〇号	高等学校及び職業教育関係実験学校研究校に関する書類	同上	第四種
第一一号	留学生に関する書類	留学生に関する往復文書綴	第三種
		留学生送金証明書発行原箋	第二種
		送金証明書下附願綴	第四種

		留学生の渡航時における外貨割当証明原綴	第二種
		留学生臨時送金証明書発行原綴	〃
		臨時送金証明書下附願綴	第四種
第一二号	大学入学資格検定及び大学通信教育に関する書類	同上	第三種
第一三号	備品に関する書類	職業教育充実費による購入備品に関する書類	第三種
		職業教育補助金による購入備品に関する書類	〃
第一四号		高等学校の一般備品購入に関する書類	第三種
第一五号	陳情及び請願に関する書類	同上	第三、四種
第一六号	学生割引証に関する書類	国鉄割引証交付台帳	第三種
		船舶割引証交付台帳	〃
		国鉄及び船舶割引証配付台帳及び同受領証に関する書類	〃
	諸報告に関する書類	学校報告書綴	第二種
第一七号		寄宿舎月報その他の報告	第三種 第四種
第一八号	雑書綴	同上	第四、五種
第一九号	文書件名綴	同上	第三種
第二〇号	文書綴冊台帳	同上	第一種
第二一号	文書廃棄台帳	同上	第一種

文書種目　保健体育課

文書種目番号	文書種目	文書細目	保存種別
第一号	法令及び例規に関する書類		第一種
第二号	学校保健体育に関する書類	学校衛生統計報告書	第一種
		児童生徒の健康管理に関する書類	第三、四種
		学校保健体育施設設備に関する書類	第四種
		保健体育諸調査統計書	第一種
		安全教育に関する書類	第三種
		保健体育教育課程に関する書類	第一種

文書種目番号	文書種目	文書細目	保存種別
		学校体育団体に関する書類	第三種
第三号	社会体育に関する書類	社会体育に関する書類	第三種
		社会体育関係諸統計書	第一種
		社会体育施設設備に関する書類	第四種
		社会体育団体に関する書類	第三種
第四号	教職員の健康管理に関する書類	結核性疾患教員に関する書類	第三種
		結核性疾患教員台帳	第一種
		結核休養教員の管理に関する書類	第四種
第五号	学校給食に関する書類	学校給食の管理に関する書類	第三種
		給食物資割当配布に関する書類	第二種
		給食施設設備に関する書類	第三種
第六号	実験学校に関する書類	実験学校に関する書類	第四種
		実験学校報告書	第二種
第七号	陳情書		第二、三、四種
第八号	雑書		第三、四、五種
第九号	文書件名綴		第三種
第十号	文書綴台帳		第一種
第十一号	文書廃棄台帳		第一種

文書種目　研究調査課

文書種目番号	文書種目	文書細目	保存種別
第一号	例規及び令達関係書類		第一種
第二号	教育測定及び教育評価に関する書類		第三種
第三号	学校教育に関する研究調査統計書類	基準教育課程構成に関する書類	第三種
第四号	教育行財政に関する研究調査統計書類	教育財政調査に関する書類	第三種
		学校基本調査に関する書類	〃
		その他の教育各種調査に関する書類	第三種
第五号	出版物の編集頒布に関する書類	文教時報の編集頒布に関する書類	第三種

文書種目番号	文書種目	文書細目	保存種別
	″	教育要覧の編集頒布に関する書類	″
	″	その他の印刷物の印刷頒布に関する書類	″
第六号	管外の教育事情の調査研究に関する書類		第三種
第七号	琉球史料の編集に関する書類		第二種
第八号	寄贈図書及び資料に関する書類		第三種
第九号	雑書	他局、課等との一般往復文書その他の雑文書	第五四種
第十号	文書件名綴		第三種
第十一号	文書綴冊台帳		第一種
第十二号	文書廃棄台帳		第一種

文書種目　施設課

文書種目番号	文書種目	文書細目	保存種別
第一号	法令及び例規に関する書類		第一種
第二号		1 校舎割当に関する書類	第一種
	政府立学校校舎建築に関する書類	2 建設工事依頼に関する書類	第四種
		3 工事結果に関する書類	第四種
第三号	公立学校校舎建築に関する書類	1 公立学校建物台帳	第一種
		2 公立学校校舎建築割当原綴	第二種
		3 校舎建築認可申請書	第三種
		4 校舎建築認可綴	″
		5 補助額決定に関する書類	第一種
		6 入札結果に関する書類	第四種
		7 検査結果に関する書類	″
		8 開拓学校の建築に関する書類	第一種
第四号	政府立学校校舎修繕に関する書類	1 修繕工事依頼に関する書類	第四種
		2 入札契約に関する書類	″
		3 修繕工事結果に関する書類	″
第五号	公立学校校舎修繕に関する書類	1 修繕補助金割当に関する書類	第二種
		2 修繕結果に関する書類	第四種

第六号	校地に関する書類	1 政府立学校の校地に関する書類	第四種
		2 公立学校の校地に関する書類	〃
第七号	政府立学校施設に関する書類	1 施設の計画書	第二、四種
		2 施設工事に関する書類	第四種
第八号	公立学校施設に関する書類	1 施設の計画書	第四種
		2 施設補助金割当に関する書類	第一種
		3 施設工事結果に関する書類	第四種
第九号	教科書補助金割当に関する書類	教科書補助金割当に関する書類	第一種
第十号	災害に関する書類	1 災害の状況調査に関する書類	第四種
		2 災害復旧補助金割当に関する書類	第一種
		3 災害復旧に関する書類	第四種
		4 工事結果に関する書類	〃
第十一号	陳情請願に関する書類	1 陳情請願	第三種
第十二号	雑書		第一種
第十三号	文書件名簿		第二種
第十四号	文書簿冊台帳		第一種
第十五号	文書廃棄台帳		第一種

文書種目　社会教育課

文書種目番号	文書種目	文書細目	保存種別
第一号	政府立の図書館に関する書類	法令、例規、令達に関するもの	第一種
		事務引継ぎに関するもの	〃
		諸工事に関するもの	第二種
		諸願、伺、上申、報告、	第三種
		指揮、命令、通知に関するもの	第四種
		雑書	第五種
第二号	政府立の博物館に関する書類	法令、例規、令達に関するもの	第一種
		事務引継ぎに関するもの	〃
		諸工事に関するもの	第二種
		諸願、伺、上申、報告、指揮、命令、通知に関するもの	第三(四)種
		雑書	第五種

号	書類	内容	種別
第三号	公民館に関する書類	公民館の設置、廃止に関するもの	第一種
		公民館関係補助金及び諸謝金に関するもの	第二種
		その他の公民館に関するもの	第三・四第
		雑書	第五種
第四号	青少年に関する書類	青少年教育関係の補助金及び諸謝金表彰に関するもの	第二種
		その他の青少年に関するもの	第三・四種
		雑書	第五種
第五号	婦人教育に関する書類	婦人教育関係の補助金、諸謝金及び表彰に関するもの	第二種
		その他の婦人教育に関するもの	第三・四種
		雑書	第五種
第六号	PTAに関する書類	PTA関係の補助金諸謝金、表彰に関するもの	第二種
		その他のPTAに関するもの	第三・四種
		雑書	第五種
第七号	リクレーションに関する書類	リクレーション関係の補助金及び諸謝金に関するもの	第二種
		その他のリクレーションに関するもの	第三・四種
		雑書	第五種
第八号	視聴覚教育に関する書類	視聴覚教育関係補助金及び諸謝金等に関するもの	第二種
		その他の視聴覚に関するもの	第三・四種
		雑書	第五種
第九号	社会教育講座に関する書類	社会教育講座に関する補助金及び諸謝金に関するもの	第二種
		職業技術教育に関するもの	第二種
		その他の社会教育講座に関するもの	第三・四種
		雑書	第五種
第一〇号	新生活運動に関する書類	新生活運動関係の補助金及び諸謝金に関するもの	第二種
		新生活運動の中央及び専門委員会に関するもの	第三種

		その他の新生活に関するもの	第四種
		統計に関するもの	第四種
		新生活運動に関する雑書	第五種
第十一号	宗教に関する書類	宗教法人認可に関するもの	第一種
		その他宗教に関するもの	第二三種
		宗教に関する雑書	第四種
第十二号	各種学校に関する書類	各種学校職員の履歴書	第一種
		各種学校の設置廃止に関するもの	〃
		各種学校に関する法令、例規、指令、令達に関するもの	〃
		各種学校の増築申請に関するもの	第二種
		台帳登録を終つた諸通知	第三種
		その他の各種学校に関するもの	第四種
		各種学校に関する雑書	第五種
第十三号	社会教育関係法令及び例規に関する書類	同上	第一種
第十四号	学術及び文化に関する書類	表彰に関するもの	第二種
第十五号	文書綴冊台帳		第一種
第十六号	文書廃棄台帳		第一種
第十七号	文書件名綴		第三種
第十八号	出張命令綴		第三種
第十九号	出張復命綴		第三種
第二十号	雑書	前記の何れにも属さないもの	第五種

政府立学校文書種目

（一九五八年中央教育委員会訓令第六号）

文書種目　課名　政府立学校

文書種目番号	文書種目	文書細目	保存種別
第一号	法令及び例規に関する書類	学校に関係ある例規綴	第一種
		公報綴	第一種
第二号	学校沿革に関する書類	学校沿革誌	第一種
		学校日誌	第二種
		日課表綴	第四種
		学校要覧綴	第三種

号	書類	内容	種別
第三号	教科課程に関する書類	教科課程表	第三種
		教科々目進度計画表	第四種
		教科用図書配当表	第四種
第四号	生徒指導に関する書類	指導要録	第一種
		身体検査票	第四種
		出席簿	第四種
第五号	生徒の転学退学休学に関する書類	仝上	第三種
第六号	生徒の諸願届出に関する書類	仝上	第五種
第七号	入学者選抜及び成績考査に関する書類	入学者選抜に関する書類	第四種
		成績考査に関する書類	第四種
第八号	職員人事に関する書類	職員の任命、退職内申に関する書類	第二種
		職員名簿	第二種
		発令通知綴	第二種
第九号	職員の身分に関する書類	履歴書綴	第一種
		職員の表彰及び懲戒に関する書類	第二種
第一〇号	職員の官紀及び服務に関する書類	出勤簿及び遅参早退簿	第三種
		宿日直日誌	第三種
		学校医視察簿	第三種
		休暇台帳	第一種
		休暇願及び承認書類	第三種
第十一号	職員の諸願届等に関する書類	仝上	第四種 第五種
第十二号	予算及び決算に関する書類	徴収簿	第三種
		前渡資金科目整理簿	第三種
		局伝票登録簿	第三種
		現金出納簿	第三種
		授業料徴収台帳	第三種
		生産物台帳	第三種
		生産物売払簿	第三種
		予算割当通知綴	第四種
		予算執行状況報告書綴	第四種
		支出済証憑綴	第三種
		予算資料綴	第五種
第十三号	会計に関する書類	契約関係書類	第三種
		所得税源泉徴収簿	第四種
		源泉所得税年度末調整書類	第四種
		扶養家族控除申告書控綴	第四種
		才入徴収済計算書	第三種
		才入徴収済報告書	第三種
		旅行命令簿	第三種
		超過勤務命令簿	第三種
		宿日直勤務命令簿	第三種

政府立図書館博物館文書種目

（一九五八年中央教育委員会訓令第七号）

政府立図書館文書種目

種目番号	文書種目	文書細目	保存種別
第一号	法令及び例規に関する書類	図書館関係例規綴 現行法令綴 公報綴	第一種 〃 〃
第二号	文書件名簿	仝上	第三種
第三号	図書館運営に関する書類	沿革史 事務引継ぎに関する書類 図書館内規 日誌 職員研修関係綴	第一種 〃 〃 第三種 第四種
第四号	図書整理業務に関する書類	図書原簿 図書払出簿 図書目録カード 図書修理台帳 図書注文書綴	第一種 〃 〃 〃 第三種
第五号	図書館奉仕業務に関する書類	館外図書帯出証交付申込書綴 館外貸出簿 館内閲覧簿 返本遅滞処理簿	第四種 〃 〃 〃
第十四号	用度に関する書類	物品出納簿 物品請求受領書控綴 物品廃棄乏失毀損関係書類	第三種 第四種 第三種
第十五号	財産及備品に関する書類	財産台帳 備品台帳 土地借物貸借関係書類	第二種 第二種 第三種
第十六号	諸証明書に関する書類	卒業証書台帳 祝辞及び弔辞に関する書類 生徒賞罰録 推薦及び証明書に関する書類 国鉄及船舶割引証交付に関する書類	第一種 第五種 第二種 第四種 第三種
第十七号	雑書	仝上	第三、四、五種
第十八号	文書件名簿	仝上	第三種
第一九号	文書簿冊台帳	仝上	第一種
第二〇号	文書廃棄台帳	仝上	第一種

備考　保存種別

第一種……永久　第二種……十年

第三種……五年　第四種……三年

第五種……一年

種目番号	文書種目	文書細目	保存種別
第六号	職員の諸届願に関する書類	仝上	第四種
第七号	諸報告に関する書類	仝上	〃
第八号	人事に関する書類	人事給与発令簿 職員の任命、退職その他内申に関する書類	第一種 〃
第九号	職員の身分に関する書類	履歴書	第一種
第一〇号	官紀及び服務に関する書類	出勤簿 休暇台帳 遅刻早退簿 宿日直、日誌 旅行復命簿	第三種 第一種 第三種 〃 〃
第十一号	予算決算に関する書類	前渡資金科目整理簿 前渡資金出納計算書控綴 予算見積り書控綴 予算決算に関する書類綴	第三種 〃 〃 〃
第十二号	会計に関する書類	契約関係書類綴 所得税源泉徴収控綴 源泉所得税年度末調整書類 扶養家族控除申告書控綴 旅行命令簿 宿日直勤務命令簿 会計関係書類綴	第三種 〃 〃 〃 〃 〃 〃 〃
第十三号	用度に関する書類	物品出納簿 備品台帳 備品廃棄亡失毀損台帳 物品請求及び受領書綴	第三種 第一種 〃 第三種
第十四号	雑書		第三四五種
第十五号	文書簿冊台帳		第一種
第十六号	文書廃棄台帳		第一種

博物館文書種目

種目番号	文書種目	文書細目	保存種別
第一号	法令及び例規に関する書類	博物館関係例規綴 現行法令綴 公報綴	第一種 〃 〃
第二号	文書件名簿	仝上	第三種
第三号	博物館運営に関する書類	博物館研究調査書類綴 事務引継ぎに関する書類 沿革史 日誌	第一種 〃 〃 第三種

号	書類	内容	種別
第四号	博物館収蔵品に関する書類	収蔵品台帳	第一種
		〃　修理台帳	第三種
		収蔵品関係書類綴	第一種
		収蔵品廃棄亡失毀損台帳	第一種
第五号	博物館管理に関する書類	参観者芳名簿	第四種
		参観者サイン帳	第一種
		収蔵品解説資料	〃
第六号	職員人事に関する書類	職員の任命退職その他内申に関する書類	第一種
		人事給与発令綴	〃
第七号	職員の身分に関する書類	履歴書	第一種
第八号	官紀及び服務に関する書類	出勤簿及び遅参早退簿	第三種
		休暇台帳	第一種
		休暇願及び承認書類	第四種
		宿日直誌旅行復命簿	第三種
第九号	職員諸願届に関する書類	仝上	第三種
第十号	諸報告に関する書類	仝上	第四種
第十一号	予算決算に関する書類	支出負損行為認証控綴	第三種
		局伝票登録簿	〃
		支出済証憑書控	〃
		現金出納簿	〃
		前渡資金科目整理簿	〃
		〃　出納計算書控	〃
		予算見積書控綴	第五種
		予算決算に関する書類	第三種

号	書類	内容	種別
第十二号	会計に関する書類	契約関係書類綴	第三種
		所得税源泉徴収簿控綴	〃
		源泉所得税年度末調整書類	〃
		扶養家族控除申告書控綴	〃
		旅行命令簿	〃
		宿日直勤務命令簿	〃
第十三号	用度に関する書類	物品出納簿	第四種
		備品整理簿	第三種
		図書整理簿	〃
		物品請求及受領書類	〃
		用度関係書類綴	〃
		物品廃棄亡失毀損関係書綴	〃
第十四号	雑書	仝上	第三種 第四種 第五種
第十五号	文書簿冊台帳	仝上	第一種
第十六号	文書廃棄台帳	仝上	第一種

文教局公印規程

（一九五九年四月中央教育委員会訓令第三号）

（通　則）

第一条　公印の寸法、ひな型、管守方法その他公印に関し必要な事項は別に定があるものを除き、この規程の定めるところによる。

（公印の名称、ひな型等）

第二条　公印の名称、番号、書体、寸法、用途及び管守者は別表第一のとおりとし、そのひな型は、別表第二のとおりとする。

（公印の調整者）

第三条　公印の新調及び改刻は文教局長及び附属機関の長（以下「所属長」という。）がこれを行い、公印管守者に交付しなければならない。

（旧印の保存、廃棄）

第四条　公印中、中央教育委員会印を改刻したときは文教局庶務課長は、改刻前の中央教育委員会印の印章及び印影を、永久に保存しなければならない。

2　前項以外の公印を改刻したときは、公印管守者は、改刻前の印章及びその印影を改刻の日から起算して十年間保存しなければならない。

3　機構の改廃、職制の変更等により使用しなくなつた公印はそのときから起算して十年間関係所属公印の管守者が保存しなければならない。

4　保存期間を経過した公印は、裁断又は焼却の方法により所属長がこれを廃棄するものとする。

（公印台帳）

第五条　所属長は第一号様式による公印台帳を作成し、公印の新調改刻又は廃棄のつど必要な事項を記載し、整理しておかなければならない。

2　前項については所属長はそのつど公印台帳の副本を文教局長に提出しなければならない。

（新調改刻、廃棄の申請）

第六条　公印管守者が公印を新調、改刻又は廃棄する必要があると認めた場合は第二号様式により（廃棄のときは、旧印を添えて）所属長を経て文教局長に申請しなければならない。

（公印事故届）

第七条　公印管守者は、公印に盗難、紛失又は偽変造等があつたときは、第三号様式により所属長を経て文局局長に届け出なければならない。

（公印取扱主任の命免）

第八条　所属長は所属職員のうちから公印取扱主任（以下「主任」という。）を命免するものとする。

2　所属長は前項の規定により主任を命免したときは、たゞちに文教局長に報告しなければならない。

（公印取扱主任の任務等）

第九条　主任は公印管理者の命を受けて公印に関する事務に従事する。

2　公印管守者、主任ともに事故ある場合は所属長の指定する職員がその職務を代行する。

（公印の管守）

第十条 公印は常に堅固な容器に納め執務時間外、勤務を要しない日及び休日にあつては、錠を施しておかなければならない。

（公印なつ印上の注意）

第十一条 公印のなつ印を求めようとするときは、なつ印しようとする文書その他の物（以下「文書等」という。）に決裁ずみの書類を添えて公印管守者又は主任の照合を受けなければならない。

2 前項の規定により照合の結果公印のなつ印を適当と認めたときは公印管守者又は主任は、当該文書等に明瞭かつ、正確に公印をおすと共に決裁ずみの文書等に公印なつ印ずみの表示をしなければならない。

3 当直中公印のなつ印を求めた者がある場合は、第一項及び第二項の例により当宿者自ら照合してなつ印し、文教局処務規程（一九五六年中央教育委員会訓令第三号）第三十九条第八号の規定による公印使用箋に記載し、使用ずみの公印は容器に納め、錠を施しておかなければならない。

（公印使用状況の調査等）

第十二条 文教局長は公印の管守及び使用状況等について適宜必要な事項を調査することができる。

2 前項の調査の際必要があると認めたときはそれぞれの所属長に報告を求め、又は参考書類の提出を求めることができる。

附 則

1 この規程は、公布の日から施行する。

2 現に存する公印は、第六条の規程により改刻するまでなお従前のものを使用することができる。

別表第一

名称	番号	書体	寸法	用途	管守者
中央教育委員会之印	1	篆書	方二四粍	許可、認可、証明、一般文書、その他書用	庶務課長
〃	2	〃	方四四粍	教育職員免許状、人事発令辞令用	〃
中央教育委員会委員長之印	3	隷書	〃	一般文書用	〃
中央教育委員会副委員長之印	4	〃	〃	一般文書用	〃
文教局長之印	5	〃	〃	局長の職記用、許可、認可、証明人事発令、一般書状入印紙の消印用その他	〃
局長代理次長之印	6	〃	〃	行政事務部局組織法第十四条第二項による職務代行用	〃
課長之印	7	〃	〃	文教局の分課の長の一般文書用	〃
政府立学校長之印	8	〃	〃	一般文書用	政府立学校長
政府立学校の印	9	〃	〃	卒業証書用	〃

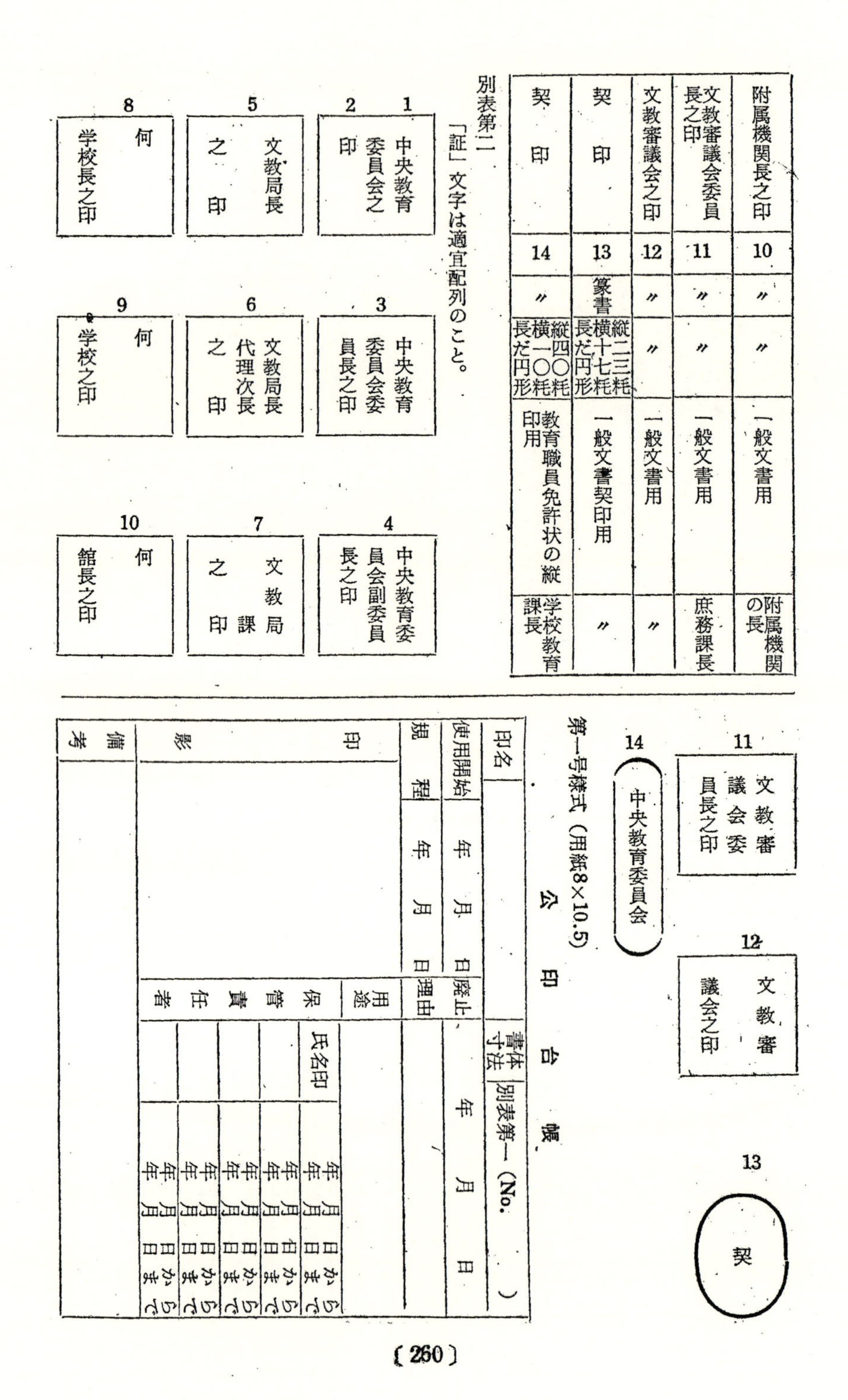

附属機関長之印	10	〃	〃	一般文書用	附属機関の長
文教審議会委員長之印	11	〃	〃	一般文書用	庶務課長
文教審議会之印	12	〃	〃	一般文書用	〃
契印	13	篆書	縦二三粍 横十七粍 長だ円形	一般文書契印用	〃
契印	14	〃	縦四〇粍 横一〇粍 長だ円形	教育職員免許状の縦印用	学校教育課長

別表第二

「証」文字は適宜配列のこと。

第一号様式（用紙8×10.5）

公印台帳

印名		書体寸法	別表第一（No.　）
使用開始	年　月　日	廃止	年　月　日
規程	年　月　日	理由	
印影		用途	
		保管責任者	氏名印
			年　月　日から 年　月　日まで
			年　月　日から 年　月　日まで
			年　月　日から 年　月　日まで
			年　月　日から 年　月　日まで
備考			

第二号様式（用紙8×10.5）

公印の新調（改刻）（廃棄）申請書

所属長　　　　　殿　　　　年　　月　　日

公印管守者職氏名　　　　　　　　　㊞

つぎのとおり公印について申請します。

記

1　理　　由	新　調（改　刻）（廃棄）
2　書 体 寸 法	別表第一（No.　　）とおり
3　公　印　名	
4　使 用 開 始	年　　月　　日
5　印　　影	

第三号様式

公印事故届

年　　月　　日

文教局長殿

課（学校）（館）

公印管守者職氏名

つぎのとおり公印に事故がありましたのでお届します。

記

1　事故のあつた公印名	
2　事 故 の 内 容	
3　事故の後における処理てん末	
4　その他必要な事項	

出勤簿整理保管規程

（一九五七年一月中央教育委員会訓令第一号）

第一条　文教局処務規程（一九五六年中央教育委員会訓令第三号）第十八条に規定する出勤簿の整理保管の方法等については、この規程に定めるところよる。

第二条　出勤簿は暦年毎に一冊にまとめて調製し、庶務課又は庶務係が整理保管しなければならない。但し、所属長が必要と認めるときは分冊することができる。

第三条　出勤簿は、勤務を要しない日及び休日を除いて登庁時刻までに一定場所に備え付け、登庁時刻に遅刻早退簽と取り換えるものとする。

第四条　出勤簽は、遅刻早退簽、旅行命令簽及び諸願届等と照合して、その日に整理し、毎月集計しなければならない。

第五条　出勤簽整理の記載方法は次の上欄の該当事項につき、下欄のとおり青色表示する。

事項	記号
年次休暇	年休
病気休暇	病休
給与法第九条に基く承認	承休
無給休暇	無休
欠勤	欠勤
出張	出張
休職	休職
停職	停職
遅刻	遅刻
早退	早退

附則

この規程は、一九五七年一月一日から適用する。

休暇取扱細則

（一九五八年十月人事委員会細則第一号）

第一条　人事委員会規則（休暇）による休暇の取扱については、この細則の定めるところによる。

第二条　休暇の計算は、暦年によるものとする。

第三条　公務員法第六十七条による病気休暇は、毎月十二分の十日づつ在職期間中積立てるものとする。

第四条　公務員法第六十六条による年次休暇および前条の休暇は、毎月末において整理するものとし、一月に満たない月がある場合は切捨てるものとする。

第五条　勤務を要しない日および休日をはさんで休暇をとつた場合、勤務を要しない日および休日は、法令または人事委員会において特に認められる場合を除き、休暇として取り扱わない。

第六条　休暇は、一日または一時間を単位として与えられる。

2　一時間を単位として与えられた休暇を日に換算する場合は、八時間をもつて一日とする。

第七条　休暇台帳の様式は、別表のとおりとし、職員が異動した場合は異動先の長に送付するものとする。

附則

1　この細則は、公布のから施行する。

2　第七条に規定する様式は、当分の間、改正前の様式を別表のとおり適宜修正を加えて使用することができる。

別　表

休　暇　台　帳

職 氏　名	採用・異動・離職年月日	部　局　名

年 月	年次休暇					病気休暇				
	積　立 （1箇月 1⅔日）	行 使	差引積立日数		摘 要	積　立 （1箇月 10/12日）	行 使	差引積立日数		摘 要
			日	時間				日	時間	
前年からの 繰　入										
1　年 月										
2　年 月										
3　年 月										
4　年 月										
5　年 月										
6　年 月										
7　年 月										
8　年 月										
9　年 月										
10　年 月										
11　年 月										
12　年 月										
次年への 繰　越										

盲学校、ろう学校の学級編制及び教職員定数の算定に関する規則

（一九五九年中央教育委員会規則第三号）

（目　的）

第一条　この規則は、盲学校、ろう学校の学級規模と、教職員の配置の適正化を図るため、学級編制及び教職員定数の標準について必要な事項を定め、もつて義務教育水準の維持向上に資することを目的とする。

（定　義）

第二条　この規則において盲学校、ろう学校とは、学校教育法（一九五八年立法第三号）に規定する盲学校、ろう学校の小学部及び中学部をいう。

2　この規則において「教職員」とは、校長、教諭、養護教諭、助教諭、養護助教諭、講師（常時勤務の者に限る。）寮母及び事務職員をいう。

（学級編制の標準）

第三条　盲学及びろう学校の小学部又は中学部の一学級の児童又は生徒の数の基準は、学校教育法施行規則（一九五八年中央教育委員会規則第二十四号）第七十一条により十人以下を標準とする。ただし、児童又は生徒の数が著しく少いかその他の事情がある場合においては、数学年の児童又は生徒を一学級に編制することができる。

（学級編制）

第四条　盲学校及びろう学校の学級編制は、前条の規定により中央教育委員会が行う。

（教職員定数の標準）

第五条　盲学校及びろう学校の小学部及び中学部に置くべき教職員の総数（以下「盲学校、ろう学校教職員定数」という。）は、次の各号に定めるところにより算定した数の合計数を標準とする。

一　学校総数に二を乗じて得た数

二　小学部又は中学部ごとの学級総数に、小学部にあつては一を、中学部にあつては三分の四を乗じて得た数。（一未満の端数を生じたときは、一に切り上げる。）

三　次の表の上欄に掲げる小学部又は中学部ごとに、同表の中欄に掲げる部の規模ごとの部の数に当該部の規模に応ずる同表の下欄に掲げる数を乗じて得た数

部の別	部の規模	乗ずる数
小学部	三学級から五学級までの部	一
	六学級から十七学級までの部	二
	十八学級以上の部	三
中学部	二学級以下の部	一
	三学級から二十学級までの部	二
	二十一学級以上の部	三

四　寮母の数は、学校教育法施行規則（一九五八年中央教育委員会規則第二十四号）により寄宿舎に寄宿する児童又は生徒のうち盲者数を五人をもつて除して得た数及びろう者数を十人でもつて除して得た数以上とする。

第六条　前条の規定による盲学校及びろう学校教育職員定数には、次の各号に掲げる者に係るものを含まないものとする。

一　休職者

二　女子教員の出産休暇及び補充教員に関する規則（一九五八年中央教育委員会規則第三十八号）第六条及び研究教員の休暇及び補充教員に関する規則（一九五八年中央教育委員会規則第三十七号）第三条及び結核性疾患教員の休暇及び補充教員に関する規則）一九五八年中央教育委員会規則第三十三号）第三条の規定により臨時的に任用される者。

附　則

この規則は、一九五九年七月一日から施行する。

義務教育学令児童及び学令生徒の就学義務の猶予及び免除に関する規程

（一九五九年中央教育委員会規則第十七号）

（目　的）

第一条　この規則は、学校教育法（一九五八年立法第三号）第二十五条及び同法施行規則（一九五八年中央教育委員会規則第二十四号）第三十三条及び三十四条の規定に基き、学令児童及び学令生徒（以下「学令児」という。）で心身障害のため就学困難なものに対する就学義務の猶予又は免除に関し必要な事項を定めることを目的とする。

（保護者の申請）

第二条　保護者が、学校教育法第三十三条第一項の規定によりその学令児の就学義務の猶予又は免除を願い出る場合は、医師の診断書又はその事由を証するに足る証明書を添えて当該区教育委員会（以下「区委員会」という。）に提出しなければならない。

（判別の基準及び方法）

第三条　心身障害児童及び生徒の判別を行うに当つては、別表「心身障害児童の判別基準」によるもののほか、必要に応じて精密検査又は専門的方法によるものとする。

（申請書の提出）

第四条　区教育委員会は、学校教育法施行規則第三十三条第二項の規定により中央委員会の認可を受けようとする場合は、第二条による保護者からの申請があつた日から十日以内に理由を具し、中央委員会に認可申請書を提出しなければならない。

（審査、認可）

第五条　中央委員会は、前条の認可の申請があつた場合は、直ちにこれが審査を行い、その結果、猶予又は免除の認可又は不認可を決定しなければならない。

（学令簿の事由附記）

第六条　区委員会は、前条における中央委員会の決定があつた場合は、その旨を直ちに当該保護者に通知するとともに学令簿にその事由を附記しなければならない。

（猶予、免除の事由消滅による再届出）

第七条　保護者は、就学義務の猶予又は免除の事由がなくなつたことにより就学義務が生じたときは、直ちに区委員会に届出なければならない。

（就学の再通知）

第八条　区委員会は、前項の届出があつた場合には、当該保護者に対して、就学の通知を出すとともに当該保護者及び学令児の氏名並びにその事情及び期日を文教局長に報告しなければならない。

別表「心身障害児童判別基準」

一　盲者および弱視者

1　盲　者　普通の児童用教科書による教育が不適当で、おおむね点字教育を必要と認められるものを盲者とする。

2　弱視者　普通の児童用教科書をそのまま使用して教育することがおおむね不適当で、盲教育以外の特殊の方法を必要と認められるものを弱視者とする。

A　基　準

1　盲　眼鏡を使用してもその矯正視力が両眼で〇・〇二（一メートル指数）に達しないもの。

2　準盲　眼鏡を使用してもその矯正視力が両眼で〇・〇二（一メートル指数）以上〇・〇四（二メートル指数）に達しないもの

3　弱視　眼鏡を使用してもその矯正視力が両眼で〇・〇四（二メートル指数）以上〇・三に達しないもの

4　視力以外の他の視機能障害を高度に有するもの

5　現在の視力欠損が治療可能な疾患によるもので、その治療が完了するのに長期を要し、この間に視力の相当の回復が望まれるもの

B　判別の方法

（視力の測定にはランドル氏環〇、一視標及万国式視力表を用いる。）

〇　基　準　1

盲について

ランドル氏環〇・一視標を用い、検者は被検者と一メートルの距離を隔てて相対し、視標を垂直に持ちラ氏環の切目の向を答えさせる。この際被検者は遮眼子をもつてまず左眼をおゝい右眼の視力を検査し、ついで右眼をかくして左眼の視力を調べる。切目の方向を一メートルで判断（別）し得ないものは視力〇・〇二に達しないものであつて基準1に従つて盲とする。

〇　基　準　2

準盲について

前例に従つて一メートル以上の距離で判別する事ができても

二メートルの距離では判別し得ないものは視力〇・〇二以上〇・〇四に達しないもので基準２に従い準盲とする。

〇 基　準　３

弱視について

前例に従い二メートル以上の距離をへだてて切目の向きを判別し得る者についてはさらに五メートルの距離まで後退させ、其の位置においてもなお判別し得る時は万国式試視力表を眺め〇・三に達するかどうかを検し達しないものは視力〇・〇四以上〇・三に達しないもので基準３に従い弱視とする。

〇 基　準　４

「視力以外の他の視機能障害を高度に有するもの」について

基準１、２、３、にふくまれるもののうち、高度の視野狭窄、高度の夜盲全色盲等による視機能障害を高度に有すると判断されるものを基準４に当てる。

〇 基　準　５

基準１、２、３、にふくまれるもののうち急性の一時的の視力障害で適当な治療によつてすぐに回復するもの或は、現在の視力欠損が治療可能な疾患によるもので、その治療が完了するのに長期を要し、この間に視力の相当回復が望まれるものを基準５に当てる。

教　育　的　処　置

１　基準１および基準２に規定した程度に該当するものに対しては、盲学校に就学させ、教育を行い治療を受けさせるのが望ましい。

２　基準３に規定に該当するものに対しては、盲学校に就学させ、教育を行い治療を受けさせるかまたは特殊学級に入れて指導するのが望ましい。

３　基準４に規定した程度に該当するものに対しては、教育的措置１および教育的措置２と同様の措置をすることができる。

４　基準５に規定した程度に該当するものに対しては、就学猶予を考慮する。

二　ろう者および難聴者

１　ろう者　聴力が欠除するか、または欠除に近いものをろう者とする。

２　難聴者　聴力欠損のあるものを難聴者とする。

A　基　準

１　ろ　う　聴力欠除するもの、及び聴力欠損がきわめて高度で話声語を〇・二米以下でかろうじて聞きうるか、あるいは、ほとんど聞き得ぬもの。（聴力損失が八〇デシベル以上

２　高度難聴　聴力欠損が高度で話声語を〇・二ないし・一五メートルで聞きうるもの。（聴力損失八〇―五〇デシベル）

３　中等度難聴　聴力欠損が中等度で話声語を一・五ないし、四・五メートルさゝさやき語を、〇・五メートル以下で聞きうるもの（聴力損失、五〇ないし三〇デシベル）

4　軽度難聴　聴力欠損が、軽微で話声語を四・五メートル以上さゝやき語を、〇・五メートル以上で聞きうるもの。（聴力損失、三〇デシベル以下）

5　現在の聴力欠損が治療可能な疾患によるもので、その治療を完了するのに長期を要し、この間に聴力の相当の回復が望まれるもの。

B　判別の方法

○検査場　聴力検査は主として小さい音で検査し、きこえるか、きこえないかの境界を決定するものであるから外部から音響の来ない静寂な室、または無響室が必要である。難聴の有無のみを検査する場合は、正常人にて囁語が、六メートル以上離れたところから聴取できる部屋であれば十分である。

○聴力検査法　検査法には(1)純音による聴覚検査法　(2)言語による聴覚検査法等があるが、こゝでは(2)言語による聴覚検査法を利用する。

○言語による検査法はその音の大きさで、囁語と話声語とに分けられる。

囁語　呼気後に発声するのが原則

話声語　普通会話の発声

正常人の囁語聴取距離は、六メートル以上である。

基準1

ろう、について

まず被検者は検者に対し直角に横を向き閉眼する。反対側の耳は指を外耳道に挿入して閉鎖する。

検者は遠方で発声し（話声語）きこえなければ次第に近づく。被検者は聞えれば直ちに復唱する。このようにして聞えた最大距離を測定して、〇・二米以下でかろうじて聞えるか、あるいは、ほとんど聞き得ぬものは、基準1に従い、ろうとする。

基準2

高度難聴について

前と同様な方法で検査を行い（話声語）聞えた最大距離を測定して〇・二ないし、一・五メートルで聞きうるものを基準2に従い高度難聴とする。

基準3

中等度難聴について

前と同様な方法で先づ話声語による検査を行い、次にさゝやき語による検査を行つて聞える最大距離を測定して話声語を一・五ないし四・五メートルさゝやき語を〇・五メートル以下で聞きうるものを、基準3に従い中等度難聴とする。

基準4

軽度難聴について

基準3と同様な検査を行い、最大距離を測定して、話声語を四・五メートル以上、さゝやき語を〇・五メートル以上で聞きうるものを基準4にしたがい難聴者とする。

使用語について

話声語及囁語に使用する言葉は平易で誰にも理解される日用語を用いるべきである。

普通カワ、カニ、カサ、シカ、タコ、ハナ、ナツ、ハタ、クチ、キシヤ等の良聴語か、三三、七七（シチシユウシチ）九八等の二桁の数字を用いた方がよく、同一人の検査に同じ言語をくり返して使用する。

教育的処置

1　基準1に規定した程度に該当するものに対しては、ろう学校に就学させ、教育を行い治療を受けさせるのが望ましい。

2　基準2に規定した程度に該当するものに対しては、ろう学校に就学させ、教育を行い治療を受けさせるかまたは、特殊学級に入れて指導するのが望ましい。

3　基準3および基準4に規定した程度に該当するものに対しては、小、中学校の普通学級で特に留意して指導するのが望ましい。

4　基準5に規定した程度に該当するものに対しては就学猶予を考慮する。

三　性格異常者

知能に、甚しい欠陥は認められないが、性格のかたよりが著しくそのために環境への悪影響がはなはだしいもの。

A　基　準

1、反社会的行動が常習的となり、くり返し悪質な不良行為をなし他の児童、生徒への悪影響がはなはだしいもの。

2、前項より軽度の反社会的行動を示すか、または非社会的行動を示すと認められるもの。

B　判別方法

性格異常児を判別（診断）するには

1、遺伝体質的要因
2、身体的要因
3、知能的要因
4、情緒的要因
5、環境的要因の各方面から多角的に検討しなければならない。

そして用いられる方法を大別すれば

(1)　観　察
(2)　事例史の調査
(3)　心理学的検査並に身体検査その他

となる。

性格異常児とは、まず性格が概念的に考えられた平均から外れた、変わつた児童である。しかし単に平均からはずれているとか、変つているといふだけでは、主観的たる事を免れず、客観的な判別の基準とはなり得ない。その客観的な判別の基準としては先づ環境への適応ということを取上げるべきであろう。次に性格が変わつているために環境への適応が困難であると云う事を取上げるべきである。性格が異常であるために、環境への適応が困難な場合、その具体的な表現は反社会的なあるいは、非社会的な異常行動として現われる。

反社会的な行動としては

虚言癖、盗癖、無断欠席、家出、浮浪、残忍、弱い者いぢめ、性的非行等が挙げられる。

非社会的行動としては

孤独、口をきかないこと、わがまゝ、嫉妬、強い恐怖心、感情の不安定、かんしやく、神経質等が挙げられる。この様な反社会的或は非社会的な異常行動を示す児童生徒を、学級（学校）或は不就学者は部落等で発見し、一応性格異常児の候補者として挙げ、これに対して前述した。観察、事例史の調査、心理学的検査並に身体検査その他を行い、正常児と十分比較して該当者を基準1或は2に当てる。

正常児と比較検討する場合

(1) 観察の方法として

(一) 自然の場に於ける観察を行う。

これには教室、運動場、校外、家庭等出来るだけ種々の場における行動態度を多角的に観察する。

(二) 面接等の実験的観察を行う。

この場合、面接者が話しすぎず、児童に多く語らせる。尚おとなの道徳的基準で善悪を判断せず、また面接中に批判的言辞をさしはさまないようにする。

(2) 事例史の調査の方法として

(一) 家族歴（遺伝歴）を調べる。

父母、同胞、父系および母系等について調べ、親族に精神病者や犯罪者、自殺者、変死者、大酒、てんかん、血族結婚等、性格異常を構成する因子がないかをみる。

(二) 発育歴および既往歴について調べる。

これは出産から現在に至るまでの身体的、精神的な発育の状況に重病、脳の疾患、虚弱、或は養育の状況等によつて、性格異常の原因となるものはないかについて調べる。

(三) 家庭環境について調べる。

特に家庭における対人関係（主として親子、養育者）家庭の状況（家の職業、家計の状況、家族構成、本人の位置）近隣の状況（花柳街か貧民窟）等について性格異常の原因となるものはないかについて調べる。

(四) 教育歴ならびに交友関係について調べる。

a 学歴についてことに転校の有無、其の回数と影響に注意し学校への適応の困難さが、性格異常の原因になつていないかについて調べる。

b 通学状況について精勤であるか、欠席がちか、遅刻が多いか、ぬけ遊びをしないか等について調べる。

c 学校に於ける対人関係について調べる。

(五) 問題行動について調べる。

(3) 心理学的検査ならびに身体検査とし

(一) 知能検査の実施

知能上のハンデイキヤツプは学校生活への適応をさまたげそのために、さま〴〵な性格行動の異常を生じ易いから知能指数と性格行動の異常をよく比較検討してみる。時には知能が図抜けて優秀なために、かえつて適応が妨げられ、異常な性格行動を示す場合も有る。

(二) 身体的所見は問題が性格という精神的な問題であつても決して無視は出来ない。身体と精神とは相互に密接な関係を有し、身体はいろいろな点で性格に影響を及すものである。それで次の諸点についてよく観察して性格異常の原因となつているものはないかについてよく考察する。

a　脳の機能に障害はないか（児童期の流行性脳炎、てんかん）

b　内分泌腺の機能障害（甲状腺、脳下垂体等の機能障害）
この場合、感情過敏、興奮性、刺激性や、子供つぽさ、遅鈍等の症状を伴う。

c　虚弱や、畸形や、肢体不自由、身体発育の異常等も性格に少からぬ影響を及ぼす。

d　其の他、扁桃腺肥大、寄生虫、貧血、聴力や視力の障害等も児童の行動性格に影響を及ぼす。

教育的措置

1　基準1に規定した程度に該当するものに対しては、児童福止法に規定する措置にゆだねることを考慮する。

2　基準2に規定した程度に該当するものに対しては、原則として、普通学級で精神衛生的指導を行い、社会生活への適応をはかることが望ましい。

四　精神薄弱者

種々の原因により精神発育が恒久的に遅帯し、このため知的能力が劣り、自己の身辺の事がらの処理及社会生活への適応が著しく困難なものを精神薄弱者とし、なお、これをその程度により、白痴、痴愚、魯鈍の三者に分ける。

A　基　準

1　白痴　言語をほとんど有せず、自我の意志の交換および環境への適応が困難であつて、衣食の上に絶えず保護を必要とし、成人になつてもまつたく自立困難と考えられるもの、（知能指数（IQ）による分類を参考とすれば二五ないし二〇以下のもの）

2　痴愚　新しい事態の変化に適応する能力が乏しく、他人の助けによりようやく自己の身辺の事がらを処理しうるが、成人になつても知能年令六、七才に達しないと考えられるもの。（IQ二〇ないし二五から五〇の程度）

3　魯鈍　日常生活にはさしつかえない程度にみずから身辺の事がらを処理することができるが、抽象的な思考推理は困難であつて、成人に達しても知能年令一〇才ないし一二才程度にしか達しないと考えらるもの。（IQ五〇から七五の程度）

附1　境界線児　前項と正常児との中間にあるもの（IQ七五から八五の程度）

附2　現在、精神疾患、脳疾患を有する精神遅帯

B　判別の方法

精神薄弱は明確にすると

（一）　恒久的な精神発育の遅帯であり、これは成人に達しても持続しているものである。

（二）　一般には生れつきまたは比較的早期の乳幼児期から遅帯がみられるものである。

（三）　知的、社会的、能力の乏しいものである。

◎　かかる観点に立脚して精神薄弱者に該当しそうな児童、生徒を学校及び、不就学者は部落に於て調べあげ

◎遅帯の程度を明確にするための知能検査の厳密な実施を行い。
◎遺伝歴、既往歴を含む発育および現在の身心的状態についての調査を行い（性格異常児の場合を参考）
◎家族、友人、学校等における本人の発達に影響をもつ教育的環境や条件の分析を行いかゝる色々の場合の綜合判断にもとづいて判断を行い、基準に従い各項に該当させる。

教育的措置

1 基準1に規定した程度に該当するものに対しては、就学免除を考慮する。

2 基準2に規定した程度に該当するもののうち、遅帯の高度のものは就学猶予を考慮し、軽度のものに対しては養護学校に就学させ、または特殊学級に入れて指導するのが望ましい。

3 基準3に規定した程度に該当するものに対しては養護学校に就学させ、また特殊学級に入れて指導することが望ましい。

4 基準附1に規定した程度に該当するものに対しては状況に応じ、養護学校または特殊学級また普通学級に入れるかを決定することが望ましい。

5 基準附2に示すものに対しては就学猶予を考慮した医療にゆだね、その結果により適宜な措置が望ましい。

五 肢体不自由者

肢体（体幹と四肢）に不自由なところがあり、そのまゝでは将来生業を営む上に支障をきたす虞のあるものを肢体不自由者とする。

A 基準

1 きわめて長期間にわたり病状が持続し、あるいはしばしば再発をくり返すもの、および終生不治で機能障害が高度のもの、

2 治療に長期間（二か年以上）を要するもの。

3 比較的短期間で治療の完了するもの。

4 約一か年で治療が完了するもの、またはこの間に運動機能の相当の自然改善、進歩が望まれるもの

B 判別の方法

「肢体」とは四肢および体幹のことで、四肢とは、上肢下肢のことである。
上肢は肩関節から手に至る部分
下肢は股関節から足に至る部分をさす。
体幹には頭部が属する。脊椎を中軸にした上半身の支柱となる部分で胸、腹部の内臓器官はふくまない。

「不自由」とは、機能が障害されて思うようにならないことを意味し、単に運動機能ばかりでなく、支持機能の障害、形態異常による不自由さ等もふくんだものである。

「体肢不自由児とは、広い意味においては、およそ肢体の機能に少しでも欠けるところかあれば、その児童は肢体不自由児である。それで「先天性の疾病あるいは外傷にあつて、骨、関節、皮膚、筋しよう、ないし神経系統が侵害損傷されたため、体幹、四肢の運動機能に長期にわたる障害をきたしている児童」と定義された事があり厳密にいうと、この障害が長期にわたる、持続的であると云うことが一つの条件であり、従つて短かい期間に治療の完了する骨折のようなものとはん痕拘縮を伴わないたんなる火傷などはふくまない。

それでは具体的にどの種類の障害が含まれるかと云うと、これはまつたく多種多様であるが、比較的数も多く普通に肢体を不自由にする疾病や状態としては、脊髄性小児麻痺、脳性麻痺、脊椎カリエス、骨、関節結核、先天性疾患、外傷、骨髄炎等があげられる。尚又、いかなる方途を講じても、ぜん／＼生業を営む可能性を期待し得ないもの、すなわち今日の医学では到底機能を回復させる望みのない疾患や、また知能の甚だしく低下したものは不治、永患という点から別のわくに入れ、肢体不自由児としない。

以上述べた事を基礎にして

1. 自覚症状または主訴
2 既往歴（原因ー先天性、外傷性、栄養性、発病、経過、其の他）
3 環境歴（血族関係、保護者）
4 現　症

◎等の医学的調査と更に生活能力調査等を実施して厳正な綜合判定の上に基準と比較検討して適当な基準に該当させる。

教育的措置

1 基準1に規定した程度に該当するものに対しては就学免除を考慮する。

2 基準2に規定した程度に該当するものに対しては、養護学校（有療）か特殊学校に入れて教育を行い治療を受けることが望ましい。

3 基準3に規定した程度に該当するものに対しては、特殊学級に入れて指導するか、または普通学級で特に留意して指導するのが望ましい。

4 基準4に規定した程度に該当するものに対しては、就学猶予を考慮する。

六 言語障害者

発声あるいは発語が不完全か、またはまつたく不能なものを言語障害者とする。

A 基　準

1 会話による意志疎通が困難であるか、不能なもの。

2 会話が不完全であるか、あるいは遅滞するが意志疎通の可能なもの。

3 学習にさしつかえる程度の言語障害であつて、比較的短期間で矯正可能と思われるもの。

B 判別の方法

基準1には

脳脊髄疾患、精神薄弱による言語障害の高度なもの聴唖、ヒステリー性唖、聾唖等が属する。

基準2には

（トツ）および吃（キツ）脳脊髄疾患、精神薄弱の軽度のもの相当程度に残聴があつて知能のよい聾唖等が属する。

基準3には

（トツ）および吃の軽度なもの、聴唖、ヒステリー性唖の一部が之に入る。

以上の如き疾患の状態、程度をよく観察し基準に示した段階に刻当するかどうかをよく判断する。

教育的措置

1 基準1に規定した程度に該当するものは、ろう学校に就学させ、神経疾患によるもの、聴あは特殊学級に入れて指導するのが望ましい。

2 基準2に規定した程度に該当するものに対しては、普通学級で指導する。

3 基準1および基準2に該当する程度のうち精神薄弱および肢体不自由に伴うものは、それぞれ判別基準および教育的措置による。

4 基準3に示す程度に該当するものに対しては就学猶予を考慮する。

七 身体虚弱者

先天的または後天的原因により、身体諸機能の異常を示し、疾病に対する抵抗力が低下しあるいはこれらの徴候が起りやすく、そのため登校停止の必要は認めないが、長期にわたり健康児童生徒と同等の教育を行うことによつて、かえつて健康を障害する恐れのある程度のものは身体虚弱者とする。

A 基準

身体虚弱者には多くの種類があり、しかもそれぞれに強弱の程度があるので、ここには身体虚弱者選定のてがかりとして、一般徴候をあげておく。

1 特に病気にかかりやすい、重くなりやすい、治りにくい。

2 頭痛、腹痛、その他の症状をしばしば訴える。

3 疲労しやすく、また疲労の回復がおそい。

4 神経質、無気力等

5 発育不良、栄養不良、貧血等

6 慢性疾患があるが、だいたい日常生活にさしつかえないもの。疾病回復期のもの。

結核感染時のように結核の発病しやすい状態にあるもの。

B 判別の方法

校医及び保健所の精密な診断のもとに判別を行う事を原則とするが、色々の事情でそれが不可能な場合には、担任教師、及び衛生担当職員等で児童生徒をよく観察して、基準1から6までに該当する者を身体虚弱者とする。

教育的措置

身体虚弱者の教育的措置については、文部省編「身体虚弱児童生徒の健康指導の手引」に従つて特殊学級で適切な健康指導をするよう努める。

特に結核性の虚弱者は特殊学級に入れて指導することが望ましい。

「付」 前記身体虚弱者以外の者で疾病があり、そのため登校困難、または登校することによつて、生命健康に危険を及ぼし、または伝染、その他、他人に迷惑を及ぼすものについては、出席停止、就学猶予、又は免除の措置を考慮する。

身心障害児童調査記録箋

地区	小学校 中学校
調査者氏名	

1氏　名		3本　籍	
2生年月日	年　月　日	4現住所	

5 生育歴							
	a胎生期母	母疾病、	外傷、	苦慮、	飲酒、	正常、	その他
	b出生期	難産、	早産、	仮死、	正常、	その他	
	c栄養	母乳、	混合、	人工、	乳母、	里子、	その他
	d乳幼児期の発育	正常、	異常、	その他			
	e既往歴	疾患	外傷	けいれん	特筆すべき行為	その他	
	fその他	夜尿	偏食	異食	其の他		

6 家庭環境							
	a養育者	続柄		氏名		父母の有無	
	b家庭の遺伝歴						
	c養育態度	溺愛、過度の厳格、過度の干渉、虐待、放任気まぐれ、その他					
	d家庭の空気						
	e住居附近の状況						
	f生活程度	上、	中、	下、			
	g父　母	職業		教育程度		性格	

7 学力	上、	中、	下、
8 性格			

9 学校に於る行動及び教師の意見	10 家庭に於ける行動及び教師の意見

11 判定	状態	調査員判定		決定	
		種類	基準	種類	基準

身心障害児童名簿

地区

番号		
氏名		
年令		
学年		
学級別		
一、盲者及弱視者	基準	1
		2
		3
		4
		5
二、ろう者及難聴	基準	1
		2
		3
		4
三、性格異常	基準	1
		2
四、精神薄弱	基準	1
		2
		3
		1附
		2附
五、言語障害	基準	1
		2
		3
六、肢体不自由	基準	1
		2
		3
		4
七、身体虚弱者基	基準	1
		2
		3
		4
		5
		6
保護者		
住所		
備考		

(註) 同一人で二つ以上の種目にまたがるときはいずれにも記入のこと。
該当するものに印をつけること。

琉球大学

琉球列島米国民政府布令第六十六号
（一九五二、二、二八）　琉球教育法

第十四章　琉球大学

第一節　総則

第一条　一九五一年一月十日付民政府布令第三十号は廃止する。但し同布令により設立された琉球大学の法人組織は、本章の規程に従つて存続する。

第二条　沖縄本島首里に本校を置く琉球大学（以下本学という）は、琉球の男女に対し中等教育の基礎の上に、一般教養及び専門教育を施すものとする。
本学は、琉球の人々に対し、一般的及び専門的知識並に教育を普及し、その経済、文化の発展を促進し、且つ、民主々義諸国を理解しその慣習を学び、その自由即ち言論、集会、請願、信教及び出版の自由を得ることに助長せしめるのを目的とする。

第二節　管理

第一条　理事会は、本学のあらゆる面における運営と管理の責任を有する。理事会の権限は、いかなる者にも代行させてはならない。

第二条　法律により別段の定めある場合を除き、理事会は民政官の許可を経て本学の政策、運営、財政、人事、動産、不動産即ち本学に関する一切のものに対して完全な管理権を有する。理事会は、琉球人民に最大の利益をもたらすように本学一切の資産や財源を節用すべき責任を有する。

第三条　理事会は、琉球人の男女七人をもつて構成しその中六人は民政官の認可を得て行政主席が任命する。なお、文教局長は職責上理事となる。三群島はそれぞれこの理事会に代表をださねばならない。

第四条　行政主席は、任命される六人の理事のうち、中央教育委員会から最大限二人、最小限一人の理事を任命しなければならない。これらの理事は、中央教育委員任期中は正規の理事として勤めねばならない。

第五条　初回理事の任期は一人は二年、一人は四年、一人は六年、一人は八年、要すれば一人は十年とする。但し、中央教育委員会から出た理事はこの限りではない。
初回任命の理事の任期満了の際は、前述の方法により新に理事を任命する。新任理事の任期を八年とし後任理事の任命があるまではその職にあるものとする。理事の任期はすべて任期満了の年の七月一日に終るものとする。理事の欠員補充もすべて前述の方法により行われる。但し、補充理事の任期は前任者の残任期間とする。

第六条　中央教育委員会及び文教局長の理事兼務を除き、教育機関学校及び政府の有給職員は、理事を兼ねることはできない。理事在任中、上述の有給公務員に就任したときは、直ちに、理事たるの資格を失う。退職後の公務員の理事就任はこれを妨げない。

第七条　理事会は、琉球大学学長を任命する。以下琉球大学学長を学長と称する。学長は、琉球大学の校務を掌り所属職員を統督し、その任期を三年以内とする。

学長は、校内運営の権限を有する。

第八条 学長は、理事会の幹事となる。但し、理事会の議事においては表決権を有しない。

第九条 理事会は、大学の事務局長、その他必要とする大学の職員を予算の範囲内で任命するものとする。

第十条 本学教員は、学長及び四人以上の本学教員で組織される委員会によつて理事会に推薦される。但し、この法律公布の時在職中の本学教員は、その推薦手続に関するこの条項の適用を受けない。

第十一条 理事会は、少くとも六ケ月に一回定期の会合を開催する。その他理事長又は四人の理事の決議により必要なる時機に開会の少くとも二週間前に通告を発して召集することができる。理事には給料は支給しない。但し、会議の往復旅費、開会中の食費、宿泊料は支給する。

第三節 財　務

第一条 理事会は理事会活動に関して定期報告書を立法院に提出し、且つ 琉球政府他局の予算の報告及び運営に関する諸規定に従い次期運用期間中に運用すべき所要予算及び補助金の承認方を同院に要求する。

第二条 本学事務局長は、本学資金の管理者となり、琉球政府財政局の認可した所定の様式で理事会の諸規程通りにこの資金の使途を明細にする。

第三条 理事会は、その事務局長を通じて、いかなる贈与、遺産、補助金も、本学の名において受納する権限がある。委託金の性質を帯びるこの贈与、遺産、補助金はすべて首里に事務所を置く財団法人琉球大学基本財団の管理下に置く。

第四節 免　税

第一条 琉球大学は、琉球政府の一機関なるにつき直接課税されることはない。

第五節 雑　則

第一条 琉球大学は、次の各項の一つに該当する者を雇用してはならない。又いかなる形態においても公的にこれと提携してはならない。

A 禁治産者、準禁治産者

B 禁錮以上の刑に処せられた者

C 政府を暴力によつて破壊することを主張する団体に属する者又は属した者

琉球育英會法

（公布一九五二年九月二十二日立法第三十五号）

第一章 総　則

（目　的）

第一条 琉球育英会は優秀な学徒で経済的な理由に由つて修学困難なものに対して学資を貸与又は給与しその他育英上必要な業務を行つて有用な人材を養成することを目的とする。

2 琉球育英会は法人とする。

（事務所）

第二条　琉球育英会は主たる事務所を那覇市に置き必要な地に従たる事務所を置くことができる。

（基　金）

第三条　琉球育英会の基金は壱千万円として行政主席の認可を受けてこれを増加することができる。

2　政府は、琉球育英会の基金として壱千万円を支出しなければならない。

（定　款）

第四条　琉球育英会は定款で左の事項を規定しなければならない。

一　目　的
二　名　称
三　事務所の所在地
四　基金及び資産に関する事項
五　役員に関する事項
六　業務及びその執行に関する事項
七　会計に関する事項
八　公告の方法

2　定款の変更は行政主席の認可を受けなければ効力を生じない。

（登　記）

第五条　琉球育英会は、行政主席の定める琉球育英会法施行規則によつて登記しなければならない。

2　前項の規定によつて登記すべき事項は登記の後でなければこれで、第三者に対抗することはできない。

（解散の処置）

第六条　琉球育英会について解散を必要とする事由が発生した場合にその処置については別に立法をもつてこれを定める。

（禁類似名称）

第七条　琉球育英会でないものは、琉球育英会又はこれに類似する名称を用いてはならない。

（法律の準用）

第八条　民法第四十四条、第五十条、第五十四条及び第五十七条の規定は琉球育英会にこれを準用する。

2　仮理事又は特別代理人の選任は法人の主たる事務所所在地の巡回裁判所の管轄とする。

第二章　役　職　員

（役職員）

第九条　琉球育英会に名誉会長一名、会長一人、副会長一人、理事五人、監事二人、評議員、補導員、書記若干人を置く。

（職　務）

第十条　会長は琉球育英会を代表しその業務を総理する。

2　副会長は、会長を補佐し会長事故ある時はその職務を代理し、会長欠員の時はその職務を行う。

3　理事は、定款の定める所により会長及び副会長を補佐して琉球育英会の業務を処理し、会長及び副会長共に事故あるときはその職務を代理し、会長及び副会長共に欠員のときはその職務を行う。

4　監事は、琉球育英会の業務を監査する。

5　評議員は、業務に関して重要な事項について会長の諮問に応じ又は会長に対して意見を述べる事ができる。

6　補導員は、会長の命を受けて琉球育英会から学資の貸与又は給与を受ける学徒の補導を行う。

7　書記は会長の命を受けて琉球育英会の事務を処理する。

（役職員の任命、任期）

第十一条　行政主席は名誉会長とする。

2　会長、副会長、理事、監事、評議員は行政主席が任命又は委嘱する。補導員及び書記は会長が任命する。

3　会長、副会長、理事の任期は四年、監事、評議員の任期は二年とする。但し初回にかぎり、理事の中二人は二年とする。

（代理人の選定）

第十二条　会長、副会長、理事は定款の定める所によつて従たる事務所の業務について一切の裁判上又は裁判外の行為をなす権限を有する代理人を選任することができる。

（兼　職）

第十三条　会長、副会長、補導員、書記は他の職業に従事することが出来ない。但し、行政主席の認可を受けたときはこの限りでない。

（身　分）

第十四条　琉球育英会の会長、副会長、補導員及び書記は法令により公務に従事する職員と看做す。

第三章　業　務

（業　務）

第十五条　琉球育英会は、左の業務を行う。

一　学資の貸与並びに給与

二　学資の貸与並びに給与を受ける学徒の補導

三　修学上必要な施設の設置及び運営

四　前各号の業務に附帯する業務

五　その他琉球育英会の目的達成上必要な業務

（資金の調達）

第十六条　前条の業務に要する資金は、政府補助金、政府その他からの借入金、寄附金等をもつてこれに充てる。

第章　会　計

（事業年度）

第十七条　琉球育英会の事業年度は、毎年七月一日より翌年六月三十日までとする。

（余裕金の運用）

第十八条　琉球育英会は左の方法によるの外業務上の余裕金の運用をなすことはできない。

一　行政主席の認可を受けた有価証券の取得

二　郵便貯金

三　銀行への預金又は信託会社への金銭信託

（業務の報告）

第十九条　琉球育英会は、設立のとき及び毎事業年度の初めにおいて財産目録、貸借対照表及び損益計算書を作成し、行政主席の承認を受けなければならない。

第五章　監督及び補助

（監　督）

第二十条　琉球育英会は、行政主席がこれを監督する。

（行政主席の権限）

第二十一条　行政主席は琉球育英会の目的達成上必要ありと認めた場合は必要な業務の施行を命じ又は定款の変更その他必要な事項を命ずることができる。

（借入金の認可）

第二十二条　琉球育英会は、行政主席の定める場合を除きその認可を受けなければ借入金をなすことはできない。

（業務方法の認可）

第二十三条　琉球育英会は、業務開始の際業務方法を定め行政主席の認可を受けなければならない。これを変更しようとする場合も同様とする。

2　琉球育英会は、事業年度毎に事業計画及び収支予算を定め行政主席の認可を受けなければならない。これに重大な変更を加えようとするときも亦同様とする。

（命令と処分）

第二十四条　行政主席は、琉球育英会に対し業務及び財産の状況に関し報告せしめ検査をなし、その他監督上必要な命令を発し又は処分をすることができる。

（役員解任）

第二十五条　行政主席は役員の行為が法令定款若しくは行政主席の命令に違反し又は公益を害したときその他琉球育英会の業務運営上役員を不適当と認めたときは役員を解任することができる。

（保証金）

第二十六条　政府は第十五条の業務のため借入れた借入金中壱千万円を限りその元本の償還及び利息の支払いに付保証することができる。

（政府補助金）

第二十七条　政府は琉球育英会に対し左の各号の金額の補助金を交付しなければならない。

一　第十五条の業務のため必要なる金額

二　第十五条の業務のための借入金の利子に相当する金額

第六章　罰　則

（過　料）

第二十八条　左の場合においては、琉球育英会の会長、副会長、理事又は監事を千円以下の過料に処す。

一　この立法により行政主席の認可を受くべき場合において、その認可を受けないとき。

二　この立法に規定しない業務を営んだとき。

三　第十八条の規定に違反し業務上の余裕金を運用したとき。

四　行政主席の監督上の命令又は処分に違反したとき。

第二十九条　第七条の規定に違反し琉球育英会又はこれに類似する名称を用いた者は五百円以下の過料に処す。

附　則

（施　行）

第三十条　この立法は公布の日から施行する。

（設立委員）

第三十一条　行政主席は設立委員を命じ琉球育英会の設立に関する事務を処理せしめる。

（定款の作成）

第三十二条　設立委員は、定款を作成し、行政主席の認可を受けなければならない。

（事務の引継）

第三十三条　前条の認可があつたときは、設立委員は遅滞なくその事務を琉球育英会長に引継がなければならない。

2　会長は、前項の事務の引継を受けたときは設立の登記をしなければならない。

3　琉球育英会は、設立の登記をしたことによつて成立する。

琉球育英會法施行規則

第一条　琉球育英会の設立の登記は会長が設立委員より設立に関する事務の引継ぎを受けた日から二週間以内に主たる事務所の所在地において、これをなすことを要する。

設立の登記には左の事項を掲ぐることを要する。

一　目的
二　名称
三　事務所
四　基金の総額
五　会長、副会長、理事及び監事の住所及び氏名
六　理事の代表権に制限を加えたときは、その制限
七　公告の方法

琉球育英会は設立の登記をした後、二週間以内に従たる事務所の所在地において前項に掲げる事項を登記しなければならない。

第二条　琉球育英会の成立後従たる事務所を設けたときは主たる事務所の所在地においては、二週間以内に従たる事務所を設けたことを登記し、他の従たる事務所の所在地においては、三週間以内に前条第二項に掲げる事項を登記し、他の従たる事務所の所在地においては、同期間内にその従たる事務所を設けたことを登記しなければならない。

第三条　琉球育英会が主たる事務所を移転したときは二週間以内に移転の登記をしなければならない。琉球育英会が従たる事務所を移転したときは、旧所在地においては三週間以内に移転の登記をなし新所在地においては、四週間以内に第一条第二に掲げる事項を登記しなければならない。但し、同一の登記所の管轄区域内において従たる事務所を移転したときはその移転の登記のみをなすものとする。

第四条　第一条第二項中に掲げる事項中に変更を生じたときは主たる事務所所在地においては二週間従たる事務所の所在地においては三週間以内に変更の登記をしなければならない。

第五条　琉球育英会法第十二条の代理人を選任したときは、二週間以内にこれを置いた事務所の所在地において代理人の氏名及び住所並びに代理人を置いた事務所を登記しなければならない。登記した事項の変更及び代理人の代理権消滅についても亦同じ。

第六条　登記すべき事項で行政主席の認可を要するものは、その認可

書の到着した時から登記の時期を起算する。

第七条　登記した事項は遅滞なくこれを公告しなければならない。

第八条　琉球育英会の登記についてはその事務所所在地の登記所をもつて管轄登記所とする。

各登記所に琉球育英会登記簿を備える。

第九条　本規則による登記は会長の申請によつて行う。

第十条　設立の登記の申請書には、定款、会長の資格を証明する書面を添付しなければならない。

第十一条　琉球育英会法第十二条の代理人の選任の登記には代理人の選任を証明する書面を添付しなければならない。

第十二条　事務所の新設又は事務所の移転その他第一条第二項に掲げる事項の変更の登記には事務所の新設又は登記事項の変更を証明する書面を添付しなければならない。

第十三条　前条の規定は第五条の規定により登記した事項の変更及び琉球育英会法第十二条の代理権の消滅の登記にこれを準用する。

第十四条　非訟事件手続法第百四十二条乃至第百四十九条、第百五十条の二乃至第百五十一条の六及び第百五十四条乃至第百五十七条の規定は本規則による登記にこれを準用する。

附　則

この規則は、一九五二年九月二十二日から適用する。

行政事務部局組織法

（一九五三、四、一、立法第九号）〔10〕

沿　革

布令　一〇七　一九五三三一（11）
立法　二四　一九五四、八、六（六三）
立法　三九　一九五五、八、三〇（六九）
立法　一六　一九五六、七、一三（五六）
立法　三一　一九五七、七、一九（27）
立法　八一　一九五七、一〇、一（二九）
立法　六六　一九五八、九、二六

（目　的）

第一条　この立法は、行政主席の統轄する行政事務部局の機構及び所掌事務の範囲を定めることを目的とする。

（行政事務部局）

第二条　行政事務部局として、行政主席官房（以下「官房」という。）及び左の局を置く。

一　内政局
二　文教局
三　社会局
四　経済局
五　工務交通局
六　法務局

七　警　察　局
八　労　働　局
九　企画統計局

（改一九五四立法二四、一九五七立法三二）

2　前項の官房及び各局の外、立法の定めるところにより会計検査院庁及び委員会を置くことができる。

（改一九五七立法三二）

（所掌事務）

第三条　官房及び各局の所掌事務は、左の通りとする。

一　官　房（改一九五五立法三九）

㈠　秘書及び儀式ほう賞並びに各部局間の事務の調整に関すること。
㈡　職員の進退及び身分に関すること。
㈢　法令の公布及び文書に関すること。
㈣　情報に関すること。
㈤　行政監察に関すること。
㈥　その他他局に属しないこと。

二　内　政　局

㈠　政府の予算決算並びに税その他財務に関すること。
㈡　市町村行政及び財務に関すること。

三　文　教　局

㈠　中央教育委員会に関すること
㈡　学校、地方教育委員会その他教育に関する機関に対し助言を与えること。
㈢　教育に関する調査研究に関すること。
㈣　社会教育に関すること。
㈤　その他法令により定められた事項

四　社　会　局（改一九五四立法二四）

㈠　社会福祉に関すること。
㈡　保健衛生に関すること。
㈢　移民に関すること
㈣　援護及び復員に関すること

五　経　済　局（改一九五四立法二四）

㈠　農業に関すること。
㈡　水産業に関すること。
㈢　林業に関すること。
㈣　工業に関すること。
㈤　鉱業に関すること。
㈥　商業に関すること。
㈦　外資に関すること。
㈧　計量に関すること。

六　工務交通局（改一九五五立法三九・一九五五立法一六）

㈠　土木建築に関すること
㈠の二　都市計画に関すること。
㈡　運輸に関すること。
㈢　港湾に関すること。
㈣　電力に関すること。
㈤　郵務に関すること。

(六) 電務に関すること。
(七) 気象に関すること。
(八) 観光に関すること。

七 法務局（改一九五三布令一〇七、一九五七立法三一）
(一) 法令案の審議に関すること。
(二) 政府に利害関係ある訴訟に関すること。
(三) 行刑及び更生保護に関すること。
(四) 戸籍、登記及び供託に関すること。
(五) 所有者不明土地及びアメリカ合衆国政府使用土地に関すること。
(六) 土地調査に関すること。
(七) 人権の擁護に関すること。
(八) その他法務に関すること。
(九) 検察庁の事務に関する事項

八 警察局
(一) 公共の秩序の維持に関すること。
(二) 生命及び財産の保護に関すること。
(三) 犯罪のそう査及び被疑者の逮捕に関すること。
(四) 出入国管理に関すること。

九 労働局（改一九五四立法二四・一九五六立法一六
一九五七立法三一）
(一) 労働組合に関する事務、労働関係の調整及び労働に関する啓もう宣伝に関すること。
(二) 労働条件の向上及び労働者の保護に関すること。
(三) 婦人及び年少者の労働に関すること。
(四) 職業の紹介、指導、補導その他労働需給の調整に関すること。
(五) 失業対策に関すること。
(六) アメリカ合衆国軍隊及び軍関係者に雇用される者の雇用手続事務に関すること。
(七) その他労働に関すること。

十 企画統計局（改一九五七立法三一）
(一) 経済に関する基本的政策の総合立案及び調整に関すること。
(二) 長期経済計画の策定及び推進に関すること。
(三) 経済動向、外国人の投資、国民所得等の調査及び分析に関すること。
(四) 人口問題の調査及び分析に関すること。
(五) 統計に関すること。

（分課）

第四条 官房及び各局に、その所掌事務を分掌させるため、課を置く。

2 前項の課は別表第一に掲げる通りとし、その分掌事務の範囲は、行政主席が定める。但し、文教局の分課及びその分掌事務の範囲は中央教育委員会が定める。

（諮問機関）

第五条 行政主席は第二条の各部局の外、特に必要がある場合には、審議会又は協議会（諮問的又は調査的なものをいう。）を置くことができる。

2 前項の機関を置く場合には、予算上の措置を伴つていなければならない。

（附属機関）

第六条　各局に第四条の課の外、別表第二に掲げる附属機関を置く。

2　前項の機関の名称、位置及び組織は、行政主席が定める。但し、文教局の附属機関の所掌事務の範囲、名称、位置及び組織は、中央教育委員会が定める。（改一九五五立法三九）

（支分部局）

第七条　各局にその所掌事務を分掌させるため、別表第三に掲げる支分部局を置く。

2　前項の支分部局の名称、位置、管轄区域及び組織は、行政主席が定める。但し、文教局の支分部局の所掌事務の範囲、名称、位置、管轄区域及び組織は、中央教育委員会が定める。

（改一九五五立法三九）

（地方庁）

第八条　行政主席の権限に関する事務を分掌させるため、立法の定めるところにより、地方庁を置くことができる。

（行政主席の事務委任）

第九条　行政主席は、その権限に属する事務の一部を、法令の定めるところにより、各部局又は機関の長その他のものに委任することができる。

（行政主席の中止権）

第十条　行政主席は、各部局又は機関の長の処分を中止せしめ、必要な処置を行うことができる。

（権限疑義の裁定）

第十一条　各部局の長の間における権限についての疑義は、行政主席が裁定する。

（行政副主席）

第十二条　行政副主席は、行政主席を補佐し、行政主席の委任する行政事務を行い、行政主席が不在のとき又は事故のあるときは、その期間中行政主席の職務を行う。

（官房、各局の長及びその権限）

第十三条　官房及び各局に、それぞれ官房長及び各局長を置く。

2　官房長及び各局長は、それぞれその機関の所掌事務を統括し、職員の服務についてこれを監督し、法令がその権限に属させた事務を行う。

（次　長）

第十四条　官房及び各局に、次長を置く。

2　次長は、官房長及び各局長を助け、所掌事務を整理し、官房長及び各局長に事故があるときは、その職務を代行する。

（課　長）

第十五条　課に、課長を置く。

2　課長は、上司の命を受け、課の分掌事務を掌理する。

（各機関の長）

第十六条　第六条から第八条までの機関には、それぞれ長を置く。

2　前項の各機関の長は、その機関の事務を統括し、職員を指揮監督し、法令がその権限に属させた事務を行う。

（定　員）

第十七条　行政事務部局 におかれる職員の 定員は、別に立法 で定める。

附　則

第一条　この立法は、一九五三年四月一日から施行する。

第二条　財政局設置法（一九五一年立法第一号）、郵政局設置法（一九五一年立法第八号）、統計局設置法（一九五一年立法第十四号）、商工局設置法（一九五二年立法第一号）、運輸局設置法（一九五二年立法第二号）、行政主席官房設置法（一九五二年立法第三号）、厚生局設置法（一九五二年立法第五号）、行政主席情報局設置法（一九五二年立法第六号）、法務局設置法（一九五二年立法第七号）、資源局設置法（一九五二年立法第九号）総務局設置法（一九五二年立法第十号）及び工務局設置法（一九五二年立法第十一号）、は廃止する。但し、他の立法に別段の定のある場合を除く外、従前の機関及び職員は、この立法に基く相当の機関及び職員となり、同一性をもつて存続するものとする。

第三条　地方庁設置法（一九五二年立法第三十六号）に基く各地方庁は、第八条の規定に基いて設置されたものとみなす。

第四条　琉球船舶規則（一九五五年琉球列島米国民政府布令第百四十八号）に基く海難審判委員会及び教育法（一九五七年琉球列島米国民政府布令第百六十五号）に基く中央教育委員会は、第二条第二項の規定に基いて、設置されたものとみなす。

（改一九五七立法三一）

第五条　教育法に基く文教局及び警察局の設置（一九五二年琉球列島米国民政府布令第六十七号）に基く警察局は、当分の間、第二条第一項の規定に基いて設置されたものとみなす。

（改一九五七立法三一）

附　則（一九五三布令一〇七）

第二条　この布令は、一九五三年琉球政府立法第九号の公布と同時に施行する。

附　則（一九五四立法二四）

1　この立法は、公布の日から施行し、一九五四年七月一日から適用する。但し、染色指導所の廃止の規定は、一九五三年十二月二十五日から、企業免許事務所の廃止の規定は、一九五三年十二月三十一日から、貯金管理局の廃止の規定は、一九五三年十二月二十五日から適用する。

2　他の法令中「看護婦学校」とあるのは、「看護婦養成所」と読み替えるものとする。

附　則（一九五五立法三九）

この立法は、公布の日から施行し、一九五五年七月一日から適用する。

附　則（一九五六立法一六）

この立法は、公布の日から施行する。

附　則（一九五七立法三一）

1　この立法は、公布の日から施行し、一九五七年七月一日から適用する。

2　統計部設置法（一九五三年立法第十一号）及び経済企画室設置法（一九五三年立法第十二号）は、廃止する。

3　家畜伝染病予防法（一九五二年立法第四十九号）の一部を次のように改正する。

第三十九条、第四十一条及び第四十二条中「家畜検疫所」を「動物検疫所」に改める。

第四十五条第一項中「家畜検疫所長」を「動物検疫所長」に改める。

4　行政機関職員定員法（一九五五年立法第五十三号）の一部を次のように改正する。

第二条第二項中「行刑研修所」を「矯正研修所」に改め、「土木技術者養成所」を削る。

別表　第一

行政事務部局	分課
官房（改一九五五立法三九）	一 総務課　二 人事課　三 文書課　四 情報課　五 行政監察課
内政局（改一九五五立法三九）（一九五八立法六八）	一 庶務課　二 行政課　三 主計課　四 主税課　五 理財課　六 管財課　七 用度課　八 出納課　九 税制課
文教局	中央教育委員会の定めるところによる。
社会局（改一九五四立法二四）（一九五五立法三九）	一 庶務課　二 医政課　三 公衆衛生課　四 福祉課　五 援護課　六 移民課　七 薬務課
経済局	一 庶務課　二 農務課　三 水産課　四 林務課　五 畜産課　六 協同組合課　七 開拓課　八 糖業課　九 工鉱課　十 貿易課　十一 商務課
工務交通局（改一九五五立法三九）	一 庶務課　二 土木課　三 建築課　四 電力課　五 陸運課　六 海運課　七 郵務課　八 電務課　九 郵便経理課　十 資材課　十一 郵政監察課
法務局（改一九五三布令一〇七）（一九五五立法三九）（一九五七立法三一）	一 庶務課　二 法制課　三 矯正保護課　四 民事課　五 土地課　六 検務課
警察局	
労働局（改一九五四立法二四）（一九五七立法三一）	一 庶務課　二 労働調査課　三 労政課　四 労働基準課　五 婦人少年課　六 職業安定課
企画統計局（改一九五七立法三一）	一 庶務課　二 企画調整課　三 経済計画課　四 統計基準課　五 統計調査課　六 統計製表課

別表　第二

行政事務部局	附属機関
官房（改一九五四立法二四）	駐日代表事務所
内政局（改一九五八立法六八）	一 税務相談所
文教局（改一九五七立法三一）	一 図書館　二 博物館　三 学校　四 各種学校
社会局（改一九五四立法二四）（一九五五立法三九）	一 衛生研究所　二 病院　三 診療所　四 療養所　五 保健所　六 検疫所　七 養老院　八 盲ろう唖院　九 教護院　十 養護院　十一 結核研究所　十二 児童相談所　十三 福祉事務所　十四 看護婦養成所　十五 教護院　十六 乳児院

	十七 公衆衛生看護婦養成所 十八助産婦養成所
経済局（改一九五四立法二四）（一九五五立法三九）（一九五七立法三一）（一九五八立法六六）	一 営林所 二 農業研究指導所 三 林業試験場 四 水産研究所 五 獣疫血清製造所 六 蚕糸検定所 七 動物検疫所 八 植物防疫所 九 物産検査所 十 種畜場 十一 八重山開発事務所 十二 物産斡旋所 十三 工業研究指導所
工務交通局（改一九五四立法二四）（一九五五立法三九）（一九五七立法三一）	一 資材集積所 二 車輌管理所 三 気象台 四 郵政職員研修所
法務局（改一九五七立法三一）	矯正研修所
警察局	
労働局	

別表 第三

行政事務部局	支分部局
官房	
内政局	一 税関 二 税務署
文教局（改一九五七立法三一）	
社会局	
経済局（改一九五四立法二四）	一 計量検定所
工務交通局（改一九五四立法二四）（一九五六立法一六）	一 工務出張所 二 港務所 三 中央郵便局 四 中央電報局 五 郵便局 六 中央電話局 七 無線電報局 八 電報電話局
法務局（改一九五四立法二四）（一九五六立法一六）（一九五七立法八一）	一 支局 二 登記所 三 土地事務所 四 刑務所 五 戸籍事務所 六 軍用地関係事務所 七 保健観察所 八 少年院 九 少年鑑別所
警察局	
労働局（改一九五四立法二四）（一九五六立法一六）	一 労働基準監督署 二 公共職業安定所 三 雇用手続事務所
企画統計局（改一九五七立法三一）	一 統計調査事務所

琉球政府公務員法

（一九五三年立法第四号）

第一章　総　　則

（この立法の目的）

第一条　この立法は、琉球政府公務員（以下「公務員」という。）たる職員について適用すべき各般の根本基準（職員の福祉及び利益を保護するための適切な措置を含む。）を確立し、職員がその職務の遂行に当り、最大の能率を発揮し得るように、民主的方法で、選択され、且つ、指導さるべきことを定め、もつて住民に対し、公務の民主的且つ能率的な運営を保障することを目的とする。

2　この立法の規定が、従前の立法又はこれに基く法令と矛盾し又はてい触する場合には、この立法の規定が優先する。

（一般職及び特別職）

第二条　公務員の職は、これを一般職と特別職とに分つ。

2　一般職は、特別職に属する職以外の公務員の一切の職を包含する。

3　特別職は、左に掲げる職員の職とする。

一　行政主席
二　行政副主席
三　行政主席官房長
四　局　長
五　削　除
六　地方庁長
七　行政主席専属秘書（一名）
八　立法院議長専属秘書（一名）
九　労働委員会委員
十　就任について選挙によることを必要とし、あるいは立法院の議決又は同意によることを必要とする職員
十一　判　事
十二　上訴裁判所事務局長
十三　上訴裁判所首席判事専属秘書（一名）
十四　執　達　吏

4　この立法の規定は、一般職に属するすべての公務員（以下「職員」という。）に、これを適用する。人事委員会は、ある職が、公務員の職に属するかどうか及び本条に規定する一般職に属するか特別職に属するかを決定する権限を有する。

5　この立法の規定は、立法により別段の定がなされない限り、特別職に属する職には、これを適用しない。

6　政府は、一般職又は特別職以外の勤務者を置いてその勤務に対し俸給、給料、その他の給与を支払つてはならない。

7　前項の規定は、政府又はその機関と外国人の間に個人的基礎においてなされる勤務の契約には適用されない。

（任命権者）

第三条　行政主席、立法院議長及び上訴裁判所首席判事、その他法令に基く任命権者は、法令に特別の定がある場合を除く外、この立法並びに人事委員会規則の定めるところに従い、それぞれ職員の任命

休職、免職及び懲戒等を行う権限を有するものとする。

2　前項の任命権者は、法令に特に定められているとき、その権限をその部内の上級の職員に限り委任することができる。この委任はその効力が発生する日の前に、書面をもつてこれを人事委員会に提示しなければならない。

第二章　人事委員会

（人事委員会の設置）

第四条　この立法の完全な実施を確保し、その目的を達成するため人事委員会を設け、この立法実施の責に任ぜしめる。

2　公務員に関する事務を掌理するため、行政主席の所轄の下に人事委員会を置く。人事委員会は、この立法に定める基準に従つて行政主席に報告しなければならない。

（人事委員会の権限）

第五条　人事委員会は、左に掲げる事項を処理する。

一　人事行政に関する事項について調査し、人事記録に関することを管理し、及びその他人事に関する統計報告を作成すること。

二　公務員に関する法令の制定又は改廃に関し、立法院及び行政主席に対し意見を申し出ること。

三　人事行政の運営に関し、任命権者に勧告すること。

四　人事主任会議の開催に関すること。

五　職員の競争試験及び選考並びにこれらに関する事務を行うこと。

六　職階制に関する計画を立案し、及び実施すること。

七　職員の給与、勤務時間その他の勤務条件、厚生福利制度、公務災害補償その他職員に関する制度について絶えず研究を行いその成果を立法院若しくは行政主席又は任命権者に提出すること。

八　職員の給与がこの立法及びこれに基く法令に適合して行われることを確保するため必要な範囲において、職員に対する給与の支払を監理すること。

九　職員の研修、厚生及び勤務成績の評定に関する総合的企画を行うこと。

十　職員の給与、勤務時間その他の勤務条件に関する措置の要求を審査し、判定し及び必要な措置を執ること。

十一　職員に対する不利益な処分を審査し、判定し及び必要な措置を執ること。

十二　その他法令に基き権限に属せしめられた事項

2　人事委員会は、この立法又は法令に基きその権限に属せしめられた事項について、人事委員会規則を制定し、改廃し、人事委員会指令を発し、及び手続を定めることができる。人事委員会規則及びその改廃は公報をもつて、これを公布する。

3　人事委員会は、法令に基くその権限の行使に関し必要があるときは、証人を喚問し、又は書類若しくはその写の提出を求めることができる。

4　人事委員会は、この立法に基く権限で人事委員会規則の定めるものについては、これを他の機関をして行わしめることができる。この場合においても、人事委員会は、その権限の行使について責任を免れることができない。

5　第一項第十号及び第十一号の規定により人事委員会に属せしめら

れた権限に基く人事委員会の決定及び処分はその定める手続により、人事委員会によつてのみ審査される。

6　前項の規定は、法律問題につき裁判所に出訴する権利に影響を及ぼすものではない。

（人事委員会）

第六条　人事委員会は、三人の人事委員をもつて組織する。

2　人事委員会は、公正にして民主的で能率的な事務の処理に理解があり、且つ人事行政に関し識見を有する者のうちから、立法院の同意を経て行政主席がこれを任命する。

3　人事委員の任期が満了し、又は欠員を生じた場合において、立法院が閉会中であるためにその同意を経ることができないときは、行政主席は、前項の規定にかかわらず、立法院の同意を経ないで人事委員を任命することができる。

4　前項の場合は任命の後最初に招集される議会において、立法院の承認を求めなければならない。立法院の承認が得られなかつたときは、その人事委員は当然その職を失う。

5　左の各号の一に該当する者は、人事委員となることができない。

一　第十九条各号（第五号を除く。）の一に該当する者

二　第十三章に規定する罪を犯し刑に処せられた者

6　人事委員の任命については、そのうち二人以上が、同一の政党に属し、又は同一の大学学部を卒業した者となることとなつてはならない。

7　人事委員会は、局長と同じ基礎に基く給与を受けるものとし、人事委員に支払われる給与の総額は、いずれの局長が受ける給与の総額よりも少くてはならない。

8　人事委員は他の公職を兼ねることができない。

9　第八章の規定は、人事委員の服務に準用する。

10　人事委員は常勤とする。

（任　期）

第七条　人事委員の任期は、三年とする。但し、補欠の人事委員は、前任者の残任期間在任する。

2　人事委員は、再任することができる。但し、引続き六年を超えて在任することができない。

3　人事委員であつたものは、退職後一年間は人事委員会の職員以外の職にこれを任命することができない。

（退職及び罷免）

第八条　人事委員は、左の各号の一に該当する場合を除く外、その意に反して罷免されることがない。

一　第六条第五項各号の一に該当するに至つた場合

二　立法院の訴追に基き、公開の弾劾手続により罷免を可とすると決定された場合

三　任期が満了して、再任されず又は人事委員として引続き六年在任するに至つた場合

2　前項第二号の規定による弾劾の事由は、左に掲げるものとする。

一　心身の故障のため、職の遂行に堪えないこと。

二　職務上の義務に反し、その他人事委員たるに適しない非行があること。

3　人事委員の中、二人以上が同一の政党に属することとなつた場合

においては、これらの者の中一人以外の者は、行政主席が立法院の同意を経て、これを罷免するものとする。

4 前項の規定は、政党所属関係について異動のなかつた人事委員の地位に影響を及ぼすものではない。

（人事委員の弾劾）

第九条 人事委員の弾劾の裁判は、上訴裁判所においてこれを行う。

2 立法院は、人事委員の弾劾の訴追をしようとするときは、訴追の事由を記載した書面を上訴裁判所に提出しなければならない。

3 立法院は、前項の場合においては、同項に規定する書面の写を訴追に係る人事委員に送付しなければならない。

4 上訴裁判所は、第二項の書面を受理した日から二十日以上六十日以内の間において裁判開始の日を定め、その日の二十日以前までに、立法院及び訴追に係る人事委員に、これを通知しなければならない。

5 上訴裁判所は、裁判開始の日から六十五日以内に判決を行わなければならない。

6 人事委員の弾劾の裁判の手続は、上訴裁判所規則でこれを定める。

7 裁判に要する費用は、政府の負担とする。

（人事委員会）

第十条 人事委員会は、人事委員のうちから人事委員長を選挙しなければならない。

2 人事委員長は、人事委員会に関する事務を処理し人事委員会に関する事務を処理し人事委員会を代表する。

3 人事委員長に事故があるとき、又は人事委員長が欠けたときは、人事委員長の予め指定する人事委員が、その職務を代理する。

（人事委員会の会議）

第十一条 人事委員会の会議は、人事委員の過半数をもつて定足数とする。議決又は、動議の採決は、人事委員の多数決を必要とする。

2 人事委員会の議事は、議事録として記録して置かなければならない。

3 前二項に定めるものを除く外、人事委員会の議事及び事務処理手続に関し必要な事項は、人事委員会規則で定める。

（人事委員会事務局）

第十二条 人事委員会に事務局を置き、事務局に事務局長その他必要な職員を置く。

2 人事委員会は、第六条第八項の規定にかかわらず人事委員長に事務局長の職を兼ねさせることができる。

3 事務局長は、人事委員会の指揮監督を受け、局務を掌理する。

4 事務局長は、他の公職を兼ねてはならない。

5 事務局の職員は、人事委員会が任免する。

6 事務局の組織及び職員の定数は、立法で定める。

（事務の報告）

第十三条 人事委員会は、毎年立法院及び行政主席に対し、業務の状況を報告しなければならない。

2 行政主席は、前項の報告を公表しなければならない。

（人事主任）

第十四条 行政府及び人事委員会規則で指定するその他の機関には、

その庁の職員として人事主任を置かなければならない。

2　人事主任は、前項の機関の長を助け、人事に関する事務をつかさどる。

(人事主任会議)

第十五条　この立法の実施に関し、人事委員会と行政府及びその他の機関の間における緊密な連絡及び相互の協力を期するため、人事委員会に人事主任会議を置く。

2　人事主任会議に関し必要な事項は、人事委員会規則で定める。

第三章　職員に適用される原則

(平等取扱の原則)

第十六条　すべて住民は、この立法の適用について、平等に取り扱われ人種、信条、性別、社会的身分、門地又は第十九条第十六号に規定する場合を除く外、政治的意見若しくは政治的所属関係によつて、差別されてはならない。

(情勢適応の原則)

第十七条　政府は、この立法に基いて定められた給与勤務時間その他の勤務条件が社会一般の情勢に適応するように、随時、適当な措置を講じなければならない。

第四章　任　期

(任用の根本基準)

第十八条　職員の任用は、この立法及び人事委員会規則の定めるところにより、受験成績、勤務成績、その他能力の実証に基いて行わなければならない。

2　人事委員会は、試験を採用試験、昇任試験のいずれとするかを適宜決定する。

3　前二項に規定する根本基準の実施につき必要な事項は、この立法に定のあるものを除いては、人事委員会規則で定める。

(欠格条項)

第十九条　左の各号の一に該当するものは、立法及び人事委員会規則で定める場合を除く外、職員となり、又は競争試験若しくは選考を受けることができない。

一　禁治産者及び準禁治産者

二　禁錮以上の刑に処せられ、その執行を終るまで又は執行を受けることがなくなるまでの者

三　政府において懲戒免職の処分をうけ、当該処分の日から二年を経過しない者

四　公選による公職にある者

五　人事委員会の人事委員の職にあつて第十三章に規定する罪を犯し刑に処せられた者

六　政府を暴力で破壊することを主張する政党その他の団体を結成し、又はこれに加入した者

(任命の方法)

第二十条　職員の職に欠員を生じた場合においては、任命権者は、採用、昇任、降任又は転任のいずれか一の方法により、職員を任命することができる。

2　職員の採用及び昇任は、競争試験によるものとする。但し人事委員会の定める職について人事会委員会の承認があつた場合は選考によることを妨げない。

3　人事委員会は、正式任用になつてある職についた職員が、職制若しくは、定数の改廃又は予算の減少に基く廃職又は満員によりその職を離れた後において、再びその職に復する場合における資格要件、任用手続及び任用の際における身分に関し必要な事項を定めることができる。

（競争試験及び選考）

第二十一条　競争試験又は選考は、人事委員会が行うものとする。但し、人事委員会の定める規定により、人事委員会の定める選考機関が、これを行うことができる。

（受験資格）

第二十二条　競争試験は、人事委員会の定める受験資格を有するすべての住民に対して平等の条件で公開されなければならない。試験機関に属する者その他の職員は、受験を阻害し、又は受験に不当な影響を与える目的をもつて特別若しくは秘密の情報を提供してはならない。

2　人事委員会は、受験者に必要な資格として職務の遂行上必要な最少且つ適当の限度の客観的且つ画一的要件を定めるものとする。

3　昇任試験を受けることができる者の範囲は、人事委員会の指定する職に正式に任用された職員に制限されたものとする。

（競争試験の目的及び方法）

第二十三条　競争試験は、職務遂行の能力を有するかどうかを正確に判定することをもつてその目的とする。競争試験は、筆記試験により、若しくは口頭試問及び身体検査並びに人物性行、教育程度、経歴、適性、知能、技能、一般的知識、専門的知識及び適応性の判定の方法により、又はこれらの方法をあわせ用いることにより行うものとする。

（採用試験の告知）

第二十四条　採用試験の告知は、公告によらなければならない。

2　前項の告知には、人事委員会が受験に必要と認める事項を記載する。

3　人事委員会は、受験の資格を有すると認められる者が受験できるように、常に努めなければならない。

4　採用試験の告知に関しては人事委員会規則で定める。

（任用候補者名簿の作成及びこれによる任用の方法）

第二十五条　競争試験による職員の任用については、人事委員会は試験毎に任用候補者名簿（採用候補者名簿又は昇任候補者名簿）を作成するものとする。

2　採用候補者名簿又は昇任候補者名簿には採用試験又は昇任試験において合格点以上を得た者の氏名及び得点をその得点順に記載するものとする。

3　採用候補者名簿又は昇任候補者名簿による職員の採用又は昇任は、当該名簿に記載された者について採用し、又は昇任すべき者一人につき、人事委員会の提示する採用試験又は昇任試験における高点順の志望者五人のうちから行うものとする。

4　採用候補者名簿又は昇任候補者名簿に記載された者の数が人事委員会の提示すべき志望者の数よりも少いときは、人事委員会は他の最も適当な採用候補者名簿又は昇任候補者名簿に記載された者を加えて提示することを妨げない。

5　任用候補者名簿は、受験者、任命庁その他関係者の請求に応じて閲覧に供されなければならない。
6　任用候補者名簿が、その作成後一年以上を経過したとき、又は人事委員会の定める事由に該当するときは、いつでも、人事委員会は、これを失効させることができる。
7　前六項に定めるものを除く外、任用候補者名簿の作成及びこれによる任用の方法に関し必要な事項は人事委員会規則で定めなければならない。

（条件附任用）
第二十六条　臨時的任用又は非常勤職員の任用の場合を除き、職員の採用又は昇任は、すべて条件附のものとし、その職員がその職において六月を勤務し、その間その職務を良好な成績で遂行したときに正式任用になるものとする。この場合において人事委員会は条件附任用の期間を一年に至るまで延長することができる。

（臨時的任用）
第二十七条　任命権者は、人事委員会規則で定めるところにより、緊急の場合、臨時の職に関する場合又は任用候補者名簿がない場合において、人事委員会の承認を得て、六月を超えない期間で臨時的任用を行うことができる。この場合において、その任用は、人事委員会の承認を得て、六月を超えない期間で更新することができるが、再度更新することはできない。
2　前項の場合において、人事委員会は、臨時的任用につき、任用される者の資格条件を定めることができる。
3　人事委員会は、前二項の規定に違反する臨時的任用を取消すことができる。
4　臨時的任用は、正式任用に際して如何なる優先権を与えるものではない。
5　前四項に定めるものの外、臨時的に任用された者に対しては、この立法を適用する。

第五章　職階制

（職階制の根本基準）
第二十八条　政府は、職階制を採用し、立法でこれを定める。
2　人事委員会は、職階制に関する計画を立案し、職員の職を職務の種類及び複雑と責任の度に応じて分類整理しなければならない。
3　職階制においては、同一の内容の雇用条件を有する同一の職級に属する職については、同一の資格要件を必要とすると共に、当該職についている者に対しては、各一の幅の給料が支給されるように職員の職の分類整理がなされなければならない。
4　職員の職について、職階制によらない分類をすることはできない。
5　職階制の実施につき必要な事項は、この立法に定めてあるものを除いては、人事委員会規則でこれを定める。

（職の格付）
第二十九条　職階制を実施するに当っては、人事委員会は、職員のすべての職をいずれかの職級に格付しなければならない。
2　人事委員会は、随時、職員の職の格付を審査し、必要と認めるときは、これを改訂しなければならない。

第六章　給与、勤務時間その他の勤務条件

（給与、勤務時間その他の勤務条件の根本基準）

第三十条　職員の給与は、その職務と責任に応ずるものでなければならない。

2　前項の規定の趣旨は、できるだけすみやかに達成されなければならない。

3　職員の給与は、生計費、民間事業従事者の給与その他の事情を考慮して定めなければならない。

4　職員は、他の職員の職を兼ねる場合においても、これに対して給与を受けてはならない。

5　職員の給与、勤務時間その他の勤務条件は、立法で定める。

（給与に関する立法及び給料額の決定）

第三十一条　職員の給与は、前条第五項の規定による給与に関する立法に基いて支給されなければならず又、これに基かずにはいかなる金銭又は有価物も職員に支給してはならない。

2　給与に関する立法には、左の事項を規定するものとする。

一　給料表

二　昇給の基準に関する事項

三　時間外勤務、夜間勤務及び休日勤務に対する給与に関する事項

四　特別地域勤務、危険作業その他特殊な勤務に対する手当及び扶養家族を有する職員に対する手当を支給する場合においては、これらに関する事項

五　非常勤職員の職及び生活に必要な施設の全部又は一部を公給する職員の職その他勤務条件の特別な職があるときは、これらについて行う給与の調整に関する事項

六　前各号に規定するものを除く外、給与の支給方法及び支給条件に関する事項

3　人事委員会は、必要な調査研究を行い、職階制に適合する給料表に関する計画を立案し、これを立法院及び行政主席に同時に提出しなければならない。

4　給料表には、職階制において定められた職級ごとに明確な給料額の幅を定めなければならない。

5　職員には、その職につき職階制において定められた職級について給料表に定める給料額が支給されなければならない。

（給料表に関する報告及び勧告）

第三十二条　人事委員会は、毎年少くとも一回、給料表が適当であるかどうかについて、立法院及び行政主席に同時に報告するものとする。給与を決定する諸条件の変化により、給料表に定める給料額を増減することが適当であると認めるときは、あわせて適当な勧告をすることができる。

（給与簿の検査及び違法行為に対する措置）

第三十三条　人事委員会は、職員の給与が法令、人事委員会規則又は人事委員会指令に適合して行われることを確保するため必要があるときは、給与簿を検査し、法令、人事委員会規則又は人事委員会指令に違反している行為を発見した場合には、自己の権限に属する事項については、自ら適当に措置をなすことができる。

第七章　分限及び懲戒

（分限及び懲戒の基準）

第三十四条　すべて職員の分限及び懲戒については、公正でなければならない。

2　職員は、この立法で定める事由による場合でなければ、その意に反して、降任され、若しくは免職されず、この立法又は人事委員会規則で定める事由による場合でなければ、その意に反して休職されず又は降給されることがない。

3　職員は、この立法で定める事由による場合でなければ、懲戒処分を受けることがない。

（分　限）

第三十五条　職員が第十九条各号の一に該当するに至つたときは、人事委員会規則に定める場合を除いては、当然失職する。

2　職員が、左の各号の一に該当する場合においては、その意に反して、これを降任し、又は免職することができる。

一　勤務実績が良くない場合

二　心身の故障のため、職務の遂行に支障があり、又はこれに堪えない場合

三　前二号に規定する場合の外、その職に必要な適格性を欠く場合

四　職制若しくは定数の改廃又は予算の減少により廃職又は過員を生じた場合

3　職員が、左の各号の一に該当する場合においてはその意に反してこれを休職することができる。

一　心身の故障のため、長期の休養を要する場合

二　刑事事件に関し起訴された場合

4　職員の意に反する降任、免職、休職及び降給の手続及び効果は立法に特別の定のある場合を除く外人事委員会規則で定めなければならない。

5　前条第二項及び第一項から前項までの規定は、左に掲げる職員には適当しない。

一　条件附採用期間中の職員

二　臨時的に任用された職員

6　前項各号に掲げる職員の分限については、人事委員会規則で必要な事項を定めることができる。

（休職の効果）

第三十六条　前条第三項第一号の休職の期間は、人事委員会規則でこれを定める。休職期間中その事故の消滅したときは、休職は当然終了したものとし、すみやかに復職を命じなければならない。

2　前条第三項第二号の規定による休職の期間は、その事件が裁判所に係属する間とずる。

3　いかなる休職も、その事由が消滅したときは、当然に終了したものとみなされる。

4　休職者は、職員としての身分を保有するが、職務に従事しない。休職者は、その休職の期間中、給与に関ずる立法で別段の定をしない限り、なんらの給与を受けてはならない。

（懲　戒）

第三十七条　職員が、左の各号の一に該当する場合においては、これに対し懲戒処分として、戒告、減給、停職又は免職の処分をすることができる。

一　この立法又は人事委員会規則に違反した場合

二　職務上の義務に違反し、又は職務を怠つた場合
三　全体の奉仕者たるにふさわしくない非行のあつた場合

2　懲戒にふせらるべき事件が、刑事裁判所に係属する間においても、人事委員会又は人事委員の承認を経て任命権者は、同一事件について、適宜に、懲戒手続を進めることができる。この立法による懲戒処分は、当該職員が同一又は関連の事件に関し、重ねて刑事上の訴追を受けることを妨げない。

3　職員の懲戒の手続及び効果は、立法に特別の定めがある場合を除く外、人事委員会で定めなければならない。

第八章　服　務

（服務の根本基準）

第三十八条　すべて職員は、全体の奉仕者として公共の利益のために勤務し、且つ、職務の遂行に当つては、全力を挙げてこれに専念しなければならない。

（服務の宣誓）

第三十九条　職員は、人事委員会規則の定めるところにより、服務の宣誓をしなければならない。

（法令等及び上司の職務上の命令に従う義務）

第四十条　職員は、その職務を遂行するに当つて、法令及び当該機関の定める規程に従い、且つ、上司の職務上の命令に忠実に従わなければならない。

2　職員は、職員としては、前項の規定による職務を担当する以外の義務を負わない。

（信用失墜行為の禁止）

第四十一条　職員は、その職の信用を傷つけ又は職員の職全体の不名誉となるような行為をしてはならない。

（秘密を守る義務）

第四十二条　職員は、職務上知り得た秘密を漏らしてはならない。その職務を退いた後も、また、同様とする。

2　法令による証人、鑑定人等となり、職務上の秘密に属する事項を発表する場合においては、任命権者（退職者については、その退職した職又は、これに相当する職に係る任命権者）の許可を受けなければならない。

3　前項の許可は、法令に特別の定がある場合を除く外、拒むことができない。

（職務に専念する義務）

第四十三条　職員は、立法又は人事委員会規則に特別の定がある場合を除く外、その勤務時間及び職務上の注意力のすべてをその職責遂行のために用い、政府がすべき責を有する職務にのみ従事しなければならない。

（政治的行為の制限）

第四十四条　職員は、政党その他の政治的団体の結成に関与し、若しくはこれらの団体の役員となつてはならず、又はこれらの団体の構成員となるように、若しくはならないように勧誘運動をしてはならない。

2　職員は特定の政党その他の政治的団体又は人を支持し又はこれに反対する目的をもつて、あるいは公の選挙又は投票において、特定の人又は事件を支持し又はこれに反対する目的をもつて左に掲げる

政治的行為をしてはならない。

一　公の選挙又は投票において投票をするように、又はしないように勧誘運動をすること。

二　署名運動を企画し、又は主宰する等これに積極的に関与すること。

三　寄附金その他の金品の募集に関与すること。

四　文書又は図書を政府の庁舎、施設等に掲示し、又は掲示させ、その他政府の庁舎、施設、資材又は資金を利用し、又は、利用させること。

3　何人も前二項に規定する政治的行為を行うよう職員に求め、職員をそそのかし、若しくはあおつてはならず、又は職員が前二項に規定する政治的行為をなし、若しくはなさないことに対する代償若しくは報復として、任用、職務、給与その他職員の地位に関してなんらかの利益若しくは不利益を与え与えようと企て若しくは約束してはならない。

4　職員は、前項に規定する違法な行為に応じなかつたことの故をもつて不利益な取扱を受けることはない。

5　職員は、公選による公職の候補者となることができない。

6　本条の規定は、職員の政治的中立性を保障することにより、政府の行政の公正な運営を確保するとともに職員の利益を保護することを目的とするものであるという趣旨において解釈され、及び運用されなければならない。

（争議行為等の禁止）

第四十五条　職員は、政府の機関が代表する使用者としての住民に対して同盟罷業、怠業その他の争議行為をし、又は政府の機関の活動能率を低下させる怠業的行為をしてはならない。又、何人もこのような違法な行為を企て、又はその遂行を共謀し、そそのかし、若しくはあおつてはならない。

2　職員で前項の規定に違反する行為をしたものは、その行為の開始とともに、政府に対し、法令又は人事委員会規則に基いて保有する任命上又は雇用上の権利をもつて対抗することができなくなるものとする。

（営利企業等の従事制限）

第四十六条　職員は、任命権者の許可を受けなければ営利を目的とする私企業を営むことを目的とする会社その他の団体の役員その他人事委員会規則で定める地位を兼ね、若しくは自ら営利を目的とする私企業を営み、又は報酬を得ていかなる事業若しくは事務にも従事してはならない。

2　人事委員会は、人事委員会規則により前項の場合における任命権者の許可の基準を定めることができる。

第九章　研修及び勤務成績の評定

（研　修）

第四十七条　職員には、その勤務能率の発揮及び増進のために、研修を受ける機会が与えられなければならない。

2　前項の研修は、任命権者が行うものとする。

3　人事委員会は、研修に関する計画の立案その他研修の方法について任命権者に勧告することができる。

（勤務成績の評定）

第四十八条　任命権者は、職員の執務について定期的に勤務成績の評定を行い、その評定の結果に応じた措置を講じなければならない。
2　人事委員会は、勤務成績の評定に関する計画の立案その他勤務成績の評定に関し必要な事項について任命権者に勧告することができる。

第十章　福祉及び利益の保護

（福祉及び利益の保護の根本基準）
第四十九条　職員の福祉及び利益の保護は、適切であり、且つ、公正でなければならない。
（厚生制度）
第五十条　政府は、職員の保健、元気回復その他厚生に関する事項について計画を樹立し、これを実施しなければならない。
（共済制度）
第五十一条　職員の公務に因らない死亡、癈疾、負傷及び疾病並びに分べん及び災厄その他の事故並びにその被扶養者のこれらの事故に関する共済制度は、すみやかに実施されなければならない。
2　前項の共済制度は、健全な保険数理を基礎として定めなければならない。
3　前二項の規定による共済制度に関して必要な事項は、立法によつて定める。
（退職年金及び職一時金の制度）
第五十二条　職員が相当年限忠実に勤務して退職し、又は死亡した場合におけるその者又はその者の遺族に対する退職年金又は退職一時金の制度はすみやかに実施されなければならない。
2　公務に因る負傷若しくは疾病に因り死亡し、若しくは退職した職員又はこれの者の遺族に対しても退職年金又は退職一時金の制度が実施されることができる。
3　前四項の規定による退職年金又は退職一時金の制度の実施に当つては、第五十三条の規定による公務災害補償との間に適当な調整が図られなければならない。
4　前条第二項の規定は、第一項及び第二項の退職年金及び退職一時金の制度について準用する。
5　前項の規定による退職年金及び退職一時金の制度に関して必要な事項は、立法によつて定める。
（公務災害補償）
第五十三条　職員が公務に因り死亡し、負傷し、若しくは疾病にかかり、又は公務に因る負傷若しくは癈疾となつた場合においてその者又はその者の遺族若しくは被扶養者がこれらの原因によつて受ける損害は、補償されなければならない。
2　前項の規定による公務災害補償に関して必要な事項は、立法によつて定める。
（勤務条件に関する措置の要求）
第五十四条　職員は、給与、勤務時間その他の勤務条件に関し、人事委員会に対して、政府により適当な措置が執られるべきことを要求することができる。
（審査及び審査の結果執るべき措置）
第五十五条　前条に規定する要求があつたときは、人事委員会は、事業について口頭審理その他の方法による審査を行い、事案を判定し、その結果に基いてその権限に属する事項については、自らこれを実行し、その他の事項については、当該事項に関し権限を有する政府の機関に対し、必要な勧告をしなければならない。

（要求及び審査判定の手続等）

第五十六条　前二項の規定による要求及び審査、判定の手続並びに審査判定の結果執るべき措置に関し必要な事項は、人事委員会規則で定めなければならない。

（不利益処分に関する説明書の交付及び審査の請求）

第五十七条　任命権者は、職員に対し、懲戒その他その意に反すると認める不利益な処分を行う場合においては、その職員に対し処分の事由を記載した説明書を交付しなければならない。

2　職員は、その意に反して不利益な処分を受けたと思うときは、任命権者に対し処分の事由を記載した説明書の交付を請求することができる。

3　前項の規定による請求を受けた任命権者は、その日から十五日以内に、同項の説明書を交付しなければならない。

4　第一項及び第三項の説明書の交付を受けて職員はその日から三十日以内に、前項の期間内に説明書の交付を受けなかつた職員は、その期限経過後三十日以内に、それぞれ人事委員会に対し、当該処分の審査を請求することができる。

5　前四項の規定は、第三十五条第五項各号に掲げる職員には適用しない。

（審査及び審査の結果執るべき措置）

第五十八条　前条第四項に規定する請求を受理したときは、人事委員会は、直ちにその事業を審査しなければならない。この場合において、処分を受けた職員から請求があつたときは、口頭審理を行わなければならない。口頭審理は、その職員から請求があつたときは、公開して行わなければならない。

2　人事委員会は、前項に規定する審査の結果に基いて、その処分を承認し、修正し、又は取消し、及び必要がある場合においては、任命権者にその職員の受けるべきであつた給与その他の給付を回復するため必要で且つ適切な措置をさせる等その職員がその処分によつて受けた不当な取扱を是正するための指示をしなければならない。

（請求及び審査の手続等）

第五十九条　前二項の規定による請求及び審査の手続並びに審査の結果執るべき措置に関し必要な事項は、人事委員会規則で定めなければならない。

第十一章　職員団体

（職員団体の組織）

第六十条　職員は、給与、勤務時間その他の勤務条件に関し政府と交渉するための団体（以下本章中「単位職員団体」という。）を結成し、若しくは結成せず、又はこれに加入し、若しくは加入しないことができる。

2　単位職員団体は、政府の他の単位職員団体と連合体を結成し、又は政府の他の単位職員団体が結成する単位職員団体の連合体に加入することができる。又、単位職員団体の連合体は政府の他の単位職員団体の連合体を結成し、又は政府の他の単位職員団体の連合体に加入することができる。

3　警察職員、消防職員及び刑務所において勤務する職員は、職員団体を結成し、及びこれに加入することができない。

4　職員は政府から給与を受けながら、職員団体のためその事務を行い又は活動してはならない。

（職員団体の登録）

第六十一条　職員団体は、人事委員会規則で定めるところにより、規約（法人に係る場合においては、その定款とする。以下本条中同じ）を添えて人事委員会に登録を申請することができる。この場合において、人事委員会は、登録を申請した職員団体が、この立法及び人事委員会規則の規定に適合するものである場合においては、人事委員会規則で定めるところにより規約とともにこれを登録し、当然職員団体にその旨を通知しなければならない。

2　前項に規定する職員団体の規約には、少くとも左に掲げる事項を記載するものとする。

一　名　称
二　業　務
三　主なる事務所の所在地
四　構成員の範囲及びその資格の得喪に関する規定
五　理事、代表者その他の役員に関する規定
六　第三項に規定する事項を含む業務執行、会議及び投票に関する規定
七　経費及び会計に関する規定
八　他の職員団体との連合に関する規定
九　規約の変更に関する規定
十　解散に関する規定

3　職員団体が登録される資格を有し、及び引き続き登録されているためには、規約の作成又は変更、役員の選挙その他これに準ずる重要な行為がその構成員たるすべての職員が平等に参加する機会を有する直接且つ、秘密の投票による全員の多数決によつて決定される旨の手続を定め、且つ、現実に、その、手続によりこれらの重要な行為が決定されることを必要とする。但し、単位職員団体の連合体にあつては、その構成員たるすべての職員が平等に参加する機会を有する構成団体ごとの直接且つ、秘密の投票による多数決で代議員を選挙し、すべての代議員が平等に参加する機会を有する直接、且つ、秘密の投票によるその全員の多数決によつて決定される旨の手続を定め、且つ、現実に、その手続によつて決定されることをもつて足りるものとする。

4　登録を受けた職員団体がこの立法及び人事委員会規則の規定に適合しないものとなつたときは、人事委員会は、人事委員会規則で定めるところにより、あらかじめ口頭審理を行つた後その登録を取り消すことができる。口頭審理は、当該職員団体から請求があつたときは、公開して行わなければならない。

5　登録を受けた職員団体は、その規約を変更したときは、人事委員会規則で定めるところにより、人事委員会にその旨を届け出なければならない。この場合においては、第一項後段の規定を準用する。

6　登録を受けた職員団体は、解散したときは、人事委員会規則で定めるところにより、人事委員会にその旨を届け出なければならない。

（法人たる職員団体に関する特例）

第六十二条 職員団体は、法人とすることができる。民法（明治二十九年法律第八十九号）及び非訟事件手続法（明治三十一年法律第十四号）中民法第三十四条に規定する法人に関する規定は、本項の法人について準用する。但し、これらの規定中「主務官庁」とあるのは「人事委員会」と読み替えるものとする。

2 法人となろうとする職員団体が前条第一項の規定による登録を受けたときは、前項において準用する民法第三十四条の許可を得たものとみなす。

3 法人である職員団体の登録が前条第四項の規定により取り消されたときは、第一項において準用する民法第七十一条の許可の取消があつたものとみなす。

4 定款の変更が前条第五項後段の規定により登録されたときは、第一項において準用する民法第三十八条第二項の認可を得たものとみなす。

（交　渉）

第六十三条 登録を受けた職員団体は、この立法及び人事委員会規則で定める条件又は事情の下において職員の給与、勤務時間その他の勤務条件に関し、政府と交渉することができる。なお、これに附帯して社交的又は厚生的活動を含む適法な目的のため交渉することを妨げない。但し、これらの交渉は、政府と、団体協約を締結する権利を含まないものとする。

2 前項の場合において、職員団体は、この立法及び人事委員会規則の定める規定にてい触しない限りにおいて、政府と書面による協定を結ぶことができる。

3 前項の協定は、政府及び職員団体の双方において誠意と責任をもつて履行しなければならない。

4 職員が、給与、勤務時間その他の勤務条件に関し又は社交的若しくは厚生的活動を含む適法な目的のため、政府に対し、不満を表明し、又は意見を申し出る自由は、その者が職員団体に属していないという理由で否定されることはない。

（不利益取扱の禁止）

第六十四条 職員は、職員団体の構成員であること、職員団体を結成しようとしたこと、若しくはこれに加入しようとしたこと又は職員団体のために正当な行為をしたことの故をもつて不利益な取扱を受けることはない。

第十二章　補　　則

（特　例）

第六十五条 職員のうち、単純な労務に雇用される者その他その職務と責任の特殊性に基いてこの立法に対する特例を必要とするものについては、別に立法で定める。但し、その特例は、第一条の精神に反するものであつてはならない。

（年次休暇）

第六十六条 職員は、一箇月に一日と三分の二日又は一年に二十日の割で年次休暇を与えられるものとする。但し、この休暇は八十日を超えて積立てることはできない。

（病気休暇）

第六十七条 職員は一年に十日の割で病気休暇を与えられる。病気休暇は他のいかなる休暇にもこれを振り替えたり、又他のいかなる人にもこれを移譲することはできない。病気休暇は、職員が、離職する場合、又はその勤務について三十日以上の中断が生じた場合にはこれを清算するものとする。教育の目的その他正当の理由があれば、関係庁は、無給休暇を許可しなければならない。但し、その期間は、一般に、一年を超えないものとする。

（休　日）

第六十八条　立法院は、一年に八日を超えない範囲内で、政府職員の法定休日を規定する。必要且つ妥当な立法を制定しなければならない。

第十三章　罰　則

（罰　則）

第六十九条　左の各号の一に該当する者は、一年以下の懲役又は一万円以下の罰金に処する。

一　第四十二条第一項又は第二項の規定（第六条第七項において準用する場合を含む。）に違反して秘密を漏らした者

二　第五十八条第二項の規定による人事委員会の指示に故意に従わなかつた者

第七十条　左の各号の一に該当する者は、三年以下の懲役又は三万円以下の罰金に処する。

一　第五十八条第一項に規定する権限の行使に関し第五条第三項の規定により人事委員会から証人として喚問を受け、正当な理由がなくてこれに応ぜず、若しくは虚偽の陳述をした者又は同項の規定により人事委員会から書類若しくはその写の提出を求められ、正当な理由がなくてこれに応ぜず、若しくは虚偽の事項を記載した書類若しくはその写を提出した者

二　第十八条第一項の規定に違反して任用した者

三　第二十二条第一項後段の規定に違反して受験を阻害し、又は情報を提供した者

四　何人たるを問わず、第四十五条第一項前段に規定する違法な行為の遂行を共謀し、そそのかし、若しくはあおり、又はこれらの行為を企てた者

五　第五十四条の規定による勤務条件に関する措置の要求の申出を故意に妨げた者

第七十一条　第六十九条第二号又は前条第一号から第三号まで若しくは第五号に掲げる行為を企て、命じ故意にこれを容認し、そそのかし、又はそのほう助をした者は、それぞれ各本条の刑に処する。

附　則

1　この立法は、公布の日から施行する。

2　最初に任命された人事委員の任期は、第七条第一項本文の規定にかかわらず、一人は三年、二人は一年とする。この場合において、各人事委員の任期は人事委員会においてくじでこれを定める。

3　職員の任免、給与、分限、懲戒、服務その他身分取扱に関する事項については、この立法が立法、人事委員会規則又は人事委員会指令の定めるところにより、逐次適用せられる迄の間は、なお従前の例による。

4　この立法の各規定適用の際、現に効力を有する職員に関する法令の規定の改廃及びこれらの規定の適用を受ける者に、この立法の規

定を適用するについて、必要な経過的特例その他の事項は立法又は人事委員会規則で定める。

5　琉球臨時中央政府行政職員任用法（一九五一年立法第三号）はこれを廃止する。

6　琉球臨時中央政府立法院事務局職員任用法（一九五一年立法第六号）はこれを廃止する。

一般職の職員の給与に関する立法

（一九五四年立法第五十三号）

（この立法の目的及び効力）

第一条　この立法は、琉球政府公務員法（一九五一年立法第四号）（以下「公務員法」という。）第三十条第五項の規定に基き、同法第二条に規定する一般職の職員（以下「職員」という。）の給与及び勤務時間等に関する事項を定めることを目的とする。

2　この立法の規定が公務員法の規定に矛盾する場合には、公務員法の規定が優先する。

（給　料）

第二条　公務員法第二十八条及び琉球政府公務員の職階制に関する立法（一九五三年立法第六十七号）の規定に基いて分類される職位を占める職員（非常勤の職位及び検察官の職位を占める職員を除く）には、第二十条の規定によつて定められる勤務時間（以下「正規の勤務時間」という。）による勤務に対し、その者の占める職位の職務と責任に応じて給料を支給する。

（給料の月額）

第三条　給料の月額は、給料表（別表）に定める職務の級及び号給について同表に定める額とし、その職務の級の決定は、職員の占める位置について次条の規定によつて行い、その号級の決定は、当該職務の級について給料表に定める号級のうちで、第五条から第七条までの規定によつて行う。

（職務の級）

第四条　給料表に定める職務の級は、これを十六級に分類し、職階制の基準に基いて、同じ幅の給料を支給することを適当と認められる職員の占める職位の属するすべての職級は、いずれも同じ職務の級にあてはめるものとし、給料表の職務の級のいずれの職級をあてはめるかは、人事委員会規則で定める。

（初任給）

第五条　新たに第二条の職員となつた者の号級は、人事委員会規則で定める初任給の基準に従い、任命権者が決定する。

（昇　給）

第六条　職員が現にその者について定められている号級に決定された日から左に掲げる期間在職し、且つその期間の勤務成績が良好であるときは、その号給よりも一号給上位の号級に昇給させることができる。

一　現にその者について定められている号給の額とその号給よりも一号給上位の号給の額との差額（以下「差額」という）が、百六十円未満である者にあつては、六箇月

二　差額が百六十円以上二百三十円未満である者にあつては、九箇

月

三　差額が二百三十円以上三百十円未満である者にあつては、十二箇月

四　差額が三百十円以上である者にあつては、十八箇月

2　職員の占める職位の職務の級について定める最高の号給に定められている職員については、その者が同じ職務の級の職位を占めている間は、昇給させることはできない。

3　第一項の昇給の期日は、七月一日、十月一日、一月一日及び四月一日とする。

4　職員が生命の危険をおかして、職務を遂行し、そのために危篤となり若しくは不具癈疾となつたとき、又は職員の功績が極めて顕著であるとき、若しくはその勤務成績が特に優秀であるときは、人事委員会規則で定めるところに従い、その者について定められている号給よりも一号給若しくは二号給上位の号給に、特に昇給させることができる。

5　前項の規定によつて昇給した職員の第一項の規定による昇給に要する期間の計算については、前項の規定による昇給直前の号給にいた期間は、その昇給直後の号給に定められている期間に通算する。

（職務の級間の異動の場合における給料の月額）

第七条　一の職務の級の職位から他の職務の級の職位に異動した場合、又は職位の格付の変更若しくは改訂その他の事由によつてこれらの場合と同様な結果になつた場合における号給は、人事委員会規則で定めるところに従い、その者について従前定められていた号給に基いて決定する。

2　前項の規定によつて号給を決定された職員の前条第一項の規定による昇給に要する期間の計算については、人事委員会規則の定めるところに従つて、前項の規定による号給に定められていた期間は、その決定直後の号給に定められている期間に通算することができる。

（給料の支給及び支払の方法）

第八条　新たに第二条の職員となつた者には、その日から給料を支給し、給料に変更を生じた者には、その日から変更後の給料を支給する。但し、離職した政府公務員が即日第二条の職員となつた場合又は同条の職員以外の政府公務員が引き続き同条の職員となつた場合で、その日についてこの立法に定める給料に相当すると認められる給与が支給されているときは、その日の翌日から支給する。

2　第二条の職員が同条の職員以外の政府公務員となつたとき、又は離職し、若しくは死亡したときは、それぞれにその日まで給料を支給する。

3　給料は月の一日から末日までの期間について、その月額の全額を支給する。

4　第一項及び第二項の規定によつて給料を支給する場合で前項に規定する期間の初日から支給するとき以外のとき、又はその期間の末日まで支給するとき以外のときは、その期間について支給すべき給料の額は、その期間の現日数から勤務を要しない日の日数を差し引いた日数を基礎として日割によつて計算する。

5　給料の支払日は、翌月の二日とする。但し、その日が日曜日又は休日にあたるときは、その日の前において最も近い日曜日又は休日

でない日に支給する。

6　職員がその者の収入によつて生計を維持する者の出産、疾病、婚礼、葬儀その他これらに準ずる非常の場合の費用に充てるために給与の支払を請求したときは、前項の規定にかかわらず、すみやかにこれにその日までの給与を支払わなければならない。

（給料からの控除）

第九条　職員が正規の勤務時間中に勤務しないときは、その勤務しないことについて任命権者の承認があつた場合を除く外、その勤務しない時間一時間について、その者の給料の月額に十二を乗じ、その額を第二十条第一項の規定によつて定められるその者の一週間の勤務時間の数に五十二を乗じたもので除した額を、その者に支給すべき給料の額から控除する。

2　前項の任命権者の与える承認は、人事委員会規則で定める。

（手　当）

第十条　第二条の職員には、給料の外に左の手当を支給する。

一　超過勤務手当
二　夜間勤務手当
三　宿日直手当
四　特殊勤務手当
五　年末手当
六　管外勤務手当
七　へき地勤務手当

（超過勤務手当）

第十一条　正規の勤務時間以外の時間に勤務を命ぜられた職員には、当該勤務の全時間について超過勤務手当を支給する。第二十五条第二項に定める休日において正規の勤務時間中に勤務を命ぜられた職員についても、同様とする。

2　超過勤務手当の額は、前項の勤務一時間について勤務一時間当りの給与額に百分の百二十五を乗じた額とする。

（夜間勤務手当）

第十二条　午後十時から翌日の午前十時までの間において勤務することを命ぜられた職員には、当該勤務の全時間について夜間勤務手当を支給する。

2　夜間勤務手当の額は、前項の勤務一時間について勤務一時間当りの給与額に百分の二十五を乗じた額とする。

（勤務一時間当りの給与額）

第十三条　前二条に規定する勤務一時間当りの給与額は、給料の月額に十二を乗じ、その額を第二十条第一項の規定によつて定められている一週間の勤務時間の数に五十二を乗じたもので除した額とする。

（宿日直手当）

第十四条　宿直勤務又は日直勤務を命ぜられた職員には、当該勤務について宿日直手当を支給する。

2　宿日直手当は、前項の勤務一回について百円をこえない範囲内で、任命権者が人事委員会の承認を得て定める。

3　前三条の規定は、第一項の勤務については適用しない。

（特殊勤務手当）

第十五条　著しく危険、不快又は不健康な勤務その他の通常にない著しく特殊な勤務で給料上特別の考慮を必要とし、且つ、その勤務の特殊性を給料で考慮することが適当でないと認められるものに従事する職員には、その勤務の特殊性に応じて特殊勤務手当を支給する。

2　特殊勤務手当の種類及び支給される職員の範囲並びにその額は、給料の月額の百分の二十五をこえない範囲内で、任命権者が人事委員会の承認を得て定める。

（年末手当）

第十六条　十二月二十日（その日が日曜日にあたるときは、その前日）に在職する職員に対しては、年末手当を支給する。

2　年末手当の額は、予算の範囲内において、職員の給料の月額に、その者のその年中における在職期間に応じて、左の各号に掲げる割合を乗じて得た額とする。

一　在職期間が九十日以上の場合
　百分の五十以上百分の百以下

二　在職期間が九十日未満の場合
　百分の十五以上百分の五十以下

3　年末手当は、毎年十二月二十日（その日が日曜日にあたるときは、十二月十九日）に支給する。

（管外勤務地手当）

第十七条　琉球政府の管轄外府域に勤務する職員には、管外勤務地手当を支給する。

2　管外勤務地手当の額は、給料の月額の百分の百をこえない範囲内で、任命権者が人事委員会の承認を得て定める。

第十七条の二　交通が著しく不便な地に所在する政府機関に勤務する職員には、へき地勤務手当を支給する。但し、在勤一月につき四百円をこえてはならない。

2　へき地勤務手当の月額、支給の方法及びへき地の指定に関する事項は、任命権者が人事委員会の承認を得て定める。

（手当の支給の方法）

第十七条の三　第十条の手当の支給の方法に関しては、この立法に定めるもののほか任命権者が人事委員会の承認を得て定める。

（非常勤職員の給与）

第十八条　第二条の職員以外の職員のうち、委員又はこれに準ずる職を占める職員で常勤を要しない職員には、その勤務一日について五百円をこえない範囲内で、任命権者が人事委員会の承認を得て定める給与を支給する。

2　第二条の職員以外の職員のうち、前項の規定の適用を受けない職員で常勤を要しない職員には、第二条の職員の給与との均衡を考慮して、任命権者が人事委員会の定める基準に従い、予算の範囲内で定める給与を支給する。

（非常勤職員の給与の支給及び支払の方法）

第十九条　前条の給与の支給及び支払の方法に関して必要な事項は、人事委員会規則で定める。

（勤務時間）

第二十条　第二条の職員の勤務時間は、一週間について四十四時間とする。但し、警察職、船員その他の職員で、公務のための特殊の必要により一週間について四十四時間をこえて勤務することを要するものについては、その必要上避けることのできない限度において、且つ、それらの職員の健康及び福祉を害しない限度において、任命権者が人事委員会の承認を得て一週間について四十四時間をこえる勤務時間を定めることができる。

2 第二条の職員以外の勤務時間は、一日について八時間をこえない範囲内で又は一週間について四十四時間をこえない範囲内で、任命権者が人事委員会の承認を得てそれらの職員の占める職位の特殊性に応じて定める。

(勤務時間の割振)

第二十一条 前条の勤務時間は、月曜日から土曜日までの六日間において割り振り、日曜日は勤務を要しない日とするものとし、その割振は任命権者が定める。但し、任命権者は、交代制勤務、断続的勤務その他特殊の勤務に従事する職員について必要があるときは、人事委員会の承認を得て別段の定めをすることができる。

(休憩時間及び休息時間)

第二十二条 任命権者は、前条の規定によつて勤務時間の割振を定めるに際しては、毎四時間の所定の勤務の後に少くとも三十分の休憩時間を勤務時間の途中に置かなければならない。

2 前項の休憩時間は、勤務時間に含まれないものとし、職員にこれを自由に利用させなければならない。

3 任命権者は、勤務時間四時間につき十五分の割合で勤務時間の一部を休息時間として定め、公務に支障のない限り休息時間中は勤務を休ませることができる。

4 勤務条件の特殊性により前三項の規定によるときは、公務の能率を著しく阻害し、又は職員の健康若しくは安全に有害な影響を及ぼす場合には、任命権者は人事委員会の承認を得て、休憩時間及び休息時間について別段の定をすることができる。

(時間外勤務)

第二十三条 公務のため臨時又は緊急の必要がある場合に勤務することを命ぜられたときは、職員は、正規の勤務時間外においても勤務しなければならない。

(勤務時間及び時間外勤務の制限)

第二十四条 人事委員会規則で定める著しく不健康な勤務に従事する職員については、一日について十時間をこえる勤務時間を定め又はその時間をこえて勤務することを命じてはならない。

2 十八才に満たない職員については、一日について十時間、一週間について四十四時間をこえる勤務時間を定め、またこれらの時間をこえて勤務することを命じてはならない。

3 十八才以上の女子職員については、一日について十時間、一週間について五十四時間、一年について二千六百五十時間をこえる勤務時間を定め、又はこれらの時間をこえて勤務することを命じてはならない。

4 女子職員又は十八才に満たない男子職員は、午後十時から翌日の午前五時までの間において勤務させてはならない。

5 地震、火災、水害その他の重大な災害によつて生じた緊急の業務に従事する場合、その他公務のための特殊の必要があるものについて人事委員会規則で定める場合には、前四項の規定は適用しない。

(休　日)

第二十五条　職員は、休日には、特に勤務することを命ぜられない限り、正規の勤務時間中においても、勤務することを要しない。

2　前項の休日とは、琉球政府職員の休日に関する立法（一九五二年立法第二号）に規定する日をいう。

（併任された職員の給与）

第二十六条　職員が一の職位を保有したままあわせて他の職位に任用された場合には、前者の職位について給与を支給する。但し、後者の職位について給与上特別の考慮を要するときは、前者の職位について支給する給与と重複しないと認められる限度において、任命権者は、人事委員会の承認を得て、後者の職位についてもその職位に係る給与の一部又は全部を支給することができる。

（積立年次休暇に相当する金額の支給）

第二十六条の二　強制、非強制の如何にかかわらず職員が退職した場合において、その者の積立年次休暇に対しては、その休暇に相当する金額を支給しなければならない。

2　前項の金額の算定は、その者が退職の日の属する月において受けるべきであつた給料月額を二十六で除し、積立年次休暇を乗じて得た金額とする。

3　前二項に定めるもののほか、積立年次休暇に相当する金額の支給の方法に関し必要な事項は、任命権者が、人事委員会の承認を得て定める。

4　職員が退職した場合において、その者が退職の日若しくは翌日（以下「引き続き」という。）再び職員となつたとき、引き続き地方教育区の教員職員（教育委員会法（一九五八年立法第二号）第百三十六条の規定により教育補助金の対象になつている職員をいう。以下同じ。）となつたとき又は引き続き公社の職員（琉球電信電話公社法（一九五八年立法第八十七号）第二十六条に規定する職員をいう。以下同じ。）となつたときは、第一項の規定にかかわらず、当該退職に伴う積立年次休暇に相当する金額の支給はこれを行わないものとする。

5　前項の規定により、積立年次休暇に相当する金額の支給を受けなかつた者の積立年次休暇は、新に就職した当該機関において通算するものとする。

6　地方教育区の教育職員及び公社の職員が引き続き職員となつた場合におけるその者の積立年次休暇を計算するときは、地方教育区の教育職員及び公社の職員としての積立年次休暇を含むものとする。

（有価物の支給又は貸与の調整）

第二十七条　宿舎、食事、被服その他これらに類する有価物が職員に支給され、又は無料で貸与される場合における職員の給与の調整については、なお従前の例による。

（特　例）

第二十八条　検察官の給与等については、別に立法で定める。

附　則

第一条　この立法は、公布の日から施行し、一九五四年七月一日から適用する。

第二条　一般職の職員の給与に関する立法（一九五三年立法第二十二号）は、廃止する。

3　この立法により積立年次休暇に相当する金額を支給する場合の計算の基礎となつている積立年次休暇は、一九五二年四月一日以後積み立てた年次休暇とする。

財政法（一九五四年一〇月五日立法第五五号）

第一章　財政総則

（目的）

第一条　政府の予算その他財政の基本に関しては、この立法の定めるところによる。

（用語の意義）

第二条　「収入」とは、政府の各般の需要を充たすための支払の財源となるべき現金の収納をいい、「支出」とは、政府の各般の需要を充たすための現金支払をいう。

2　前項の現金の収納には、他の財産の処分又は新たな債務の負担により生ずるものをも含み、同項の現金の支払には、他の財産の取得又は債務の減少を生ずるものをも含む。

3　なお第一項の収入及び支出には、会計間の繰入その他政府金内において行う移換によるものを含む。

4　「才入」とは一会計年度における一切の収入をいい、「才出」とは、一会計年度における一切の支出をいう。

5　「才出予算」とは、立法院で議決された支出目的のために政府金から支払うことを権威づけられたものをいう。

6　「支出負担行為」とは、購入命令及び契約に基く支払役務に対する支払その他法令に基く支出の手続をいう。

7　「支出負担行為未済額」とは、支出予算に計上されたもので、まだ支払われない金額をいう。

（財政収入と立法院の権限）

第三条　租税については、すべて立法によらなければならない。

2　前項の租税を除く外、政府がその権限に基いて収納する課徴金及び立法上又は事実上政府の独占に属する事業における専売価格若しくは事業料金については、すべて立法又は立法院の議決に基いて定めなければならない。

（才出財源の制限）

第四条　政府の才出は、公債又は借入金以外の才入をもつて、その財源としなければならない。但し、公共事業費、出資金及び貸付金の財源については、立法院の議決を経た金額の範囲内で、公債を発行し又は借入金をなすことができる。

2　前項但書の規定により公債を発行し又は借入金をなす場合においては、その償還の計画を立法院に提出しなければならない。

3　第一項に規定する公共事業費の範囲については、毎会計年度、立法院の議決を経なければならない。

（一時借入金）

第五条　政府は政府金の出納上必要があるときは、琉球銀行から一時借入金をなすことができる。

2　前項に規定する一時借入金は、当該年度の才入をもつてこれを償還しなければならない。

3　一時借入金の借入の最高額については、毎会計年度立法院の議決を経なければならない。

（債権の免除）

第六条　政府の債権の全部若しくは一部を免除し又はその効力を変更するには、立法に基くことを要する。

（財産の処分、管理）

第七条　政府の財産は、立法に基く場合を除く外、これを交換しその他支払手段として使用し、又は適正な対価なくしてこれを譲渡し若しくは貸付けてはならない。

2　政府の財産は、常に良好の状態においてこれを管理し、その所有の目的に応じて、最も効率的に、これを運用しなければならない。

（政府費分賦立法主義）

第八条　政府の特定の事務のために要する費用について、政府以外の者にその全部又は一部を負担させるには、立法に基かなければならない。

第二章　会計区分

（会計年度）

第九条　政府の会計年度は、毎年七月一日に始まり、翌年六月三十日に終るものとする。

（経費支弁）

第十条　各会計年度における経費は、その年度の才入をもつて、これを支弁しなければならない。

（一般会計、特別会計）

第十一条　政府の会計を分つて一般会計及び特別会計とする。

2　政府が特定の事業を行う場合、特定の資金を保有してその運用を行う場合その他特定の才入をもつて特定の才出に充て一般の才入才出と区分して経理する必要がある場合に限り、立法をもつて、特別会計を設置するものとする。

第三章　予算

第一節　総則

（才入才出予算）

第十二条　才入才出は、すべてこれを予算に編入しなければならない。

（継続費）

第十三条　政府は、工事、製造その他の事業で、その完成に数年を要するものについて、特に必要がある場合においては、経費の総額及び年割額を定め、あらかじめ立法院の議決を経て、その議決するところに従い、数年度にわたつて支出することができる。

2　前項の規定により政府が支出することのできる年限は、当該会計年度以降三箇年度以内とする。但し、予算をもつて立法院の議決を経て更にその年限を延長することができる。

3　前二項の規定により支出することができる経費は、これを継続費という。

4　前三項の規定は立法院が継続費成立後の会計年度の予算の審議において、当該継続費につき重ねて審議することを妨げるものではない。

（支出負担行為未済額）

第十四条　会計年度末における支出負担行為未済額は、すべて無効とし、更に支出負担行為をなすことはできない。但し、まだ目的を果してない事業に対する支出負担行為未済額は、次年度予算に計上して、立法院の議決を経なければならない。

（政府債務負担行為）

第十五条　立法に基くもの又は才出予算の金額若しくは継続費の総額

の範囲内におけるものの外、政府が債務を負担する行為をなすには、あらかじめ予算をもつて、立法院の議決を経なければならない。

2 前項に規定するものの外、災害復旧その他緊急の必要がある場合においては、政府は毎会計年度、立法院の議決を経た金額の範囲内において、債務を負担する行為をなすことができる。

3 前二項の規定により政府が債務を負担する行為により支出すべき年限は、当該会計年度以降二箇年度以内とする。但し、立法院の議決により更にその年限を延長するものについては、この限りでない。

4 第二項の規定により政府が債務を負担した行為については、次の定例会において立法院に報告しなければならない。

5 第一項又は第二項の規定により政府が債務を負担する行為は、これを政府債務負担行為という。

第二節 予算の作成

(予算の内容)

第十六条 予算は、予算総則、才入才出予算、継続費及び政府債務負担行為とする。

(予算の作成)

第十七条 予算は、すべて行政主席が統合調整して立法措置を要請する。

2 立法院議長及び上訴裁判所首席判事は、毎会計年度その所掌にかかる才入才出、継続費及び政府債務負担行為の見積に関する書類を作製し、行政主席に送付しなければならない。

3 行政主席は、第一項の統合調整をしようとするときは、立法院及び裁判所にかかる才出の概算については、あらかじめ立法院議長及び上訴裁判所首席判事に対し、その調整に関し意見を求めなければならない。

(予算総則)

第十八条 予算総則には、才入才出予算、継続費及び政府債務負担行為に関する総括的規定を設ける外、左の事項に関する規定を設けるものとする。

一 第四条第一項但書の規定による公債又は借入金の限度額
二 第四条第三項の規定による公共事業費の範囲
三 第五条第三項の規定による一時借入金の借入の最高額
四 第十五条第二項の規定による政府債務負担行為の限度額
五 前各号に掲げるものの外、予算の執行に関し必要な事項

(予算の部款項の区分)

第十九条 才入才出予算は、その収入又は支出に関係のある部局等の組織の別に部に区分し、その部局等内においては、更に才入にあつてはその性質、才出にあつてはその支出の目的に従つて、これを款項に区分しなければならない。

(予備費)

第二十条 予見し難い予算の不足に充てるため、行政主席は、予備費として相当と認める金額を、才入才出予算に計上する。

(継続費の区分)

第二十一条 継続費は、その支出に関係のある部局等の組織の別に区分し、その部局等内においては、款項に区分し、更に各項ごとにその総額及び年割額を示し、且つ、その必要の理由を明らかにしなけ

ればならない。

（政府債務負担行為）

第二十二条　政府債務負担行為は、事項ごとに、その必要の理由を明らかにし、且つ、行為をなす年度及び債務負担の限度額を明らかにし、また必要に応じて行為に基いて支出をなすべき年度、年限又は年割額を示さなければならない。

（予算の立法院送付）

第二十三条　行政主席は、毎会計年度の予算を前年度の四月中に、立法院に送付するものを常例とする。

（予算添付書類）

第二十四条　立法院に送付する予算には、参考のために左の書類を添付しなければならない。

一　才入才出予算明細書

二　前年度才入才出決算の総計表及び前年度才入才出決算見込の総計表

三　公債及び借入金の状況に関する前前年度末における実績並びに前年度末及び当該年度末における現在高の見込及びその償還年次表に関する調書

四　政府有財産の前前年末における現在高並びに前年度末及び当該年度末における現在高の見込に関する調書

五　政府が出資している主要な法人の資産、負債、損益その他についての前前年度、前年度及び当該年度の状況に関する調査

六　政府債務負担行為で翌年度以降にわたるものについての前年度末までの支出額及び支出額の見込、当該年度以降の支出予定額並びに数会計年度にわたる事業に伴うものについては、その全体の計画その他事業等の進行状況等に関する調書

七　継続費についての前前年度末までの支出額、前年度末までの支出額及び支出額の見込、当該年度以降の支出予定額並びに事業の全体の計画及びその進行状況等に関する調書

八　その他財政の状況及び予算の内容を明らかにするため必要な書類

（追加予算、予算の修正）

第二十五条　行政主席は、予算成立後に生じた事由に基き必要避けることのできない経費若しくは政府債務負担行為又は立法上若しくは契約上政府の義務に属する経費に不足を生じた場合に限り、予算作成の手続に準じ追加予算の立法措置を求めることができる。

2　行政主席は、前項の場合を除く外、予算の成立後に生じた事由に基いて、既に成立した予算に変更を加える必要があるときは、その修正を立法院に求めることができる。

（暫定予算）

第二十六条　行政主席は、必要に応じて、一会計年度のうちの一定期間にかかる暫定予算の立法措置を求めることができる。

2　暫定予算は、当該年度の予算が成立したときは、失効するものとし、暫定予算に基く支出又はこれに基く債務の負担があるときは、これを当該年度の予算に基いてなしたものとみなす。

第三節　予算の執行

（予算の通知）

第二十七条　予算が成立したときは、行政主席は、立法院の議決した

ところに従い、立法院、行政府及び上訴裁判所（以下「各府」という。）の長に対し、その所掌にかかる才入才出予算、継続費及び政府債務負担行為を通知する。

2　前項の規定により才入才出予算及び継続費を通知する場合においては項を目に区分しなければならない。

3　行政主席は、第一項の規定による通知をなしたときは、会計検査委員会に通知しなければならない。

（予算の目的外使用）

第二十八条　各府の長は、才出予算及び継続費については、各項に定める目的の外にこれを使用することができない。

（予算の彼此移用又は流用）

第二十九条　各府の長は、才出予算又は継続費の定める各部局等の経費の金額又は部局等内の各項の経費の金額については、各部局等の間又は各項の間において彼此移用することができない。但し、予算の執行上の必要に基き、あらかじめ予算をもつて立法院の議決を経た場合に限り、行政主席の承認を経て移用することができる。

2　各府の長は、各目の経費の金額については、行政主席の承認を経なければ目の間において、彼此流用することができない。

3　行政主席は、第一項但書又は前項の規定に基く移用又は流用について承認したときは、その旨を当該各府の長及び会計検査委員会に通知しなければならない。

4　第一項但書又は第二項の規定により移用又は流用した経費の金額については、才入才出の決算報告書に基いて、これを明らかにするとともに、その理由を記載しなければならない。

（支出負担行為又は支払の計画）

第三十条　各府の長は、第二十七条第一項の規定により通知された予算に基いて、規則の定めるところにより、支出負行為の所要額については各部ごとに、支出所要額については支出担当事務職員ごとにこれを定め、支出負担行為又は支払の計画に関する書類を作製してこれを行政主席に送付し、その承認を経なければならない。

2　行政主席は、政府金、才入及び金融の状況並びに経費の支出状況等を勘案して、適時に、支出負担行為又は支払の計画を承認し各府の長及び会計検査委員会に通知しなければならない。

（予備費の管理及び使用）

第三十一条　予備費は、行政主席がこれを管理する。

2　各府の長は、予備費の使用を必要と認めるときは、理由、金額及び精算の基礎を明らかにした調書を作製し、これを行政主席に送付しなけれでならない。

3　行政主席は、前項の要求を調査し、これに所要の調整を加えてこれを決定する。

4　行政主席は、前項によつて予備費の使用を決定したときは、これを各府の長に通知しなければならない。

5　前項の通知がなされたときは、当該使用書に掲げる経費については、第二十七条第一項の規定により予算の通知があつたものとみなす。

6　第一項の規定は、第十五条第二項の規定による政府債務負担行為に、第二項から前項までの規定は、各府の長が第十五条第二項の規定により政府債務負担行為をなす場合に、これを準用する。

(予備費支弁の調書)

第三十二条　予備費をもつて支弁した金額については、各府の長は、その調書を作製して、次の立法院の定例会の議会後直ちに、行政主席に送付しなければならない。

2　行政主席は、前項の調書に基いて予備費をもつて支弁した金額の総調書を作製しなければならない。

3　行政主席は、予備費をもつて支弁した総調書を次の定例会において立法院に提出して、その承認を求めなければならない。

4　行政主席は、前項の総調書及び調書を会計検査委員会に送付しなければならない。

第四章　決　算

(才出決算報告書及び才入決算明細書)

第三十三条　各府の長は、毎会計年度、行政主席の定めるところにより、その所掌にかかる才入及び才出の決算報告書並びに政府の債務に関する計算書を作製し、これを行政主席に送付しなければならない。

2　行政主席は、前項の才入決算報告書に基いて、才入予算明細書と同一の区分により、才入決算明細書を作製しなければならない。

3　各府の長は、その所掌の継続費にかかる事業が完成した場合においては、行政主席の定めるところにより、継続費決算報告書を作製し、これを行政主席に送付しなければならない。

(才入才出の決算)

第三十四条　行政主席は、才入決算明細書及び才出の決算報告書に基いて、才入才出の決算を作成しなければならない。

2　才入才出の決算は、才入才出予算と同一の区分により、これを作製し、且つ、左の事項を明らかにしなければならない。

一　才　入
イ　才入予算額
ロ　徴収決定済額（徴収決定のない才入については、収納後に徴収済として整理した額）
ハ　収納済才入額
ニ　不納欠損額
ホ　収納未済才入額

二　才　出
イ　才出予算額
ロ　前年度繰越額
ハ　予備費使用額
ニ　流用等増減額
ホ　支出済才出額
ヘ　翌年度繰越額
ト　不用額

(決算の会計検査委員会への送付)

第三十五条　行政主席は、才入才出決算に、才入決算明細書、各府の才出決算報告書及び継続費決算報告書並びに政府の債務に関する計算書を添付して、これを翌年度の二月末日までに会計検査委員会に送付しなければならない。

（決算の立法院送付）

第三十六条　行政主席は、会計検査委員会の検査を経た才入才出決算を翌年度開会の定例会において立法院に送付するのを常例とする。

2　前項の才入才出決算には、会計検査委員会の検査報告の外、才入決算明細書、各府の才出決算報告書及び継続費決算報告書並びに政府の債務に関する計算書を添附する。

（決算上の剰余の翌年度繰入）

第三十七条　毎会計年度において、才入才出の決算上剰余を生じたときは、これをその翌年度の才入に繰り入れるものとする。

第五章　雑　則

（経費の繰越使用の制限）

第三十八条　毎会計年度の才出予算の経費の金額は、これを翌年度において使用することができない。但し、才出予算の経費の金額のうち、年度間に支出負担行為をなし、年度内に支出を終らなかつたもの（当該支出負担行為にかかる工事その他の事業の遂行上の必要に基きこれに関連して支出を要する経費の金額を含む。）は、これを翌年度に繰り越して使用することができる。

（繰越使用の承認）

第三十九条　各府の長は、前条但書の規定による繰越を必要とするときは、繰越計算書を作製し、事項ごとに、その事由及び金額を明らかにして行政主席の承認を経なければならない

2　前項の承認があつたときは、当該経費については、第二十七条第一項の規定により予算の通知があつたものとみなす。

（継続費年割額の繰越使用）

第四十条　継続費の毎会計年度の年割額にかかる才出予算の経費の金額のうち、その年度内に支出を終らなかつたものは、第三十八条の規定にかかわらず、継続費にかかる事業の完成年度まで順次繰り越して使用することができる。

2　各府の長は、前項の規定による繰越をしたときは、事項ごとにその金額を明らかにして、行政主席及び会計検査委員会に通知しなければならない。

3　前条第二項の規定は、第一項の規定により繰越をした場合に、これを準用する。

（特別資金の保有）

第四十一条　政府は、立法をもつて定める場合に限り、特別の資金を保有することができる。

（特別会計における特例）

第四十二条　各特別会計において必要がある場合には、この立法の規定と異なる定をなすことができる。

（財政状況の報告）

第四十三条　行政主席は、予算が成立したときは、直ちに予算、前前年度の才入才出決算並びに公債、借入金及び政府財産の現在その他財政に関する一般の事項について、印刷物、講演その他適当な方法で住民に報告しなければならない。

2　前項に規定するものの外、行政主席は、少くとも毎四半期ごとに

予算使用の状況その他財政の状況について、立法院及び住民に報告しなければならない。

（委任規定）

第四十四条　この立法の施行に関して必要な事項は、規則で定める。

附　則

1　この立法は、公布の日から施行し、一九五五年度予算及び決算から適用する。但し、第三条第二項及び第八条の規定の施行の日は、規則でこれを定める。

2　一九五五年度予算の作成及び執行については、この立法によってなされたものとみなす。但し、第十三条、第十五条、第十六条、第二十四条及び第四十三条は、一九五六年度予算から適用する。

會計法（一九五四年一〇月五日立法第五六号）

第一章　総　則

（出納整理期間、会計年度所属区分）

第一条　一会計年度に属する才入才出の出納に関する事務は、規則の定めるところにより、翌年度十月三十一日までに完結しなければならない。

2　才入及び才出の会計年度所属の区分については、規則でこれを定める。

（会計総括の原則）

第二条　各府（財政法一九五四年立法第五十五号第二十七条第一項に規定する各府をいう。以下同じ。）の長は、その所掌に属する収入を政府金に納めなければならない。直ちにこれを使用することはできない。

第二章　収　入

（才入の徴収収納の原則）

第三条　租税その他の才入は、法令の定めるところにより、これを徴収又は収納しなければならない。

（才入の徴収収納事務の管理）

第四条　行政主席は、才入の徴収及び収納に関する事務の一般を管理し、各府の長は、その所掌の才入の徴収及び収納に関する事務を管理する。

（才入徴収官、代理才入徴収官及び分任才入徴収官）

第五条　各府の長は、規則の定めるところにより、当該各府所属の職員にその所掌の才入の徴収に関する事務を委任することができる。

2　前項の規定により委任された職員は、必要があるときは、当該所属の職員にその所掌の才入の徴収に関する事務を各府の長に協議して委任することができる。

3　各府の長は、必要があるときは、規則の定めるところにより、当該各府所属の職員に、才入徴収官（各府の長又は第一項若しくは前項の規定により委任若しくは再委任された職員をいう。以下同じ。）に事故がある場合（才入徴収官が第五項の規定により指定された官職にある者である場合においては、その官職にある者が欠けたときを含む。）におけるその事務を代理せしめことができる。

4　各府の長又は第一項の規定により才入の徴収に関する事務を委任された職員は、必要があるときは、規則の定めるところにより、当該各府所属の職員に才入徴収官の事務の一部を分掌せしめることができる。

5　前四項の場合において、各府の長又は第一項の規定により才入の徴収に関する事務を委任された職員は、当該各府に置かれた官職を指定することにより、その官職にある者に当該事務を委任し、代理せしめ又は分掌せしめることができる。

6　第三項の規定により才入徴収官の事務を代理する職員は、これを代理才入徴収官といい、第四項の規定により才入徴収官の事務の一部を分掌する職員は、これを分任才入徴収官という。

（才入徴収官）

第六条　租税その他の才入は、才入徴収官でなければ、これを徴収することができない。

（納入の告知）

第七条　才入徴収官は、租税その他の才入を徴収するときは、これを調査決定し、債務者に対して納入の告知をしなければならない。

（出納官吏及び収納事務）

第八条　租税その他の才入は、出納官吏でなければ、これを収納することができない。但し、出納員に収納の事務を分掌させる場合又は琉球銀行に収納の事務を取り扱わせる場合は、この限りでない。

2　出納官吏又は出納員は、租税その他の才入の収納をしたときは、遅滞なくその収納金を琉球銀行に払い込まなければならない。

（徴収職務と出納職務との分立）

第九条　才入の徴収の職務は、現金出納の職務と相兼ねることができない。但し、特別の必要がある場合においては、規則で特例を設けることができる。

（過年度収入の才入組入）

第十条　出納の完結した年度に属する収入その他予算外の収入は、すべて現年度の才入に組み入れなければならない。但し、支出済となつた才出の返納金は、規則の定めるところにより、おのおの支払つた才出の金額に戻入することができる。

第三章　支出負担行為及び支出

第一節　総　則

（支出負担行為及び支出事務の管理）

第十一条　各府の長は、その所掌に係る支出負担行為（財政法第三十条第一項に規定する支出負担行為をいう。以下同じ。）に関する事務を管理する。

2　支出に関する事務は、行政主席が管理する

第二節　支出負担行為

（支出負担行為の準則）

第十二条　支出負担行為は、法令又は予算の定めるところに従い、これをしなければならない。

（支出負担行為の金額限度）

第十三条　各府の長は、財政法第二十七条第一項の規定により通知された予算に基いて支出負担行為をなすには、同法第三十条の規定により承認された支出負担行為の計画に定める金額をこえてはならない。

（支出負担行為の委任及び再委任、支出負担行為担当官並びに代理支出負担行為担当官）

第十四条　各府の長は、当該各府所属の職員に、その所掌に係る支出負担行為に関する事務を委任することができる。

2　前項の規定により委任された職員は、必要があるときは、当該各府所属の職員に支出負担行為に関する事務を再委任することができる。

3　各府の長又は第一項の規定により委任された職員は、必要があるときは規則の定めるところにより、当該各府所属の職員に、支出負担行為担当官（各府の長又は第一項若しくは前項の規定により委任若しくは再委任された職員をいう。以下同じ。）に事故がある場合（支出負担行為担当官が第四項において準用する第五条第五項の規定により指定された官職にある者である場合においては、その官職にある者が欠けたときを含む。）におけるその事務を代理せしめることができる。

4　第五条第五項の規定は、前三項の場合にこれを準用する。

5　第三項の規定により支出負担行為の事務を代理する職員は、これを代理支出負担行為担当官という。

（支出負担行為の認証）

第十五条　支出負担行為担当官は、当該所属の各府の長の認証を受けた後でなければ支出負担行為をしてはならない。

2　各府の長は、必要があると認めたときは、当該各府所属の職員にその所掌に係る支出負担行為の全部又は一部について前項の認証を行わしめることができる。

3　前項の規定により支出負担行為の認証を行う職員は、必要があると認めたときは、当該所属の職員にその所掌に係る支出負担行為の認証を行わしめることができる。

4　各府の長は、必要があるときは、規則の定めるところにより、他の各府所属の職員に支出負担行為の認証を行わしめることができる。

5　各府の長は、必要があるときは、規則の定めるところにより、当該各府所属の職員又は他の各府所属の職員に、支出負担行為認証官（第一項、第二項又は第三項の規定により支出負担行為の認証を行う職員をいう。以下同じ。）に事故がある場合（支出負担行為認証官が第六項の規定により指定された官職にある者である場合においては、その官職にある者が欠けたときを含む。）におけるその事務を代理せしめることがでる。

6　前四項の場合において、各府の長又は第二項の規定により各府の長の委任を受けた職員は、当該各府又は他の各府に置かれた官職を指定することによりその官職にある者に当該事務を委任し、又は代理せしめることができる。

7　第四項の規定により支出負担行為認証官の事務を代理する職員はこれを代理支出負担行為認証官という。

第十六条　前条の場合において、支出負担行為担当官が支出負担行為をなすには、支出負担行為の内容を表示する書類を支出負担行為認証官に送付し、規則の定めるところによりその認証を受け、且つ、当該支出負担行為が支出負担行為に関する帳簿に登記された後でなければ、これをなすことができない。

（認証の職務と支出負担行為の職務との分立）

第十七条　支出負担行為の認証の職務は、支出負担行為の職務と相兼ねることができない。但し、特別の必要がある場合においては、規則で特例を設けることができる。

第三節　支　出

（支出の金額等の制限）

第十八条　行政主席は、才出予算に基いて、支出しようとするときは財政法第三十条の規定により承認された支払計画に定める金額をこえてはならない。

2　行政主席は、前項の金額の範囲内であつても、支出負担行為の認証をうけ、且つ、支出負担行為に関する帳簿に登記されたものでなければ支出することはできない。

（小切手の振出）

第十九条　行政主席は才出予算に基いて支出しようとするときは、現金の交付に代え、琉球銀行を支払人とする小切手を振り出さなければならない。

（小切手振出の制限）

第二十条　行政主席は、債権者のためでなければ、小切手を振り出すことができない。但し、第二十一条の規定により、主任の職員に対し資金を交付する場合は、この限りでない。

（資金の交付）

第二十一条　行政主席は、交通通信の不便な地方で支払う経費、庁中常用の雑費その他経費の性質上主任の職員をして現金支払をなさしめなければ事務の取扱に支障を及ぼすような経費で規則で定めるものについては、当該職員をして現金支払をなさしめるため、規則の定めるところにより、必要な資金を交付することができる。

（前金払、概算払）

第二十二条　行政主席は、運賃、傭船料、旅費その他経費の性質上前金又は概算をもつて支払をしなければ事務に支障を及ぼすような経費で、規則で定めるものについては、前金払又は概算払をすることができる。

（渡切支給）

第二十三条　行政主席は、特殊の経理を必要とする官署で、規則で定めるものの事務費については、規則の定めるところにより、その全部又は一部を主任の職員に渡切をもつて支給することができる。

（支出官及び代理支出官）

第二十四条　行政主席は、内政局長に対し、才出金を支出するための小切手の振出に関する事務を委任し、内政局長は、内政局所属の職員及び地方庁所属の職員に対して当該事務を委任することができる。

2　前項において内政局長から委任を受けた内政局所属職員を主任支出官、地方庁所属職員を地方支出官という。

3　内政局長は行政主席に主任支出官は内政局長に、地方支出管は主任支出官に対して、それぞれ直接その責に任ずるものとする。

4　内政局長は、必要あるときは、主任支出官及び地方支出官（以下「支出官」という。）に事故（支出官が第六項の規定により指定された官職にある者である場合においては、その官職にある者が欠けた場合を含む。）がある場合には、他の内政局所属の職員及び地方庁所属職員に当該事務を代理せしめることができる。

5　前項の規定により主任支出官の事務を代理するものを代理主任支出官、地方支出官の事務を代理するものを代理地方支出官という。（以下「代理支出官」という。）

6　第一項及び第四項の場合において行政主席及び内政局長は、当該官庁におかれた官職を指定することにより、その官職にあるものに当該事務を委任し、代理せしめることができる。

（支出職務と出納職務との分立）

第二十五条　才出の支出の職務は、現金出納の職務と相兼ねることができない。

（過年度経費の支出）

第二十六条　過年度に属する経費は、現年度の才出金額からこれを支出しなければならない。但し、その経費所属年度の毎項金額中不用となつた金額を超過してはならない。

第四節　支　払

（琉球銀行の支払）

第二十七条　琉球銀行は、支出官の振り出した小切手の提示を受けた場合において、その小切手が振出日附から十日以上を経過しているものであつても一年を経過しないものであるときは、その支払をしなければならない。

第四章　契　約

（契約の方式）

第二十八条　各府の長において、売買、貸借、請負その他契約をなす場合においては、すべて公告して競争に付さなければならない。但し、各府の長は、競争に付することを不利と認める場合その他規則で定める場合においては、規則の定めるところにより、指名競争に付し又は随意契約によることができる。

第五章　時　効

（公法上の金銭債権の消滅時効）

第二十九条　金銭の給付を目的とする政府の権利で、時効に関し他の法令に規定がないものは、五年間これを行わないときは、時効により消滅する。政府に対する権利で、金銭の給付を目的とするものについても、また同様とする。

（時効に関する民法規定の準用）

第三十条　金銭の給付を目的とする政府の権利について、消滅時効の中断、停止その他の事項に関し、適用すべき他の法令の規定がないときは、民法の規定を準用する。政府に対する権利で、金銭の給付を目的とするのについても、また同様とする。

（納入告知の時効中断の効力）

第三十一条　法令の規定により、政府がなす納入の告知は、民法第百五十三条（前条において準用する場合を含む。）の規定にかかわらず、時効中断の効力を有する。

第六章　政府金及び有価証券

（各府の長の現金、有価証券保管の制限）

第三十二条　各府の長は、法令の規定によるのでなければ、公有若しくは私有の現金又は有価証券を保管することができない。

（琉球銀行の政府金出納事務）

第三十三条　琉球銀行は、規則の定めるところにより、政府金出納の事務を取り扱わなければならない。

2　前項の規定により琉球銀行において受入れた政府金は、規則の定めるところにより、政府の預金となる。

（琉球銀行の検査）

第二十四条　琉球銀行は、その取り扱つた政府金の出納に関して、会計検査委員会の検査を受けなければならない。

（琉球銀行の賠償責任）

第三十五条　琉球銀行が政府のために取り扱う現金又は有価証券の出納保管に関し、政府に損害をあたえた場合の琉球銀行の賠責任については、民法及び商法の適用があるものとする。

第七章　出納官吏

（出納官吏の意義と職務）

第三十六条　出納官吏とは、現金又は物品の出納保管を掌る職員をいう。

2　出納官吏は、法令の定めるところにより、現金又は物品を出納保管しなければならない。

（出納官吏の任命、代理出納官吏及び分任出納官吏）

第三十七条　出納官吏は、各府の長又はその委任を受けた職員が、これを命ずる。

2　各府の長又はその委任を受けた職員が必要があると認めるときは、前項の出納官吏の事務の全部を代理する代理出納官吏又はその一部を分掌する分任出納官吏を命ずることができる。

（出納員）

第三十八条　各府の長又はその委任を受けた職員は、特に必要があると認めるときは、規則の定めるところにより、出納官吏、代理出納官吏及び分任出納官吏以外の職員をして現金又は物品の出納保管の事務を取り扱わしめることができる。

2　前項の規定により、現金又は物品の出納保管の事務を取り扱う職員は、これを出納員という。

（代理出納官吏、分任出納官吏又は出納員の特例）

条三十九条　各府の長又はその委任を受けた職員は、必要があるときは、規則の定めるところにより、他の各府所属の職員を出納官吏とし、又は当該他の各府所属の他の職員を当該出納官吏の代理出納官吏若しくは分任出納官吏とすることができる。

2　前項の場合において、各府の長は、特に必要があると認めるときは、規則の定めるところにより、当該他の各府所属の職員を出納員とすることができる。

（出納官吏の弁償責任）

第四十条　出納官吏が、その保管に係る現金又は物品を亡失毀損した場合において、善良な管理者の注意を怠つたときは、弁償の責を免れることができない。但し、規則により各府の職員の使用に供した物品の亡失毀損について、合規の監督を怠らなかつたことを証明した場合は、その責に任じない。

2　出納官吏は、単に自ら事務を報らないことを理由としてその責を免れることができない。但し、代理出納官吏、分任出納官吏又は出納員の行為については、この限りでない。

（現金又は物品の亡失毀損の通知）

第四十一条　各府の長は、出納官吏がその保管に係る現金又は物品について、これを亡失毀損したときは、遅滞なく、これを行政主席及び会計検査委員会に通知しなければならない。

（出納官吏に対する弁償命令）

第四十二条　各府の長は、出納官吏の保管に係る現金又は物品の亡失毀損があつた場合においては、会計検査委員会の検定前においても、その出納官吏に対して弁償を命ずることができる。

2　前項の場合において、会計検査委員会が出納官吏に対し弁償の責がないと検定したときは、その既納に係る弁償金は、直ちに還付しなければならない。

（代理出納官吏等の責任）

第四十三条　代理出納官吏、分任出納官吏及び出納員は、その行為については、自らその責に任ずる。

（出納員に対する規定の準用）

第四十四条　出納官吏に関する規定は、出納員について、これを準用する。

第八章　雑　則

（予算執行の監督）

第四十五条　行政主席は、予算の執行の適正を期するため、各府に対して収支の実績若しくは見込について報告を徴し、予算の執行状況について実地監査を行い、又は必要に応じ予算の執行ついて必要な指示をなすことができる。

2　行政主席は予算の執行の適正を期するため、自ら又は各府の長に委任して、工事の請負契約者、物品の納入者、補助金の交付を受けた者（補助金の終局の受領者を含む。）又は調査、試験、研究等の委託を受けた者に対して、その状況を監査し又は報告を徴することができる。

（会計機関の報告書等の作製等の義務）

第四十六条　各府の長、才入徴収官、支出負担行為担当官、支出負担行為認証官、支出官、出納官吏及び出納員並びに琉球銀行は、規則の定めるところにより、帳簿を備え、且つ、報告書及び計算書を作製し、これを行政主席又は会計検査委員会に送付しなければならない。

2　出納官吏、出納員及び琉球銀行は、規則の定めるところにより、その出納した才入金又は才出金について、才入徴収官又は支出官に報告しなければならない。

（政府の会計事務の委任）

第四十七条　政府は、規則の定めるところにより、その才入、才出、才入才出外現金、支出負担行為、支出負担行為の認証及び物品に関する事務を市町村の吏員をして取り扱わしめることができる。

２　前項の規定により才入、才出、才入才出外現金、支出負担行為、支出負担行為の認証及び物品に関する事務を取り扱う市町村の吏員については、この立法及びその他の会計に関する法令中当該事務の取扱に関する規定を準用する。

（委任規定）

第四十八条　この立法施行に関し必要な事項は、規則でこれを定める。

附　則

この立法は、公布の日から施行し、一九五五年度予算から適用する。但し、この立法施行前になされた行為は、この立法によつてなされたものとみなす。

予算決算及び會計規則

（一九五四年十一月三十日規則第八十九号）

第一章　総　則

第一節　会計年度所属区分

（才入の会計年度所属区分）

第一条　才入の会計所属年度は、左の区分による。

一　納期の一定している収入はその納期末日の属する年度

二　随時の収入で納入告知書を発するものは納入告知書を発した日の属する年度

三　随時の収入で納入告知書を発しないものは領収した日の属する年度

四　課税標準の申告をなすべき租税収入で納期の一定していないものは、その申告をした日の属する年度

２　前項第一号の収入で納入告知書を発すべきものについて納期所属の会計年度において納入告知書を発しなかつたときは、当該収入は納入告知書を発した日の属する会計年度の才入に組み入れるものとする。

３　法令の規定により他の会計又は資金から繰り入れるべき収入は、前二項の規定にかかわらずその収入を計上した予算の属する会計年度の才入に繰り入れるものとする。

（才出の会計年度所属区分）

第二条　才出の会計年度所属は、左の区分による。

一　諸払戻金、欠損補填金、償還金の類はその決定をした日の属す

る年度

二　給与、旅費、手数料の類は、その支給すべき事実の生じた時の属する年度

三　使用料、保管料、電灯電力料の類は、その支払の原因たる事実の存した期間の属する年度

四　工事製造費、物件の購入代価、運賃の類及び補助費の類で相手方の行為の完了があつた後交付するものは、その支払をなすべき日の属する年度

2　法令の規定により他の会計又は資金に繰り入れるべき経費は、前項の規定にかかわらずその支出を計上した予算の属する会計年度の才出として支出するものとする。

第二節　出納整理期限

（収納期限）

第三条　出納官吏又は出納員において毎会計年度所属の才入金を収納するのは、翌年度の七月三十一日限りとする。

（支出の期限）

第四条　支出官において毎会計年度に属する経費を精算して支出するのは、翌年度の七月三十一日限りとする。

（支払期限）

第五条　出納官吏又は出納員において、毎会計年度所属の才出金を支払うのは、翌年度の七月三十一日限りとする。

（戻入期限）

第六条　会計法第十条但書の規定により支出済となつた支出の返納金を、支払つた才出の金額に戻入するのは、翌年度の七月三十一日限りとする。

（琉球銀行の受入及び支払期限）

第七条　琉球銀行において毎会計年度所属の才入金を受け入れるのは、翌年度の七月三十一日限りとする。但し、左に掲げる場合においては、翌年度の八月三十一日まで、これの受入をすることができる。

一　出納官吏からその収納した才入金の払込があつたとき。

二　市町村からその領収した才入金の送付があつたとき。

2　琉球銀行において毎会計年度所属の才出金を支払うのは、翌年度の八月三十一日限りとする。

第二章　予　算

第一節　予算の作成

（才入才出等の見積書類）

第八条　財政法第十七条第二項の規定により、行政主席に送付すべき書類は、行政主席の定めるところにより作成し、行政主席の指定する日までに、これを送付しなければならない。

第二節　予算の執行

（才出予算の移用及び流用の承認）

第九条　各府の長は、財政法第二十九条第一項但書又は第二項の規定に基く移用又は流用について行政主席の承知を受けようとするときは、移用又は流用を必要とする理由、科目及び金額を明らかにした書類を行政主席に送付しなければならない。

（緊急債務負担行為）

第十条　財政法第十五条第二項の規定によりなした政府債務負担行為については、各府の長は、その調書を作製して、次の立法院の定例

会の開会後直ちに、これを行政主席に送付しなければならない。

2 行政主席は、前項の調書に基いて政府債務負担行為の総調書を作製して、立法院に報告する手続をしなければならない。

第三節 支出負担行為の実施計画

（支出負担行為の実施計画）

第十一条 各府の長は、行政主席から通知されたその所掌に係る才出予算又は政府債務負担行為に基くすべての支出負担行為について、会計の区分に従い、財政法第三十条第一項に規定する支出負担行為の計画を定めなければならない。

2 前項の支出負担行為の計画は、毎四半期（行政主席が経費の全部又は一部につきこれと異なる期間を指定したときは、その期間とする。以下支出負担行為計画期間という。）における支出負担行為の所要額について、才出予算に基く支出負担行為の計画に関するものは才出予算に定める部局等並びに款、項及び目の区分を、政府債務負担行為に基く支出負担行為の計画に関するものは予算に定める部局等及び事項の区分を明らかにしなければならない。

（支出負担行為計画表の作製）

第十二条 各府の長は、前条第一項の規定により定めた支出負担行為の実施計画に基いて、行政主席の定めるところより支出負担行為計画表を作製し、これを行政主席に送付しなければならない。

（計画の適否の審査、承認）

第十三条 行政主席は、前条の規定により各府の長から支出負担行為計画表の送付を受けたときは、その支出負担行為の計画が法令又は予算に違反することがないか、積算の基礎が確実であるか等、計画の適否につき審査した上、これを承認しなければならない。

（計画の変更の承認）

第十四条 各府の長は、行政主席の承認を経た支出負担行為の計画について変更を要するときは、その事由を明らかにし、行政主席の承認を求めなければならない。

2 前条の規定は、前項の承認について、これを準用する。

（計画の承認又は変更の承認の取消）

第十五条 行政主席は、前二条の規定により支出負担行為の計画の承認又は計画の変更の承認をする場合において、当該計画が実情に沿わないことが明らかになつた場合等、その承認を取消す必要が生じたときは、これを取り消すことができる旨の条件を附することができる。

（変更の承認又は承認の取消の通知）

第十六条 行政主席は、第十四条の規定により変更を承認したとき又は前条の規定により附した条件に基いて承認を取り消したときは、これを各府の長及び会計検査委員会に通知しなければならない。

（計画期間内に負担済とならなかつた部分）

第十七条 各支出負担行為計画期間（各会計年度の最終の支出負担行為計画期間を除く。）について行政主席の承認を経た支出負担行為の計画（変更承認を経た計画を含む。）のうちで当該支出負担行為計画期間に負担済とならなかつた部分は、次の支出負担行為計画期間について、行政主席の承認のあつた支出負担行為の計画の一部となるものとする。

第四節 支払計画

（支払計画）

第十八条 各府の長は、行政主席から通知されたその所掌に係る才出予算に基くすべての支出について、会計の区分に従い支出担当職員ごとに財政法第三十条第一項に規定する支払計画を定めなければならない。

2 前項の支払計画は、毎四半期（行政主席が経費の全部又は一部につきこれと異なる期間を指定したときは、その期間とする。以下「支払計画期間」という。）における当該支出担当職員の支出の所要額について、才出予算に定める部局等及び款項目の区分を明らかにしなければならない。

（支払計画表の作製送付）

第十九条 各府の長は、行政主席の定めるところにより、前条第一項の規定により定めた支払計画に基き支払計画表を作製し、行政主席の定める期限までに、これを行政主席に送付しなければならない。

2 前項の支払計画表は、支払計画期間分を一括送付しなければならない。

（計画の適否の審査及び承認）

第二十条 行政主席は、前条の規定により各府の長から支払計画表の送付を受けたときは、その支払計画が法令又は予算に違反することがないか、財政法第三十条第二項の規定により計画の適否につき審査した上、これを承認しなければならない。

（支払計画の変更の承認）

第二十一条 各府の長は、行政主席の承認を経た支払計画について変更を要するときは、その事由を明らかにし、行政主席の承認を求めなければならない。

2 前条の規定は、前項の承認について、これを準用する。

（計画の承認又は変更の取消）

第二十二条 行政主席は、前条の規定により支払計画の承認又は支払計画の変認をする場合において、当該計画が実情に沿わないことが明らかになつた場合等、その承認を取り消す必要が生じたときは、これを取り消すことができる旨の条件を附することができる。

（変更の承認の取消の通知）

第二十三条 行政主席は、第二十一条の規定により変更を承認したとき又は前条の規定により附した条件に基いて承認を取消したときは、これを各府の長、会計検査委員会及び支出官に通知しなければならない。

（支払計画内に支出済とならなかつた部分）

第二十四条 各支払計画期間（各会計年度の最終の支払計画期間を除く。）について行政主席の承認を経た支払計画（変更の承認を経た計画を含む。）のうちで当該支払計画期間に支出済とならなかつた部分は、次の支払計画期間について行政主席の承認のあつた支払計画の一部分となるものとする。

2 各会計年度の最終の支払計画期間は、当該会計年度に属する経費の積算支出に関しては、当該会計年度の出納整理期限までの期間を含むものとする。

第三章 決　算

（剰余金の計算）

第二十五条 財政法第三十七条に規定する剰余金は、当該年度においてあらたに生じた剰余金から当該年度の翌年度に繰り越した才出予算の財源に充てるべき金額を控除してこれを計算する。

第二十六条　財政法第三十三条第一項の規定による才入及び才出の決算報告書並びに政府の債務に関する計算書は、翌年度の十月三十一日までにこれを行政主席に送付しなければならない。

2　財政法第三十三条第三項の規定による継続費決算報告書は、当該継続費の年割額の最後の支出の属する年度の才入及び才出の決算報告書とともに行政主席に送付しなければならない。

（才入徴収額計算書等の作成送付）

第二十七条　才入徴収官は、会計検査委員会に証明のため、才入徴収額計算書を作製し、証拠書類その他必要な書類を添え、当該才入に関する事務を管理する各府の長に送付し、各府の長は、これを会計検査委員会に送付しなければならない。但し、各府の長は特に委任をうけた官吏をして直ちに、これを会計検査委員会に送付せしめることができる。

（支出計算書等の作製送付）

第二十八条　支出官は、会計検査委員会に証明のため、支出計算書を作製し、証拠書類その他必要な書類を添え、これを会計検査委員会に送付しなければならない。但し、支出官は特に委任を受けた官吏をして、直ちに、これを会計検査委員会に送付せしめることができる。

第四章　予算の繰越等

（繰越計算書）

第二十九条　財政法第三十九条第一項の規定により、繰越についての行政主席の承認を経るため繰越計算書を送付するのは当該年度の六月三十日限りとする。但し、同日後当該年度の才出として支出することができる期限内に支出済となる見込がなくつた経費の金額について繰越をする場合には、その期間満了の日までとする。

2　繰越計算書は、財政法第二十七条第一項の規定により通知された才出予算と同一の区分により作製し、且つ、これに左の事項を示さなければならない。

一　繰越を必要とする経費の予算現額及び科目、当該経費に係る部局等並びに繰越を必要とする理由

二　前号の経費の予算現額のうち支出済となつた額及び当該年度所属として支出すべき額

三　第一号の経費の予算現額のうち翌年度に繰越を必要とする額

四　第一号の経費の予算額のうち不用となるべき額

（繰越の添付書類）

第三十条　財政法第三十八条但書の規定により、年度内に支出負担行為をなし年度内に支出を終らなかつた経費（当該支出負担行為に係る工事その他の事業の遂行上の必要に基きこれに関連して支出を要する経費の金額を含む。）の金額について繰越をする場合は、繰越計算書に契約書の写その他の参照書類を添付しなければならない。

（継続費繰越の通知）

第三十一条　財政法第四十条第二項の規定による通知は、翌年度の七月三十一日までにこれをしなければならない。

2　前項の通知には左に掲げる事項を明らかにしなければならない。

一　繰越に係る経費の予算現額及び科目並びに当該経費に係る部局等

二　前号の経費の予算現額のうち支出済となつた額及び当該年度所属として支出すべき額
三　第一号の経費の予算現額のうち翌年度に繰り越す額
四　第一号の経費の予算現額のうち不用となる額

第五章　収　入

第一節　徴　収

（才入徴収の委任）

第三十二条　各府の長は、会計法第五条第一項の規定により、その所掌の才入の徴収に関する事務を委任する場合においては、法令に特別の定めがある場合を除く外、各部局の長（立法院事務局、上訴裁判所事務局及び行政事務部局組織法（一九五三年立法第九号）第二条にいう行政事務局の長をいう。（人事委員会及び会計検査委員会の事務局の長を含む。以下同じ。）に委任するものとする。但し、各府の長が必要があると認めるときは各部局の長以外の職員に委任することができる。

2　前項の規定により委任された職員は、必要があると認めるときは、会計法第五条第二項の規定により当該所属の職員にその所掌の才入の徴収に関する事務を各府の長に協議して委任することができる。

3　各府の長は、会計法第五条第一項から第四項までの規定により当該各府所属の職員に才入の徴収に関する事務を委任し、代理せしめ、又は分掌せしめようとするときは、当該職員並びにその官職及び委任しようとする事務の範囲について、あらかじめ行政主席に協議しなければならない。

4　会計法第五条第五項の規定により、同条第一項から第四項までの規定による委任、代理又は分掌が官職の指定により行われる場合においては、前項の規定による協議は、その指定しようとする官職及び委任しようとする事務の範囲についてあれば足りる。

（才出返納金の才入組入）

第三十三条　各府の長は、支出済となつた才出の返納金を才入に組み入れる場合において会計法第五条第一項又は第二項の規定により、その才入の徴収に関する事務を委任するときは、当該経費を支出した支出官に委任するものとする。

2　琉球外官署において、支出済となつた才出の返納金を才入に組み入れる場合においては、前項の規定によらないことができる。

3　前条第三項の規定は、第一項の委任については適用しない。

（才入の調査）

第三十四条　才入徴収官は、租税その他の才入を調査決定しようとするときは、当該才入について法令に違反してないか、所属年度及び才入科目を誤ることがないかを調査しなければならない。

（納入の告知）

第三十五条　会計法第七条の規定による納入の告知は、債務者に対し才入科目、納付すべき金額、期限及び場所を記載した書面をもつてこれをしなければならない。但し、出納官吏又は出納員に即納せしめる場合は、口頭もつてこれをなすことができる。

（現金出納職務との兼務）

第三十六条　会計法第九条但書の規定により、巡回裁判所、治安裁判所の長、検察庁及び支部の長、税務署長、税関長、税関支署長、税関出張所長及び郵便局長については、才入徴収の職務と現金出納の職務と相兼ねしめることができる。

第二節　収　　納

（出納官吏等の収納手続）

第三十七条　出納官吏又は出納員は、租税その他の才入金の収納をしたときは、領収証書を納入者に交付しなければならない。この場合においては、出納官吏は、収納済の旨を才入徴収官に報告しなければならない。

（琉球銀行の収納等の手続）

第三十八条　琉球銀行において、才入金を収納し又は才入金の払込を受けたときは、領収証書を納入者又は払込者に交付し、領収済の旨を才入徴収官に報告しなければならない。

第三節　返納金の戻入

（返納金の戻入）

第三十九条　支出済となつた才出の返納金は、その支払つた才出の金額にこれを戻入することができる。但し、重大な過失に因り誤払過渡となつた金額についてはこの限りでない。

（支出官の戻入手続）

第四十条　支出官は、前条の規定により支払つた才出の金額に戻入をしようとするときは、返納者をしてその金額を返納せしめなければならない。

第四節　報　　告

（徴収済報告書）

第四十一条　才入徴収官は、毎月徴収済額報告書を作製し、参照書類を添え、その翌月の十日までに、これを当該才入に関する事務を管理する各府の長に送付しなければならない。

（徴収報告書）

第四十二条　各府の長は、徴収済額報告書により、毎月徴収総報告書を作製し、参照書類を添えその月中にこれを行政主席に送付しなければならない。

第六章　支出負担行為及び支出

第一節　支出負担行為

（支出負担行為の事務の委任及び代理）

第四十三条　第三十二条第一項、第二項及び第三項の規定は、各府の長が会計法第十四条第一項、第二項又は第三項の規定により当該各府所属の職員に支出負担行為に関する事務を委任し又は代理せしめる場合に、第三十二条第四項の規定は、会計法第十四条第四項の規定により同条第一項、第二項又は第三項の規定による委任及び代理を当該各府所属の職員について官職の指定により行う場合に、これを準用する。

2　各府の長は、会計法第十四条第一項から第四項までの規定により支出負担行為に関する事務を委任し又は代理せしめたときは、その旨を関係の支出官及び支出負担行為認証官に通知しなければならない。

（支出負担行為計画の示達）

第四十四条　各府の長は、支出負担行為担当官をして支出負担行為を行わしめようとするときは、財政法第三十条第一項の規定により行政主席の承認を経た支出負担行為の計画に基いて行政主席の定めるところにより支出負担行為担当官ごとに支出負担行為の計画を定め、行政主席の定める期限内に、当該支出負担行為担当官に示達しなければならない。

2　前項の規定は、第十四条第一項の規定により行政主席の承認を経て変更した支出負担行為の計画に基いて支出負担行為官に支出負担行為の計画を示達する場合にこれを準用する。

3　各府の長は、行政主席から第十六条の規定による承認の取消の通知を受けたときは、その通知に従い、前二項の規定により示達した支出負担行為の計画について、直ちにその取消の示達をしなければならない。

4　各府の長は、第一項（第二項において準用する場合を含む。）の規定により支出負担行為担当官に示達した支出負担行為計画を財政法第三十条第一項の規定により行政主席の承認を経た支出負担行為の計画の額又は第十四条第一項の規定により行政主席の承認を経て変更した支出負担行為の額の範囲内において変更し、又は第十六条の規定による承認の取消に基かないで取り消そうとするときは、その示達した支出負担行為の計画について、その変更又は取消の示達をしにければならない。

5　各府の長は、第一項（第二項において準用する場合を含む。）の規定により支出負担行為計画を示達したとき、第三項の規定により、支出負担行為の計画の取消を示達したとき又は前項の規定により支出負担行為の計画の変更若しくは取消の示達をしたときは、これを支出負担行為認証官に通知しなければならない。

（五五、四、一九、改正規則第三十二号）

（支出負担行為の実行）

第四十五条　支出負担行為担当官は、支出負担行為をなすには、支出負担行為認証官の認証を受けた金額をこえてはならない。

第二節　支出負担行為の認証

（書類の送付）

第四十六条　支出負担行為担当官は、左に掲げる場合においては、会計法第十六条の規定による認証を受けるため、行政主席の定めるところにより当該各号に掲げる書類を支出負担行為認証官に送付しなければならない。

一　支出負担行為をしようとする場合には、当該支出負担行為の内容を示す書類

二　支出負担行為認証官の認証を受けた支出負担行為を変更し又は取りやめようとする場合には、変更後の支出負担行為の内容を示す書類又は支出負担行為の取りやめを示す書類

三　支出負担行為認証官の認証を受けて支出負担行為をした後当該支出負担行為を変更し又は取消そうとする場合には、変更後の支出負担行為の内容を示す書類又は当該支出負担行為の取消を示す書類

（認承又は認証の拒否）

第四十七条　支出負担行為認証官は、認証のため前条の書類の送付を受けたときは、その支出負担行為が法令又は予算に違反することがないか、金額の算定に誤りがないか、第四十四条第五項の規定により通知をうけた支出負担行為の計画に定める金額をこえていないかどうか、その他予算執行上適正かどうかを審査した上、認証すべき

ものと認めたときは、遅滞なく当該書類に認証する旨の表示をしなければならない。

2　支出負担行為認証官は、前項の場合において認証することを不適当と認めたときは、認証を拒否しなければならない。

（認証事務の委任）

第四十八条　各府の長は、会計法第十五条第二項の規定により支出負担行為の認証に関する事務を委任する場合においては、法令に特別の定めがある場合を除く外、各部局の長に委任する。但し、各府の長が必要と認めるときは、各部局の長以外の職員に委任することができる。

2　各府の長又は前項の規定により委任をうけた職員は、会計法第十五条第三項及び第四項の規定により当該所属の職員又は他の各府所属の職員に支出負担行為の認証に関する事務を委任し又は代理せしめようとするときは、当該職員並びにその官職及び委任しようとする事務の範囲について、あらかじめ行政主席に協議しなければならない。

3　各府の長は、会計法第十五条第四項及び第五項の規定により他の各府所属の職員に支出負担行為の認証に関する事務を委任又は代理せしめようするときは、当該職員並びにその官職及び委任しようとする事務の範囲について、当該他の各府の長の同意を経なければならない。

4　会計法第十五条第六項の規定により同条第二項から第五項までの規定による委任又は代理が官職の指定により行われる場合においては、前二項の規定による協議又は同意はその指定しようとする官職及び委任しようとする事務の範囲についてあれば足りる。

（支出負担行為認証官）

第四十九条　各府の長は、各支出負担行為担当官について、その支出負担行為を認証すべき支出負担行為認証官を定め、当該支出負担行為認証官の官職、氏名及び所在地を当該支出負担行為担当官、支出官、行政主席及び会計検査委員会に通知しなければならない。

（支出負担行為の職務と認証の職務の兼務）

第五十条　会計法第十七条の規定により支出負行為認証の職務と支出負担行為の職務と相兼ねることができる場合は、職員が僅少であつて、事務の分掌が極めて困難な場合に限る。

第三節　支出総則

（支出事務の委任、代理）

第五十一条　行政主席は、会計法第二十四条第一項から第四項までの規定により支出に関する事務を委任し又は代理せしめたときはその旨を関係の支出負担行為担当官及び支出負担行為認証官に通知しなければならない。

（支払計画の示達）

第五十二条　行政主席は支出官をして才出を支出せしめようとするときは財政法第三十条第一項の規定により各府の長が支出担当職員ごとに支払計画を作製して承認を得た支払計画に基き支出官のよるべき支払計画表を定め当該支出官に示達する。

2　行政主席は、財政法第三十条第一項の規定により承認された支払計画に定める金額の範囲内において変更し又は取り消す必要があるときは、各府の長及び支出官に対してその示達した支払計画表についての変更又は取消若しくは変更の取消の示達をしなければならない。

(支出の制限)

第五十三条　支出官は、才出を支出するには、前条の規定により示達された計画の金額をこえてはならない。

2　支出官は、前項の金額の範囲内であつても、支出負担行為の認証を受け、且つ、第百三十七条に規定する支出負担行為差引簿に登記されたものでなければ支出することはできない。

(小切手法との関係)

第五十四条　本章の規定は、小切手法の適用を妨げない。

第四節　小切手等の振出

(小切手等振出の調査)

第五十五条　支出官は、小切手の振出前、その経費に係る支出負担行為が認証されたものであるか、第百三十七条に規定する支出負担行為差引簿に登記されているかを調査し、当該経費の金額を算定し、且つ、当該経費は、示達をうけた支払計画の金額を超過することがないか、所属年度及び才出科目を誤ることがないかを調査しなければならない。

(小切手の記載)

第五十六条　支出官は、その振り出す小切手に受取人の氏名、金額年度、部局等及び項、番号その他必要な事項を記載しなければならない。但し、受取人の氏名の記載は、行政主席が特に定めた場合を除く外、その記載を省略することができる。

(小切手の振出し)

第五十七条　小切手は、部局等の各項ごとに、これを振り出さなければならない。

(小切手の様式)

第五十八条　支出官の振り出す小切手は、これを第五十六条但書の場合は、持参人払式、行政主席の特に定める場合は記名式その他の場合は記名式持参人払とする。

(払出の通知)

第五十九条　支出官は、小切手を振り出したときは、その都度、これを琉球銀行に通知しなければならない。

第五節　支　出　の　特　例

(資金前渡)

第六十条　会計法第二十一条の規定により主任の官吏をして現金支払をなさしめるため、その資金を当該職員に前渡することができるのは、左に掲げる経費に限る。

一　船舶に属する経費
二　外国で支払う経費
三　交通通信の不便な地方で支払う経費
四　庁中常用の雑費及び旅費。但し当該費に充てる資金を主任の職員において手持することができる金額は十万円を限度とする。
五　場所の一定しない事務所の経費
六　職員に支給する給与
七　法令の規定に基いて行う試験の経費
八　各庁直営の工事、製造又は造林に必要な経費。但し、当該経費に充てる資金を主任の職員において手持することができる金額は三十万円を限度とする。

九　諸払戻金

十　刑務所作業賞与金

十一　囚人及び刑務所被告人の護送費、食糧費及び釈放された場合に給与する帰住旅費

十二　証人、鑑定人、通事、裁判所の選任した弁護人若しくは代理人、参考人等支給する旅費その他の給与

十三　食糧費

十四　其の他行政主席が必要と認める経費

2　行政主席は必要と認める場合は前項第四号及び第八号の但し書の規定にかかわらず、当該職員の手持することができる金額をこえて資金を当該職員に前渡することができる。

（同前―限度額）

第六十一条　前条の規定により資金を前渡する限度額については、左の各項の定めるところによる。

一　常時の費用に係るものは毎一月分以内の金額を予定して交付しなければならない。但し、外国で支払う経費、交通通信の不便な地方で支払う経費又は支払場所の一定しない経費は、事務の必要により三月分以内を交付することができる。

二　随時の費用に係るものは、所要の金額を予定し、事務上差支のない限りなるべく分割して交付しなければならない。

（前渡資金の繰替使用）

第六十二条　各府の長は、左に掲げる経費の支払をなさしめるため、出納官吏をしてその保管に係る前渡の資金を繰り替え使用せしめることができる。

一　旅　費

二　埋葬費

2　前項の規定による前渡の資金繰替使用に関する手続は、行政主席が別に定める。

（前金払）

第六十三条　会計法第二十二条の規定により前金払をなすことができるのは、左に掲げる経費に限る。但し、第一号又は第八号乃至第十二号に掲げる経費について前金払をする場合においては、各府の長は、行政主席に協議することを要する。

一　外国から購入する物品の代価（購入契約に係る物品と当該契約の相手方が外国から直接購入しなければならない場合に於ける物品の代価を含む。）（五五、四、一九、改正規則第三十二号）

二　定期刊行物の代価

三　土地又は家屋の借料

四　運　賃

五　政府の買収又は収用に係る土地の上に存する物件の移転料

六　官公署に対し支払う経費

七　外国で研究又は調査に従事する者に支給する学資金その他の給与

八　試験、研究、調査は教育の受託者に対し支払う経費

九　交通至難の場合に勤務する者又は船舶乗組の者に支給する給与

十　補助金、負担金及び交付金

十一　諸謝金

十二　破産法（大正十一年法律第七十一号）第百四十条の規定により政府金から支弁する破産手続の費用のうち破産管財人に交付するもの

（概算払）

第六十四条　会計法第二十二条の規定により概算払をなすことができるのは、左に掲げる経費に限る。

一　旅　費

二　官公署に対し支払う経費

三　補助金、負担金及び交付金

（渡切経費）

第六十五条　会計法第二十三条の規定により事務費の全部又は一部主任の職員に対し渡切をもつて支給することができるのは、左に掲げる官署の経費に限る。

一　登記所

二　郵便局

２　前項の官署の範囲、渡切とすべき才出科目及び支給方法は、関係庁の長が行政主席と協議してこれを定める。

（毎項金額）

第六十六条　会計法第二十六条但書に規定する毎項金額は、部局等における毎項金額とする。

第六節　支　払

（支払前の調整）

第六十七条　琉球銀行は小切手の呈示があつたときは、その小切手が法令に違反することがないかを調査し、その支払をしなければならない。

（支払未了の資金）

第六十八条　支出官は、毎会計年度の小切手振出済金額のうち、翌年度の七月末日までに支払を終らない金額は、財政法第三十七条の決算上の剰余金に組み入れずこれを繰越整理しなければならない。

２　前項の規定により繰り越した金額のうち、小切手の振出日附から一年を経過しまだ支払を終らない金額に相等するものは、これをその期間満了の日の属する年度の才入に組み入れなければならない。

（小切手の償還）

第六十九条　支出官が、小切手の所持人から償還の請求をうけた場合においては、これを調査し償還すべきものと認めるときは、その償還をなすものとする。

第七節　報　告

（支出済報告書の作製）

第七十条　支出官は、毎月、支出済額報告書を作製し、翌月十日までに行政主席に提出しなければならない。

（支出負担行為済額及び支出負担行為認証済額報告書の作製）

第七十一条　支出負担行為担当官及び支出負担行為認証官は、毎月の支出負担行為済額報告書及び支出負担行為認証済額報告書を翌月の五日までにこれを当該事務を管理する各府の長に提出しなければならない。

（予算執行状況報告書の作製）

第七十二条　各府の長は、前条の規定により提出された支出負担行為済額報告書及び支出負担行為認証済額報告書により毎月予算執行状況報告書を作製し参考書類を添え、その翌月十日までに行政主席に提出しなければならない。

第七章　契　約

第一節　総　則

（契約書の作製）

第七十三条　各府の長又はその委任を受けた職員が契約をしようとするときは、契約の目的、履行期間、保証金額、契約違反の場合における保証金の処分、危険の負担その他必要な事項を詳細に記載した契約書を作製しなければならない。

（同　前）

第七十四条　契約書には、当該職員が記名して印をおこすことを必要とする。

（契約書作製の省略）

第七十五条　各府の長又はその委任を受けた職員は、左に掲げる場合においては、第七十三条に規定する契約書の作製を省略することができる。但し、第五号の場合においては、行政主席に協議することを要する。

一　五万円を超えない指名競争契約又は随意契約をすること。

二　外国で十万円を超えない指名競争契約又は随意契約をなすこと。

三　せり売りに付するとき。

四　物品売払の場合において買受人が直ちに代金を納付してその物品を引き取るとき。

五　第一号以外の随意契約について各府の長が契約書を作製する必要がないと認めたとき。

2　行政主席は、前項第五号の協議が調つたときは、会計検査委員会に通知しなければならない。

（保証金）

第七十六条　各府の長又はその委任を受けた職員は、政府と契約を結ぶ者をして現金又は公債をもつて契約金額の百分の十以上の保証金を納めさせなければならない。

2　前項の規定による保証金の納付は現金及び公債以外の各府の長が確実と認める担保の提供をもつて、これに代えることができる。

3　各府の長は、前項の規定による担保の提供をさせようとするときは、行政主席の承認を得なければならない。

4　指名競争に付し又は随意契約による場合においては、保証金の全部又は一部を納めさせないことができる。

5　他の法令に基き延納が認められた場合において確実な担保が提供されたとき並びに前条第三号及び第四号の場合においても、また同様とする。

（保証金の帰属）

第七十七条　行政主席、各府の長又はその委任をうけた職員は、前条の規定により保証金を納めさせる場合においては、契約者をして、契約者がその義務を履行しないときは、当該保証金は政府有に帰属する旨を約定させなければならない。但し、契約で別段の定めをなすことを妨げない。

（代金の完納）

第七十八条　政府に属する財産を売り払うときは、法令に特別の規定がある場合の外は、その引渡の時まで又は移転の登記若しくは登録の時までに、その代金を完納せしめなければならない。

(財産の貸付料)

第七十九条　財産の貸付料は、法令に特別の規定がある場合の外は、これを前納せしめなければならない。但し、貸付期間の六ケ月以上に亘るものについては、定期にこれを納付せしめることができる。

(調書の作製)

第八十条　各府の長又はその委任を受けた職員は、工事若しくは製造又は物件の買入でその代価が十万を越えるものについては、当該工事若しくは、製造の完了又は物件の完納の後監督又は検査した職員をしてその調書を作製せしめなければならない。

2　契納により工事若しくは製造の既済部分又は物件の既納部分に対し、完済又は完納前に代価の一部分を支払う必要があるときは、各府の長又はその委任をうけた職員は、特に検査のため職員に命じて調書を作製せしめなければならない。

3　前二項の場合における支払は、前二項の規定による調査に基かなければ支払をなすことができない。

(部分払の限度額)

第八十一条　前条第二項の場合における支払金額は、工事又は製造についてはその既済部分に対する代価の十分の八、物件の買入についてはその既納部分に対する代価を超えることができない。但し、性質上可分の工事又は製造における完済部分に対しては、その代価の全額までを支払うことができる。

(請負契約の支払)

第八十二条　第二条の規定は、工事又は製造以外の請負契約の全部又は一部の履行に対し支払をする場合に、これを準用する。

第二節　一般競争契約

(一般競争参加者の資格)

第八十三条　一般競争に加わらうとする者に必要な資格は、行政主席の定めるところによる。

(一般競争加入者の製限)

第八十四条　各府の長又はその委任を受けた職員は、左の各項の一に該当すると認める者を、その後二年間競争に加わらしめないことができる。これを代理人、支配人その他の使用人として使用する者についても、また同様とする。

一　契約の履行に際し故意に工事若しくは製造粗雑にし又は物件の品質数量に関し不正の行為があつた者

二　競争に際し不当に価格をせり上げ又はせり下げる目的をもつて連合をなした者

三　競争加入を妨害し又は競落者が契約を結ぶこと若しくは履行することを妨害した者

四　検査監督に際し係員の職務執行を妨げた者

五　正当の理由がなくして契約を履行しなかつた者

六　前各号の一に該当する事実があつた後二年を経過しない者を契約に際し代理人、支配人その他の使用人として使用する者

(同　前)

第八十五条　各府の長又は委任を受けた職員は前条の規定に該当する者を入札代理人として使用する者を競争に加わらしめないことがで

きる。

（入札保証金）

第八十六条　各府の長又はその委任を受けた職員は、競争に加わらうとする者に対し、現金又は公債をもつて見積金額の百分の五以上の保証金を納めさせなければならない。

2　第七十六条第二項及び第三項の規定による保証金の納付について、これを準用する。

（入札保証金の政府金への帰属）

第八十七条　各府の長又はその委任を受けた職員は、競落者が契約を結ばないときは、保証金は政府金に帰属する旨第八十九条の規定による公告において明らかにしなければならない。

（入札の原則）

第八十八条　競争は、第九十八条に規定する場合の外は、すべて入札の方法をもつてこれを行わなければならない。

（入札の公告）

第八十九条　入札の方法により競争に付しようとするときは、その入札期日の前日から起算し、少くとも十日前に公報、新聞紙、掲示その他の方法をもつて公告しなければならない。但し、急を要する場合においては、その期間を五日まで短縮することができる。

（同前の事項）

第九十条　前条の規定による公告は、左に掲げる事項についてこれをなすものとする。

一　競争入札に付する事項

二　契約条項を示す場所

三　競争執行の場所及び日時

四　入札の保証金に関する事項

（予定価格の設定）

第九十一条　各府の長又はその委任を受けた職員は、その競争入札に付する事項の価格を当該事項に関する仕様書、設計書等によつて予定し、その予定価格を封書にし、開札の際これを開札場所に置かなければならない。

（予定価格の設定方法）

第九十二条　予定価格は、競争入札に付する事項の価額の総額について定めなければならない。但し、一定期間継続してなす製造修理、加工、売買、供給使用等の契約の場合においては、単価についてその予定価格を定めることができる。

（予定価格の価額）

第九十三条　予定価格は、契約の目的となる物又は役務について法令によつてその額が定められてない場合は、各府の長又はその委任を受けた職員は、適正と認める価格を決定しなければならない。

2　前項の規定により予定価格を定める場合においては、当該物又は役務の取引価格、需給の状況、履行の難易、契約数量の多寡、履行期間の長短等を考慮しなければならない。

（開　札）

第九十四条　開札は、公告に示した場所及び日時に入札者の面前においてこれを行わなければならない。但し、入札者で出席しない者があるときは、入札事務に関係のない職員をして開札に立ち会わしめなければならない。

2　入札者は、一旦提出した入札書の引換、変更又は取消をなすことができない。

3　第八十三条の規定による競争加入の資格がない者のなした入札又は入札に関する条件に違反した入札は無効とする。

（再度の入札）

第九十五条　開札の場合において各人の入札のうち、第九十一条の規定により予定した価格の制限に達したものがないときは、直ちに、再度の入札をなすことができる。

（落札者の決定）

第九十六条　落札となるべき同価の入札をした者が二人以上あるときは、直ちにくじで落札者を定めなければならい。

2　前項の場合において、当該入札者のうち出席しない者又はくじを引かない者があるときは、入札事務に関係のない職員をしてこれに代りくじを引かせることができる。

（再入札公告の期間）

第九十七条　入札者若しくは落札者がない場合又は落札者が契約を結ばない場合において、更に入札に付しようとするときは、第八十九条の期間を三日までに、これを短縮することができる。

（せり売）

第九十八条　各府の長は、動産の売払について特別の事由により必要があると認める場合においては、本節の規定に準じ、せり売に付することができる。

第三節　指名競争契約

（指名競争に付し得る場合）

第九十九条　会計法第二十八条但書の規定により、一般の競争に付することを不利と認める場合の外、左に掲げる場合においては、指名競争に付することができる。

一　契約の性質又は目的により競争に加わるべき者が小数で一般の競争に付する必要がないとき。

二　予定価格が三十万円を超えない工事若しくは製造をなさしめ、又は予定価格が二十万円を超えない財産の買入をなすとき。

三　予定賃借料の年額又は総額が十万円を超えない物件の借入をなすとき。

四　予定賃借料の年額又は総額が三万円を超えない物件の貸付をなすとき。

五　予定代価が、五万円を超えない財産の売払をなすとき。

六　工事若しくは製造の請負、財産の売買又は物件の賃借以外の契約でその予定価格が十万円を超えないとき。

2　随意契約によることができる場合においては、指名競争に付することを妨げない。

（入札者の指定）

第百条　指名競争に付しようとするときは、なるべく三人以上の入札者を指定しなければならない。

2　前項の場合においては、第九十条に規定する事項を各入札者に通知しなければならない。

（一般競争契約に関する規定の準用）

第百一条　第八十四条乃至第八十八条及び第九十一条乃至第九十六条条の規定は、指名競争契約の場合に、これを準用する。この場合においては第八十七条中「第八十九条の規定による公告」とあるのは「第百条第二項の規定にする通知中」と読み替えるものとする。

2 各府の長は、前項において準用する第八十六条の規定による保証金の納付の必要がないと認める場合においては、これを納付させないことができる。

第四節　随意契約

（随意契約により得る場合）

第百二条　会計法第二十八条但書の規定により、一般の競争に付することを不利と認める場合の外、左に掲げる場合においては、随意契約によることができる。

一　契約の性質上又は目的が競争を許さないとき。
二　急迫の際競争に付する暇がないとき。
三　政府の行為を秘密にする必要があるとき。
四　予定価格が十万円を超えない工事若しくは製造をなさしめ又は予定代価が十万円を超えない財産の買入をなすとき。
五　予定賃借料の年額又は総額が五万円を超えない物件の借入をなすとき。
六　予定賃借料の年額又は総額が二万円を超えない物件の貸付をなすとき。
七　予定代価が五万円を超えない財産の売払をなすとき。
八　工事若しくは製造の請負、財産の売買又は物件の貸借以外の契約でその予定価格が五万円を超えないとき。
九　労力の供給を請負わしめるとき。
十　運送又は保管をなさしめるとき。
十一　各府の組織相互の間で契約をなすとき。
十二　農場、工場、学校、試験所、刑務所その他これに準ずべきものの生産に係る売払をなすとき。
十三　政府の需要する物品の製造、修理、加工又は納入に使用せしめるためこれに必要な物品の売払をなすとき。
十四　立法の規定により財産の譲与又は無償貸付をなし得る者にその財産の売払又は有償貸付をなすとき。
十五　外国で契約をなすとき。
十六　市町村その他の公法人、公益法人、農業協同組合、農業協同組合連合会又は慈善のために設立した救済施設から直接に物件の買入又は借入をなすとき。
十七　開拓地域内における土木工事をその入植者の共同請負に付するとき。
十八　学術又は技芸の保護奨励のためこれに必要な物件の売払又は貸付をなすとき。
十九　産業又は開拓事業の保護奨励のためこれに必要な物件の売払若しくは貸付をなすとき又は生産者から直接にその生産に係る物品の買入をなすとき。
二十　公共用、公用又は公益事業の用に供するため必要な物件を直接に公共団体又は起業者に売払又は貸付をなすとき。
二十一　土地、建物又は林野若しくはその産物をこれに特別の縁故がある者に売払又は貸付をなすとき。
二十二　事業経営上特に必要な物品の買入をなし、若しくは製造をなさしめ又は土地建物の借入をなすとき。

二十三　法令の規定により問屋業者に販売を委任するとき、又はこれをして販売せしめるとき、

（随意契約の特例）

第百三条　競争に付しても入札者がないとき、又は再度の入札に付しても落札者がないときは、随意契約によることができる。但し、保証金及び期限を除く外、最初競争に付するとき定めた条件を変更することができない。

（同　前）

第百四条　落札者が契約を結ばないときは、その落札金額の制限内で随意契約することができる。但し、期限を除く外、最初競争に付するとき定めた条件を変更することができない。

（分割契約）

第百五条　前二条の場合においては、予定価格又は落札金額を分割計算することができる場合に限り、当該価格又は金額の制限内で数人に分割して契約をなすことを妨げない。

（予定価格の設定）

第百六条　随意契約によろうとするときは、あらかじめ第九十二条及び第九十三条の規定に準じて予定価格を定めなければならない。

（見積書）

第百七条　随意契約によろうとするときは、なるべく二人以上から見積書を徴さなければならない。

（行政主席との協議）

第百八条　各府の長は、指名競争に付し又は随意契約によろうとする場合は、あらかじめ、行政主席に協議しなければならない。但し左の各号に掲げる場合は、この限りでない。

一　第九十九条第一項各号に掲げる場合において指名競争に付しようとするとき。

二　第九十九条第二項の規定により随意契約によることのできる場合において指名競争に付しようとするとき。

三　第百二条第一号乃至第十七号に掲げる場合において随意契約に付しようとするとき。

四　第百三条及び第百四条の規定による随意契約によろうとするとき。

五　一般の競争に付することを不利と認めて指名競争に付しようとする場合でその不利と認めた事由が左のイ乃至ニの一に該当するとき。

イ　当事者が通謀して一般の競争の公正を害することとなる虞があるとき。

ロ　不誠実又は不信用の者が一般の競争に加入して競争をなす虞があるとき。

ハ　特殊の構造の建築物等の工事若しくは製造又は特殊の品質の物件等の買入であつて検査が著しく困難であること。

ニ　契約上の義務違反があるときは、政府の事業に著しく支障をきたす虞があるとき。

六　一般の競争に付することを不利と認めて随意契約に付しようとする場合で、その不利と認めた事由が左のイ乃至ニの一に該当するとき。

イ　現に契約履行中の工事、製造又は物品の供給に直接関連する

契約を現に履行中の契約の締結者以外の者を履行させることが不利であること。

ロ　随意契約によるときは、時価に比して著しく有利な価格をもつて契約することができる見込があること。

ハ　買入を要する物品が多量であつて分割して購入しなければ売りおしみその他の事由により価格を騰貴させる虞があるとき。

ニ　急速に契約をなすのでなければ契約をなす機会を失い又は著しく不利な価格をもつて契約しなければならないこととなる虞があること。

七　第五号に掲げる場合において、指名競争に付することを不利とする特別の事由により随意契約によろうとするとき。

第八章　政府金及び有価証券

第一節　保管金及び有価証券

（保管現金の預入）

第百九条　各府の長の保管に係る現金は、これを琉球銀行に払い込まなければならない。但し、数日内に払渡をする必要がある場合その他特別の事由がある場合には、この限りでない。

（有価証券の取扱）

第百十条　政府の所有に係る有価証券又は各府の長の保管に係る有価証券は行政主席の定めるところにより、琉球銀行をしてその取扱をなさしめる。

（取扱手続）

第百十一条　各府の長の保管に係る現金若しくは有価証券又は政府の所有に係る有価証券の取扱手続に関しては法令に特別の規定がある場合の外は行政主席がこれを定める。

第二節　政府金の出納

（琉球銀行の取扱）

第百十二条　琉球銀行は、この規則による外、行政主席の定めるところにより政府金出納の事務を取り扱わなければならない。

2　琉球銀行で受け入れた政府金は、政府の預金とし、その種別及び受払に関する事項は行政主席がこれを定める。

（政府の預金の利子）

第百十三条　琉球銀行は、政府の預金については、法令の特に定めるものに限り、その定めるところより相当の利子を付さなければならない。

第三節　琉球銀行の計算報告及び出納証明

（政府金出納報告書の提出）

第百十四条　琉球銀行は、行政主席の定めるとこにより、政府金の出納報告書を行政主席に提出しなければならない。

（政府金の出納計算書の作製送付）

第百十五条　琉球銀行は、会計検査委員会の検査をうけるため、政府金の出納計算書を作製し、証拠書類を添え、これを行政主席に送付しなければならない。

2　琉球銀行は、行政主席の定めるところにより、公債の発行による収入金、公債元利払資金及び隔地払資金の収入を整理し、これを前項の計算書に掲記しなければならない。

3　行政主席は、前項の計算書を調査し、これを会計検査委員会に送付しなければならない。

（有価証券受払計算書の作製送付）

第百十六条　琉球銀行は、会計検査委員会の検査を受けるため、政府の所有又は保管に係る有価証券受払計算書を作製し、証拠書類を添え、これを行政主席に送付しなければならない。

2　行政主席は、前項の計算書を調査し、これを会計検査委員会に送付しなければならない。

第九章　出納官吏

第一節　総則

（出納官吏等の任命）

第百十七条　会計法第三十七条乃至第三十九条の場合において、各府の長又はその委任を受けた職員は、当該各府又は他の各府に置かれた官職を指定することにより、その官職にある者を出納官吏、代理出納官吏、分任出納官吏又は出納員とすることができる。

2　第四十八条第二項乃至第四項の規定は、各府の長が他の各府所属の職員を出納官吏、代理出納官吏、分任出納官吏又は出納員としようとする場合にこれを準用する。

（出納員の事務取扱についての所属）

第百十八条　出納員は、主任出納官吏又は分任出納官吏に所属して出納の事務を取り扱わなければならない。

（出納員領収現金の取扱）

第百十九条　出納員の領収した現金は、これを所属の出納官吏に払い込まなければならない。但し、各府の長において、必要があると認めるときは、他の出納官吏又は出納員に交付せしめることができる。

（現金の出納保管）

第百二十条　出納官吏及び出納員は、この規則に定めるものの外、行政主席の定めるところにより、現金の出納保管をしなければならない。

第二節　責任

（弁償責任の検定）

第百二十一条　会計法第四十二条第一項（同法第四十四条において準用する場合を含む。）の場合において、弁償を命ぜられた出納官吏又は出納員は、その責を免かれるべき理由があると信ずるときは、その理由を明らかにする書類及び計算書を作製し、証拠書類を添え、各府の長を経由してこれを会計検査委員会に送付し、その検定を求めることができる。

2　各府の長は、前項の場合においても、その命じた弁償を猶予しない。

第三節　検査及び証明

（定期検査、臨時検査）

第百二十二条　各府の長は毎年六月三十日又は出納官吏の転免、死亡その他異動があつたときは、検査員を命じて、当該出納官吏の帳簿金庫を検査せしめなければならない。但し、臨時に資金の前渡を受けた職員の帳簿金庫については、定時の検査を必要としない。

2　行政主席又は各府の長は、必要があると認めるときは、臨時検査員を命じて、出納官吏又は出納員の帳簿、金庫を検査せしめるものとする。

（検査の立会）

第百二十三条　前条の検査を執行するにあたつて、当該出納官吏又は出納員が事故により自ら検査に立ち合うことができないときは、その代理者又は特に各府の長の命じた職員が立会をしなければならない。

（検査書の内容）

第百二十四条　検査員は、出納官吏又は出納員の帳簿金庫を検査したときは、検査書二通を作製し、一通を当該出納官吏、出納員又は立会人に交付し、他の一通を各府の長に提出しなければならない。

2　前項の検査書には、検査員及び当該出納官吏、出納員又は立会人がこれに記名して印をおすものとする。

（他の公金の検査）

第百二十五条　出納官吏又は出納員において他の公金の出納を兼掌するときは、検査員は、併せて、他の公金の検査を行わなければならない。

（出納計算書の作製提出）

第百二十六条　租税その他の才入金の収納を掌る職員は、会計検査委員会の検査を受けるため、出納計算書を作製し、証拠書類を添え、才入徴収官を経由してこれを会計検査委員会に提出しなければならない。

（同　前）

第百二十七条　資金の前渡を受けた職員は、会計検査委員会の検査を受けるため、出納計算書を作製し、証拠書類を添え、支出官を経由してこれを会計検査委員会に提出しなければならない。

（同　前）

第百二十八条　才入才出外現金の出納を掌る職員は、会計検査委員会の検査を受けるため、出納計算書を作製し、証拠書類を添え、その所属の各府の長又はその指定する職員を経由してこれを会計検査委員会に提出しなければならない。

（分任出納官吏及び出納員の出納計算）

第百二十九条　分任出納官吏の出納は、すべて主任出納官吏の計算とし、又出納員の出納はすべて所属の出納官吏の計算として取り扱い、その出納に関する報告書及び計算書は、各別にこれを提出することを必要としない。但し、その所属の各府の長又は会計検査委員会において特に必要があると認めるときは、別に分任出納官吏又は出納員をしてその出納の報告書又は計算書を提出せしめることがあるものとする。

（出納官吏の交替）

第百三十条　出納官吏の交替があつたときは、前任出納官吏は、その在職期間において執行した出納のうち、まだ第百二十六条乃至第百二十八条の手続をしていない分については、当該各条に定める手続をしなければならない。

（計算書作製の代行）

第百三十一条　出納官吏又は出納員の死亡その他の事故に因りその者が計算書を作製することができないときは、各府の長は、他の職員に命じて、これを作製せしめなければならない。

2　出納官吏又は出納員が提出期限内に計算書を提出しないときは、各府の長は、他の職員に命じて、これを作製せしめなければならない。

3　前二項の規定により作製した計算書は、これを出納官吏又は出納員が自ら作成したものとみなす。

（計算書の修正、変更の禁止）

第百三十二条　出納官吏又は出納員の計算書は、提出の後は、これを修正変更することができない。

第十章　帳　簿

（日記簿、原簿、補助簿）

第百三十三条　内政局は、日記簿、原簿及補助簿を備え、政府金の出納を登記しなければならない。

（才入才出主計簿）

第百三十四条　内政局は、才入才出の主計簿を備え、才入主計簿には、才入予算額、徴収決定済額、収納済才入額、不納欠損額及び収納未済額を登記し、才出主計簿には、才出予算額、前年度繰越額予備費使用額、流用等増減額、才出予算現額、支出済才出額、翌年度へ繰越額及び才出予算残額を登記しなければならない。

（才入簿、才出簿、支払計画差引簿）

第百三十五条　各府は、才入簿、才出簿を備え、才入簿には、才入予算額、徴収決定済額、収納済才入額、不納欠損額及び収納未済才入額を登記し、才出簿には、才出予算額、前年度繰越額、予備費使用額、流用等増減額、支出済才出額、翌年度へ繰越額及び才出予算残額を登記しなければならない。

（徴収簿）

第百三十六条　才入徴収官は、徴収簿を備え、徴収決定済額、収納済才入額、不納欠損額及び収納未済才入額を登記しなければならない。

（支出負担行為差引簿）

第百三十七条　支出負担行為担当官は、支出負担行為差引簿を備え、支出負担行為計画示達額、支出負担行為済額支出済額及び支出負担行為計画示達済行為未済額を登記しなければならない。

（支出簿）

第百三十八条　支出官は、支出簿を備え、支払計画示達額、支出額及び支払計画示達済支出未済額を登記しなければならない。

（支出負担行為認証簿）

第百三十九条　支出負担行為認証官は、支出負担行為認証簿を備え、支出負担行為計画示達額、支出負担行為認証済額及び支出負担行為計画示達済認証未済額を登記しなければならない。

（現金出納簿）

第百四十条　出納官吏及び出納員は、現金出納簿を備え、現金の出納を登記しなければならない。

（各帳簿様式及び記入法）

第百四十一条　第百三十三条から第百四十条までに規定する帳簿の様式及び記入の方法は、行政主席がこれを定める。

（帳簿の登記）

第百四十二条　帳簿の登記は、その登記原因の発生の都度、直ちに、これをしなければならない。

(琉球銀行の帳簿)

第百四十三条　琉球銀行は、左に掲げる帳簿を備え、政府のために取扱う現金の出納又は有価証券の受払を登記しなければならない。

一　政府金の出納を登記すべき帳簿

二　支払計画額及び支払済額を登記すべき帳簿

三　有価証券の受払を登記すべき帳簿

2　前項の帳簿の様式及び記入の方法は行政主席と協議の上琉球銀行がこれを定める。

(主計簿の締切)

第百四十四条　行政主席は、会計検査委員会の長の指定する検査官その他の職員の立合上、毎年十月三十一日において、前年度の才入才出の主計簿を締め切らなければならない。

第十一章　雑　則

(政府の会計事務の委任)

第百四十五条　各府の長は、会計法第四十七条第一項の規定により市町村の吏員をして政府の才入、才出、才入才出外現金、支出負担行為、支出負担行為の認証及び物品に関する事務を取扱わせる場合にはあらかじめ行政主席に協議しなければならない。

2　会計法第四十七条第一項の規定により各府の長が前項の事務を市町村の吏員をして取扱わしめる場合には、あらかじめその所属の長の同意を経なければならない。

3　会計法第四十七条第一項の場合において、各府の長は、当該市町村に置かれた職の指定により、その職にある者に第一項の事務を取扱わしめることができる。

4　前項の場合においては、第一項の協議又は第二項の同意は、その指定しようとする職についてあれば足りる。

(会計検査委員会に提出する書類の様式)

第百四十六条　この規則により、会計検査委員会に提出する計算証明書類の様式及び提出期限については、会計検査委員会の定めるところによらなければならない。

(右以外の書類の様式)

第百四十七条　前条の計算書類を除く外、たの規則に規定する書類の様式は行政主席がこれを定める。

(署　名)

第百四十八条　この規則により記名して印をおす必要がある場合においては、外国にあつては、署名をもつてこれに代えることができる。

(行政主席の権限)

第百四十九条　この規則に定めるものの外、収入、支出その他政府会計経理に関し必要な規定は行政主席がこれを定める。

附　則

1　この規則は、公布の日から施行する。

2　第七十六条の規定は、当分の間工事執行法（一九五二年立法第四十六号）と低触する部分は、工事執行法による。

3　第百四十一条の規定による帳簿様式及び記入方法は、一九五五年度に限り従前の例による。

4　第百四十三条の規定の施行日については、行政主席が指定する。

5　この規則施行の際、法令の規定により才入徴収官、出納官吏、支出負担行為担当官、支出負担行為認証官及び支出官並びにこれらの者の代理官及び分任官並びに出納員である者は、この規則施行後はそれぞれこの規則の担当規定による才入徴収官、出納官吏、支出負担行為担当官、支出担当行為認証官支出官並びにこれらの者の代理官及び分任官並びに出納員になつたものとみなす。

財政法第三条第二項の規定の施行期日を定める規則

（一九五五、二、三　規則第六十二号）

財政法（一九五四年立法五十五号）第三条第二項の規定は、一九五五年十一月一日から施行する。

補助金等に係る予算の執行の適正化に関する立法

（一九五七年立法第五十七号）

第一章　総則

（目的）

第一条　この立法は、補助金等の交付の申請、決定等に関する事項その他補助金等に係る予算の執行に関する基本的事項を規定することにより、補助金等の交付の不正な申請及び補助金等の不正な使用の防止その他補助金等に係る予算の執行並びに補助金等の交付の決定の適正化を図ることを目的とする。

（定義）

第二条　この立法において「補助金等」とは、政府が政府以外の者に対して交付する次に掲げるものをいう。

一　補助金

二　負担金

三　利子補給金

四　その他相当の反対給付を受けない給付金であつて規則で定めるもの

2　この立法において「補助事業等」とは、補助金等の交付の対象となる事務又は事業をいう。

3　この立法において「補助事業者等」とは、補助事業等を行う者をいう。

4　この立法において「間接補助金等」とは、次に掲げる者をいう。

一　政府以外の者が相当の反対給付を受けないで交付する給付金で、補助金等を直接又は間接にその財源の全部又は一部とし、かつ、当該補助金等の交付の目的に従つて交付するもの

二　利子補給金又は利子の軽減を目的とする前号の給付金の交付を受けるものが、その交付の目的に従い、利子を軽減して融通する資金

5　この立法において「間接補助事業等」とは、前項第一号の給付金の交付又は同項第二号の資金の融通の対象となる事務又は事業をいう。

6　この立法において「間接補助事業者等」とは、間接補助事業等を行う者をいう。

7 この立法において、「各府」とは、財政法（一九五四年立法第五五号）第二十七条に規定する各府をいう。

（関係者の責務）

第三条 各府の長は、その所掌の補助金等に係る予算の執行に当つては、補助金等が住民から徴収された税金その他の貴重な財源でまかなわれるものであることに特に留意し、補助金等が法令及び予算に定めるところに従つて公正かつ効率的に使用されるように努めなければならない。

2 補助事業者等及び間接補助事業者等は、補助金が住民から徴収された税金その他貴重な財源でまかなわれるものであることに留意し、法令の定め及び補助金等の交付の目的又は間接補助金等の交付若しくは融通の目的に従つて誠実に補助事業等又は間接補助事業等を行うように努めなければならない。

（他の法令との関係）

第四条 補助金等に関しては、他の立法又はこれに基く規則に特別の定のあるものを除くほか、この立法の定めるところによる。

第二章 補助金等の交付の申請及び決定

（補助金の交付の申請）

第五条 補助金の交付の申請（契約の申込を含む。以下同じ。）をしようとする者は、規則で定めるところにより、補助事業等の目的及び内容、補助事業等に要する経費その他必要な事項を記載した申請書に各府の長が定める書類を添え、各府の長に対しその定める時期までに提出しなければならない。

（補助金等の交付の決定）

第六条 各府の長は、補助金等の交付の申請があつたときは、当該申請に係る書類等の審査及び必要に応じて行う現地調査等により当該申請に係る補助金等の交付が法令及び予算で定めるところに違反しないかどうか、補助事業等の目的及び内容が適正であるかどうか、金額の算定に誤がないかどうか等を調査し、補助金等を交付すべきものと認めたときは、すみやかに補助金等の交付の決定（契約の承諾の決定を含む。以下同じ。）をしなければならない。

2 各府の長は、前項の場合において、適正な交付を行うため必要があるときは、補助金等の交付の申請に係る事項につき修正を加えて補助金等の交付の決定をすることができる。

3 前項の規定により補助金等の交付の申請に係る事項につき修正を加えてその交付の決定をするに当つては、その申請に係る当該補助事業等の遂行を不当に困難とさせないようにしなければならない。

（補助金等の交付の条件）

第七条 各府の長は、補助金等の交付の決定をする場合において、法令及び予算で定める補助金等の交付の目的を達成するため必要があるときは、次に掲げる事項につき条件を附するものとする。

一 補助事業等に要する経費の配分の変更（各府の長の定める軽微な変更を除く。）をする場合においては、各府の長の承認を受けるべきこと。

二 補助事業等を行うため締結する契約に関する事項その他補助事業等に要する経費の使用方法に関する事項

三 補助事業等の内容の変更（各府の長の定める軽微な変更を除く。）をする場合においては、各府の長の承認を受けるべきこと。

四　補助事業等を中止し、又は廃止する場合においては、各府の長の承認を受けるべきこと。
五　補助事業等が予定の期間内に完了しない場合又は補助事業等の遂行が困難となつた場合においては、すみやかに各府の長に報告してその指示を受けるべきこと。

2　各府の長は、補助事業等の完了により当該補助事業者等に相当の収益が生ずると認められる場合においては、当該補助金等の交付の目的に反しない場合に限り、その交付した補助金等の全部又は一部に相当する金額を政府に納付すべき旨の条件を附することができる。

3　前二項の規定は、これらの規定に定める条件のほか、各府の長が法令及び予算で定める補助金等の交付の目的を達成するため必要な条件を附することを妨げるものではない。

4　補助金等の交付の決定に附する条件は、公正なものでなければならず、いやしくも補助金等の交付の目的を達成するため必要な限度をこえて不当に補助事業者等に対し干渉をするようなものであつてはならない。

（決定の通知）
第八条　各府の長は、補助金等の交付の決定をしたときは、すみやかにその決定の内容及びこれに条件を附した場合にはその条件を補助金等の交付の申請をした者に通知しなければならない。

（申請の取下げ）
第九条　補助金等の交付の申請をした者は、前条の規定による通知を受領した場合において、当該通知に係る補助金等の交付の決定の内容又はこれに附された条件に不服があるときは、各府の長の定める期日までに、申請の取下げをすることができる。

2　前項の規定による申請の取下げがあつたときは、当該申請に係る補助金等の交付の決定は、なかつたものとみなす。

（事情変更による決定の取消等）
第十条　各府の長は、補助金等の交付の決定をした場合において、その後の事情の変更により特別の必要が生じたときは、補助金等の交付の決定の全部若しくは一部を取り消し、又はその決定の内容若しくはこれに附した条件を変更することができる。ただし、補助事業等のうちすでに経過した期間に係る部分については、この限りでない。

2　各府の長が前項の規定により補助金等の交付の決定を取り消すことができる場合は、天災地変その他補助金等の交付の決定後生じた事情の変更により補助事業等の全部又は一部を継続する必要がなくなつた場合その他規則で定める特に必要な場合に限る。

3　各府の長は、第一項の規定による補助金等の交付の決定の取消により特別に必要となつた事務又は事業に対しては、規則で定めるところにより、補助金等を交付するものとする。

4　第八条の規定は、第一項の処分をした場合について準用する。

第三章　補助事業等の遂行等

（補助事業等及び間接補助事業等の遂行）
第十一条　補助事業者等は、法令の定並びに補助金等の交付の決定の内容及びこれに附した条件その他法令に基く各府の長の処分に従い、善良な管理者の注意をもつて補助事業等を行なわなければならず、いやしくも補助金等の他の用途への使用（利子補給金にあつてはその交付の目的となつている融資又は利子の軽減をしないことにより、補助金等の交付の目的に反してその交付を受けたことになることをいう。以下同じ）をしてはならない。

2　間接補助事業者等は、法令の定及び間接補助金等の交付又は融通の目的に従い、善良な管理者の注意をもつて間接補助事業等を行わなければならず、いやしくも間接補助金等の他の用途への使用（利子の軽減を目的とする第二条第四項第一号の給付金にあつては、その交付の目的となつている。融資又は利子の軽減をしないことにより間接補助金等の交付の目的に反してその交付を受けたこになることをいい、同項第二号の資金にあつては、その融通の目的に従つて使用しないことにより不当に利子の軽減を受けたことになることをいう。以下同じ。）をしてはならない。

（状況報告）

第十二条　補助事業者等は、各府の長の定めるところにより補助事業等の遂行の状況に関し、各府の長に報告しなければならない。

（補助事業等の遂行等の命令）

第十三条　各府の長は、補助事業者等が提出する報告等により、その者の補助事業等が補助金等の交付の決定の内容又はこれに附した条件に従つて遂行されていないと認めるときは、その者に対しこれに従つて当該補助事業等を遂行すべきことを命ずることができる。

2　各府の長は、補助事業者等が前項の命令に違反したときは、その者に対し、当該補助事業等の遂行の一時停止を命ずることができる。

（実績報告）

第十四条　補助事業者等は、各府の長の定めるところにより、補助事業等が完了したとき（補助事業等の廃止の承認を受けたときを含む。）は、補助事業等の成果を記載した補助事業等実績報告書に各府の長の定める書類を添えて各府の長に報告しなければならない。補助金等の交付の決定に係る政府の会計年度が終了した場合も、また同様とする。

（補助金等の確定等）

第十五条　各府の長は、補助事業等の完了又は廃止に係る補助事業等の成果の報告を受けた場合においては、報告書等の書類の審査及び必要に応じて行う現地調査等により、その報告に係る補助事業等の成果が補助金等の交付の決定の内容及びこれに附した条件に適合するものであるかどうかを調査し、適合すると認めたときは、交付すべき補助金等の額を確定し、当該補助事業者等に通知しなければならない。

（是正のための措置）

第十六条　各府の長は、補助事業等の完了又は廃止に係る補助事業等の成果の報告を受けた場合において、その報告に係る補助事業等の成果が補助金等の交付の内容及びこれに附した条件に適合しないと認めるときは、当該補助事業等につき、これに適合させるための措置をとるべきことを当該補助事業者等に対して命ずることができる。

2　第十四条の規定は、前項の規定による命令に従つて行う補助事業等について準用する。

第四章　補助金等の返還等

（決定の取消）

第十七条　各府の長は、補助事業者等が、補助金等の他の用途への使用をし、その他補助事業等に関して補助金等の交付の決定の内容又はこれに附した条件その他法令又はこれに基く各府の長の処分に違反したときは、補助金等の交付の決定の全部又は一部を取り消すことができる。

2　各府の長は、間接補助事業者等が、間接補助金等の他の用途への使用をし、その他間接補助事業等に関して法令に違反したときは、補助事業者等に対し、当該間接補助金等に係る補助金等の交付の決定の全部又は一部を取り消すことができる。

3　前二項の規定は、補助事業等について交付すべき補助金等の額の確定があつた後においても適用があるものとする。

4　第八条の規定は、第一項又は第二項の規定による取消をした場合について準用する。

（補助金等の返還）

第十八条　各府の長は、補助金等の交付の決定を取り消した場合において、補助事業等の当該取消に係る部分に関し、すでに補助金等が交付されているときは、期限を定めて、その返還を命じなければならない。

2　各府の長は、補助事業者等に交付すべき補助金等の額を確定した場合において、すでにその額をこえる補助金等が交付されているときは、期限を定めて、その返還を命じなければならない。

3　各府の長は、第一項の返還の命令に係る補助金等の交付の決定の取消が前条第二項の規定によるものである場合において、やむを得ない事情があるとあると認めるときは、規則で定めるところにより返還の期限を延長し、又は返還の命令の全部若しくは一部を取り消すことができる。

（加算金及び延滞金）

第十九条　補助事業者等は、第十七条第一項の規定又はこれに準ずる他の立法の規定による処分に関し、補助金等の返還を命ぜられたときは、規則で定めるところにより、その命令に係る補助金等の受領の日から納付の日までの日数に応じ、当該補助金等の額（その一部を納付した場合におけるその後の期間については、既納額を控除した額）百円につき一日三銭の割合で計算した加算金を政府に納付しなければならない。

2　補助事業者等は、補助金等の返還を命ぜられ、これを納期日までに納付しなかつたときは、規則で定めるところにより、納期日の翌日から納付までの日数に応じ、その未納付額百円につき一日三銭の割合で計算した延滞金を政府に納付しなければならない。

3　各府の長は、前二項の場合において、やむを得ない事情があると認めるときは、規則で定めるところにより、加算金又は延滞金の全部又は一部を免除することができる。

（他の補助金等の一時停止等）

第二十条　各府の長は、補助事業者等が補助金等の返還を命ぜられ、当該補助金等、加算金又は延滞金の全部又は一部を納付しない場合において、その者に対して、同種の事務又は事業について交付すべき補助金等がある時は、相当の限度においてその交付を一時停止し、又は当該補助金等と未納付額とを相殺することができる。

（徴　収）

第二十一条　各府の長が返還を命じた補助金等又はこれに係る加算金若しくは延滞金は、租税徴収の例により、徴収することができる。

2　前項の補助金等又は加算金若しくは延滞金の先取特権の順位は、政府税、市町村税及び教育税に次ぎ、他の公課に先だつものとする。

第五章　雑　則

（財産の処分の制限）

第二十二条　補助事業者等は、補助事業等により取得し、又は効用の増加した規則で定める財産を、各府の長の承認を受けないで、補助金等の交付の目的に反して使用し、譲渡し、交換し、貸し付け、又は担保に供してはならない。ただし、規則で定める場合はこの限りでない。

（立入検査等）

第二十三条　各府の長は、補助金等に係る予算の執行の適正を期するため必要があるときは、補助事業者等若しくは間接補助事業者等に対して報告をさせ、又は当該職員にその事務所、事業場等に立ち入り、帳簿書類その他の物件を検査させ、若しくは関係者に質問させることができる。

2　前項の職員は、その身分を示す証票を携帯し、関係者の要求があるときは、これを提示しなければならない。

3　第一項の規定による権限は、犯罪捜査のために認められたものと解してはならない。

（不当干渉等の防止）

第二十四条　補助金等の交付に関する事務その他補助金等に係る予算の執行に関する事務に従事する政府又は市町村の職員は、当該事務を不当に遅延させ、又は補助金等の交付の目的を達成するため必要な限度をこえて不当に補助事業者等若しくは間接補助事業者等に対して干渉してはならない。

（不服の申立）

第二十五条　補助金等の交付の決定、補助金等の交付の決定の取消、補助金等の返還の命令その他補助金等の交付に関する各府の長の処分に対して不服のある市町村又は教育区は、規則で定めるところにより、各府の長に対して不服の申立をすることができる。

2　各府の長は、前項の規定により不服の申立があつたときは、申立をした者に意見を述べる機会を与えた上、必要な措置をとりその旨を申立をした者に対して通知しなければならない。

（事務の委任）

第二十六条　各府の長は、規則で定めるところにより、補助金等の交付に関する事務の一部を各府の機関又は市町村の機関に委任することができる。

（適用除外）

第二十七条　他の立法又はこれに基く規則に基き交付する補助金等に関しては、規則で定めるところにより、この立法の一部を適用しないことができる。

（施行規定）

第二十八条　この立法の施行に関し、必要な事項は、規則で定める。

第六章　罰　則

第二十九条　偽りその他不正の手段により補助金等の交付を受け、又は間接補助金等の交付若しくは融通を受けた者は、五年以下の懲役若しくは三十万円以下の罰金に処し、又はこれを併科する。

2　前項の場合において、情を知つて交付又は融通をした者も、また同項と同様とする。

第三十条　第十一条の規定に違反して補助金等の他の用途への使用又は間接補助金等の他の用途への使用をした者は、三年以下の懲役若しくは二十万円以下の罰金に処し、又はこれを併科する。

第三十一条　次の各号の一に該当する者は、一万円以下の罰金に処する。

一　第十三条第二項の規定による命令に違反した者

二　法令に違反して補助事業等の成果の報告をしなかつた者

三　第二十三条の規定による報告をせず、若しくは虚偽の報告をし検査を拒み、妨げ若しくは忌避し、又は質問に対して答弁せず、若しくは虚偽の答弁をした者

第三十二条　法人（法人でない団体で代表者又は管理人の定のあるものを含む。以下この項において同じ。）の代表者又は法人若しくは人の代理人、使用人その他の従業者が、その法人又は人の業務に関し、前三条の違反行為をしたときは、その行為者を罰するほか、当該法人又は人に対し各本条の罰金刑を科する。

2　前項の規定により法人でない団体を処罰する場合においては、その代表者又は管理人が訴訟行為につきその団体を代表するほか法人を被告人とする場合の刑事訴訟に関する立法の規定を準用する。

第三十三条　前条の規定は、政府、市町村又は教育区には適用しない。

2　政府、市町村又は教育区において第二十九条から第三十一条までの違反行為があつたときは、その行為をした各府の長その他の職員市町村長その他の職員又は地方教育委員その他の職員に対し、各本条の刑を科する。

附　則

1　この立法は、公布の日から起算して三十日を経過した日から施行する。ただし、一九五七年度分以前の予算により支出された補助金等及びこれに係る間接補助金等に関しては、適用しない。

2　この立法の施行前に補助金等が交付され、又は補助金等の交付の意思が表示されている事務又は事業に関しては、補則でこの立法の特例を設けることができる。

補助金等に係る予算の執行の適正化に関する立法施行規則

（一九五七年規則第一〇六号）

（定　義）

第一条　この規則において「補助金等」、「補助事業等」、「補助事業者等」、「間接補助金等」、「間接補助事業等」、「間接補助事業者等」又は「各府」とは、補助金等に係る予算の執行の適正化に関する立法（以下「法」という。第二条に規定する補助金等、補助事業等、補助事業者等、間接補助金等、間接補助事業等、間接補助事業者等又は各府をいう。

（補助金等とする給付金の指定）

第二条　法第二条第一項第四号に規定する給付金で規則で定めるものは、次に掲げるもの（第二号から第六号までにあつては、当該各号に掲げる予算の目又はこれに準ずるものの経費の支出によるもの）とする。

一　生活保護法（一九五三年立法第五十五号）第十一条に基く扶助金

二　酒造組合交付金

三　医療研究費

四　漁船損害補償金

五　協同組合整備奨励金

六　開発青年訓練委託金

（補助金等の交付の申請の手続）

第三条　法第五条の申請書には、次に掲げる事項を記載しなければならない。

一　申請者の氏名又は名称及び住所

二　補助事業等の目的及び内容

三　補助事業等の経費の配分、経費の使用方法、補助事業等の完了の予定期日その他補助事業等の遂行に関する計画

四　交付を受けようとする補助金等の額及びその算出の基礎

五　その他各府の長が定める事項

2　前項の申請書には次に掲げる事項を記載した書類を添付しなければならない。

一　申請者の営む主な事業

二　申請者の資産及び負債に関する事項

三　補助事業等の経費のうち、補助金等によつてまかなわれる部分以外の部分の負担者、負担額及び負担方法

四　補助事業等の効果

五　補助事業等に関して生ずる収入金に関する事項

六　その他各府の長が定める事項

3　第一項の申請書若しくは前項の書類に記載すべき事項の一部又は同項の規定による添附書類は、各府の長の定める所により省略することができる。

（事業完了後においても従うべき条件）

第四条　各府の長は、補助金等の交付の目的を達成するため必要がある場合にはその交付の条件として補助事業等の完了後においても従

うべき事項を定めるものとする。

（事情変更による決定の取消ができる場合）

第五条　法第十条第二項に規定する規則で定める特に必要な場合は補助事業者等又は間接補助事業者等が補助事業等又は間接補助事業等を遂行するため必要な土地その他の手段を使用する事ができないこと、補助事業等又は間接補助事業等に要する経費のうち、補助金等又は間接補助金等によつてまかなわれる部分以外の部分を負担することができないこと、その他の理由により補助事業等又は間接補助事業等を遂行することができない場合（補助事業者等又は間接補助事業者等の責に帰すべき事情による場合を除く。）とする。

（決定の取消に伴う補助金等の交付）

第六条　法第十条第三項の規定による補助金等は、次に掲げる経費について交付するものとする。

一　補助事業等に係る機械、器具及び仮設物の撤去その他の残務処理に要する経費

二　補助事業等を行うため締結した契約の解除により、必要となつた賠償金の支払に要する経費

2　前項の補助金等の額の同項各号に掲げる経費の額に対する割合その他その交付については、法第十条第一項の規定による取消に係る補助事業等についての補助金等に準ずるものとする。

（補助事業等の遂行の一時停止）

第七条　各府の長は、法第十三条第二項の規定により補助事業等の遂行の一時停止を命ずる場合においは、補助事業者等が当該補助金等の交付の決定の内容及びこれに附した条件に適合させるための措置を各府の長の指定する期日までにとらないときは、法第十七条第一項の規定により当該補助金等の交付の決定の全部又は一部を取り消す旨を明らかにしなければならない。

（政府の会計年度終了の場合における実績報告）

第八条　法第十四条後段の規定による補助事業等実績報告書には、翌年度以降の補助事業等の遂行に関する計画を附記しなければならない。ただし、その計画が当該補助金等の交付の決定の内容となつた計画に比して変更がないときはこの限りでない。

（補助金等の返還の期限の延長等）

第九条　法第十八条第三項の規定による補助金等の返還の期限の延長又は返還の命令の全部若しくは一部の取消は補助事業者等の申請により行うものとする。

2　補助事業者等は、前項の申請をしようとする場合には、申請の内容を記載した書面に、当該補助事業等に係る間接補助金等の交付又は融通の目的を達成するためとつた措置及び当該補助金等の返還を困難とする理由とその他参考となるべき事項を記載した書類を添えてこれを各府の長に提出しなければならない。

3　各府の長は、法第十八条第三項の規定により補助金等の返還の期限の延長又は返還の命令の全部若しくは一部の取消をしようとする場合には行政主席に協議しなければならない。

（加算金の計算）

第十条　補助金等が二回以上に分けて交付されている場合における法第十九条第一項の規定の適用については、返還を命ぜられた額に相当する補助金等は、最後の受領の日に受領したものとし、当該返還

を命ぜられた額がその日に受領した額をこえるときは、当該返還を命ぜられた額に達するまで順次さかのぼりそれぞれの受領の日において受領したものとする。

2　法第十九条第一項の規定により加算金を納付しなければならない場合において、補助事業者等の納付した金額が返還を命ぜられた補助金等の額に達するまでは、その納付金額は、まず当該返還を命ぜられた補助金等の額に充てられたものとする。

(延滞金の計算)

第十一条　法第十九条第二項の規定により延滞金を納付しなければならない場合において、返還を命ぜられた補助金等の未納付額の一部が納付されたときは、当該納付の日の翌日以後の期間に係る延滞金の計算の基礎となるべき未納付額は、その納付金額を控除した額によるものとする。

(加算金又は延滞金の免除)

第十二条　第九条の規定は、法第十九条第三項の規定による加算金又は延滞金の全部又は一部の免除について準用する。この場合において、第九条第二項中「当該補助事業に係る間接補助金等の交付又は融通の目的を達成するため」とあるのは、「当該補助金等の返還を遅延させないため」と読み替えるものとする。

(処分を制限する財産)

第十三条　法第二十二条に規定する規則で定める財産は、次に掲げるものとする。

一　不動産

二　船舶、航空機浮標、浮さん橋及び浮ドック

三　前二号に掲げるものの従物

四　機械及び重要な器具で、各府の長が定めるもの

五　その他各府の長が補助金等の交付の目的を達成するため特に必要があると認めて定めるもの

(財産の処分の制限を適用しない場合)

第十四条　法第二十二条ただし書に規定する規則で定める場合は次に掲げる場合とする。

一　補助事業者等が法第七条第二項の規定による条件に基き補助金等の全部に相当する金額を政府に納付した場合

二　補助金等の交付の目的及び当該財産の耐用年数を勘案して各府の長が定める期間を経過した場合

(不服の申立の手続)

第十五条　法第二十五条第一項の規定により不服の申立をしようとする者は、当該不服の申立に係る処分の通知を受けた日(処分について通知がない場合においては処分があつたことを知つた日)から三十日以内に当該処分の内容、処分を受けた年月日及び不服の理由を記載した不服申立書に参考となるべき書類を添えて、これを当該処分をした各府の長(法第二十六条の規定により当該処分を委任された機関があるときは、当該機関。以下この条において同じ。)に提出しなければならない。

2　各府の長は通信交通その他の状況により前項の期間内に不服の申立をすることができないことについてやむを得ない理由があると認める者については、当該期間を延長することができる。

3　各府の長は、第一項の不服の申立があつた場合において、その申

立の方式又は手続に不備があるときは、相当と認められる期間を指定してその補正をさせることができる。

（事務の委任の範囲及び手続）

第十六条　各府の長は、法第二十六条の規定により補助金等の交付の申請の受理、交付の決定及びその取消、補助事業等の実績報告の受理、補助金等の額の確定補助金等の返還に関する処分、その他補助事業等の監督に関する事務の一部を当該各府の機関又は市町村の機関に委任することができる。

ただし、各府の地方支分部局又は市町村に委任しようとする場合に於ては、当該補助金等の名称を明らかにして委任しようとする事務の内容及び機関について行政主席に協議しなければならない。

2　各府の長は、法第二十六条の規定により事務の一部を委任したときは直ちにその内容を公示しなければならない。

（委任した場合の職権の行使）

第十七条　各府の長は、法第二十六条の規定により法第二十三条の規定による職権を市町村の機関に委任した場合においても自ら当該職権を行うことができるものとする。

附　則

1　この規則は、法施行の日から施行する。

2　法の施行前に交付する旨の意志表示をした補助金等については交付の申請及び交付の決定は、法及びこの規則によりなされたものとする。

3　一九五七年度予算（一九五八年度に繰越した分を含む。）係る補助金等については、なお従前の例による。

4　法の施行前に交付された補助金等について、法の施行後に返還を命じた場合における法第十九条第一項の加算金の計算については、同項中「受領の日」とあるのは、「この立法の施行の日」と読み替えるものとする。

5　法第十九条から第二十一条までの規定は、法の施行前に補助金等の返還を命じた場合には適用しない。

琉球政府公務員の退職手当に関する立法

（一九五六、二、二四　立法第三号）一六

沿　革

立法　九二　一九五七、一〇、二九（八七）

立法　六五　一九五八、九、二六（六二）

（目的及び効力）

第一条　この立法は、別に法令で定めるものを除き、琉球政府公務員の退職手当に関する事項を定めることを目的とする。

2　この立法の規定が琉球政府公務員法（一九五三年立法第四号。以下「公務員法」という。）の規定に矛盾する場合には、公務員法の規定が優先する。

（適用範囲）

第二条　この立法の規定による退職手当は、給料又は俸給（以下「給料」という。）が支給される琉球政府公務員（以下「公務員」という。）が退職した場合に、その者（死亡による退職の場合には、その遺族）に支給する。

2　この立法の規定による退職手当は、公務員が退職に当り、元南西諸島官公署職員等の身分、恩給等の特別措置に関す法律（昭年二八年法律第百五十六号）の規定の適用により退職金の給付を受ける場合には、支給しない。但し、その者が元南西諸島官公署職員等の身分、恩給等の特別措置に関する法律の規定の適用により受ける額のうち一九五二年三月三十一日以前の期間に係る額を控除して得た額がこの立法の規定に基き支給される額に満たないときは、その差額を支給する。

3　公務員が退職した場合において、その者が退職の日又はその翌日再び公務員となつたときは、第一項の規定にかかわらず、当該退職に伴う退職手当は、支給しない。

（普通退職の場合の退職手当）

第三条　退職した者に対する退職手当の額は、第三条の二又は第四条の規定に該当する場合を除く外、退職の日におけるその者の給料（調整号給の額を含む。以下同じ。）の月額（職員が休職、停職、減給その他の事由によりその給料の一部又は全部を支給されない場合においては、これらの事由がないと仮定した場合におけるその者の受けるべき給料の月額とする。（以下「給料月額」という。）にその者の勤続期間を左の各号に区分して当該各号に掲げる割合を乗じて得た額の合計額とする。

一　三年以上五年未満の期間については、一年につき百分の八十

二　五年以上の期間については、一年につき百分の百

（死亡の場合の退職手当）

第三条の二　死亡（公務のための死亡を除く）により退職した者に対する退職手当の額は、第三条の規定により計算した額に百分の百三十を乗じて得た額とする。但し、勤続期間三年未満の者については、退職の日におけるその者の給料月額にその者の勤続期間一年につき百分の八十を乗じて得た額とする。

（整理退職等の場合の退職手当）

第四条　立法又は規則による職制若しくは定数の改廃又は予算の減少により廃職又は過員を生ずることにより退職した者又は公務のため負傷し、若しくは疾病にかかり公務員法第三十五条第二項第二号に該当することにより退職した者及び公務のための死亡により退職した者に対する退職手当の額は、第三条の規定により計算した額に百分の二百を乗じて得た額とする。但し、勤続期間三年未満の者については、退職の日におけるその者の給料月額にその者の勤続期間一年につき百分の百五十を乗じて得た額とする。

第五条　前条の規定は、過去の退職につき既に同条の規定の適用を受け、且つ、その退職の日の翌日から一年以内に再び公務員となつた日から起算して一年以内に退職した場合においては、適用しない。

（勤続期間の計算）

第六条　退職手当の算定の基礎となる勤続期間の計算は、公務員として引き続いた在職期間による。

2　前項の規定による在職期間の計算は、公務員となつた日の属する月から退職した日の属する月までの月数による。

3　公務員が退職した場合（第八条第一項第一号から第三号までの一に該当する場合を除く。）において、その者が退職の日又はその翌日に再び公務員となつたときは、前二項の規定による在職期間の計算については、引き続いて在職したものとみなす。

4　前三項の規定による在職期間のうちに公務員法第三十五条の規定による休職、同法第三十七条の規定による停職その他これらに準ずる事由により現実に職務に従事することを要しない期間のある月（現実に職務に従事することを要する日のあつた月を除く。）が一以上あつたときは、その月数の二分の一に相当する月数を前三項の規定により計算した在職期間から除算する。

5　前四項の規定により計算した在職期間に一年未満の端数がある場合には、その端数は、切りすてる。但し、第三条の二又は第四条の規定による退職手当を計算する場合にあつては、一年未満の場合には、これを一年とする。

（勤続期間の計算の特例）

第七条　常勤を要しない公務員であつてその勤務状態が常勤を要する公務員に準ずるもの及び公務員法第二十七条の規定により任用された者が、同一事務に関して、引き続き、公務員法第二十条第二項の規定により正式任用になつた場合は、その勤続期間の計算については、次条第四号及び第五号の規定にかかわらず、常勤を要しない公務員としての期間及び公務員法第二十七条の規定により勤務した期間は、これを在職期間として通算するものとする。

（改一九五七立法九一）

2　前条第二項から第五項までの規定は、前項の場合に準用する。

3　前条第一項に規定する公務員としての引き続いた在職期間には、地方教育区の教育職員（教育委員会法（一九五八年立法第二号）第百三十六条の規定により教育補助金の対象になつている職員をいう。以下同じ。）が機構の改廃施設の移譲その他の事由によつて引き続いて公務員となつたときにおけるその者の地方教育区の教育職員としての引き引いた在職期間を含むものとする。この場合において、その者の地方教育区の教育職員としての引き続いた在職期間の計算については前条第二項から第五項までの規定を準用する外、規則でこれを定める。

（退職手当の支給制限）

第八条　第三条から第四条までの規定による退職手当（以下「一般の退職手当」という。）は、左の各号の一に該当するものには、支給しない。

一　公務員法第三十七条の規定による懲戒免職の処分又はこれに準ずる処分を受けた者

二　公務員法第三十五条第一項による失職（同法第十九条第一号及び第四号に該当する場合を除く。）又はこれに準ずる退職をした者

三　公務員法第四十五条第二項の規定に該当し退職させられた者又はこれに準ずる者

四　常勤を要しない者

五　六箇月以内の期間を定めて雇用される者

（遺族の範囲及び順位）

第九条　第二条に規定する遺族は、左の各号に掲げるものとする。
一　配偶者（届出をしてないが公務員の死亡当時事実上婚姻関係と同様の事情にあつた者を含む。）
二　子、父母、孫、祖父母及び兄弟姉妹で公務員の死亡当時主としてその収入によつて生計を維持していたもの。
三　前号に掲げる者の外、公務員の死亡当時主としてその収入によつて生計を維持していた親族
四　子、父母、孫、祖父母及び兄弟姉妹で第二号に該当しないもの
2　前項に掲げる者が退職手当を受ける順位は、前項各号の順位により、第二号及び第四号に掲げる者のうちにあつては、同号に掲げる順位による。
3　退職手当の支給を受けるべき同順位の者が二人以上ある場合には、その人数によつて等分して支給する。

（起訴中に退職した場合の退職手当の取扱）

第十条　公務員が刑事事件に関し起訴された場合において、その判決の確定前に退職したときは、一般の退職手当は、支給しない。但し、禁こ以上の刑に処せられなかつたときは、この限りでない。

（地方教育区の教育職員となつた者の取扱）

第十条の二　公務員が機構の改廃施設の移譲その他の事由によつて、引き続いて地方教育区の教育職員として就職した場合において、その者の公務員としての勤続期間が、当該地方教育区の退職手当に関する規定によりその者の当該地方教育区における地方教育職員としての勤続期間に通算されることに定められているときは、この立法による退職手当は支給しない。

（退職手当の支給整理）

第十一条　公務のための負傷又は疾病によらないで公務員法第三十五条第二項第一号の規定により退職させられた者に対する退職手当の額及び前条但書の規定による退職手当の額は、第三条の規定により計算した額に百分の五十を乗じて得た額とする。

（施行規則）

第十二条　この立法の実施に関し必要な事項は、規則で定める。

附　則

1　この立法は、公布の日から施行し、一九五五年七月一日から適用する。
2　この立法により退職手当算定の基礎となる勤続期間の始期は、一九五二年四月一日からとする。

琉球政府公務員の退職手当に関する立法施行規則

（一九五六、三、一五　規則第三十八号）

第一条　琉球政府公務員の退職手当に関する立法（一九五六年立法第三号。以下「法」という。）第二条第二項但書の規定により支給する退職手当は、次の算式により計算して得た額とする。

Ⅰ｛俸給月額×在職年×率×（$1-\frac{10}{100}$）｝－｛俸給月額×（在職年－1952年4月1日から退職の日までの在職年）×率×（$1-\frac{10}{100}$）｝

＝1952年3月31日以前の期間に係る額を控除して得た額

（註）イ　俸給月額とは、元南西諸島官公署職員の身分、恩給等の特別措置に関する法律（昭和28年法律第156号）第5条第2項の規定による俸給月額とする。

ロ　$\frac{10}{100}$は、同法附則第5項に規定する所得税率とする。

ハ　在職年及び率は、同法同条第1項により適用される国家公務員等退職手当暫定措置法（昭和28年法律第182号）第3条、第4条及び第7条の規定による在職年及び率とする。

Ⅱ｛法第3条、第4条又は第11条の規定により算出して得た額｝－｛1952年3月31日以前の期間に係る額を控除して得た額｝＝退職手当支給額

第二条　法第六条第四項に規定する現実に職務に従事することを要しない期間には、琉球民裁判所制（一九五二年琉球列島米国民政府布告第十二号）第六条第七項の規定による停職の期間及び琉球政府公務員法（一九五三年立法第四号。以下「公務員法」という。）第六十七条の規定による無給休暇の期間を含むものとする。

第二条の二　法第七条第三項の場合において、地方教育区の教育職員が退職により法の規定による退職手当に相当する給与の支給を受けているときは、当該給与の計算の基礎となつた在職期間（当該給与の計算の基礎となるべき在職期間がその者が在職した地方教育区の退職手当に関する規定において、明確に定められていない場合においては、当該給与の額を退職の日におけるその者の給料月額で除して得た数に十二を乗じて得た数（一未満の端数を生じたときは、その端数を切り捨てる。）に相当する月数）は、その者の地方教育区の教育職員としての引き続いた在職期間には、含まないものとする。

2　公務員が法第十条の二の規定により退職手当を支給されないで地方教育区の教育職員となり、引き続き地方教育区の教育職員として在職した後、法第七条第三項に規定する事由によつて引き続いて公務員となつた場合においては、先の公務員としての引き続いた在職期間の始期から地方教育区の教育職員としての引き続いた在職期間の終期までの期間をその者の地方教育区の教育職員としての引き続いた在職期間として計算する。

第三条　一般職に属する職員の退職手当の決定は、公務員法第三条第一項に規定する任命権者が行うものとする。

2　特別職に属する職員の退職手当の決定は、行政主席が行うものとする。但し、立法院事務局長、立法院議長専属秘書、上訴裁判所事務局長及び上訴裁判所首席判事専属秘書は、それぞれの任命権者が行うものとする。

第四条　退職手当の支給を受けようとする者は、別記様式第一号による請求書を四部作製し、退職当時の所属部局を経由して任命権者又は行政主席に提出しなければならない。

2　前項の請求書には、その請求に係る公務員（以下「旧公務員」という。）の別記様式第二号による履歴書を添えなければならない。

3　第一項の請求書を提出すべき者（以下「請求者」という。）は、旧公務員（その者がすでに死亡しているときは、その者の遺族）とする。

第五条　前項の請求書には、旧公務員が左の各号に掲げる者に該当するときは、同条第二項の履歴書の外、当該各号に定める書類を添えなければならない。

一　死亡した者

イ　その者の死亡の年月日及び旧公務員と請求者との続柄を知ることができる戸籍謄本

ロ　法第九条第一項一号の規定に基く請求者が、届出をしないが旧公務員の死亡当時事実上婚いん関係と同様の事情にあつた者であつたときは、その事実を認めることのできる市町村長の発行する証明書

ハ　退職手当を請求すべき者が、法第九条第一項第二号又は第三号に該当する者であるときは、旧公務員の死亡当時主としてその収入によつて生計を維持していた事実を認めることのできる市町村長の発行する証明書

二　法第四条中、公務のため負傷し、若しくは疾病にかかり公務員法第三十五条第二項第二号の規定に該当することにより退職した者、又は公務のための死亡により退職した者、その者が公務のため負傷し、若しくは疾病にかかり退職し又は公務のため死亡したことを認めることのできる行政主席、上訴裁判所首席判事又は立法院議長の発行する証明書

三　第一条の規定に該当する者、同条の算式に基く計算書

2　第四条第三項に規定する請求者である旧公務員の遺族が同条第一項の請求書を提出する場合において、その同順位者が二人以上あるときは、それらの者が協議の上そのうち一人を総代者に定めてなすものとする。

第六条　任命権者又は行政主席は、退職手当の請求書を受理した場合には、これを審査し、退職手当額の決定を行い、特別の事情のない限り請求書を受理した日から一箇月以内に請求者に、その支給に関する通知をするとともに、すみやかに退職手当を支給しなければならない。

附　則

1　この規則は、公布の日から施行し、一九九五五年七月一日から適用する。

2　一九五五年七月一日から一九五六年二月末日までに退職した者に対する支給期間は、第六条の規定にかかわらず三箇月以内とする。

別記様式第一号

規格8×13　　**琉球政府公務員退耺手当請求書**

任命権者職氏名又は行政主席名 殿 下記の退職手当を証処書類を添えて請求します。	請求年月日　　年　月　日 請求者の住所 氏　名　　印		
所属部、局課名 退職者の退職 （死亡）当時の職氏名	退職（死亡）当時の給料又は俸給月額	円 （　級　号）	
退職（死亡）年月日　｜　年　月　日	1956年立法第3号第2条第2項但書、第3条、第4条又は第11条の規定による退職手当	※支給決定額	円
		※税額	円
退職（死亡）の事由		※差引金額	円

在　職　年　内　訳				
実　在　職　年		**除　算　年**		
始　終　期	年月数	始　終　期	理　由	年　月　数
年　月　日から 年　月　日まで		年　月　日から 年　月　日まで		
		年　月　日から 年　月　日まで		
		年　月　日から 年　月　日まで		
		年　月　日から 年　月　日まで		
		年　月　日から 年　月　日まで		
		年　月　日から 年　月　日まで		
		年　月　日から 年　月　日まで		
		計		
差　引　在　職　年　月				

（記入注意）

1　請求者は※印の欄に記入しないこと。

2　退職者が請求する場合は、本人の履歴書及び施行規則第5条第1項第2号又は第3号の規定により必要な書類を添付すること。

3　遺族が請求する場合には、退職者の履歴書の外、施行規則第5条第1項第1号第2号又は第3号若しくは第2項の規定により必要な書類を添付すること。

受理年月日	決定年月日	支払年月日	※
※　年　月　日	※　年　月　日	※　年　月　日	No.

別記様式第二号

履　歴　書

（退職当時の職名）

氏　名　㊞

年　月　日生

経　歴

年　月　日	記　事	官公署名

右に相違ないことを証明する。

年　月　日

（退職者の所属庁の長の職氏名）

印

備　考

一、任免、転任、昇格昇給等は、順をおい、間隙のないように詳記すること。

一、退職者の事由（公務に起因して傷病のため退職した者又は死亡した者については、その旨）を明記すること。

一、退職当時の所属庁の長は、他庁に関する事項については照会の上、これを詳記すること。

復刻版 文教時報 第3回配本
（第7巻〜第9巻）

2018年5月31日 第1刷発行
揃定価（本体69、000円＋税）

編・解説者 藤澤健一・近藤健一郎
発行者 小林淳子
発行所 不二出版
東京都文京区水道2-10-10
TEL 03（5981）6704
印刷所 栄光
製本所 青木製本
乱丁・落丁はお取り替えいたします。

第8巻 ISBN978-4-8350-8075-8
第3回配本（全3冊 分売不可 セットISBN978-4-8350-8073-4）